RELIGIONS

DE

L'ANTIQUITÉ

IMPRIMERIE DE E. DUVERGER,
RUÉ DE VERNEUIL, N° 4.

RELIGIONS DE L'ANTIQUITÉ,

CONSIDÉRÉES PRINCIPALEMENT DANS LEURS FORMES SYMBOLIQUES ET MYTHOLOGIQUES;

OUVRAGE TRADUIT DE L'ALLEMAND

DU DR FRÉDÉRIC CREUZER,

REFONDU EN PARTIE, COMPLÉTÉ ET DÉVELOPPÉ

PAR J. D. GUIGNIAUT,

Membre de l'Institut de France, Professeur à la Faculté des Lettres de l'Académie de Paris.

TOME QUATRIÈME,

PREMIÈRE PARTIE.

EXPLICATION DES PLANCHES.

PARIS,

CABINET DE LECTURE ALLEMANDE
DE J.-J. KOSSBÜHL, RUE GUÉNÉGAUD, N° 5.

M DCCC XLI.

APERÇU
SUR LES
RELIGIONS DE L'ANTIQUITÉ
DANS LEURS RAPPORTS AVEC L'ART,
POUR SERVIR D'INTRODUCTION AUX PLANCHES
ET LEUR EXPLICATION.

L'homme tire de tout ce qui l'entoure, de tout ce qui frappe ses sens, les matériaux de ses pensées, les éléments qui entrent dans ses conceptions. Les objets du monde sensible se réfléchissent dans son intelligence comme en un cristal, et donnent naissance à des formes qui sont la reproduction fidèle de ces objets eux-mêmes, et que l'imagination combine ensuite à son gré, ou plutôt suivant les lois qui président à sa propre existence. Ces formes sont ce que l'on appelle les idées. C'est de la combinaison plus ou moins heureuse, plus ou moins variée de ces formes sensibles, d'abord empreintes dans l'esprit, que résultent les œuvres de l'imagination.

L'homme se joue pour ainsi dire avec lui-même, et, suivant qu'il parle, soit qu'il écrive, soit qu'il peigne, qu'il sculpte ou qu'il grave, il se représente, sous mille aspects divers, ses propres conceptions, qui ne sont elles-mêmes que le reflet du milieu dans lequel il vit. Une conséquence nécessaire de ce fait que toutes nos pensées ont pour point de départ les impressions des sens, c'est que, quand l'objet que nous concevons, quelque idée que subséquemment l'esprit ait forgée de cette idée, conçue toutefois primitivement à une manière plus ou moins exacte ou vraie propose à son tour un autre chemin pour descendre, de chemin en chemin, qui sont la somme

APERÇU

SUR LES

RELIGIONS DE L'ANTIQUITÉ

DANS LEURS RAPPORTS AVEC L'ART,

POUR SERVIR D'INTRODUCTION AUX PLANCHES

ET A LEUR EXPLICATION.

L'homme tire de tout ce qui l'entoure, de tout ce qui frappe ses sens, les matériaux de ses pensées, les éléments qui entrent dans ses conceptions. Les objets du monde sensible se réfléchissent dans son intelligence comme en un cristal, et donnent naissance à des formes qui sont la reproduction fidèle de ces objets eux-mêmes, et que l'imagination combine ensuite à son gré, ou plutôt suivant les lois qui président à sa propre existence. Ces formes sont ce que l'on appelle les *idées*. C'est de la combinaison plus ou moins heureuse, plus ou moins variée des formes sensibles, d'abord empreintes dans l'esprit, que résultent les œuvres de l'imagination.

L'homme se joue pour ainsi dire avec lui-même, et, soit qu'il parle, soit qu'il écrive, soit qu'il peigne, qu'il sculpte ou qu'il grave, il se représente, sous mille aspects divers, ses propres conceptions, qui ne sont elles-mêmes que le reflet du milieu dans lequel il vit. Une conséquence nécessaire de ce fait que toutes nos pensées ont pour point de départ les impressions des sens, c'est que, quelque objet que nous concevions, quelque idée que saisisse notre esprit, une forme matérielle s'y attache toujours, quoique d'une manière plus ou moins directe. Penser, c'est donc évoquer en soi dans un ordre déterminé une succession de formes qui sont le résultat de sensations dont l'esprit s'empare pour les convertir en idées. Le langage qui traduit à l'oreille et par suite à l'intelligence, cet exercice perpétuel de l'esprit, n'est que l'expression extérieure de ce phénomène. Il fait passer chez autrui les idées de celui qui s'en sert. Un autre procédé qui atteint le même but, c'est l'art. L'art, au lieu de s'adresser à l'entendement par l'intermédiaire de l'ouïe, emploie une voie différente, celle de la vue. C'est véritablement un second langage qui, comme la mimique, comme celui qui s'adresse aux sourds-muets, emprunte un nouvel ordre de signes aux formes que nous offre la nature. Il les dispose, il les assortit de façon à créer des types où puissent se lire les idées qui ont présidé à leur association. Par l'art comme par la parole, l'homme rend saisissables, pour ses semblables, les choses telles qu'il se les représente, les sensations telles qu'il les éprouve.

Cette faculté dont jouit notre espèce de créer des produits tangibles ou visibles, qui réfléchissent ses idées, varie suivant l'imagination de chacun, ou suivant l'adresse des mains, la sûreté du coup d'œil. De là cette extraordinaire inégalité dans les productions de l'art, de là des modifications incessantes dans le caractère qu'elles revêtent, modifications qui sont subordonnées à l'état social et intellectuel de l'époque à laquelle elles appartiennent; de là une histoire des arts qui nous les montre se développant dans un certain ordre régulier, en vertu de certaines règles, qui ne sont elles-mêmes que le contre-coup des lois que Dieu a assignées au développement des nations, à l'évolution de notre espèce.

Les idées reposent donc en général sur des sensations qui sont naturellement déterminées par des objets sensibles. Parmi celles qui naissent du sens de la vue, et c'est de beaucoup le plus grand nombre, il n'en est point qui, à la rigueur, ne puissent être reproduites aux yeux par une sorte de retour de l'idée à son point de départ, lequel est la vision d'un objet. Mais, comme l'art ne pourrait, sans confusion, apporter dans l'association des formes cette multiplicité, cette variété infinie et continue que l'imagination y introduit, ses procédés sont nécessairement beaucoup plus restreints, et une foule d'idées échappent à ses moyens de reproduction. Plus les idées sont complexes, étendues, plus il éprouve de difficulté à les rendre aux yeux. Il est donc contraint de s'adresser à des idées simples et limitées, qu'il peut exprimer sans avoir recours à un nombre trop grand, à une association trop compliquée de formes.

Les idées qui ont le plus puissamment agi sur l'intelligence des premiers peuples, ont dû être celles qu'ils ont senti davantage le besoin de reproduire et par le langage et par l'art. De ce nombre ont été les croyances religieuses dues à un instinct particulier au genre humain. Les êtres dont cet instinct nous entraîne à admettre l'existence, sont devenus un des objets que les arts naissants se sont efforcés de représenter. Plus les idées que les hommes se formaient de ces êtres ont été grossières, c'est-à-dire plus elles ont été simples et rapprochées des objets de la nature, plus l'art a pu facilement les reproduire. A mesure que ces idées ont été s'épurant, s'immatérialisant, ou, pour parler un autre langage, plus elles sont devenues abstraites, générales, absolues, moins l'art a été en état de les rendre sensibles. Mais, comme un besoin impérieux entraînait l'homme à chercher dans les formes naturelles l'image des êtres auxquels son instinct religieux le portait à croire, l'art a cherché à exprimer par des combinaisons nouvelles, par des types nouveaux, ces conceptions plus savantes écloses dans les intelligences mûries des nations. De là est né le symbole. Le symbole, σύμϐολον, ainsi que l'exprime l'étymologie de ce mot, est un signe, une marque distinctive; c'est une forme, un objet visible destiné à rappeler à l'intelligence l'idée d'un fait, une qualité, un principe, à la conception desquels cette intelligence s'est élevée par généralisation ou induction, et qui n'a point en lui-même de forme déterminée susceptible d'être produite aux yeux. Le symbole devint nécessairement le grand objet des arts hiératiques, une fois que les théologies eurent pris naissance; car les dogmes religieux étaient l'expression de ces principes abstraits que l'œil ne saurait voir et qui ne s'adressent qu'à l'esprit. Une fois que les religions furent sorties de la période du fétichisme, durant laquelle le genre humain adorait les objets matériels eux-mêmes, le symbole prévalut.

L'homme demanda, aux formes que lui présente la nature, des signes distinctifs pour réveiller dans l'intelligence d'autrui ou en lui-même la pensée religieuse; et dans le choix qu'il fit de ces formes, il fut naturellement conduit à prendre, pour représenter chaque attribut divin, chaque acte des êtres supérieurs, chaque idée théogonique, les objets, les êtres de la nature qui rappelaient ces attributs par leur caractère propre, dans lesquels ces actes semblaient se manifester, et qui résumaient en eux les idées qu'il s'efforçait de rendre sensibles. Les végétaux, les animaux, les ustensiles, les armes que les hommes se fabriquaient, les produits de l'industrie naissante, soit tels que la nature nous les livre, soit tels qu'on les avait transformés, mais par-dessus tout l'homme, dans toutes ses attitudes, dans toutes ses formes, ses actes, dans son sexe, dans son âge, fournirent à l'art hiératique la source de ses symboles; puis naquit l'idée symbolique à son tour qui, prenant sous une acception directe l'objet qui était destiné à représenter une pensée non sensible, introduisit des croyances nouvelles et enfanta une multitude de dogmes.

Dans l'antiquité, chez les nations de l'Asie et de l'Europe méridionale, l'imagination demandait sans cesse aux représentations figurées des images de ses croyances et de ses doctrines religieuses. Le symbole devint donc un des éléments fondamentaux de ces croyances et de ces doctrines. La théologie ne fut, à vrai dire, qu'une symbolique, et c'est à mettre cette idée en lumière que M. Creuzer a consacré l'ouvrage que ces planches sont destinées à illustrer. Mais prises, étudiées en elles-mêmes, ces représentations forment à elles seules toute une histoire des religions par les monuments. On peut suivre dans les symboles figurés de chaque peuple, dans les transformations successives que ces symboles ont subies, dans la comparaison de leurs diverses classes, le développement varié des religions, les différences qui les séparent, les analogies qui les lient. L'artiste qui suit des yeux la série de planches qui composent cette nouvelle galerie mythologique, peut saisir le génie propre à chaque culte et le cachet dont il est empreint dans ses œuvres. Cette vue d'ensemble sur les cultes antiques, sur leurs symboles et leurs monuments, qui ressort de ce recueil, nous allons tâcher de l'esquisser nous-même. Par là nous préparerons celui qui voudra ensuite étudier en détail les diverses parties de la galerie, à un sentiment plus vrai et à une étude plus approfondie des représentations qu'elle déroule à ses regards.

La Galerie mythologique comprend sept classes distinctes de monuments qui ont été répartis en autant de sections correspondantes : 1° les monuments des religions de l'Inde, du brahmanisme et du bouddhisme; 2° ceux de la religion de la Perse; 3° ceux de la religion égyptienne; 4° ceux des religions de l'Asie occidentale; 5° ceux des religions de la Grèce et de l'Italie anciennes; 6° ceux de la mythologie héroïque des Grecs, des Étrusques et des Romains; 7° ceux de la symbolique pagano-chrétienne. Chacun de ces différents ordres de représentations figurées s'offre à nous avec son caractère particulier.

Dans les monuments religieux de l'Inde prédomine par-dessus tout le symbole. L'harmonie dans les formes, la vérité, la conformité des objets reproduits avec ceux de la nature qui leur ont servi de modèles, tout a été sacrifié à une idée abstraite ou, du moins, non matérielle, que l'on a voulu rendre sensible. Tantôt ce sont les associations les plus monstrueuses de parties d'homme et d'animaux, *Ganésa* à la tête d'éléphant (fig. 28), *Dakcha-Brahmá* à celle de bélier (fig. 81), *Vichnou* tour à tour homme-poisson (*Matsyavatara*), homme-tortue (*Kourmavatara*), homme-sanglier (*Varahavatara*), homme-lion (*Narasinhavatara* (fig. 48 et suiv.); tantôt ce sont des multiplications de têtes, de bras, de jambes, sur un même corps, destinées à exprimer la puissance double, triple, quadruple du dieu ainsi figuré : *Bouddha-Sourya* à sept têtes (fig. 114), *Yama* à huit mains (fig. 44), *Soubramahnya* à quatorze bras (fig. 39), *Ravana*, roi de Lanka, à dix têtes et vingt bras tout armés (fig. 56). D'autres fois, c'est un mélange confus d'animaux de toute espèce qui servent de montures aux divinités et ont pour but d'exprimer, par leur caractère, celui du dieu qu'ils portent (fig. 22, 23 et *passim*). Tout, dans ces représentations, est étrange et gigantesque, difforme et arbitraire. On sent que l'artiste qui les a produites, s'est peu préoccupé d'offrir aux regards un assemblage de figures qui plussent par leur élégance, leur beauté, leur harmonie, et qu'il n'a eu en vue que de représenter, sous ces associations allégoriques de natures hétérogènes, les conceptions abstraites de l'esprit indien.

La Perse et l'Assyrie offrent, dans leurs monuments religieux, un caractère quelque peu différent de celui des monuments indiens. Le beau n'a point été aussi complètement sacrifié sur l'autel du symbole. Il y a sans doute encore des associations bizarres de formes humaines et animales. On voit souvent des divinités à tête de vautour (fig. 125 a), des hommes-griffons, des taureaux à face humaine; mais l'artiste a su opérer ces accouplements monstrueux sans altérer la beauté respective des parties. L'œil est parfois étonné par ces sujets fantastiques, mais il n'est pas repoussé comme cela arrive pour les monuments de l'Inde. Une main des plus exercées a sculpté ces colosses, ces bas-reliefs énormes, que les récentes découvertes de MM. Botta et Layard ont mis au jour à Khorsabad, Nimroud et Koïoundjouk. D'ailleurs, à côté de ces figures monstrueuses, il en est qui sont pleines de vérité et qui excitent l'admiration par la beauté sévère, l'attitude si bien sentie, quoique roide, des personnages. Les contours ont quelque chose de nerveux, le dessin offre une énergie remarquable qui accuse un art déjà avancé; mais on chercherait vainement cette souplesse, cette variété, cette abondance qui sont le propre d'un art parvenu à son apogée. Il faut que les types assyriens et persans soient transportés dans la Grèce et l'Italie hellénisée pour qu'on les voie revêtir ces qualités nouvelles. Les sujets seuls et quelques attributs gardent alors leur physionomie asiatique, tout le reste est devenu grec. C'est ce qu'on observe pour les monuments si nombreux du culte de Mithra (fig. 131 et suiv.), où l'on retrouve encore cependant, chez le taureau expirant, un caractère tout assyrien. Les peuples de la Chaldée et de l'Iran excellèrent, en effet, à représenter ces animaux puissants, symboles favoris de leurs dieux, dont le sang inondait sans cesse leurs autels, ou qui figuraient dans leurs pompes religieuses. Les lions, les taureaux sont rendus, par les artistes assyriens, avec une admirable énergie et une mâle vérité. Les airs de tête ont aussi un type à part, rappelant celui de cette grande race indo-européenne qui, de ce plateau de l'Orient, se répandit dans tout l'Occident. Dans l'Inde, l'imagination aimait à multiplier les bras qu'elle donnait aux figures humaines de ses dieux; elle armait chacun d'eux d'un symbole différent : dans l'Assyrie et la Perse, ce sont les ailes qui prennent la place de ces membres fantastiques. Ces ailes doubles ou quadruples expriment le caractère céleste des dieux. Dans l'Inde, les divinités sont portées sur des chars ou montées sur des animaux; dans l'Assyrie, qui nous offre aussi quelques exemples de ce dernier genre, elles nous apparaissent le plus souvent dans des disques ailés qui rappellent leur origine astronomique. Le sabéisme ressort des représentations de ce dernier pays, comme la personnification des forces de la nature ressort de celles de l'Inde.

Dans l'une et l'autre contrée, des luttes entre l'homme et des monstres, ou de monstres entre eux, figurent les oppositions que nous offre la nature, les combats que se livrent les forces qui l'animent. Mais dans l'Inde, ces sujets n'occupent qu'un rang secondaire, tandis que le rôle principal qu'elles jouent dans les représentations de l'Assyrie et de la Perse nous dénote l'existence du dogme dualiste.

L'Égypte a un art plus avancé que l'Inde, mais inférieur à celui de l'Assyrie; le symbole y éteint fréquemment la beauté de la forme. Les têtes d'animaux ont remplacé presque partout les têtes d'homme que l'Assyrien se plaît, au contraire, à placer sur des corps d'animaux (*voy.* fig. 142 et suiv.). Les lignes sont plus roides que celles des monuments de Ninive et de Persépolis, des figures gravées sur les cylindres babyloniens; les contours moins arrondis. On sent un ciseau que la nécessité d'adapter les figures à la décoration architectonique arrête dans son élan. Mais ce que l'œil perd sous le rapport de la grâce, du modelé, de l'élégance, il le regagne quant au grandiose. Toutes ces figures de l'Égypte sont sévères et tristes; elles semblent silencieuses et uniformes, comme les rives du fleuve sur les bords duquel elles s'élèvent. Tantôt ce sont des colosses étonnants, cent fois plus hauts que les colonnes des temples de la Grèce; tantôt ce sont des petites figurines travaillées en pâte, en basalte, dans les substances les plus dures. Le type est toujours le même, bien que sous des proportions si diverses. Et dans cette apparente uniformité, on saisit encore des variations qui indiquent que l'art eut aussi ses périodes de grandeur et de décadence.

Il ne faut pas croire que ce soit la consécration de certains types qui ait enchaîné l'artiste égyptien. Cette erreur, qui régna longtemps dans la science, a été dissipée par l'étude plus attentive de l'art de l'Égypte. En comparant entre eux les monuments des diverses époques, on a reconnu que, sur les bords du Nil comme dans la Grèce, l'art a eu aussi ses vicissitudes, qui ont réagi sur le caractère des représentations. Cette admirable simplicité de lignes, cette finesse délicate, qui distinguent les œuvres de la douzième dynastie, et qui semblent avoir appartenu, à un plus haut degré encore, à l'art des premières dynasties, fait place, sous les Ptolémées, à cette profusion de détails, à cette richesse d'ornementation qui multiplie les symboles et cherche plus à étonner l'œil qu'à reproduire la nature. A partir de Toutmès Ier, sous la dix-huitième dynastie, comme sous la dynastie saïtique, l'art fleurit de nouveau. Mais, tandis qu'à cette dernière époque reparaît la simplicité des œuvres primitives, sous la dix-huitième dynastie, les types religieux sont traités avec cette manière large qui leur donne un air conventionnel par lequel se trahit davantage le symbole. Les muscles, soigneusement accusés dans les ouvrages du temps des anciens Pharaons, ne sont plus ensuite indiqués que par quelques lignes, de façon que les figures sont simplement esquissées. Mais, lorsqu'elles sont colossales, ces esquisses, taillées en granit d'une main vigoureuse, n'en excitent pas moins notre admiration, tandis que, dans les figurines, l'absence du modelé ne produit que des compositions grossières. C'est ce qu'on observe surtout pour l'époque de Rhamsès le Grand.

L'art fut d'abord sobre de représentations des divinités. Sous la douzième dynastie, on cherche vainement sur les stèles les figures des dieux auxquels sont présentées des offrandes. Mais, à mesure que la religion s'enrichit de mythes nouveaux et agrandit son panthéon, le besoin de multiplier les figures de dieux se fit sentir.

Les Égyptiens, comme les Assyriens, excellent à la reproduction des formes animales, dont leur système symbolique fait un si étrange abus. La pureté, la correction sévère de leur dessin, disparaissent vers l'époque romaine. En même temps que leurs innombrables bas-reliefs peints, que les inscriptions en caractères figuratifs ou *idéographiques*, qu'on appelle hiéroglyphes, perdent de leur régularité et de leur grandiose, les types helléno-latins tendent, sur les monnaies, à se substituer aux représentations purement égyptiennes (fig. 174 c, 138 a, 154 b, et *passim*, pl. LII). L'art égyptien s'altère, en même temps que la religion, et le mélange des doctrines persane, assyrienne, égyptienne, grecque, qui constitue le gnosticisme, apparaît clairement dans les types qui se montrent sur les monuments religieux de ces sectes (*voy.* pl. LII).

Nous ne connaissons qu'imparfaitement les monuments des religions de l'Asie occidentale. L'art phénicien ne nous a laissé que de faibles vestiges de son existence. Quelques figurines, des médailles, voilà à quoi se réduisent les sources de nos connaissances, et encore, parmi ces représentations, le plus grand nombre date-t-il d'une époque où l'art grec avait exercé son influence sur l'art phénicien, syrien et phrygien. Les types qui appartiennent à la symbolique des religions de l'Asie occidentale, paraissent offrir quelque chose de plus conventionnel et de plus monstrueux que ceux de l'Assyrie, dont ils se rapprochent à beaucoup d'égards. Les animaux et les êtres fantastiques y jouent un grand rôle (fig. 202, 222, 213). Les symboles sont aussi fort multipliés, et sont répandus parfois à profusion autour des divinités qu'ils caractérisent (fig. 207, 207 A).

La Grèce et l'Italie offrent une innombrable série de monuments figurés, qui reproduisent dans toutes ses phases le mouvement religieux qui s'opéra dans ces deux contrées. Les monuments qui se rapportent au culte de chaque divinité constituent comme une symbolique à part, qui a son cachet propre et ses moyens particuliers. Les mythes de physionomie diverse, qui se réfléchissent dans les œuvres du dessin, assignent à chaque classe différente de monuments religieux un caractère original, que saisit l'œil de l'antiquaire et qui vient en aide à l'érudition. L'adoration des grandes divinités donne naissance à des types qui se distinguent des sujets appartenant à la mythologie héroïque. Dans les premiers, le caprice, la fantaisie de l'artiste a moins de part que dans les seconds. Chez ceux-ci, ce sont des scènes de la vie hellénique que l'artiste a reproduites de préférence. Il y a plus de variété dans les compositions. C'est par l'histoire des héros que l'anthropomorphisme envahit de plus en plus la religion hellénique.

Dans les images des dieux, les formes gardent plus longtemps le caractère sévère, conventionnel, qui fut celui des premiers simulacres. Jusqu'à l'époque de Praxitèle, où le sentiment du beau humain, finissant par prévaloir entièrement, fit presque disparaître le symbole des œuvres où il apparaissait encore, il y eut dans les simulacres des dieux un grandiose, une sévérité, une simplicité, qui sentent les monuments de l'Égypte. Ce n'est pas cette pensée voluptueuse qui guida plus tard l'artiste, alors que sculptant ses ravissantes Vénus, il prenait pour modèle sa maîtresse ou quelque courtisane. Tout est encore chaste, même dans les symboles qui sont empruntés à des idées obscènes à nos yeux. Rien n'a pour but d'exciter les sens. C'est, avant tout, une idée mystique qu'on veut réveiller, une croyance théologique qu'on rappelle à l'esprit sous le voile de l'allégorie.

L'art étrusque et italique, qui semble s'être développé d'un germe hellénique sous quelque souffle venu de l'Orient, nous représente bien cette phase de l'art grec qui finit à l'apparition de Phidias, et dont nous retrouvons les types sur le fronton du temple de Jupiter Panhellénien à Égine, dans les monuments choragiques, sur certaines pierres gravées (fig. 240), et sur quelques autels (fig. 247). Les vases peints qu'on trouve en Italie, ne sont pas moins riches en sujets de ce style. Sur ceux que l'on découvre en Étrurie, sur les urnes, les sarcophages, dans les peintures qui décorent les tombeaux (*voy.* fig. 593 et suiv.) de ce pays, on voit apparaître des représentations religieuses qui se distinguent par leur caractère plus grave des sujets purement profanes. Il y a d'ailleurs, dans les monuments de l'Étrurie, des types qui, par leur caractère fantastique, leurs formes conventionnelles, rappellent ceux de la Syrie et de l'Asie occidentale.

Ce n'est pas tout à fait le monde terrestre que l'artiste a transporté dans la société des dieux, ainsi que cela a lieu pour la Grèce et eut lieu plus tard pour l'Italie, lorsqu'elle eut confondu sa religion avec celle de ce premier pays; les personnages divins sont conçus, chez les Étrusques, sous une sorte d'idéal qui n'est pas celui de la beauté, mais qui dénote des conceptions théologiques moins anthropomorphiques que celles des Hellènes.

Ce court aperçu suffit pour donner une idée des différences qui séparent l'art grec archaïque de celui des âges postérieurs, et pour montrer les analogies qui le rapprochent de l'art étrusque et italique. Les modifications que l'art religieux a subies dans ces deux contrées, dont les cultes d'origine en partie commune, c'est-à-dire de source pélasgique, se développèrent séparément et vécurent, durant plusieurs siècles, d'une vie propre, puis vinrent ensuite se confondre l'un avec l'autre ; ces modifications, dis-je, vont nous être surtout sensibles par l'étude que nous allons faire séparément des représentations de chaque divinité, de chaque grande personnification héroïque de la religion helléno-romaine. Les éléments qui entrent en composition pour donner naissance à ces êtres, à ces conceptions mythologiques, apparaissent d'abord avec leur caractère propre ; mais ce caractère finit ensuite par se fondre dans un caractère plus général, qui devient, à l'époque du syncrétisme, celui de la divinité.

En passant en revue la symbolique des dieux, des héros principaux de la Grèce et de l'Italie, dont ce recueil présente les monuments, nous remonterons à la source même d'où elle découlait, à cette mythologie de l'Asie, de l'Inde, de l'Assyrie, de la Phénicie, dont nous avons cherché plus haut à caractériser les représentations.

Cronos ou Saturne ouvre la série des divinités grecques. Les poëtes l'ont chanté comme le père des dieux, ce qui veut dire que, dans la théogonie hellénique, il prenait la première place, et qu'il était regardé comme la force intelligente primitive, dont les autres n'étaient que des émanations successives. En lui se personnifie le *temps* (χρόνος), qui forme avec le ciel, c'est-à-dire l'espace, et la terre, c'est-à-dire la matière, la triade primordiale d'où tout a été engendré. Mis en rapport avec les deux autres membres de la triade, Cronos devient le fils du premier, qui se personnifie dans Uranus (fig. 240), et l'époux ou le frère du second, qui se personnifie dans Rhéa ou Cybèle (fig. 229 et 230). Cronos tire son origine de l'Asie. Il est cette même divinité que les Phéniciens appelaient Baal ou Adonis (fig. 398, 409 *a*), les Assyriens Bel (fig. 214 et suiv.), les Phrygiens Attis (fig. 229, 230 et suiv.) ; de même que son épouse Rhéa ou Cybèle n'est autre qu'Astarté ou Omorca. Toutes ces déesses personnifient la terre, l'humidité, l'eau, l'agent féminin de la création conçue comme s'étant effectuée par l'opération de la génération animale. Cronos et Uranus ne sont que deux faces d'une même personnification; ils se confondent souvent l'un avec l'autre. La mutilation d'Uranus rappelle celle d'Attis, d'Esmoun, et la blessure d'Adonis. La harpé dont Cronos s'est armé pour priver son père du signe de la virilité, est le sceptre qu'on voit dans sa main, arme dont la provenance asiatique vient encore confirmer l'origine orientale de ce dieu (fig. 240, 240 a). Sa pose offre de la ressemblance avec celle qu'on voit parfois à Baal (fig. 214, 240).

Cronos a pour compagnons les Titans, personnifications des forces terribles et désordonnées qui agissaient au sein du chaos, image allégorique de ces convulsions, de ces déchirements dont le monde eut à souffrir avant d'arriver à l'état régulier qu'il a atteint aujourd'hui. Le type des Titans est le même que celui des Géants, des Hécatonchires, des Aloades : tout dénote en eux des emblèmes de ces premiers êtres que les cosmogonies orientales nous dépeignent comme des monstres, tradition qui prenait peut-être sa source dans un vague souvenir de ces gigantesques animaux qui appartiennent aux périodes géologiques qui ont précédé la nôtre. Ils sont nés de l'humidité et de la terre. Cette eau qui, répandue sur le sol, lui communique la propriété d'enfanter des êtres, mais des êtres encore monstrueux, est représentée par le sang d'Uranus; les serpents qui servent de membres inférieurs aux géants sont le double symbole de la terre et de l'humidité (fig. 328 suiv.).

Les Titans répondent, d'une part, aux dieux Cabires de la Syrie, aux *Elohim* (les Aloades?) des anciens Hébreux, aux Amschaspands de la Perse, aux Éons des gnostiques, aux Anges des Juifs de l'époque postérieure; de l'autre, aux *Raphaïm* de la Bible, aux dews, aux démons. Ils ont une double face, l'une bonne, l'autre mauvaise; ils sont les assistants de Dieu dans l'œuvre de la création, et ses adversaires, ses ennemis, c'est-à-dire qu'ils s'offrent tour à tour comme les forces qui créent et comme celles qui détruisent. La lutte des bons et des mauvais génies, des bons et des mauvais anges, reparaît dans celle des Titans et des dieux. Dans ce même mythe se reflète le phénomène de la mort et de la vie en opposition, ou bien encore l'antagonisme du bien et du mal (fig. 110 *bis*, 111, 117, 124).

La fable asiatique qui, dans les légendes divines, donne naissance à celle de Saturne, se mêle, dans les légendes héroïques, à la tradition de Persée, de Chrysaor (fig. 613, 447), les héros à la harpé. Le sang qui jaillit de la tête de Méduse, et d'où naît Chrysaor, rappelle le sang d'Uranus, et Méduse s'offre à nous comme une divinité de l'humidité, comme amante de Poséidon, le dieu des eaux.

Cronos, au temps du syncrétisme, se confondit avec Saturne, divinité italique de la production, dieu-père, qui semble avoir la même origine que lui. Comme divinité qui préside à la naissance des êtres, il est le dieu de l'agriculture; il est regardé comme le premier roi, comme le premier législateur de l'Italie; car les peuples de l'antiquité plaçaient en tête de leurs dynasties des dieux qu'ils supposaient les avoir gouvernés jadis et avoir fait fleurir parmi eux la justice et la paix. Ce Saturne, ce dieu de l'âge d'or, qui rappelle la tradition selon laquelle Cronos régnait dans les îles des Bienheureux, aux contrées occidentales de la terre, offre une grande analogie avec une autre divinité italique, Janus. Peu à peu il se confondit avec lui. Janus est, en effet, un dieu-père, un dieu de la production, un dieu premier-né, qui régnait sur la végétation et qui gouverna jadis l'Italie. Mais Janus est plutôt une personnification du soleil qui mûrit les germes, et Saturne, de la force qui les fait se développer au sein de la terre (fig. 243 et suiv.).

Cronos descendit peu à peu du rang suprême qu'il avait occupé, circonstance qui est exprimée par le mythe qui rapportait que son fils Jupiter l'avait détrôné. Il n'est plus, dans les derniers âges, que la personnification du temps. Sa harpé se transforme en faux. On lui donne pour attributs le sablier, les ailes. En Afrique, on l'identifie définitivement à Baal-Moloch; en Égypte, on le confond avec Sevek, le dieu à la tête de crocodile (fig. 142).

Jupiter (Ζεὺς πατήρ) est le grand dieu pélasgique, celui qu'on retrouve, dès une haute antiquité, à la tête du panthéon hellénique et latin. Fils aîné de Saturne et de Rhéa, frère et époux de Junon, il est le maître et le père des hommes et des dieux. Il est le fondateur des empires, le protecteur de l'ordre, le régulateur divin qui préside aux assemblées et aux conseils populaires. C'est de sa main terrible que les méchants reçoivent leur punition; car il est celui qui ouvre un œil éternel sur le monde, et de qui proviennent et le bien dont il se plaît à combler les mortels et le mal dont il les frappe quand ils l'ont mérité. Sa demeure est sur l'Olympe, montagne divine qui s'élève jusqu'aux cieux. Il y habite dans un palais somptueux. Ses armes sont l'éclair et le tonnerre. Il assemble et dissipe les nuages à son gré (fig. 256).

Jupiter est la divinité nationale et politique des Hellènes; il est celle dans laquelle on voit poindre le dogme admirable de l'unité divine. Comme roi et père des hommes, il est le fondateur et le vigilant protecteur de toutes les institutions consacrées par les lois, les mœurs et la religion.

Le Jupiter romain (*Capitolinus*, *Optimus Maximus*) n'est qu'un être mixte provenant de la fusion du dieu de la foudre, *Tina* ou *Tinia* (fig. 337, 431), adoré par les Étrusques, avec le Ζεύς hellénique. Par un effet du syncrétisme, il est confondu avec Baal ou Bélus, avec Amoun-Cnouphis (fig. 155, 158, 171), avec toutes les divinités suprêmes de chaque peuple.

En représentant Jupiter, les artistes s'inspirèrent de ce que le type humain offre de plus parfait dans l'âge mûr. Ils surent distinguer le caractère que le génie, la noblesse des sentiments, l'élévation des idées, répandent sur la physionomie et dans tout le port de celui qui les possède, et ils en firent les attributs de leur divinité suprême. C'était encore de l'anthropomorphisme, car l'art n'y peut échapper, mais c'était celui où l'imagination s'est élevée au plus haut degré de l'idéal. Ce fut ce type que Phidias porta à sa perfection, et qui devint, plus tard, celui sous lequel les chrétiens représentèrent Dieu le père (fig. 318).

Chez les Grecs, Jupiter est surtout le dieu des airs, le roi du ciel; chez les Romains, il est plus particulièrement le dieu protecteur des armées romaines, le Jupiter *Custos, Conservator, Feretrius* (fig. 258 et suiv.).

Comme dieu suprême et créateur, Jupiter forme, avec les grandes personnifications féminines des agents naturels, diverses dyades ou couples amoureux. Il s'unit à Dia, forme féminine de la divinité suprême (Ζεύς, Dios, Deus); à Danaé, personnification de l'eau et de l'humidité; à Sémélé, à Europe, personnifications de la lune; à Cérès ou Déméter, personnification de la terre. Mais son épouse habituelle, son *alter ego* féminin, c'est Junon, *Dioné* ou *Héra*, la reine du ciel et de l'air (fig. 275 d), dans laquelle se retrouvent, sous le côté féminin, presque tous les attributs qui caractérisent son époux. Junon s'offre à nous comme la déesse tutélaire du mariage. Le voile des fiancées est son principal attribut. La Junon latine naquit du mélange des traditions relatives à la Héra grecque et à la déesse étrusque *Cupra*. Junon est, en Italie, la déesse préservatrice, *Juno Sospita* (fig. 275 b), la déesse qui préside à la fabrication des monnaies (fig. 275 c, 601). Avec Junon se confondirent dans la suite et l'Ilithyie hellénique et la *Lucina* latine, qui présidaient à la délivrance des femmes enceintes (*voy.* fig. 337, 604). Alors elle a pour assistantes d'autres divinités génétyllides, qui reçoivent aussi le nom d'Ilithyies (fig. 250 a, 653). Par ce caractère, Héra se rapproche des divinités mères et se confond avec Artémis, avec Hécate, identifiées également avec Ilithyie. L'art, en reproduisant les simulacres de la Junon helléno-latine (fig. 273 et suiv.), s'appliqua, comme pour les images du dieu son époux, à réunir tout ce qui exprime la noblesse. Junon est véritablement une déesse reine (fig. 274). Un symbolisme très-simple se rattache à ses représentations. Le sceptre surmonté du coucou, le paon et la pomme de grenade, sont ses attributs ordinaires, comme l'aigle, la foudre et le sceptre sont ceux de Jupiter. Lors de l'époque du syncrétisme, la qualité de reine des cieux fit identifier cette déesse avec la *Thanith* ou Astarté des Carthaginois (fig. 208, 213), et par ce côté, elle se rattache à la Vénus-Aphrodite.

Latone (fig. 276) est un type mythologique qui repose en partie sur la personnification des mêmes idées que nous représente Héra ou Junon. Comme celle-ci, elle est l'épouse de Jupiter; comme celle-ci, c'est une divinité propice. Mais Héra est l'expression de l'air et de l'atmosphère; Latone, ainsi que l'indique l'étymologie de son nom (Λητώ, de λανθάνω, *être caché*), celle de l'obscurité, des ténèbres premières; car, dans certaines cosmogonies de l'Orient, la nuit ou les ténèbres premières jouent le même rôle que le chaos, avec lequel elles se confondent, ce chaos n'étant que la matière obscure. Les ténèbres représentées par Latone, et dont le voile sombre qui la couvre est l'emblème, s'unissent au père des dieux pour enfanter la lumière, et notamment les grands astres, le soleil et la lune; union symbolisée dans les amours de Jupiter et de Latone, d'où naissent Apollon et Diane, personnifications de ces deux astres.

Apollon est l'un des grands dieux de la Grèce, l'un de ceux dont la physionomie est le plus foncièrement hellénique. Sans doute qu'au fond de la conception enfantée par le génie grec, il se trouvait quelques traits empruntés aux divinités solaires de l'Asie. Les populations venues originairement des plateaux de la Bactriane et de la Perse, apportèrent, dans le pays lointain qu'elles occupèrent, des croyances empreintes des idées qui donnèrent naissance, chez les Aryas, au culte d'*Indra*, de *Sourya*, de *Mithra*, chez les Sémites, à celui de *Baal-Adonaï* (Adonis). Mais, une fois transporté en Grèce, le type du dieu solaire y revêtit promptement des formes nouvelles, quoique, dans les mythes dont il fut l'objet, on découvre souvent des vestiges de son origine orientale, qui vinrent se grossir plus tard d'une foule d'emprunts faits aux religions de l'Asie. Le griffon, par exemple, qui est un de ses emblèmes (fig. 301, 302), est emprunté à la symbolique de cette contrée, et rappelle, en outre, l'épervier, symbole de *Phré* et d'*Horus*, ou du soleil chez les Égyptiens (fig. 138 a). Apollon est la divinisation de la lumière, du soleil, de la force qui vivifie la nature, de la beauté. L'astre du jour, considéré comme la source de tous ces dons, se personnifie en lui; il en est le symbole vivant et animé.

Comme dieu du soleil, Apollon reçoit l'épithète de Phœbus, c'est-à-dire de *brillant*, de *lumineux*. Le surnom de *Lycien*, emprunté au radical *lux*, lumière, λευκός, brillant, blanc, est dérivé de la même idée. Il a pour adversaire le serpent Python (fig. 278, 279), personnification de l'humidité répandue à la surface de la terre, qu'enlève, que combat la chaleur des rayons solaires. Cette lutte de la chaleur et de l'humidité, de la lumière et des ténèbres, du ciel et de la terre, se retrouve aussi dans le mythe des Titans, dont nous avons parlé plus haut. Apollon est porté sur un char (fig. 305), qui rappelle celui que les Védas donnent à *Indra* ou *Sourya* (fig. 93, 94), et qui est l'image de la course journalière du soleil dans les cieux. Les flèches que lance le dieu sont les emblèmes des rayons de cet astre. C'est avec ces flèches qu'il frappe les hommes et les fait périr soudainement, parce que l'action brûlante du soleil donne parfois naissance à des contagions. Mais Apollon est aussi celui qui guérit les hommes, parce que le malade puise dans l'air que le soleil échauffe, qu'il épure de ses feux, et les forces et la vie. Dans ce sens, il est le dieu qui éloigne les maux, *Alexicacos* (fig. 278), *Apotropæos*, le dieu sauveur, celui qui rend la santé, *Acesios*, *Acester*, *Epicourios*, *Iatromantis*.

C'est à Apollon que les Grecs rapportaient toutes les clartés qui illuminent l'esprit humain. La personnification de la lumière dans sa personne divine a conduit tout naturellement à faire de lui le dieu des lumières morales et intellectuelles; à ce titre, il est le dieu de l'inspiration prophétique et de l'inspiration poétique, intimement liées à l'origine et comprises toutes deux sous le nom de μαντεία, *vaticinium* (fig. 280 c). Il préside aux arts, à la musique (fig. 281, 282 suiv.), à l'éloquence, aux oracles. Adoré par les Grecs, comme la divinité par excellence, lorsque les tribus helléniques vivaient encore à l'état pastoral, Apollon a conservé, pour cette raison, les caractères de dieu berger, de divinité champêtre (fig. 283), et reçoit le surnom de *Nomios*. Comme il arrive pour tous les dieux grecs, ses formes se diversifient incessamment; ses traits changent, se métamorphosent dans chaque lieu, pour chaque peuplade; mais, à travers toutes ces modifications dues à la souplesse, à la fécondité du génie hellénique, il conserve invariablement son caractère essentiel, celui de la jeunesse, de la force, de la noblesse et de la beauté, que l'art a rendu dans maints chefs-d'œuvre, et qui le fait toujours reconnaître, malgré la diversité de ses attributs.

C'est qu'en effet c'était avec ce caractère que le soleil s'offrait constamment aux Hellènes, sous quelque aspect qu'ils le considérassent d'ailleurs. Sous le magnifique ciel de la Grèce, l'astre du jour répand dans la nature cette beauté, cette jeunesse, cette vigueur de tons, cette fraîcheur de coloris que le ciseau antique a symbolisées dans cette admirable figure de l'Apollon du Belvédère (fig. 278). Le soleil de la Grèce échauffe sans brûler, sans énerver.

Qu'on oppose Apollon à un second dieu solaire, dont la conception, venue plus tardivement de l'Asie, était empreinte davantage des caractères d'un autre ciel; qu'on le compare à Dionysos ou Bacchus. Comme l'artiste ancien avait bien fait passer dans cette seconde conception le caractère d'un autre ciel! Chez le dieu qui personnifie le soleil énervant de l'Asie, tout est mou, tout est efféminé; ses formes sont belles, mais elles respirent une langueur, une nonchalance qui contrastent avec la mâle énergie des formes de l'Apollon. Bacchus inspire la volupté; Apollon, l'admiration. L'un appelle au repos et à la mollesse; l'autre commande l'ardeur et l'activité. Chez le dieu fils de Latone, c'est un feu vif qui circule dans ses veines, qui soulève ses muscles, qui brille sur son front; chez celui de Sémélé, c'est une flamme secrète qui consume sans échauffer.

Comme dieu de l'inspiration, Apollon conduit le chœur des Muses, déesses qui s'offrent à nous comme la divinisation des différents dons de l'intelligence, des différentes formes de l'inspiration artistique, dont Phœbus est le véritable auteur. Dans ce cas, il reçoit le surnom de Musagète (fig. 306).

En Italie, les colonies grecques, et peut-être les Pélasges venus par le nord de l'Adriatique, apportèrent le culte d'Apollon, qui fut adoré des Étrusques sous le nom d'*Apul*, d'*Aplu*. Ce dieu conserva dans ce pays les traits et les attributs qui lui appartenaient dans la Grèce, et lorsque Rome entra dans une relation plus intime avec cette contrée, le culte des deux Apollons, hellénique et italique, se confondit complétement. Quant aux Muses, les Grecs en firent connaître l'existence aux Romains à une époque plus récente. Ces déesses n'eurent jamais chez ceux-ci qu'une existence empruntée, et elles gardèrent constamment la physionomie qu'elles devaient à leur origine essentiellement grecque.

Apollon était, chez les premiers Hellènes, le dieu de la médecine, celui qui éloignait ou guérissait les maladies. Plus tard, ces fonctions de divinité *iatrique* furent attribuées à une nouvelle divinité, Esculape, Ἀσκλήπιος, qui paraît n'être qu'une transformation du dieu phénicien *Aschmoun*. Cet Aschmoun ou *Esmoun* n'est lui-même qu'une des nombreuses formes du dieu soleil, appelé tour à tour, dans les religions de l'Asie, *Baal*, *Attis*, *Adonis*, *Melkarth*, *Moloch*, *Sandon*. Son culte, introduit d'abord à Épidaure et dans l'île de Cos, se répandit ensuite dans l'Arcadie, l'Élide, l'Attique, la Phocide et la Thessalie. Il se lia d'une manière intime aux progrès de l'art médical, dont ce dieu était le protecteur et la personnification, et revêtit une physionomie de plus en plus hellénique. Des mythes nombreux furent forgés à son sujet, et servirent à lui composer une légende dans laquelle son origine asiatique disparaît presque totalement. Toutefois, le titre de fils d'Apollon, que lui donnèrent la plupart des poëtes et des mythographes, continua de rappeler sa parenté étroite avec les divinités solaires.

Le culte d'Esculape, qui fut porté d'Épidaure à Rome, se répandit ensuite dans tout l'empire romain, et s'allia à celui d'autres divinités médicales.

Le dieu de la médecine, que les traditions de la Phocide et de la Thessalie nous dépeignent comme issu de la famille des Lapithes, et ayant eu pour mère la nymphe Coronis, malgré le rang secondaire qu'il vint occuper dans le panthéon hellénique, n'en garda pas moins un caractère qui dénote le rang plus élevé qui lui appartenait sous sa forme première d'Aschmoun. Dans ses images telles que les avait présentées le ciseau de Phidias, d'Alcamène et de Scopas, il y a quelque chose qui rappelle le souverain des dieux. Ses cheveux sont relevés au-dessus du front et retombent sur ses épaules; sa barbe est épaisse, sans être cependant bouclée comme celle de Jupiter; son regard est affable, mais fier; son attitude est simple, grave et pleine de dignité. Il est vêtu d'un manteau à larges plis (fig. 307, 309).

Le serpent est l'attribut ordinaire d'Esculape (fig. 308). Cet animal était regardé, à raison de son changement de peau, comme un symbole de la guérison, laquelle est comme le renouvellement de la vie. Sans doute aussi que le culte du serpent, uni, à Épidaure, à celui du dieu de la médecine, prenait sa source dans ce fétichisme antique qui faisait considérer les reptiles comme des êtres divins. Les serpents ont été l'objet des adorations d'un grand nombre de populations sauvages, et les premiers médecins ne furent que les sorciers, prêtres et magiciens à la fois, qui se donnaient pour les ministres de ces prétendues divinités.

Esculape est accompagné souvent de Télesphore (fig. 310, 311), le dieu de la convalescence, dont le manteau et le cucullus rappellent l'origine cabirique. Télesphore s'offre parfois comme le fils d'Esculape et d'Hygie. Hygie, dont le nom signifie *santé*, Ὑγίεια, est une sorte de personnification féminine d'Esculape. En effet, la dualité des sexes que nous offre le règne animal, jouait un rôle capital dans la plupart des religions de l'antiquité; et chaque force de la nature, chaque agent ou principe physique était personnifié en une divinité mâle et une divinité femelle, regardées comme époux ou comme frère et sœur, et parfois comme les deux à la fois, ou encore comme père et fille. Hygie fut une personnification de ce genre, qui recevait, dans d'autres contrées, les noms de *Jaso*, *Panacée*, *Pæonia*, et souvent elle se confondit avec d'autres déesses, telles que Minerve, auxquelles elle empruntait quelques attributs. Hygie avait aussi le serpent pour emblème. Les artistes la représentent généralement abreuvant dans une coupe un serpent qui s'enroule autour de son bras (fig. 310*a*).

Apollon a pour sœur Diane, appelée Artémis (Ἄρτεμις) par les Grecs. Cette Artémis était vraisemblablement, chez les Pélasges, la déesse de la chasse, celle qui veillait sur les champs et les troupeaux. C'est avec ce caractère qu'elle continua d'être adorée en Arcadie, contrée où se conservèrent longtemps les traditions pélasgiques. Ce caractère de divinité chasseresse resta toujours à Diane, même après qu'il eut cessé d'être exclusif, et il donna naissance à plusieurs des épithètes caractéristiques de la déesse. Le type antique d'Artémis semble cependant avoir emprunté, dès l'origine, quelques-uns de ses traits à la personnification de la lune, dont elle refléta, plus tard, les attributs sous une forme plus claire, quand elle reçut le surnom de *Phœbé*. La qualité de fille de Latone et de sœur d'Apollon que lui donnent déjà Homère et les tragiques, vient à l'appui de cette idée. Comme sœur d'Apollon, Artémis est une sorte de reproduction féminine de ce dieu, représentant, sous une forme analogue, le caractère et la puissance de son frère. Terrible comme lui, elle l'assiste dans ses vengeances, frappe d'épidémies cruelles les hommes et les troupeaux, et se plaît surtout à percer les femmes de ses flèches acérées. De là ses noms d'*Apollousa*, la destructrice, de *Iochéaira*, qui se plaît au jet de la flèche, de *Toxophoros*, l'archère, de *Chrysélakatos*, à la flèche d'or. Comme Apollon, elle a aussi un côté bienfaisant et réparateur. Alors elle apaise, détourne les calamités qui sévissent sur les humains, et s'offre à leur adoration comme la divinité qui bénit et guérit les douleurs. C'est surtout dans ce cas qu'elle reçoit le nom d'*Artémis*, lequel signifie *qui sauve*, étant dérivé de ἄρω, et ceux de *Soteira* et de *Sospita*.

Artémis rappelle beaucoup l'Athéna hellénique. De même que celle-ci, c'est une divinité vierge, fort jalouse de faire respecter sa chasteté. Ce caractère est celui qui vient le plus à l'appui de son origine pélasgique. Car cette conception de la femme chaste semble appartenir de préférence aux races aryennes qui s'établirent en Europe, telles que les Pélasges, les Celtes, les Germains, les Slaves. Chez tous ces peuples, la divinité femelle est conçue comme une vierge, la virginité constitue un des plus beaux priviléges du sacerdoce féminin ; tandis que, chez les races sémitiques de l'Asie, les déesses, comme les prêtresses vouées à leur culte, ne connaissent aucun frein à l'ardeur de leurs passions sensuelles, et la volupté est, pour ainsi dire, érigée en une de leurs vertus.

Dans l'Asie Mineure, en Lydie surtout, Artémis prit un caractère exclusivement lunaire; elle s'offre comme la déesse *Lucifère* (fig. 321 e, 322, 323), et les mythes dont elle fut l'objet, enlevèrent à sa physionomie une partie de sa sévérité, de sa pureté première, ainsi que le montrent ses amours avec Endymion (fig. 324), dans lequel on reconnaît la personnification du sommeil, comme on reconnaît dans Morphée (fig. 334) celle des songes, μορφαί. Le mythe d'Endymion veut dire que les feux tranquilles et doux de l'astre des nuits conviennent au repos.

Artémis se rapprocha ensuite de Cybèle et de Déméter, divinités mères, fécondes, productrices, personnifications de la terre qui engendre et nourrit les créatures. De ce mélange d'attributs appartenant à des déesses qui offraient des traits communs, naquit la conception de la Diane d'Éphèse, divinité panthée au sein de laquelle vinrent se réunir les attributs de presque toutes les déesses de la Grèce et de l'Asie. En même temps qu'Artémis se confondait ainsi avec les grandes déesses asiatico-helléniques, elle s'identifiait avec plusieurs divinités étrangères de diverses contrées, qui présentaient la personnification des mêmes forces physiques, des mêmes agents de la nature. La divinité thrace Hécate, qui régnait aux enfers, la déesse adorée par les Taures et à laquelle ils offraient des victimes humaines, la Dictynna ou Britomartis et l'Ilithyie des Crétois, l'Anaïtis des Mèdes et des Perses et des Cappadociens, furent rattachées à l'Artémis grecque. Tandis que, par son assimilation à la grande déesse des Éphésiens, elle donnait la main à Cybèle, par son assimilation à Hécate elle se lia à Proserpine.

Artémis a aussi son point de contact avec Minerve. Elle se confond avec elle quand elle est considérée comme divinité marine (fig. 320 e). L'Artémis *Potamia* ou *Alpheioa* (fig. 320 f, g, h), la même qu'Aréthuse (*Arethosa*), est une des formes de la Minerve Tritogénie, la divinité des sources et des fleuves.

Le culte d'Artémis avait été d'abord sanguinaire, comme celui que rendent à leurs dieux presque tous les peuples barbares. On lui immolait des enfants, sacrifice horrible que rappelait, sous des formes adoucies, la fustigation infligée en l'honneur d'Artémis *Brauronia*. Peut-être même les habitants de la Tauride avaient-ils reçu des Pélasges, de même race qu'eux, le culte de leur Diane taurique aux légendes de laquelle se rattachait précisément le sacrifice d'Iphigénie, où s'était conservé le souvenir de ce culte barbare. Plus tard, on n'offrit plus à la sœur d'Apollon que les animaux qui figurent dans la chasse. Le caractère bienfaisant qu'on lui prêtait prévalut de plus en plus, développé encore par l'alliance de cette déesse avec les divinités mères. C'est alors qu'au lieu d'être une déesse sauvage et cruelle, la fille de Latone apparut comme celle qui guérit et protége les petits enfants, sous les surnoms de *Courotrophos*, *Philomeirax* et *Paidotrophos*.

Les Pélasges italiques adoraient Artémis sous le nom de *Thana*, qu'on lit encore dans les inscriptions étrusques, et d'où est dérivé le nom latin de Diane, *Diana*. Chez les Sabins, Diane avait conservé le caractère de déesse chasseresse qu'elle avait dans les vallées du Taygète, de l'Érymanthe et du Ménale. Chez les Romains, elle jouait le rôle de divinité génétyllide ou de la naissance, qui appartenait, en Grèce, à la

Diane ou à la Junon Ilithyie. Enfin, elle présidait aux cérémonies magiques, aux évocations des morts, comme l'Hécate thrace, comme la Lune en Thessalie. Ainsi se retrouvent, en Italie, tous les caractères qui constituent les différentes faces sous lesquelles cette déesse se présente chez les Hellènes, preuve irrécusable de la communauté d'origine de l'Artémis et de la Diane.

L'art conserva toujours, dans les images de Diane, le type primitif qui en faisait une sorte d'Apollon féminin. Comme le dieu du jour, elle était douée de force, de jeunesse et de beauté. C'est surtout avec les attributs de déesse chasseresse qu'elle apparaît dans les œuvres du ciseau antique. Les images qui l'offrent avec les attributs de divinité lunaire, sont d'un âge plus moderne, ou du moins exécutées d'après des modèles moins anciens. Plus les attributs qui font allusion à son caractère de déesse lumineuse sont multipliés, plus l'œuvre date d'une époque rapprochée de nous. C'est ainsi que le flambeau mis à sa main dénote une œuvre plus moderne que le croissant qu'on voit de bonne heure briller sur le front de la déesse. Quant à ces monuments où la beauté, l'élégance, le naturel, sont sacrifiés à l'idée symbolique, tels que les figures panthées et fantastiques de la Diane d'Éphèse, de la triple Hécate, ils appartiennent à ces siècles où l'art avait cessé de puiser dans l'ennoblissement de la forme humaine le type de la perfection divine; ils s'éloignent de cet âge d'or de l'art hellénique où l'anthropomorphisme entretenait dans les esprits le culte du beau.

De même qu'Artémis est la personnification de la lune considérée comme une divinité féminine, *Men*, ou *Lunus*, ou *Pharnaces*, est la personnification de la lune considérée comme divinité masculine (fig. 330 et suiv.). Divinité asiatique qui préside au mois, que règle cet astre, son culte se répandit peu dans la Grèce, et ses représentations ne se rencontrent guère que dans des figurines et sur des monnaies.

Autour d'Apollon et de Diane, des divinités des deux grands luminaires, se placent : Éos (l'Aurore) (fig. 335), la Nuit (fig. 333), Héosphoros ou Lucifer, l'étoile ou le crépuscule du matin (fig. 3o4), Phaéthon, la clarté (fig. 3o5), personnifications des différents états du ciel suivant la position du soleil, qu'avait inventées l'imagination des poëtes.

Minerve ou, comme les Grecs l'appelaient, Athéna, fut une des déesses les plus nationales de la race hellénique. Adorée très-anciennement en Béotie, où son culte datait des établissements pélasgiques, elle fut portée de là dans toute la Grèce. A l'origine, Athéné était une personnification féminine du principe humide, comme l'indique son nom de *Tritogénie*, née des eaux. Elle réunissait tous les attributs des divinités suprêmes du sexe féminin, d'*Anaïtis*, la grande divinité araméenne, et de *Neith*, la divinité égyptienne, avec lesquelles elle a peut-être une antique parenté. Protectrice de la famille, elle présidait à la vie et aux travaux domestiques, aux ouvrages d'aiguille et de fuseau. Elle avait en même temps le caractère de gardienne des villes, des peuples, *Palladium* (fig. 353), *Poliade* (fig. 346), de déesse guerrière et victorieuse (fig. 34o a et suiv.). De là le nom d'*Athenæ*, qui lui consacra l'une des premières et des plus anciennes villes de la Grèce. Minerve est la déesse qui donne la victoire (fig. 348), comme elle est aussi celle qui apporte la paix (fig. 35o). C'est en sa qualité d'arbitre des combats, de reine des cités, qu'elle apparaît comme fille de Jupiter, dont la foudre est souvent dans sa main (fig. 349). C'est avec ce caractère de divinité des combats qu'Athéna passa en Italie, portée par les Pélasges qui vinrent coloniser ce pays. Elle reçut, chez les Étrusques, le nom de *Mnerfa*, d'où les Romains tirèrent celui de *Minerva*, Minerve, nom dont l'étymologie rappelle l'idée de courage et de force (μένος). On voit sans cesse sur les vases peints cette déesse armée de la lance et coiffée de la peau de lion, *galea*, qui précéda le casque (fig. 337, 342). Elle darde son fer contre les ennemis, et cette circonstance rappelle le surnom de Pallas qu'Homère donne souvent à son Athéné (de πάλλω, lancer, agiter). Chez les Étrusques, Minerve était la divinité des instruments de musique guerrière, des chars, des arts;

caractère que l'on retrouve également chez la Minerve Erganè et Hippia des Hellènes (fig. 351). Par ce côté, Pallas se rattache à Cérès ou Déméter, et elle partage avec elle l'honneur de plusieurs inventions aratoires. Ces deux divinités n'étaient en effet que deux grandes faces d'une même personnification, la terre, considérée comme la forme sensible du principe plastique, humide et fécondant.

Les progrès de l'esprit, dans la Grèce, dégagèrent de plus en plus l'idée métaphysique et abstraite qui se cachait dans la personnification appelée Athéna et Minerve. Celle-ci devint l'idéalisation de la force, de la pensée, de la sagesse, de la science humaine. Elle se confondit avec *Métis*, où se personnifiait la même conception. La plupart des mythes dont les poëtes embellirent son histoire, furent créés sous l'influence de cette conception nouvelle. L'art suivit la poésie dans cette voie idéale. Minerve devint la Vierge divine par excellence Παρθένος (fig. 345), armée comme un guerrier, le front empreint d'un sentiment de noblesse et de chasteté, la démarche fière et hardie, le type, en un mot, de la femme forte.

La philosophie néoplatonicienne acheva d'élever le type de Minerve à la hauteur d'une véritable personnification de la Sophie divine, conçue comme un être à part, ayant pour mission d'opérer le salut de l'humanité : idée sublime dont le gnosticisme s'empara et qui n'est point étrangère au type chrétien de la Vierge Marie.

Si Minerve, comme divinité de l'agriculture, donne une main à Cérès, de l'autre elle s'unit à Artémis ou Diane, que des liens étroits de parenté rattachent à Anaïtis et à Cybèle.

Toutes ces déesses offrent, sous un type plus pur, plus chaste, moins sensuel, la personnification du sexe féminin. Elles appartiennent, comme telles, aux divinités d'origine japétique ou aryenne, chez lesquelles un caractère plus spirituel et plus pur distingue la femme. Au contraire, Vénus Aphrodite, qui exprime la même idée et est née des eaux, comme la Minerve Tritogénie, représente le sexe féminin avec ce caractère sensuel et voluptueux qui appartenait aux déesses de race sémitique, à Astarté, à Mylitta, caractère que l'art conserva religieusement dans le type de Vénus, dont les formes contrastent si complétement avec celles que le ciseau donna à Minerve.

Minerve, de même qu'Apollon et Jupiter, combat contre les esprits mauvais nés de la terre et représentés par les Géants, mythe dans lequel se retrouve l'opposition de la matière et de l'esprit (fig. 338).

La chouette et l'olivier sont ses symboles (fig. 341 b et suiv.); son bouclier ou sa cuirasse, formée de la peau de chèvre (égide), armure des premiers âges, portent la tête de Méduse, le *gorgonium* (fig. 347).

Dans ces Gorgones, monstres habitant aux extrémités de la terre, il faut sans doute reconnaître des personnifications analogues à celles des Géants, principes nés de la terre et de l'humidité, toujours mis en opposition avec les dieux, mais que l'art hellénique transforma plus tard, et où il sut opérer la merveilleuse alliance de l'horreur et de la beauté (fig. 612 a).

Les Hellènes adoraient, sous le nom d'*Arès*, une divinité qui présidait au carnage et aux combats, aux luttes guerrières et aux horreurs de la mêlée. Les poëtes en firent tantôt un fils de Jupiter et de Junon, tantôt un enfant que cette dernière déesse aurait conçu sans le concours de son époux, en touchant une fleur des champs d'Olène. Enyo ou Bellone, sa sœur, conduisait son char. Deimos et Phobos (la Terreur et la Crainte), ses deux fils, l'accompagnaient sans cesse (fig. 369, 370).

L'aspect d'Arès avait quelque chose de farouche; sa voix était éclatante; sans cesse armé de sa lance, il excitait les hommes au meurtre et à des luttes sanguinaires.

C'était sans doute de la Thrace que les Grecs avaient tiré cette divinité, qui n'occupa jamais chez eux qu'un rang secondaire. Les âpres montagnes de l'Hémus étaient représentées comme son séjour favori. C'est de là qu'il se rendait, disait-on, pour assister aux combats qu'il animait de sa présence.

Les Étrusques reconnaissaient aussi un dieu des combats, nommé Mavors, c'est-à-dire la *mort*, et qui était celui qui donnait le trépas dans la mêlée. Peut-être est-ce ce personnage qui se voit sur les bas-reliefs funéraires prêt à frapper de son marteau sa victime, et que l'on a désigné sous le nom de *Charon étrusque*. Les anciens Sabins avaient aussi un dieu des combats appelé par eux *Mamers*, et dont l'emblème était une lance plantée en terre. Ce Mamers fut l'ancêtre du Mars latin, avec lequel se confondit de bonne heure le Mavors étrusque.

Mars devint l'un des grands dieux de Rome. Il était compté au nombre des dieux Lares, divinités tutélaires de la ville, des *dii conscntes*, qui présidaient aux éléments et aux révolutions de l'année. Aussi la vieille année romaine instituée, disait-on, par Romulus, et qui était dérivée de l'année étrusque, commençait-elle par le mois de mars.

Lorsque les conquêtes des Romains eurent porté leur religion en Grèce et en Asie, Mars se confondit avec l'Arès hellénique. Les images de ce dieu, jusqu'alors peu communes, et dont le sculpteur Alcamène avait créé l'idéal, se répandirent promptement. Les statues, les gemmes, les médailles de l'époque impériale reproduisent sans cesse la figure du dieu auquel la ville éternelle croyait être redevable de toutes ses conquêtes. Tantôt le fils de Junon nous apparaît nu, tantôt vêtu de l'habit militaire et le manteau sur les épaules (fig. 356). Il est généralement armé du casque, de la lance et du bouclier. Quelquefois il est barbu, plus souvent il est sans barbe. L'égide avec la tête de Méduse recouvre fréquemment sa large poitrine, et le bâton du commandement est dans sa main. On le voit aussi sur un char traîné par des chevaux fougueux que dirige Ényo ou Bellone (fig. 368 a).

Les traits de Mars respirent plus la force que la beauté; son front est large et sombre; ses yeux enfoncés et menaçants. Sa bouche est petite et pleine, ses jambes sont un peu grêles. C'est avec ce caractère que s'offre surtout à nous le Mars latin, le *gradivus pater* (fig. 366).

Mars fut aussi confondu avec le *Baal-Melkarth* ou Hercule phénicien, avec le *Camulus* gaulois, l'*Aziz* syrien. Les poëtes ont enrichi son histoire d'une foule de légendes, entre lesquelles celles qui se rapportent à ses amours avec Vénus ont fourni à l'art antique de fréquents sujets de composition.

A la suite de Mars marche la Victoire, appelée par les Grecs *Nicé* : c'est une divinité allégorique, qui a fourni aux artistes anciens d'heureux sujets d'inspiration. Hésiode en fait la fille de Pallas et de Styx. On l'adorait dans l'Acropole d'Athènes. Sylla lui bâtit un temple à Rome; elle avait aussi une statue au Capitole (fig. 373 et suiv.).

Cette divinité apparaît souvent à la suite de Jupiter ou de Minerve, ou conduisant le char des triomphateurs, sur la tête desquels elle dépose une couronne (fig. 376). On la représente ordinairement avec des ailes, tenant d'une main une couronne de laurier et de l'autre une palme. Quelquefois elle est montée sur un globe comme la Fortune, symbole de son instabilité ou de sa domination universelle. A Athènes, Pausanias nous apprend qu'il y avait dans l'Acropole une Victoire sans ailes, afin qu'elle ne pût s'envoler et qu'elle demeurât toujours dans cette cité.

La Victoire, dans les derniers temps, offre souvent plus d'un trait de ressemblance avec la Fortune. C'est ce qui a lieu notamment pour les Victoires dites rostrales (fig. 378), et qui faisaient allusion à des succès remportés sur mer. Toutefois les ailes constituent l'attribut le plus caractéristique de la Victoire, attribut d'autant plus remarquable que c'est presque la seule divinité à laquelle le ciseau grec l'ait donné, tandis qu'il est si fréquent, au contraire, chez les figures hiératiques étrusques.

Aucune divinité de la religion hellénique n'a joui d'une plus grande célébrité que Vénus, la déesse de la beauté, des amours et de la fécondité. Bien que transportée de bonne heure dans le panthéon grec, cette déesse avait une origine asiatique qui ne saurait être méconnue. Le siége, le centre de son culte, Cypre, habitée par une population sémitique, nous montre assez que c'est en Phénicie qu'il faut placer son berceau. Lorsqu'on étudie les mythes qui composent sa légende, on reconnaît en elle l'Astarté phénicienne, la lune, la déesse féminine, la mère et la nourrice des êtres, la personnification de l'humidité. Portée de Cypre à Cnide, à Cythère, et successivement dans toutes les contrées de la Grèce, elle reçut le nom d'*Aphrodite*, c'est-à-dire fille de l'écume des mers, mythe qui donna naissance à la belle image de la Vénus *Anadyomène* (fig. 384 c). Sous l'inspiration du génie hellénique, Aphrodite, qui avait été à l'origine figurée par une pierre conique, trouva des formes, des traits, un caractère qui bientôt la distinguèrent profondément de son type asiatique. Toute la grâce, toute la suavité du pinceau, du ciseau grec, furent mises en œuvre pour réaliser le type nouveau, qui finit par détrôner l'ancien jusque dans les lieux où il était né. L'art varia à l'infini les images de cette déesse, tout en y conservant un certain caractère commun qui nous offre l'idéal du type féminin (fig. 388 et suiv.).

Dans les monuments, Aphrodite se montre à nous tantôt avec les symboles qu'elle avait apportés de l'Orient : la colombe (fig. 392), le taureau (fig. 386), la tortue, le dauphin, le bouc; tantôt avec ceux dont l'avait dotée la poésie hellénique, avec la flèche dont elle perce le cœur de ceux que sa beauté frappe d'admiration, la ceinture brodée où sont cachés ses charmes mystérieux, le désir, les douces paroles. Vénus, dans tout son éclat, exerce son empire sur l'univers entier; elle est alors la Vénus *Victrix* (fig. 391), cette heureuse divinité, Vénus *Felix*, qui dompte toutes les créatures par le seul charme de ses traits (fig. 399). Près d'elle est Cupidon, personnification de l'Amour, dont l'imagination des Grecs avait fait le fils de la déesse.

De la Grèce, le culte d'Aphrodite passa en Sicile, se répandit en Italie, chez les Étrusques, où la déesse était adorée sous le nom de *Cupra*, sans doute en raison de Cypre, sa terre natale; chez les Latins, sous celui de *Vénus*. L'art italique reçut des Hellènes le type qu'il lui prêta, et ce type suivit toutes les modifications, toutes les vicissitudes du mythe. La figure de la déesse, à la fois belle et noble, sa fécondité, qui n'excluait pas la chasteté, firent graduellement place à cette beauté voluptueuse, à cette grâce pleine de séductions, où respire bien plus le sentiment de l'amour sensuel que celui de la maternité. Vénus ne fut plus dès lors qu'une courtisane déifiée, et c'est sous ces traits que Praxitèle a immortalisé son image. C'est à dater de cette époque que le ciseau dédaigna de voiler sa nudité, qu'il prit à tâche, au contraire, de découvrir tous ses charmes. Son vêtement, en tombant, entraîna, en quelque sorte, cet air de pudeur et de retenue qui se lit encore sur le front de la Vénus dite *Genitrix* (fig. 395).

Le caractère voluptueux, désordonné, du culte de Vénus dénote son origine asiatique, ainsi que la supériorité marquée que les légendes attribuent à la déesse sur son époux. Celui-ci est *Héphæstos*, Vulcain, le dieu du feu, véritable caricature du Baal-Adonis, auquel Astarté était unie dans la mythologie phénicienne, mais qui apparaît plutôt comme l'époux d'une reine que comme un roi. Vulcain est un des dieux Cabires; le caractère démiurgique de ces dieux, dont il a conservé les attributs (fig. 199, 214, 216, 245), se retrouve encore dans les fonctions de forgeron que les poëtes lui donnent. Dieu du feu comme la divinité solaire Baal, il n'est mis en opposition avec Vénus que pour mieux faire ressortir la beauté de celle-ci. Aussi l'Odyssée fait-elle préférer par la déesse Mars à Vulcain, adultère dans lequel se trahit en quelque sorte l'opposition des idées de la Grèce et de celles de l'Asie (fig. 382).

Lorsque le syncrétisme de l'époque impériale fondit ensemble les religions de l'Asie et de la Grèce, Vénus fut identifiée avec l'Astarté phénicienne, de laquelle elle procédait, et avec l'égyptienne Athyr ou Hathor (fig. 154), peut-être elle-même apportée de la Phénicie sur les bords du Nil. Les trois déesses se confondirent en une seule, grâce à leur origine commune, et de cette fusion naquit cette Vénus Uranie des temps postérieurs (fig. 203), dans laquelle une pensée asiatique se traduit sous des formes toutes grecques.

Les types nouveaux eurent peu de durée; ils ne prévalurent jamais sur celui que l'art hellénique avait créé, et où se révèle si bien l'enthousiasme de l'humanité pour sa propre image, qu'elle adore sous le nom de beau idéal.

Vénus a reçu pour fils *Éros*, l'Amour ou Cupidon, personnification de la passion qu'allume dans les cœurs la beauté représentée par cette déesse. Cupidon a pour père Vulcain, c'est-à-dire le feu, mythe qu'il est facile d'expliquer. C'est un enfant malin et sournois, qui frappe quand on s'y attend le moins. Nul n'est à l'abri de ses atteintes. La flèche acérée dont il est armé (fig. 401) perce les cœurs les plus durs. La torche qu'il porte à la main embrase tout l'univers. Le monde entier est soumis à ses lois; comme sa mère, il est une divinité toujours victorieuse (fig. 402). Les monstres les plus farouches rampent devant lui. Le type de l'Amour a donné naissance, dans l'art, à mille types secondaires, qui ne sont que des reproductions de ce type principal. Ce sont les *Érotes*, les petits génies qu'on se plaît à faire figurer dans les scènes amoureuses, qu'on place autour des belles, ou qu'on représente se livrant à mille occupations folâtres (fig. 399, 404 et suiv.). Il faut voir en eux autant de personnifications des charmes divers qui font le cortége d'une beauté piquante, des êtres allégoriques destinés à exprimer les attraits qui font naître l'amour et que l'amour fait naître à son tour.

A côté de cet Amour, création de la poésie, se place cet Amour plus chaste et plus sévère par lequel, dans les anciennes cosmogonies, était représentée la force d'attraction, de cohésion qui forma l'univers et qui l'entretient. C'est cet Éros dont Hésiode fait une des divinités primordiales, qui devient fils du Ciel ou encore de Vénus-Uranie, mythe qui rattache cet Amour profondément symbolique et religieux à l'Amour poétique.

Éros uni à Psyché, qui personnifie l'âme humaine, donna naissance, dans les derniers temps, à un mythe charmant, que les artistes se sont plu à représenter (fig. 406 a et suiv.). Dans cette légende, où le caprice se mêle assez étroitement à l'allégorie pour qu'il soit difficile de discerner nettement l'un de l'autre, on découvre cependant une peinture des émotions et des peines de l'amour, avec un regard aux épreuves et à la destinée de l'âme.

D'autres divinités exprimaient aussi les charmes que la nature a semés autour d'elle, les plaisirs qu'elle nous procure; telles étaient les *Grâces, Charites,* dont le nom et le nombre ont varié suivant les temps et les lieux, mais qui sont plus généralement considérées comme formant une élégante triade (fig. 410 et suiv.). D'autres déesses d'un caractère originairement agricole, Chloris et Zéphyre son époux, les divinités latines des fruits et des fleurs, Pomone et Flore, par l'élégance et la beauté des formes que l'art leur prêta, par les attributs dont on les entoura, se lient à tout cet ordre de déités poétiques dans lesquelles les passions sensuelles et voluptueuses cherchaient à se faire un idéal (fig. 599 a et suiv., 444, 599 d).

Hermès est une de ces antiques divinités de la Grèce dont le berceau paraît remonter aux Pélasges. L'Arcadie, où était l'un des principaux centres de la nation pélasgique, était aussi le siége principal du culte de ce dieu. Il avait, sur le mont Cyllène, un téménos auquel succéda plus tard un temple. Hermès fut d'abord un dieu dont les attributs et les images étaient aussi grossiers que les hommes qui l'invoquaient. C'était une personnification de la puissance productrice de la nature, et spécialement de la terre, que l'on regardait comme un fils du dieu suprême, Jupiter, et de Maïa, la divinité mère par excellence, qui est elle-même une personnification féminine de cette terre. Hermès était figuré par un morceau de bois surmonté d'une tête. A ce tronc d'arbre, qui simulait son corps, était fixé le phallus, symbole de la génération et de la production à laquelle il présidait. Telle fut l'origine des Hermès ou statues en gaîne et ithyphalliques que la tradition hiératique renouvela à une époque où l'art était cependant bien loin de ces informes simulacres. Population pastorale, les Arcadiens devaient prêter à leur divinité favorite les traits et les habitudes qui leur étaient propres; car, à toutes les époques et chez toutes les nations, les dieux ont toujours été faits à la ressemblance de l'homme. C'est à cette circonstance qu'Hermès dut son caractère de divinité pastorale et ses surnoms de *Nomios* et de *Criophoros* (fig. 422 et suiv., 604 et suiv.). La naïve crédulité des pâtres arcadiens donna naissance à une foule de légendes qui mettaient en relief son adresse, ses espiégleries, son savoir. A cet égard, il rappelle beaucoup le Crichna des Hindous, né dans les mêmes conditions (fig. 59, 61, 62 et suiv.). Dans ces contes populaires, le dieu de Cyllène puisa de nouveaux caractères qui modifièrent quelque peu sa physionomie originale. Il devint le dieu des voleurs, parce qu'étant enfant, il s'était fait remarquer par ses adroits larcins.

La musique était l'un des passe-temps des bergers; Hermès, dieu berger, fut naturellement regardé comme un dieu musicien. Les légendes lui attribuèrent l'invention de la lyre, qu'il avait façonnée avec l'écaille d'une tortue et les boyaux des bœufs de son troupeau. Il joue de la flûte comme Pan, divinité champêtre de l'Arcadie, avec laquelle il a plus d'une analogie. Hermès offre aussi des traits communs avec Apollon, dieu pastoral comme lui, et, comme lui, inventeur de la lyre, *lyræ parens*. Lui aussi, dieu de la divination, dieu des arts et de l'éloquence, Apollon, divinité de race hellénique, avait en effet, à bien des égards, de la ressemblance avec Hermès. Lorsque les Hellènes pénétrèrent dans l'Arcadie, son culte se répandit chez les populations pélasgiques, qui se mêlèrent avec eux. Dès lors il s'établit une lutte entre les deux cultes, lutte qui se trahit dans une foule de légendes, où les deux divinités sont mises en opposition l'une avec l'autre, sont dépeintes comme rivales, mais qui se termine par un véritable traité de paix. Hermès et Apollon gardèrent la plupart de leurs attributs communs, et ces dieux ennemis devinrent avec le temps des dieux frères. De l'Arcadie et de l'Élide, l'adora-

c.

tion d'Hermès se répandit dans toutes les contrées helléniques et jusqu'en Thessalie, si toutefois la population d'origine pélasgique de ce pays ne lui rendait pas déjà un culte, comme on le sait de l'Attique, de la Béotie et de la plupart des îles de la Grèce.

C'est après qu'Apollon et Hermès furent entrés à la fois dans l'Olympe hellénique, que ce dernier commença à recevoir ce caractère de messager des dieux que lui donne déjà Homère. Ces fonctions quelque peu humbles dénotent l'infériorité où les Arcadiens et les indigènes du Péloponèse se trouvaient par rapport à la race conquérante; là comme dans une foule d'autres contrées, les dieux des peuples vaincus furent rabaissés au rang secondaire de leurs adorateurs. Devenu le messager des dieux, Hermès revêtit un caractère tout nouveau, celui même qui a fourni à la poésie la matière de la plupart des mythes dont elle a tissé sa légende, et à l'art les traits sous lesquels il produisit son image. C'est comme héraut de l'Olympe qu'il devint successivement le dieu Psychopompe et Onéiropompe (fig. 421 et suiv., 602 et suiv.). Ce caractère de dieu infernal peut d'ailleurs se rattacher à son ancien caractère de divinité *chthonienne* ou habitant les entrailles de la terre, à la force productrice de laquelle il présidait. Peut-être aussi ce Mercure souterrain que l'on fit fils de Valens et de Coronis, et qui se confond avec Trophonius, est-il une divinité d'abord radicalement distincte de l'Hermès pélasgique, et n'est-il autre qu'un dieu cabirique, origine que semble indiquer la tradition qui lui donnait pour parents Cœlus et Dia.

Lors de l'alliance des religions grecque et latine, Hermès fut identifié avec Mercure, dieu latin du commerce et des richesses, qui a pu avoir une antique parenté avec l'Hermès pélasgique. Ce dieu Hermès-Mercure est celui que l'art a représenté à dater de l'époque impériale. Il fut aussi assimilé au Thoth égyptien, à l'Ésus gaulois, au Woden ou Odin des peuples germaniques. Il n'est pas impossible qu'il ait même été parfois confondu avec le Baal-Melkarth, dieu du commerce et des richesses des Phéniciens (fig. 420, 423, 639 a).

On ignore comment l'Hermès grec arriva à revêtir le caractère d'Énagonios (fig. 416 et suiv.), et pour quelle raison on le fit présider aux jeux gymniques; sans doute c'est comme dieu des arts et de l'adresse qu'il reçut ce nouveau rôle.

Les trois attributs de Mercure sont le pétase, ou chapeau de voyage, le plus souvent garni d'ailes, le caducée et les talonnières. Le caducée n'était d'abord que le sceptre, symbole de la puissance du dieu de Cyllène, lequel, lorsqu'il se vit réduit à la condition de serviteur des dieux, fut transformé en une verge de héraut (fig. 432, 435 et suiv.). Plus tard, lorsque Hermès s'offrit comme divinité infernale, le caducée, qui fut orné de deux serpents entrelacés et même d'ailes, devint un symbole de sa puissance magique. Homère ne donnait au messager divin que des sandales d'or; ce sont les poëtes postérieurs qui l'ont chaussé des talonnières. Le Mercure romain est figuré ordinairement avec la bourse, qui fait allusion à son caractère de dieu de la richesse et des larcins. Comme dieu gymnique, il a près de lui le coq et le palmier. Enfin, l'art l'a représenté sous les traits divers qui répondent à ses divers attributs (fig. 415, 419, 419 a, 727, 750 et suiv.).

Le type d'Hermès uni à celui d'Aphrodite ou Vénus donna naissance à Hermaphrodite. Dans cette personnification singulière, il est facile de reconnaître un de ces dieux de l'Orient, emblème des deux sexes et de l'action combinée des deux astres qui en étaient les symboles. Cette légende racontée par les poëtes, et d'après laquelle une nymphe Salmacis avait été confondue en un seul être avec le fils d'Hermès, est le mythe asiatique altéré qui peignait la réunion des deux sexes. L'art hellénique s'empara de cette conception, qui se prêtait merveilleusement à ses instincts voluptueux. Il s'efforça de réunir en un seul personnage tout ce que la beauté offre de plus séduisant dans l'un et l'autre sexe, afin d'éveiller en même temps, chez les hommes et les femmes, des désirs amoureux. Il se plut à entretenir dans les sens ces ardeurs contre nature qu'un soleil brûlant fait naître chez des esprits dépravés (fig. 425, 426).

Au reste, chez les anciens qui n'avaient pas pour tout ce qui touche aux rapports entre les sexes une morale à beaucoup près aussi sévère que le christianisme, la religion aimait à puiser ses symboles dans les images empruntées à cet acte mystérieux et attrayant qui perpétue les êtres. Le *Phallus* chez les Grecs (fig. 427 *et passim*), de même que le *Lingam* chez les Hindous (fig. 5, 6), était un emblème sacré que les générations environnaient d'un pieux respect. Ils en multipliaient les images, qui devinrent l'attribut de plusieurs de leurs divinités. Le Phallus sert à caractériser les dieux de la production, de la génération, tels que Priape, Pan, Phtha. Il est le signe de la vie, et a peut-être donné naissance au Tau égyptien, à cette croix ansée, emblème de la vie divine, qui finit par se confondre avec la croix dans les monuments des premiers chrétiens.

La mer fut divinisée par les Grecs, et probablement par les Pélasges, sous les personnifications masculines de Poseidon, de Nérée, de Pontos, et sous les personnifications féminines de Téthys et d'Amphitrite. Mais Poseidon, que les Romains identifièrent avec leur Neptune, demeure par excellence la divinité des eaux. Il est fils de Cronos et de Rhéa, filiation qui marque le rang élevé qu'il occupe dans la théogonie, et qui exprime que la mer était regardée comme le produit de l'action combinée de la terre et du temps. Il est le frère de Jupiter; on lui donne pour épouse Amphitrite (fig. 510 c). Cet hymen, aussi bien que celui d'Océan et de Téthys, nous montre les deux faces sexuelles sous lesquelles l'eau s'offrait dans les cosmogonies antiques, et cette dyade reparaît dans toutes les divinités marines, qui sont comme des émanations de la dyade première et révèlent la même idée. Ainsi, Nérée et Doris, frère et sœur en même temps qu'époux, sont la reproduction du couple symbolique primordial. L'opposition de Poseidon et de Minerve (tritogénie), leur lutte et finalement leur alliance emportent une idée analogue.

Poseidon est monté sur un char marin; il a pour cortége tous les monstres marins personnifiés, *Phorcys*, *Céto*, *Thaumas*, les Sirènes, les Tritons et les Néréides, figures allégoriques qui paraissent représenter les vagues (fig. 511, 512, 528).

Au type grec de Poseidon vinrent s'unir le type d'un dieu des mers phénicien, une des formes de *Melkarth*, dont le nom reparaît encore dans celui de Mélicertes (fig. 513), et celui de Neptunus et de Consus, dieux italiques des chevaux et des conseils. Ce *Neptunus*, dont le nom dénote également une personnification des eaux, et que les Pélasges avaient sans doute transporté en Italie, vit sa physionomie se fondre complétement dans celle du Poseidon hellénique.

Les attributs que l'art donna à Neptune (fig. 504 et suiv.) sont ceux d'une divinité supérieure et d'un monarque puissant. Le cheval, personnification des lieux inondés, est son symbole, il en est regardé comme le père (fig. 509); le trident est son sceptre (fig. 504). Il ébranle le sol et produit les tremblements de terre; car il environne la terre de ses ondes, conformément aux idées cosmologiques des anciens. C'est lui qui enfante les monstres, les brigands qui viennent désoler la terre.

Il a un certain caractère fatidique, qui se retrouve surtout dans ses enfants, ou dans les divinités qui ne sont que des formes diverses de son type, Nérée, Phorcys, Pontos, et qui a pu donner naissance au *Consus* italique, dieu des conseils, qui se confond avec le Neptune équestre. Il est terrible, impétueux, implacable; en un mot, tout dans son caractère reproduit celui de l'élément redoutable qu'il personnifie.

A la suite de Neptune viennent les Fleuves représentés par des hommes appuyés sur des urnes et le front armé des cornes du taureau, animal qui est l'emblème de l'élément humide (fig. 518 et suiv.); les Vents qui bouleversent la surface des flots (fig. 529, 530 et suiv.), et les *Harpyies* analogues aux Vents, qui soulèvent la poussière dans les orages (fig. 538).

Divinité apportée de l'Asie dans la Grèce par la Thrace et les îles de l'Archipel, Dionysos, le dieu de Nysa, devint le dieu du vin, celui des fêtes champêtres, des joies bruyantes d'où le surnom de *Bacchus* qui lui fut donné. Personnification du soleil considéré comme l'auteur de la maturation du raisin, il conserve dans ses attributs son caractère solaire. Il est aussi une personnification mâle de l'élément humide et féminin. Voilà pourquoi il a le taureau pour symbole (fig. 462 a, 463, 466, 467), pourquoi on lui attribue des formes efféminées qui finissent par faire place quelquefois à un véritable hermaphroditisme. On lui donne pour mère, pour épouse ou pour amante, des personnifications de la lune, *Sémélé*, *Argé*, *Io*, *Ariadne*, union allégorique qui nous reporte aux religions de la Syrie, dans lesquelles la déesse lunaire apparaît à la fois comme mère et comme épouse du Soleil. La grande extension que prit le culte de Bacchus est exprimée symboliquement par l'histoire de ses nombreux voyages, de ses expéditions. L'imagination populaire mit à sa suite une foule de divinités champêtres, auxquelles on prêtait un caractère joyeux et lascif, parfaitement convenable pour les compagnons du dieu du vin, *Pan*, les *Satyres*, les *Faunes* (fig. 502 et suiv., 484 et suiv.), *Silène*, dont on fait son père nourricier (fig. 495 et suiv.). A eux se joignent les bacchants et les bacchantes (fig. 468 et suiv.), personnifications des premiers ministres de Dionysos. On les voit, en proie au délire que provoque le jus de la treille, se livrer à mille actes extravagants, être agités par les passions les plus brutales, et arriver jusqu'à une véritable frénésie.

C'est surtout chez les femmes que le vin produit ces terribles effets; il leur fait oublier la pudeur et la modestie, qui forment le plus bel apanage de leur sexe, et les jette dans un état de fureur lubrique que les artistes se plaisent à reproduire (fig. 474). Les types de la femme ivre nous sont fournis par les *Thyades*, les *Ménades*, les *Mimallones*, les *Clodones* (fig. 452, 453, 457, 467, 468). Le ciseau et le pinceau, en les reproduisant, surent répandre sur leurs traits même avilis un genre de beauté qui nous attache encore à elles.

Tout ce cortège de dieux champêtres, de femmes et

d'hommes ivres, se livrant à de bruyants ébats, le thyrse d'une main et la cymbale de l'autre, accompagnés de panthères, ou montés sur des ânes, composent le *thiase*, la procession bacchique par excellence, qui décore tant de vases sculptés ou peints (fig. 474, 451, etc.).

Dionysos, identifié au Liber latin, le dieu de la production, forma avec Ariadne, Cora-Proserpine ou Libera, un couple divin qui, dans la doctrine des mystères, prit la place de Pluton et de Proserpine (fig. 462). Roi et reine de la terre, ils président comme tels à la production et à l'enfer placé au sein de la terre. Leur marche triomphale offre, sous une gracieuse allégorie, l'empire que les feux bienfaisants du soleil et de la lune exercent sur le sol (fig. 451, 454).

Dionysos retrouva dans Sabazius, dans Zagreus, dans Attis, des divinités solaires, offrant un type identique au sien, et avec lesquelles il se confondit graduellement par l'effet du syncrétisme. De ce mélange de conceptions diverses naquit le Dionysos mystique, époux de Cérès et de Proserpine, et qui a pour fils Iacchos (fig. 490 a). Iacchos n'est lui-même qu'une forme nouvelle de Dionysos, dans laquelle apparaissent tous les mythes des divinités solaires de l'Orient, combinés avec ceux qui se rapportent aux divinités telluriques et infernales.

Si, dans les bas-reliefs des sarcophages, et sur les vases peints, Bacchus perdit souvent son caractère de divinité champêtre, de dieu du vin et de la volupté, il le conserva dans les statues (fig. 458 et suiv.). Ces simulacres l'offrent sous les traits d'un éphèbe et respirent une molle langueur. La couronne de pampres le caractérise suffisamment. Quelquefois, une coupe est dans sa main et une panthère à ses pieds. Mais, dans d'autres bas-reliefs et sur certains vases, son port, son costume, décèlent son origine asiatique. Il offre alors ce type que l'on a baptisé du nom de Bacchus indien, et qui caractérise toute une classe de monuments (fig. 476 a).

Pan, les Silènes, les Satyres, les Faunes, les Sylvains, gardent, au contraire, constamment le même caractère. Ils sont sortis de l'Arcadie, de l'Italie, où des populations pastorales et d'origine pélasgique les invoquaient pour leurs troupeaux, et les supposaient répandus dans les bois, à l'entour des pâturages. Le Pan arcadien, qui se confond avec l'Hermès primitif, et qui rappelle le Priape italique (fig. 595 et suiv.), constitua même originairement une divinité d'un ordre supérieur, emblème de la génération dont ses simulacres offraient l'organe très-apparent.

Mais peu à peu ces dieux descendirent de leur piédestal, pour n'être plus que de simples demi-dieux destinés à accompagner les divinités supérieures qui les avaient remplacés. C'est ce qui arriva aussi pour le *Vertumne* étrusco-romain (fig. 597), personnification du soleil qui finit par n'être plus qu'un chétif dieu des jardins.

A ce groupe de divinités champêtres se rattachent les Naïades, les Dryades, les Hamadryades (fig. 324, 439, 500 à 503), personnifications qui rappelaient le culte qu'avaient rendu jadis aux arbres et aux fontaines les premiers habitants de la Grèce et de l'Italie.

Les Naïades appartiennent aussi à un autre ordre de divinités, qui n'occupe pas une place moins importante dans la religion gréco-latine; à celles des eaux dont nous avons parlé ci-dessus.

Vesta et Héphæstos ou Vulcain sont deux personnifications du feu, l'une mâle et l'autre femelle. Mais Vesta est le feu du foyer (ἑστία), et Héphæstos, le feu qui brûle au sein de la terre, celui qui s'échappe par la bouche des volcans.

Vesta est une divinité pélasgique, qui se retrouve à la fois en Grèce et en Italie. Dans l'une et l'autre contrée, on lui assigne la même origine; car *Cronos* et *Rhéa*, que les Hellènes représentent comme son père et sa mère, sont identiques à *Saturne* et à *Ops*. Vesta est une divinité vierge, caractère qui a trait à la pureté dont le feu est l'agent et l'emblème. Comme personnification du feu, Vesta préside à la vie domestique, au bien-être des familles (fig. 539 et suiv.). Elle est la déesse *Pénate* (*penas, dea penetralis*) par excellence, et se rattache aux Pénates et aux Lares, divinités domestiques des populations italiques (fig. 580, 581, 581 a). Elle préside aux sacrifices, puisqu'elle règne sur la flamme qu'on allume sur l'autel.

Héphæstos, dont nous avons déjà parlé à propos de Vénus, tire son origine de l'Orient; c'est Baal-Moloch, considéré comme dieu-cabire, comme le grand démiurge, le grand organisateur. Une parenté assez étroite l'unit au Phtha des Égyptiens, qui a plusieurs de ses attributs (fig. 156). Le rôle créateur est donné dans les cosmogonies asiatiques au feu, et surtout au feu terrestre, qui semble être celui qui répand la vie. Apporté de bonne heure aux Pélasges par les îles de Samothrace et de Lemnos, Héphæstos devint pour les Hellènes un dieu forgeron, un dieu artiste, chef des Cyclopes, personnifications des forces organisatrices du monde, représentées en Phénicie par les Cabires, et auxquelles vinrent s'unir les souvenirs des premiers artistes arrivés d'Asie en Grèce. Tandis que, chez les Grecs, Vulcain n'occupe qu'un rang secondaire, il conserve en Italie, sous le nom de *Sethlans, Selchanos* ou *Vulcanus*, le rang d'une divinité suprême (fig. 704 g). Mais, malgré le rôle inférieur auquel il est descendu, Vulcain garde dans son type un caractère tout cabirique (fig. 543 et suiv.), qui le fait reconnaître pour le frère de Baal et de Phtha. Héphæstos ouvre la série de ces divinités telluriques ou infernales, qui jouent un si grand rôle dans la mythologie hellénique des âges postérieurs. Personnifications de la terre considérée comme la source de toute production, de toute richesse, de la terre qui donne le blé et recèle les trésors, qui reçoit tous les germes pour les faire sortir ensuite sous forme de végétaux et de fruits, de la terre où habitent les morts et les ombres, toutes ces divinités appelées *Déméter, Proserpine, Pluton, Plutus, Hadès, Liber* et *Libéra, Cora*, se lient les unes aux autres par l'affinité la plus étroite.

Déméter ou Γῆ μήτηρ adorée en Italie sous le nom de Cérès, était, chez les Pélasges, la personnification de la terre productrice; de même que Cybèle, *Ops* ou *Rhéa*, était celle de la terre considérée comme la mère des êtres. Cérès représente la terre fertilisée par les travaux de l'homme ; aussi est-elle la déesse de l'agriculture, des moissons, ainsi que l'indiquent tous ses attributs (fig. 249, 250 a); lorsqu'elle s'offre avec ce caractère, elle a pour compagnes les *Heures* ou *Saisons* (fig. 250 r , 250 s).

Cérès rappelle Junon, étant, comme elle, une divinité mère; à ce titre elle est représentée vêtue et souvent assise (fig. 548 b, 549); mais ses traits, sa démarche respirent quelque chose de plus doux. Ce n'est pas la déesse de l'air, des tempêtes, la compagne du redoutable roi de l'Olympe, mais la terre pleine de libéralité et d'amour pour le genre humain. Elle est belle, mais c'est la beauté d'une femme déjà mûre. Les Heures partagent avec elle cette physionomie prévenante. Mais elles ont encore cette fleur de jeunesse et de beauté qui a fait place, chez Déméter, à cet air plus sérieux et moins délicat de la femme près du retour.

De même que toutes les grandes divinités pélasgiques, Déméter est fille de Cronos et de Rhéa. Unie à Jupiter, elle donne naissance à *Perséphoné* ou Proserpine ; unie à Poseidon métamorphosé en cheval, elle enfante *Despœna*, autre forme de cette divinité. Celle-ci, qui devient l'épouse du grand dieu infernal Pluton ou Hadès (fig. 554), est la personnification de la végétation. L'enlèvement de cette déesse, son retour sur la terre (fig. 556), sont des symboles de la germination des plantes et surtout des céréales. Tout le cycle mythique de Déméter et de Perséphoné, qui joua un si grand rôle dans la mythologie des âges postérieurs, et constitua le fond dogmatique des mystères d'Éleusis, devint comme un vaste creuset, où le syncrétisme fondit, pour ainsi dire, ensemble tous les mythes de la Grèce, de l'Asie et de l'Égypte. Pluton se confondit avec Zagreus, Dionysos, Osiris; et Perséphoné, en devenant la déesse infernale, s'identifia avec Isis et avec Déméter, sa propre mère. Tous les phénomènes de la végétation, de la vie agricole, furent représentés symboliquement dans un enchaînement de légendes, auxquelles se rattachèrent les idées de la vie future et tous les mythes relatifs aux enfers.

La dyade de Pluton et de Proserpine, analogue à celle d'Osiris et d'Isis (fig. 555), reproduisit dans les enfers la dyade qu'offrent au ciel Jupiter et Junon. Autour d'eux se groupèrent une foule de divinités infernales : Charon (fig. 558), et les génies de la mort (fig. 592 a, 592), personnifications des châtiments réservés aux coupables. L'enfer des Étrusques avec son *Mantus* et son caractère particulier (fig. 592 et suiv.), l'*amenthi* des Égyptiens (fig. 183), peut-être même l'empire de Yama, dans la religion de l'Inde (fig. 44), fournirent chacun des traits qui vinrent grossir le tableau de l'Hadès, tel que se l'était formé l'imagination des premiers Hellènes (fig. 555).

Proserpine est, dans l'art, une figure analogue à Cérès, sa mère; mais son farouche époux lui communique quelque chose de son air sombre et taciturne (fig. 554 a). L'art ancien avait su répandre sur tous les personnages de l'Hadès un aspect morne et terrible, qui rendait avec une admirable vérité le sentiment qu'inspirait la pensée de cet horrible séjour. Mais il n'avait pas pour cela dérogé à ses principes de beau, à son dessin plein de correction et de pureté : plus heureux que l'art chrétien qui ne fit du diable, au moyen âge, qu'un personnage hideux, sans être effrayant, et qui provoque encore plus le ridicule que la salutaire pensée de la mort.

La mythologie héroïque des Grecs, adoptée par les Romains, nous offre, sous d'autres couleurs et avec des types différents, une grande partie des idées qui sont symboliquement exprimées dans les attributs et les légendes des grandes divinités. Plusieurs des héros helléniques ne sont que des divinités étrangères introduites dans le panthéon grec, mais n'ayant pu obtenir qu'un rang inférieur à celui des dieux nationaux. Ces types exotiques vinrent se superposer sur des figures originairement grecques. C'est ce qui arriva pour Hercule, pour Persée, pour Jason, pour les Dioscures. D'autres fois, ces personnages ne sont que des êtres mythiques destinés à représenter une époque, une migration, un état de civilisation déterminé, une révolution sociale : tels s'offrent à nous Cadmus, Orphée, Dédale. Enfin certains héros semblent être des personnages historiques dont la vie se trouve mêlée à ce point avec des traditions fabuleuses, qu'on ne saurait discerner ce qu'il y a de réel et ce qu'il y a d'imaginaire dans leurs légendes : tels sont Achille, Tantale, Pélops, OEnomaüs, Protésilas, Agamemnon, Ajax, Priam, Énée, Hector, Ulysse, Diomède, Ménélas, Oreste, Thésée, Romulus et une foule d'autres, et, parmi les femmes, Niobé, Andromaque, Hélène, etc.

Parmi ces héros, Hercule occupe incontestablement la première place. Il participe à la fois du caractère divin et du caractère héroïque. Après avoir été, comme fils d'Alcmène, l'un des principaux personnages de l'époque antéhistorique, il fut à peu près identifié avec Baal-Melkarth, dieu solaire des Phéniciens, appelé l'Hercule tyrien (fig. 214 h et suiv.). Il fut aussi confondu avec Sandon, l'Hercule cilicien, et Sandacus (fig. 219), avec Djom ou Gom (fig. 138 a, 140), l'Hercule égyptien, avec Ogmios, l'Hercule gaulois. Ses travaux, souvenir des exploits merveilleux qu'on lui prête (fig. 654 et suiv., 603 et suiv.), furent à la fin groupés et transformés de façon à figurer, sous le voile de l'allégorie, la course du soleil à travers les signes du zodiaque (fig. 657 et suiv.).

Ce mélange de divinités de provenance si diverse fait de la légende d'Hercule un des sujets les plus complexes et les plus obscurs. Ses attributs se diversifient à l'infini. Comme divinité solaire, il est en rapport avec Apollon (fig. 689), et à d'autres égards, il offre plus d'un point de contact avec Jupiter et avec Mercure (fig. 603, 690).

La sculpture n'a pas suivi la mythologie dans la diversité des formes que celle-ci prêta à Hercule, d'après les idées qu'elle symbolisait en lui. Pour elle ce héros fut toujours le type de la force musculaire. C'est un véritable athlète aux épaules larges, aux bras nerveux, au col épais et court, aux cheveux courts et crépus (fig. 671, 673). Il est ordinairement vêtu d'une peau de lion et armé de la massue, ou bien de l'arc scythe (fig. 674 a, 975, 681 b, 682 b). La Grèce, le pays des jeux et des exercices gymniques, devait chercher un type divin de cette force physique, compagne ordinaire de la beauté des formes et de la santé, auxquelles elle attachait tant de prix. Elle le consacra dans le personnage d'Hercule, auquel on faisait précisément remonter l'origine des plus célèbres jeux helléniques.

Hercule a aussi ce caractère de dieu efféminé, de divinité hermaphrodite, qui appartient en certains cas à Dionysos, et qu'il tient, comme lui, des divinités à la fois mâles et femelles de l'Orient. C'est sous cet aspect que s'offre le héros devenu l'amant d'Omphale (fig. 671, 672 a). Cet Hercule n'est autre que Sandon confondu avec le fils d'Alcmène.

Les héros et les héroïnes de la Grèce se classent en un certain nombre de groupes, se rapportant à divers cycles ou ensembles d'événements qui constituent comme les grandes phases de l'histoire héroïque. Ces cycles sont : la légende de Prométhée (fig. 601 et suiv.), celle de Persée et de Bellérophon (fig. 608 et suiv.), celle de Cadmus et d'Europe à laquelle se rattachent celles d'Actéon et de Hellé (fig. 623 et suiv.), celle de Méléagre (fig. 631 et suiv.), celle de Jason et des Argonautes (fig. 638 et suiv.), celle d'Hercule (fig. 650 et suiv.); la légende de Thésée et du Minotaure, à laquelle se lient Égée, Dédale, Pasiphaé, Ariadne, Hippolyte et les Amazones (voy. fig. 687 et suiv.); la légende d'OEdipe, à laquelle tiennent le Sphinx, les sept chefs (fig. 716 et suiv.); la légende d'Amphion et de Zéthus (fig. 727 et suiv.), avec Antiope et Dircé; la légende de Niobé (fig. 729 et suiv.); celle des Pélopides, à laquelle se rattachent OEnomaüs, Léda, Castor et Pollux, et tous les personnages de la guerre de Troie (fig. 735 et suiv.), et dont les légendes d'Oreste, d'Énée, ne sont en quelque sorte que des développements (fig. 829 et suiv.).

A côté des héros se placent différents types fabuleux qui jouent un rôle parmi les faits de l'âge héroïque : les *Centaures* (fig. 715 et suiv.), le *Sphinx* (fig. 518, 716 et suiv.), les *Ama-*

zones (fig. 710, 711, 712, 713), les *Cyclopes* (fig. 603, 775), les *Arimaspes* (fig. 714), les *Griffons* (fig. 714 a). Toutes ces figures devinrent bientôt, entre les mains des artistes, des créations de pure fantaisie, de pure fiction, que l'on plaçait dans les représentations suivant les exigences du goût et le système de décoration. Il en arriva de même pour les Faunes, les Satyres, les Amours. Toute cette *plebs* divine finit par rentrer, comme les Caryatides et les Atlantes, plutôt dans le domaine de l'art que dans celui de la religion. Cette invasion de l'art pur dans les représentations sacrées porta une grave atteinte au symbolisme antique. Une fois que la flatterie eut reproduit, sous les traits des divinités, les empereurs et les princesses (voy. fig. 895 et suiv.), élevé le Génie des empereurs au rang des dieux, les simulacres perdirent en grande partie ce caractère auguste qui en faisait la fidèle expression des sentiments religieux. Les personnages divins qui apparurent sur les monuments, sur les monnaies, s'offrirent comme de froides allégories dont la trop sensible transparence ne laissait plus d'illusion possible (voy. fig. 901 et suiv.).

La symbolique païenne avait cessé d'exister ; car la foi qui lui donnait la vie s'était évanouie, et l'art ou la poésie ne voyaient plus dans les mystères, entourés de la vénération des premiers âges, que des thèmes sur lesquels s'exerçait la fantaisie. Le christianisme recueillit l'héritage du symbolisme helléno-latin, il lui emprunta une partie de ses types, pour les appliquer à ses dogmes propres, aux conceptions plus hautes et plus pures qu'il créa à son tour et qu'il proposa au monde renouvelé (voy. fig. 908 et suiv.).

Les monuments des premiers âges du christianisme, qui terminent cette Galerie, sont le nœud qui unit les croyances antiques aux croyances modernes, et démontrent que les types de l'art, de même que les idées et les doctrines, ne se créent pas de toutes pièces, mais s'engendrent les uns les autres par des transformations graduelles et insensibles.

Alfred MAURY.

EXPLICATION DES PLANCHES.

SECTION PREMIÈRE (Tome Ier, Livre Ier).

RELIGION DE L'INDE.

Fig. 1. (Pl. I). *Brahm*, le Dieu suprême, principe de l'univers, à l'instant qui précède sa révélation première. Le manteau dont il s'enveloppe presque entier, son pied ramené vers sa bouche, et la figure ovale ou circulaire qui en résulte, sont autant d'emblèmes de l'Être irrévélé, éternel, infini, plongé dans la méditation de sa propre essence. Voyez vol. I, liv. I, p. 151-155. Comparez ci-après, fig. 46. — *Niklas* MÜLLER, *Glauben, Wissen und Kunst der alten Hindus*, vol. I, tab. I, n° 1 [1].

2. (I). *Brahm-Maya* ou *Maha-Maya*, *Brahmá-Viradj*, etc., la grande apparition, la première révélation de l'Être, sous la forme de l'*Hermaphrodite* ou de l'androgyne. Le neutre est devenu mâle en s'unissant à *Sacti*, son énergie créatrice développée : c'est le type divin du premier homme et de la première femme unis l'un à l'autre. La chaîne des êtres créés, figurée par un collier de perles, est suspendue à la main et au pied du premier mâle, qui semble tendre encore à se replier

---

[1] Les difficultés ou même les doutes que pourraient faire naître plusieurs des nombreux sujets que nous devons à la riche collection publiée par cet auteur, seront discutés, éclaircis ou levés dans le Discours placé à la tête de ce volume IV.

sur lui-même; *Maya*, au contraire, dans l'attitude de la danse, développe, comme en se jouant, les prototypes des créatures tracés sur son voile magique (analogue à la fameuse ceinture de Vénus-Aphrodite). Vol. I, liv. I, p. 156, 268 sqq. Compar. fig. 110.— N. Müller, tab. I, 5.

3. (I). *Brahm* et *Sacti* ou *Parasacti*, distincts l'un de l'autre et se montrant à demi au-dessus du voile qui les enveloppe et dérobe aux regards leur union mystique. On aperçoit au-dessous l'œuf du monde, qui en est le fruit, entouré du serpent, symbole de l'éternité. Le principe mâle est ici visiblement identifié avec le soleil. Vol. I, *ibid.*, et p. 149. N. Müller, tab. I, 3.

4. (I). *Oum*, la seconde révélation de l'Être unique, le Dieu-monde, corps mystique de *Brahm* et type idéal de la *Trimourti*. Presque tous les symboles principaux qui caractérisent le panthéisme brahmanique, sont rassemblés dans cette singulière figure, que nous avons choisie entre un grand nombre d'analogues dans la collection de N. Müller, tab. II, 16 (voy. la note ci-dessus), vol. I, p. 149, sqq., 156 sqq.; 271, note; et notes 5, 6, 13 sur le liv. I, fin du vol.

5. (II). Le *Lingam*, symbole de la génération universelle, adoré par les représentans des deux sexes, posés avec lui sur le globe du monde. Une flamme le surmonte, et le disque du soleil semble rayonner au milieu. Vol. I, p. 146-149 sq., 158, etc. — N. Müller, tab. II, 165.

6. (II). L'*Yoni*, sous la forme d'un triangle au centre du lotus. *Ibid.* — *Peinture du Musée Borgia* dans le P. Paulin de S.-Barthélemy, *Systema Brahm.* tab. V.

7. (II). La vache, symbole du monde ou du principe femelle de la nature, en adoration devant l'*Yoni-Lingam* placé sur sa base terrestre. *Ibid.* — N. Müller, tab. II, 164.

8. (II). Le *Lingam* salué par un éléphant, emblème de la sagesse et de la vertu forte. *Ibid.* — N. Müller, *ibid.*, 163.

9. (II). Trois *Yoni-Lingam* d'une forme particulière et tels que les *Sivapatis* ou Sivaïtes les portent ordinairement en amulettes ou en signes distinctifs de leur secte. *Ibid.*; et note 4 sur le liv. I, fin du vol. — N. Müller, tab. I, 74.

10. (II). *Lingam* entre deux serpens entrelacés de branches d'arichi et de margosier, tel qu'il sert aujourd'hui encore à la cérémonie appelée *Nagapoudja* (adoration du serpent), variété du *Lingapoudja*. Cette alliance du Lingam et du serpent est fort remarquable, l'emblème de la vie avec celui de la santé, idée que fortifie encore l'addition du croissant, symbole de *Bhavani-Ganga*, et celle des triangles enlacés l'un dans l'autre, ou de l'étoile à cinq branches. *Ibid.*, et p. 210, 293, coll. 53. Voy. aussi Sonnerat, *Voyage* I, p. 253 sq. — N. Müller, tab. II, 58.

11. (II). *Richabha* ou *Vrichabha, Brahma-Siva-Lingam* des Bouddhistes. *Ibid.* et p. 293-298. Compar. fig. 31, 35, 36, et Langlès, *Monum. de l'Hind.*, I, p. 210 et la planche. — N. Müller, *ibid.*, 132.

12. (II). *Yoni* ou *Bhaga*, surmontée de l'abeille, en sa qualité de *madheri* (suave). Compar. fig. 6. — N. M., *Ibid.*, 154.

13. (II). *Parasacti-Bhavani*; mère de la *Trimourti*, représentée par trois œufs dans une fleur de lotus qui forme le sein de la déesse : la forme triangulaire rentre dans le sens général de l'image. Voy. vol. I, p. 150 sq., 155 sq. — N. Müller, tab. IV, 35.

14. (II). *Trimourti* ou Trinité en un seul corps à trois têtes : *Brahmâ*, l'ancien, avec sa longue barbe, forme la figure principale et porte dans une main la chaîne des êtres, dans l'autre l'urne qui contient l'eau féconde; *Vichnou*, la plus jeune et la plus aimable des trois figures, est de ce même côté; de l'autre est *Siva* avec cette expression de fierté barbare qui distingue ordinairement sa physionomie. Il faut remarquer encore la jambe repliée de Brahmâ et ces liens nombreux qui semblent charger la triple divinité : ne serait-ce point un emblème de l'intelligence enchaînée et contrainte dans la matière où elle est descendue? Vol. I, p. 150 sqq., 157 sq., et *passim*. Compar. ci-dessus, fig. 2, et les fig. ci-après. — E. Moor's *Hindu Pantheon*, tab. 82, d'après une très-ancienne statue de granit dans l'*India House*.

15. (II). *Trimourti* en trois personnes distinctes sortant d'un lotus

colossal, symbole de *Bhavani-Yoni*, la grande matrice : la tige du lotus est portée par l'œuf-monde, qui flotte sur les eaux; et le soleil générateur, image de *Brahm* ou de l'unité première, anime cette grande scène. *Ibid.* Pour les détails des figures, voy. ci-après. — N. Müller, tab. IV, 41.

16. (II). *Trimourti* figurée par trois soleils portés sur les trois branches d'un même arbre; ces trois soleils ne sont qu'un seul soleil. Vol. I, p. 157. Comp. fig. 15. — N. Müller, II, 44.

17. (III). *Sacti-Trimourti*, Trinité des énergies ou forces divines. *Saraswati* ou *Brahmi*, épouse de *Brahmâ*, est au milieu avec une coiffure de perles, un voile et une couronne dans la main. *Lakchmi* ou *Sri*, épouse de *Vichnou*, embrasse sa sœur de la main droite, et tient dans la gauche la coupe d'*amrita* ou d'ambroisie; deux enfans pareils à deux amours se jouent autour d'elle. *Bhavani* ou *Parvati*, épouse de *Siva*, couronnée de tours ou de créneaux, porte l'arc d'une main, une flèche de l'autre; un lotus croît à ses pieds. Il faut convenir que si cette image est bien authentique, elle rappelle invinciblement, par un triple et frappant rapport, la *Minerve-Athene*, la *Vénus-Aphrodite*, et la *Junon-Hera*, ou *Rhea-Cybèle*, ou *Diane-Artemis* (*Dévi-Bhavani-Parvati*) de la mythologie classique; nous n'ajouterons pas, avec M. N. Müller, les trois *Grâces* et les trois *Vertus* cardinales. Voy. vol. I, p. 157 sqq. et *passim*. Compar. les fig. ci-après. — N. M., tab. I, 114.

18. (III). *Sancara-Naráyana* ou *Hara-Heri* (*Siva-Vichnou*), alliance mystique du dieu conservateur et du dieu destructeur et régénérateur, ou de l'eau et du feu, les deux grands principes du monde physique. *Siva-Sancara*, le dieu des montagnes, du feu, de la destruction et de la génération, a dans ses trois mains la flamme, le chevrotin, le glaive; de sa tête jaillit le fleuve céleste, *Ganga*; sur sa poitrine est une tête de mort; une peau de tigre couvre sa nudité, et il repose sur le bœuf ou taureau *Nandi*, son *vahanam* ou sa monture; le *trisoula* ou trident est à ses côtés. *Vichnou-Naráyana*, le dieu pénétrant qui se meut sur les eaux, porte sur la poitrine le diamant *Castrala*, dans ses mains la roue, le lotus, la tortue;

EXPLICATION DES PLANCHES. 5

ses parties inférieures sont revêtues d'écailles de poisson, et c'est encore un poisson qui lui sert de monture. Vol. I, p. 157 sqq., 179, 182 sqq., 193 sq., 296 sq.; et les fig. ci-après. — N. M., tab. IV, 69.

19. (III). *Brahmâ-Siva*, alliance mystique du créateur et du destructeur en tant que régénérateur et changeant les formes. *Siva* est à peu près comme dans la figure précédente, sauf le serpent qui lui est propre ici. *Brahmâ*, volonté ou parole divine incarnée, dieu de la création, de la terre avec ses quatre points cardinaux, etc., est reconnaissable à ses quatre têtes, et tient d'une main la chaîne des êtres, de l'autre les *olles* ou feuilles sacrées des *Védas*. Un lotus épanoui reçoit dans son calice les extrémités des deux personnes divines réunies en un seul corps, comme dans la figure précédente et dans la suivante. *Ibid.*, p. 157 sqq., 243 sq. — N. M., *ibid.*, 68.

20. (III). *Brahmâ-Vichnou*, le créateur et le conservateur unis l'un à l'autre, et portés sur un oiseau moitié cygne ou plutôt oie, *Hamsa* (*anser*), moitié aigle, *Garoudha*, reposant lui-même sur l'œuf-monde au milieu des eaux. Vichnou tient d'une main la conque ou buccin, *sankha*. Voy., du reste, les deux figures précédentes, et vol. I, *ibid*. — N. M., *ibid.*, 67.

21. (III). *Ardhanari-Iswara* ou *Hara-Gauri*, union mystique de *Siva-Mahadéva* et de *Parvati-Bhavani* dans l'*Hermaphrodite*, mâle et femelle, assis sur un lotus épanoui, symbole de l'alliance du feu et de l'eau, au sommet du *Cailasa* ou du mont *Mérou*; le tigre est du côté de *Siva*, le bœuf du côté de *Parvati*, et *Ganga* épanche entre deux ses eaux célestes dans le terrestre bassin du Gange. Le sablier, *tamou*, rappelle encore *Cala* et *Cali* ou *Mahacali*, le dieu et la déesse du temps, le jour et la nuit, le temps et l'éternité, etc. Vol. I, p. 157 sqq. Comp. fig. 2 ci-dessus; et pour divers détails, 18, 24-28, etc. — Moon'*es Hindu Pantheon*, tab. 88.

22. (IV). *Brahmâ*, le créateur, première personne de la *Trimourti*, porté sur son *Hamsa*, et tenant près de lui *Saraswati*, son énergie, déesse de la parole, de la science et de la musique. L'un et l'autre élèvent une main en signe de bénédiction.

Voy., du reste, vol. I, p. 150, 157, 243 sqq.; et compar. ci-dessus, fig. 14, 15, 17, 19, 20. — N. MÜLLER, tab. IV, 62.

23. (IV). *Vichnou*, le conservateur, seconde personne de la *Tri-mourti*, porté sur *Garoudha*, à forme d'aigle, et accompagné de son énergie, *Lakchmi*, déesse de l'abondance, de la prospérité et de la beauté. *Vichnou* tient le sceptre du monde, le lotus, le cercle et la conque; *Lackhmi*, un jeune enfant dans son sein et le vase d'*amrita*. Au-dessous d'eux est la mer de lait, d'où sortit la déesse avec plusieurs autres trésors ou dons célestes, entre lesquels on remarque *Dhanvantari*, dieu de la médecine, qui recueillit l'*amrita*, (ambroisie) : c'est une scène cosmogonique. Vol. I, p. 184 sq., 194 sqq., 198, note. Compar. ci-dessus, fig. 14, 15, 17, 20; ci-après, 61, 70-75, 104. — N. M., *ibid.*, 63.

23 *a*. (IV). La grande abeille bleue, consacrée à *Vichnou*, reposant sur un lotus. *Ibid.*, p. 195. — N. M., tab. II, 70.

23 *b*. (IV). Le pénitent *Markandeya*, doué de l'immortalité, nageant dans la mer de lait, pour sauver le monde. *Ibid.*, p. 185, note, 166. Conf., ci-après, fig. 85; LANGLÈS, *Monum. de l'Hind.*, I, p. 174. — N. M., tab. I, 173.

24. (IV). *Siva*, le destructeur-régénérateur, troisième personne de la *Trimourti*, sur le *Cailasa* avec *Parvati*, son épouse, déesse de la vie et de la reproduction. Le dieu porte sur sa tête une espèce de soleil (peut-être aussi la cinquième tête de *Brahma*), surmonté du jet céleste de *Ganga*; il a pour attributs le *trisoula*, le chevrotin des montagnes, le serpent, le lotus montrant ses fèves sacrées. La déesse tient aussi le lotus, mais fermé; près d'elle sont les créatures rassemblées; plus bas repose le bœuf *Nandi* et s'épanchent les eaux du Gange. *Ibid.*, p. 159 sqq., 240; et ci-dessus, fig. 14, 15, 17, 19, 21. — N. M., tab. IV, 64.

25. (II). *Ganga*-Lune tenant l'urne, *koumbha*, dont elle verse les eaux sur la tête couronnée d'un lotus de *Siva*-Soleil, reposant comme *Indra* (fig. 83-85), sur l'éléphant, symbole de la force paisible, et se jouant avec un tigre apprivoisé qui exprime les feux amortis de l'astre brûlant. *Ibid.*, p. 164 sq. Conf. la fig.

précéd. et la plupart de celles auxquelles renvoie l'explication, avec la note 7 sur le livre I, fin du vol. — N. M., *ibid.*, 66.

26. (IV). *Mahadéva-Roudra-Cala*, destructeur et vengeur, avec *Dévi-Roudrani-Cali*, déesse de la vengeance, de la mort et des larmes, tous deux armés et exerçant aux enfers leur terrible pouvoir : leurs attributs sont parlans. *Ibid.*, p. 160 sq., 165. Comp., entre autres, fig. 21. — N. M., *ibid.*, 65.

27. (V). *Siva - Mahadéva - Iswara* sur le *Cailasa*, ayant près de lui *Parvati - Bhavani - Isani*, et environné de toute la cour céleste, dont il reçoit les hommages : on y voit au premier rang, d'un côté *Ganésa* et *Cartikeya*, ses deux fils, reconnaissables, celui-ci à ses six têtes humaines, celui-là à sa tête unique d'éléphant; de l'autre, *Vichnou*, porté sur *Garoudha* (entièrement homme avec des ailes d'aigle, et rappelant ainsi *Ganymède*) et *Brahmâ* à quatre têtes. Derrière sont les *Gandharvas*, musiciens et musiciennes des dieux, etc. Pour saisir l'ensemble et tout le sens de cette grande scène, il faut encore remarquer le soleil qui se montre à demi au sommet du *Mérou*; l'attitude penchée du dieu qui semble enivré ou endormi, et auquel *Parvati* présente le breuvage d'immortalité (l'ambroisie, *amrita*); les serpens, emblèmes de la santé, de la vie, de l'éternité, qui enlacent tous ses membres, et la chaîne de la création, que tient sa main droite; le fleuve des fleuves jaillissant de sa tête et s'épanchant plus bas de la *bouche* de la vache; le bœuf *Nandi* à l'opposé; le palmier ou le figuier sacré, *aswattha*, ombrageant de son vaste feuillage l'olympe hindou, et les lotus croissant de toute part dans le bassin du *Gange*. Voy. vol. I, p. 148 sq., 158 sq., 161 sq., 164, 166-168; et notes 2, 7, 11 sur le liv. I, fin du vol. Compar. ci-dessus et ci-après, *passim.* — Moor*es Hindu Pantheon*, tab. 18.

28. (VI). *Dévi* ou *Bhavani*, nommée encore *Sacti*, la grande déesse et la mère des dieux, recevant les hommages, d'abord des trois personnes de la *Trimourti*, placées dans l'enceinte sacrée d'une pagode, dont elle occupe le sanctuaire; ensuite de *Ganésa*, qui en occupe l'entrée et tient le *vina* ou luth indien; enfin d'*Indra* aux cent yeux, et d'*Indrani* ou *Satchi*, son épouse, qui

sont en dehors des deux côtés. Le lotus est partout reproduit dans les ornemens, ainsi que le *Lingam* et le bœuf. Vol. I, p. 156 sq., 164, 166, 168 note, 246; et la note 8 sur le liv. I, fin du vol. Compar. les fig. ci-dessus, *passim*, et notamment 13, 14, 27. — Moor *es Hindu Pantheon*, tab. 32.

29. (VII). *Siva-Mahadéva-Iswara* à cinq têtes de diverses couleurs, celle du milieu blanche (les cinq élémens). Il porte dans deux de ses mains l'*agny-astra* ou trait de feu; l'une des deux autres, élevée en signe de bénédiction, fait voir le carré mystérieux. Vol. I, p. 161 et *passim*. Compar. plusieurs fig. ci-dessus, et ci-après, 76. — *Recueil des dessins du Brahmane* SAMI, *déposés au cabinet des estampes de la Bibliothèque royale de France*, n° 71.

30. (VII). *Siva-Mahadéva* assis sur le grand serpent *Ananta* ou *Sécha* à trois têtes, symbole du temps; au bas est un de ses adorateurs, dont la proportion peut faire juger de la taille gigantesque du dieu. *Ibid.*, p. 161 sq., 178 note, 190. Compar. ci-dessus *passim*, et surtout figures 24, 29; ci-après, 36, 47, 69. — *Même Collection*, n° 87.

31. (III). *Bhavani-Gangá* montée sur *Siva-Lingam*; le croissant de la lune paraît sur la coupe de l'*Yoni*, et la déesse est couronnée de tours. *Ibid.*, p. 148 sq., 162-164. Compar. fig. 11, 17, 24, 25, etc. — N. MÜLLER, tab. I, 92.

32. (IV). *Bhavani-Parvati* montée sur une vache, comme on la voit quelquefois sur un taureau sauvage. Voy. la figure précéd. — N. M., *ibid.*, 86.

33. (IV). *Bhavani* portée sur un lion qui peut représenter *Siva*, de même que ce dieu est représenté par le taureau et par le *Lingam*. Voy. les deux fig. précéd. — N. M., tab. II, 137.

34. (VIII). *Bhavani-Dourga-Dévi*, l'énergie divine, la déesse redoutable aux méchans, montée sur un lion et combattant, avec les armes que portent ses six bras, un taureau ou buffle monstrueux qui est une forme du chef des *Asouras* ou démons, appelé *Mahicha* et *Mahichasoura*. Vol. I, p. 165, et la note 8 sur le liv. I, fin du vol. Compar. les trois fig. précéd. et *passim*. — N. M., tab. II, 59.

35. (VIII). *Markandeya-Iswara*, incarnation de Siva, embrassant le *Lingam*, source de vie, tandis que les liens de la mort l'entraînent dans l'abîme. *Ibid.*, p. 166. Compar. fig. 23 *b*, 5-11 et 36; et Langlès, *Monum. de l'Hind.*, p. 178. — N. M., tab. I, 75. Cet auteur, p. 555 sq., propose une explication toute différente de cette figure, mais qui nous paraît beaucoup trop hardie.

36. (VIII). *Kalastri-Lingam* ou *Kandopa-avatara*, incarnation de Siva sous la forme du chasseur *Kandopa* faisant son offrande de fleurs au *Lingam* à tête humaine, dont il trouve les yeux malades. Déjà il en a remplacé un par l'un des siens, et il va s'arracher l'autre, quand un bras sort du *Lingam* et retient le sien. Le serpent *Sécha* est roulé autour de l'image sacrée qu'il surmonte, et protège avec quatre têtes. Tout ici, comme dans l'image précédente, a rapport à l'alternative de la vie et de la mort, au dépérissement et au renouvellement de la nature, à la conservation du grand principe de la production et de la reproduction universelles. *Ibid.*, et chap. 2, I, *passim*. Compar. fig. 35, etc. — N. M., *ibid.*, 76, et p. 556 sq.

37. (VII). *Ganésa* ou *Poleiar*, *Poléar*, fils de *Parvati*, chef de la troupe céleste (*Gana*); dieu de l'année, du succès, des nombres, de l'invention, et de toute sagesse, en général. Il porte la tête humaine que *Siva*, son père putatif, lui abattit, et qui fut remplacée par une tête d'éléphant. Dans l'une de ses quatre mains est le trait de feu; dans une autre, un fer de pique. Vol. I, p. 166 sq. Compar. fig. 27, 28, 38, 40. — *Collection du Brahmane* Sami, n° 104. Voy. ci-dessus, fig. 29.

38. (VIII). *Ganésa* avec sa tête d'éléphant, dans une riche chapelle, et assis sur le rat-géant, sa monture ordinaire, contre lequel il brisa l'une de ses défenses en voulant le dompter. Il porte dans ses mains une massue et des liens, un sceptre et un cercle; son gros ventre est de forme sphérique. Remarquons encore les lions qui surmontent la chapelle, et le palmier fécond qui croît près du dieu. *Ibid.*, *ibid.* — N. Müller, tab. III, 97.

39. (VIII). *Soubramahnya*, *Scanda* ou *Cartikeya*, second fils de *Parvati* et de *Siva*, chef des armées célestes, dieu de la guerre

et de la victoire. Il est monté sur un paon, et il porte six têtes et quatorze bras avec toutes sortes d'armes et un crâne humain : sa septième tête est cachée; plus souvent il n'en a que six avec douze bras. C'est le héros du soleil et de l'année, comme *Ganésa* son frère en est le génie. Vol. I, p. 167 sq. Compar. fig. 27 et 37, 38. — N. M., *ibid.*, 98.

40. (IV). *Ganésa* méditant, et protégé par *Soubramahnya*, son frère ; la sagesse à l'abri de la force. Compar. les fig. précéd., 37-39, avec les indications données; et voy. vol. I, p. 172. — N. M., tab. I, 159.

41. (VIII). *Dherma* ou *Dharma*, forme de *Siva* et dieu de la justice, dont il porte la main et la balance. Il est monté sur le bœuf *Nandi*; sur sa tête rayonne l'œil du monde, et un peu plus haut une constellation de huit étoiles représentant ses huit régulateurs ou protecteurs. Vol. I, p. 169 sq., 246 sqq. Compar. ci-dessus, fig. 18, 27, etc.; et ci-après, 42, 43. — N. M., tab. II, 60.

42. (IV). *Dherma*, dieu de la justice et de la vertu, sous la figure d'un bœuf blanc. Voy. fig. 41. — N. M., *ibid.*, 143.

43. (VII). *Dherma-Déva*, n'ayant plus qu'un seul de ses quatre pieds sur la terre, dans le quatrième âge ou l'âge actuel, *Caliyouga*. Voy. fig. 41, 42, les renvois indiqués; et confér. vol. I, p. 180, 181, et la note 6 sur le liv. I, fin du vol. — *Collection de* Sami, n° 150 (ci-dessus, fig. 29).

44. (VIII). *Yama*, forme de *Siva-Roudra* et juge des enfers, monté sur un buffle et portant dans six de ses huit mains les symboles de la justice et de la vengeance; des serpens et des crânes humains lui servent d'ornemens. Vol. I, p. 169 et 247. Compar. fig. 26. — N. Müller, tab. II, 61.

45. (VIII). *Sana* ou *Sani*, la planète de Saturne, génie analogue à *Yama* (fig. 44), présidant à la destinée future, à la transmigration des âmes, etc. Il a pour monture un corbeau, et porte de chaque main un trident; deux serpens qui déchirent un homme paraissent exprimer son terrible pouvoir sur la vie à venir ou sur la conscience. Vol. I, p. 170, 252 sq., coll. 230. — N. M., tab. III, 99.

EXPLICATION DES PLANCHES.

46. (IX). *Naráyana, qui se meut sur les eaux,* nom donné à *Vichnou,* considéré comme le principe éternel et supérieur de la création, ou à *Brahmá* dans le même caractère. Ici, c'est Vichnou *Vatapatrastha,* c'est-à-dire, flottant sur la feuille de *vata* ou *aswattha,* le grand figuier des Indes, avec les traits d'un jeune enfant, en attendant que *Brahmá,* le créateur subordonné, naisse de son nombril. Vol. I, p. 177-180, 193, 223 sqq. Compar. fig. 1, 18, 47; MOOR'*es H. Panth.,* tab. 20, etc. — *Collection de* SAMI, n° 24, (ci-dessus, fig. 29).

47. (IX). *Vichnou-Naráyana* couché sur un lit de lotus, porté par les replis du grand serpent *Ananta* ou *Adhysécha,* qui élève au-dessus du dieu endormi ou méditant, ses sept têtes formant une espèce de dais : du sein de *Naráyana,* richement décoré d'un collier d'étoiles et d'une couronne de pierres précieuses en forme de disque, croît un lotus qui porte *Brahmá* dans son calice; *Lakchmi* est aux pieds de son divin époux. Voy. la fig. avec les indications précédentes. Compar., en outre, fig. 30 et 36. — MOOR'*es Hindu Panth.,* tab. 7.

48. (IX). *Matsyavatara,* 1er avatar ou incarnation de *Vichnou,* en poisson ou homme-poisson : la partie humaine est supposée bleue, le reste blanc. Le dieu porte, dans deux de ses quatre mains, le *tchakra,* ou *soudarsana,* espèce de roue enflammée, symbole de la force vivante qui pénètre et meut l'univers; la seconde main droite présente le carré mystique. Vol. I, p. 181-183, 193 sq., 293. Compar. fig. 18, 20, 23, 29, etc.; MOOR'*es* tab. 48. — *Collect. de* SAMI, n° 1, (ci-dessus, fig. 29).

49. (IX). *Kourmavatara,* 2e avatar ou incarnation de *Vichnou,* en tortue : l'une de ses mains porte le *tchakra;* une autre élève quatre doigts, ce qui revient probablement, pour le sens, au carré que montre la fig. précéd. Vol. I, p. 183 sq., etc. Comp. MOOR, *ibid.* — *Même Collect.,* n° 2.

50. (IX). *Varahavatara,* 3e avatar de *Vichnou,* en verrat ou sanglier, pour détruire le géant *Hiranyakcha. Ibid.,* p. 183-185. Compar. MOOR, *ibid.* — *Même Collect.,* n° 3.

51. (X). *Narasinhavatara,* 4e avatar de *Vichnou,* en homme-lion, pour détruire le géant *Hiranyacasyapa.* Le corps du

dieu-monstre est blanc aussi bien que dans la figure précédente, à la différence des fig. 48 et 49, où il est bleu, du moins en partie. *Ibid.*, p. 185 sq. Compar. Sonnerat, pl. 39.—*Collect. de* Sami, n° 4.

52. (X). *Vamanavatara*, 5ᵉ avatar de *Vichnou*, en brahmane nain, pour venger les dieux du géant *Bali*. La figure est rouge-brun. *Ibid.*, p. 187 sq. — *Même Collect.*, n° 5.

53. (X). *Parasou-Rama*, 6ᵉ incarnation de *Vichnou*, en brahmane armé d'une hache (*parasou*) pour châtier les rois et les guerriers. La figure est verte. *Ibid.*, p. 188. — *Même Collect.*, n° 9.

54. (X). *Sri-Rama*, ou *Rama-Tchandra*, 7ᵉ incarnation de *Vichnou*, dans la famille des rois de la race du soleil, pour venger les hommes et les dieux de la tyrannie de *Ravana*, roi de *Lanka* ou Ceylan. Le héros, placé sur un lit de repos avec la blanche *Sita*, son épouse, reçoit les adorations de *Lakchmana*, son frère, des princes des singes, *Sougriva*, *Hanouman*, etc., et semble les bénir. Sa figure est tantôt bleue comme ici, tantôt verte. *Ibid.*, p. 188, 199. — *Même Collect.*, n° 68.

55. (XII). *Rama* avec *Sita*, un singe de leur suite, armé d'une massue comme le héros lui-même, et *Garoudha* prosterné. *Ibid.* et p. 194 sq. — N. Müller, tab. II, 117.

56. (XII). *Ravana*, roi de *Lanka*, bleu ou noir, avec dix têtes et vingt bras tous armés. *Ibid.*, et p. 203. Voy. fig. 54. — *Même Collect.*, n° 117.

57. (XII). *Hanouman*, l'un des princes des singes, ministre de *Rama*, portant le *vina* ou luth indien, et adorant une *Gandharva* ou musicienne céleste, qui tient le même instrument. Un esclave, singe aussi, suit par derrière avec le *samara*, éventail ou fouet à chasser les mouches. Vol. I, p. 202, 260 sq. Compar. fig. 54, et ci-après, 96 *bis*. — N. Müller, tab. I, 111.

58. (XI). *Hanouman* et ses compagnons bâtissant le pont de *Rama*, de la côte du décan à celle de Ceylan, pour aller attaquer *Ravana*. Conférez les fig. précéd., depuis 54, et les indications ou renvois divers. — Moor*'es Hindu Pantheon*, tab. 53.

59. (X). *Bala-Rama* ou *Balabhadra*, incarnation, suivant les uns, de *Vichnou*, suivant d'autres, de *Siva*; frère aîné de *Crichna*

(fig. 61 sqq.). Il porte un soc de charrue dans l'une de ses mains; sa couleur est naturelle. Vol. I, p. 189, 209. — *Collect. de* Sami, n° 8.

60. (XII). *Bala-Rama*, avec la peau de lion et tous les attributs de l'agriculture. *Ibid.* — N. M.; tab. III, 150.

61. (XIII). *Crichna*, 8ᵉ *avatar* ou incarnation de *Vichnou*, sous la figure d'un enfant, allaité par *Dévaki*, sa mère, et recevant des offrandes de fruits; près de là est un groupe d'animaux rassemblés dans une espèce d'arche. La tête de l'enfant-dieu, *noir*, comme l'indique son nom, est ceinte d'une auréole aussi bien que celle de sa mère. On peut voir encore, dans cette belle peinture, *Bouddha* sur le sein de *Maya*. Vol. I, p. 205-211, 221, note, 292 sq. Compar. fig. 23, 24, ci-dessus; et ci-après, 104. — Moor*'es Hindu Pantheon*, tab. 59.

62. (XII). *Crichna* enfant, monté sur un arbre et se jouant des *Gopis*, ou jeunes laitières, dont il tient les vêtemens. Voy. la fig. et les indications précéd. — N. Müller, tab. III, 151.

63. (XII). *Crichna* jouant de la flûte et charmant par ses accords les monstres des forêts : deux de ses quatre mains tiennent le *sankha* et le lotus. *Ibid.* — N. M., *ibid.*, 152.

64. (XIV). *Crichna* jouant de la flûte et dansant avec *Radha* ou *Roukmini*, son épouse, qui l'accompagne sur le même instrument : autour d'eux se meuvent circulairement huit couples à peu près semblables. Six musiciennes célestes, rangées trois par trois de chaque côté, forment un concert de divers instrumens. (M. Creuzer intitule cette scène évidemment astronomique : *Crichna*-Soleil avec la Lune personnifiée, et les corps célestes se mouvant autour d'eux dans une danse harmonique). *Ibid.*; et p. 219, 260 sq.; coll. note 11 sur le liv. I, fin du vol. — Moor*'es Hindu Pantheon*, tab. 63.

65. (X). *Crichna* assis et enseignant : un de ses disciples est devant lui les mains jointes. *Ibid.*, principalement p. 210 sq. — *Collection de* Sami, n° 11 *bis*.

66. (XII). *Crichna*, conservateur et protecteur du monde, dont il occupe le centre, avec huit bras, desquels trois portent le *tchakra*, un quatrième une épée, un cinquième une sorte de

sceptre formé de trois carrés posés à angle l'un sur l'autre; un sixième, une espèce de flûte. Le dieu, couronné et richement vêtu, se trouve placé au milieu de deux carrés qui se coupent l'un l'autre en manière d'octogone, sans doute par allusion aux huit *Vasous*, aux huit éléphans qui portent la terre (fig. 83 sqq., et 115), etc. : ces deux carrés sont eux-mêmes enfermés dans un cercle avec quatre flammes vers les quatre points cardinaux ; aux quatre points intermédiaires on voit quatre animaux représentans des quatre ordres de leur règne. Tout cet ensemble de figures, composant un grand *tchakra*, est une image du monde, cité de dieu, qui en est la vie et lui imprime un mouvement éternel. *Ibid.*, p. 211, 260 sq. Comp. fig. 48 et 96 *bis*; et LANGLÈS, *Mon. de l'Hind.*, I, p. 117. — N. MÜLLER, tab. I, 78.

67. (X). *Calki-avatara*, incarnation à venir de *Vichnou* (la 10e : voy. la 9e ci-après, fig. 111-114), en cheval ou en homme-cheval, etc., armé d'un glaive et d'un bouclier, pour détruire le monde à la fin de l'âge présent. Vol. I, p. 190, 295. — *Collect. de* SAMI, n° 12.

68. (XII). Autre symbole de l'incarnation dernière de *Vichnou*. *Ibid.* — N. M., tab. II, 153.

69. (XII). Le serpent *Sécha*, à sept têtes, vomissant les flammes qui consument toutes choses, à la fin du quatrième âge. *Ibid.* Compar., entre autres, fig. 47. — *Collect. de* SAMI, n° 184.

70. (XII). *Lakchmi Padmâlaya*, c'est-à-dire habitant le lotus : la déesse voilée répand de ses deux mains les bénédictions célestes sur la terre, où se manifestent tous les signes de l'abondance. Vol. I, p. 195 sq. Compar. fig. 23 et 71. — N. MÜLLER, tab. III, 102.

71. (XII). Autre image de la belle *Lakchmi* avec la mitre et tenant le lotus. *Ibid.* — *Collect. de* SAMI, n° 62.

72. (XII). *Mohani-Maya*, la beauté trompeuse, incarnation de *Vichnou*, pour enlever l'*amrita* ou ambroisie aux *Asouras*. La ravissante déesse s'élève sur la mer de lait, tenant dans sa main le précieux breuvage : près de là est le mont *Mandar* avec le

serpent *Vasouki*. Vol. I, p. 197, 183-185. Compar. fig. 23. — N. Müller, III, 106.

2.(XII). *Mahadévi, Bhoudevi*, la déesse de la mauvaise fortune, en opposition avec les deux divinités précédentes : elle a pour ornemens des serpens et des têtes de mort, est montée sur un âne et porte un corbeau sur son étendard. *Ibid.*, p. 170, 185, 197. Compar. fig. 45. — N. M., *ibid.*, 100.

3.(XII). *Camadhenou*, vache ailée qui sortit de la mer de lait, source de tous les biens : elle porte une tête humaine avec des cornes en forme de croissant. *Ibid.*, p. 185, 198, note; 270 sq., note. Compar. fig. 23. — *Collect. de* Sami, n° 154.

5.(XII). *Radha*, incarnation de *Lakchmi*, amante de *Crichna*, dans tout l'éclat de sa gloire et de sa beauté. *Ibid.*, p. 207, 210 sq. Compar. fig. 64, 70, 71. — *Même Collect.*, n° 126.

6.(XV). *Brahmá* à cinq têtes, avant que la cinquième lui eût été tranchée par *Siva* ou *Bhairava*, son fils : il tient le feu sacré et le collier des êtres; la figure est de couleur rouge. Vol. I, p. 240-244, note. Compar. ci-dessus, fig. 14, 15, 19, 20, 22, etc., surtout 29; et ci-après 81. — *Même Collect.*, n° 64.

7.(XV). *Saraswati, Brahmani* ou *Brahmi*, portée sur un cygne, comme *Brahmá*, son époux, et avec la plupart de ses attributs. *Ibid.*, p. 244 sq. Compar. fig. précéd. et 17; 20, 22. — *Même Collect.*, n° 69.

8.(XV). *Saraswati*, jouant du *vina*, au milieu d'un chœur de musiciens célestes : devant elle est un livre ouvert. *Ibid.*, et p. 261 sqq. Voy. fig. précéd. et 57. — N. Müller, tab. IV, 109.

9.(XV). *Prithivi*, déesse de la terre, souvent représentée sous la figure d'une vache : ici c'est une femme, couronnée et voilée, assise sur un lotus, au pied d'un palmier; sur sa main droite est un limaçon, sur la gauche un cigogne; de ce côté-ci, un tigre avec une corbeille de fruits, un serpent et une source jaillissante; de l'autre, une vache avec une corbeille de fleurs, un soc de charrue et des ruches. Vol. I, p. 250 et *passim*. Comp. fig. 80. — N. M., tab. III, 103. (Les originaux de cette figure et de la suivante, consistant en deux miniatures indiennes, ont appartenu au célèbre Bailly, et ensuite au marquis de Dorset.)

80. (XVI). *Louki*, déesse des moissons, au milieu d'un champ, tenant d'une main une faucille, de l'autre une bêche et un faisceau d'épis. A sa droite est une colonne derrière laquelle se lève le soleil ; au pied de cette colonne, on voit un enfant couché avec un gros ventre ; un verrat paraît entre les épis, et le Lingam devant la déesse : à sa gauche est un mortier avec le bon serpent ; la lune, environnée de nuages, répand sur la terre une rosée bienfaisante. *Ibid.* et p. 163, 186, notes. Compar. la fig. précédente. — N. M., *ibid.*, 105.

81. (XVI). *Dakcha* ou *Dakcha-Brahmâ*, à tête de belier, après avoir perdu sa tête humaine par la main de *Virabhadra*, fils de *Siva* : c'est l'un des principaux *Brahmadicas* ou *Pradjapatis* (maîtres de la création), et, à proprement parler, une forme de *Brahmâ*, dont il porte dans deux de ses mains l'attribut le plus caractéristique, la chaîne des êtres ; une autre main fait voir le carré mystérieux. Vol. I, p. 226, 240, 245, 254, 256, 261, 264. Comp. fig. 76, 37, etc. — *Collect.* de SAMI, n° 144.

82. (XV). *Narèda* ou *Narada*, fils de *Brahmâ* et de *Saraswati*, l'un des *Pradjapâtis*, *Brahmadicas* ou *Maharchis*, grand prophète, ministre des dieux, poëte et musicien, inventeur du *vina* et fort rapproché d'*Hanouman* (fig. 57). Il est représenté sous les traits d'un *Mouni* ou solitaire. *Ibid.*, p. 225 sqq., 245, 254, 261. Voy. fig. précéd. et 78, etc. — *Même Collection*, n° 188.

83. (XV). *Indra* ou *Dévendra*, dieu de l'éther, du firmament et des *Swargas* ou cieux visibles, chef des dieux inférieurs : il a le corps parsemé d'yeux, est monté sur l'éléphant *Iravat*, et porte diverses armes. Vol. I, p. 168 note ; 198, note, 246 sq. — *Même Collect.*, n. 96.

84. (XV). *Indra* assis sur *Iravat* à trois trompes, devant l'arbre *Calpavrikcha* ou *Paridjata*, sur lequel sont perchés quatre paons, dont le dieu porte les yeux sur son corps : il tient dans ses quatre mains un lotus, un arc, une flèche et un sceptre. *Ibid.*, et la fig. précéd. — N. MÜLLER, tab. III, 96.

85. (XVI). *Indra* voyageant sur les nuages auxquels il préside, avec le sceptre et le *tchakra* en main ; près de lui est un chien,

symbole de la vigilance; au-dessous, *Arouna* conduisant le char du soleil. *Ibid.* et p. 250, 256, note 2. Conférer. liv. III, p. 518, et les deux fig. précéd. — N. M. *ibid.*, 147.

86. (XV). *Viswakarma*, architecte des dieux, génie de l'architecture et des arts mécaniques, méditant ou priant dans une espèce de niche : à ses pieds sont deux lions, symboles de la force; à droite et à gauche, dans deux autres niches, deux *Tchoubdaras*, ses serviteurs, portant l'un le lotus avec une règle, l'autre un niveau avec une liasse d'olles; au-dessus de la niche principale, on voit un œil, et une ligne perpendiculaire tombant à angle droit sur une ligne horizontale, avec quatre génies de chaque côté; une voûte domine les trois niches et est elle-même surmontée d'un couronnement en forme de spire, où, entre deux rangées d'étoiles, se remarque le Zodiaque, dont la balance occupe le milieu. Le tout forme une sorte de chapelle consacrée au Démiurge ou à l'artisan divin. Vol. I, p. 246. — N. M., *ibid.*, 94. (M. Müller dit tenir ce dessin de son ami, M. Mallet, qui en a donné l'analogue dans les *Asiatic Researches*, t. VI, p. 421, en décrivant les grottes d'Ellora. Conf. Langlès, Monum. de l'Hind., vol. II, pl. 64.)

87. (XV). *Agni*, dieu ou génie du feu, la tête environnée de flammes, ayant deux poignards dans deux de ses mains, et monté sur un bélier azuré avec des cornes rouges. Vol. I, p. 247 sq. Compar. la fig. suiv. — *Collection de* Sami, n° 97.

88. (XV). *Agni* à trois pieds (*tripus*), tenant dans ses quatre mains une flamme, le *Tchakra* ou la roue de feu, un lotus et un glaive; un triangle environné de flammes lui sert de support. *Ibid* et fig. précéd. — N. Müller, tab. II, 140.

89. (XV). *Varouna*, *Pratcheta*, *Appadeva*, le dieu des eaux, voguant sur un crocodile, le fouet dans une main, et dans l'autre, ou l'*Yoni-lingam*, ou plutôt le vase d'*Amrita*. Vol. I, p. 248. — N. M., tab. I, 81.

90. (XV). *Couvera*, dieu des richesses, nu et à gros ventre, couché dans une grotte gardée par des serpens : une source d'eau jaillit des rochers et tombe dans les flammes qui sortent de la terre; c'est le symbole de la production de toutes

choses par le mélange des deux élémens. *Ibid.*, 248 sq., et *passim.* — N. M., *ibid.*, 87.

91. (XV). *Couvera*, la couronne en tête et le sceptre en main, parcourant, sur un coursier richement orné, la terre dont il est le roi. Compar. la fig. précéd. — N. M., *ibid.*, 88.

92. (XV). *Vayou*, *Pavana*, *Marouta*, dieu de l'air et des vents, voguant au sein des nuages dans une nacelle légère : des ailes munissent sa couronne et ses épaules; il porte dans une main l'antilope (comme *Siva*), dans l'autre un glaive. Vol. I, 249. — N. M., *ibid.*, 82.

93. (XVI). *Sourya* ou *Aditya*, *Mitra*, etc., le dieu du soleil et de la lumière, sur un char de parade surmonté d'un riche dais et traîné par sept chevaux que conduit *Arouna*, son cocher, ordinairement sans jambes. Le dieu à quatre bras porte deux *Tchakras*, un glaive, et de sa quatrième main effeuille les roses dont les vives couleurs peignent son lever et son coucher. Vol. 1, p. 250 sqq., et les deux fig. ci-après. — N. M., *ibid.*, 79.

94. (XVII). *Sourya*, le soleil, sur son char à sept chevaux, conduit par *Arouna* dépourvu de jambes, et occupant le centre du *Rasi-Tchakra* ou cercle des signes, le Zodiaque, au milieu d'un disque dentelé qui représente ses rayons et projette huit rayons principaux vers les huit régions du monde ou les huit vents, correspondant aux équinoxes, aux solstices et aux points intermédiaires. Entre ce cercle de lumière qui environne le soleil (*a*) et le cercle des signes proprement dit, sont rangées circulairement les huit autres planètes : *Tchandra* ou *Soma*, la lune, ou plutôt *Lunus* (*b*), monté sur une gazelle et ayant quatre bras comme le soleil; *Mangala*, Mars (*c*), monté sur un belier; *Boudha*, Mercure (*d*); *Vrihaspati*, Jupiter (*e*); *Soukra*, Vénus mâle (*f*); *Sani*, Saturne (*g*), sur son corbeau; *Rahou*, tête du dragon, ou nœud ascendant (*h*); *Ketou* (*i*), queue du dragon ou nœud descendant (ces deux derniers supposés deux monstres auxquels sont attribuées les éclipses). Quant aux douze signes du Zodiaque, ils sont à très-peu près semblables aux nôtres : seulement le couple des gémeaux est formé de deux enfans ou jeunes gens

des deux sexes, et le capricorne est remplacé par une gazelle; la vierge a devant elle un feu allumé. *Ibid.*, et note 11 sur le liv. I, fin du vol. Compar. les fig. précéd. et suiv. — Moor'*es Hindu Panth.*, tab. 88.

95. (XVII). *Sourya*, le soleil, tenant de ses deux mains deux lotus étoilés; au-dessous est *Arouna* dirigeant le char à sept chevaux. *Ibid.*, et les deux fig. précéd. — Statue de l'*India House*. Frank, *Chrestom. Sanscr.* P. I. Confér. W.-A. Cadell, *Transact. of the R. S. of Edinb.* IX, 1823, p. 384 sq.

96. (XVI). *Arouni*, femme d'*Arouna*, l'Aurore des Hindous, guidant avec ses flambeaux le cheval du soleil ailé et à sept têtes. *Ibid.* — N. Müller, tab. III, 146.

96. *bis.* (XVII). *Hanouman-Pávana,* fils de *Pavana-Siva* (fig. 92), dans le rôle supérieur de *Roudra*, sous la forme d'un homme à tête de singe, occupant le centre d'une espèce de *Tchakra* ou roue du monde, qu'il fait mouvoir : *Brahmá* est sous ses pieds, et le grand serpent *Ananta* forme sa couronne; il montre dans sa main le carré mystérieux. C'est l'âme universelle ou l'esprit divin qui anime toutes choses, et réside dans l'air, dans le feu, dans le soleil. Vol. I, p. 260 sq., 153 sq., etc. Compar. fig. 57, surtout 66, et *passim*. — Moor'*es Hindu Panth.*, tab. 92, n° 5.

97. (XVI). *Soma* ou *Tchandra*, le dieu de la lune et de l'humidité fécondante, sur un char de parade surmonté d'un dais orné de plusieurs étendards, et traîné par deux chevaux blancs, au lieu de deux antilopes ou gazelles; la tête et la queue du dragon forment l'avant et l'arrière du char. Le dieu porte sur sa tête un croissant dans lequel est un lotus, et dans ses deux mains deux autres lotus. Vol. I, p. 251 sq. Comp. fig. 94 (*b*) et 98. — N. Müller, tab. I, 93.

98. (XVI). *Soma-*Lunus porté sur une oie, sa monture, symbole de la vigilance : tout près, devant une grotte, se jouent des lapins également consacrés à ce dieu. *Ibid.* — N. M., *ibid.*, 85. (Suivant cet auteur, *Soma* est le génie inférieur, et *Tchandra*, le génie supérieur de la lune; mais je ne sais trop sur quelle autorité se fonde cette distinction.)

99. (XVI). *Ganga*-Luna, déesse des eaux, tenant d'une main le *Vina*, de l'autre le lotus, et portée sur son élément par un poisson ou monstre marin, peut-être *Macara* répondant au signe du capricorne. Vol. I, p. 263, et ci-dessus, fig. 25, etc. — N. Müller, tab. II, 133.

100. (XVII). *Ganga*, *Yamouna* et *Saraswati*, les trois *Sactis* de la *Trimourti*, représentées par le *Triveni* (les trois boucles tressées), où se réunissent les trois fleuves, homonymes des trois déesses confondues en un seul corps et portées sur un seul poisson. *Ibid.* et *passim.* Comp. fig. 14, 17, etc., 99.—Moor'*es Hind. Panth.*, tab. 75, n° 2.

101. (XVIII). *Ragamala*, tableau allégorique du système musical des Hindous, lié d'un côté à leur calendrier et à tout leur système astronomique, de l'autre à leur système hydrographique. Il faut en voir la description détaillée, avec l'explication de cette théorie mystique et religieuse de la musique, vol. I, p. 260-264, coll. note 12 sur le liv. I, fin du vol. — N. Müller in Dorow's *Morgenlænd. Alterthüm.*, II, tab. II, fig. 2.

102. (XIX). *Maya*, la mère de l'Amour et du monde, identique avec *Sacti*, l'énergie créatrice de l'Être, la grande *Bhavani*, au milieu du voile des préformations ou prototypes de la création, dont elle forme le tissu. Vol. I, p. 268 sqq. Comp. ci-dessus fig 2, 3, 13, etc. — N. M., tab. I, 8.

103. (XIX). *Maya*, mère de la mer de lait, matière première de toutes choses, qui s'écoule de son sein en deux ruisseaux : le voile des idées ou prototypes de la création environne la déesse richement parée ; et de sa tête ceinte d'une espèce d'auréole, partent trois rayons, emblèmes des trois qualités ou des trois personnes de la Trimourti. *Idem, ibid.* — N. M., tab. II, 15.

104. (XIX). *Maya* avec l'enfant *Cama*, l'Amour, sur son sein, tous deux portés par un perroquet, monture ordinaire de ce dernier. La déesse, mère de toutes choses, a pour coiffure le voile des idées, et devant elle un étendard avec l'œil de la Providence : le dieu, son fils, tient de la main gauche son arc, dont le bois est fait d'une canne à sucre, la corde d'abeilles ;

derrière lui est son carquois, ordinairement armé de cinq flèches aiguës, répondant aux cinq sens; sur son étendard, surmonté d'un oiseau qui rappelle le *passerculus Veneris*, se voit le poisson *Mina*, symbole de la fécondité. Les fleurs prodiguées en ornemens rappellent que le printemps et le doux zéphyr sont les compagnons inséparables de l'enfant malin. *Ibid.*, p. 269, etc., et les fig. précéd. et suiv. Comp. en outre fig. 23 et 61. — N. Müller, tab. I, 7.

105. (XIX). *Cama* ou *Camadeva* ou *Manmatha* (celui qui perce les cœurs) voguant sur un poisson avec ses attributs ordinaires. Cette figure est le pendant de la fig. 99. *Ibid.*—N. M., tab. II, 134.

106. (XIX). *Reti* ou *Rati*, la Volupté, femme de *Camadeva*, montée sur un coursier fougueux et lançant un trait acéré. *Ibid.* et les fig. précéd. — N. M., tab. I, 90.

107. (XIX). *Cama*, l'Amour, produisant *Yotma*, la Force : le dieu-enfant est porté sur son carquois, duquel sort un lion; une abeille paraît soutenir ce groupe plein de grâce qui rappelle des allégories semblables chez les Grecs. *Ibid.*, *ibid.* — N. M., *ibid.*, 11.

108. (XIX). *Yotma*, la Force, représentée par un être fantastique, composé du lion, du taureau, de l'aigle, et du serpent se repliant sur lui-même, produit la Bonté, *Prakriti*, sous la figure d'une vache qui sort de la gueule du monstre avec un essaim d'abeilles. Cette singulière image donnera lieu à d'importantes comparaisons. *Ibid.*, p. 269-271. — N. M., *ibid.*, 12.

109. (XIX). *Prakriti*, la Bonté, figurée par une poule à tête de vache, donnant naissance à l'œuf du monde, *Brahmanda*, qui est la matière vivante, le grand phénomène, *Mahanatma*, *Mahabhouta*, etc. *Ibid.* et les fig. précéd. — N. M., tab. II, 13.

110. (XIII). *Menou* et *Sataroupa*, ou *Pouroucha* et *Prakriti*, etc., le premier couple : l'homme et la femme unis l'un à l'autre, l'hermaphrodite ou humain ou divin, dans le vase du monde, d'où sortent des flammes d'un côté, de l'autre deux jets d'eau : *Maya*, dit-on, du haut des cieux, laisse flotter sur le premier couple le voile de la création. Vol. I, p. 254, note 1; 270, note 2. Compar. ci-dessus, fig. 2. — N. M., tab. IV, 32.

110 *bis.* (XVI). Un bon et un mauvais génies ou anges se disputant l'âme d'un malheureux prosterné entre l'*Asoura* (esprit de ténèbres), monstre affreux, et le *Soura* (esprit de lumière), à figure humaine, mais du côté de celui-ci. Vol. I, p. 257, 280 note 2. — N. Müller, tab. I, 115.

111. (XIII). *Bouddha*, fils de *Maya*, neuvième avatar ou incarnation de *Vichnou*, richement décoré et assis, dans l'attitude de la méditation, sur un trône dont le dossier forme une espèce de conque ornée de fleurs de lotus : ce trône est lui-même au milieu d'une sorte de chapelle, sur le sommet triangulaire de laquelle se voient deux génies ailés ou anges en prière. Le dieu, symbole de l'intelligence et de la sagesse divines, porte le croissant ou le signe de l'*Yoni* sur son front; dans sa main gauche le carré magique : il est noir comme *Crichna*. Vol. I, p. 293, etc. Comp. fig. 61. — N. M., tab. III, 95.

112. (XIII). *Bouddha*, entièrement nu et assis, les jambes croisées, sur un piédestal au milieu duquel est un serpent dans un carré ou tétragone, enfermé lui-même dans une espèce d'hexagone. Le dieu fait voir sur sa poitrine et dans la paume de sa main droite, placée dans sa main gauche, deux fleurs à quatre pétales subdivisés en huit, ce qui revient au carré divisé par une croix en quatre autres carrés : les mille têtes du serpent *Sécha* ou *Ananta*, artistement rangées et entrelacées en demi-cercle, surmontent sa chevelure bouclée et lui forment une coiffure radieuse. *Ibid.* et *passim.* — Moor*'es Hindu Panth.*, tab. 75, 3.

113. (XIII). *Bouddha*, dans l'attitude précédente, avec un collier et ses cheveux frisés, surmontés de la tresse roulée, nommée *yata*, insigne des pénitens. *Ibid.* — *Id.* tab. 71, 1.

114. (XVII). *Bouddha-Sourya* ou soleil, dans l'attitude des trois figures précédentes, entièrement nu, mais portant sept têtes, remarquables par l'expression grande, austère et immobile qui est ici caractéristique : la chevelure courte et frisée règne seulement autour du front, et au-dessus s'élèvent, pour ainsi dire, cinq sommets qu'on a pris pour des coiffures pyramidales, mais qui peuvent bien n'être que les têtes du dieu ainsi

conformées à dessein. Sur la poitrine et dans la main droite, on voit le mystérieux carré; le croissant de la lune orne le coussin sur lequel est accroupie la figure. *Ibid.*, et p. 286, 291. — *Id.*, tab. 69.

115. (XX). Les trois ou les vingt et un Mondes portés par la tortue, symbole de la force et du pouvoir conservateur, reposant elle-même sur le grand serpent, emblème de l'éternité, qui les embrasse tous dans son cercle fatal. Ces mondes forment trois grandes régions subdivisées chacune en sept sphères, zones ou contrées que l'on suppose rangées en spirale ou en cercles concentriques. A, la région supérieure, composée des sept *Swargas* (ou *Lokas*), à la fois domiciles des planètes et résidences des dieux : 1. *Satya-Loka* ou *Brahma-Loka*, domicile de *Sani* (Saturne) et résidence de *Brahmâ* identifié avec *Brahm*, appelée encore *Lilavaikonta;* 2. *Tapaloka*, domicile de *Vrihaspati* (Jupiter) et résidence de *Brahmâ* subordonné, selon d'autres, demeure des *Vairagis;* 3. *Janaloka*, domicile de *Mangala* (Mars) et résidence de *Vichnou*, nommée *Vaikonta*, selon d'autres, demeure des enfans de *Brahmâ;* 4. *Maharloka*, domicile de la lune (*Soma*) et résidence de *Siva*, appelée *Kailasa*, selon d'autres, demeure de *Brighou;* 5. *Swarloka*, domicile du soleil (*Sourya*) et résidence d'*Indra*, *Vaivanti;* 6. *Bhouvarloka*, domicile de Vénus (*Soukra*) et résidence des *Devatas*, selon d'autres, l'espace entre la terre et le soleil; 7. *Bhourloka*, domicile de Mercure (*Boudha*) et résidence de *Casyapa*, des *Vasous*, etc., selon d'autres, la terre elle-même. BB, la région intermédiaire, la terre, *Bhoumi*, *Mritloka*, avec ses sept *Dwipas* ou îles entrecoupées par différentes mers : *a*, *Djamboudwipa*, la terre par excellence, l'Inde, le pays du milieu, *Madhyama; b*, les monts *Lokalokas*, qui ferment l'enceinte de la terre. CC. La région inférieure ou les enfers, les sept *Patalas*. Trois (plus souvent quatre) éléphans, posés sur la tortue, soutiennent la terre ou le monde du milieu; huit animaux semblables portent le monde supérieur, la terre céleste, *Swargabhoumi*. Le mont *Mérou* est supposé traverser et réunir les trois mondes, et c'est sur son plus haut sommet, dans la

plus élevée des sphères, que rayonne le triangle, symbole de l'*Yoni* et de la création. Vol. I, p. 146 sqq., et *passim;* surtout note 2 sur le liv. I, fin du vol., p. 582 sqq. — N. Müller, tab. I*, d'après le dessin original d'un Brahmane.

SECTION DEUXIÈME (Livre II).

RELIGION DE LA PERSE.

Fig. 116. (Pl. XXI). Génies des planètes, d'après le livre intitulé *Dabistan,* tels qu'ils étaient adorés par les sectateurs de *Mahabad. a* Saturne, en pierre noire, avec une tête de singe et les parties inférieures d'un verrat, tenant d'une main une espèce de sphère, de l'autre un serpent. *b* Jupiter, de couleur de terre, avec une triple tête de vautour, de coq et de dragon, un turban ou une bande de toile à la main droite, une aiguière de cristal à la gauche. *c* Mars, en pierre rouge, avec un air terrible, tenant de la main droite un cimeterre, de la gauche un fouet de fer. *d* Le Soleil, figure d'or représentant un homme à cheval avec deux têtes, et sur chacune d'elles une couronne de rubis à sept pointes; un sceptre d'or à la main et des ailes; un riche collier et les parties inférieures d'un dragon. *e* Vénus, femme avec une couronne à sept pointes, une bouteille d'huile à la main droite, un peigne à la gauche. *f* Mercure à la tête de verrat, au corps et à la queue de poisson, tenant une écritoire et un stylet. *g* La Lune ou plutôt Lunus, homme assis sur une vache blanche avec un collier de rubis dans la main droite, et une tige de basilic dans la gauche. Voyez vol. I, liv. II, p. 310-311. Conf. p. 549 sq.; 683 sq. — *John* Malcolm, *Hist. of Persia,* pl. à la pag. 186.

117. (XXII). Tombeau sculpté en bas-relief dans le roc, à Persépolis, et qui peut être celui de *Darius,* fils d'*Hystaspes.* La façade s'élève perpendiculairement et forme deux étages inégaux, soit en largeur, soit en hauteur. L'étage inférieur figure une porte

à chacun des côtés de laquelle sont deux colonnes, dont les chapiteaux sont ornés d'un double demi-bœuf unicorne. A la frise sont rangés douze lions (et non pas chiens) qui se regardent six à six, séparés par un lotus. L'étage supérieur offre un double rang de caryatides, qui représentent des guerriers en costume persan avec l'épée à droite. Aux deux flancs de chaque étage, figurent en outre plusieurs rangs de *Doryphores* ou piquiers, vêtus de la robe médique et la tiare en tête. Aux deux coins de l'estrade qui occupe le centre du plan supérieur de l'édifice, sont en quelque sorte enchaînées deux licornes ailées, à la gueule menaçante, aux griffes de lion, et dont les pates de derrière sortant d'un quintuple anneau, posent sur un lotus renversé qui s'épanouit autour d'un globe formant support : deux personnages inférieurs ont les mains placées sur les deux supports. Mais tout semble subordonné à la scène que l'on voit au-dessus de l'estrade. Un personnage portant la tiare, la robe médique et une longue barbe, la main gauche posée sur un arc, l'autre élevée en signe de respect ou d'adoration, est placé sur un triple degré devant un autel que soutient une triple base et d'où sort une flamme sacrée. Entre le feu et le roi son adorateur est suspendue dans les airs, en face de ce dernier, une figure parfaitement semblable à la sienne, si ce n'est qu'elle tient un anneau et qu'elle est à demi-cachée dans une sorte de couronne à deux ailes, terminée par un plumage épais : ce doit être le *Ferver* ou le bon génie du roi. Au-dessus du feu, un peu en arrière, plane un globe posé dans un croissant. Voy. vol. I, p. 314, 326 sq., 334, 340-342, etc.; et les notes 1, § 3, et 7 sur le liv. II, fin du vol. Compar. diverses figures ci-après, et W. Ouseley, *Travels*, II, pl. XLI; Ker-Porter, I, pl. 17. — Chardin, *Voyage*, pl. LXVII, coll. LXVIII (modifié d'après Ouseley).

117. *a* et 117 *b*. (XXII). Symboles et ornemens des bas-reliefs persépolitains. Voy. note 7 sur le liv. II, fin du vol. I. — W. Ouseley, *Travels*, II, pl. XLI.

118. (XXIII). La licorne ou le bœuf unicorne, chef des animaux purs d'*Ormuzd*, assailli par un lion, l'un des animaux impurs

d'*Ahriman.* Vol. I, p. 339 sq., et surtout la note 7 sur le liv. II, fin du vol. — Bas-relief de Persépolis. *Robert* Ker-Porter, *Travels*, I, pl. 35.

119. (XXIII). Bœuf ailé à tête humaine, ornée d'un diadème, espèce de sphinx persan, que M. Creuzer prend (dans l'explication de la fig. suiv.) pour l'homme-lion ou le *Martichoras* de Ctésias, et le chef des animaux impurs d'*Ahriman*, mais qui doit être plutôt *Aboudad-Kaiomorts*, l'homme-taureau, roi de la terre. Vol. I, *ibid.* — Bas-relief de Persépolis. W. Ouseley, *Travels*, II, pl. XLI, fig. 4. Compar. Ker-Porter, I, pl. 32, 33.

119 *a.* (XXIII). Même sujet avec divers accessoires, tels qu'une étoile et un croissant. *Ibid.* — Pierre gravée, communiquée à M. Creuzer par M. Münter. Compar. Niebuhr, *Reise*, II, pl. XX; et W. Ouseley, *Travels*, I, pl. XXI, fig. 30.

119 *b.* (XXVII *bis.*) Bœuf abattu, orné des emblèmes du soleil et de la lune, le disque et le croissant. Vol. I, *ibid.*, et la note 9 sur le liv. II, fin du vol. — Ancienne pierre gravée persane. *Wiener Jahrbücher der Litteratur*, X, 1820, p. 256.

119 *c.* (XXVII *bis*). Bouc à dix cornes, paré de bandelettes. *Ibid.* — Ancienne pierre gravée persane. *Ibid.*

120. (XXIII). Scène qui paraît représenter une espèce d'initiation. Un personnage à longue barbe, richement vêtu et armé, tenant en main un instrument symbolique, la jambe gauche découverte, et monté sur une licorne sans ailes, accroupie, adresse la parole, en élevant la main droite, à un second personnage vêtu d'une longue robe, la tête nue et sans barbe, et qui semble s'apprêter à recevoir l'instrument symbolique. De l'autre côté est un troisième personnage sans barbe, à la taille élevée, à l'attitude héroïque, vêtu et armé comme le premier et dans la même action, si ce n'est qu'il présente de la main gauche un collier ou chapelet de grosses perles, qui doit également être reçu par le personnage intermédiaire. Sur la tête de celui-ci plane la figure ailée qui paraît être son *Ferver;* sur celle du premier personnage est un croissant un peu avancé (la Lune); une grande étoile à huit rayons, probablement le Soleil, brille immédiatement au-dessus de la coiffure du troi-

sième personnage, qui porte en outre une espèce de corne, de même que celle du premier. Entre le troisième et la figure du milieu, on voit un arbre mystérieux, peut-être le *Hom;* entre la licorne et la même figure, cinq petits globes; entre le croissant et le *Ferver,* sept globes plus gros. Une légende en caractères cunéiformes, de la quatrième espèce connue, est devant le premier personnage ; une autre, derrière le troisième : toutes deux en partie effacées. Vol. I, p. 339-344, et surtout la note 7 sur le liv. II, fin du vol. Compar. les figures précéd. et suiv., *passim.* — Cylindre d'agate blanche, développé. KER-PORTER, *Travels,* II, pl. 80, n° 1.

121. (XXI). Personnage à longue barbe et à longs vêtemens, assis, la tête couverte, sur un siége à pied de bœuf. Un croissant en avant de sa tête, le sépare d'une grande figure de femme parée d'une riche tiare et dont la robe forme sept ou huit bandes autour de son corps. Elle paraît lui présenter une autre femme qu'elle tient par la main, tandis que toutes deux élèvent l'autre main en signe de respect : cette seconde figure, vêtue d'une robe différente, quoique riche, a la tête ceinte d'un simple bandeau. Une troisième femme, coiffée comme la première, mais plus simplement vêtue, avec une tunique à longs plis, élève les deux mains comme en adoration. Une double inscription cunéiforme, en caractères très-compliqués, de la cinquième espèce connue, occupe le reste du tableau. Voy. la note 7 sur le liv. II, à la fin du vol. I. — Cylindre développé, trouvé à Babylone, comme le précédent. KER-PORTER, *ibid.,* pl. 79, n° 6.

122. (XXIV). Personnage, que l'on croit être le roi, saisissant d'une main la corne unique d'un monstre à forme de griffon, qui est dressé contre lui, et de l'autre lui enfonçant un poignard dans le flanc. L'attitude aussi calme que ferme du héros contraste fortement avec l'attitude violente et convulsive de l'animal ahrimanien. Vol. I, p. 339 sq., et surtout la note 7 sur le liv. II, fin du vol. — Bas-relief de Persépolis. KER-PORTER, *Travels,* I, pl. 52, coll. 53.

122 a. (XXVII *bis*). Trois groupes symboliques successifs, ana-

EXPLICATION DES PLANCHES.

logues au précédent, et représentant : le premier, un personnage mitré à longue barbe, domptant un taureau furieux qui se dresse en bondissant, et qu'il saisit par la corne et par le pied; les deux autres, un héros à face terrible étouffant un lion monstrueux dressé contre lui. Derrière le bœuf est une espèce de plante ou d'arbuste. Vol. I, p. 340, 375 sq., et les notes 7 et 9, fin du vol. — Cylindre de Babylone. KER-PORTER, *Travels*, vol. II, pl. 79, n° 5.

122 *b*. (XXVII *bis*). Deux groupes analogues au précédent. Un personnage mitré lie deux taureaux qu'il a domptés et dont les pieds de devant ont disparu : un autre personnage demi-homme, demi-taureau, espèce de centaure, semble retenir par des liens magiques un lion fantastique qui s'élance, peut-être contre le taureau opposé. *Idem, ibid.* — Cylindre de Babylone. KER-PORTER, *ibid.*, n° 4.

23. (XXIV). Personnage à longue robe avec quatre grandes ailes étendues, de la barbe, et une coiffure symbolique égyptienne : probablement un *Ized* ou un héros divinisé. Une triple inscription cunéiforme, en trois différens caractères, est au-dessus de sa tête. Vol. I, p. 342, 374, et la note 7 sur le livre II, fin du vol. Compar. ci-après, pl. XLIV, 186 *a*, etc. — Bas-relief d'un pilier à Morghab, crue l'ancienne Pasargades. KER-PORTER, vol. I, pl. 13.

24 et 124 *a*. (XXIV). *Ized* ou ange céleste, avec quatre ailes d'épervier, une riche armure et une parure non moins riche, saisissant, dans l'attitude de la force, de ses deux bras à demi-étendus, les cous de deux autruches qui paraissent dressées contre lui, mais détournent la tête avec un mouvement convulsif. Une inscription cunéiforme, probablement double, occupe le reste du tableau. Compar. fig. 120, 122, 123, et les renvois au texte et aux notes qui y sont indiqués. — Cylindre de jaspe rouge avec son développement, publié par le Dr Donow, *Morgenlændische Alterthümer*, I, tab. I.

24 *b* et 124 *c*. (XXVII *bis*). Pierre gravée, taillée à faces et formant cachet. L'une des faces représente un chien assis dans une attitude expressive; sur une autre paraissent des caractères

cunéiformes compliqués. L'empreinte offre un personnage, peut-être un prêtre, enlevant un oiseau de la taille d'une oie, qu'il saisit d'une main par le cou ; de l'autre, il s'apprête à le frapper avec un instrument. Vol. I, *ibid.* — Compar. la fig. précéd. KER-PORTER, II, pl. 80, n° 2.

125 et 125 *a*. (XXII). Deux personnages placés dos à dos, l'un surmonté du croissant, portant un diadème, une longue barbe, une riche ceinture, ayant sur la poitrine et dans les mains divers symboles peu connus ; l'autre, qui paraît s'éloigner avec une hâtive précaution, espèce de monstre demi-homme et demi-oiseau, ayant entre les deux ailes une étoile à nombreux rayons et portant de l'une de ses mains une sorte de boîte. Une figure à quatre tiges ou branches, probablement une plante, est entre les deux personnages. Une inscription cunéiforme de la quatrième espèce, les sépare sur l'autre face. Compar. fig. 120, 121, etc ; et voy. surtout la note 7 sur le liv. II, fin du vol. I. — Cylindre de porphyre avec son développement. W. OUSELEY, *Travels*, II, pl. XXXVII.

126 - 129. (XXV). Parties supérieures ou chapiteaux, et fragmens divers de colonnes persépolitaines. La plupart des chapiteaux sont mutilés, 128, 128 *a;* ils sont formés de plusieurs, ordinairement de trois pièces distinctes, dont la figure 127 offre le type le plus parfait ; ils paraissent, en outre, avoir été surmontés d'animaux symboliques, tels que le double demi-bœuf, fig. 126, la licorne (compar. fig. 117), etc. Le lotus entre pour beaucoup dans la décoration, soit des chapiteaux, soit des bases de ces colonnes, fig. 129 : mais je ne trouve nulle part ces prétendues flammes, ces globes, demi-globes, etc., dont parle M. W. Gell, non plus que les hiéroglyphes du feu et de l'eau. Vol. I, p. 370 ; et note 7 sur le liv. II, fin du vol. — KER-PORTER, *Travels*, I, pl. 45, et le texte, p. 633 sqq., coll. OUSELEY, II, pl. XLI et p. 258. NIEBUHR, t. II, pl. XXV. LE BRUYN, t. IV, p. 306 sq., et pl. 144. CHARDIN, etc. etc.

130. (XXV). Porte des lions à Mycènes. Bas-relief représentant deux lions fort mutilés, dressés sur l'architrave, en face l'un de l'autre, et appuyant leurs pates de devant sur un socle qui

porte une espèce de colonne renversée, avec divers ornemens que M. Creuzer regarde comme symboliques, et relatifs, ainsi que les lions, au plus ancien culte de Mithras-Persée. Voy. vol. I, p. 368-377; et les notes 8 et 9 sur le liv. II, fin du vol. — W. Gell, *Argolis*, pl. 8-10.

1. (XXVI). *Mithras* ou *Mithra* immolant le taureau à l'entrée d'une grotte mystérieuse : un chien, un serpent, un scorpion, une fourmi, concourent à l'action. A la droite du dieu, dans la partie supérieure du tableau, on voit le Soleil figuré par une tête d'homme, et tout près un oiseau qui semble contempler la scène principale; à gauche, la Lune figurée par une tête de femme dans un croissant. Vol. I, p. 354 sqq., et les notes 8 et 9 sur le liv. II, fin du vol. — Bas-relief de la *Villa Albani*. Zoega, *Bassirilievi antichi*, II, 67.

2. (XXVI.) *Mithra* sur le taureau, qu'il immole avec un glaive remarquable par deux têtes d'oiseau qui surmontent la poignée; le chien, comme dans la figure précédente; le serpent couché; le scorpion seul. A droite et à gauche du dieu, sont deux ministres vêtus comme lui et tenant chacun un flambeau dressé; l'un d'eux semble, en outre, porter la main sur les épis qui terminent la queue du taureau. L'oiseau, qui paraît être un corbeau, est placé un peu au-dessus de ce personnage. Du même côté, on voit le Soleil s'élevant au sommet de la montagne, supposée former la grotte, dans un char à quatre chevaux que précède un enfant avec une torche dressée: du côté opposé descend la Lune dans un char à deux chevaux, précédé d'un autre enfant avec une torche renversée : entre les deux astres, sur la tête de *Mithra*, paraissent trois arbres. L'inscription qui distingue ce monument est unique. Compar. les figures précéd. et suiv. Voy. vol. I, *ibid*. — Bas-relief de la *Villa Borghese*, trouvé dans la grotte souterraine du Capitole. Montfaucon, *Antiq. Expliq.*, I, pl. CCXVII, 1.

2 a. (XXVII *bis*). *Mithra* égorgeant le taureau : à sa droite, au-dessous de l'image radieuse du soleil, un génie abaissant son flambeau; à gauche, au-dessous de la lune, un autre génie élevant le sien. Le corbeau, le chien, le serpent, le scorpion,

comme dans les figures précédentes. Au-dessus de la grotte, en face du corbeau, on voit un lion; plus haut encore, dans une espèce de frise, un belier et un taureau; au bas, une frise également symbolique, mais fort endommagée. Aux deux côtés sont deux bandes distribuées chacune en six compartimens, et formant douze tableaux relatifs aux épreuves des *Mithriaques*. Vol. I, *ibid.*, et surtout note 9, fin du vol. — Bas-relief trouvé à Mauls en Tyrol, actuellement dans le Cabinet de l'empereur d'Autriche. Seel, *Mithrageheimnisse*, 1823, tab. XIX, coll. XX.

133. (XXVII). Monument demi-mithriaque, demi-sabazien. Le tableau se divise en deux plans, qui représentent deux actes successifs du sacrifice : *Mithra* joue le principal rôle dans le premier; un prêtre, dans le second. Il faut remarquer la figure qui tient la queue du taureau, et le lion placé derrière elle en sens contraire. Vol. I, p. 365 sq., et surtout la note 9 sur le liv. II, fin du vol. — Bas-relief trouvé à Ladenburg sur le Neckar, entre Mannheim et Heidelberg. *Acta Academ. Theodoro-Palatin.*, t. I, tab. II, n° 3.

133 *a*. (XXVII *bis*). *Mithra*-Hercule, nu, et le casque surmonté du disque du soleil, en tête, assommant le taureau (presque entièrement effacé) avec la massue : le chien semble l'assaillir lui-même par derrière en s'adressant au bras qui va frapper. Vol. I, *ibid.*, *ibid.* — Monument découvert à Salzbourg. *Wiener Jahrb.* X, p. 256.

134. (XXVII). *Mitra*-femme, ou *Venus-Victrix* ailée, prise ordinairement pour la *Victoire*, égorgeant le taureau comme *Mithras* dans les précédentes figures : au devant est une sorte d'autel chargé d'offrandes. Vol. I, p. 374-376, et la note 9 déjà indiquée. — Bas-relief en terre cuite. *British Museum*; Lond., 1818, pl. XVI, n° 26.

SECTION TROISIÈME (Livre III).

RELIGION DE L'ÉGYPTE [1].

Fig. 135. (Pl. XXVIII). Sacre d'un *Pharaon* par *Hermès* et *Osiris*. Le jeune *Pharaon*, reconnaissable au serpent *uræus*, symbole de la royauté, est debout, les bras pendans, entre deux personnages divins, *Osiris* à sa gauche, *Hermès* à sa droite, qui répandent sur sa tête l'eau consacrée, et lui donnent ainsi l'initiation royale. Creuzer. Voyez vol. I, liv. III, p. 413. Conf. note 2, § 2, sur le même livre, à la fin du vol. (Le dieu à tête d'épervier est *Thoth*, *dieu grand*, *seigneur suprême*, comme porte sa légende rectifiée, dans la première colonne d'hiéroglyphes placée au-dessus de sa tête : c'est *Hermès trismégiste*, ordinairement peint en bleu. Le dieu à tête d'ibis est *Thôout* ou *Thouti* ou *Thoth*, *seigneur des divines écritures*, également d'après sa légende rectifiée et complétée : c'est *Hermès deux fois grand*, peint en rouge et plus souvent en vert. Le roi purifié par l'eau sainte entremêlée des symboles de la *vie divine* et de la *bienfaisance*, doit être l'un des Ptolémées. Conf. note 10 sur le liv. III). — Bas-relief du portique du grand temple de *Philæ* ou Philes. *Description de l'Égypte, Antiquités, Planches*, vol. I, pl. 10, 2.

136. (XXVIII). Un Égyptien, peut-être un prêtre, (avec la coiffure

---

[1] Pour le petit nombre de sujets donnés et expliqués par M. Creuzer, nous avons fidèlement conservé ses explications, en les développant et les accompagnant de nos propres observations placées entre parenthèses. Nous nous plaisons à répéter que nous devons presque tout en ceci aux découvertes et aux savans travaux de M. Champollion le jeune.

symbolique qui exprime la domination sur la région inférieure), élevant des mains suppliantes : devant lui est *Hermès* à tête d'ibis, tenant une longue règle dentelée d'un côté et qui se recourbe à son extrémité supérieure terminée par trois branches réunies, sur laquelle il est prêt à marquer un degré avec son roseau ou stylet. En face du dieu, l'on voit *Osiris* à tête humaine, assis et tenant d'une main la croix à anse ou la clef du Nil (symbole de la vie divine), tandis que de l'autre il paraît soutenir l'instrument métrique porté par *Hermès*, ou lui indiquer le degré à marquer (il est coiffé du *Pschent*, emblème de la souveraineté sur la région supérieure et la région inférieure). Derrière lui est *Isis*, mère de l'Égypte (le vautour qui forme sa coiffure est l'emblème de la *maternité*), concourant de ses mains élevées à la prière de son adorateur. Scène relative à la future inondation du Nil et à la hauteur de ses eaux, d'où dépend la fertilité du pays. Creuzer. Voy. vol. I, p. 398 sqq., et *passim*. Conf. notes 4, 5, 10 sur le liv. III, fin du vol. (Cette scène, d'une nature toute différente, paraît se rapporter à la fixation d'une année déterminée, dans le cours d'une période *panégyrique*, exprimée par le sceptre dentelé auquel est suspendu le caractère symbolique *panégyrie*. Le dieu est *Horus* et non point *Osiris*. Vol. I, p. 811, 813.) — Bas-relief du temple de l'ouest à Philes. *Descript. de l'Égypte, Antiq., Pl.*, vol. I, pl. 23, 1.

137. (XXIX). *Isis* assise, allaitant son fils *Horus* debout et déjà grand. Devant eux est un prêtre (ou plutôt un roi), leur faisant une offrande de lotus. Derrière paraît *Hermès*, le scribe sacré, à tête humaine, dans la même action que représente la précédente figure. Une quatrième divinité tenant un sceptre terminé par le calice d'un lotus, et de l'autre main la croix ansée, porte une grande feuille sur la tête. Même scène que ci-dessus. Creuzer. Vol. I, *ibid*. (Voy. nos observations sur la fig. 136. Ajoutez aux citations note 6, p. 828, 835. La déesse, et non point le dieu, qui tient le sceptre annuaire, est *Bubastis, fille d'Isis* et sœur d'*Horus*. L'autre divinité parèdre, qui porte le sceptre ordinaire des déesses, est *Saté* ou *Sati, fille de Ré*,

inscription dont on reconnaît encore les principaux élémens dans les hiéroglyphes défigurés qui composent la première colonne placée au devant de la déesse. Le personnage royal est : *le seigneur du monde*, Autocrator (*l'empereur*), *fils du soleil, maître de la terre,* Tibère-César, toujours vivant, sens complet des deux cartouches hiéroglyphiques, avec leurs accessoires, qui accompagnent son image, et dont le second se trouve répété dans la grande colonne à droite.) — Galerie du temple de l'ouest à Philes. *Descript. de l'Ég., ibid.*, pl. 22, 2.

137 *a.* (LII). Le dieu du *Nil* avec la tige de lotus et la corne d'abondance d'où sort un enfant; devant lui trois autres enfans debout; à côté un sphinx couché : tous attributs du fleuve d'Égypte. Creuzer. Vol. I, p. 398 sq., etc. — Médaille d'Alexandre Sévère. Zoega, *Numi Ægypt. imperat.*, tab. XVI, 7.

138. (XXX). *Isis* allaitant *Horus* enfant ou *Harpocrate*, assis sur ses genoux : derrière et debout un personnage femelle, coiffé, comme la déesse, du vautour que surmonte le globe entre les cornes de vache flanquées de deux *uræus*, et tenant d'une main le sceptre-lotus, de l'autre transmettant au dieu-enfant le symbole de la vie divine; plus loin et s'unissant à cette action, une déesse à tête de lion avec une coiffure très-compliquée, formée des cornes de belier, de celles de bouc, du globe entre les cornes de taureau, le tout surmonté d'une espèce de mitre terminée par un globule. Compar. ci-dessus fig. 136, 137 et les renvois indiqués. (Les deux déesses protectrices paraissent être *Athor* et *Tafné*; celle-ci forme de *Neith* : voy. note 6 s. l. l. III). — Bas-relief du sanctuaire d'Hermonthis. *Descript. de l'Ég., Antiq., Pl.,* vol. I, pl. 95, 3.

138 *a.* (LII). *Isis* (ou plutôt *Athor*) assise sur une chaise au-dessus de laquelle sont posées deux huppes, emblèmes de l'amour filial (plutôt un vautour, symbole de la maternité, et un épervier, symbole du soleil) : la déesse présente le sein à son fils *Horus* enfant ou *Harpocrate*, armé de la massue (*Hercule-Harpocrate* ou *Semphoucrates*). Sur une table est un vase mystique surmonté d'un serpent, double symbole exprimant la force toujours nouvelle de la nature dans le principe humide.

36 RELIGION DE L'ÉGYPTE.

Creuzer. Vol. I, p. 400 sqq., et notes 4, 5, 6, etc. sur le liv. III, f. v. — Médaille d'Antonin-le-Pieux. Zoega, *Numi Ægypt. imp.*, tab. X, 1.

183. *b*. (LII). *Anubis* tenant d'une main le jeune *Horus-Harpocrate*, et de l'autre un vase ou seau. Creuzer. Vol. I, *ibid.*, et p. 435 sqq. (*Thôout* ou *Hermès* Cynocéphale, et *Anebo* ou *Anubis* à tête de chakal : voy. note 10 sur le liv. III). — Pierre gravée. *Dactyliotheca Stoschiana*, ed. Schlichtegroll, II, tab. 17, f. 113.

138 *c*. (LIII.) Vase mystique sur un trône richement sculpté et décoré : deux oiseaux qu'il est difficile de déterminer, semblent le tenir sous leur garde. Vol. I, p. 404, 415, 426, 819. Compar. fig. 138 *a*, etc. — Médaille de Marc-Aurèle. Zoega, *Num. Ægypt. imper.*, tab. XIII, 17.

139. (XXX). *Horus* adolescent avec une chevelure tressée en corne de bélier, et armé du fouet ou fléau, symbole de la domination, paraît sortir du calice d'un lotus épanoui, emblème du Nil et de la vie également inépuisables. *Isis*, placée en face, lui tend la main droite comme pour l'aider ; derrière, une seconde déesse, *Nephthys*, lui présente la croix ansée qu'il va bientôt saisir. Vol. I, p. 400 sqq., 406, etc., 812 sqq. — Bas-relief du temple d'Hermonthis. *Descript. de l'Ég.*, *Antiq.*, *Pl.*, vol. I, pl. 95, 1.

139 *a*. (LII). *Harpocrate* avec le fléau et le doigt sur la bouche, en signe de mystère, assis sur un lotus. Creuzer. Compar. la figure et les indications précédentes. — Pierre gravée. *Dactylioth. Stosch.*, II, tab. 15, f. 93.

139 *b*. (LIII). Le *Soleil-Osiris* sortant d'un arbre. Creuzer. Compar. fig. 139 ; et vol. I, p. 391, 406. — Pierre gravée. Pietro Vivenzio, *Gemme antiche*, Roma 1819, tab. VIII.

140. (XXXI). Une femme, avec une coiffure de tiges de lotus, chante un hymne sacré en s'accompagnant de la harpe aux attributs d'*Isis*, devant cette déesse assise, le sceptre-lotus et la croix ansée dans les mains : derrière elle est *Horus* ou *Harpocrate* adolescent, une guirlande de fleurs autour de la tête et portant la main vers sa bouche. D'après Creuzer. Vol. I,

EXPLICATION DES PLANCHES. 37

p. 400 sqq., 475 sq.; et notes, p. 812 sqq., 826 sq., 835, 847, etc. (La déesse assise est *Athor* ou *Hathor*, c'est-à-dire la maison d'*Hor* ou *Horus* figuré par l'épervier, son symbole, *dame du ciel*, *fille du Soleil*, comme doit porter la légende hiéroglyphique. La musicienne est probablement aussi une déesse, et sa coiffure l'emblème ordinaire de la région inférieure de l'Égypte. La légende d'*Horus* le nomme *Horsiesi*, qui veut dire *Hor*, *fils d'Isis*, *seigneur des régions du monde*.) — Sculptures du temple de l'ouest à Philes. *Descript. de l'Ég.*, *Antiq.*, Pl., vol. I, pl. 23, 3.

140 *a*. (LII). *Harpocrate* avec son geste ordinaire et portant la massue comme Hercule, monte un bélier sur le front duquel est un globe. CREUZER. Vol. I, p. 402, et surtout notes 4 et 5, fin du vol. Compar. fig. 138 *a*. — Médaille d'Hadrien. ZOEGA, *Numi Ægypt. imp.*, tab. IX, 4.

140 *b*. (LII). Figure de femme enveloppée d'un long voile et le *modius* ou boisseau sur la tête, portant un doigt vers sa bouche, et de l'autre main tenant une massue (peut-être plutôt une idole d'*Harpocrate*) : devant elle est un autel sur lequel, entre autres offrandes, on voit trois pommes, par allusion aux trois saisons de l'année égyptienne. Scène probablement relative aux mystères d'*Hercule-Harpocrate*. CREUZER. Compar. fig. 138 *a*, 140 *a*. Voy. vol. I, p. 426, etc., et surtout notes 4 et 5, fin du vol.— Médaille égyptienne-alexandrine d'Hadrien. ECKHEL, *Syllog. 1 Num. vet. anecdot.*, tab. VI, 16. Confer. tab. XIII, 9; et ZOEGA, *Num. imp. Ægypt.*, p. 214 et tab. IX, 1.

141. (XXXII). Sur un lit artistement couvert d'une peau de lion, est étendue une figure d'homme, qui semble dormir, la tête appuyée sur son bras droit. Un oiseau chimérique ayant une tête humaine avec une coiffure symbolique, et portant un puissant phallus, plane au-dessus de cette figure, que l'on croit être *Osiris-Nil* près de son réveil, vers le solstice d'été, où il va reprendre une vigueur nouvelle. Deux femmes, l'*Isis* céleste et l'*Isis* terrestre, comme on les explique, se tiennent debout l'une à la tête, l'autre au pied du lit, avec la sollicitude de l'attente. Derrière la première de ces déesses, est un double rang de

trois personnages, ceux du milieu ayant des corps de femme et des têtes de serpent; ceux de devant, des corps d'homme et des têtes de grenouille; les deux autres, placés en arrière, *Thoth* ou *Hermès* à tête d'ibis, et, à ce qu'il semble, *Harpocrate* avec ses jambes collées l'une à l'autre et son aspect raide et immobile. A l'extrémité opposée, l'on voit également deux rangs de figures d'hommes à tête de grenouille, et de femmes à tête de serpent, portant, comme leurs pareilles de l'autre côté, des chaussures à tête de chakal. Immédiatement derrière la déesse qui se tient au pied du lit, un homme à tête d'épervier est sur le point de frapper d'une massue un nain à tête de lièvre (aucuns disent à tête d'âne), garrotté et qu'il saisit d'une main par les oreilles. Après ce sacrifice, expiatoire et symbolique, de l'animal odieux qui s'enfuit aux approches de l'inondation du Nil, tandis que les serpens d'eau et les grenouilles sont rejetés par le fleuve dans les déserts, séjour des chakals, un personnage humain (non pas un prêtre, mais un *Pharaon*) fait une offrande de deux vases ornés de bandelettes. Au-dessus de ce bas-relief, qui représente la grande scène du réveil d'*Osiris* et le retour fécondant du Nil, règne une frise composée de divinités mâles accroupies, d'éperviers symboliques et de légendes (cartouches) hiéroglyphiques. Le bas-relief est lui-même chargé d'hiéroglyphes qui malheureusement n'ont pas tous été copiés. CREUZER, d'après MM. JOLLOIS et DEVILLIERS. Vol. I, p. 396-402, 413, 417 sq., 507, et les notes 4, 5, 6, 15 sur le liv. III, f. v. (Le dieu qui plane sur la figure couchée est *Amon-Ra* ou *Ammon-Soleil*, générateur et régénérateur; la déesse de la tête du lit est bien *Isis*; mais la figure opposée est celle de *Nephthys* ou *Nephthé*, l'une représentant l'Égypte-arabique ou orientale, l'autre l'Égypte-libyque ou occidentale. Le dieu pris pour *Harpocrate* paraît être *Phtha* ou *Phtah*, le Démiurge, placé à l'orient, et ayant au-dessous de lui le scribe sacré *Thôout* ou *Thoth* second. Les déesses à tête de serpent et les dieux à tête de grenouille, ne nous sont point connus, et nous ne pouvons lire leurs légendes. Le personnage à tête d'épervier est *Horus*, ou l'un des siens, frappant *Typhon* personnifié dans l'un des animaux qui lui sont consacrés, lièvre ou âne. Quant au Pharaon, la légende qui surmonte sa tête dans un encadrement peu ordinaire, assez semblable à l'un des symboles du premier *Thoth* ou d'*Hermès-trismégiste*, porte un nom que nous ne nous hasarderons point à lire, et qui, non plus que les noms ou prénoms renfermés, soit dans les deux cartouches placés en avant, soit dans les deux autres trois fois reproduits à la frise supérieure, où on les voit alternativement protégés par l'épervier sacré d'*Hermès* et par l'image accroupie de *Phtha*, ne se retrouve dans aucune des légendes royales interprétées jusqu'ici par notre savant Champollion : mais peut-être cette première légende contient-elle un nom divin, plutôt qu'un nom royal). — Bas-relief du petit temple au sud du palais de Karnak. *Descript. de l'Ég., Antiq.*, *Pl.*, vol. III, pl. 64; et le texte, vol. II, p. 273 sqq.

141 *a*. (LII). Un lion portant sur son dos la momie d'*Osiris* privé de la vie : *Anubis* à tête de chien, ou plutôt de chakal, semble la protéger de ses bras étendus. Compar. la fig. précéd., et ci-après, fig. 181. Vol. I, *ibid.*, et p. 442, coll. note 10, fin du vol. — Pierre gravée. CAYLUS, *Recueil d'Antiquités*, tom. IV, pl. XIV.

142. (XXXIII). Un dieu à tête de crocodile, assis sur un trône, le sceptre et la croix ansée dans les mains, avec une coiffure symbolique formée du *modius*, d'où sortent deux cornes de bouc, supportant un globe, et deux longues et larges plumes ou palmes flanquées de deux *uræus*. Derrière est un autre dieu debout, remarquable par la tunique longue et étroite qui enveloppe et serre son corps depuis le cou jusque sous la plante des pieds, et de laquelle s'échappent à peine ses deux mains tenant le sceptre ordinaire, combiné avec la croix à anse et avec cette espèce de colonne à quatre tablettes ou corniches, que l'on appelle *nilomètre*; de plus le fléau et le crochet : sa tête coiffée d'une calotte qui s'adapte étroitement au crâne, et que ceint une bandelette ou un diadème, est surmontée d'un disque considérable placé sur un croissant (compar. fig. 150, 177). Un roi s'avance vers le crocodilocéphale, portant une riche offrande. Vol. I, p. 418 sq., 496; et les notes 1. § 2, p. 756,

5 et 6 sur le liv. III, f. v.(Le dieu crocodilocéphale, ordinairement pris pour *Typhon*, est *Souchos* ou *Saturne*, dont le nom rectifié *Sovk*, et terminé par un crocodile, son représentant, se lit dans la quatrième colonne hiéroglyphique en avant de sa tête. Le dieu au disque dans le croissant, mal à propos regardé comme *Harpocrate*, est *Ioh*, *Ooh*, *Piioh* ou *Pooh*, ou encore *Ioh en-sou*, *Ooh-en-sou*, Lunus ou le dieu Lune. Le monarque est : *le Seigneur du monde*, DIEU ÉVERGÈTE, APPROUVÉ PAR PHTAH, IMAGE VIVANTE D'AMON-RA, *fils du Soleil*, PTOLMÈS, TOUJOURS VIVANT, CHÉRI DE PHTAH : légende de *Ptolémée-Évergète II*).— Portique du grand temple à Ombos. *Descript. de l'Ég., Antiq., Pl.*, vol. I, pl. 43, 19.

143. (XXXII). Un crocodile portant sur sa tête le globe du soleil avec l'*uræus* dressé : symbole du premier dieu décrit dans la figure précédente, *Sovk*. Un personnage, dans la posture de l'adoration, tenant d'une main le fouet, emblème de la puissance, offre de l'autre au dieu-crocodile les trois premiers attributs portés par le second dieu, *Piioh*, et qui appartiennent également au dieu *Phtha* ou Vulcain. Derrière l'animal divin, un autre animal non moins divin, non moins symbolique, le serpent *uræus*, coiffé du globe ou disque et muni de deux ailes étendues en avant, entre lesquelles s'élève un sceptre ou plutôt un étendard avec les emblèmes de la victoire, est dressé sur une espèce de vase ou de coupe. Voy. les indications de la fig. précéd., et p. 507 sqq., rectifiées par la note 15, vol. I. Compar. fig. 163 ci-après. — Bas-relief d'Esné ou Latopolis. *Descript. de l'Ég., Antiq., Pl.*, vol. I, pl. 82, 2.

144. (XXXIV). *Osiris-Apis* à tête de taureau, portant d'une main le sceptre des dieux bienfaisans, de l'autre le signe de la vie céleste. Vol. I, p. 396, 407, 498 sqq., et les notes 4 et 5 sur le liv. III, f. v. — Figure détachée du zodiaque d'Esné, *ci-après*, pl. XLVIII, 191.

145. (XXXIV). *Isis-Athor* à tête de vache, coiffée du vautour, symbole de la maternité, au-dessus duquel s'élève le disque entre les cornes, surmonté d'une mitre formée de deux feuilles

ou plumes. La déesse, mère et nourrice, tient sur ses genoux un jeune enfant portant un globe sur la tête, et qui doit être *Horus*. Compar. fig. 137, 138, 138 *a*, 140, etc.; voy. vol. I, p. 407, 512 sqq., et les notes 5 et 6 sur le liv. III, f. v. — MONTFAUCON, *Antiquité expliquée*, t. II, pl. CV, 3.

146. (XXXIV). *Athor*, la mère universelle, coiffée du disque entre deux cornes de vache, en avant desquelles se dresse l'*uræus*, qui pend aussi aux oreilles de la déesse. *Athor* ou *Hathor* (la demeure cosmique d'*Hor* ou *Horus*) *rectrice de la région supérieure du monde*, comme porte la légende hiéroglyphique qui est au devant d'elle, parée de sa chevelure nattée que ceint le diadème, d'une riche tunique à nombreux losanges renfermant des hiéroglyphes, et d'un collier orné d'émaux, auquel tient par derrière un appendice terminé par une sorte de roue, de la main droite porte en avant l'espèce de sac replié sur lui-même, en forme de fer à cheval, qui tient également à son collier, et de la gauche accueille le *Pharaon* défunt placé en face d'elle. Ce *Pharaon*, reconnaissable à l'*uræus*, qui distingue les rois et les dieux, ainsi qu'à son costume non moins caractéristique dans sa magnificence, est LE FILS DE RÉ ET DE SATÉ; LE SERVITEUR DE PHTAH, OUSIREI (sens des deux cartels ou cartouches renfermant le prénom, et le titre ou surnom et nom propre du roi, que l'on voit au-dessus de sa tête), le même que l'*Achenchérés 1* de la XVIIIe dynastie de Manéthon, qui vivait probablement dans le XVIe siècle avant J.-C., et pour lequel fut creusé, bâti et décoré le célèbre tombeau découvert à Thèbes par le courageux et infortuné Belzoni. Ce groupe est tiré d'une scène des peintures de ce magnifique monument. Voy. les indications de la fig. précéd., et de plus la note 2, §§ 2 et 3, et la note 11 sur le liv. III, f. v. — *Voyages* de BELZONI, atlas, pl. 18.

147. (XXXV). *Isis* ou peut-être *Athor*, coiffée du vautour et des cornes qui embrassent le disque, et portant dans ses mains les symboles de la bienfaisance des dieux et de la vie divine; deux grandes ailes de vautour sont repliées autour de sa tunique. Voy. les fig. et les indications précéd. — Bas-reliefs

de Dendera. *Descript. de l'Ég.*, *Antiq.*, *Pl.*, vol. IV, pl. 16.

148. (XXXV). Figure de femme à comparer aux précédentes, mais qui pourrait bien être celle de la déesse correspondant au dieu *Ioh* ou *Ooh*, à la fois *Lunus* et *Luna* (*Ilithyia?*) : elle est coiffée, comme lui, du disque dans le croissant, emblème de la Lune, d'où pend de chaque côté l'*uræus*; sa chevelure est superbe; une tunique parfaitement transparente et dont on aperçoit seulement la bordure inférieure, laisse voir les belles formes de son corps. Voy. notes 4, 5 et 6 sur le liv. III, f. v. Conférz ci-dessus, fig. 142, et ci-dessous, 150. — Hypogées de Thèbes. *Descript. de l'Ég.*, *Antiq.*, *Pl.*, vol. II, pl. 46, 7.

149. (XXXVII). *Isis* coiffée simplement du vautour à ailes éployées et portant deux bouquets de longues tiges terminées par des épis : une offrande de lotus et d'épis tressés en guirlande est placée devant la déesse, qui n'a d'autre vêtement qu'une ceinture. Compar. les fig. précéd., où les renvois sont indiqués. — Bas-relief de Keft ou Coptos, probablement du dernier style. *Descript. de l'Ég.*, *Antiq.*, *Pl.*, vol. IV, pl. 1, 7.

150. (XXXV). Tête ordinairement prise pour celle d'*Horus*, mais qui paraît être plutôt celle du dieu *Pooh*, *Piioh* ou simplement *Ioh*, Lunus ou la Lune mâle, caractérisé par le disque placé dans le croissant, par la tresse de cheveux en forme de corne de bélier, enfin par l'*uræus*, coiffé du globe. Tous ces attributs, qui le rapprochent singulièrement de la déesse représentée au n° 148, l'assimilent aussi à quelques égards au roi des dieux, *Amon-Ra*. Conférz fig. 142, 177; et voy. notes 4, 5 et 6 sur le liv. III, vol. I, p. 807, 812, 830 sq. — Hypogées de Thèbes. *Descript. de l'Ég.*, *Antiq.*, *Pl.*, vol. II, pl. 92, 4.

151. (XXXII). *Bubastis* embrassant *Horus*, comme on l'explique vulgairement (selon nous, *Bouto* ou *Latone* embrassant *Osiris* : la déesse porte pour coiffure la partie inférieure du *Pschent*, symbole de la domination sur la région inférieure du monde et de l'Égypte; le dieu, sa mitre ordinaire). Voy. notes 4, 5 et 6 sur le liv. III, vol. 1, p. 805, 812, 826 sq. —Thèbes, bas-relief de Louksor. *Descript. de l'Ég.*, *Antiq.*, *Pl.*, vol. III, pl. 14, 2.

151 *a.* (LII). *Typhon* combattant avec Diane (*Bubastis*) changée en biche ou plutôt en cerf. Creuzer. Vol. I, p. 418. Conf. nos remarques dans la note 5 sur le liv. III, p. 814 sqq. — Pierre gravée. *Dactyliotheca Stoschiana*, ed. Schlichtegroll, tab. 22, n° 126.

151 *b.* (XXXVII). L'ichneumon, animal consacré non-seulement à Hercule, mais à *Latona-Bouto*, sa nourrice. Vol. I, p. 496 sq.; et la note 6 sur le liv. III, p. 826 sq. — Médaille de Letopolis. *Descript. de l'Ég.*, *Antiq.*, *Pl.*, vol. V, pl. 58, 41.

151 *c.* (XXXVII). Figure de femme portant sur sa main ou l'ichneumon ou plutôt la musaraigne consacrée à *Latona-Bouto*, peut-être aussi à *Diana-Bubastis*. Compar. la fig. précéd., et voy. surtout notes 5, 6 et 15 sur le liv. III, p. 814, 826. — Médaille de Bubastus. *Descript. de l'Ég.*, *Antiq.*, *Pl.*, vol. V, pl. 58, 28.

152. (XXXVI). *Phtha-Socharis*, ou *Phtah-Sokari*, à tête d'épervier, avec une espèce de mitre, emblème de la domination sur la région supérieure, surmontant les cornes de bouc, emblème de la génération. Le dieu, qui porte le fouet et le bâton augural, a pour parèdre *Athor*, son épouse, coiffée du vautour avec le globe entre les cornes, et tenant d'une main le signe de la vie divine, l'autre main élevée en signe de protection. Devant le céleste couple est un autel chargé d'une barque symbolique, contenant une arche avec divers animaux sacrés entre lesquels se distingue l'épervier du soleil, reconnaissable au disque qu'il porte en tête. Un monarque à demi vêtu d'une peau de panthère, au-dessus duquel est une légende divine dans un encadrement à peu près pareil à celui que nous avons remarqué fig. 141, mais dont la légende royale n'a point été copiée, tient une corde attachée à l'autel. Derrière lui, élevés sur des supports terminés en forme de serpens, paraissent successivement une coiffure symbolique propre au dieu *Sock*, fig. 142, un vautour, un épervier, un ibis, une gazelle et un chakal. Ces animaux, ainsi que la scène de l'autel et le couple divin qu'ils précèdent, font face à un second personnage royal coiffé du *Pschent* et offrant l'encens. Voy. notes 5, 6, 15 sur le liv. III,

fin du vol. I. — Bas-relief de la galerie de l'est à Philes. *Description. de l'Ég.*, *Antiq.*, *Pl.*, vol. I, pl. 13, 4.

153. (XXXVI). Un personnage ayant une triple coiffure formée d'un bonnet surmonté du *Pschent*, emblème de la domination sur les régions supérieure et inférieure; un second personnage coiffé du symbole de la région inférieure tant du monde que de l'Égypte, et qui doit être un monarque, comme le prouvent les cartouches royaux placés au devant de lui; une femme, probablement sa royale épouse, portant sur sa tête deux grandes plumes, s'avance en présentant diverses offrandes, vers trois divinités dont la première doit être *Isis*, distinguée par le trône qui s'élève au-dessus du globe enfermé par les cornes de vache; la seconde *Osiris*, avec son bonnet ordinaire; la troisième *Djom*, *Gom* ou *Sem*, l'Hercule égyptien, suivant M. Champollion, mais suivant nous, *Sou* ou *Soou*, c'est-à-dire *Pi-Zeous*, le dieu de la planète de Jupiter, un *Ammon* subordonné, ayant en tête le disque planétaire, surmonté de deux longues plumes ou feuilles semblables à celles qui forment souvent la coiffure du premier *Ammon*. Tous trois portent également, d'une main le sceptre des dieux bienfaisans, de l'autre le signe de la vie divine, et semblent à leur tour s'avancer pour faire accueil à leurs adorateurs. Restent à expliquer les deux enfans qui précèdent, coiffés de la partie inférieure du *Pschent*, et offrant chacun aux royales personnes un symbole différent, le premier une croix, le second un globe dans un croissant : M. Hirt, qui, dans les deux premières divinités caractérisées plus haut, voit *Vénus* et *Mars*, tient en conséquence ces deux enfans pour les deux *Amours* que reconnaissaient aussi les Égyptiens, adorant le *Soleil* comme un troisième. Voy. notes 4, 5 et 6 sur le liv. III, fin du vol. I. — Bas-relief du grand temple à Dendera. *Descript. de l'Ég.*, *Antiq.*, *Pl.*, vol. IV, pl. 14, 3.

154. (XXXV). Tête d'*Athor* aux oreilles de vache, coiffée de l'édifice emblématique exprimant l'univers, et posée, comme elle se voit souvent, sur une coupe richement ornée, symbole de l'humidité féconde qui a produit toutes choses. Vol. I, p. 404,

512 sqq., et note 6 sur le liv. III. Compar. fig. 145, 146, etc.
— Tête symbolique continuellement reproduite aux chapitaux, frises et corniches des temples d'*Athor*, particulièrement à Dendera. *Descript. de l'Ég., Antiq.*, *Pl.*, vol. IV, pl. 15.

154 *a*. (LIII). Tête d'*Isis* (*Isis-Athor*) coiffée comme la vache, dont elle porte à la fois les cornes et les oreilles : trois étoiles l'environnent. Creuzer. Vol. I, p. 393, 439, 513; et les notes sur le liv. III, p. 805, 812, etc. Compar. la fig. et les indicat. précéd. — Pierre gravée. *Dactyliotheca Stoschiana*, vol. II, tab. 8, n° 42.

154 *b*. (LII). *Athor* avec la colombe (ou plutôt l'épervier). Creuzer. Vol. I, p. 513, et la note 6 sur le liv. III. Compar. ci-dessus, fig. 138 *a*, 146, etc. — Médaille d'Athribis. Zoega, *Num. Ægypt. imper.*, tab. XXI, n° 8.

155. (XXXVII). *Mendès-Schmoun* ou *Amon*-générateur, le *Pan* égyptien, debout avec le phallus en érection : le dieu, mutilé du reste, semble n'avoir qu'une jambe et qu'un bras, et ce bras levé va saisir le fouet dont le *Soleil*-créateur stimule la *Lune* ou plutôt *Lunus*. Son corps est entièrement bleu; sur sa tête est la coiffure habituelle d'*Amon* ou *Amon-Ra*, formée de deux longues plumes de divers couleurs; une longue bandelette en descend et tombe jusqu'aux pieds; à la barbe tressée sous le menton, on reconnaît le *mâle* par excellence; un riche collier pare son cou, et sur sa poitrine brille le plus sacré des symboles, le globe ailé investi des *uræus*, emblème de la divinité irrévélée, de la suprême intelligence, du dieu caché, âme de la nature, d'*Eicton*, de *Thoth-trismégiste*, d'*Amon-Cnouphis*. Une petite figure est prosternée en adoration, aux pieds du dieu; une autre debout est occupée derrière : plus loin, une espèce de châsse surmontée de deux éperviers, symboles de la lumière. Vol. I, p. 409 sq., 446, 495 sq., 508, 521; et les notes 6, 10, 15 sur le liv. III. — Bas-relief de Karnak à Thèbes. *Descript. de l'Ég., Antiq.*, *Pl.*, vol. III, pl. 36, 5.

155 *a*. (XXXVII). Personnage barbu avec une coiffure symbolique, appuyé d'une main sur un sceptre et de l'autre tenant un bouc, image vivante de *Pan-Mendès*. Compar. la fig. et les in-

dicat. précéd. — Médaille gréco-égyptienne de la ville de Mendès. *Descript. de l'Ég.*, *Antiq.*, *Pl.*, vol. V, pl. 58, n° 26.

155 *b*. (LII). Autre image du dieu Pan, moins caractérisée. — Médaille de *Panopolis*. Zoega, *Num. Ægypt. imper.*, tab. XXI, 20.

156. (XXXVII). Vieillard assis et jouant d'un instrument à cordes : le caractère de sa physionomie et sa coiffure le rapprochent naturellement d'une des principales figures du n° suivant. Nous voyons ici *Phtha*, le Démiurge, inventeur des arts et de la musique en particulier, organisant toutes choses par sa divine harmonie. Vol. I, p. 408, 520 sqq.; et les notes 5 et 6 sur le liv. III. — Bas-relief à Dandour. Gau, *Antiquités de la Nubie*, pl. 24, n° 1.

157. (XXXIX). Entre deux légendes hiéroglyphiques, contenues dans des encadremens, on voit trois figures très-diversement caractérisées : celle du milieu est *Harpocrate* assis sur le lotus, et la face tournée vers le créateur *Kneph* ou *Agathodémon*, le bon esprit; derrière paraît *Typhon*, le mauvais esprit, avec la tête d'un crocodile, le corps d'une laie et des mains humaines. Creuzer. (Le vieillard barbu, nain à gros ventre et à face bizarre, portant une coiffure de plumes, est plutôt *Phtha-Vulcain*, le Démiurge et l'artisan céleste; l'enfant accroupi sur le calice d'un lotus, tenant une main élevée vers sa bouche, et la tête surmontée d'un disque orné de l'*uræus*, est *Phré-Helios*, son fils, qui figure peut-être ici le Soleil levant; quant au monstre, ce doit être *Typhon*, ou quelque autre des enfans de *Sovk* crocodilocéphale, en rapport avec le couchant. Les quatre figures à tête d'épervier, coiffées du *Pschent*, adossées de chaque côté à trois ornemens terminés par une fleur de lotus que couronne un globe, représentent *Aroéris* ou *Horus* tenant le signe de la vie divine. Les légendes royales des deux cartouches sont le nom et le prénom avec les titres de *Ptolémée-Évergète II*, déjà expliqués sous le n° 142 ci-dessus). Vol. I, p. 496, 508, 520 sqq.; et les notes 4, 5 et 6 sur le liv. III. — Frise du Typhonium d'Edfou (Apollonopolis Magna). *Descript. de l'Ég.*, *Antiq.*, *Pl.*, vol. I, pl. 63, 5.

157 *a* ou *bis*. (LII). Un *Cabire* nain, avec le marteau et le cro-

chet ou sceptre recourbé dans les mains : au revers un bœuf. CREUZER. Compar. les fig. 156, 157 et 172 *a;* et voy. vol. I, p. 519-521, 817, 829. — Médaille d'argent communiquée à M. CREUZER par M. MÜNTER.

157 *a*. (XXXVII). *Osiris* et *Horus* (ou peut-être *Phré,* le Soleil, père de tous les deux) sortant du calice d'un lotus et environné de tiges de la même plante. CREUZER. (Vis-à-vis, le *Phénix,* s'élevant au-dessus d'une sorte de coupe, également portée sur des lotus; une étoile à cinq branches est placée entre les pattes de l'oiseau du Soleil qui semble, en outre, avoir des bras humains; deux autres étoiles, d'une forme différente, se voient à la fois aux côtés du *Phénix* et à ceux de l'astre du jour renaissant. Il y a certainement ici un double rapport à *Sothis*-Sirius, l'étoile caniculaire, et au renouvellement des temps, par le cours du Soleil, dans la période *Sothiaque.*) Vol. I, p. 406, 436 sqq., 472 sqq., et entre autres, la note 13 sur le liv. III. — Frise à Keft ou Coptos. *Descript. de l'Ég., Antiq., Pl.,* vol. IV, pl. 1, 9.

157 *b*. (XLVIII). Le *Phénix,* tel qu'il est décrit dans la figure précédente, mais encore mieux caractérisé par l'aigrette et le plumage : auprès l'étoile de *Sothis.* Vol. I, p. 472 sqq. — Basrelief du temple d'Antœopolis. *Descript. de l'Ég., Antiq., Pl.,* vol. IV, pl. 38, 9.

58. (XXXVIII). *Cnouphis-Nilus-Agathodémon,* le *Jupiter-Nil* ou le *Nil céleste* des Égyptiens, — *Noute-*PHEN (*le dieu qui se répand*), *seigneur de l'inondation* (exprimée par les trois lignes brisées suivies d'un vase), *Amon-Ra,* — comme porte la légende symbolico-phonétique inscrite dans la deuxième colonne d'hiéroglyphes, placée devant le personnage à tête de belier. Le dieu, dont les chairs sont bleues, assis sur un riche trône, est coiffé des cornes du bouc générateur, surmontées d'un disque et d'une mitre flanquée de quatre *uræus,* à titre de *Soleil, rois des rois :* il tient dans ses deux mains le signe de la vie divine et le sceptre des dieux bienfaisants, deux emblèmes répétés plusieurs fois dans le soubassement du trône, ainsi que le caractère symbolique signifiant *maître*

ou *seigneur*. La déesse parèdre qui l'accompagne est *Anouke*, *dame du ciel*, l'*Estia* des Grecs, la *Vesta* des Latins : son corps est habituellement peint en rouge, et sa tunique semble parsemée de petites flammes; deux grandes cornes flanquent son bonnet formé de la partie supérieure du *Pschent*, et l'*uræus* se dresse en avant; d'une main elle tient la croix ansée, de l'autre le sceptre à fleur de lotus des déesses; au soubassement de son trône sont sculptés sept de ces oiseaux chimériques, regardés comme les images du *Phénix* (fig. 157 *a* et *b*), et au-dessous l'hiéroglyphe déjà signalé. Un roi que sa légende deux fois reproduite dans les sujets précédens, 157 et 142, nous fait reconnaître comme *Ptolémée-Évergète II*, offre aux deux grandes divinités la cassolette d'encens : son vêtement militaire et surtout sa coiffure ornée de divers emblèmes divins et royaux, sont extrêmement remarquables; une espèce de corne autour de son oreille le voue, en quelque sorte, au dieu criocéphale. La bande azurée, parsemée d'étoiles, qui règne au-dessus de cette scène, est une image de la voûte céleste. Vol. I, p. 408, 514 sqq., et la note 6 sur le liv. III, p. 824 sq., 835, 848, etc. — Bas-relief peint sculpté sous le portique du grand temple de Philes. *Descript. de l'Ég.*, *Antiq.*, *Pl.*, vol. I, pl. 16, 1.

159. (XXXIX). *Ammon-Kneph* ou *Cnouphis* à tête de belier avec les cornes de bouc et une coiffure de plumes ou de feuilles. Le dieu étend les ailes dont il est muni, ainsi que ses deux bras, l'un tenant la croix ansée, l'autre une espèce de mât avec une voile enflée. Suivant M. Hirt, il porte la clef du Nil, comme seigneur de l'inondation; la voile, comme inventeur et protecteur de la navigation, et les ailes comme moteur des vents annuels ou *étésiens*, qui, soufflant du nord, avaient, dans l'opinion des anciens, une grande part au débordement du fleuve (*Ueber die Bildung der Ægypt. Gottheit.*, p. 15). Un épervier criocéphale, comme le dieu lui-même, portant aussi des cornes de bouc surmontées d'un grand disque, et peut-être ayant trait au renouvellement de la lumière dans le belier, paraît devant *Ammon* : quatre personnages accroupis suivent l'animal sacré, le premier encore criocéphale et tenant une

EXPLICATION DES PLANCHES. 49

espèce de plume; les trois autres à tête humaine et armés du fouet, du sceptre à tête de *coucoupha* et de la croix à anse. Compar. la fig. précéd. et ajoutez aux renvois, vol. I, p. 502 sqq.; notes 2, § 1, 8, 13 et 15 sur le liv. III. — Sculptures du grand temple à Dendera. *Descript. de l'Eg.*, *Antiq.*, *Pl.*, vol. IV, pl. 19, coll. 26, f. 8.

160. (XXXIX). Déesse que l'on est, au premier abord, tenté de comparer au dieu de la précédente figure : elle déploie ses vastes ailes de vautour, tient d'une main le crochet ou bâton augural, de l'autre une espèce de feuille, et porte sur sa tête un disque qu'embrassent les cornes de vache; un autre disque ou globe semble s'échapper d'entre ses ailes. Ailleurs, au lieu de la feuille et du crochet, elle tient la croix ansée et le sceptre à tête de *coucoupha*. M. Hirt voit en elle *Isis*, maîtresse de l'inondation du Nil, directrice et motrice des vents étésiens. Pour nous, nous la croyons une divinité d'un ordre supérieur à *Isis*, qu'elle accompagne et paraît protéger dans certains monumens : elle se rapproche naturellement de plusieurs figures de déesses peintes sur le couvercle de la caisse de momie, pl. XLV, 182, et qui représentent soit *Saté* ou *Sati*, épouse d'*Ammon*, comme dominatrice de la région inférieure, soit *Netpé* ou *Netphé*, la *Rhéa* égyptienne, mère d'*Isis* et d'*Osiris*. Vol. I, p. 403, et surtout notes 6 et 12 sur le liv. III. Comp. ci-dessus, fig. 137, et ci-après, l'explicat. de la pl. XLV.—Thèbes, tombeaux des rois. *Descript. de l'Ég.*, *Antiq.*, *Pl.*, vol. II, pl. 92, 2; coll. 85, 2, et vol. I, pl. 95, 8.

160 *a*. (LII). *Isis Pharia* avec la voile et le sistre : vis-à-vis la tour de *Pharos*. Voyez les notes 8 et 15 sur le liv. III, vol. I, p. 847, etc. — Médaille égyptienne d'Hadrien. Zoega, *Num. Ægypt. imper.*, tab. VIII, n° 16; coll. VI, 9.

161. (XXXII). Dieu à tête de lion, vêtu en guerrier, portant une arme, et qui doit être ou l'*Hercule* ou le *Mars* égyptien, fort rapprochés l'un de l'autre, soit par leur caractère, soit par leurs attributs. *Djom*, *Gom* ou *Sem-Hercule*, le *fort* par excellence, avait le lion pour symbole, aussi bien que *Mars* et *Horus*, les deux autres dieux guerriers. Vol. I, p. 420 sqq., 428,

IV. 4

433, 471, surtout 520; et les notes 5, 6 et 15 sur le liv. III, f. v. — Bas-reliefs de Dendera. *Descript. de l'Ég., Antiq., Pl.*, vol. IV, pl. 25, 2.

161 a. (XXXVII). Guerrier armé de la lance, le casque en tête, et portant, sur sa main étendue, un lion, emblème de la force. Type grec du *Mars* égyptien, dieu de Papremis. Voy. la fig. et les indicat. précéd. — Médaille de Leontopolis. *Descript. de l'Ég., Antiq., Pl.*, vol. V, pl. 58, 27.

162. (XL). *Neith* ou la Minerve égyptienne à tête de lion, comme gardienne et protectrice : elle est assise et tient dans sa main le symbole de la vie divine ; le cercle de rayons qui ceint sa tête la caractérise en outre comme déesse de la lumière. Vol I, p. 519 sq.; et la note 6 sur le liv. III, p. 828. Compar. fig. 164, et ci-dessus, 138. — Statue de granit, des ruines de Karnak à Thèbes. *Descript. de l'Ég., Antiq., Pl.*, vol. III, pl. 48, f. 2.

163. (XXXIX). Le serpent-lion égyptien, *Kneph-Phtha* ou *Phanes*, ou encore *Hercule* (la révélation première du dieu caché *Ammon*; le fils de *Jupiter*). Creuzer. Compar. ci-dessus, f. 143; voy. vol. I, p. 508 sq., 520, et les notes 6 et 15 sur le liv. III. — Bas-reliefs de Dendera. *Descript. de l'Ég., Antiq., Pl.*, vol. IV, pl. 23, 3.

164. (XL). *Neith* léontocéphale assise à la manière égyptienne et protégée par les ailes déployées d'un épervier, image vivante de son fils, *Phré* ou le Soleil, tenant dans ses serres le symbole de la victoire. Le divin couple occupe le haut d'une estrade à six degrés, divisée en deux compartimens : le premier nous présente la légende même de la *déesse, mère et trois fois reine*, exprimée par une femme assise sur ses talons, suivie d'un vautour et de trois *uræus*; le second reproduit quatre fois la figure léontocéphale. Conférer les fig. 162, 163, et les renvois déjà indiqués. — Bas-reliefs de Dendera. *Descript. de l'Ég., Antiq., Pl.*, vol. IV, pl. 13, f. 3.

165. (XL). L'épervier sacré coiffé du *Pschent* et environné de tiges de lotus, représentant *Aroeris* ou *Horus*, fils de *Phré* : devant lui, un monstre composé de l'hippopotame et du lion, et qui se dressant sur ses pates de derrière, appuie l'une de ses

pates de devant sur la croix ansée; derrière, et en face du monstre, un lion, animal consacré à *Horus*, dressé dans la même posture, mais tenant, de plus, une double arme, de la pate droite antérieure. Peut-être *Horus* attaqué par *Mars* ou *Typhon*, défendu par *Hercule*. Compar. les fig. précéd. 161-164, 157; et voy. les renvois indiqués, principalement à cette dernière figure. — Bas-relief du petit temple au S. de Karnak, à Thèbes. *Descript. de l'Ég., Antiq., Pl.*, vol. III, pl. 64.

165 *a*. (XL). Deux lutteurs égyptiens, peut-être *Hercule* et *Antée*. La position des deux adversaires semble montrer le vaincu ainsi enlevé dans les airs plutôt par des artifices magiques que par des moyens naturels. Creuzer. Vol. I, p. 420 sqq., 427; et note 5 sur le liv. III, p. 815 sq. — Bas-reliefs de Beni-Hassan. *Descript. de l'Ég., Antiq., Pl.*, vol. IV, pl. 66.

165 *b*. (LIII). *Hercule* enlevant de terre *Antée*, le serrant dans ses bras et l'étouffant : à côté, la fidèle massue inutile pour un tel combat. Confér. la fig. et les indicat. précéd. — Pierre gravée. De Wilde, *Selectæ gemmæ antiquæ*, n° 153.

165 *c*. (LIII). Combat d'*Hercule* et de *Busiris*. Le monarque égyptien est sur son trône, vêtu avec un luxe barbare; devant lui, *Hercule* chargé de liens, gardé et contenu par des esclaves. Déjà est ouverte la lutte qui doit rendre au héros sa liberté; déjà même il a reçu une blessure. Mais d'un puissant effort, il brise ses chaînes, lève sa redoutable massue, et bientôt va étendre à ses pieds le tyran. C'est ainsi que le peintre a su choisir l'instant décisif de l'action. Creuzer. Voy. vol. I, p. 428-434; confér. note 9 sur le liv. III, p. 848 sqq. — *Peintures de vases grecs, par* Millingen, Rome 1813, n° XXVIII.

166. (XXXVII). Bœuf ou taureau dont les cornes, formant le croissant, embrassent un disque ou globe surmonté de deux longues plumes ou feuilles, coiffure ordinaire de plusieurs divinités; un double lien pend de son cou : peut-être *Apis*, corps perpétuellement renouvelé d'*Osiris*, l'âme du monde, et son image vivante. Compar. ci-après, fig. 182 *b*, et ci-dessus 144. Voy. vol. I, p. 395 sq., 446, 498 sqq., et la note 15 sur le liv. III. — Ce bœuf sacré marche en avant de la procession d'*Amon-*

Mendès ithyphallique (f. 155), dans les bas-reliefs de Medinet-Abou, suivi du pharaon *Ramsès-Meïamoun*, qui tient d'une main son sceptre, de l'autre une espèce de bâton ou de houlette, peut-être comme pasteur (p. 843 sq., 846). *Descript. de l'Ég., Antiq., Pl.*, vol. II, pl. 11, atlas.

166 *a*. (LIII). Le bœuf *Apis* coiffé du disque, comme le précédent, et portant, au lieu de bandelettes pendantes, un riche collier : le croissant de la lune est marqué sur son flanc droit. Devant lui est un autel avec l'offrande symbolique d'un globe dans un croissant. Voy. la fig. et les indicat. ci-dessus. — Médaille égyptienne de Domitien. Zoega, *Num. Ægypt. imper.*, tab. IV, 3.

167. (XXXIV). Dieu - *Cynocéphale* ou à tête de chien, ayant près de lui un scarabée, emblème du monde (et tout à la fois première lettre hiéroglyphique du mot *Tho* qui veut dire *monde*, et de celui de *Thoth* qui est le nom de l'*Hermès* égyptien), tous deux inclus dans un disque qui doit être ou celui de la lune ou plutôt celui de la planète d'*Hermès-Mercure*. Au-dessus du disque planétaire, l'on voit un serpent et une tête à cornes, peut-être celle d'une gazelle; au-dessous un crocodile et un autre signe symbolico-astronomique dont la valeur est peu connue. Vol. I, p 435 sqq., 439 sqq.; et les notes 10, 13 et 15 sur le liv. III. — Bas-relief astronomique du 5e tombeau de l'est, dans la vallée de Biban-el-Molouk, à l'occident de Thèbes (p. 846). *Descript. de l'Eg., Antiq., Pl.*, vol. II, pl. 84, 7.

168. (XXXVII). *Thoth* ou *Hermès*, sous la figure d'un singe Cynocéphale, assis et inscrivant avec un stylet des caractères sur les tablettes qu'il tient sous ses yeux, dans une attitude très-expressive : il faut encore remarquer le disque ordinairement peint en rouge et quelquefois doublé, qui est à la partie inférieure de son corps peint en vert. Confér. la fig. précéd., et les renvois au vol. I et aux notes 10 et 15. — Sculpt. de la galerie de l'est à Philes. *Descript. de l'Eg., Antiq., Pl.*, vol. I, pl. 13, 3.

168 *a*. (XLI). Un Cynocéphale, image vivante du second *Thoth*, dans l'attitude de l'adoration, devant une lionne à triple mamelle, sur la tête de laquelle plane un disque ou globe investi de deux *uræus*, emblème ordinaire du premier *Thoth*; plus

loin, un vautour coiffé du *Pschent*, oiseau symbolique de *Neith*, étend ses ailes au-dessus du quadrupède sacré, luimême sans doute image vivante de la déesse, à la fois sage et forte. Ce rapprochement de symboles confirme avec un bonheur singulier le rapprochement d'idées que nous avons établi dans la note 6 sur le liv. III, p. 823 sqq., et surtout 827 sq. Confér. les fig. 167, 168, et les renvois qui y sont indiqués. — Bas-relief en creux du temple de Dakke, dédié à *Thoth-Hermès*, surnommé *Paytnouphis*, comme portent les inscriptions grecques (p. 754). Gau, *Antiquités de la Nubie*, pl. 36, C.

169. (XLI). Un *sphinx* femelle, coiffé du *Pschent*, et sur lequel plane le vautour sacré de *Neith*, tenant dans ses serres le symbole de la victoire, paraît offrir un vase ou *Canope* à tête d'épervier, surmonté d'un disque, au dieu assis devant lui et portant la même tête avec une riche coiffure, probablement *Horus* ou *Aroéris*: compar. f. 172. Vol. I, p. 503 sqq., 520; et les notes 5, p. 813 sq., 819; 6, p. 828, 15 *passim*. — Thèbes, Memnonium, bas-relief du temple de l'ouest. *Descript. de l'Eg., Antiq., Pl.*, vol. II, pl. 36, 4.

170. (XLI). *Sphinx* mâle, ayant l'*uræus* en tête, et tenant dans ses griffes de lion un *Canope* ou une petite idole à tête de belier, coiffée d'un disque. Compar. la fig. et les indicat. précéd.—Décoration extérieure de la porte du temple d'Omm-Beydah à Syouah, l'ancienne Oasis d'*Ammon*. Cailliaud, *Voyage à Syouah*, pl. XVI.

171. (XLI). Un belier couché, image vivante d'*Ammon-Kneph*, comme gardien : les pates armées de griffes, et la queue, qui paraissent être celles du lion, font rentrer cet animal sacré dans la classe des *sphinx*. C'est la bonté dans la force en repos. Compar. les fig. et indicat. précéd. — Avenue des propylées du palais-temple de Karnak, à Thèbes. *Descript. de l'Eg., Antiq., Pl.*, vol. III, pl. 46, 2.

172. (XLI). Espèce de sphinx au corps de lion et à la tête d'épervier, avec une coiffure symbolique, pareille à celle que porte le dieu *Horus*, f. 169 : l'animal chimérique est couché sur un serpent à longs replis. Compar. les fig. et indicat. précéd., et

voy. surtout p. 813 sq. — Frise de la galerie du nord du petit temple d'Edfou, l'ancienne *Apollonopolis magna. Descript. de l'Eg., Antiq.*, Pl., vol. I, pl. 64, bande du milieu.

172 *a*. (LIII). Nain barbu, Cabire égyptien, *Kneph*, *Phtha*, *Osiris* ou enfin *Horus* enfant (*Harpocrate*) entre deux *sphinx* mâles, dont les queues se terminent en calices de lotus avec d'autres fleurs. Creuzer. (Le dieu enfant est plutôt *Phtha-Pokrat* que tout autre.) Vol. I, p. 505, 521; et les notes 4, 5 et 6 sur le liv. III, p. 808, 815 sq., 829. — Bas-relief en terre-cuite, ouvrage d'imitation égyptienne, du temps romain. *British Museum*, London 1818, Plate XXIII, n° 42.

172 *b*. (LII). *Sphinx* sans barbe avec (les cornes de bouc et) le lotus sur la tête : la partie antérieure de son corps est couverte d'un voile qui descend jusqu'aux pieds; de sa poitrine semble sortir la tête renversée d'un crocodile (?) ; sous ses pieds rampe un serpent; et sur son dos paraît un *griffon* avec la roue. Cette figure compliquée présente, groupés dans son ensemble, les divers attributs de la divinité, tels que la Force et la Sagesse, (la faculté créatrice et) le pouvoir caché de la nature, l'idée de l'éternité et celle d'un génie bienfaisant, etc.: elle doit par conséquent être rapportée à la classe des *panthées*. Creuzer. Vol. I, p. 473, 505-507; et la note 15 sur le liv. III.—Médaille égyptienne de l'empereur Hadrien. Eckhel, *Sylloge I numor. vet. anecdot.*, tab. I, n° 12. Conf ér. Zoega, *Num. Ægypt., imp.*, p. 11, 114, 144 sq.

173. (XLII). Procession de la *Bari* ou *barque sacrée*, renfermant le *petit temple* ou l'*arche*, et portée par quatre prêtres, la tête rasée et vêtus de longues robes. Parmi les nombreux ornemens, tous symboliques, on remarque les têtes d'*Isis*, qui décorent les deux extrémités de la barque; de petites figures ailées, espèce de chérubins, semblent protéger les images divines, placées dans le sanctuaire; au-dessus plane le globe ailé entouré des *uræus*. En avant de la scène, marche un jeune héros tenant d'une main la cassolette enflammée, et de l'autre y jetant l'encens. Creuzer. (Il faut encore remarquer dans le sanctuaire, au-dessous des images divines, le

EXPLICATION DES PLANCHES. 55

vautour sacré de *Neith*; plus loin, la figure hiéracocéphale agenouillée, qui peut bien être celle d'*Horus*; et derrière elle, à la proue, l'épervier consacré au dieu, précédé d'un sphinx à rapprocher des fig. 169 à 172 *b*, et plus encore de celui qui est représenté sur les zodiaques, ci-après. A la poupe se voient un second hiéracocéphale et divers agrès combinés, soit avec la tête d'épervier, soit avec l'*uræus*, symboles du soleil-roi.) Voy. vol. I, p. 404 et *passim*, surtout 502-505, 507 sq. Conf. note 2, § 4, et note 15 sur ce livre, fin du vol. — Bas-relief du premier pylone du grand temple à Philes. *Descript. de l'Ég.*, *Antiq.*, *Pl.*, vol. I, pl. 11, 4. Compar. pl. 12, 3; vol. III, pl. 32, 5; et ci-dessous, fig. 174, 175.

174. (XLII). Deux prêtres portant sur leurs épaules une *table* sur laquelle est un vase sacré ou *Canope* surmonté de la tête de belier de *Jupiter-Ammon* : la base du *Canope* est investie de fleurs de lotus, et en avant une espèce de bec ou d'entonnoir semble fermée par un *sphinx*. Une figure d'homme est agenouillée derrière le vase sacré et l'embrasse : une figure de femme est debout en avant, les mains élevées. Les hiéroglyphes tracés sur le devant de la table sont deux *nilomètres* flanqués chacun de deux sceptres des *dieux bienfaisans* et de deux croix à anse, symboles de la *vie divine*. Vol. I, p. 404, 415 sq., 502 sqq. Conf. note 2, § 4, et notes 5, 6 et 15 sur ce liv., fin du vol. — *Descript. de l'Ég.*, *Antiq.*, *Pl.*, vol. I, pl. 10, 4.

174 *a*. (LI). *Canobus*, *Canopus* ou *Canope* à tête humaine mâle, coiffé d'une espèce de *modius*, et portant un riche collier de fleurs de lotus. Sur le ventre sphérique du dieu-vase, symbole de la fécondité de la nature, et probablement en rapport intime avec *Knouphis-Nilus*, le fécondateur par excellence, sont représentés plusieurs divinités et emblèmes sacrés de l'Égypte : vers le centre, un autel servant de base à deux éperviers face à face, et offrant au-dessous deux enfans accroupis; autour et principalement à la droite de l'autel, quatre figures debout, parmi lesquelles on reconnaît *Horus* ou *Harpocrate* avec son doigt sur la bouche, à côté *Osiris*, et plus loin *Anubis* à la tête de chakal; dans la partie inférieure, *Thoth* ou

Hermès Cynocéphale assis, et directement sous l'autel, un scarabée aux ailes étendues, image du monde et du Démiurge, *Tho* ou *Thoré*, soutenant de sa tête et de ses pates le globe investi des *uræus*, symbole du dieu suprême et du premier *Thoth*, *Hermès trismégiste*, son représentant. Cette figure, d'imitation égyptienne, rentre dans la classe des *panthées*. Compar. 169, 170, 174, et la fig. suiv. Voy. vol. I, p. 415, 515, 521, et les notes 5, 6, 10 et 15 sur le liv. III, surtout p. 819, 825, 829, etc. — Canope en basalte vert, de la *Villa Albani*. Winckelmann, *Hist. de l'Art*, t. I, pl. XV, coll. XVI.

174 b. (LII). *Canobus-Serapis* avec la coiffure symbolique des grands dieux : le voile qui descend de sa tête paraît envelopper son corps sphérique. Voy. la fig. et la plupart des renvois précéd.; compar. encore fig. 138 *a* et 138 *c*. — Médaille égyptienne de Galba. Zoega, *Num. Ægypt. imp.*, tab. III, 3.

174 c. (LII). *Jupiter-Sérapis* avec le *modius* sur la tête, assis sur son trône, le sceptre en main ; à ses pieds, un monstre à triple tête, qui rappelle *Cerbère*. Vol. I, p. 414 sqq., et les notes 5 et 6 sur le liv. III, p. 818 sq., 833, 836. — Médaille d'Alexandre-Sévère. Zoega, *ibid.*, tab. XVI, 8.

175. (XLII). La *barque sacrée d'Ammon*, colossale, renfermant, outre l'*arche* magnifiquement décorée, quatre autres petites *barques*, avec des attributs divers, et dont la principale, aux attributs d'*Ammon* comme la grande, semble reproduire celle-ci, au centre même de l'*arche*, et contient à son tour une petite *arche* qui est le vrai sanctuaire. La poupe et la proue et tous les agrès de la *barque* sont ornés de têtes de belier avec de riches coiffures ; des mâts, des obélisques s'élèvent au-devant de l'*arche* ou du *temple portatif*, peut-être monolithe, comme on en voit au-devant des grands temples égyptiens. Un *Pharaon*, sur la tête duquel plane le vautour sacré avec le symbole de la victoire, offre l'encens, dans la barque même ; et à la proue, après l'autel chargé de toute sorte d'offrandes, après le *sphinx* qui garde l'entrée, sont debout deux femmes parées des attributs des déesses *Isis-Athor* et *Saté*, et qui pourraient être des *hiérodoules* ou servantes sacrées. Elles éta-

EXPLICATION DES PLANCHES. 57

blissent le rapport avec la première partie de la scène, qui nous montre, dans une nouvelle barque à la livrée du Soleil ou du dieu *Aroéris* (l'épervier sacré, leur commun symbole), quatre hommes, l'un à tête de belier, un autre à tête humaine, et deux à têtes d'épervier, précédés d'une femme avec une coiffure symbolique de lotus, et traînant à la remorque la barque d'*Ammon*. A la proue de la première barque, sont divers symboles, entre lesquels, et tout-à-fait en avant, l'on remarque le chakal en arrêt, placé sur un serpent, ce qui nous semble annoncer la rive libyque du Nil; car c'est ici évidemment la procession annuelle décrite par Diodore de Sicile. Compar. les fig. 173, 174, et les passages du texte et des notes qui y sont indiqués. — Thèbes, sculptures peintes du grand temple, à Karnak. *Descript. de l'Eg.*, *Antiq.*, *Pl.*, vol. III, pl. 33.

176. (XLIII). *Pi-Ré* ou *Phré*, le Soleil, à tête d'épervier, coiffé du disque au centre duquel se dresse un *uræus*, symbole de la royauté. Le dieu debout tient d'une main le signe de la vie divine, de l'autre le sceptre du pouvoir bienfaisant : devant lui, est un autel portatif, surmonté d'un globe, emblème du soleil, et, dans l'intérieur de cet autel, on voit une colonne dont le chapiteau est formé de quatre assises ou tablettes; c'est l'emblème de la stabilité et de la coordination, suivant M. Champollion le jeune. Deux petites figures debout paraissent soutenir l'autel; deux autres à genoux sont en rapport avec la colonne, ordinairement appelée *nilomètre*. Compar. les fig. suiv.; et voy. vol. I, p. 508, 519, et la note 6 sur le liv. III, p. 830 sqq. — Figure détachée des bas-reliefs de la porte du sud à Karnak. *Descript. de l'Eg.*, *Antiq.*, *Pl.*, vol. III, pl. 52.

177. (XLIII). *Pooh* ou *Pi-Ioh*, le dieu *Lunus* ou la Lune mâle, reconnaissable au croissant dans lequel est posé le disque, coiffure habituelle de cette divinité. Cette coiffure ainsi que l'*uræus*, la tresse en corne de belier, le riche ornement, ici caractéristique, qui formant un second collier, se termine par un croissant sur la poitrine, enfin le triple sceptre que nous avons décrit ailleurs (fig. 142, 143; ajoutez 146, 148, 150), rapprochent cette image de *Pooh*, tant des figures citées que de

celles qui suivent. Voyez principalement note 6 sur le liv. III, p. 830, 834. — Bas-relief à Karnak. *Descript. de l'Eg.*, *Antiq.*, *Pl.*, vol. III, pl. 67, 10.

177 *a*. (XLIII). Grande figure debout, ayant les jambes serrées dans une étroite tunique, et pour tête les quatre assises, tablettes ou corniches qui surmontent la colonne vulgairement appelée *nilomètre*; on aperçoit, au travers, des yeux d'une conformation singulière, qui se rapprochent de l'œil symbolique figuré ci-après, pl. XLVI, 183; une coiffure déjà connue, composée des cornes de bouc, d'un petit disque ou globe et de deux plumes ou feuilles accolées l'une à l'autre, orne la tête caractéristique de *Phtha-stabiliteur*, jusqu'ici pris pour *Sérapis*, dieu du Nil, et qui porte dans ses mains un riche fléau et le sceptre à crochet fort alongé. Confér. les fig. 177, 176, 152, et les renvois divers qui y sont indiqués; ajoutez, p. 818, vol. I. — Peintures d'un des tombeaux des rois à Thèbes (ci-dessus, p. 41). *Voyages de* BELZONI, atlas, pl. 5.

177 *b*. (XLIII). Autre figure de *Phtha-stabiliteur*, plus complétement identifiée avec la colonne, car elle n'offre d'humain que les deux bras, armés chacun du sceptre des dieux bienfaisants, et portant en manière de bracelets le signe de la vie divine, ici tout-à-fait semblable à une croix : la coiffure modifiée offre de plus deux *uræus*. Compar. la fig. et les indicat. ci-dessus. — Bas-relief d'un autre tombeau des rois à Thèbes. *Descript. de l'Eg.*, *Antiq.*, *Pl.*, vol. II, pl. 84, 5.

178. (LI). Figure analogue aux précédentes, mais qui paraît être celle de *Sérapis* ou d'*Osiris noir*, ou plutôt encore d'*Imouth* ou *Imuthes*, l'Esculape égyptien, fils de *Phtha* : la tête est complétement humaine et la colonne à quatre corniches abaissée sur la poitrine; la coiffure et les attributs rappellent ceux du n° 177 *a*. Voy. principalement notes sur le liv. III, vol. I, p. 818, 830, 833, 836. — Fragment d'une enveloppe de momie, trouvée dans les hypogées de Thèbes. *Descript. de l'Eg.*, *Antiq.*, *Pl.*, vol. II, pl. 50, 3.

179. (LI). Femme portant un *scorpion* sur la tête et dans ses mains le sceptre à tête de *coucoupha* et la croix ansée : probable-

ment la déesse *Pselk* ou *Selk*, qui donna son nom à la ville de *Pselcis*, aujourd'hui Dakke, en Nubie. Voy. notes 5 et 13 sur le liv. III, p. 819, etc., vol. I. — Environs de Babylone, près de Memphis. *Descript. de l'Eg.*, *Antiq.*, *Pl.*, vol. V, pl. 25, 1.

179 *a*. (LI). Figure certainement en rapport avec la précédente, et qui n'en diffère que parce qu'au *scorpion* est substitué le *vase* sur la tête. Mêmes renvois. — *Ibid. ibid.*, même planche, 3.

180. (XLIII). *Jupiter-Sérapis* et *Isis myrionyme*, son épouse, représentés sous la forme de deux grands serpens, l'un mâle et à tête d'homme coiffée du *modius*, l'autre femelle et à tête de femme, avec une coiffure de feuilles ou de plumes : ces têtes ont un air de majesté sévère tout-à-fait caractéristique. Comp. les fig. ci-après, et ci-dessus 174 *a*, *b* et *c*, avec les renvois indiqués. — Bas-relief d'un autel des temps postérieurs. *Descript. de l'Eg.*, *Antiq.*, *Pl.*, vol. V, pl. 69, 11.

180 *a*. (LIII). Deux figures de serpens, qui se rapprochent naturellement de celles qui précèdent : l'une paraît être l'*Agathodémon* mâle, image du bon génie *Kneph*; l'autre l'*Uræus* femelle, emblème ordinaire de la déesse *Saté* : le *Jupiter* et la *Junon* des Égyptiens, reproduits par le *Sérapis* et l'*Isis* des temps postérieurs. Deux petits serpens *amphisbènes* sortent de la queue d'*Agathodémon*, et des fleurs de celle de son épouse. Compar. ci-dessus fig. 143; et voy. vol. I, p. 408, 507 sq., 515 sq., avec les rectifications et développemens des notes 5, p. 818 sq.; 6, p. 823 sqq., et surtout note 15. — Médaille égyptienne d'Hadrien. Zoega, *Num. Ægypt. imper.*, tab. VII, 23.

180 *b*. (LII). Le serpent *Agathodémon* dressé, avec des épis et des têtes de pavots. L'image et la légende, au nouvel Agathodémon, ont également trait à l'empereur *Néron*, ainsi déifié par les Égyptiens. Creuzer. Voy. les fig. et indicat. précéd.; et de plus note 2 sur le liv. III, p. 777. — Médaille de Néron. Zoega, *Num. Ægypt. imper.*, tab. II, 6.

181. (XLV). Personnage à tête de chien (de chakal), debout, et incliné sur le corps d'un homme dûment embaumé : ce corps, sur lequel il porte ses deux mains, est lui-même placé sur

un lit funèbre, orné de la tête et de la queue d'un lion, et dont la partie postérieure paraît reposer sur la pate de derrière du même animal, tandis que la partie antérieure pose sur une jambe humaine. Dans l'intervalle des deux supports, quatre vases, dont le premier a pour couvercle une tête humaine, le second une tête de singe (cynocéphale), le troisième une tête de chakal, et le quatrième une tête d'épervier, sont placés sur une tablette, au-dessous de laquelle se voient quatre compartimens, qui semblent figurer quatre portes répondant aux quatre vases ou canopes. M. CREUZER trouve dans cette image, que reproduisent la plupart des monumens funèbres, *Hermès-Anubis* inaugurant et consacrant à l'immortalité un cadavre embaumé ou une momie, avec allusion au Nil et à ses eaux salutaires dont le lion était le symbole, au signe zodiacal du lion sous lequel l'Égypte renaît par l'inondation du fleuve, enfin à la destinée des âmes supposées descendre dans la vie sous l'influence du même signe, et à leurs transmigrations dans les corps des animaux. Nous y voyons, nous, *Anubis* (et non point *Hermès*), dieu infernal, type de l'embaumeur, consommant la momie sacrée d'*Osiris*, type de toutes les momies humaines : les quatre vases, qui portent les têtes des quatre génies de l'*Amenti* ou enfer, assesseurs et ministres d'*Osiris*, devenu dieu des morts, nous paraissent en outre avoir trait aux ondes vivifiantes du Nil; le lion, à la renaissance, dont le retour fixe de l'inondation était considéré comme le symbole et l'infaillible gage. Compar. fig. 141, 141 *a*, et voy. vol. I, p. 442, 458 sqq. (coll. Creuzer., Commentat. Herodot., § 26, p. 353 sqq.); et les notes 10, 11 et 12 sur le liv. III. — Peinture de l'un des tombeaux des rois à Thèbes. *Descript. de l'Ég., Antiq., Pl.*, vol. II, pl. 92, f. 1.

182. (**XLV.**) Sous ce n° et sous les lettres qui s'y rattachent, *a*, *b*, *c*, *d*, nous avons fait graver pour la première fois, dans cette planche, avec le sujet précédemment expliqué, les parties les mieux conservées du cercueil d'une momie égyptienne femelle, rapportée d'Alexandrie et donnée au Museum d'histoire naturelle, par M. le comte DE MONCABRIÉ, capitaine de vaisseau. Le

squelette, qui indique une taille de 4 pieds 8 à 9 pouces, se voit au cabinet d'anatomie, à côté du monument. Pour faire mieux saisir l'ensemble des scènes ordinairement représentées sur les cercueils de ce genre, nous joindrons à une description détaillée des parties que le lecteur a sous les yeux, un aperçu de celles que leur état de conservation, autant que le défaut d'espace, nous ont mis dans l'impossibilité de lui offrir. Le couvercle extérieur ou grand couvercle, en bois de sycomore, comme le corps de la caisse, a comme elle environ 5 pieds 6 pouces de longueur, et 1 pied 6 à 7 pouces dans sa plus grande largeur : les peintures en sont fort endommagées. La partie supérieure figure au naturel une femme avec la coiffure égyptienne ordinaire; la face peinte en jaune, comme celle de presque toutes les femmes, est plus large, plus forte, plus caractérisée par l'épaisseur des lèvres et les traits un peu écrasés, que celle de la même personne représentée au n° 182. Les mains croisées sur la poitrine se détachent en ronde-bosse, et au-dessous descend jusqu'à l'estomac un large pectoral, qui se termine par une chaîne ou guirlande de fleurs de lotus. Depuis le haut de la tunique jusqu'à l'extrémité inférieure du pectoral, deux grands bâtons se croisent en sens contraire des mains, mais sans faire saillie. Au-dessous est un globe avec de vastes ailes; au-dessous de ce globe, un grand scarabée peint en bleu; et au-dessous encore, une déesse accroupie, déployant à droite et à gauche deux ailes considérables. Le centre, dans toute sa hauteur, est occupé par des figures analogues, telles qu'un second globe ailé, flanqué d'*uræus*, une espèce d'autel en forme de nilomètre, un troisième globe ailé, une rangée d'*uræus*; puis une nouvelle et dernière série de symboles qu'il serait trop long d'énumérer, mais où se reproduisent encore le scarabée, l'*uræus*, l'autel-nilomètre, etc. Des scènes latérales règnent du haut en bas de cette ligne centrale de peintures, et, à quelques variantes ou exceptions près, se répètent à droite et à gauche : d'abord un cynocéphale assis, ayant devant lui un oiseau à tête de femme et faisant pendant, de l'autre côté, à un oiseau qui porte une tête d'homme et précède un dieu à face humaine, assis également ; puis une *Isis* debout, devant elle *Osiris* assis, et en face une déesse ayant le disque en tête, étendant ses longues ailes en avant, et tenant une feuille ou palme dans sa main ; un vautour et une croix ansée sont entre la déesse et *Osiris*, aux pieds duquel repose un chakal, et ainsi des deux côtés, etc., etc. L'épervier et le sphinx du soleil jouent aussi leurs rôles dans ces représentations. Du reste, à part les légendes des dieux, tronquées ou incertaines, le plus souvent, et une légende caractéristique dont nous parlerons plus loin, ce couvercle extérieur n'offre pas d'hiéroglyphes, et, sous tous les rapports, il est moins intéressant que le second couvercle trouvé dans la caisse même. Ce couvercle intérieur qui était, à ce qu'il paraît, immédiatement appliqué sur la momie, et lui servait de masque, a un peu moins de 5 pieds de long, et, dans sa partie supérieure, 1 pied 3 à 4 pouces de large : ses proportions ont été un peu exagérées dans notre copie, 182, par rapport au fond de la caisse, placé à côté, *a*, et qui, comme le grand couvercle, peut avoir en longueur 5 pieds 6 pouces. Ce petit couvercle étant plus riche et plus soigné, en général, il est à croire que la physionomie de la personne y est aussi plus fidèlement exprimée, mais toujours dans un certain idéal qui était le type convenu de la beauté égyptienne : notre gravure, très-exacte d'ailleurs, et que nous pouvons appeler un chef-d'œuvre de patience, ne rend qu'imparfaitement le caractère vraiment égyptien de cette figure. Une fleur de lotus, symbole de la vie et de l'immortalité, s'épanouit sur le front, que ceint un diadème marqueté de diverses couleurs ; aux deux épaules sont deux éperviers avec le disque solaire sur la tête, et devant eux l'*uræus* dressé ; sous la bordure supérieure de la tunique et entre les extrémités des deux bandes de la coiffure, un troisième épervier, le globe en tête également, mais penché et les ailes étendues en bas, semble dominer la série entière des personnages et des scènes symboliques, qui remplissent le vaste tableau développé sous son regard perçant ; cet épervier, emblème de la primitive lumière, est perché sur un symbole fréquemment répété, mais dont le sens est peu connu, immédiatement au-dessus d'un grand scarabée à la tête de bélier, aux vastes ailes, que surmontent deux serpens ailés à longs replis : toutes ces figures et combinaisons d'animaux sacrés appartiennent à *Ammon-Kneph-Nilus-Agathodémon*, le dieu suprême; et au-dessous, à l'extrémité inférieure du pectoral où elles sont enchâssées, entre les bras croisés de la défunte, se voit l'un des symboles favoris du créateur *Phtha*, l'autel ou la colonne appelée du nom de nilomètre, sur laquelle repose un disque et d'où s'élèvent deux bras. A droite et à gauche, de chaque côté, se succèdent un oiseau (colombe ou corneille?) un serpent *uræus*, et un œil d'où sort encore un bras; plus loin et au-dessous du pectoral, deux femmes assises vers les jointures des bras de la momie, dans l'attitude de la douleur, paraissent supplier un dieu à tête d'épervier, debout et tenant dans ses mains le sceptre recourbé et le fléau (peut-être le dieu de gauche avait-il plutôt une tête humaine, et devons-nous voir ici *Phtha* sous ses deux formes); devant ce dieu est un œil, symbole du soleil et de l'intelligence divine qui voit tout. Aux deux coudes de la tunique, s'épanouissent deux lotus pareils à celui qui orne le front et à ceux qui entrent dans la bordure du pectoral; puis, après de riches bracelets, viennent, sur le bras droit, *Isis*, *Horus* et *Osiris* assis ou accroupis à la manière égyptienne, devant un autel chargé d'offrandes, sur lequel s'incline un calice de lotus; le bras gauche ne laisse voir qu'*Horus* et *Osiris*; un large bracelet, dans les ornemens duquel entre le globe ailé, ceint le poignet du bras droit, et les deux mains fermées tiennent deux vases ou sachets noirs, qui pourraient être deux bourses. Au-dessous des bras s'ouvre une seconde scène, qui complète la première : un scarabée, mais sans ailes, en forme également le centre, ayant au-dessus de sa tête un disque investi de deux *uræus*, emblème du premier *Thoth* ou de la suprême intelligence, aussi bien que l'épervier coiffé du globe et le globe aux ailes d'épervier, que nous venons de voir; sous ce second scarabée, criocéphale comme le premier et comme lui symbole de *Kneph-Ammon*, générateur par la lumière, est aussi la colonne de stabilité accompagnée de deux palmes de justice, qui se voient également aux deux côtés du scarabée; à droite est assis un dieu à tête d'épervier, à gauche un dieu à face humaine, tous deux coiffés du disque avec l'*uræus*, tous deux portant la croix ansée, le sceptre à crochet et le fléau, tous deux recevant diverses offrandes de deux oiseaux à tête d'homme, que protègent de leurs ailes étendues en avant, deux déesses agenouillées et tenant dans leurs mains deux croix à anse, symboles connus de la vie divine. Les dieux sont *Phré* ou le Soleil (*Ré*, *grand Dieu*, sens de la légende hiéroglyphique de l'hiéracocéphale, placée au-dessus de sa tête) et *Aroueris* ou *Horus*, souvent regardé comme son fils et sa terrestre incarnation (la légende, qui n'a pu être placée en avant de la tête, se trouve rejetée dans la première colonne d'hiéroglyphes, derrière la déesse agenouillée à gauche, et se lit : *voici l'image de Har* ou *Hor-si-esi t'armout*, c'est-à-dire d'*Horus*, *fils d'Isis*, *la grande mère*); quant aux déesses, elles nous présentent deux fois *Saté* ou *Sati*, fille de *Phré*, présidant à la région inférieure et protectrice des âmes, qui sont figurées par les oiseaux à tête humaine. Toute cette partie supérieure du tableau semble reposer sur une grande ligne horizontale, inclinée aux deux extrémités, qui est à la fois l'emblème du ciel et le nom symbolique de la déesse *Tpé* ou Uranie; et en effet, la plupart des images que nous avons reconnues jusqu'ici, sont celles des dieux suprêmes, des dieux supercélestes, des dieux d'intelligence, de lumière et de création, des puissances cosmogoniques, qui correspondent, non sans une intention profondément mystique, aux puissances, aux facultés, aux organes les plus nobles, les plus actifs et les plus féconds du corps sur lequel sont peints leurs symboles divers. Sous la voûte céleste, et comme médiatrice entre le monde supérieur et le monde inférieur, dont elle ménage le passage aux âmes, une déesse, qui forme avec le scarabée criocéphale décrit le premier, la figure principale de tout notre tableau, à demi accroupie sur ses talons, déploie en étendant ses bras avec les mains ouvertes, d'où paraissent s'échapper la croix ansée et la palme, deux vastes ailes à triple rang : le symbole sacré du monde et en même temps de l'intelligence divine qui le régit, déjà placé sur la tête du second scarabée, surmonte également celle de la déesse, où la double légende hiéroglyphique inscrite en avant et en arrière du globe, nous montre *l'image de Netpé, fille de Phré, génératrice des dieux de la région inférieure du monde*. Aux deux côtés de la légende sont deux groupes composés chacun de l'oiseau à tête humaine, accompagné de l'œil, et protégé par l'image agenouillée de *Saté* aux ailes éployées et la palme en main, que protège elle-même l'*uræus* ailé, son symbole de prédilection, coiffé du globe : deux étoiles fixées, l'une derrière le serpent de droite, l'autre au-dessous de la *Saté* de gauche et au-dessus de la main droite de *Netpé*, indiquent le rapport de cette scène avec les constellations célestes. Sous les ailes de *Netpé*, deux nouvelles offrandes de deux âmes-oiseaux à deux chakals emblèmes du dieu *Anubis*, qui peuvent avoir trait à la section des deux hémisphères et aux portes des âmes, dans les deux solstices, terminent cette scène intermédiaire et la première moitié du tableau. Déjà est commencé, depuis les deux coudes de la momie, le rituel funéraire distribué en lignes hiéroglyphiques, tantôt perpendiculaires, tantôt horizontales (mais devant être lues perpendiculairement), qui remplissent tous les intervalles des dix scènes dont se compose la seconde moitié ou la partie inférieure du tableau : cette partie forme deux sections corrélatives, séparées par trois grandes colonnes d'hiéroglyphes; et les scènes s'y répètent ou du moins s'y correspondent successivement de l'une à l'autre. La première scène à droite représente un défunt caractérisé par son costume, faisant une libation ou une offrande à un dieu hiéracocéphale, qui paraît être *Phtah-Sokari*, dans la scène de gauche, autre offrande à *Osiris* par le même personnage. La seconde scène à droite, reproduite à gauche, à de légères variantes près, nous montre le défunt, dans la même action, devant *Thóout* ou *Thoth*, c'est-à-dire Hermès, à tête d'ibis, derrière lequel est *Nephthé* ou *Nephthys*, debout comme lui, tandis qu'*Osiris* et *Sokari* sont assis dans les deux scènes supérieures. Ici il faut remarquer et les noms des dieux, auxquels sont faites les offrandes, constamment inscrits dans les lignes du rituel qui surmontent les quatre scènes, et la légende plus ou moins complète, répétée au-dessus de la tête du personnage humain, où se lisent principalement les mots : *Api* ou *Apis*, *l'éprouvé* ou *l'aimé d'Osiris*, *l'Osirien*, etc. La troisième scène de la droite offre l'épervier sacré de *Phtah-Sokari*, et celle de la gauche celui d'*Horus, grand dieu*, noms gravés à la fois dans les colonnes d'hiéroglyphes qui accompagnent ces oiseaux divins, et dans les lignes hiéroglyphiques qui séparent ces deux scènes des précédentes : devant les éperviers sacrés se dressent deux *uræus*; par derrière, les domine de chaque côté un œil symbolique avec lequel se combinent un bras dans lequel est passée la croix à anse, et l'*uræus* mitré, décoré du même ornement : quoique le défunt n'ait pu trouver place vis-à-vis des images divines auxquelles s'adressent ses nouvelles offrandes, le double autel qui les porte n'en est pas moins surmonté des noms ou titres que nous avons déjà vus et qui peut-être lui appartiennent. Une double scène, qui est la quatrième, présente ensuite à droite et à gauche les quatre génies de l'*Amenti* ou enfer, ministres d'*Osiris*, le premier à tête humaine, *Amset* ou *Omset* (comme porte sa légende répétée dans la colonne horizontale de séparation, qui est au-dessus); le second à tête de chakal, qui se trouve ordinairement le troisième, *Api*, l'homonyme du défunt et probablement son patron; le troisième, ordinairement le second, et dont le nom comme la place paraît avoir permuté avec celui du précédent, à tête de cynocéphale (nous ne pouvons déchiffrer sa légende); le quatrième enfin, dont le nom nous est également inconnu, à tête d'épervier. Ces génies infernaux, à forme de momies, comme la plupart des dieux dans leur rôle ténébreux ou funèbre, et décorés de longues bandelettes, en manière d'écharpes, qui peuvent se rapporter au même ordre d'idées, sont tous les quatre placés sur un emblème exprimant la domination; et en effet, au-dessous d'eux, aux pieds même de la momie, dans la cinquième et dernière double scène, se voit le chakal, symbole du dieu *Anebo* ou *Anubis*, gardien des régions infernales, de l'*Amenti*, dont ils sont les juges et seigneurs sous la présidence d'*Osiris*. — Les peintures des parois intérieures de la caisse se coordonnent fort naturellement avec celles qui revêtent à l'extérieur les deux couvercles, et particulièrement le dernier. Par une gradation non interrompue, nous sommes descendus, en le décrivant, des dieux suprêmes, des dieux du monde d'en haut, créateurs et lumineux, aux dieux de la région inférieure, et jusqu'à ceux de l'enfer proprement dit, séjour de la mort et des ténèbres : maintenant nous trouvons, sur le fond intérieur (marqué *a* dans la planche), tout au haut, l'hiéroglyphe du ciel ou de la déesse *Tpé*, embrassant de son vaste corps les espaces de l'air, que domine le disque de *Pooh*-Lunus, placé sur une barque, avec un scarabée au centre, symbole de la puissance mâle et génératrice qui féconde le monde sublunaire; deux cynocéphales, animaux sacrés du dieu, adorent son image, se tenant debout, les mains élevées, à la poupe et à la proue de la barque, qui vogue sur la plaine azurée du firmament. Au-dessous de cette première scène, une grande figure de femme, debout et les bras tombans avec les mains ouvertes, en signe de bienveillance, occupe les deux tiers du tableau : au superbe *uræus* ou serpent royal qui se dresse sur sa tête, où il forme plusieurs replis; à la plume ou palme, qui se combinant avec le segment de sphère et avec un autre emblème ou caractère hiéroglyphique que surmonte celui-ci, compose à la fois l'ornement distinctif de la coiffure de la déesse et son nom symbolico-phonétique, qui est en même temps le nom de l'hémisphère inférieur, on reconnaît *Saté* ou *Sati*, reine de cet hémisphère et de la région des âmes qui s'y trouve, sous l'empire général de *Pooh*-Lunus et sous la direction spéciale de *Thoth*-Hermès. Aussi voit-on, vis-à-vis la face de la déesse, l'une des deux images ordinaires de ce dernier dieu, et celle qui le met plus intimement en rapport avec la Lune, c'est-à-dire un homme cynocéphale, assis sur ses talons, et tenant dans ses mains les symboles de la puissance et du monde; les grands hiéroglyphes tracés sur sa tête devant l'*uræus* de *Saté* et sous la barque de *Pooh*, paraissent devoir se lire, en y comprenant la figure même qu'ils dominent : *le seigneur des régions*, *Thôout* ou *Thoth*. Dans un premier compartiment, enfermé par deux bandes d'azur étoilées, l'on remarque ensuite, au-dessous de *Thoth*, une âme représentée par un oiseau à tête humaine et placée devant un vase, peut-être l'emblème des eaux vivifiantes du Nil. Dans un second compartiment semblable, un *uræus* et un vautour, ayant devant lui le sceptre à tête de *coucoupha*, combiné avec la croix à anse, sont tournés vers l'image de *Saté*, *reine* et *mère*, idées exprimées par ces deux animaux ; mais les hiéroglyphes liés à ces figures semblent plutôt signifier en connexion avec elles et avec trois figures qui se trouvent en face, derrière la déesse, probablement aussi avec la figure de l'âme et celle de la déesse elle-même : SATÉ, *reine bienfaisante de la région inférieure et des âmes, fille de* TPÉ, *fille de la mère bienfaisante et divine des dieux bienfaisans*. Telle nous paraît, du moins, la pensée générale de cette scène intermédiaire et principale du tableau, laquelle se termine, aux pieds de *Saté*, par un vase, emblème de libations, surmonté d'un lotus épanoui, derrière et vis-à-vis par un emblème composé où entrent deux espèces de roues, et au-dessous de la natte de roseaux qui porte la déesse, par deux symboles funèbres dont le sens précis nous est pareillement inconnu, escortés des deux signes connus de la région inférieure. Une dernière scène, tout au bas, représente une grande croix ansée d'une forme particulière, ou une figure qui se rapproche de ce symbole de la vie divine, placée entre deux colonnes à quatre tablettes, que l'on connaît pour être les emblèmes de la stabilité. — En revenant sur l'ensemble de ce tableau du fond, et en le rapprochant des deux tableaux suivans, *b* et *c*, qui se correspondent exactement l'un à l'autre et sont peints sur les deux parois intérieures des côtés droit et gauche de la caisse, tant par rapport à la figure du couvercle que par rapport à celle de *Saté* ; en voyant ces trois tableaux également gradués en une série de scènes qui sont séparées les unes des autres par des bandes azurées parsemées d'étoiles, images de la voûte des cieux, nous sommes bien tentés d'y reconnaître la représentation allégorique des différentes parties ou régions dans lesquelles se divisait la sphère inférieure du monde, habitée par différentes classes de génies et soumise à l'empire de la Lune, comme la sphère supérieure l'était à l'empire du Soleil. Les deux côtés, fort réduits dans notre planche, peuvent avoir chacun 4 pieds 10 à 11 pouces, depuis le bas jusqu'aux épaules et à la naissance du cou, où commence à se courber en demi-cercle, pour embrasser la tête, le haut de la caisse sur lequel est peint intérieurement un quatrième tableau développé dans la planche, sous la lettre *d*. Ce tableau, qui domine ainsi les deux autres et forme avec eux un seul et même ensemble, présente à nos yeux une grande et monstrueuse figure composée d'une tête de femme avec un corps d'oiseau, des jambes et des bras qui ressemblent à des pates d'insecte, et de grandes ailes déployées qui font penser à celles des chauve-souris. Quelle est cette déesse à la face terrible, que semblent conjurer deux autres déesses, probablement *Netpé* et *Nephthé* ou *Nephthys*, sa fille, assises sur deux petits temples ou chapelles, et deux dieux accroupis en face, l'un à tête humaine, l'autre à tête de serpent-*Agathodémon*, tous quatre l'environnant? c'est ce que nous ignorons encore. Immédiatement au-dessous, une première double scène nous offre de chaque côté, dans une sorte de chapelle décorée de quatre *uræus* avec le globe en tête, un dieu assis, presque en tout semblable à celui que nous venons de voir accroupi en face de *Netpé*, et qui peut être encore le même que celui qui se montre derrière *Saté*, dans le tableau *a*: cependant nous remarquons ici sur sa tête un emblème caractéristique, non défini jusqu'à présent, qui paraît se retrouver sur les têtes des défunts et des âmes, peut-être aussi sur celles des génies de l'*Amenti*, dans les différentes scènes du grand tableau peint sur le second couvercle, 182. Le dieu, remarquable encore par les bâtons croisés sur la poitrine, nouveau symbole qui semble particulier aux morts et aux divinités des morts (comparez ci-dessus la description du premier couvercle), tient dans ses mains, d'un côté, *b*, le sceptre à crochet et le fléau ou fouet; de l'autre côté, *c*, le sceptre de la bienfaisance divine; sa tête et ses bras sont rouges, le reste du corps blanc; au devant de sa tête, dans le tableau *b*, se lit : *Dieu grand*. Ce *Dieu grand*, dont nous ne nous hasarderons point à déterminer le nom propre, est placé vis-à-vis de l'*uræus*, image vivante de *Saté*, coiffé là d'un disque, ici d'une espèce de mitre, portant ou ayant devant lui divers symboles déjà expliqués et qui semblent dirigés, aussi bien que ses ailes protectrices, vers le dieu assis; l'animal divin, à demi dressé, se repose lui-même sur un petit temple, tel que nous en avons déjà vus, devant lequel, et aux pieds du dieu, sont les offrandes d'un vase à libations et d'une plante funèbre en pyramide, tandis que derrière on aperçoit l'emblème tant répété de la région inférieure. Deux scènes intermédiaires renferment ensuite six génies debout et à forme de momies, comme les génies de l'*Amenti* décrits plus haut : à droite, une tête d'oiseau (peut-être de vautour ou d'aigle éthiopien ?), puis une tête de singe cynocéphale, puis, au lieu de tête, un symbole dont le sens ne nous est point connu, mais que nous ne saurions mieux comparer qu'au *Tchakra* des dieux de l'Inde, emblème du monde et de son mouvement; à gauche, une tête humaine, puis un *uræus* à la place de la tête, et enfin une tête de chakal ou plutôt de chien. Des offrandes funèbres sont placées devant tous ces génies, ainsi que devant les quatre qui remplissent les deux scènes inférieures et terminent le tableau, tous ayant également pour tête un serpent-*Agathodémon* barbu, comme le dieu accroupi en face de *Nephthé*, dans le tableau *d*. Resteraient à interpréter les trop rares hiéroglyphes qui accompagnent quelques-unes des figures du triple tableau *b*, *c*, *d*, et concourent avec ces figures mêmes à le rapprocher du tableau central du fond de la caisse, *a* : mais l'explication que nous en pourrions essayer ne nous offre guère plus de certitude que celle que nous avons tentée plus haut des hiéroglyphes de celui-ci. Les caractères exprimant les idées de *fille* et de *maison* ou *demeure*, paraissent affectés dans tous les deux, soit à l'*uræus*, soit à *Nephthé*; la déesse, d'ailleurs, et l'animal sacré, sont placés également au-dessus de l'image d'un *édifice*, temple ou tombeau, et dans le tableau *a* particulièrement, l'*uræus* se dresse sur le caractère symbolique, *habitation*. Ce même caractère accompagne le dieu ou les dieux—*Agathodémons*, *d* et *c* (ici employé avec la marque du pluriel; l'autre caractère est l'article défini, féminin, *la maison*, *les maisons*). Un groupe différent de caractères se montre sur la tête humaine du dieu accroupi, *d*, et le même groupe renversé, placé entre le corps et la main gauche de *Saté*, *a*, peut bien aussi se rapporter au dieu presque semblable, accroupi pareillement derrière cette déesse (peut-être encore le voyons-nous employé au pluriel sur les têtes des deux génies de la scène intermédiaire, *b*; quant au caractère isolé, placé au devant de la tête de chien vis-à-vis, *c*, ce pourrait être, non l'article, mais le simple signe du genre féminin, ou bien l'article employé comme tel). Ce groupe a-t-il un sens absolu, ou doit-il s'expliquer en relation avec la figure divine qu'il accompagne? Dans le premier cas, ce serait un nom propre dont nous ne voyons guère ni la valeur, ni le sens; dans le second, au contraire, il signifierait *celui qui appartient à*... et s'appliquerait naturellement au défunt (*Petosiris* ou *Petomset*, celui qui appartient à *Osiris* ou à *Omset*, en supposant que la figure représente ou l'un ou l'autre de ces dieux de l'*Amenti*; et ainsi, dans l'explication des scènes du petit couvercle, nous avons lu sur la tête du défunt lui-même : *l'Osirien*, *l'éprouvé d'Osiris*, etc.). — Jusqu'ici nous avons parlé plusieurs fois de *défunt*, et les scènes décrites nous ont présenté, en effet, plusieurs images d'un homme ou d'un oiseau à tête d'homme portant ce caractère, tandis que les deux couvercles du cercueil que nous avons sous les yeux, figurent une femme : voyons si les peintures des côtés extérieurs de la caisse, comparées aux précédentes, ne pourraient pas nous conduire à la solution de cette difficulté. Ces peintures se partagent, de chaque côté, dans la hauteur du cercueil, en trois longues bandes, dont la première et la supérieure est une bordure générale, composée alternativement d'un *uræus* et d'une feuille ou palme; la seconde et l'intermédiaire renferme, entre deux lignes d'ornemens, une légende hiéroglyphique continue, faisant partie du rituel funéraire; la troisième enfin, ou l'inférieure, beaucoup plus large que les deux autres, contient une série de scènes liées entre elles et dont nous allons donner une idée. La série commence évidemment à la tête et au côté gauche de la momie, qui est la droite du spectateur, et se poursuivant, à partir des pieds, sur le côté opposé, revient se terminer vers la tête. Après deux lignes perpendiculaires d'hiéroglyphes, une première scène nous offre, dans une sorte de chapelle, un épervier mitré devant lequel est un *uræus;* derrière, on voit un œil symbolique, élevant deux espèces de bras, et plus bas le symbole de la région inférieure. Deux nouvelles colonnes hiéroglyphiques séparent cette scène de la suivante, qui renferme une déesse debout, les ailes en avant, et portant un disque sur la tête; au devant, une croix ansée et un vautour, puis une légende hiéroglyphique, qui se remarque également sur les scènes du grand couvercle, et que nous verrons se reproduire sans cesse dans la série actuelle : elle est composée du caractère exprimant l'idée *maison* ou *demeure;* d'une étoile placée au-dessous, symbole ordinaire d'une constellation; et du segment de sphère, suivi de deux traits perpendiculaires : la déesse tient dans sa main la croix ansée et la palme; en face est *Phré* ou le Soleil, assis dans une chapelle, ayant derrière lui une seconde déesse devant laquelle se dresse l'*uræus*. La troisième scène se trouve malheureusement effacée en partie : elle semble, du reste, avoir fait pendant à la précédente, car avec la déesse ailée, la croix ansée, le vautour, on y distingue des traces manifestes d'un personnage assis dans une chapelle adossée à celle de la seconde scène. Viennent deux autres lignes d'hiéroglyphes, et ensuite la scène principale de ce côté, qui en remplit tout le reste. Dans une grande barque est *Osiris* assis au centre d'un *thalamus* qu'il occupe seul; devant lui, on voit sa légende habituelle et l'*uræus*, puis des offrandes; derrière, le *thalamus*, *Phré* avec le globe en tête, présidant au gouvernail; au haut de la poupe, un sphinx bleu à tête rouge, tenant entre ses pates un vase sacré ou un Canope surmonté d'un lotus incliné, avec le symbole de la région inférieure et la légende déjà signalée placés au-dessus (cette légende est également rapprochée d'un sphinx dans le grand couvercle); en dehors de la barque, un personnage debout a dans les mains une corde qui y est attachée : devant le *thalamus*, deux femmes, probablement deux déesses, coiffées du *modius* avec le diadème, font face à la proue où l'on aperçoit un petit sphinx noir sur ses pates; hors de la barque, sur une espèce de butte ou un autel, est un oiseau dont nous ne saurions déterminer l'espèce, et tout au bas de la proue, l'œil symbolique ou l'œil du taureau; en avant cinq personnages divins, trois dieux et deux déesses, placés alternativement et séparés les uns des autres par des offrandes ou emblèmes divers, sont occupés à traîner la barque. Devant cette première partie de la scène, se déroule perpendiculairement un grand serpent d'eau, et plus loin s'élève un autel chargé d'offrandes; une déesse à tête de lion, peinte en vert, et les bras étendus, est en rapport avec les personnes de la barque qu'elle semble appeler; puis l'on voit un prêtre immolant une gazelle ou une antilope, au-dessus de laquelle une légende de quatre vases en ligne indique probablement un sacrifice au Nil; derrière le sacrificateur, une femme, qui paraît être la défunte, offre un vase où brûle l'encens, et derrière cette femme est un oiseau à tête humaine, mâle et peinte en rouge, comme celle des oiseaux semblables qui se rencontrent sur le petit couvercle; le symbole de la région inférieure, suivi de deux colonnes hiéroglyphiques, termine la scène et ce côté de la caisse. Nous passons au côté droit dont les peintures s'ouvrent aux pieds par les deux légendes perpendiculaires de rigueur, après lesquelles plusieurs lignes ondulées, alternativement bleues et rouges, disposées obliquement, les unes au-dessus des autres, et séparées par des points, semblent marquer le passage d'un fleuve et notre descente sur la rive infernale qui conduit à la cité des morts, au ténébreux royaume de l'*Amenti*. En effet, s'offre d'abord à nos regards, sortant des flots où il est encore à demi plongé, l'oiseau à tête d'homme, dernier personnage de la scène précédente : devant lui est un monument pyramidal, sans doute un tombeau, avec une porte; et plus loin, s'avançant hors des eaux, un bœuf au corps vert ou bleu, tout parsemé d'étoiles, portant un *uræus*, puis, accroupis dos à dos, *Horus*, la palme en main, et *Anubis* avec le crochet et le fléau; l'animal divin, qui paraît un *Apis*, peut-être avec allusion au taureau céleste, est coiffé de deux palmes, au-dessus desquelles on voit la légende citée plusieurs fois, et en avant *dieu grand;* au cou du bœuf pend un lien où la tête d'*Athor* forme un nœud, et de riches offrandes posées devant lui, sur un bouquet de lotus, semblent lui être présentées par une femme, évidemment la défunte, dont la tunique verte se termine en queue d'oiseau; cette femme, qui fait des libations au dieu-taureau, est ici accompagnée, non plus d'un oiseau à tête humaine, mais d'un jeune homme portant sur sa tête l'insigne commun aux morts et aux génies de l'*Amenti*, et joignant ses offrandes à celles de sa compagne. Immédiatement après, se développe à nos regards la scène imposante du jugement : une déesse, le *modius* sur la tête et les mains élevées, semble transporter les offrandes que nous venons de voir; à ses pieds est un oiseau à tête d'homme, tenant la cassolette d'encens; et en avant sont de nouvelles offrandes, composées de vases, de fruits, de fleurs, etc. Le milieu de la scène est occupé par une grande balance noire, dont les plateaux sont rouges; un cynocéphale assis au centre du balancier, a derrière lui un vautour escorté de la croix à anse et de l'*uræus*, devant lui un autre vautour, une autre croix à anse, suivis de trois vases niliaques, et toujours la légende dominante, qui paraît avoir trait à une constellation protectrice et où nous soupçonnons un horoscope astrologique; un dieu à tête de chakal, *Anubis*, porte la main au fléau de la balance, ayant derrière lui l'œil symbolique du taureau et l'emblème de la région inférieure, devant lui un vase à bec, et, et de l'autre côté de la tige de la balance, en face, un sphinx coiffé de l'*uræus* et la palme en main, qui très-probablement représente *Horus*, suivi de l'œil du taureau, avec l'*uræus* et le symbole de la région inférieure. Devant la balance, un dieu à la tête rouge, surmontée d'un œil, tient un roseau et semble écrire; des offrandes sont à ses pieds : ensuite paraît la défunte ou son âme, sous l'image d'une femme humblement inclinée et conduite par la déesse à tête de lion que nous avons vue sur le tableau opposé; cette déesse, accompagnée d'une lionne qui marche à ses côtés, présente l'âme au juge des morts, *Osiris*, siégeant sur son tribunal, derrière lequel se tient *Nephthys*. Deux lignes perpendiculaires d'hiéroglyphes nous annoncent une scène nouvelle, et en effet, nous voyons la défunte offrant l'encens à un dieu hiéracocéphale qui paraît être *Phré*, et qui cependant porte la légende d'*Osiris*; derrière lui se tient *Nephthys*, suivie d'un autel que surmonte le disque solaire : mais cette scène est double et nous montre adossé aux précédens personnages un dieu assis, qui porte la coiffure emblématique de la région inférieure, et comme le précédent, la légende d'*Osiris*, accompagné d'*Isis* debout, et recevant d'un jeune homme placé en face de lui l'offrande de deux *uræus*. Après deux autres colonnes hiéroglyphiques, vient une dernière scène où l'oiseau à tête humaine présente à la coiffure habituelle du dieu *Ammon*, posée sur un autel, toujours avec la légende d'*Osiris* (un œil et un tombeau en forme de bœuf), la cassolette d'encens. Deux lignes perpendiculaires d'hiéroglyphes terminent tout le tableau, comme elles l'ont commencé, vers la tête de la momie. — Peut-être faut-il concevoir ainsi la pensée générale de cet ensemble de tableaux et de scènes, en prenant l'inverse de l'ordre que nous avons suivi dans notre description : l'âme d'une femme figurée tantôt sous sa forme propre, tantôt sous celle d'un oiseau à tête humaine, placée sous la protection et sous la conduite d'un génie à forme d'homme ou d'oiseau-homme, qui tantôt l'accompagne et tantôt la représente, après avoir passé le Nil et subi au tribunal d'*Osiris*, dans l'*Amenti*, sa sentence qui paraît favorable, monte dans la région inférieure du ciel, gouvernée par *Sati*, dans le royaume des âmes soumis au double sceptre de *Thoth* et de *Pooh*, où elle est environnée de tous les dieux et déesses, de tous les génies tutélaires qui y résident; nous la voyons et nous voyons son représentant, son patron, qui nous semble être *Api*, l'un des génies de l'*Amenti* (identique au bœuf *Apis*, corps perpétuellement reproduit de l'âme du monde, *Osiris*, et symbole de la transmigration universelle des âmes), faisant successivement des offrandes aux principales divinités du ciel inférieur, puis, par une transition qui est une sorte d'apothéose et se remarque à la fois sur les deux couvercles, mais principalement sur le petit, admis, dans le ciel supérieur, à présenter les mêmes hommages aux dieux super-célestes, aux dieux de lumière et d'intelligence; en même temps, nous ne pouvons nous empêcher de soupçonner un certain rapport de plusieurs de ces tableaux, surtout de la grande scène de l'*Amenti*, peinte sur le côté droit de la caisse, avec les constellations et les animaux sacrés du ciel, qui eux-mêmes sont en connexion intime avec la métempsychose, avec les incarnations divines, avec la doctrine des âmes, comme avec celle des dieux; peut-être enfin y a-t-il aussi, dans les accessoires et même dans la disposition générale, un autre rapport à l'astrologie non moins intimement liée avec la mythologie astronomique, dans le système égyptien. Voy. vol. I, p. 447, 453 sqq., 457, 462 sqq., 467, etc.; et surtout les notes 4, 5, 6, 10, 11, 12, 13, *passim*, sur le liv. III. Compar. nombre de fig. précéd. et suiv., principalement fig. 160, 166, 173, 175, 178, 181, 183-185, 190. — D'après un dessin communiqué par M. Jomard, soigneusement revu, corrigé et complété sur le monument mis à notre disposition par la bienveillante obligeance de M. le baron Cuvier.

182 *a*. (LI). Adoration de la fleur de lotus: son calice ouvert surmonte l'œuf du monde, où sont marquées les cinq zones; sur les genoux du personnage en prières, on voit la clef du Nil, symbole de la divinité. Creuzer. (La figure accroupie n'est point un homme, mais un dieu, caractérisé, en effet, par la croix à anse, et qu'il faut rapprocher d'un personnage reproduit plusieurs fois au n° 182, *a*, *b*, *c*, *d*; l'offrande placée

sur un autel représente plutôt des pains ou gâteaux sacrés que toute autre chose, et le lotus se retrouve également nombre de fois, incliné sur des offrandes funèbres, devant différentes divinités infernales, dans les diverses parties du sujet précédent). Vol. I, p. 406, coll. note 5, p. 820 sq. — Fragment d'une caisse de momie, apporté d'Égypte par M. DE RÜPPEL, et communiqué à M. CREUZER par MM. BOISSERÉE.

182 b. (LI). Sarcophage en forme de taureau ou de vache avec un disque entre les cornes, et une coiffure symbolique; à une espèce de collier tient un attribut, dont fait partie une étoile inscrite dans un cercle, ou bien une roue; le fléau, emblème de la puissance et peut-être ici du pouvoir générateur, est placé sur le dos de l'animal sacré que recouvre un riche tapis bleu. Vol. I; p. 395, 468, 500, 513, et les notes sur le liv. III, p. 805, 849 sq., etc. Cette figure nous paraît avoir plus de rapports encore avec *Athor* qu'avec *Isis* ou *Osiris*. Compar. ci-dessus, fig. 140, 145, 146. — Thèbes, peintures du 5e tombeau des rois à l'est (p. 846). *Descript. de l'Ég., Antiq., Pl.*, vol. II, pl. 87, 6.

183. (XLVI). *Bari* ou barque égyptienne que paraissent traîner quatre personnages à tête de chakal, précédés de quatre chakals: un personnage à tête d'épervier, sans doute *Horus*, est au gouvernail, et fait, de la main droite, un geste dont il est difficile de déterminer le sens; devant lui est un œil symbolique, inscrit dans un cercle ou disque; et devant cet emblème, probablement astronomique, mais qui peut-être aussi n'est pas sans rapport avec le passage de l'âme dans l'*Amenti* ou enfer, l'on voit un dieu-chakal, *Anubis*, en face duquel élèvent des mains suppliantes, deux femmes aux attributs de *Saté* et de *Nephthys* et un second hiéracocéphale. Vol. I, p. 460-468, et les notes 11, 12, § 2, et 13 sur le liv. III. Compar. fig. 173, 175, l'explication de la fig. 182, p. 73 ci-dessus, et fig. 190. — Bas-relief du grand temple à Dendera. *Descript. de l'Ég., Antiq., Pl.*, vol. IV, pl. 22, 2.

184. (XLVI). Un personnage humain, défunt, et que nous croyons un prêtre, tenant une main élevée, et dans l'autre, placée sur

sa poitrine, une sorte de palme, symbole funèbre ou emblème de justice, est présenté par une déesse, qui porte sur sa tête une palme semblable, à la puissante *Saté*, caractérisée par le même attribut et en outre par le sceptre-lotus et la croix ansée. Dans l'espace intermédiaire, qui sépare cette première partie de la scène, de la partie opposée, on voit une grande balance dont les plateaux sont tenus en équilibre par *Horus*, *fils d'Isis*, et *Anebo* (Anubis)...; sur le fléau de la balance est assis un cynocéphale, image vivante de *Thoth*, accompagné de deux têtes de sphinx. Devant la balance, *Thoth*-Hermès ibiocéphale tient d'une main un sceptre denté, de l'autre un stylet, prêt à marquer un nombre quelconque sur le sceptre annuaire. En avant, *Harpocrate*, posé d'une façon bizarre sur le sceptre à crochet ou bâton augural, et d'une main portant le fléau, de l'autre élevant un second *lituus*. Ensuite un monstre au corps de lion, à la tête de sanglier, placé sur un piédestal. Enfin, toujours en face du juge des morts, du noir *Osiris*, assis sur son tribunal et vers lequel se dirige toute l'action, une tige de lotus soutenant sur son calice ouvert les quatre génies de l'*Amenti*, ministres de *Sérapis*, qui semblent siéger avec lui; et plus près encore du dieu, un petit animal percé d'une flèche et dont la tête, séparée de son corps, paraît tomber dans un vase. Vol. I, *ibid.*, et principalement la note 12, § 2, sur le liv. III, où cette scène est expliquée en détail : il faut comparer la description d'une scène de même genre, dans l'explication de la fig. 182, ci-dessus, p. 74 sq.—Bas-relief du petit temple à l'ouest de Thèbes. *Descript. de l'Ég.*, *Antiq.*, Pl., vol. II, pl. 35, 2.

185. (XLVII). Un dieu à face rougeâtre, coiffé du *Pschent*, symbole de la domination sur les régions supérieure et inférieure, vêtu d'une tunique blanche, serrée, avec divers ornemens entre lesquels nous remarquerons deux bâtons croisés sur la poitrine, et tenant dans ses mains une longue croix ansée et un sceptre recourbé ou *lituus* : ce dieu, qui nous paraît se rapprocher de *Phtha* à bien des égards, mais qui n'est peut-être que *Pooh*-Lunus, souverain de l'air et de la région des âmes,

est assis sur un trône ou fauteuil de forme singulière; au-dessus de sa tête, volent quatre oiseaux jaunes à tête humaine, probablement des âmes ; devant lui, un homme debout, à forme de momie, de couleur bleue, et portant sur son épaule une espèce de balance; plus bas, sur les neuf marches qui conduisent à l'estrade où siége le dieu, neuf personnages aux chairs rouges et aux vêtemens blancs comme lui, probablement ses ministres, dans l'action de monter. Au milieu de la scène, et sans doute dans l'espace des airs, en sens contraire des neuf personnages et du défunt qui les précède, un hippopotame ou un sanglier de couleur jaune, dans une barque, est chassé par un cynocéphale bleu, la verge en main ; en avant, un second cynocéphale dans la même action; et plus haut, mais en sens opposé, un personnage à tête de chakal et aux chairs rouges. Il est bien à regretter que les légendes hiéroglyphiques dont cette scène relative, comme tout l'annonce, aux destinées de l'âme après la mort, et à la métempsychose, était environnée de tous côtés, n'aient pu être copiées, à quelques groupes près : ces légendes sont évidemment en rapport avec celles que l'on voit à droite et à gauche d'un grand serpent jaune qui se déroule du haut en bas en dehors du tableau. Voy. vol. I, *ibid.*, et note 12, § 2, *sub fin.* : compar. la scène précédente et divers détails de l'explicat. de la fig. 182, surtout p. 67 sq.— Thèbes, tableau peint à l'entrée du 5ᵉ tombeau des rois à l'ouest. *Descript. de l'Ég.*, *Antiq.*, *Pl.*, vol. II, pl. 83.

86 *a*. (XLIV). Un héros d'une taille gigantesque, paré d'une riche coiffure que décorent plusieurs *uræus*, emblèmes de la puissance royale, tient d'une main une hache d'armes levée sur un groupe de victimes enchaînées, qu'il saisit de l'autre par un lien qui les réunit toutes. Ces victimes, au nombre de vingt-neuf, sont à genoux et lui tendent des mains suppliantes; elles paraissent représenter des femmes ; celle du milieu, qui est seule de face, offre même une ressemblance frappante avec la figure connue d'*Athor*, 154, et porte dans sa main gauche une petite idole d'*Ammon* qu'elle applique sur sa poitrine. Au-dessous de ce groupe artistement disposé, deux hommes ayant chacun

une palme (symbole de justice ou de mort?) sur la tête, sont couchés dans la poussière, aux pieds du monarque sacrificateur. Ce sacrifice, d'ailleurs, nous semble être symbolique, au moins par sa forme; mais nous ne saurions en déterminer le sens précis. Vol. I, p. 430 sqq., et les notes sur le liv. III, p. 813 et 893. — Sculptures du grand temple de Philes. *Descript. de l'Ég., Antiq., Pl.*, vol. I, pl. 15, f. 16.

186 *b*. (XLIV). Un personnage, probablement un guerrier, coiffé de la partie inférieure du *Pschent*, symbole de la domination sur la région inférieure du monde, dans la même action que le précédent. Le groupe de victimes est composé seulement de trois ou quatre hommes à longues barbes, que le héros saisit par les cheveux également longs; tout annonce des prisonniers d'une race de nomades, d'Arabes-pasteurs, ennemis de l'Égypte; deux d'entre eux tiennent dans leurs mains des palmes semblables à celles que portent, sur leurs têtes, les deux hommes couchés de la scène précédente, 186, *a*. Le sacrifice, que nous croyons réel ici, se consomme en présence d'*Horus* à tête d'épervier, coiffé du *Pschent*, et tenant d'une main une arme recourbée qu'il élève, de l'autre le sceptre à tête de *coucoupha* avec des liens. Mêmes renvois que ci-dessus. — Bas-relief d'un temple égyptien à treize lieues est d'Edfou, dans le désert. CAILLIAUD, *Voyage à l'Oasis de Thèbes, etc.*, pl. III.

187. (XLVIII). Grande figure en état d'érection, lançant au loin des jets de liqueur séminale figurés par de petits points rouges. Un petit homme, dans la position d'un personnage assis, paraît être le produit immédiat de l'acte générateur. Douze autres figures emmaillottées et couchées, que l'on voit rangées six par six de chaque côté, les unes au-dessus des autres, en sont peut-être aussi des résultats antérieurs : cependant l'acte ne paraît concerner immédiatement que le petit homme dont nous avons parlé, et un autre qui est placé en avant, au-dessous des figures de momies, qu'il semble soutenir ou recevoir de ses bras élevés. Les autres jets conducteurs partent, en avant, de six étoiles groupées, et aboutissent à six petits globes en communication avec les six figures antérieures; en arrière, du

corps même du générateur, ou d'une ligne semi-circulaire de points, qui le coupe à mi-corps et se trouve interrompue par deux globes ou disques, plus grands que les six petits qui communiquent également avec les six figures postérieures. Un groupe de trois étoiles est en dedans du demi-cercle, en arrière de la tête du générateur. — Une représentation analogue à celle-ci offre quelques caractères et variantes qu'il est bon de noter : la grande figure a la face verte, une tunique blanche et les membres couleur de chair; les petites figures en ligne, alternativement homme et femme et dans le costume égyptien ordinaire, sont tournées l'une à droite, l'autre à gauche, et l'homme élève des mains suppliantes vers la femme; il n'y a ni petits globes, ni filets conducteurs; en avant de la grande figure, on voit un grand disque et un groupe de sept étoiles, en arrière deux groupes chacun de sept étoiles, le premier, également accompagné d'un disque. Voy. vol. 1, notes 6, 13 et 15 sur le liv. III.—Scènes cosmogonico-astrologiques peintes dans les tombeaux des rois, à Thèbes. *Descript. de l'Ég., Antiq., Pl.*, vol. II, pl. 84, 6 ; coll. pl. 92, 11.

187 *a*. (XLVIII). Scène triple, du même ordre que la précédente, 186. Les trois scènes, qui composent un seul tableau, ne diffèrent l'une de l'autre que par la seconde ligne des légendes hiéroglyphiques qui les accompagnent. Le principal personnage est un homme debout, courbé sur ses reins en arrière, de telle sorte que tout son corps, dans une position horizontale, forme avec ses jambes collées l'une à l'autre, un angle droit, tandis que sa chevelure ou coiffure pendante forme une perpendiculaire parallèle aux jambes: la figure, entièrement noire, est dépourvue de bras, et son organe viril lance la semence, d'où naît un petit homme rouge, dans la posture de celui des précédens tableaux, mais tourné en sens contraire, c'est-à-dire en face du générateur. Un disque ou globe rouge domine celui-ci, et le jet séminal est marqué par une série de globules de la même couleur. Un jet semblable de pareils globules part des pates d'un scarabée noir, placé sous la grande figure à laquelle il se rapporte et par la position et par la couleur, et

aboutit à sa bouche. Un petit scarabée rouge, qui paraît se rapporter à la petite figure de même couleur, s'élève perpendiculairement au-dessus du grand. Voy. la note 15 sur le liv. III.— Thèbes, peintures du cinquième tombeau des rois, à l'est. *Descript. de l'Ég.*, *Antiq.*, *Pl.*, vol. II, pl. 86, 1.

187 b. (XLVIII). Scarabée ailé portant une double tête, celle d'un belier avec la coiffure d'*Ammon*, et celle d'un épervier avec la coiffure de *Phtha-Sokari* ou d'*Horus*. L'insecte divin tient dans ses pates un symbole, qui paraît être l'emblème du monde créé par les dieux qu'il représente. Voy. la note 15 sur le liv. III. — Grand temple d'Edfou. *Descript. de l'Ég.*, *Antiq.*, *Pl.*, vol. I, pl. 60, 12.

188. (XLVIII). Disque ordinairement peint en rouge, d'où partent deux vastes ailes surbaissées et peintes de couleurs variées; deux grands *uræus*, emblèmes de la souveraine puissance, sont suspendus à ce globe ailé, l'un coiffé de la partie supérieure du *pschent*, décorée en forme de mitre, l'autre de la partie inférieure, ornée du *lituus* ou bâton augural, pour exprimer la domination sur les régions d'en-haut et d'en-bas; tous deux portent en outre, passés dans un anneau ou une couronne d'un sens peu connu, deux palmes ou plumes, insignes connus de la victoire; entre les *uræus* tombe, de la partie inférieure du globe, un faisceau composé de trois séries de triangles rentrant par le sommet les uns dans les autres. Immédiatement au-dessous du faisceau, une déesse accroupie, coiffée d'un disque entre deux cornes, et tenant dans ses mains appuyées sur ses genoux, la croix à anse, signe de la vie, est placée dans un disque à demi engagé dans la base qui le reçoit; à droite est une déesse semblable à la première et dans la même attitude, mais assise sur un rectangle divisé par la moitié, auquel tiennent deux appendices; à gauche, un dieu à tête d'épervier, coiffé du disque solaire, est assis sur une base carrée munie de pareils appendices, mais dans l'un des deux angles inférieurs de laquelle semble pratiquée une porte (c'est l'image d'un édifice ou d'une demeure). La scène tout entière, terminée en bas par une ligne d'étoiles, est flanquée de deux grands

sceptres, dont l'un, de ce même côté, porte un emblème qui doit être celui de la région supérieure, l'emblème de la région inférieure surmontant l'autre au côté opposé; deux grands *uræus* faisant face aux deux qui occupent l'intérieur de la scène, et coiffés d'attributs parfaitement correspondans, sont entrelacés dans les deux sceptres, dont le premier forme, en outre, une croix à anse, à moitié de sa hauteur. Deux légendes hiéroglyphiques, exactement semblables, placées entre les sceptres et le grand disque ailé, à droite et à gauche, ne nous font distinguer clairement que les titres : *Grand Dieu, Seigneur de la région supérieure* ou *céleste* (nous soupçonnons dans les caractères qui suivent l'hiéroglyphe du *ciel*, le sens naturel et complétif: *et de la région inférieure*, dont le nom suit probablement et se termine par un disque engagé dans une base, comme celui dans lequel est inscrite la déesse centrale aux cornes de vache). L'ensemble du tableau plusieurs fois reproduit à la frise du grand temple de Dendera, lequel était consacré à *Athor*, nous paraît représenter le grand symbole de *Thoth-Hermès trismégiste*, révélation du Dieu suprême, source de lumière, de vie et de puissance, répandant ses célestes influences sur la patrone du temple, *Athor* ou *Vénus* (qui tient peut-être ici la place de la lune), assise entre *Phré* ou le Soleil, et *Isis* (peut-être ici comme *Sothis*), chacun dans son domicile respectif. Ce tableau offre une analogie très-frappante avec celui qui se voit à l'extrémité de la première bande du zodiaque rectangulaire sculpté au portique du même temple : nous y reviendrons à cette occasion, ci-après, fig. 192. Voy. vol. I, p. 439, 441, 518, 520; et surtout les notes du liv. III, p. 760, 824 sqq., 835, note 10, *passim*, p. 851 sqq., notes 13 et 15, p. 898 sqq., 903, 927, 960. — *Descript. de l'Ég.*, *Antiq.*, *Pl.*, vol. IV, pl. 23, 3.

189. (XLVIII). Cette bande, faisant partie d'une grande frise sculptée au portique du temple principal d'Edfou, présente des rapports plus directs encore avec le zodiaque; mais c'est du zodiaque du grand temple d'Esné, gravé dans la même planche, fig. 191, qu'elle se rapproche particulièrement. La plupart des personnages, aussi nombreux que bizarres, qui y sont dé-

84   RELIGION DE L'ÉGYPTE.

peints, paraissent être des constellations, comme le prouve cette étoile, signe distinctif d'espèce, qui termine leurs légendes hiéroglyphiques. Sans nous hasarder à lire ces légendes, qui, toutes plus ou moins différentes les unes des autres, semblent désigner des divinités également différentes, nous nous bornerons à remarquer que toutes les figures, à l'exception de la première, ibiocéphale comme le second *Thoth*, et de celle du centre, qui est une femme en équilibre, dans une position singulière, se réduisent, quant aux formes, à deux types principaux : 1° des déesses à tête de lion, toutes assises sur des trônes, excepté une seule (peut-être un dieu plutôt qu'une déesse) et tenant le sceptre-lotus; 2° des serpens d'espèces diverses et dans diverses combinaisons et positions. Tous les personnages debout, y compris deux serpens, dont l'un est monté sur des jambes humaines, l'autre n'a de l'homme que les bras, portent dans leurs mains deux vases qu'ils semblent offrir, comme font les personnages correspondans du zodiaque d'Esné. Cette scène se lie indubitablement aux précédentes et aux suivantes dans le bas-relief complet que donne la Description de l'Égypte. Confér. fig. 190 ci-dessous, et voy. vol. I, notes 13 et 15 sur le liv. III, p. 925 sqq., 952 sqq. *Descript. de l'Ég., Antiq., Pl.*, vol. I, pl. 58.

190. (XLVIII). Cette bande qui fait suite à la précédente, mais non pas immédiatement, occupe le milieu de la frise et par conséquent du portique : ce doit être le sujet principal de ce grand tableau astronomique. En avant, sont quatre personnages, dont les deux plus remarquables portent, l'un une tête d'épervier, surmontée d'un disque, dans lequel est une étoile inscrite, l'autre une tête de bœuf; tous deux tiennent en main le sceptre des dieux bienfaisans et le signe de la vie divine, et ils sont accompagnés alternativement de deux ministres ou satellites à peu près semblables entre eux. Nous retrouverons ces quatre personnages sur les zodiaques; mais nous ferons observer, en attendant, que la légende du dieu à tête de bœuf, terminée par le signe d'espèce *bœuf*, se lit très-distinctement *Ap* ou *Api*. Vient ensuite une barque *thala-*

miège, et dans le *thalamus* qu'elle porte, un disque flanqué de deux *uræus* à tête de lion, au centre duquel est accroupi un dieu à tête de cynocéphale. Plus loin, mais en rapport avec la barque, un petit personnage à tête d'ibis élève les mains vers un œil symbolique, posé au-dessus d'un croissant, que soutient un lotus porté sur une espèce de colonne. Un escalier de quatorze degrés aboutit, de l'autre côté, au même œil; et au bas de cet escalier, se succèdent quatorze personnages en marche, dont le premier a le pied sur le premier degré. Ce personnage coiffé du *pschent*, mais dont la légende n'est point lisible pour nous, paraît être le Mars égyptien, sous sa forme humaine; le second, dont la légende se lit *Sou* ou *Sôou*, peut être ou un Jupiter subordonné, ou l'Hercule égyptien, *Som* ou *Gom*, avec une palme, feuille ou plume sur la tête; le troisième est une déesse à tête de lion, coiffée du disque avec l'*uræus*, et que sa légende nous fait reconnaître pour *Tafné* ou *Tafnet*; le quatrième n'est point reconnaissable, ayant la partie supérieure du corps mutilée; le cinquième qui est un dieu coiffé de la partie supérieure du *pschent*, et le sixième qui est une déesse avec un vase sur la tête, peuvent être *Seb* et *Sonteb*, sans que nous osions l'affirmer; le septième est *Horus* à tête d'épervier coiffé du *pschent;* le huitième et le neuvième sont deux déesses, *Isis* et *Nephthys*; le dixième, assez semblable aux deux satellites qui précèdent la barque, surtout au dernier, soit pour le costume, soit pour la légende, nous est inconnu jusqu'à présent: quant aux quatre derniers personnages, distingués de tous les autres par leur forme de momies, ce sont les quatre génies de l'*Amenti* ou enfer, déjà signalés plusieurs fois (ci-dessus, fig. 181, 182, 184), le premier à tête humaine, *Amset* ou *Omset;* le second à tête de cynocéphale, *Ap* ou *Api;* le troisième et le quatrième à têtes de chakal et d'épervier, dont les légendes n'ont point encore été suffisamment étudiées. Une quinzième figure, qui ne paraît point appartenir à la série précédente, est encore le dieu à tête d'ibis, bien connu comme *Thoth* second, assis les deux jambes collées l'une à l'autre, le bras gauche pendant, et portant sur la main droite le même œil symbolique avec lequel nous l'avons vu en rapport ci-dessus. La légende gravée au devant de sa tête, ne peut-elle pas se lire : *Soleil* ou *jour de Thoth?* Nous aurions alors une confirmation bien évidente de l'interprétation proposée par M. Jomard et adoptée par M. Creuzer, de l'ensemble des scènes de cette frise et notamment de la scène actuelle : le solstice d'été et les approches de l'inondation du Nil, phénomènes auxquels le serpent ou l'hydre, le lion et les vases, coupes ou canopes de la scène précédente, sont autant d'allusions; la néoménie la plus voisine du solstice (figurée par le croissant les pointes en haut), néoménie qui a lieu dans le cancer, domicile de *Thoth*-Mercure (le Cynocéphale dans la barque), et où se fait l'exaltation de la planète de Jupiter (l'astre d'*Osiris* représenté par l'œil), d'où part en même temps le premier jour du mois de *Thoth* et de l'année rurale, après le lever de Sirius (que nous semblent indiquer les constellations qui précèdent la barque). Voy. notes du livre III, *passim*, et surtout p. 801, 820, 835, 864 sqq., 899 sqq., 903, 929 sq., etc. — *Descript. de l'Ég.*, *Ibid., ibid.*

191. (XLVIII). Ce zodiaque, qui est celui du grand temple d'Esné, dont l'entrée regarde le levant, est formé de deux bandes contiguës et parallèles l'une à l'autre, sculptées le long du côté sud du plafond. Les deux grandes figures de femmes qui les embrassent et que l'on doit supposer réunies en une seule, tout comme les deux bandes elles-mêmes sont censées se rejoindre par les extrémités, représentent *Tpé*, *Tphé*, ou *Tiphé*, la déesse *Ciel*, l'Uranie égyptienne, le Ciel divinisé. Ces figures sont sur leur largeur, en sorte que l'une est en travers près de l'entrée ou à l'orient, la tête et les bras vers le nord, et les pieds vers le mur latéral ou vers le sud, et que l'autre est dans le fond du portique, également en travers et regardant la première. La bande septentrionale offre une série de personnages astronomico-mythologiques, dirigés, en général, d'orient en occident, la tête au nord et les pieds au sud, et paraissant entrer dans le temple : 1° deux petits lions, l'un au-dessus de l'autre, et deux hommes ou dieux à têtes de lion, après lesquels marche le *Lion* zodiacal, environné d'étoiles, comme tous les

autres signes, et qu'une femme tient par la queue; au-dessus du lion, mais dos à dos avec lui, un héros armé d'une flèche et d'un coutelas (dans le zodiaque du petit temple au nord d'Esné, ce personnage est dans le sens même du lion et marche devant lui); 2° le *Cancer*, qui paraît être plutôt ici un scarabée, et au devant plusieurs serpens diversement combinés, un grand épervier ou vautour ailé à tête de crocodile; plus haut et en arrière, un emblème portant trois tiges de lotus, dont les deux extrêmes sont brisées; 3° les *Gémeaux*, homme et femme, marchant l'un à la suite de l'autre, les mains sur la poitrine; devant eux, un personnage poussant avec un bâton un petit belier; 4° le *Taureau* placé en travers et la tête en sens contraire des précédentes figures, portant sur sa croupe un disque dans un croissant, symbole de la lune qui a son exaltation sous ce signe; en avant, un personnage debout à forme de momie (qui se retrouve couché dans une barque, bien au-dessous du Taureau, sur le zodiaque du petit temple); 5° le *Belier*, ayant le corps en sens opposé à celui du Taureau, et la tête tournée en arrière; au-dessus de sa croupe, un disque, probablement celui du soleil, qui a son exaltation dans le belier; 6° les *Poissons*, en travers comme le belier et dans le même sens; devant eux une suite de dix-sept personnages, qui termine cette bande et se poursuit dans l'autre : on y remarque, dans celle-ci, un homme debout portant le fléau et coiffé des cornes de bouc avec le disque; un homme ou un dieu à tête de belier, assis, tenant d'une main la croix à anse, et de l'autre élevant un instrument qui paraît être le sistre; un crocodilocéphale debout, tenant à deux mains une espèce de barre; deux hommes à tête de bœuf, face à face, et se donnant la main; puis des personnages aux corps et aux têtes de serpent, des hommes à tête de lion, presque tous portant des vases et entremêlés de femmes assises ou debout, un serpent dressé et une tête humaine sur un corps de serpent, etc. La bande méridionale revient, en quelque sorte, sur la précédente, qu'elle continue, les personnages qui y figurent se dirigeant d'occident en orient et paraissant sortir du temple où entrent les autres, mais ayant de même la tête et les pieds nord et sud. Les premiers qui se présentent, au nombre de dix-sept, terminent cette longue procession commencée à la fin de la bande d'en haut : ici, outre les serpens dressés et les hommes à têtes de serpent et de lion, offrant des vases, l'on voit plusieurs personnages à tête de chakal, assis ou debout, et deux grands serpens à nombreux replis, placés sur deux bases quadrangulaires, le dernier, surmonté d'un serpent plus petit, lequel a au-dessus de lui une espèce de double sphinx avec deux têtes de crocodile, tournées l'une à droite, l'autre à gauche ; en avant, après un homme léontocéphale, flanqué de deux petites figures accroupies et d'un serpent dressé sur sa queue, une dernière figure fort bizarre, corps humain assis sur un trône, mais ayant pour bras deux triangles allongés en ligne horizontale, pour tête une palme ou feuille, interrompt la marche des signes. Suit 7° le *Verseau*, homme épanchant l'eau de deux vases ou urnes ; 8° le *Capricorne* portant sur sa queue de poisson un homme debout, qui tient dans ses mains un sceptre (?) et des lotus ; 9° le *Sagittaire* avec son arc bandé, centaure à deux faces, de femme et de lion, à queue de scorpion, marchant dans la même direction que le Capricorne, mais les pieds tournés en sens contraire ; après lui, deux grands serpens ondulés, ayant entre eux deux serpens plus petits ; puis deux hommes à tête de chakal, puis un crocodile, au-dessous un serpent ailé à contresens, et entre les deux un symbole particulier ; 10° le *Scorpion*, dans la forme ordinaire ; 11° la *Balance*, femme penchée portant cet instrument et ayant devant elle un homme ou plutôt un dieu à tête de bœuf, qui appartient à la figure suivante ; 12° la *Vierge*, femme coiffée d'un bonnet pointu ou de la partie supérieure du *pschent*, et portant à deux mains un épi ; en avant marche un sphinx au corps de lion, à la tête de femme, coiffé du disque avec l'*uræus* et par-là consacré au soleil ; au-dessous est étendu un petit serpent, et plus bas encore deux grands *uræus* ailés, unis l'un à l'autre par de nombreux replis, se dressent en sens opposés, ayant entre leurs ailes deux petits scarabées ; enfin, quatre personnages terminent cette bande et le zodiaque entier, le premier assis, ayant une tête de bœuf, le second portant sur un corps d'homme un disque au lieu de tête, le troisième à tête de chakal et le quatrième à tête humaine. — Si l'on rapproche les deux extrémités de ces bandes, qui se rejoignent à l'endroit de la *Vierge* et du *Lion*, et que l'on observe la procession des trente-quatre personnages, prolongée des *Poissons* au *Verseau*, signes opposés, et se dirigeant toute entière vers le dernier de ces signes, on restera convaincu de la grande analogie du sujet principal de ce bas-relief avec la frise du temple d'Edfou, précédemment expliquée, et qu'il faut lui comparer (ci-dessus, fig. 189, 190, et les renvois indiqués). Comparez encore, outre l'explication des deux zodiaques de Dendera (192, 193), l'autre zodiaque d'Esné, beaucoup plus riche et plus important que celui-ci, quoique ayant la même disposition générale, mais malheureusement mutilé depuis la Vierge jusqu'au Sagittaire. — *Descript. de l'Ég., Antiq., Pl.*, vol. I, pl. 79, coll. 87.

92. (XLIX). Ce zodiaque évidemment plus régulier, plus complet et d'un objet plus général que le précédent, est également formé de deux bandes parallèles, mais séparées, et composées chacune de deux séries contiguës de figures. Il est sculpté au plafond du portique du grand temple de Dendera dont l'entrée regarde le nord : la bande supérieure est le long du côté occidental ; la bande inférieure, du côté oriental. Ces deux bandes sont embrassées chacune sur sa longueur, par une grande figure de femme dont les pieds sont vers l'entrée, la tête et les bras vers le fond du portique ; par conséquent, les pieds sont au nord et les têtes au sud. On doit supposer que ces deux figures n'en font qu'une, qu'elles se touchent par tous les points, et que leurs extrémités supérieures et inférieures se rejoignant, elles enveloppent le zodiaque comme dans un cercle, qui a son centre au pôle et sa circonférence à l'horizon. De la sorte, on obtient la représentation visible du ciel, ou de cette vaste mer du firmament que les Égyptiens avaient personnifiée sous l'image de la déesse *Tpé*, le corps prodigieusement allongé, les bras et les jambes formant deux angles avec le corps, les mamelles peu-

dantes, un scarabée aux ailes d'épervier, symbole de la lumière créatrice, placé sur la poitrine, et vêtue d'une tunique figurant les eaux du céleste océan, au moyen de lignes onduleuses, entre lesquelles règne du haut en bas une ligne droite ou guirlande de fleurs de lotus, emblème de l'enfantement de toutes choses par l'humide. En même temps, il faut remarquer que, dans chacune des deux bandes horizontales, supposées n'en former qu'une seule circulaire, la série supérieure rapprochée du centre du tableau est également centrale par rapport au ciel et roule autour du pôle boréal, tandis que la série inférieure touche à l'horizon et à l'hémisphère austral. Toutefois le tableau ne présente que l'hémisphère septentrional et se dirige tout entier vers le pôle nord; voilà pourquoi toutes les têtes des figures sont tournées au centre dans l'une et l'autre bande, la bande d'en-haut regardant l'orient et la partie orientale du ciel qu'elle dépeint, celle d'en-bas regardant l'occident et l'hémisphère occidental dont elle offre l'image. Les personnages de la première marchent au sud et semblent entrer dans le temple; ceux de la seconde marchent au nord et semblent en sortir : ceux-ci descendent le Nil, et ceux-là le remontent; car la double *Tpé* est étendue précisément dans le sens du Nil, où le ciel se réfléchit, et le ciel, comme le Nil, est un fleuve-océan sur lequel voguent les astres portés dans des barques. De la bouche de la déesse s'échappe entre le Verseau et le Capricorne, double domicile de la planète de Saturne, le globe ailé, symbole de *Thoth trismégiste* ou du premier *Thoth* et du monde créé dans le temps par ce Verbe divin qui l'anime; à l'extrémité opposée et aux aines, à l'endroit des parties génitales, du côté du Lion, domicile du Soleil, est un scarabée avec une grande aile, et du côté du Cancer un disque projetant obliquement un faisceau de rayons lumineux, sur une tête à oreilles de vache, qui est celle d'*Athor*, placée au-dessus du temple de *Tentyra*, dédié à cette déesse. Ce sont autant d'emblèmes du soleil générateur, près de féconder la nature par les eaux célestes du Nil, vers le solstice d'été; et de l'ouverture de l'année rurale, de la création annuelle, à la nouvelle lune du mois de *Thoth*, entre le Cancer, domicile de la Lune, et les Gémeaux, domicile de *Thoth*-Mercure ou du second *Thoth*, qui a son autre domicile et à la fois son exaltation, au delà du Lion, dans la Vierge, sous l'influence de laquelle s'opère l'inondation créatrice. La double création par les eaux, l'une au solstice d'hiver, l'autre au solstice d'été, en regard l'un de l'autre, semble donc exprimée par la disposition générale et les images les plus frappantes de ce tableau astronomique, calendaire et religieux tout ensemble dont nous allons tâcher d'expliquer les principaux détails. Le commencement de la marche des signes et des constellations, et très-probablement aussi l'ouverture de l'année tropique, pour l'époque rapprochée de notre ère à laquelle se rapportent également les zodiaques de Dendera et ceux d'Esné, sont indiqués par la pyramide solsticiale, tombant obliquement sur le temple situé assez loin de Syène au nord. Le solstice vient de passer le Cancer ou scarabée jeté cependant fort près, sur les jambes de *Tpé*, et placé dans la bande supérieure qui le retient encore : comme premier et dernier des signes à la fois, il ouvre et ferme le zodiaque et l'année, par sa position et sa marche indécises. Suit, dans la bande inférieure, 1° le *Lion* marchant le premier d'un pas décidé à la tête de la série descendante des signes : il est monté sur un grand serpent (peut-être la constellation de l'Hydre), une femme tient sa queue (on croit que c'est la Coupe) et au-dessous de lui sont placés, dans des barques, ses trois Décans, constellations voisines de l'hémisphère austral (le premier nommé *Chnachnoumen*, comme on lit très-bien sur le zodiaque circulaire ci-après; le second *Hépé*, comme il paraît devoir se lire ici; le troisième *Phupé*, effacé par l'accident qui a enlevé des portions d'autres figures à cet endroit). 2° La *Vierge* vient après, tenant un épi : devant elle, sont deux femmes, plus loin un grand serpent replié sur lui-même dans un rectangle (peut-être le symbole du Nil), et plus loin encore, la partie supérieure, seule visible aujourd'hui, d'une femme élevant un enfant sur sa main (*Isis*, compagne de la Vierge, avec *Horus*); derrière la Vierge, on voit un personnage à tête de bœuf, ayant pour légende un épervier avec la même tête (on y reconnaît le Bouvier), puis deux femmes représentant des constellations comme les précédentes; au-dessous de ces astérismes, paraissent les trois Décans de la Vierge (*Tomi* ou *Thumis*, *Questucati* ou *Thopitus*, *Aphoso* ou *Aphut*: la légende du troisième personnage à partir de la cassure, peut se lire *Thopi*; celle du quatrième, *Thomis*). 3° la *Balance* ayant entre ses deux bassins un disque qui rentre un peu dans la base qui le soutient, et dans lequel est inscrite une petite figure portant la main à sa bouche; un second disque suit avec une femme debout au centre (probablement Saturne qui a son exaltation sous ce signe, et Vénus qui y fait son domicile); puis trois figures dont la dernière tenant dans ses mains deux vases, a le corps d'une laie, les pates d'un lion et la queue d'un scorpion : au-dessous du signe sont ses trois Décans (*Souchoë* ou *Seruchuth*, *Pléchout* ou *Aterchinis*, *Chontaré* ou *Arpien*). 4° Le *Scorpion*; derrière lui, un oiseau à tête humaine (cet oiseau et le personnage à queue de scorpion qui est de l'autre côté, n'auraient-ils pas trait à la planète de Mars, dont le domicile et l'exaltation sont ici?), et plus loin un chakal sur un instrument de labourage (le Renard, suivant quelques-uns, au nord du Scorpion : plutôt la petite Ourse au pôle); puis deux personnages, et au-dessous les trois Décans (*Stochnéné* ou *Sentacer*, nom qui semble avoir des traces dans la légende du personnage qui porte un sceptre recourbé et un fléau; *Sesmé* ou *Tepiseuth*, qui paraît être l'Autel figuré avec le bras du serment ou du sacrifice et une tête au-dessus; *Siémé* ou *Senciner*, la constellation du Cynocéphale, au sud du Scorpion comme la précédente). 5° Le *Sagittaire*, ici avec une double queue et des ailes sur l'une desquelles un oiseau est perché; puis une femme, et un homme à tête d'épervier en sens contraire, ce dernier armé d'une pique, dont il menace un taureau mutilé de trois pates et retenu par la quatrième, au moyen d'une chaîne, par un monstre debout à tête de crocodile, au corps de laie ou d'hippopotame, aux pates de lion (ce groupe monstrueux, environné de sept étoiles, et qui se retrouve sur

EXPLICATION DES PLANCHES. 93

le zodiaque du petit temple d'Esné, avec un crocodile monté sur le dos de l'hippopotame, paraît représenter la grande Ourse, astre de *Typhon* : l'hiéracocéphale qui l'attaque, est peut-être la planète de Jupiter ayant son domicile au Sagittaire); une femme qui a derrière elle un oiseau à tête de bœuf, vient ensuite, et au-dessous les Décans du signe (*Réuo*, *Eregbuo* ou *Erebiou*, nom dont on aperçoit quelques élémens; *Sesmé* ou *Sagen*, le premier distinctement écrit devant le second hiéracocéphale coiffé d'un disque; *Chommé* ou *Chénen*). 6° Le *Capricorne* avec un personnage derrière lui, dont la légende semble se lire *Canopi*, et qui est peut-être Canopus; les deux premiers Décans au-dessous (*Themeso*, *Smat* ou plutôt *Cnat*, qui se lit très-bien devant l'homme ayant un disque pour tête; *Sró* ou *Epima*) : le troisième décan est rejeté à l'autre bande (*Isró* ou *Homoth*), dans la série supérieure de laquelle sont plusieurs personnages qui sans doute appartiennent encore au Capricorne, par exemple *Api* à la tête de bœuf, en aspect avec le Bouvier de la Vierge. La division des deux bandes paraît donc se faire ici à l'extrémité du Capricorne fort rapproché du bord de la série descendante, et prêt à passer dans la série ascendante, où 7° le *Verseau* rentrant semble lui céder déjà la première place, le solstice d'hiver ayant rétrogradé jusque vers le Sagittaire : en avant du Verseau, l'on voit successivement un homme à tête d'épervier monté sur un cygne (la constellation de ce nom), un sacrificateur sur le point de trancher la tête à une gazelle, et plus loin un homme sans tête suivi de deux femmes (on conjecture ici des sacrifices au Nil représenté par le Verseau, sacrifices bien plus fortement exprimés sur le zodiaque circulaire et sur le rectangulaire du petit temple d'Esné); au-dessous les trois Décans (*Ptiau* ou *Oroasoer*, *Aseu* ou *Astiro*, *Ptébiou* ou *Tepisatras* : ces deux derniers, femme et homme, embrassent une constellation considérable, comme le prouvent les nombreuses étoiles semées entre leurs deux légendes réunies). 8° Les *Poissons* placés horizontalement, ayant entre eux un rectangle allongé dans l'intérieur duquel sont des lignes brisées, image de l'eau (le carré de Pégase); devant eux, un personnage à tête d'épervier et une femme; derrière, une autre femme, un grand disque dans lequel est un homme debout tenant par les pates un petit porc (on croit que c'est le Porcher, constellation de ce nom, propre aux Égyptiens; mais ce doit être plutôt une planète, soit Jupiter qui a l'un de ses deux domiciles aux Poissons, soit Vénus qui y a son exaltation) : au-dessous marchent les Décans du signe (un homme à tête de chakal, *Abiou* ou *Archatapias*; un ibiocéphale, *Chontaré* ou *Thopibui*; un hiéracocéphale, coiffé en outre d'un oiseau; *Ptibiou* ou *Atembui*).

9° Le *Belier* accompagné d'un nombreux cortége : en avant, un hiéracocéphale avec une riche coiffure et le sceptre en main, puis deux femmes; en arrière, un personnage à tête de crocodile, une femme et un singulier groupe composé d'un cynocéphale assis, sur la tête duquel est un épervier coiffé du *pschent*, et d'une gazelle avec les jambes pendantes, unie dos à dos au cynocéphale (suivant les uns, le Triangle boréal; suivant d'autres, Cassiopée, etc. : reste à savoir si le dieu à tête d'épervier qui marche en avant, ne serait pas le Soleil dont l'exaltation est dans ce signe; et le crocodilocéphale qui marche en arrière, Mars qui y fait son domicile) : dessous, les trois Décans (*Chontaré* ou *Asiccan*, *Chontacré* ou *Senacher*, *Seket* ou *Asentacer*, ces deux derniers assis sur le lotus, dans la position symbolique du soleil levant ou du soleil nouveau). 10° Le *Taureau* paraissant supporter avec impatience un vaste disque dans un croissant (celui de la lune exaltée au Taureau; Vénus y a de plus son domicile, mais nous n'en retrouvons aucune trace) : en avant, un personnage à double face, d'épervier et d'homme, puis deux femmes; derrière, un homme tenant à deux mains un serpent (le Serpentaire et le Serpent); au-dessous, les Décans du signe (*Choüs*, *Asicat* ou *Sicat*, nom dont les principaux élémens existent dans la légende; *Ero* ou *Viroaso*, peut-être encore *Reinaor*; *Rombomaré*, *Atarph*, peut-être le même que *Ramanor*). 11° Les *Gémeaux*, ici une femme à tête de lion et un homme coiffé d'une palme, se donnant la main : devant eux, un homme et deux femmes; derrière, une femme encore, seule tournée en sens contraire de toutes les autres (peut-être, comme on l'a pensé, pour indiquer la conversion du soleil au solstice), et sous toutes ces figures, les trois Décans obligés (*Théosolk* ou *Thésogar*, noms reconnaissables dans la légende; *Ouéré* ou *Verasua*, et *Phuor* ou *Tepisatosoa*). 12° Le *Cancer* rejeté, comme nous l'avons déjà remarqué, au delà de la pyramide solsticiale; en deçà et en avant, indépendamment des Décans qui occupent la série inférieure dans leurs barques, l'on trouve ici la série supérieure occupée par un certain nombre de personnages montés également sur des barques. Le premier, dans une attitude animée et la tête tournée en arrière avec un bras levé vers un épervier, que porte une tige perpendiculaire de lotus, doit appartenir aux Gémeaux plutôt qu'au Cancer; et peut-être faut-il en dire autant de l'ibiocéphale qui est immédiatement au-dessous (le jeune homme nous paraît Orion qui marchait sur les eaux; l'épervier coiffé du *pschent* est le symbole d'*Horus*, dont l'âme était supposée resplendir dans cette constellation; la tête d'ibis, emblème du second *Thoth* ou d'Hermès, rappelle la planète de Mercure, appelée l'*astre d'Horus*, et qui a son domicile propre aux Gémeaux); vient ensuite une vache couchée dans une barque avec une étoile entre les cornes (c'est *Sothis*, la constellation du grand chien, avec l'étoile d'*Isis*, déesse censée habiter cette constellation); derrière elle, dans une troisième barque, sont deux déesses debout, la première tenant le sceptre-lotus et la croix ansée, la seconde élevant deux urnes d'où s'épanchent deux filets d'eau. Les Décans paraissent ici difficiles à déterminer : si l'ibiocéphale en est un, et que le nom de *Sothis*, premier Décan du Cancer, lui appartienne, on concevrait le rapport et même l'espèce d'identité mythologique établie entre *Thoth* et Sirius; le second Décan, *Sith* ou *Syth*, serait l'hiéracocéphale portant pour coiffure le disque avec l'*uræus*, symbole du Soleil, du dieu *Phré*; enfin, il faudrait voir probablement le troisième, *Chumis* ou plutôt *Chnoumen* (*Chnoum*, comme on lit très-clairement sur le zodiaque circulaire), dans le petit personnage coiffé du *pschent*, qui est debout à la proue

96   RELIGION DE L'ÉGYPTE.

de la troisième barque inférieure, ayant derrière lui deux déesses assises, dont l'une porte la coiffure d'*Athor*, l'autre nous est inconnue. Qui serait alors le serpent dressé sur un lotus, dans la dernière petite barque dont la proue se termine aussi en tête de serpent, c'est ce que nous ne saurions dire, ne pouvant déchiffrer sa légende. (A-t-il quelque rapport avec la planète de Jupiter, dont l'exaltation est au Cancer? Les déesses qui précèdent, ainsi que la tête d'*Athor*, engagée dans la pyramide lumineuse, n'en ont-elles pas, d'un autre côté, avec la Lune, dont le domicile est au même signe, avec la planète de Vénus nommée l'*astre d'Isis*, comme Jupiter *l'astre d'Osiris?*) Sans compter les six grandes lignes d'hiéroglyphes, dont deux séparent chaque bande du zodiaque en deux séries, et les quatre autres règnent au haut et au bas tant de l'une que de l'autre bande, deux inscriptions sont affectées particulièrement au Lion et à la vache *Sothis*, peut-être à toute la scène dont elle fait partie. — Non-seulement le zodiaque circulaire que nous allons décrire ci-dessous, mais le zodiaque du temple au nord d'Esné doivent être comparés avec le tableau actuel, surtout pour cette dernière scène, qui est capitale dans tous et présente dans le second des détails fort remarquables, tels que la tortue et l'ibis, animaux consacrés également à Mercure, tous deux placés vers les Gémeaux et le Cancer; *Isis*, sur la barque où est couchée la vache de *Sothis*, et en arrière une longue procession de dieux et déesses, dans laquelle on distingue, précisément sous le Cancer, un dieu hiéracocéphale aux attributs de *Mandoulis* ou *Mandou-Ré*; un phallus ailé derrière le Lion, etc., etc. Voy. vol. I, p. 436 sqq, 447 sqq.; et surtout les notes 6, 10, 13 et 15 sur le liv. III, *passim.* — *Descript. de l'Ég.*, *Antiq.*, *Pl.*, vol. IV, pl. 20.

93. (L). Ce zodiaque, d'une autre forme que les précédens, et qui présente aux yeux un véritable planisphère, est orienté et au fond disposé absolument comme le zodiaque rectangulaire du portique de Dendera. Il appartenait au même temple que ce dernier, avant que MM. Saulnier et Lelorrain l'eussent transporté en France; mais il occupait la moitié du plafond de l'une

des pièces d'un appartement supérieur de ce temple, appartement dont les bas-reliefs sont entièrement consacrés à des sujets astronomiques. Une grande figure de *Tpé* ou Uranie, les bras et les jambes allongés, s'étendait du sud au nord, le long du côté oriental du tableau, c'est-à-dire dans la direction des Poissons au Belier, et le séparait d'un autre tableau analogue qui couvre encore la seconde moitié du plafond : deux bandes de lignes brisées ou onduleuses partant de la tête et des pieds de *Tpé*, régnaient en outre sur les côtés nord et sud. Ce planisphère inscrit dans un carré se compose de deux cercles concentriques, dont l'un, formant médaillon, renferme le zodiaque proprement dit porté par quatre figures de femmes debout aux angles du carré, et par huit figures d'hommes à tête d'épervier, placées deux à deux un genou en terre aux quatre points cardinaux; l'autre cercle, extérieur au zodiaque, prend ces douze figures à mi-corps et forme une bordure contenant une série d'hiéroglyphes ainsi divisée en huit parties. Quatre légendes hiéroglyphiques considérables se voient en dehors de la bordure, au devant des quatre femmes tournées face à face comme les huit hommes; deux petites légendes particulières sont gravées en avant de deux des grandes, près des angles nord-est et sud-ouest, vis-à-vis de deux symboles compris entre les deux cercles, et dont l'un paraît désigner la région supérieure, l'autre la région inférieure, c'est-à-dire la partie orientale et la partie occidentale du ciel (confér. fig. 188); aux angles opposés, mais dans le même intervalle des cercles, deux autres petites légendes semblent correspondre à ces symboles. Quant à la distribution du zodiaque renfermé dans le médaillon, si l'on renverse notre planche et qu'on la place devant soi, de telle sorte que le monstre qui est près du centre, ainsi que le chakal qui le précède au-dessus de la Vierge, tombent perpendiculairement aux pieds du spectateur, on verra le *Lion* ouvrir la marche des signes, qui le suivent dans l'ordre accoutumé, sur une ligne circulaire que le *Cancer* rend un peu spirale, en rentrant dans l'intérieur de l'anneau zodiacal, vers la tête du *Lion*. Au dedans et en dehors de cet anneau, se rangent deux nouvelles séries de figures, les constellations intra et extra-zodiacales, formées des étoiles qui se lèvent ou se couchent en aspect avec les douze signes, et qu'on nomme pour cette raison leurs *paranatellons*. Une dernière série plus nombreuse et plus régulière que les autres, est celle qui se compose en grande partie des *Décans* placés sur le bord extrême du médaillon. Toutes les figures, à quelques-unes près, marchent dans le même sens; toutes ont leurs têtes tournées vers le centre du tableau, qui est le pôle céleste et qu'occupent les constellations boréales, tandis que les constellations australes se rapprochent plus ou moins de la circonférence. Ces figures reproduisant presque toutes celles du zodiaque rectangulaire, nous nous bornerons à faire remarquer quelques différences, sans insister sur les analogies beaucoup plus nombreuses. En partant des *Gémeaux*, dont le second répondant au nord est directement au-dessus de la tige de lotus surmontée de l'épervier, en arrière de laquelle se voit la vache de *Sothis*, on trouve parmi les constellations extra-zodiacales, Orion armé du fouet et du sceptre à tête de *coucoupha*, ayant derrière son pied un oiseau chimérique, fort semblable à celui que l'on a pris pour le phénix sur les monumens (c'est le Lièvre ou *trône d'Orion* des Arabes); au-dessous, dans la série des Décans, est placé un grand serpent à tête d'ibis, dont le corps se resserre en plusieurs replis (M. Biot y voit l'Éridan ou le Fleuve, appelé chez les anciens le *fleuve d'Orion*). Plus loin à droite, sur la même ligne et sous le *Taureau*, ont été rejetées par renvoi (ainsi que plusieurs autres constellations, quoique le plus grand nombre soient en positions réelles, selon le même savant) les Hyades, groupe considérable d'étoiles caractérisé par le porc ou la laie qui est au-dessous (ὑάδες de ὗς, en latin *succulæ*), et les sept Pléiades en avant d'une femme à genoux. Plus loin encore, sous le *Bélier*, paraissent, également au bord du cercle, quatre petites figures au corps et à la queue de poissons, accompagnées de quatre ou de sept étoiles, plus ou moins (la constellation australe de la Baleine ou du monstre marin, d'après M. Biot;

MM. Jollois et Devilliers la reconnaissent, au contraire et avec plus de probabilité, par opposition paranatellontique, dans le Lion marin qui est vis-à-vis, les pates appuyées sur l'eau, immédiatement au-dessous de la Balance). Après les *Poissons* qui ont au-dessus d'eux, du côté du *Belier*, l'œil symbolique du taureau inscrit dans un cercle (sans doute la planète de Jupiter), entre eux le carré de Pégase, et sous eux, dans un cercle également, le personnage tenant un porc, que nous avons déjà vu (et que nous avons pris pour une planète, zod. rectang., *supra*, p. 94), vient le *Verseau* arrosant le Poisson austral, et plus bas, l'on voit à l'extrémité du médaillon, le Cygne ou l'Oiseau, placé ici par renvoi, puis un grand disque renfermant huit personnes à genoux; au-dessus du *Verseau*, dans l'intérieur de l'anneau zodiacal, est un quadrupède sans tête, et plus haut le même quadrupède ou un autre, que saisit par la tête un homme debout (voy. à l'explicat. du zod. rectang., p. 93, ce que nous avons dit sur ces emblèmes de sacrifices). Après le *Capricorne* qui porte sur sa croupe un homme à tête d'épervier, le *Sagittaire* courant à l'occident est surmonté d'un oiseau plus grand ici que celui qui perche sur ses ailes, dans le zodiaque rectangulaire (ce doit-être la constellation de l'Aigle). Au-dessus du *Scorpion* (beaucoup trop rapproché du Sagittaire, si bien que M. Biot trouve ses étoiles principales se projetant sur les contours de la figure monstrueuse qui le précède, et qui nous paraît représenter Antarès), un personnage hiéracocéphale, le sceptre en main, le disque en tête, est assis sur un trône, dans une barque (c'est l'image ordinaire de *Phré*-Soleil, mais peut-être ici Mars à son exaltation). La *Balance* se montre ensuite (surmontée d'un disque dans lequel nous semble figurée la planète de Vénus, pendant que le petit chakal qui à son tour surmonte le disque, nous semble avoir trait à Saturne exalté); au-dessous, un lion la gueule béante, dont il a été question plus haut (M. Biot le prend pour le Loup ou la Bête féroce des anciens), et en avant un homme à tête de bœuf avec un instrument d'agriculture (M. Biot y voit le Centaure; MM. Jollois et Devilliers, plus vraisemblablement, le Vendangeur des anciens, appelé encore le *nourricier d'Horus*, et réuni par la suite en une seule constellation avec le Bouvier, également à tête de bœuf, qui est au-dessus). La *Vierge* tenant l'Épi a au-dessous d'elle une femme assise portant un enfant debout sur sa main (c'est la Vendangeuse ou *Isis* avec son fils *Horus*, depuis réunie aussi à la *Vierge* qui occupe une si grande place dans le ciel). A l'extrémité de la queue du serpent ou de l'hydre sur lequel est monté le *Lion*, et sous les pieds de la femme que porte la queue de ce quadrupède, l'on remarque ici un oiseau (le Corbeau, à ce qu'on croit) : sous le *Lion* paraissent, immédiatement avant la vache *Sothis*, une femme assise élevant deux vases, et une autre femme tirant de l'arc (la Flèche peut-être); enfin, bien au-dessus, et en sens contraire de tous les autres signes, le *Cancer* retourné ferme le cercle zodiacal (M. Biot observe que les étoiles du *Cancer* déplacé viennent se projeter sur le personnage à tête d'épervier qui est au-dessous, entre le *Lion*, les *Gémeaux* et *Sothis* : ce personnage nous paraît correspondre au premier Décan du *Cancer* nommé aussi *Sothis*, et portant une tête d'ibis sur le zodiaque rectangulaire; il porte ici pour légende l'emblème de la nouvelle-lune surmonté d'un épervier : tout nous fait croire qu'il désigne *Thoth*-Mercure, qui donne son nom au premier mois, ouvrant l'année à la nouvelle lune la plus voisine du lever de Sirius, vers le solstice d'été). Ce que nous trouvons de plus remarquable, parmi les figures intra-zodiacales, c'est d'abord cet homme tenant à la main une tête de chèvre, à ce que l'on croit, mais peut-être plutôt un sistre, comme sur le zodiaque du petit temple d'Esné, en avant des *Gémeaux* (M. Biot y voit, conformément à la première hypothèse, le Cocher et la Chèvre); puis au-dessus du *Bélier*, ce groupe de trois animaux déjà signalé sur le zodiaque rectangulaire (il le croit en rapport avec la figure sans tête assise sur le même rayon, au bord du médaillon, et y reconnaît les principales étoiles de Cassiopée, Persée et Andromède, constellations que MM. Jollois et Devilliers cherchent plus loin, dans les autres figures plus petites, assises au-dessus de la

Balance, et sont fort embarrassés de déterminer, ainsi que
Céphée : peut-être les figures intermédiaires de l'homme saisissant un quadrupède, de l'autre quadrupède sans tête, et du
second personnage, qui marche en avant tenant un sceptre, y
sont-elles plus analogues; peut-être même l'hiéracocéphale
monté sur le *Capricorne* et celui qui siége au-dessus du *Scorpion*, n'y sont-ils pas étrangers). Restent la grande figure
monstrueuse, placée avec une arme près du centre du monument, et le petit chakal qui en est plus rapproché encore,
tous deux regardant le nord : nul doute que ce ne soient les
images de la grande et de la petite Ourses; et, quant à la longue pate d'animal étendue au devant et sur laquelle est
couché un agneau, la tête tournée vers l'orient, il y faut voir
des emblèmes mythologiques de même nature, mais qui ne
sont pas plus connus, ni mieux expliqués jusqu'ici, que la plupart des symboles au moyen desquels les Égyptiens représentaient leurs constellations. Comparez l'explicat. des fig. 191 et
192, où les renvois au texte et aux notes sont indiqués.—Copie
réduite du dessin de MM. Jollois et Devilliers, renfermé
avec le précédent, des mêmes auteurs, dans le vol. IV de la
Descript. de l'Ég., pl. 21, revu et soigneusement conféré et
rectifié sur le monument, actuellement au Cabinet des Antiques de la Bibliothèque du Roi, par M. J..... de l'Institut.

94. (LI.) *Pan*, sous sa figure ordinaire, avec les pieds de bouc et
le phallus, jouant de la flûte au centre d'un ovale que bordent
les douze signes du zodiaque, coupés entre le *Belier* et les *Poissons* par la ligne des équinoxes, si toutefois il faut donner à
cette représentation un sens réellement astronomique. Devant
le dieu est une étoile, et plus bas un autel sur lequel brûle le
feu sacré; un bouc dressé y porte ses pates antérieures. Vol. I,
p. 409 sq., 451, 495 sq.; et les notes du liv. III, surtout p. 830,
928. Comp. la fig. suiv. —Pierre gravée. Hirt, *Archæol. Bilderbuch*, cahier II, pl. LVI.

95. (LI). *Jupiter-Sérapis* au centre d'un cercle de lumière, ayant
sur la tête le *modius*, et entouré, dans un cercle intermédiaire,
des sept planètes qu'environnent, dans un cercle extérieur, les

douze signes du zodiaque. Les planètes sont dans leurs domiciles respectifs: *Jupiter*, couronné de laurier, dans les Poissons; *Saturne* voilé et le globe en tête, dans le Capricorne; *Mars* casqué, dans le Scorpion; le *Soleil* à la couronne radiée, dans le Lion; la *Lune* avec le croissant, dans le Cancer; *Mercure*, une étoile (peut-être Sirius) sur la tête, dans les Gémeaux; *Vénus* coiffée d'une *sphendoné*, dans le Taureau. *Ibid.*, et de plus, p. 414 sq., 438, 455, 470, 521; 809, 818, 836, 897 sqq., surtout 924 sqq. — Médaille de l'an VII d'Antonin. *Académ. des Belles-Lettres*, t. XLI, pl. I, n°. 11.

196.

(LII.) Le *Tau* égyptien ou la clef du Nil (la *croix à anse* ou *ansée*, *crux ansata*) Creuzer. Confér. les fig. précéd., *passim*, et vol. I, notes du liv. III, p. 958 sq. — Empreinte d'un scarabée égyptien, communiquée à l'auteur par M. Münter.

196

a. (LII). *Croix ansée* d'une forme particulière, combinée avec la figure connue sous le nom de *nilomètre*, et flanquée de deux petites *croix ansées* dans la forme ordinaire. *Ibid.*, *ibid.* — Empreinte d'un scarabée égyptien gravé en creux. *Scarabées égyptiens du Musée des Antiques de l'empereur d'Autriche*, Vienne, 1824, in-4°, pl. II, fig. 21 *b*.

SECTION QUATRIÈME (tome II, livre IV).

RELIGIONS DE L'ASIE OCCIDENTALE[1].

Fig. 197 (Pl. LIV). Face d'*Astarté* comme pleine lune. CREUZER, d'après BELLERMANN. Voyez tome II, page 26, et comparez ci-après fig. 198, 199. (Cette face ne paraît autre que celle de la *Méduse* grecque, laquelle, il est vrai, était en rapport avec la lune et pouvait, sous un point de vue, correspondre à *Astarté*. Voy. même tome, p. 752 sqq., avec les renvois de la note 1, p. 754. Au revers est un palmier avec une inscription punique, que GESENIUS lit *Motye*, rapportant la médaille dont il s'agit à cette colonie phénicienne ou carthaginoise de Sicile.) — Médaille d'argent du cabinet des Antiques de la Bibliothèque du roi. MIONNET, *Descript. de méd.*, etc., tab. XX, 22, 23, rectifié par GESENIUS, *Scripturæ linguæque Phœniciæ monumenta*, etc., p. 297, et tab. 39, A.

198 - 199 (LIV). Tête d'un Cabire, probablement *Sydyk* ou le *Vulcain* des Phéniciens, avec la barbe, le bonnet conique et l'attribut des tenailles. Au revers, tête de femme radiée, sans doute *Astarté* comme reine des étoiles. L'inscription de la face, qui se lit *Malachat*, quelquefois *Malacha*, présente le nom de la ville punique d'Espagne que les Grecs et les Romains appelaient *Ma-*

---

[1] Nous avons admis dans cette section, non-seulement les sujets indiqués dans le chapitre complémentaire du livre IV, et quelques autres qui se rattachent, ainsi que ceux-là, à la religion des Phéniciens, mais encore un petit nombre de monuments relatifs à ceux des cultes primitifs de la Grèce, exposés dans le livre V, qui paraissent en liaison plus directe avec les religions de l'Asie occidentale.

laca, aujourd'hui *Malaga*, et à laquelle appartenaient ces médailles ainsi que la suivante. Voy. tom. II, p. 26 et 242. Münter, *Relig. d. Karthager*, pl. II, 3, 4, rectifié d'après Gesenius, p. 132 sq., et tab. 41.

200 (LIV). Tête analogue, mais imberbe, et avec le bonnet plat, le même attribut et la même inscription. Au revers, une étoile à huit rayons. Même tome, p. 26, 224 et 242. Comparez fig. 198-199. — Münter, *ibid.*, fig. 5.

201 (LIV). Un archer monté sur un hippocampe courant au-dessus des eaux; au-dessous un poisson. *Atargatis*, *Dercéto* ou *Dagon*, déesse ou dieu-poisson de la Syrie et de la Palestine. Creuzer, d'après Bellermann. Voy. tom. II, p. 26 sq. et 34 sq. Compar. fig. 202, 203. (Le revers de cette médaille porte une chouette avec un fléau et un lituus, et dans le champ des caractères où Bellermann croit lire le nom de la ville phénicienne d'*Aï*, mais qui ne paraissent être en réalité que des signes numériques. Gesenius juge cette médaille persique et la classe parmi les incertaines de Cilicie, ce qui ne permet guère d'adopter l'explication ci-dessus de la face.) — Mionnet, *ibid.*, tab. XXIX, 9-14, *coll.* Gesenius, p. 287, et tab. 37, T.

202 (LIV). Homme-poisson et femme-poisson, qui peuvent avoir trait à *Oannès*, à *Odacon* ou *Dagon*, à *Atargatis* ou *Dercéto*, divinités babyloniennes et syriennes. Voy. tom. II, p. 34 sq. et 27, et conför. les notes 3 et 4 sur le livre IV, fin du même tome. — Pierre gravée venue de Babylone au Musée britannique, d'après Münter, *Relig. d. Babylonier*, tab. II, 18.

203 (LIV). *Sémiramis*, la même ici qu'*Astarté* ou *Vénus - Uranie*, caractérisée par le croissant de la lune, la colombe (la chouette) et la lance, debout sur sa mère *Dercéto*, femme et poisson, tenant dans ses mains élevées une corne d'abondance (un coquillage marin). Creuzer. Voy. tom. II, p. 32 sqq., 41. — Médaille d'Ascalon. Vaillant, *Numi Gr. imp. Rom.*, tab. XIV, fig. 9.

204 (LIV). Idole conique de la *Vénus* de Paphos, dans la cella de son temple. Voy. tom. II, p. 220 sqq., 223. — Médaille de Cypre, du règne d'Auguste. Cabinet de la Bibliothèque du roi, et Münter, *Die himmlische Göttin zu Paphos*, tab. IV, 1.

205 (LIV). La même idole un peu modifiée, entre deux étoiles; au-

devant, deux candélabres allumés. — Médaille de Cypre, frappée sous Vespasien. La Chau, *Dissertat. sur Vénus*, 25.

206 (LIV). La même, se rapprochant de la figure humaine, avec les deux candélabres, deux colombes posées sur les acrotères du temple, ici plus développé, et une autre colombe dans une espèce de cour entourée d'une balustrade. Au-dessus du temple paraît le croissant de la lune, surmonté d'une étoile à huit rayons. Voy. tom. II, p. 224. — Médaille de Julia Domna, mère de Caracalla. Cabinet du roi, et Münter, *ibid.*, tab. IV, 4.

207 (LIV). La *déesse de Syrie*, ayant la tête tourrelée, et placée entre deux lions; à la hauteur de ses mains, dont l'une semble s'appuyer sur un globe, se voient deux croissants; sur le dossier de ce qui paraît son trône sont perchées deux colombes. L'idole est dans un goût tout-à-fait oriental. Voy. tom. II, p. 29. — Cornaline qui a fait partie de la collection de M. Lajard, gravée dans ses *Recherches sur le culte de Vénus*, pl. V, 3.

207 a (LV). Le *Jupiter* et la *Junon de Syrie*, assis l'un entre deux taureaux, l'autre entre deux lions, accolés à leurs trônes, aux deux côtés d'un temple que surmonte un oiseau, probablement un aigle, tandis qu'un lion est au-dessous. Voy. tom. II, *ibid.*— Médaille d'Hiérapolis. Neumann, *Populor. et reg. numi inediti*, P. II, tab. II, 2.

208 (LIV). La *déesse céleste*, la *Junon* ou la *Vénus* de Carthage, couronnée de tours, le foudre dans une main, le sceptre dans l'autre, et portée sur un lion, qui court à côté d'un courant d'eau sortant d'un rocher; suivant Münter, allusion, confirmée par l'inscription de cette médaille de Septime Sévère, à un aqueduc romain qui dut être construit, au temps de cet empereur et de Caracalla, son fils, pour conduire les eaux des montagnes voisines à Carthage. Voy. tom. II, p. 236. — Münter, *Relig. d. Karthag.*, tab. I, 12, et p. 71 sq.

208 a. (LIV). La même déesse, également montée sur un lion, avec une étoile au-dessous. — Pierre gravée du Musée royal de Berlin, publiée par Gesenius, tab. 16, d.

208 b. (LIV). Temple qui paraît être celui de la *Vénus de Carthage* ainsi qu'en témoigne l'inscription de cette médaille de la ville punico-romaine. L'oiseau représenté au fronton est probable-

ment une colombe. Même tome, p. 234, 237. — BAYER, *Palæogr. Studien*, tab. III, 2, et GESENIUS, tab. 16, *c*.

209 (LV). Deux figures coniques ayant des espèces de bras, liées à une sorte de fleur à forme triangulaire, placée entre elles. Elles peuvent avoir trait à *Baal* et *Astarté*, ou aux deux divinités, mâle et femelle, invoquées dans les inscriptions puniques gravées sur les cippes trouvés à Carthage, et conservés au Musée de Leyde, de l'un desquels la partie inférieure est seule ici représentée. Voy. tom. II, p. 232, 235. Confér. fig. 210, 211, 204-206. — *Notice sur quatre cippes sépulcraux*, etc., par le major HUMBERT, tab. I, et GESENIUS, tab. 16.

209 *a* (LV). Partie supérieure d'un autre cippe découvert au même lieu, transporté au Musée royal de Copenhague, et qui porte une inscription et des symboles analogues aux précédents et aux suivants. La forme triangulaire domine, et le disque ou le globe surmonte le petit triangle inscrit dans le grand. Tom. II, *ibid.*, et note 3 sur le livre IV, dans les Éclaircissements. — FALBE, *Recherches sur l'emplacement de Carthage*, pl. V, fig. 3.

210 (LV). Deux figures coniques ou triangulaires, surmontées d'un disque ou d'un globe, et placées au centre d'un temple portatif auquel des roues sont adaptées. Elles se rapprochent naturellement des précédentes, et paraissent se rapporter aux mêmes divinités phéniciennes. — Médaille romaine de Sidon. MÜNTER, *Relig. d. Karthag.*, tab. II, 12. Cf. PELLERIN, *Recueil*, II, tab. LXXXII, 26.

211 (LV). Figure ou plutôt idole conique, analogue aux précédentes, au revers d'une médaille que l'inscription latine, remplaçant la légende punique habituelle, annonce suffisamment appartenir à l'île de *Cossura*, Pantellaria d'aujourd'hui. Tom. II, *ibid.* — PELLERIN, *Recueil*, III, tab. XCVII, 2, et GESENIUS, tab. 39, D.

212 (LV). Tête d'*Astarté-Déméter* ou de la *Cérès* punique, couronnée d'épis, entre lesquels semble percer une corne. Voy. t. II, p. 235 et 247. — Médaille d'or, probablement siculo-punique, de la collection de M. MÜNTER, qui la dit trouvée à Carthage. *Relig. d. Karthag.*, tab. I, 10.

212 *a* (LV). La même tête, à la face. Au revers, trois épis avec une inscription en caractères phéniciens, surmontée d'un croissant. Voy. tom. II, p. 235, 236 et 247. — Médaille siculo-punique, ayant appartenu à M. Münter, et gravée dans *Relig. d. Karth.*, tab. I, 11. Il la croit frappée en Sardaigne sous la domination carthaginoise.

212 *b* (LV). Tête de *Cérès* couronnée d'épis. Médaille punique en grand bronze de Panormus en Sicile. Au revers, qui n'est point donné ici, se voit un cheval marchant au pas, et au-dessus un globe ailé sur lequel semble s'élever une fleur de lotus (comp. fig. 209, 209 *a*). Sous le cheval est la lettre punique K (*koph*). Creuzer. Voy. tom. II, *ibid.* — Michael a Wiczay, *Musei Hedervarii numi antiqui*, Vindob. 1814, tom. I, tab. V, fig. 116.

213 (LVI). Figure qui paraît représenter *Astarté*, comme déesse de la lune, mère et nourrice des êtres, caractérisée par une tête d'animal (de vache?) avec la langue pendante, surmontée d'un croissant (ou de cornes affectant cette forme); par de nombreuses mamelles répandues sur son corps terminé en gaîne; par le croissant de la lune plusieurs fois reproduit sur sa base. Les mains sont croisées sur le ventre, et l'une d'elles au moins semble tenir un corps rond tel qu'un fruit. Cette figure, toute grossière qu'elle est, offre une analogie générale avec celle de la Diane d'Éphèse, fig. 317 et suiv. Voy. t. II, p. 24 sqq. et 235 sq.; et les notes 3 et dernière dans les Éclaircissements sur le livre IV. — Idole de bronze trouvée en Sardaigne et dont l'original est au Musée de Cagliari. Nous en possédons une copie en terre cuite, que nous devons à l'amitié de M. le colonel Della Marmora, qui, après M. Münter (*über einige Sardische Idole*, tab. I, 1), et plus exactement, en a donné le dessin et un essai d'explication dans les *Mémoires de l'Académie royale des Sciences de Turin*, tom. XXXV.

213 *a* (LVI *bis*). Figure analogue à la précédente, mais qui offre aussi de notables différences, et qui se complique de plusieurs figures accessoires, lesquelles en font un véritable groupe. La tête de la figure principale paraît complétement humaine, et elle porte un ornement à trois pointes dont le sens est difficile à déterminer (une fleur, une étoile, des cornes naissantes?). Du reste, le croissant se retrouve ici appliqué aux épaules (compar.

fig. 332), et la poitrine n'a qu'une seule mamelle, placée au milieu; d'autres (s'il faut y voir réellement des mamelles) sont disséminées dans la partie inférieure du corps, quoique en moindre nombre que dans la précédente image. A la base de l'idole se dressent d'un côté, un cône, qui est peut-être le phallus, et tout joignant une tête humaine mâle, coiffée d'un bonnet conique (compar. fig. 199); du côté opposé, une tête d'animal au museau allongé et armé de dents. Le tout semble porté dans une espèce de nacelle ou de barque, et doit avoir trait au culte symbolique d'*Astarté*. Voy. tom. II, *ibid.*, surtout les Éclaircissements, et compar. les fig. subséquentes. — Idole de bronze de la même source, dessinée d'après la copie en terre cuite, également en notre possession, et déjà publiée par M. DE LA MARMORA, mémoire précité.

213 *b* (LVI *bis*). Groupe dont l'ensemble offre une grande analogie avec le précédent, dont certains détails sont aussi nouveaux que significatifs. Les cornes sur la tête sont ici parfaitement reconnaissables, et la figure est barbue; la poitrine a deux mamelles très prononcées; le ventre est saillant, et la partie inférieure du corps se termine par deux jambes nettement séparées. Les bras sont séparés comme les jambes, mais terminés, en place de mains, par deux têtes, l'une qui paraît humaine à droite, l'autre d'un animal qui est peut-être un chat. Les deux têtes, également humaine et animale, qui se dressent aux deux côtés de l'idole, sont disposées dans un ordre inverse de celles du précédent sujet et semblent correspondre à celles des mains. Si c'est *Astarté* qui est représentée par cette idole, elle y figure certainement comme androgyne, comme pouvoir mâle et femelle à la fois, comme dieu *Lunus* et *Vénus*, en un mot, comme *Hermaphrodite*. Tom. II, *ibid.*, et p. 85 sq. — Même source, même copie, même mémoire.

213 *c* (LVI *bis*). Figure qui a des rapports avec les deux précédentes. La tête, qui soutient un disque aplati et percé par le milieu, traversé d'une bande pointillée qui est peut-être un serpent, paraît être une tête humaine à oreilles d'animal; le croissant de la lune est appliqué aux épaules, une face d'animal, probablement de chat, sur la poitrine; le signe de la virilité est manifeste; les

mains et les pieds sont conformés d'une manière bizarre, mais sûrement symbolique. Ce doit être ici surtout un dieu *Lunus*, analogue à celui de l'Asie-Mineure et de la Syrie. Voy. tom. II, p. 83 sqq. — Idole de la même origine, dont le dessin nous a été communiqué par M. DE LA MARMORA.

213 *d* (LVI *bis*). Représentation qui ne paraît pas non plus sans rapport avec celles qui précèdent, surtout avec 213 *b*. L'androgyne lunaire semble ici partagé en deux personnes distinctes, la lune mâle et la lune femelle, vieille et jeune ; celle-ci mise au jour par l'autre, qui la domine et qui est en communication avec elle. Trois caractères phéniciens, selon toute apparence, sont gravés sur la tige qui établit cette communication. — Peut-être aussi faut-il renvoyer cette figure à la série de celle des *Baal* et des *Moloch*, suivant la disposition de notre planche, et y voir l'*Ancien*, l'*Éternel*, dans une relation quelconque, soit avec le soleil, soit avec la lune. Voy. tom. II, p. 228 sqq. — Même origine et copie d'un dessin du même savant.

213 *e*. (LVI *bis*). Représentation beaucoup plus compliquée que les précédentes, et où paraissent entrer plusieurs des éléments qui les composent aussi bien que les suivantes, 214 *b, c, d*. La figure principale, à tête de chien, caractérisée par le serpent qui semble traverser son corps et par le disque tracé sur son ventre, est placée perpendiculairement au centre d'une bande circulaire, semée d'étoiles, qu'elle touche de ses quatre membres étendus, auxquels correspondent quatre animaux symboliques, disposés à égale distance l'un de l'autre, dans la bande même. Deux autres figures, opposées l'une à l'autre, et dont l'une au moins paraît porter une tête de taureau, s'appuient horizontalement, de leurs pieds à la figure centrale, de leurs mains à la bande circulaire : le tout formant une plaque destinée à être fixée ou suspendue au moyen de l'anse qui s'y applique. L'on ne saurait méconnaître ici, selon nous, à part toute désignation plus précise, le soleil, comme principe générateur et vivificateur, comme âme du monde, opérant de concert avec la lune, présentée sous ses deux principaux aspects, l'œuvre de la vie universelle réalisée dans les astres du ciel et dans les quatre éléments. Voy. t. II, chap. I, II, III, *passim*, et les Éclaircissements qui s'y rappor-

tent. La religion de l'Inde nous offre deux objets de comparaison frappante, quoique éloignée, dans les pl. XII, fig. 66, et XVII, 96 *bis*, avec l'explicat., p. 13 sq. et 19, ci-dessus.— *Idem, idem.*

214 (LVI). *Baal-Tharez* (le *Seigneur de Tarsus*, ou le *Jupiter de Tarse*), comme porte l'inscription mutilée ici, mais ailleurs très lisible (fig. suiv.), de cette médaille de la ville de Tarse, originairement phénicienne, puis colonie grecque, et passée sous la domination des Perses, ainsi que l'atteste le revers de toutes les monnaies semblables de la même ville. La tête de taureau est caractéristique, en tant qu'attribut du dieu-soleil qui féconde la nature et fait mûrir les fruits de la terre. Une grappe de raisin, un épi de blé, indépendamment d'un vase fermé, se voient, en effet, dans le champ. Voy. tom. II, p. 21 et 231.— DUTENS, *Explicat. de quelques méd. gr. et phénic.*, tab. I, 1. Conféŕ. GESENIUS, p. 276 sqq., et tab. 36.

214 *a* (LVI). Le même dieu, désigné par la même inscription, et portant un sceptre qui paraît se terminer en fourche ou en croissant.— AMED. PEYRON, dans les *Mém. de l'Acad. des Sc. de Turin*, tom. XXV, p. 26, tab. I, 2.

214 *b* (LVI *bis*). Dieu barbu, dont la coiffure se termine par une espèce de trompe qui saisit un serpent ou bien un poisson. Dans l'une de ses mains il tient un sceptre bifurqué, dans l'autre un objet rond tel qu'un fruit ou un œuf. Une ceinture, sur laquelle sont gravés trois caractères probablement phéniciens, coupe obliquement son corps, qui est celui d'une femme et offre des mamelles très prononcées. Est-ce un *Baal* comme dieu fort et générateur, réunissant les deux sexes? Voy. t. II, p. 228, 231.— Idole de bronze du Musée de Cagliari, d'après le dessin de M. le colonel DELLA MARMORA; publiée incomplètement par lui dans les *Mém. de l'Acad. de Turin*, tom. XXXVIII, p. 144, tab. I, *m*.

214 *c* (LVI *bis*). Dieu à trois têtes, dont la ceinture est formée de trois serpents, dont le corps est vêtu de trois tuniques, et qui porte dans la main gauche une énorme fourche. Est-ce une espèce de trinité conçue en *Baal* ou dans le dieu-soleil? Même tome, p. 228 sq. — Idole de bronze du même Musée, d'après le dessin du même savant.

214 *d* (LVI *bis*). Figure bizarre, dont la tête est formée d'un triangle surmonté d'un ornement à cinq branches ou d'une fleur à cinq pétales, tenant dans la main droite un sceptre bifurqué, dans la gauche un instrument qui paraît être un glaive dont la lame est creusée dans toute sa longueur. Un serpent est fixé sur sa poitrine, et son corps porte le signe de la virilité, peut-être même ceux des deux sexes. Les idées de la dualité, de la trinité, de la pentade divines, semblent réunies dans cette idole de la même origine que les précédentes.—D'après un dessin du même savant.

214 *e* (LVI *bis*). Dieu à tête humaine avec de petites cornes et de longues oreilles, revêtu d'une cuirasse, et portant un énorme trident d'une forme particulière. *Baal*, comme dieu de la mer ou des enfers? — *Idem*.

214 *f* (LVI *bis*). Dieu à la face terrible, ayant des ailes à la tête et à la ceinture, des ailes encore ou des flammes aux genoux, et tenant d'une main un large glaive, de l'autre une espèce de gril. Peut-être une idole de *Baal-Kronos* ou de *Moloch*? Voy. t. II, p. 229 sq.— *Idem*.

214 *g* (LVI *bis*). Dieu à la tête armée de cornes, et tenant dans la main droite un marteau, dans la gauche un outil du même genre. Est-ce encore un *Baal*, un *Moloch*, dieu du soleil ou du feu? N'est-ce pas plutôt *Sydyk-Vulcain*, ou l'un des *Cabires*, ses ouvriers? Tom. II, p. 231, 242 sq. Compar. fig. 198-199, 216 *a*, 157 *a* ou *bis*. — *Idem*.

214 *h* (LVI *bis*). Divinité armée de toutes pièces, portant sur la tête un casque qui laisse apercevoir de petites cornes au nombre de trois (une quatrième est par derrière), sur la poitrine une cuirasse terminée par un masque qui rappelle le *Gorgonium*, dans la main droite une épée, dans la gauche un bouclier marqué d'un symbole qui se retrouve au revers de la médaille de Malte, fig. 216. Cette divinité, d'un aspect redoutable, et qui paraît mâle, n'a pas moins de quatre jambes, sans doute pour exprimer la rapidité de sa course. Ce doit être un dieu de la guerre, et probablement *Melkarth*, l'*Hercule* phénicien. Voy. tom. II, p. 237 sq. — *Idem*.

215 (LV). *Astarté-Junon* avec le diadème et le voile; au revers, une tête de bélier, sous laquelle sont gravés trois caractères phéni-

ciens qui sont lus diversement. Les uns y voient le titre de *Seigneur*, ou même de *dieu-bélier*, et une allusion soit à *Melkarth*, soit à *Jupiter-Ammon*; les autres, avec plus de vraisemblance, y trouvent simplement le nom de l'île à laquelle appartient cette médaille, Malte ou plutôt Gaulos (aujourd'hui Gozzo). Le mélange des cultes phénicien et égyptien n'en est pas moins probable sur les monuments de ces îles, et ici en particulier. Voy. tom. II, p. 236, 240. — Münter, *Relig. d. Karthag.*, tab. II, 8, coll. Gesenius, tab. 40 et p. 302 sqq.

216 (LV). *Melkarth*, l'*Hercule* phénicien, comme dieu du commerce, se rapprochant de l'*Hermès* grec, et caractérisé par le caducée; au revers, un symbole inclus, qui semble correspondre à celui que nous avons remarqué sur le bouclier de l'idole de Sardaigne, ci-dessus, 214 *h*. Münter le prend pour une navette. Tom. II, p. 238. — Médaille de Malte ou de Gaulos. Münter, *Antiquar. Abhandl.*, tab. I, 9, et p. 173.

216 *a* (LV). Un *Cabire* ou *Patæque*, à figure de nain barbu et ventru, avec trois plumes, cornes ou rayons sur la tête, et tenant d'une main un marteau, de l'autre un serpent. Dans le champ, un caducée? Est-ce encore *Melkarth* identifié avec *Sumes-Hermès*? N'est-ce pas plutôt ou *Sydyk-Vulcain* ou *Esmun-Esculape*? Voy. tom. II, *ibid.* et 241 sqq. Compar. fig. 157 *a* ou *bis*, où ce qu'on a pris pour un sceptre recourbé n'est sans doute qu'un serpent.— Médaille trouvée à Minorque et que l'on croit de Cossura, à cause de l'inscription ordinaire des nombreuses monnaies de ce type. Della Marmora, dans les *Mém. de l'Acad. de Turin*, tom. XXXVIII, p. 144, tab. I *g*, les attribuant avec beaucoup de vraisemblance aux îles Baléares. Cf. Gesenius, p. 298 sqq., et tab. 39.

217 (LV). Tête de *Melkarth-Hercule*, imberbe, coiffée de la dépouille du lion, et avec la massue en arrière. Voy. t. II, p. 241. — Médailles de Gadès. Florez, *Medallas de España*, tab XXVI, 1, 4, XXVII, 4, 10.

217 *a* (LV). La même tête barbue. *Ibid.* — Médaille d'Agrigente. Torremuzza, *Num. Sicil.*, tab. XII, 1. Cf. la médaille semblable de Gadès, dans Florez, tab. XXVI, 8.

217 *b* (LV). La même, imberbe; au revers, le lion, avec la lettre

phénicienne M, tournée à rebours. *Ibid.* — Médaille de Mauritanie, publiée par Münter, *Relig. d. Karthag.*, tab. I, 7.

217 c (LV). La même, couronnée de laurier. Au revers, l'aigle, et devant lui la massue. *Ibid.* — Tétradrachme de Tyr, du Cabinet du roi, d'après une empreinte communiquée par M. Mionnet.

218 (LV). L'aigle s'envolant du catafalque ou bûcher pyramidal allumé chaque année en l'honneur de l'Hercule de Tyr, qui paraît ici debout sur un lion et représenté dans son apothéose. Voy. tom. II, p. 239, et tom. III, p. 28. — Médaille de Tarse. Pellerin, *Recueil*, tom. II, pl. LXXIV, 37.

219 (LVI). *Sandacus*, l'Hercule cilicien, porté sur un cheval au galop; au revers, un bouc, la patte de devant ployée et la tête tournée en arrière. Voy. tom. II, p. 213 sqq. — Médaille de Célenderis, comme en fait foi l'inscription de la face. Mionnet, *Descript. de méd.*, pl. LXII, fig. 3.

220 (LVI). L'*Hercule*, originairement phénicien, de Thasos, un genou en terre et tendant son arc. Dans le champ, une lyre, et le nom grec du peuple de cette ville. Tom. II, p. 241, coll. 177 et 203. — Médaille de Thasos. Mionnet, *ibid.*, pl. LV, 5 et 11.

221 (LVI). Deux figures terminées en cône et placées sur un vaisseau, symboles probables des *Cabires* ou *Dioscures* phéniciens, protecteurs de la navigation. Tom. II, p. 244. — Médaille d'Ascalon. Münter, *Relig. d. Karthag.*, tab. II, 13.

222 (LVI). Le dieu de la mer des Phéniciens, plus ou moins assimilé au *Poseidon-Neptune* des Grecs et des Romains, tenant d'une main le trident, sur l'autre un dauphin, et le pied droit posé sur un rocher. Voy. t. II, p. 245, et compar. la fig. suiv. — Médaille de Carteia. Florez, tab. XV.

222 a (LVI). Le même dieu avec les mêmes attributs, monté sur un quadrige d'hippocampes. A la face, la ville de Béryte personnifiée. *Ibid.* — Médaille de Béryte. Pellerin, *Recueil*, II, pl. LXXXI, n° 7.

223 - 223 a (LVI). Navires montés par des guerriers, et ornés, l'un d'une tête de bélier, l'autre d'une tête de cheval à la proue. Au-dessous, un hippocampe ailé. Tom. II, p. 246. — Médailles probablement phéniciennes de Cilicie. Eckhel, *Catal. Mus. Cæsar.* I, tab. IV, fig. 7 et 8.

224 (LVI). Un héros, debout, devant un autel, tenant de la main gauche un arc, de la droite ce qui semble une branche d'arbre, et ayant derrière lui un oiseau (c'est un Apollon avec le corbeau). Au revers, une figure de femme qui paraît être une déesse (elle a le caractère général d'une Pallas avec le casque et le bouclier, et elle porte une chouette sur sa main droite). MÜNTER partant de cette supposition, que c'est ici une médaille punique de Sardaigne, et qu'on peut, avec BELLERMANN, lire l'inscription : *Zabes, roi de Sardaigne*, voit à la face *Iolaüs*, le héros sarde, sur le point d'offrir à Hercule le sacrifice d'une caille. Voy. t. II, p. 248 sq., coll. t. I, p. 433 sq. — Médaille du Cabinet du roi à Paris. MÜNTER, *Relig. d. Karthag.*, tab. II, 11, et p. 170. Cf. MIONNET, t. III, p. 472, n° 141 sqq., et pl. XXII, fig. 1-3, qui la rapporte, d'après le type parlant de la grenade, à Side en Pamphylie, aussi bien que GESENIUS, pag. 286 sq. et tab. 37, qui croit que l'inscription appartient à la plus ancienne écriture des Perses.

224 *a* (LVI). *Sardus*, fils d'Hercule et fondateur mythique de la Sardaigne, avec une coiffure de plumes et l'inscription latine *Sardus pater*, au-devant de la tête : derrière, la massue. Tom. II, *ibid*. — Médaille du préteur Atius Balbus, beau-frère de Jules César. MORELL. *Thesaur. ed.* HAVERCAMP, p. 37.

225 (LVI). Un guerrier, le casque en tête et tirant l'épée; au revers, un crabe avec deux caractères phéniciens. Peut-être un héros carthaginois. — Médaille punique, trouvée à Malte, d'après M. DE LA MARMORA, dans les *Mém. de l'Acad. de Turin*, tom. XXXVIII, p. 144, tab. I *n*.

226 (LVI). Tête de femme avec une riche coiffure d'un aspect étranger; au-devant, un génie ailé, pareil à une Victoire, mieux caractérisée sur d'autres exemplaires, lui présentant une couronne. Peut-être une héroïne carthaginoise. Tom. II, *ibid*. — Face d'une médaille de Cossura, analogue à celle dont le revers est donné fig. 211 ci-dessus; mais portant le nom punique de l'île au lieu du nom latin. PEREZ BAYER, *del Alfabeto*, etc., p. 362. Cf. GESENIUS, tab. 39 et p. 298 sqq.

227 (LVII). Statue de *Cybèle*, assise sur un cube, symbole de l'immobilité de la terre, couronnée de tours, et appuyée sur un *tympanum* ou tambour, auquel de petites cymbales sont sus-

pendues. Voy. tom. II, p. 56 sqq., 68, 75 sq., et la note 6 sur le livre IV, dans les Éclaircissements. — *Mus. Pio-Clement.* I, 40.

128 (LVII). *Cybèle* avec la tête voilée et le tambour, portée sur un char traîné par quatre lions. *Ibid., ibid.* — Médaille d'Hadrien. BUONARROTI, *Medagl. antich.* I, 1.

129 (LVII). *Cybèle* assise, tenant d'une main un tambour et de l'autre une branche d'arbre, sans doute de pin ; deux lions escortent son trône, et les cymbales sont suspendues au-dessus de l'un d'eux. A droite de la déesse paraît *Attis* debout, coiffé du bonnet phrygien, vêtu d'une chlamyde, et tenant dans une main un *pedum* ou bâton pastoral, dans l'autre une *syrinx* ou flûte à sept tuyaux. Tom. II, p. 58 sqq.— Médaillon de Faustine l'ancienne. Cabinet du roi à Paris.

130 (LVIII). *Cybèle*, la tête tourrelée, ayant dans ses mains le tambour et une branche, et portée sur un char attelé de deux lions. A côté un pin, sur lequel est perché un coq et auquel sont suspendues les cymbales. *Attis* s'appuie au tronc de l'arbre, vêtu à la phrygienne, et tenant également un tambour ; près de lui est le *pedum*. Ce bas-relief, accompagné de l'inscription indiquée tom. II, p. 75, orne la face principale d'un autel de la villa Albani. La face opposée représente, sous un pin dont les branches sont chargées des oiseaux et des instruments ou ustensiles sacrés de Cybèle et d'Attis, un taureau et un bélier, parés l'un et l'autre pour le *taurobolium* et le *criobolium* mentionnés dans l'inscription. Les deux flancs de l'autel portent, l'un la flûte droite et la flûte recourbée, en sautoir, outre la syrinx qui semble les unir, l'autre deux flambeaux également en sautoir, auxquels s'adapte une paire de cymbales. Comparez 230 *b* et *c.* — ZOËGA, *Bassirilievi di Roma*, tom. I, tab. 13, coll. tab. 14.

130 *a*. (CXLI). *Archigalle* ou grand-prêtre de *Cybèle*, sur un bas-relief. Sa tête est ceinte d'une couronne d'olivier à laquelle sont attachés trois médaillons : celui du milieu représente *Jupiter Idéen* ; *Attis* est sur les deux autres. Sur la poitrine est fixé un *prosthetidion* (pectoral) où se voit encore *Attis*. La tête du prêtre est couverte d'un voile formé de son ample manteau, et ses oreilles sont ornées de perles ; un serpent à deux têtes qui tien-

nent une pierre précieuse lui fait un collier. Il porte dans sa main droite une branche d'olivier à plusieurs rameaux; dans la gauche un vase cannelé contenant différents fruits, tels que des pommes, des poires, des cônes de pin et des amandes. Il porte aussi un fouet dont le manche a une tête de vieillard à chaque extrémité, et qui est composé de trois rangées d'osselets enfilés. On voit, de ce côté, suspendus à la muraille, un tambour, une flûte droite et une flûte recourbée en sautoir, et une ciste ou caisse mystique; de l'autre côté, des cymbales. Voy. t. II, p. 60 sqq. — FOGGINI, *Mus. Capit.*, IV, 6; WINCKELMANN, *Monum. ined.*, n° 8.

230 *b* et *c* (LVII). Cymbales et pedum, puis flûte droite et flûte recourbée, consacrés à *Attis*, sur deux des faces de l'autel dont la face principale est représentée, fig. 231. *Ibid.* — *Mus. Capitol.* IV, 57.

231 (LVII). Face principale de l'autel dont il vient d'être fait mention. On y voit la Vestale *Claudia Quinta*, qui prouve sa vertu en conduisant, avec sa seule ceinture, dans le port du Tibre, le vaisseau qui porte la statue de *Cybèle*, dont Attale avait fait présent aux Romains, et qu'aucun autre effort n'avait pu faire mouvoir. Tom. II, p. 74. — *Ibid.*

232 et 233 (LVII). Épée *taurobolique* et *Bucrane*, tête de bœuf parée de bandelettes, ayant trait au sacrifice en l'honneur de Cybèle, appelé *taurobolium*. Tom. II. p. 75.— Autel de la ville de Lyon. MILLIN, *Voyage au Midi de la France*, I, 455.

234 (LIX). Tête de *Cybèle*, couronnée de tours et voilée; au revers, un *Cabire* debout, tenant le marteau d'une main, de l'autre un *rhyton*, coupe à boire, qui se termine en un petit quadrupède, et que l'on a pris mal à propos pour un capricorne. Voy. t. II, p. 314, 344 sq., et compar. fig. 157 *a* ou *bis*, et 216 *a*, ci-dessus. —Médaille de Thessalonique, dans BEGER, *Thesaur. Brandenb.* I, p. 483, corrigée d'après CHOISEUL-GOUFFIER, *Voyages en Grèce*, etc., tom. II, pl. 16.

234 *a* (LIX). La même tête, à la face; au revers, le *Cabire* également avec le marteau dans une main, dans l'autre ce qui paraît être une clef, ailleurs une enclume, ou tout autre instrument analogue. *Ibid.*— Médaille de la même ville. *Brittish Mus.* V, 3.

35 (LIX). *Cybèle* couronnée de tours, assise sur un trône et accompagnée du lion, ayant le bras gauche appuyé sur le tambour, et portant sur sa main droite étendue, à titre de grande Mère, les deux *Corybantes-Cabires* ou anciens *Dioscures*, armés de piques. Tom. II, *ibid.* et p. 302 sqq., 309, 311. — Médaillon de Septime Sévère avec l'inscription : *Sous le préteur Claudius Stratonicus*, monnaie *des Smyrnéens*. Morell., *Méd. du roi*, XVII.

36 (LIX). Tête d'*Héphæstus-Vulcain*, le *Cabire* par excellence, coiffé du bonnet qui lui est propre et portant de la barbe (compar. fig. 198-199). Au revers, un grand flambeau ou plutôt un fanal jetant une flamme abondante, accompagné de deux triangles surmontés de deux étoiles, symboles des *Dioscures* (pl. CCXXI, 740); le caducée d'*Hermès* y paraît aussi, et les deux initiales H Φ indiquent la ville d'*Héphæstia* dans l'île de Lemnos, à laquelle appartient cette médaille. Voy. tom. II, p. 291 sqq., 303-312, *passim*, et surtout la note 2 dans les Éclaircissements sur le livre V, sect. I. — Choiseul-Gouffier, *Voyages*, tom. II, pl. 16, 2.

36 a (LIX). Ce revers d'une médaille d'*Amphipolis*, dont la face offre une tête d'*Apollon*, couronnée de laurier et d'une expression sévère, représente, dans un carré creux, un flambeau semblable au précédent, et un épi. *Ibid.*, surtout les Éclaircissements. — Landon, *Numismatique d'Anacharsis*, 1, pl. 20.

37 (CXXXI). Sujet qui paraît avoir rapport aux mystères de Lemnos, comme les deux médailles précédentes, et particulièrement la première, à la grande fête cabirique du feu perdu et retrouvé. L'initié, qui, selon la conjecture probable de M. Welcker, représenterait *Prométhée*, le ravisseur du feu, est enchaîné sur un rocher, le bras droit élevé et peut-être fixé au-dessus de sa tête, le gauche attaché à une pièce de bois transversale, destinée en même temps à maintenir les jambes. Devant lui, un prêtre (ne tiendrait-il pas la place d'*Hermès?*), debout, portant dans sa main gauche un sceptre, lui impose la droite, sans doute en prononçant une formule sacrée. Le personnage suivant est une femme, peut-être *Cabira* ou *Cabiro*, épouse d'*Héphæstus* et mère des *Cabires*, qui semble porter la main gauche au soufflet

d'une forge, et, de l'autre, montrer d'une manière significative le cratère ou vase mystique, placé sur un piédestal de rocher, où viendra se rafraîchir le patient après sa délivrance. Derrière cette femme, un homme, représentant un *Cabire*, peut-être *Héphæstus* lui-même, se retire, le marteau à la main, après avoir consommé son œuvre, et jette un dernier regard sur celui qu'il vient de clouer au rocher. Au-dessus de cette scène d'épreuve, commémorative de l'invention du feu et du supplice de Prométhée, sont suspendus des marteaux et des instruments analogues. Voy. tom. II, p. 291 sqq., et surtout les notes 2 et 6 dans les Éclaircissements du livre V. — Peinture d'un vase trouvé en Sicile et publié d'abord par J. CHRISTIE; reproduit par M. WELCKER, dans son *Æschyl. Trilog.*, p. 261; et tout récemment dans l'*Élite des monum. céramograph.* de MM. CH. LENORMANT et DE WITTE, pl. LI.

238 *a, b, c* (CXXXI). Hermès à trois faces, représentant les trois *Cabires* ou grands dieux de Samothrace, fils d'*Axieros*, auxquels on peut appliquer les noms d'*Axiokersos*, *Axiokersa* et *Cadmilos*. *Axiokersos* est ici conçu comme *Dionysos-Hadès*, le vieux Bacchus, et a le phallus pour attribut; *Axiokersa*, comme *Perséphone* ou *Kora*, épouse d'Hadès, complétement vêtue; *Cadmilos* ou *Casmilos*, comme *Hermès* qui les unit et que caractérise aussi le phallus. Sur les trois faces, à la base, se détachent en relief, non plus les Hermès, mais les figures complétement humaines et idéales d'*Apollon-Hélios* correspondant à *Dionysus*, d'*Aphrodite* à *Kora*, d'*Éros* à *Hermès*. Ce sont *Phaëthon*, *Vénus* et *Pothos*, également adorés comme divinités cabiriques à Samothrace. Voy. t. II, p. 293, 300, 313, et la note 2 sur le livre V, sect. I, dans les Éclaircissements. — Musée du Vatican. GERHARD, *Antike Bildwerke*, Centurie I, tab. XLI, et son *Prodromos*, p. 113.

239 (LVIII). *Æon* ou *Protogonos*, le Temps, le premier-né, qui sans cesse crée, détruit et renouvelle toutes choses, analogue à l'*Héraklès-Chronos* et au *Phanès* des Orphiques, et rattaché aux mystères de Mithra. Sa tête de lion, armée de dents terribles, est surmontée de la tête d'un serpent, qui entoure le corps du dieu de ses nombreux replis; c'est la création et la destruction dans

leur perpétuelle alternative. Les ailes qu'il porte aux épaules annoncent la rapidité de sa course, ou plutôt de son vol, indiqué par les oiseaux. Il tient dans sa main gauche un sceptre, dans sa droite une clef, symboles de son empire sur le monde et de sa domination sur l'année, dont il ouvre et ferme tour à tour la carrière. La foudre est sur sa poitrine, pour marquer son pouvoir à qui rien ne résiste, et une grappe de raisin sous l'un de ses bras, pour témoigner de ses bienfaits. Le coq, le caducée, le marteau et la tenaille que l'on voit à ses pieds, sont des emblêmes de vigilance, d'activité, d'industrie, de force, idées qu'implique également celle du temps. Voy. tom. II, p. 72, et t. III, p. 203 sq., 209-215, avec la note 16 sur le livre VII, dans les Éclaircissements. — ZOËGA, *Bassirilievi ant.* II, 32.

SECTION CINQUIÈME (livres V-VIII).

RELIGIONS DE LA GRÈCE
ET DE L'ITALIE ANCIENNES.

Fig. 240 (Pl. LX). *Cronos* ou *Saturne*, sous la figure d'un vieillard, assis et la tête à demi voilée par son manteau, qui, en retombant par derrière, lui couvre les genoux et toute la partie inférieure du corps. Il élève l'une de ses mains vers sa tête, et tient dans l'autre l'espèce de faucille appelée *harpé*, dont il a mutilé son père *Uranus*. Voy. tom. II, pag. 363, 364, 369. — Compar. fig. 247. — Winckelmann, *Pierres gravées de Stosch*, p. 24, n° 5; Schlichtegroll, *ibid.*, XV.

240 *a* (LX). Le même dieu, debout et ailé, ayant pour attributs le sceptre et la *harpé*, d'une forme antique (*ensis falcatus*), et le globe. *Ibid.* — Scarabée étrusque. Tassie, *Catalogue*, pl. XIV, n° 758; Böttiger, *Kunstmythologie*, I, tab. I, 4.

241 (LXI). Trône de *Saturne*, sur lequel est étendu un voile, symbole du dieu caché. Deux pommes de pin ornent les bras, et une sphère est posée sur le *subsellium* ou marche-pied. A la droite du trône, deux génies portent avec effort une énorme *harpé* (fig. 240); les deux génies correspondants dont les bras sont brisés, à gauche, paraissent avoir soutenu un sceptre, autre attribut du dieu (240 *a*). Le fond est une architecture composite; les frontons sont soutenus par deux pilastres cannelés. Tom. II, p. 364. — Bas-relief du Musée royal à Paris. Millin, *Monum. antiq. inéd.* I, pl. XXIII.

242 (LX). *Saturne*, la tête nue, dans un char traîné par un quadrige, et tenant de son bras gauche la *harpé* élevée. On lit dans l'exergue le nom abrégé du triumvir monétaire, *Lucius Saturninus*, auquel ce type fait allusion. — Denier de la famille Sentia. MORELL. *Thesaur.*, p. 383.

243 (LX). As romain, sur lequel on voit d'un côté la tête de *Janus bifrons* ou à deux faces, barbu, avec une sorte de bonnet en pointe, et au-dessus un croissant, symbole du temps et de l'année ; au revers, la proue du vaisseau qui apporta *Saturne* ou *Janus* lui-même en Italie, signe qui a fait donner à ces monnaies le nom de *ratites* (*rates*, vaisseau). Voy. tom. II, p. 434, 441, 448. — Pièces communes dans les cabinets.

243 *a* (LX). A la face, la double tête de *Janus*, coiffée d'un bonnet en pointe, mais imberbe, et avec une tête de bouc intermédiaire ; au revers, le dauphin. *Ibid.*, p. 441. — As de Volaterræ (*Felathri*) réduit. LANZI, *Saggio*, etc., II, tab. VII, coll. INGHIRAMI, *Monum. etrusch.*, tom. I, Ser. III, tab. IV.

244 (LXI). La *Victoire*, couronnée de laurier, tient d'une main une palme, et de l'autre un bouclier votif, sur lequel on lit : *Anno novo faustum felix tibi sit* (que le bonheur et la prospérité soient ton partage au nouvel an) ; à l'opposé, derrière la déesse, est un *quinaire*, auquel pendent des fruits : cette monnaie porte l'image de *Janus* à deux têtes, entre lesquelles se voit un pieu ; tout auprès on remarque un vase rempli de miel, et, au-devant de la Victoire, un cône de pin avec une feuille, puis une masse de figues attachée avec des liens par le milieu. Ce sont autant de présents d'étrennes, comme cette lampe même en terre cuite sur laquelle on les a figurés. Voy. tom. II, p. 432, 448-452.— PASSERI, *Lucern. fict.* I, tab. VI.

245 (LX). *Temple de Janus*, carré, paré des guirlandes de laurier dont on le décorait après la victoire ; ses portes à deux battants sont fermées ; on lit autour : PACE P. R. TERRA MARIQ. PARTA IANUM CLUSIT (*après avoir procuré la paix au peuple romain, sur terre et sur mer, il a fermé le Janus*). Même tome, pag. 437. — Médaille de Néron. VENUTI, *Saggi di Corton.* IV, p. 108.

246 (LXII). *Rhéa*, la mère des dieux, tristement couchée sur la terre

à laquelle elle préside, songe aux moyens de soustraire à la cruauté de *Cronos*, son époux, le fils à qui elle va donner la naissance. Voy. tom. II, p. 368. — Face d'un autel quadrilatère dont les autres faces sont figurées, soit sur cette planche, soit sur la suivante. *Mus. Capitol.* IV, 5.

247 (LXII). *Cronos*, assis et voilé (fig. 240), reçoit de *Rhéa*, son épouse, une pierre emmaillottée, qu'elle lui présente à dévorer au lieu de Jupiter qui vient de naître. Même tome, p. 364, 368. — Seconde face du même autel. *Ibid.* IV, 6.

248 (LXIII). *Jupiter* enfant est allaité par la chèvre *Amalthée*; *Rhéa*, ici confondue avec *Cybèle* (fig. 227 et suiv.), est assise sur une pierre en forme de trône, et tient une partie de son voile comme pour essuyer ses larmes; deux *Curètes*, vêtus d'une simple chlamyde et coiffés d'un casque, exécutent la danse armée, en frappant avec des épées sur leurs boucliers, pour empêcher *Cronos* d'entendre les vagissements du nouveau-né. Tom. II, *ibid.*, et pag. 579, 786 sq. — Troisième face du même autel. *Ibid.* IV, 7.

249 (LXIII). Les dieux rendent hommage à *Zeus* ou *Jupiter*, qui prend possession de l'empire du ciel. Il est assis sur un trône sous lequel se voit un globe, symbole de la domination du monde. Sa tête est ceinte du diadème ou plutôt de la *stéphané*. Il a dans une main le sceptre, signe de la royauté, et dans l'autre le foudre, arme caractéristique du monarque céleste. *Héra* ou *Junon*, qui est devant lui, porte aussi la stéphané, à titre de son épouse; les autres déesses n'ont qu'une bandelette ou une *mitre* simple. *Athéna* ou *Minerve*, casquée, est près de son père, et en face d'elle on voit *Apollon* dont la couronne paraît formée d'une double tresse de ses propres cheveux (si ce n'est pas la couronne ordinaire de laurier). Au-dessus du dieu est *Hestia* ou *Vesta*, faisant face à *Artémis-Diane*, dont la tête seule a été conservée, de même qu'on n'aperçoit que les jambes d'*Arès-Mars*. De l'autre côté, *Aphrodite-Vénus* tourne le dos à Minerve; elle est penchée vers *Déméter* ou *Cérès*, placée derrière Jupiter, ainsi qu'*Hermès-Mercure*, coiffé du pétase, vêtu de la chlamyde, et tenant un caducée ailé et une bourse. Au-dessus est *Héphæstus-Vulcain*, reconnaissable au piléus qui fait sa coiffure, et à sa

longue barbe. La dernière figure, en arrière de Vulcain et de Mercure, pourrait être *Hébé*, qui doit verser le nectar aux dieux; car *Poseidon-Neptune* est absent, aussi bien qu'*Hadès-Pluton*, tous deux ayant obtenu d'autres empires. Tom. II, p. 371, 576, 590, 615, etc.— Quatrième face du même autel. *Ibid.* IV, 8.

250 (LXIV-LXVI). Les *douze grands dieux* de l'Olympe grec, en style ancien ou hiératique, caractérisés par leurs principaux attributs. *a*, Zeus ou *Jupiter*, à la forte chevelure, à la longue barbe, vêtu d'un grand manteau ou *péplus*, qui retombe en plis nombreux et droits, et tenant d'une main le sceptre, de l'autre le foudre. *b*, *Héra* ou *Junon*, coiffée de la stéphané, vêtue d'une longue tunique talaire, par-dessus laquelle est jeté un péplus formant voile, qui lui couvre une partie de la tête et des bras, et qu'elle écarte de la main droite, comme pour se faire voir à son divin époux. *c*, *Poseidon* ou *Neptune*, la tête ceinte d'une couronne de feuillage (ordinairement de plantes marines), portant une longue barbe, vêtu d'une tunique tombante, avec un péplus roulé autour de son corps et relevé sur l'épaule gauche, qui laisse à nu le bras droit dont il tient son redoutable trident. *d*, *Déméter* ou *Cérès*, également couronnée de feuillage (ordinairement d'épis ou de myrte), coiffée d'un voile, vêtue d'une tunique longue à manches et d'un péplus, et portant dans sa main droite le sceptre, dans la gauche des épis et des pavots. *e*, *Apollon*, couronné de laurier, les cheveux retombant en longues tresses (comme à la plupart de ces figures), le corps à peu près nu, son manteau court ou *himation* étant rejeté en arrière, et tenant d'une main l'arc, de l'autre une flèche; le dieu est dans tout l'éclat de la jeunesse et de la beauté. *f*, *Artémis* ou *Diane*, sa sœur, coiffée de la stéphané, richement vêtue et drapée d'une tunique longue et d'un ample péplus, rabattu à plis nombreux sur la poitrine, et qu'elle retrousse de la main gauche, tandis que de la droite elle tient un grand flambeau; elle porte, en outre, sur ses épaules, l'arc et le carquois. *g*, *Héphæstus* ou *Vulcain*, les cheveux relevés derrière la tête, sauf les deux tresses qui tombent, et le corps entièrement nu, portant de ses deux mains un lourd marteau. *h*, *Athéna* ou *Minerve*, la tête nue, mais tenant son casque dans sa main gauche, comme la pique dans sa droite;

vêtue de la longue tunique et du péplus, et la poitrine couverte de l'égide. *i, Arès-Mars*, la tête ceinte d'une bandelette et tenant également son casque d'une main, tandis que de l'autre il porte à la fois la lance et le bouclier; vêtu de la cuirasse, de la tunique militaire et des cnémides, et son court manteau jeté sur le bras droit. *k, Aphrodite-Vénus*, les cheveux artistement relevés et coiffée d'une stéphané, le corps enveloppé d'un péplus richement drapé; elle tient sur sa main gauche une colombe. *l, Hermès-Mercure*, la tête ceinte d'une bandelette, ayant une longue barbe et un court manteau plissé, qui laisse voir ses membres robustes, le caducée de forme antique à la main. *m, Hestia* ou *Vesta*, coiffée de la stéphané, vêtue de la tunique longue et du péplus, retombant l'un et l'autre en plis nombreux sur la poitrine, et portant le sceptre dans la main gauche. Voy. tom. II, p. 590, et en général le livre VI, avec les notes 1 et suiv. dans les Éclaircissements sur ce livre, *passim*. — Figures choisies par MILLIN, soit dans le bas-relief du putéal du *Musée Capitolin*, IV, pl. 21, 22 (Jupiter, Junon, Vulcain, Mars, Minerve), soit dans celui de l'autel quadrilatère de la villa Albani, chez WINCKELMANN, *Monum. ined.*, pl. 6, coll. ZOËGA, *Bassiril.* II, 101 (Neptune, Cérès), soit enfin, sans qu'il les désigne, dans ceux de l'autel rond du Capitole, *Mus. Cap.* IV, pl. 56, ou du candélabre de la villa Albani, ZOËGA, II, 100 (Apollon, Diane, Mercure), et du célèbre autel triangulaire de la villa Borghèse, au Musée du Louvre (Vénus, et très probablement Vesta, quoique un peu modifiée). C'est en outre d'après ce dernier bas-relief, si malheureusement mutilé et si maladroitement restauré dans sa bande supérieure, représentant les *douze grands dieux* groupés par couples dans l'ordre même où ils sont donnés ici, que MILLIN paraît en avoir déterminé les rapports et toute la suite. La bande inférieure, beaucoup mieux conservée, représente, dans leur connexité originelle avec les grands dieux, principalement avec Jupiter et Junon, les trois *Grâces*, les trois *Heures* ou *Saisons*, et les trois *Parques*, que nous avons cru, pour cette raison, et comme un complément nécessaire de la grande conception mythologique que l'autel Borghèse offre seul avec cet ensemble, devoir reproduire dans les deux planches additionnelles qui suivent.

250 *n, o, p* (LXVI *bis* et *ter*). Les trois *Charites* ou *Grâces*, les trois *Heures* ou *Saisons*, et les trois *Mœres* ou *Parques*, les unes comme les autres entièrement vêtues, et caractérisées de la manière la plus simple. Les *Grâces* marchent en se tenant par la main ; des trois *Heures*, l'une tient des feuilles, l'autre une fleur, la troisième des fruits ; les *Parques* s'appuient chacune de la main droite sur un sceptre, signe de domination, et ont la main gauche ouverte, ce qui les a fait prendre pour des *Ilithyes*, favorisant la naissance au lieu de l'empêcher (conf. pl. CLXXV, 653, avec l'explicat.). Voy. tom. II, p. 554 sqq., 576, 614, etc., et la note 5 sur le livre VI, dans les Éclaircissements. — Bande inférieure du bas-relief de l'autel Borghèse, au Musée du Louvre, sur laquelle ces trois triades corrélatives de divinités sont placées, en outre, chacune au-dessous de deux des couples des grands dieux, dans l'ordre indiqué ici et dans les planches précédentes, LXIV-LXVI. D'après le *Musée de Sculpture* de M. le comte DE CLARAC, pl. 173 et 174.

250 *q* (LXVI *ter*). *Zeus* ou *Jupiter* et *Athéna-Minerve*, assis l'un à côté de l'autre, celui-là tenant le foudre, celle-ci la lance ; devant eux, deux déesses debout, dont l'une parait leur offrir une fleur, probablement les *Heures* ou *Saisons* primitives ; derrière, *Hermès-Mercure*, avec la barbe en pointe, le pétase sur la tête, les bottines aux jambes, et un long caducée dans la main droite ; puis *Dionysus-Bacchus*, barbu également, et portant un canthare ou une large coupe dans la gauche. Tom. II, p. 553 sqq.; III, p. 70 sq., et surtout la note 5 sur le livre VI, dans les Éclaircissements. — Peinture, de style très ancien, d'un vase de Volci en Étrurie. MICALI, *Storia degli antichi popoli Italiani*, atlas, *Antichi monumenti*, pl. 81.

250 *r* (LXXXIV). Les trois *Heures* ou *Saisons*, caractérisées par les productions qui se succèdent dans le cours de l'année, marchent devant *Déméter* ou *Cérès*, tenant un voile dans lequel est la semence qui doit fertiliser la terre ; derrière la déesse est *Télété*, déesse des mystères, portant deux flambeaux. Des *Heures*, la première tient une couronne de fleurs et des épis ; la seconde,

un lièvre et un vase rempli de vin ; la troisième, des quadrupèdes et des oiseaux, produits de la chasse. Tom. II, *ibid.* — Zoëga, *Bassiril. ant.*, II, 94.

250 *s* (LXVII). Les Génies des *quatre Saisons*. Le *Printemps* tient une corbeille pleine de fleurs ; l'*Été*, une faucille et des épis ; l'*Automne*, un panier de fruits et un lièvre ; l'*Hiver*, un lièvre et une branche presque dépouillée. Compar. pl. CXLIX, 476. — Médaillon frappé sous Commode. Morell., *Médaill. du roi*, XIII.

251 (LXI). Chars de quatre divinités. Celui d'*Apollon*, qui ouvre la marche, est traîné par ses griffons, et porte sa lyre, son trépied et un vase, signe des prix donnés dans les combats de musique. Celui de *Bacchus*, qui suit, traîné par des panthères et conduit par un génie ailé, promène son thyrse, le grand canthare qui lui est consacré, et la ciste mystique d'où sort un serpent. Au char de *Diane* sont attelées des biches ; on y voit son arc, son carquois, son flambeau et sa statue, peut-être celle qui fut apportée de la Tauride ; un génie ailé soutient ces attributs, un autre guide les biches. Le char de *Mercure* ferme la marche ; un génie guide les béliers qui le traînent, un autre y monte portant un flambeau ; le pétase ailé du dieu, son caducée, et un vase, symbole des jeux pythiques, s'y remarquent. Compar. fig. 301, 302, 281, 282, 252 *e*, 285, 285 *a*; 449, 471, 478, 452 et suiv.; 250 *f*; 423, etc. — *Mus. Capitol.*, IV, 30.

252 (LXVII-LXVIII). Autel rond trouvé à Gabies, sur lequel sont sculptés en relief les bustes des *douze grands dieux*, la plupart accompagnés de leurs attributs respectifs. Ils répondent, mais dans un ordre différent, aux *douze signes du zodiaque*, combinés avec d'autres attributs ou symboles de ces dieux, en tant que Génies des *douze mois*, et distribués autour de l'autel sur une bande circulaire, ici développée en quatre parties selon les quatre saisons de l'année. Nous avons conservé dans nos planches, pour l'une et l'autre série, l'ordre indiqué par Millin, au moyen des lettres de l'alphabet ; mais, tout en maintenant ces lettres, nous croyons devoir rétablir ce qui nous paraît l'ordre véritable. Dans la série des *dieux* présidant collectivement à l'année, *Jupiter* (*l*) figure en tête, ayant près de lui son foudre ; *Mi-*

nerve (*m*) a le casque et la lance; *Apollon* (*a*) a sa belle chevelure ceinte du strophium, et le sceptre; *Junon* (*b*), coiffée de la sphendoné, a le sceptre également; *Neptune* (*c*) a le trident; *Vulcain* (*d*) a le piléus ou bonnet, et le sceptre; *Mercure* (*e*) a le caducée; *Cérès* (*f*) et *Vesta* (*g*) sont sans attributs déterminés; *Diane* (*h*) a son carquois sur l'épaule; *Mars* (*i*) a son casque sur la tête, et l'Amour semble l'unir à *Vénus* (*k*) qui a près d'elle un flambeau. Dans la série des *signes* et des *mois*, dans lesquels ces dieux, représentés par leurs symboles, ont respectivement leurs domiciles, le *Bélier* (*d*), avril, est accompagné de la colombe de *Vénus*; le *Taureau* (*e*), mai, a près de lui le trépied d'*Apollon*; les *Gémeaux* (*f*), juin, sont suivis de la tortue de *Mercure*; le *Cancer* (*g*), juillet, est uni à l'aigle de *Jupiter*; le *Lion* (*h*), août, au calathus ou panier de *Cérès*, entouré du serpent comme la ciste mystique; la *Vierge* (*i*), septembre, portant deux flambeaux dans ses mains, comme Cérès elle-même, a derrière elle le bonnet de *Vulcain*; la *Balance* (*k*), octobre, tenue par un enfant, a près d'elle la louve de *Mars*; le *Scorpion* (*l*), novembre, a le chien de *Diane*; le *Sagittaire* (*m*), décembre, la lampe à tête d'âne de *Vesta*; le *Capricorne* (*a*), janvier, le paon de *Junon*; le *Verseau* (*b*), février, les dauphins de *Neptune*; les *Poissons* (*c*), mars, le hibou ou la chouette de *Minerve*. Voy. tom. II, p. 590, 726, etc., et surtout la note 1re dans les Éclaircissements du livre VI. — Musée du Louvre. VISCONTI, *Monum. Gab.*, 16 et 17, et DE CLARAC, *Musée de Sculpt.*, pl. 171.

253 (LXIX). *Jupiter*, monté sur un quadrige, et tenant d'une main le sceptre, de l'autre le foudre, terrasse deux *Géants* dont le corps se termine en deux énormes serpents, et dont l'un, probablement *Porphyrion*, armé d'une branche d'arbre, résiste encore. Voy. tom. II, p. 369 sq. et 575. Compar., pour la guerre des Géants, les fig. 302, 328, 329, 338, 356, et surtout 341, avec l'explicat. — Célèbre camée, portant le nom du graveur, *Athénion*. BRACCI, *Intagliator.*, I, 30; *Mus. Borbonico*, tom. I, tab. 53.

254 (LXX). *Jupiter Olympien*, assis sur un trône, portant dans l'une de ses mains la statue de la *Victoire*, qui lui présente la couronne, et de l'autre tenant le sceptre. Imitation peu exacte du chef-

d'œuvre de Phidias. Voy. tom. II, p. 573-576, et compar. fig. suiv. — *Médailles de la reine Christine*, pl. LVI, 1.

255 (LXX). *Jupiter Victor*, portant sur sa main droite l'image de la *Victoire*, et de la gauche s'appuyant sur le sceptre. *Ibid.* — Médaille d'argent de Vitellius. Gessner, LIII, 20.

256 (LXX). *Jupiter*, roi des dieux et des hommes, assis sur son trône, avec le sceptre, le foudre dans sa main droite, et l'aigle à ses pieds. *Ibid.* Compar. les fig. précéd. et 249. — *Mus. Florent.* I, LXXVI, 1, 1.

257 (LXX). *Jupiter Aëtophore* (portant l'aigle). Dans le champ est d'un côté la massue d'Hercule, de qui les rois de Macédoine prétendaient descendre, avec l'initiale E, de l'autre une inscription grecque qui se rapporte à Démétrius I. *Ibid.* — Médaille du Cabinet du roi.

258 (LXIX). *Jupiter Capitolin*, tenant le sceptre et une patère, emblème des sacrifices qui lui sont offerts, et ayant sur ses genoux la couronne que le triomphateur allait y déposer. *Ibid.* et p. 589. — Passeri, *Lucern.*, I, 28.

259 (LXIX). *Jupiter Custos* ou *Gardien*, debout dans une chapelle, avec le sceptre, le foudre et l'attribut du chien, que l'on voit couché à ses pieds. Tom. II, p. 570. — Bellori, *Lucern. sepulcr.*, part. II, p. 1.

260 (LXIX). *Jupiter Conservateur*, debout, tenant le sceptre, étendant son manteau, et lançant le foudre au-dessus de l'empereur Commode, image du dieu, et qui a comme lui dans ses mains le sceptre et le foudre. — Médaille de grand bronze. Pedrusi, *Mus. Farn.* VII, XXI, 2.

260 a (LXXII). Temple de *Jupiter Feretrius*, dans lequel Marcellus, consul pour la cinquième fois, va ériger un trophée de l'armure du roi gaulois Virdomarus. Tom. II, p. 588. — Denier de la famille Æmilia. Eckhel, *Anfangsgr. der Num.*, II, 8.

261 (LXXI). Jupiter jeune et terrible (*Axur* ou *Anxur*, le même que *Vejovis?*), debout et sans barbe, tenant de la main droite son foudre élevé, de la gauche son sceptre avec l'égide entortillée autour de son bras, ayant près de lui son bouclier et son aigle. Il est armé pour le combat contre les Titans, qui doit lui assurer l'empire du monde. Voy. tom. II, p. 500, 589, 583. Comp.

fig. 253 et 262. — Pierre gravée, avec le nom du graveur, *Nisus*, dans le champ. Winckelmann, *Monum. ined.*, n° 9 ; Schlichtegroll, *Pierres gravées*, pl. 20.

262 (LXIX). *Jupiter Axur*, sans barbe et la tête radiée, assis sur un siége sans dossier, le sceptre dans une main, la patère dans l'autre (fig. 258). Tom. II, *ibid.* — Morell., *Fam. Vibia*, p. 144.

263 (LXIX). Tête de *Jupiter Dodonéen*, couronnée de chêne. T. II, p. 542. Compar. fig. 264. — Médaille d'or d'Alexandre I, roi d'Épire. Seguin, *Select. Num.*, 68.

264 (LXXI). *Jupiter Ægiochus* ou *porte-égide*, vainqueur des Titans ou des Géants, encore armé de l'égide placée sur son épaule gauche, mais déjà couronné de chêne en signe de sa victoire. Voy. tom. II, p. 542, 583. Compar. fig. 261, 263. — Célèbre camée du Cabinet du roi. D'après la gravure de Morghen, jointe à la dissertation de Visconti, *Capo di Giove Egioco*.

265 (LXIX). *Jupiter Pluvius*; il est ailé, a les bras étendus, et la pluie coule à flots de son corps. Tom. II, p. 582, coll. 473. — Bellori et Bartoli, *Columna Antonini*, pl. 15.

266 (LXIX). *Jupiter Apomyios* ou *écartant les mouches*, figuré lui-même comme dieu-mouche. Tom. II, p. 29 et 551.— Winckelmann, *Pierres gravées* de Stosch, tab. XXI, n° 77.

267 (LXX). *Jupiter Labrandeus*, ou le Jupiter guerrier des Cariens, représenté dans son temple de *Mylasa*. Il est debout, complétement vêtu, a le modius sur la tête, et porte de ses bras soutenus par des broches, comme ceux des plus anciennes statues (fig. 273, 316, 318-320), une lance et une bipenne terminée par un trident. Tom. II, p. 583. — Médaillon de bronze de Géta. Morell., *Médaill. du roi*, XXIII, 3.

268 (LXX). *Jupiter Casius* de Syrie, figuré comme une pierre informe dans une édicule soutenue par quatre colonnes, avec un aigle sur le faîte. Tom. II, p. 559. — Médaille des *Séleuciens de la Piérie*, frappée sous Trajan. Vaillant, *Num. Græc.*, p. 30.

269 (LXIX). *Jupiter-Ammon*, à la tête de bélier, grécisé, avec le sceptre et le foudre. Tom. II, p. 545. Compar. fig. 158, 159.— *Pierres gravées* de Stosch, XXI, 76.

270 (LXXI). Le *dieu Ammon* ou *Jupiter*, à face humaine, mais avec

la corne de bélier. *Ibid.* — Médaillon de bronze de Mytilène. SPANHEIM, *De præstant. Num.*, II, 297.

271 (LXXI). La tête de *Jupiter-Ammon*, et au revers la plante caractéristique appelée *Silphium*. Tom. I, p. 62, et tom. II, 545. — Médaille de Cyrène. ECKHEL, *Anfangsgründe der Num.*, tab. VI, 8.

272 (LXXI). Tête de *Jupiter-Ammon*, et au revers un *éléphant*. Tom. II, p. 231 sq., 545. — Médaille de Juba I, roi de Numidie, avec une inscription en caractères punico-libyques, qui paraît avoir rapport à la restauration de Cirta, aujourd'hui Constantine, capitale de ce royaume. PELLERIN, III, pl. 120, n° 2, coll. GESENIUS, tab. 42, B, et p. 314 sq.

273 (LXXII). *Héra* ou *Junon* de Samos, dans son temple, la tête voilée et coiffée du *modius* ou *calathus*, complétement vêtue du reste, et accompagnée de deux *paons*; ses mains étaient primitivement soutenues avec des broches (fig. 267, 316, 318-320). Imitation de la statue antique attribuée à Smilis. Voy. tom. II, p. 593-595, 598. — Monnaie *des Samiens*. DECAMPS, *Select. Num.*, 83.

273 *a* (CXLII). *Junon-Dioné*, assise sur un trône, coiffée du *pyléon*, vêtue de la tunique longue sur laquelle est rabattu le péplus qui lui forme voile et qu'elle écarte de la main gauche, tandis que, de la droite, elle tient la haste ou le sceptre. T. II, p. 591, 600, 601. Compar. fig. 250 *b* et 275. — Médaille du roi *Pyrrhus* d'Épire, au Cabinet du roi. Le revers porte une tête de Jupiter Dodonéen, analogue à la fig. 263.

273 *b* (LXXI) Tête de la *Junon d'Argos*; avec la large couronne appelée *stéphanos*, d'après la statue colossale de Polyclète. T. II, p. 613 sq.—Médaille d'Argos. CADALVÈNE, *Recueil de médailles grecques*, pl. III, 1.

273 *c* (LXXI). Tête analogue de la *Junon de Platée*, sur une médaille de cette ville. — LANDON, *Numismatique d'Anacharsis*, pl. 25.

273 *d* (LXXI). Tête de la *Junon Lacinienne* dans la Grande-Grèce, avec une riche parure. Tom. II, p. 619, n. 3. — Médaille de Pandosie, analogue à celles de Crotone. COMBE, *Num. mus. Britann.*, tab. III, 26.

274 (LXXII). *Junon-Reine*, la tête ceinte du diadème élevé appelé *sphendoné* ou *stéphané* (plutôt ici *le polos*), vêtue de la tunique talaire recouverte d'un péplus richement drapé, et portant d'une main le sceptre, de l'autre la patère. Tom. II, p. 602, 613 sq., et la note 11 sur le livre VI, dans les Éclaircissements. — Statue colossale du Vatican. *Mus. Pio-Clem.* I, 2.

274 a (LXXI). Tête idéale de *Junon*, trouvée à Préneste, avec la même coiffure. *Ibid.* Compar. *Junon* allaitant *Mars*, fig. 355.— GUATTANI, *Monum. ined.*, 1787, p. XXXIII.

275 (CXLII). *Héra* ou *Junon*, le sceptre en main, assise sur un trône d'or qui la tient enchaînée par des liens invisibles, tandis que ses deux fils, *Héphæstus* ou *Vulcain* (*Dædalos*, l'habile ouvrier), auteur de ce merveilleux travail, et *Arès* ou *Mars* (*Eneualios* pour *Enyalios*, le belliqueux), combattent entre eux avec la lance et le bouclier, l'un pour la retenir, l'autre pour le forcer à la délivrer. Espèce de drame ou de pantomime, religieuse et comique, qui s'exécute sur un théâtre auquel on monte par un escalier. Voy. tom. II, p. 621, 645, 649, 772, et t. III, p. 285 sqq. Compar. fig. 471-473, avec l'explication. — Peinture d'un vase, au Musée britannique. MAZOCCHI, *Tab. Heracl.*, p. 137.

275 a (LXXII). L'*Amour*, d'un côté, de l'autre, dans un distyle d'ordre corinthien, *Jupiter Gamelius* et *Junon Zygia* ou *Cinxia*, divinités qui président au mariage, ayant au-dessus d'eux, l'un le foudre, l'autre le disque de la lune. Tom. II, p. 566 sq. et 617, coll. p. 477. — Médaille de la famille *Egnatia*. MORELL. *Thesaur.* ed. HAVERCAMP., p. 159, coll. ECKHEL, *Doctr. num. vet.*, V, p. 205.

275 b (LXXII). La *Junon Sospita* ou préservatrice, de Lanuvium, appelée aussi *Lanuvina*. Sa cuirasse et son casque sont formés d'une peau de chèvre avec ses cornes; ses pieds sont chaussés des *calcei repandi* ou recourbés; elle est armée de la lance et du bouclier échancré, et le serpent qui lui était consacré se dresse au-devant d'elle. Tom. II, p. 619. — Denier de la famille *Procilia*. MORELL. *Thesaur.*, p. 360, n° 1. Il faut comparer la statue du Vatican, *Mus. Pio-Clem.* II, 21, et le bronze étrusque dans INGHIRAMI, Ser. III, pl. 8, ou MICALI, pl. XXIX, 8.

275 c (LXXI). *Junon-Monéta*, avec les instruments propres à frap-

per les monnaies, au revers. Tom. II, p. 624. — Denier de la famille *Carisia*, dans Morell., n° 4.

275 *d* (CXLII). *Junon*, reine du ciel ou de l'air. Le soleil, la lune et les étoiles sont au-dessus du trône sur lequel elle est assise. T. II, p. 598 sqq. — Pierre gravée. Lippert, *Dactyl.* I, 25.

276 (LXXIII). *Léto* ou *Latone*, avec ses deux enfants, *Apollon* et *Artémis* ou *Diane*, dans ses bras, fuit épouvantée à l'aspect du serpent *Python*, qui se dresse hors de sa caverne à Delphes. Voy. tom. II, p. 99 sq. Compar. fig. 29, 281. — Peinture de vase. Tischbein, IV, 5.

277 (LXXIII). *Apollon Lycien*; sa chevelure, légèrement bouclée, est relevée sur le sommet de sa tête et maintenue par le *strophium*; il est accoudé à un tronc d'arbre auquel son carquois est suspendu, et tient dans la main gauche son arc abaissé, tandis que la droite élevée s'appuie sur sa tête, en signe de repos. Tom. II, p. 108 sqq., 183, 154. — Statue de la galerie de Florence, connue sous le nom d'*Apollino*. Hirt, *Bilderbuch*, IV, 5.

277 *a* (LIX). *Apollon*, le casque en tête, tenant dans l'une de ses mains l'arc et les flèches, dans l'autre le laurier sacré; au revers, un épi de blé sur lequel est posé un grillon, allusion probable aux épis d'or consacrés au dieu par les *Métapontins*. Même tome, p. 113, 155 sq. — Médaille d'argent de Métaponte. Creuzer, *Abbildungen*, III, 9.

278 (LXXIV). *Apollon Pythien*, connu sous le nom d'*Apollon du Belvédère*; il est coiffé à peu près comme la fig. 277; sa chlamyde est rejetée en arrière et relevée sur son bras gauche, dont il tient l'arc qui vient de décocher un trait mortel contre le serpent *Python*; de son bras droit il s'appuie légèrement au tronc de l'olivier de Délos, paré de ses fruits, et autour duquel rampe un serpent, soit par allusion à sa victoire, soit comme symbole de la vie et de la santé que donne le dieu surnommé à la fois *Kallinicos* et *Alexicacos*. Même tome, p. 154 coll. 125 sqq., etc. — *Mus. Pio-Clem.* I, tab. XIV.

278 *a* (LXXIV). Tête d'*Apollon*, analogue à celle de la statue précédente, et de la même école, mais plus idéale et plus belle. — Panofka, *Antiques du cabinet Pourtalès*, pl. XIV.

278 *b* (LXXIV). Tête d'*Apollon*, d'après un idéal plus ancien et des

meilleurs temps de l'art.— Pierre gravée. LIPPERT, *Dactylioth.*, I, 49.

78 *c* (LXXV). Tête analogue d'*Apollon*, également couronnée de laurier. — Médaille de Chalcis en Eubée. LANDON, *Numismatique d'Anacharsis*, I, pl. 11.

79 (LXXV). *Apollon*, placé près de son trépied, décoche une flèche contre le serpent *Python*. Au revers, le même dieu, tenant d'une main une branche des lauriers de Tempé, de l'autre un sceptre, siége à Delphes dont il a pris possession, devant l'autel où le feu est allumé; à côté, on voit son arc et son carquois. Même tome, p. 154.— Médaille d'argent, de Crotone. ECKHEL, *Num. anecd.*, III, 25.

79 *a* (LIX). Le *trépied* de Delphes, attribut d'*Apollon Pythien*; à côté, la *diote*, emblème des libations. Tom. II, *ibid.*— Médaille de la même ville. ECKHEL, *ibid.*, I, 12.

80 (LXXV). Combat d'*Apollon* et d'*Hercule* pour le *trépied* de Delphes, que celui-ci enlève et que celui-là veut retenir. *Apollon* est couronné de laurier et ses cheveux retombent en tresses; sa chlamyde est rejetée en arrière, et il tient son arc. *Hercule* est vêtu de la peau de lion, et il tient à la fois l'arc et la massue dont il menace son adversaire. Entre eux paraît l'*Omphalos* de Delphes, pierre hémisphérique, supposée au centre de la terre, et qui est couverte d'un réseau de laine. Voy. tom. II, p. 127, 155, 205, et tom. III, p. 298 sq. — Bas-relief, en style hiératique, de la face antérieure d'un piédestal trilatéral, qui paraît avoir supporté un trépied, au Musée de Dresde. BECKER, *Augusteum*, I, 5.

80 *a* Le *trépied*, rendu au temple de Delphes, est placé sur un autel de forme antique, c'est-à-dire en colonne; une prêtresse le pare de bandelettes, et un prêtre, faisant l'office de *Néocore*, tient le balai, signe de cette dignité. — Face latérale du même piédestal. *Ibid.*

80 *b* (LXXV). Une prêtresse et un prêtre ou prophète, portant une haste, disposent sur un candélabre des morceaux de bois résineux, liés ensemble avec des bandelettes. — Autre face latérale du même piédestal. *Ibid.*

80 *c* (LXXV). *Apollon Mantis* ou *Devin*, assis sur le *trépied* et les

pieds appuyés sur l'*Omphalos* (fig. 280), ces deux attributs réunis et recouverts d'une peau de bélier avec sa toison; le dieu tient dans sa main gauche un serpent sacré. T. II, p. 125-130, *passim*. — Statue de la villa Albani, aujourd'hui au Musée de Naples. O. Müller et C. Oesterley, *Denkmäler der alten Kunst*, *II Band, Taf.* XII, 137.

281 (LXXVI). *Apollon*, en costume de *Citharœde* des jeux pythiens, vêtu de l'ample *stola*, et représentant ainsi l'un des vainqueurs de ces jeux, pince la lyre d'une main, et de l'autre reçoit dans une patère le vin pour les libations, que lui verse d'une phiale la *Victoire* ailée, placée devant lui. Près d'elle est un autel rond, sur lequel on aperçoit les trois *Grâces* se tenant par la main, telles qu'Apollon les portait quelquefois sur la sienne (fig. 412 *a* et l'explicat.); derrière, une colonne qui devait supporter la statue du dieu, de style archaïque, comme on la voit encore sur quelques monuments analogues. *Diane*, portant un flambeau à la main, l'arc et le carquois sur les épaules, et *Latone*, caractérisée par le sceptre qu'elle tient de la main gauche, tandis que de la droite elle écarte son péplus, suivent toutes deux *Apollon*. Sur un cippe, en arrière des déesses, est posé le *trépied*, prix des jeux, consacré par le vainqueur. Dans le fond, et au-delà du mur qui entoure le *temenos* ou l'enceinte sacrée, se découvre le *temple de Delphes* avec son péristyle soutenu de colonnes cannelées, à chapiteaux corinthiens, sa frise ornée de courses de chars, et son fronton qui représente une tête de Gorgone accostée de deux Tritons ailés. Voy. t. II, p. 100, 152, etc. — Bas-relief de la classe de ceux qu'on appelle *monuments choragiques*. Zoëga, *Bassirilievi antichi*, II, 99. Compar. de Clarac, *musée de Sculpture*, pl. 122, n°s 38 et 41.

282 (LXXIV). *Apollon Citharœde*, couronné de laurier, vêtu de l'ample et longue tunique appelée *orthostade*, pardessus laquelle est jetée une grande chlamyde agrafée sur les épaules et retombant à plis nombreux, s'abandonne à ses divins transports, et chante en s'accompagnant de la cithare. Cet instrument est soutenu par des attaches qui descendent des agrafes de la chlamyde, et sur l'un des montants l'on aperçoit *Marsyas* lié à un pin (fig.

301). Même tome, p. 127, 152, etc.— Statue du Vatican. *Mus. Pio-Clem.*, I, 16.

283 (LXXIII). *Apollon Nomios* ou *Pasteur*, assis sur un rocher, ayant sous lui sa chlamyde, près de lui son *pedum*, et dans sa main droite sa lyre. Tom. II, p. 124. — Statue de la villa Ludovisi. Hirt, *Bilderb.*, IV, 6.

284 (LIX). *Apollon* avec la longue chlamyde, chantant sur la cithare ; au revers, en dedans d'une couronne de laurier, les sommets du *Parnasse*, avec une inscription qui indique les jeux *pythiens.* Même tome, p. 152 sq.— Médaille de *Delphes*. Millingen, *Méd. inéd.*, tab. II, 11.

285 (LVIII). *Apollon* vêtu de la chlamyde et armé d'une bipenne, telle que la portait l'*Apollon Sminthien* de Ténédos, reçoit de l'empereur Caracalla, couronné de laurier et en costume militaire, l'offrande d'une *chytre*, vase de terre rempli de légumes, que l'on offrait aux dieux, dans certaines occasions, en leur dédiant des autels nouveaux ou de nouvelles statues. Ici paraît l'*autel* élevé à l'occasion des jeux *pythiens*, comme l'indique l'inscription. (D'ordinaire on voit, dans le vase, le prix de ces jeux). Tom. II, p. 153, 155. — Médaille des *Thyatiréniens* de Lydie. Buonarroti, *Med. antich.*, IX, 9.

285 *a* (LVIII). *Apollon*, presque entièrement nu et tenant son arc, reçoit des mains de l'empereur Elagabale, couronné de laurier, vêtu de la toge, la dédicace d'un *temple* avec l'offrande d'une *chytre* pleine de fruits. Tom. II, *ibid*. Compar. la fig. précéd. —Médaille de *Philippopolis* en Thrace. Eckhel, *Num. anecdot.* V, 9.

285 *b* (LVIII). *Apollon Smintheus* ou *Sminthien*, avec un rat sur la main droite, un arc et une flèche dans la gauche, et l'inscription : Sminthei Apollini. Tom. II, p. 155. — Revers d'une médaille de bronze d'Alexandria-Troas, du règne d'Hadrien. Choiseul-Gouffier, *Voy. pitt.*, tom. II, pl. LXVII, 11.

285 *c* (LXXXVIII). *Apollon Philésius* ou *Didyméen*, d'ancien style, portant sur sa main droite étendue un faon ou un cerf, dans la gauche abaissée son arc. Au revers, un lion couché, la tête tournée en arrière vers une étoile qu'il semble regarder.— Médaille de Milet. Pellerin, *Recueil*, tom. II, tab. LVII, 39.

285 *d* (LXXV). *Apollon Sauroctonos*, ou *tueur de lézards*, menaçant de sa flèche un de ces animaux, qui monte le long d'une branche d'arbre à laquelle il s'appuie. Imitation d'une célèbre statue de Praxitèle; il faut comparer, entre autres, la statue de la villa Borghèse, actuellement au Louvre, n° 19. — Millin, *Pierres gravées*, pl. 5.

285 *e* (LXXV). *Apollon*, dans l'attitude du repos (compar. fig. 277), tenant la cithare dans sa main gauche, et ayant le *griffon* près de lui. On voit qu'il s'apprête à chanter. — Statue du Musée du Capitole. *Mus. Capitol.*, tom. III, tab. 13. De Clarac, *Musée de sculpt.*, pl. 480, n° 921 A.

285 *f* (LXXV). *Apollon*, couronné de laurier et s'accompagnant de la cithare, appuyé à une colonne ou à un tronc d'arbre que couvre sa chlamyde détachée de son épaule droite et retombant pardessus son bras gauche. Un *cygne* est à ses pieds. — Autre statue du même Musée, t. III, tab. 15. De Clarac, *ibid.*, pl. 483, n° 928 A.

Nota. Les monuments relatifs à *Apollon* et à sa sœur *Diane*, pour lesquels nous ne renvoyons point au texte, sont cités et interprétés dans les Éclaircissements du tome II, note 10 sur le livre IV.

286 (LXXVII). *Mnémosyne*, déesse de la *Mémoire*, mère des Muses; elle a les bras enveloppés dans son ample péplus, et son attitude exprime la méditation. On lit son nom, en vieux caractères grecs, sur la base de cette statue. Voy. tom. III, p. 193 et 200. — *Mus. Pio-Clem.*, I, 28.

287 (LXXVIII). *Clio*, la muse de l'*Histoire*, couronnée de laurier et parée de bracelets, est assise; elle a près d'elle un *scrinium* rempli de volumes, et tient un rouleau sur lequel on lit son nom et son attribution. Même tome, p. 198. — *Pitture d'Ercolano*, II, 2.

288 (LXXVII). *Calliope*, la muse de l'*Épopée*, couronnée de pampres, tient un rouleau; on lit sur la base son nom et son attribution. Même tome, p. 197 sq. — *Pitture d'Ercol.*, II, 9.

289 (LXXVII). *Melpomène*, la muse de la *Tragédie*, couronnée de pampres, vêtue de l'ample robe tragique (*syrma*), et chaussée de cothurnes élevés, appuie l'un de ses pieds sur un rocher,

dans une attitude héroïque. Le restaurateur lui a mis dans les mains une épée et un masque. Même tome, p. 198. — Statue colossale au Musée du Louvre, n° 348. *Musée Bouillon*, I, 43.

290 (LXXVIII). *Melpomène*, la tête ceinte de laurier et couverte d'une espèce de coiffe qu'on remarque aussi aux images de Sapho sur les médailles des Mytilénéens, avec la tunique longue et l'ample manteau tragique, tient une massue et le masque herculéen. On lit sur la plinthe son nom et son attribution. Même tome, *ibid*. — *Pitture d'Ercol.*, II, 4.

290 *a* (LXXXVI). *Melpomène*, tenant d'une main le masque tragique et de l'autre la massue; elle a, en outre, à son côté, une large épée. Même tome, *ibid*. — Pierre gravée. Winckelmann, *Mon. ined.*, n° 45.

291 (LXXVIII). *Thalie*, la muse de la *Comédie*, debout, vêtue d'une tunique longue et d'un manteau à franges, tient d'une main le *pedum* et de l'autre un masque comique : en bas, son nom et son attribution. Même tome, *ibid*. — *Pitt. d'Ercol.*, II, 3.

292 (LXXIX). *Terpsichore*, la muse des chœurs de danse et des chants solennels qui les accompagnaient, couronnée de laurier et tenant la *lyre*, son attribut. Même tome, p. 199. — *Pitt. d'Ercol.*, II, 5.

293 (LXXIX). *Érato*, la muse de la poésie érotique et de la mimique, également couronnée de laurier, et pinçant avec le *plectrum* une grande cithare. Même tome, *ibid*. — *Pitt. d'Ercol.*, II, 6.

294 (LXXVII). *Polymnie*, la muse des *hymnes* et des *mythes* ou traditions antiques, couronnée de laurier, un doigt sur la bouche et dans l'attitude du recueillement. Même tome, p. 199 sqq. — *Pitt. d'Ercol.*, II, 7.

295 (LXXIX). *Uranie*, la muse de l'astronomie, assise, et tenant le globe qu'elle démontre avec une baguette (*radius*). Même tome, p. 199. — *Pitt. d'Ercol.*, II, 8.

296 (LXXX). Les *neuf Muses* réunies, avec leurs attributs caractéristiques. (*a*) *Calliope* tient les tablettes et le *graphium* ou stylet pour écrire; (*b*) *Clio*, le rouleau; (*c*) *Érato*, la lyre et le *plectrum*; (*d*) *Melpomène*, le masque tragique et la massue; (*e*) *Euterpe*, la double flûte, comme présidant à la poésie lyrique en

général; (*f*) *Thalie*, le *pedum* et le masque comique; (*g*) *Terpsichore*, le *plectrum* et une lyre ou cithare; (*h*) *Uranie*, le globe et le *radius*; (*i*) *Polymnie* est appuyée sur une colonne, les bras enveloppés dans son péplus, et dans l'attitude de la méditation. Voy. tom. III, p. 198 sqq. — Bas-relief de la villa Mattei. A. DE LABORDE, *Mosaïque d'Italica*, p. 19.

297 (LXXXI). Un éphèbe, sous les traits d'*Apollon* (*a*), assis sur un trône, et tenant un rouleau ou volume, est entouré de *neuf génies* représentant les *neuf Muses* et portant leurs attributs : (*b*) le volume, pour *Clio*; (*c*) le globe et le *radius*, pour *Uranie*; (*d*) la lyre, pour *Érato*; (*e*) la massue et le masque tragique, pour *Melpomène*; (*f*) les tablettes et le stylet, pour *Calliope*; (*g*) l'ample manteau et le volume, pour *Polymnie*; (*h*) le masque comique et le *pedum*, pour *Thalie*; (*i*) la flûte, pour *Euterpe*; le vase, prix des chœurs, pour *Terpsichore*. Même tome, *ibid.* — Bas-relief. *Mus. Pio-Clem.*, IV, 15.

298 (LXXXII). Les *Muses*, après avoir vaincu les *Sirènes* au combat du chant, leur arrachent les plumes. Une *Sirène*, demi-femme et demi-oiseau, est étendue par terre; une autre a près d'elle la lyre. Tom. III, p. 195 sq. — MILLIN, *Bas-reliefs inédits*.

299 (LXXXII). *Marsyas*, génie de la musique phrygienne, enseigne au jeune *Olympus*, son disciple, à jouer de la flûte. Même tome, p. 108 sq., 156. — *Pitt. d'Ercol.*, I, 9.

300 (LXXXIV). *Apollon*, couronné de laurier, et le couteau à la main, s'apprête à écorcher lui-même *Marsyas*, qu'il a vaincu, et qui est devant lui, garrotté et agenouillé. Un personnage en costume asiatique, qu'on prend ordinairement pour un Phrygien (*Olympus?*) ou un Scythe, et qui est plutôt *Artémis*, sœur du dieu, tient son arc et paraît lui présenter une flèche. En arrière, on voit, sur une colonne d'ordre ionique, une petite statue d'*Apollon*. Plusieurs spectateurs assistent à cette scène. Voy. tom. II, p. 219; III, 108 sq.—Peinture de vase, dans TISCHBEIN, IV, 6. (Il faut rapprocher une autre peinture du même recueil, III, 6, qui représente la scène antérieure du combat musical d'*Apollon* et de *Marsyas*, accompagné d'*Olympus*, et la victoire du premier, en présence de *Diane*, de *Minerve* et de *Mars*.)

301 (LXXXIII). *Supplice de Marsyas. Apollon* est debout, au centre de la scène, dans une attitude de fierté, appuyant sa lyre sur un trépied, autour duquel s'enroule un serpent, et le pied gauche posé sur un griffon. Il vient de vaincre le joueur de flûte phrygien, et repousse les prières des divinités qui intercèdent pour lui et qui sont placées à la droite du dieu : d'abord *Silène*, avec sa nébride ou son manteau entre les jambes, et accompagné des deux *Muses* de la tragédie et de la comédie, ayant sur la tête les plumes arrachées aux Sirènes; puis *Minerve*, le pied gauche posé sur la chouette, et à côté d'elle *Vénus*, en face de qui se trouve peut-être *Mars;* ensuite *Cybèle* assise, couronnée de tours et escortée du lion; derrière elle, *Dionysus* ou *Bacchus*, probablement avec un de ses compagnons; et à l'extrémité de la scène, de ce côté, une figure à demi couchée, que l'on prend ordinairement pour celle de la *Terre*, mais qui doit être celle d'une *Nymphe* présidant à une source près d'un rocher. A gauche d'Apollon, l'on voit une série de divinités opposées aux précédentes : *Diane*, sa sœur, avec l'arc et le flambeau; *Hermès* ou *Mercure*, l'inventeur de la lyre, avec son caducée, et quatre *Muses*, parmi lesquelles on distingue *Uranie*, portant la sphère, et *Polymnie* assise, qui fait pendant à Cybèle. Du même côté se trouvent plusieurs *Phrygiens*, reconnaissables à leur costume national : le premier, prosterné devant Apollon, paraît être *Olympus*, qui implore la grâce de son maître; le second, qui doit être un des exécuteurs, aiguise un couteau, dans l'attitude du fameux *Rémouleur* de la Galerie de Florence; le troisième lie *Marsyas* au tronc d'un pin, auquel est suspendue sa flûte à sept tuyaux. Aux pieds de l'infortuné Satyre est couché le *Génie* du fleuve qui naquit de son sang et reçut son nom. Tom. II, p. 219; III, p. 108 sq., 197, etc. — Bas-relief de la villa Pinciana, dans WINCKELMANN, *Mon. ined.*, 42, auquel il faut comparer celui de la villa Borghèse, au Musée du Louvre, n° 731, et dans CLARAC, *Musée de Sculpt.*, pl. 123.

302 (LXXX). *Apollon*, métamorphosé en *griffon*, combat contre un *Géant anguipède* ou aux pieds de serpent; la palme indique la victoire réservée au dieu. — MILLIN, *Pierres gravées inédites.*

303 (LXXIV). *Hélios* ou le *Soleil*, à la tête radiée, est vêtu d'une

courte tunique et de la chlamyde, et tient dans la main gauche un globe, signe du monde qu'il éclaire, dans la droite une corne d'abondance, symbole de la fertilité qu'il y répand; à ses pieds sont ses deux coursiers, *Æthon* et *Pyroeis*. Voy. tom. II, p. 124. Compar. les fig. 304, 305, 380, et surtout 443, 555 *b*. — Statue de la villa Pinciana. Stanza, III, 2.

304 (LXXXIII). *Hélios* ou le *Soleil*, dans un quadrige, le fouet à la main, précédé de *Héosphoros* ou *Lucifer*, tenant un flambeau, et de *Castor* à cheval; *Thalassa*, la Mer, appuyée sur une urne, et *Ouranos*, le Ciel, figuré comme un vieillard avec un voile éployé en demi-cercle autour de sa tête, regardent sa course majestueuse. Les quatre principales divinités qui président au gouvernement du monde et à sa révolution en sont également témoins : *Jupiter*, ayant *Minerve* à sa droite, *Junon* à sa gauche, comme on les voyait dans la cella du Capitole, et la *Fortune*, qui tient la corne d'abondance et appuie sa rame sur un globe, emblème de l'univers. Tom. II, *ibid.*, et p. 507, 554, etc. — Mus. Pio-Clem., IV, 18.

304 *a* (CL). *Ouranos* ou le *Ciel*, considéré comme divinité cosmique, symbole du firmament, sous les traits d'un vieillard vêtu d'une tunique longue et enveloppé d'un ample manteau, tenant un voile éployé au-dessus de sa tête (fig. 304), est placé entre *Hélios* (le Soleil), qui a la tête radiée, et *Séléné* (la Lune), ayant la sienne surmontée d'un croissant; des étoiles de différentes grandeurs l'environnent. Même tome, p. 130, 361. — Passeri, *Lucernæ*, I, 7.

305 (LXXXV). *Hélios* (le Soleil) est assis sur un lieu élevé, une couronne radiée sur la tête, le flambeau et la corne d'abondance dans les mains; *Phaëthon* est devant lui; il obtient la permission de conduire son char; mais il est bientôt puni de cette témérité; le char est fracassé, et les *Vents* opposés, qui soufflent avec force dans de longs cornets, augmentent l'horreur de cette scène; les chevaux ont été séparés du char, deux tiennent encore au joug; auprès d'eux sont les *Dioscures*, qui les retiennent, montés sur leurs coursiers, et reconnaissables à leurs bonnets coniques; le *Ciel*, avec son voile éployé, est encore, dans le plan supérieur, l'un des spectateurs de la chute du malheureux

Phaëthon. Dans le plan inférieur, à droite, se voit *Tellus* ou la Terre à demi couchée, entourée des génies des trois *Saisons*, ayant en face d'elle *Thalassa* ou la Mer, tenant une rame, la tête ornée de pinces d'écrevisse, et à qui un génie présente un coquillage. Entre ces deux déesses cosmiques, également assises, paraissent debout *Jupiter* et *Junon*, comme divinités de l'air, le premier faisant un signe qui les rassure. Le *Fleuve* qui tourne le dos à la *Mer* ou à *Amphitrite* est l'*Éridan*, appuyé sur son urne, et recevant *Phaëthon* dans sa chute. Vis-à-vis est *Cycnus*, qui pleure la mort de son ami, et a devant lui le *cygne* dans lequel il doit être changé, derrière lui son fils *Cupavus*, aux pieds duquel est une tortue. A l'extrémité gauche, les sœurs de Phaëthon, *Phaëtuse* et *Lampétie*, sont métamorphosées en peupliers, malgré les prières de leur mère *Clymène*. Même tome, p. 124, 361, etc. — Bas-relief de la villa Borghèse. WINCKELMANN, *Mon. ined.*, 45.

306 (LXXXIII). Les *sœurs de Phaëthon* changées en mélèses (*larices*), allusion au nom de *P. Accoleius Lariscolus*, qui a fait frapper ce denier. Compar. fig. précéd. — MORELL., *Famille Accoleia*.

307 (LXXXVI). *Asclépios* ou *Esculape*, debout, barbu, la tête ceinte d'une espèce de turban propre à certaines de ses images et à celles d'anciens médecins (*théristrion* ou bandeau roulé?), vêtu d'un ample manteau qui retombe au-dessous de sa poitrine nue et se drape autour de son bras gauche, ayant dans sa main droite le bâton et à ses pieds un grand *dragon* ou *serpent*. Voy. t. II, p. 336 sqq., 346 sq. — Statue de la villa Albani, au Musée du Louvre, n° 233. BOUILLON, I, 47.

308 (LXXX). *Esculape*, sous la figure d'un *serpent*, arrive dans l'île du *Tibre*; le fleuve paraît à mi-corps au-dessus de l'eau, tenant un roseau d'une main et étendant l'autre vers le serpent divin; dans le fond est le temple bâti à Esculape sur le sol même de l'île. Même tome, p. 353 sq. — Médaillon de Commode. MORELL., *Méd. du roi*, VI.

309 (LXXXVII). *Esculape*, d'après sa statue idéale de Pergame, debout, la tête nue, avec une expression douce et bienveillante, vêtu comme au n° 307, et tenant le bâton autour duquel s'en-

roule le *serpent*. Il est placé sur un piédestal, entre deux *Centaures dadouques* ou *porte-flambeaux*. On lit autour une inscription grecque qui veut dire : *Sous le préteur Paulus Glyconianus*, monnaie *des Pergaméniens, néocores pour la seconde fois*. Même tome, p. 341 sq., 347, 349. Compar. fig. 311. — Médaillon de Commode, au Cabinet du roi. Venuti, *Antiquit. numismat.*, I, xlvi, 2.

310 (LXXXVII). *Esculape*, ayant en face de lui *Hygiée* ou *Hygie*, déesse de la santé, qui donne à manger à un *serpent*, et tout près, de l'autre côté, le petit *Télesphore*, vêtu de la pénule à capuchon (*penula cucullata*). On lit autour : *A Hygie et à Asclépios, les Nicéens*. — Même tome, p. 339 sqq., 347 sq. — Médaillon de Lucius Vérus. Buonarroti, *Medagl. ant.*, VI, 1.

310 *a* (LXXXVI). *Hygiée* avec le *serpent*, ayant devant elle un personnage mâle, vêtu de la toge et tenant une patère à la main. L'inscription signifie : *Acilius, duumvir monétaire*. Même tome, p. 354. — Médaille de la famille *Acilia*. *Numophylac. regin. Christin.*, L, 26.

311 (LXXXVII). *Esculape*, accompagné de *Télesphore*, ayant devant eux l'empereur *Caracalla*, tenant de la main gauche la haste renversée, et les invoquant de la droite élevée. On lit autour : *Sous le préteur Marcus Chærea, fils d'Attale*, monnaie *des Pergaméniens, les premiers* de l'Asie, *néocores pour la troisième fois*. Même tome, p. 346 sq. — Venuti, I, 52.

312 (LXXXVII). *Esculape* visite pendant la nuit un malade, et lui prescrit ce qu'il doit faire pour sa guérison. Même tome, p. 348. — Hirt, *Bilderbuch*, XI, 3.

313 (XCI). *Hermès* ou *Mercure* présente à *Esculape* un homme qui est agenouillé devant lui, pour le remercier de lui avoir rendu la santé. Le dieu a la tête ceinte du *strophium*, et s'appuie sur son bâton entouré du *serpent*. Les trois *Grâces*, réunies en groupe, expriment la reconnaissance de celui qui a fait exécuter cet *ex-voto*. Même tome, *ibid.* et p. 666. — *Mus. Pio-Clem.*, IV, 13.

314 (LXXXVII). *Esculape* et *Diane d'Éphèse* (fig. 315, 316, 317 et suiv.), couronnés par la *Victoire* qui plane entre eux. Autour : *Sous le préteur P. Æpius, la communauté unie des Perga-*

méniens et des Éphésiens. Tom. II, p. 348 coll. 135. — Médaillon de Commode. Venuti, I, xliv, 1.

315 (LXXXVI). *Hercule* avec la lance dans sa main gauche, la peau de lion sur son bras droit, tient dans la main droite l'image de *Diane d'Éphèse* (fig. 314; 315, 316, 317 sqq.); en face de lui est *Galien* tenant de même l'image d'*Esculape*. Un autel allumé se trouve entre eux. *Ibid.* — Médaillon de Commode. Venuti, *Mus. Alb.*, I, 44.

316 (LXXXVIII). *Diane d'Éphèse* et *Sérapis d'Alexandrie* sur un vaisseau, tous deux coiffés du *modius*. Autour et dans l'exergue : *Union des Éphésiens et des Alexandrins.* Tom. II, p. 137, 337 sqq. — Médaillon de Gordien-le-Pieux. Buonarroti, *Medagl. ant.*, XXXVII, 5.

317 (LXXXVIII). *Artémis* ou *Diane d'Éphèse*, dont le corps, avec la longue tunique talaire qui le couvre, est engagé dans une espèce de gaîne ou de châsse, revêtue de divers attributs significatifs. La tête de la déesse est couronnée de tours, comme celle de *Cybèle* (fig. 227 et suiv.); derrière est un nimbe, symbole probable du disque de la lune, garni d'animaux chimériques. Deux lions en ronde-bosse sont sur les deux épaules, et deux autres sur les deux bras étendus. Le poitrail représente différents signes du zodiaque, tels que le Taureau, les Gémeaux et le Cancer; quatre femmes, dont une ailée, occupent le milieu et les deux bords supérieurs, peut-être les Heures ou Saisons; viennent ensuite deux guirlandes, formant collier, la première composée de fleurs et l'autre de fruits; au-dessous sont trois rangs de mamelles, emblèmes de fécondité. La partie inférieure de la gaîne, depuis la ceinture jusqu'aux pieds, est divisée en compartiments, séparés l'un de l'autre par des listels qui règnent autour, et dans lesquels il y a des taureaux, des cerfs, des lions, des griffons, à mi-corps, sur plusieurs rangs; les côtés sont ornés de femmes ailées, d'abeilles et de fleurs. Voy. tom. II, p. 135 sqq. Compar. les fig. 314-316, 318-320, et surtout La Chausse, *Mus. Rom.*, tom. I, sect. II, tab. 18, figure à laquelle se rapporte principalement la description de M. Creuzer. — Statue du Musée du Vatican. *Mus. Pio-Clem.*, I, 32.

318 (LXXXVIII). Idole de la *Diane d'Éphèse*, dans son temple,

soutenu par huit colonnes élégantes dont les bases sont ornées de statues; sur le fronton, on voit deux petites figures qui sacrifient devant un autel. Même tome, *ibid.* et p. 95.— Médaille des *Éphésiens*. Venuti, *Mus. Alb.*, I, xiii, 3.

319 (LXXXVIII). *Diane Leucophryne*, avec deux *Victoires* qui soutiennent le *modius* sur sa tête couverte d'un voile; la déesse est placée entre deux fleuves, le *Méandre* et le *Léthé*, dont l'un tient une urne. Tom. II, *ibid.* et p. 145 sq.—Médaille *des Magnètes* ou Magnésiens du Méandre.—Buonarroti, *Medagl. ant.*, VI, 3.

320 (LXXXIX). *Diane d'Éphèse*, dans un char traîné par deux *cerfs*, portant sur sa main droite l'image de la *Fortune*, qui tient la rame et la corne d'abondance; les deux déesses sont coiffées du *modius*. On lit autour et au bas : *Sous Aurélius Moskianus, préteur pour la seconde fois,* monnaie *des Acrasiens* (en Lydie). Tom. II, *ibid,* et p. 138 sq. — Médaillon d'Alexandre Sévère. Buonarroti, *Med. ant.*, XII, 2.

320 *a* (LXXXVI). Tête d'*Artemis Pergæa*, avec le croissant de la lune sur le front, l'arc et le carquois pour attributs; au revers, un *sphinx* et les noms de la déesse. Même tome, p. 139.— Médaille de Perga en Pamphylie. Pellerin, *Recueil*, II, pl. LXXI, 11.

320 *b* (LXXXVI). Une *abeille* à la face, avec les initiales du nom des *Éphésiens;* au revers, la partie antérieure d'un *cerf* avec un *palmier*, et le nom du magistrat *Archelochos*. Même tome, p. 138, 140. — Médaille du Cabinet du roi. Landon, *Numism. d'Anach.*, II, pl. 58.

320 *c* (LXVIII). Tête d'*Artemis Limenitis* ou *protectrice des ports*, avec l'écrevisse de mer ou le crabe, qui lui sert de coiffure, et à côté le serpent d'eau. Même tome, p. 139 sq. — Médaille des Brutiens de la Grande-Grèce. Beger, *Thes. Brandenb.*, I, p. 340.

320 *d* (LXVII). *Diane*, voilée et enveloppée en manière de momie, avec une croix sur la tête, le soleil et la lune à ses côtés, et deux épis qui naissent à ses pieds. Tom. II, p. 144.— Pierre gravée. Petit-Radel, *Musée Napoléon*, tom. IV, pl. LVI, supplément, B, n° 5.

320 *e* (XC). Idole antique d'*Artémis marine*, avec le croissant de

la lune sur la tête, l'aplustre dans la main, et le cerf à côté d'elle. Tom. II, p. 139 sq.—Médaille de Leucade. Combe, *Vet. pop. et reg. Num.*, V, 21.

320 *f* (XC). Tête d'*Artemis Potamia* ou *Alpheioa*, probablement la même qu'*Aréthuse*, entourée de poissons et la chevelure entrelacée de roseaux. Le revers ressemble à celui du n° suivant. —Médaillon de Syracuse. Landon, *Num. d'Anacharsis*, II, 51.

320 *g* (CXXVIII). Tête de la même divinité, également environnée de poissons, mais ceinte d'un diadème, et les cheveux retenus par un réseau. Au revers, un *quadrige*, au-dessus duquel plane la *Victoire* décernant la couronne au vainqueur, avec le prix consistant en une armure complète, qui se voit à l'exergue. — Médaillon *des Syracusains*. Hunter, LII, 9.

320 *h* (XC). Tête d'*Aréthuse* (*Arethosa*), probablement identique à *Artemis Potamia*, entourée de poissons, comme les deux précédentes figures, mais vue de face, d'un aspect sévère, et les cheveux en désordre, quoique ceints d'un bandeau. Le revers, qui n'est point donné ici, représente également un *quadrige*, avec la *Victoire* au-dessus et au bas un épi couché. — Médaillon *des Syracusains*. H. D. de Luynes, *Études numismatiques relatives au culte d'Hécate*, p. 5.

321 (LXXXIX). *Artémis* ou *Diane*, vulgairement appelée *Chasseresse*, coiffée de la *stéphané*, les cheveux relevés par-derrière et noués en *corymbe*; vêtue de la courte tunique dorienne, qui laisse les genoux à nu, et d'un manteau ou *himation* noué en manière de ceinture; chaussée de forts brodequins à la Crétoise. La déesse, s'avançant rapidement et la tête tournée en arrière, tient l'arc dans sa main gauche abaissée, tandis que, de la droite, elle tire une flèche du carquois suspendu sur son épaule; une biche (probablement la *biche de Cerynée* au bois d'or, qu'elle vient de reprendre à Hercule) court à sa gauche et paraît se réfugier sous la protection de son arc. Voy. tom. II, p. 119 sq. Compar. fig. 330, 351, et surtout 369. — Statue de Versailles, au Musée du Louvre, n° 178. *Musée français*, I, pl. 2.

321 *a* (LXXXIX). *Artémis* ou *Diane* en longs vêtements, avec une expression calme et douce, tenant son arc au repos dans la main gauche, et de la droite fermant son carquois, ou y remettant

une flèche plutôt que l'en tirant. Peut-être *Artemis Soteira* ou *Salutaire*. Compar. la fig. suiv. — Statue du Musée de Dresde. BECKER, *Augusteum*, II, 45.

321 *b* (LXXXIX). Tête d'*Artemis Soteira* ou *Salutaire*, les cheveux relevés en touffe par-derrière, avec de riches pendants d'oreille, et les attributs rapprochés du carquois fermé et de la lyre. — Médaille de Syracuse. *Specimens of ancient coins of M. Græcia*, pl. 16.

321 *c* (LXXV). Tête analogue de *Diane*, avec le croissant indiqué par les boucles de cheveux au-dessus du front.—Médaille d'Érétrie en Eubée. LANDON, *Numism. d'Anacharsis*, I, pl. 10.

321 *d* (LXXIV). Tête de *Diane*, avec les cheveux ceints du diadème et artistement relevés, et le croissant de la lune au-devant d'elle. Tom. II, p. 146 sq. — Médaille de Thespies. LANDON, *ibid.*, pl. 26.

321 *e* (LXXV). *Artémis* ou *Diane Lucifère*, en longs vêtements, l'arc et le carquois sur les épaules, le croissant de la lune sur la tête, et de ses deux mains tenant deux grands flambeaux. Même tome, pag. 114, 146, etc. Il faut comparer la *Diane* en style ancien, sur les bas-reliefs, 250, *f*, et 281 ci-dessus. — Denier de *P. Clodius*, *M. filius*. MORELL. *Famille Claudia*, tab. II, 1.

322 (LXXXIX). *Diane Lucifère*, ou l'impératrice *Faustine* sous son costume, la tête ornée du croissant, tenant de ses deux mains un grand flambeau, et portée sur un cheval au galop, comme était la *Lune* sur le piédestal de la statue colossale de Jupiter à Olympie. Même tome, pag. 146. — Médaillon d'Antonin-le-Pieux. BUONARROTI, *Medagl. ant.*, III, 1.

323 (LXXXIX). *Diane Lucifère* et *Tauropole* sort du sein des eaux, dans un char traîné par deux taureaux; elle est complétement vêtue, et porte dans ses mains un grand flambeau, sur son front le croissant de la lune; son voile flottant, signe de la rapidité de sa course, forme, en outre, un nimbe autour de sa tête. *Morphée*, sous les traits d'un vieillard nu, et dont la tête est ornée d'ailes, tient les rênes des taureaux; près de lui, un jeune homme, peut-être le *Génie de la terre*, également nu, porte une corbeille remplie de fleurs et de fruits. En haut, à gauche, on voit

Vénus Marine dans une conque; à droite, un génie occupé à piler dans un vase; au milieu sont deux femmes, dont l'une est couchée et étend la main vers un chien (peut-être *Érigone* et le chien *Mæra*), et dont l'autre se tient debout derrière celle-ci. En bas est *Thalassa*, la Mer personnifiée, assise à la surface des eaux; dans une main elle tient une langouste, et dans l'autre un monstre marin; d'autres monstres et des poissons jouent autour d'elle et de Diane. Tom. II, p. 103 sq., 138, 361, etc. Compar. l'image de la *Diane Taurique* dans son temple, la même que l'*Artemis Orthia* de Sparte, pl. CCXLIV *bis*, 837, avec l'explic. — Diptyque appartenant au Musée de Sens. Millin, *Monum. ant. inéd.*, II, 341.

23 *a* (LXXXI). Lampe de terre cuite en forme de *Boucrane* ou *tête de bœuf*, ornée d'une bandelette, et consacrée à *Diane Tauropole*, comme l'indique l'inscription sur les cornes. Même tom., *ibid.* — Passeri, *Lucern.*, I, 99.

24 (XV). *Endymion* est endormi dans les bras de *Morphée*, représenté sous la figure d'un vieillard barbu; au-dessus est une *Naïade* couchée sur le mont Latmos et appuyée sur une urne. *Séléné* ou *Diane-Lune*, le croissant sur le front, est conduite vers Endymion par un *Amour* tenant un flambeau. Elle vient de descendre de son char attelé de deux chevaux (fig. 322), dont un génie ailé, peut-être *Hesperos* ou *Vesper*, tient les rênes, tandis que deux *Amours* sont montés, l'un sur les chevaux, l'autre dans le char. Plus loin est un berger endormi. Deux *Génies du Sommeil*, tenant deux flambeaux renversés, occupent les extrémités du bas-relief. Même tome, p. 130, 361, etc. — *Mus. Pio-Clem.*, IV, 16.

25 (LXXXI). Buste d'*Artemis-Lochia* ou *Diane-Lucine*, présidant aux enfantements, placé entre deux colonnes, dont l'une porte un vase, l'autre un animal qui paraît chimérique. La chevelure de la déesse figure des espèces de cornes, et elle a le carquois sur l'épaule. Dans le champ on voit une syrinx et des branches d'une plante qui est peut-être le dictamne. Même tome, p. 120, 147. — Pierre gravée. Millin, *Monum. ant. inéd.*, II, 34.

25 *a* (XC). *Artemis-Dictynna* ou la *Diane* de l'île de Crète, assise sur le mont *Dictys*, et tenant sur son bras gauche un enfant,

dans sa main droite une lance; à ses côtés, deux guerriers armés avec la haste et le bouclier. Même tome, p. 119 sq. — Médaille de Trajan. Seguin, *Select. Numism.*, p. 116.

326 (LIX). *Hécate* aux trois formes, le *modius* ou *calathus* sur la tête, et tenant de l'une de ses six mains un chien par les pattes. Tom. II, p. 102 sq.—Paciaudi, *Monum. Peloponnes.*, II, p. 188, coll. 182.

326 *a* (LXXII). *Hécate* ou *Diane* à triple forme (réunion de trois figures): la première a sur la tête le croissant et tient deux flambeaux; la seconde a la tête radiée et coiffée du bonnet phrygien, et elle tient un couteau et un serpent; la troisième est couronnée de laurier, et tient des cordes et des clefs. Même tome, *ibid.* et p. 144. — La Chausse, *Mus. Rom.*, II, 22.

327 (LXXV). *Artemis Amazonia*, ou *Diane armée* et en costume d'*Amazone*, assise au pied d'un arbre, et tenant dans ses mains une double pique et une épée; près d'elle est son bouclier rond, richement orné. Même tome, p. 119, coll. 87 et 94. Compar. pl. CCV, 713, avec l'explicat. — Médaille d'argent de Nicomède I. Visconti, *Iconographie gr.*, XLIII, 1.

328 (XC). *Diane chasseresse*, armée de son arc et accompagnée du *chien*, décoche ses flèches contre le géant *Gration*, aux pieds de serpent, prêt à lancer sur la déesse des quartiers de rocher. De l'autre côté, *Hécate*, armée de deux flambeaux, combat deux autres géants, dont l'un est peut-être *Clytius*. Même tome, p. 102, 119, etc. — Bas-relief de la *villa Mattei*, III, 19.

329 (LXXX). *Diane* changée en *biche* ou en *cerf*, combattant contre un géant anguipède, soit *Gration*, soit *Typhon*, qui la tient par son bois et par le museau à la fois, abattue sous lui. Compar. fig. 151 *a*, 302 et 321 ci-dessus, et ci-après 330. Voy. tom. II, p. 138, coll. tom. I, 2, p. 814. — Millin, *Pierres gravées inédites*.

330 (LXXX). *Diane* en habit de chasse, coiffée du bonnet phrygien, avec l'arc et le carquois et un cerf à ses pieds; devant elle un *génie*, vêtu et coiffé de même, tenant une haste et une patère. On le prend d'ordinaire pour le génie de la ville; mais c'est plutôt le dieu *Men* ou *Lunus*, rapproché de *Méné* ou de *Diana-Luna*. Compar. fig. 300, 332, et voy. tom. II, pag. 83 sq., 131 sqq.,

138, etc. — Monnaie *des Tabéniens* de Taba en Carie, frappée sous Marc-Aurèle. Cabinet du roi.

331 (LXXII). Figure analogue à celle de *Jupiter*, portant un croissant sur la tête, un sceptre dans la main gauche, une étoile sur la droite : le mois appelé *Dius* ou *mois de Jupiter*, qui ouvrait l'année macédonienne. Tom. II, p. 83 sqq. — Médaille d'argent du roi *Antiochus Epiphanes* (Antiochus VIII, surnommé *Grypus*, roi de Syrie). — Visconti, *Iconograph. gr.*, XLVII, 14.

331 (LXXXVIII). Le dieu *Men* ou *Lunus*, appelé encore *Mensis*, le *Mois*, coiffé du bonnet phrygien, ayant un croissant sur les épaules, et tenant une haste et un globe, à l'entrée d'un temple distyle ou à deux colonnes. On lit autour : Sous la magistrature *de Pomponius Bassus*, *la communauté de Galatie*. Tom. II, *ibid*. — Médaille de Trajan. Cabinet du roi.

333 (CL). La *Nuit*, sous la figure d'une femme à la tête radiée, tenant un voile éployé et parsemé d'étoiles au-dessus de sa tête, pour représenter la voûte céleste, et dans sa main gauche un flambeau renversé ; de l'autre côté, *Orthros* ou *le point du jour*, enfant qui porte un flambeau allumé. Ces deux figures, copies d'ouvrages plus anciens, accompagnent celle du prophète *Isaïe* (*Esaias*), sur qui la main de Dieu darde les rayons de l'esprit divin. Tom. II, p. 360, 366. — Peinture tirée d'un manuscrit grec de la Bibliothèque du roi, n° 1878. Montfaucon, *Paléograph. grecq.*, p. 13.

333 *a* (CLI). Figure de femme presque entièrement nue, mais portant une ceinture, couchée et endormie sur une peau de lion ; autour d'elle, trois enfants ailés qui dorment également, couchés sur la même peau, l'un d'eux appuyé sur un carquois ; sous la peau et dans le fond, un grand arc accompagné de trois flèches, un arbre (paraissant être un figuier), un tronc d'arbre qui paraît servir d'oreiller à la principale figure. — On voit, d'ordinaire, dans cette figure, la *Nuit*, environnée, soit d'*Amours*, soit des trois principaux *Génies des songes*, enfants de la Nuit ; on y a trouvé encore, avec moins de vraisemblance, le *Sommeil*, bien qu'il s'agisse d'une femme, ou un *Hermaphrodite*, de qui s'éloignent les *Amours*, qui dorment comme elle. Pour nous, à raison de la ceinture et des autres attributs, auxquels on a

fait trop peu d'attention, nous sommes tentés d'y reconnaître, sous l'image de *Vénus endormie*, l'idée de la *Nature génératrice*, qui sommeille dans sa force et dans sa fécondité à la fois, force et fécondité dont la peau de lion, l'arc avec les flèches, et le figuier sont les symboles, peut-être avec une allusion à la puissance solaire et au réveil de la vie, comme dans le mythe d'Osiris. Tom. II, p. 360, coll. 113 sq., 150, 153 sq., et l'explicat. de la pl. XXXII, 141, avec les renvois au tome Ier. — BARTOLI et BELLORI, *Lucerne sepolcrali*, part. I, tab. 8.

334 (CXLII). *Morphée*, dieu du sommeil, sous la figure d'un vieillard, ayant des ailes à la tête et une couronne d'asphodèle, plante funèbre. Tom. II, p. 361. Compar. fig. 323 et 324, avec l'explicat. — MILLIN, *Pierres gravées inédites*.

335 (LXXXI). L'*Aurore* (ΗΕΟΣ, *Eos*) poursuivant *Céphale* (ΚΕΦΑΛΟΣ); dans le champ, ΚΑΛΟΣ (*beau*). Voy. tom. II, p. 367, 776-778. Compar. les fig. suiv. — Peinture de vase. TISCHBEIN, II, 61.

335 a (LXXXVIII). *Eos* ou l'*Aurore*, dans un quadrige, précédée d'*Artemis Phosphoros* ou *Diane Lucifère*, portant deux flambeaux. *Ibid*. Compar. fig. 321 e, ci-dessus.—Peinture qui orne le col du vase figuré et décrit sous le n° 713.

335 b (LXVIII). Tête de *Méduse*, et au revers l'*Aurore* entre les quatre chevaux qui conduisent son char : on lit sur ce denier, L. PLAUTIUS PLANCUS. *Ibid*. — ECKHEL, *Num. anecd.*, p. 13.

336 (XCII). *Jupiter*, assis et tenant la haste et le foudre, paraît éprouver les douleurs que lui cause Minerve qu'il doit mettre au jour; *Héphæstus* ou *Vulcain*, placé derrière lui, et figuré imberbe, s'apprête à lui ouvrir la tête avec sa hache. Voy. t. II, pag. 779, 783 sqq.— Bas-relief. WINCKELMANN, *Mon. ined.*, II, frontispice.

337 (XCIII). *Athéna* ou *Minerve*, armée du bouclier et de la lance, sort de la tête de *Jupiter*; *Héphæstus* ou *Vulcain* vient de la lui fendre avec la hache qu'il tient dans sa main droite, et il fait avec l'autre un geste d'effroi. *Ilithyia-Lucine* assiste Jupiter, ainsi qu'*Aphrodite-Vénus* : la première tire Minerve de sa tête avec ses deux mains; la seconde la soutient dans ses bras; derrière elle, la *colombe*, qui lui est consacrée, est perchée sur un arbre.

Le fond représente les nuages qui environnent l'Olympe. Les noms de quatre de ces divinités sont tracés auprès d'elles en caractères étrusques : Jupiter est appelé *Tina*; Lucine-*Diane*, *Thana* (plutôt que Minerve, malgré le rapprochement avec *Athana*); Vénus, *Thalna*; Vulcain, *Sethlans*. L'anse de la patère ou du miroir est ornée d'arabesques. Même tome, *ibid.* et p. 118, 409, 486, 558, 653, 730. Conférer. fig. 431 et p. 176 sq. ci-après. — Dempster, *Etrur. Reg.*, I, 1.

338 (XCII). *Minerve*, armée du casque, du bouclier et de la lance, terrassant un *géant* qui doit être *Pallas* (il n'a ni ailes comme *Typhée*, ni plusieurs bras comme *Encelade*, les deux autres géants vaincus par la déesse); ce monstre veut la frapper avec un *pedum*, tandis que ses serpents se dressent contre elle. Même tome, p. 711. — Millin, *Pierres grav. inéd.*, XIX.

338 *a* (XCIII). *Minerve*, l'égide étendue sur le bras gauche, tient de la main droite la lance dont elle perce le géant *Pallas* (fig. précéd.). On lit autour : Monnaie *des Séleuciens*, *près du Calycadnus.* — Médaille de Gordien III, frappée à Séleucie en Cilicie. Eckhel, *Num. anecdot.*, XIII, 15.

339 (XCIII). *Athéna-Minerve* disputant avec *Poseidon-Neptune*, pour savoir qui donnera son nom à la ville d'Athènes. La déesse vient de faire naître l'*olivier*, sur lequel est posée sa *chouette*, tandis que le grand serpent ou *dragon*, qui lui était également consacré, s'entortille autour. Même tome, p. 707, 777, 758 sq., etc. — Médaille d'*Athènes*, en bronze. Cabinet du roi.

340 (CXLIII). *Minerve* tient la double flûte, près d'une fontaine dont la *Nymphe* est penchée sur son urne; celle-ci et les deux autres *Nymphes* qui l'accompagnent lui font remarquer combien l'usage de cet instrument déforme ses traits. Même tome, p. 709 sq. — Peinture antique publiée par Winckelmann, *Monum. ined.*, n° 92.

340 *a* (LXXXVI). Tête de *Minerve*, casquée; au revers, la même déesse en pied, rejetant la double flûte en présence du Satyre *Marsyas*, qui témoigne son étonnement par des gestes animés. *Ibid.* Compar. fig. 301 ci-dessus, avec l'explicat. — Médaille attique de bronze, de la collection du baron de Stackelberg, publiée par Ed. Gerhard, *Venere Proserpina*, p. 10, coll. 78.

341 (XCIV). *Pallas-Athéné* ou *Minerve*, en costume complet des Panathénées, avec l'*égide*, sur laquelle est appliquée la tête de la *Gorgone* entourée de serpents, la tunique talaire, et le *péplus*, sur le bord duquel sont brodées en onze compartiments, indiqués par de petits carrés en relief, les scènes principales du combat des dieux et des géants. La tête ainsi que les bras manquent à cette statue, dégagée des parties restaurées, et qui est probablement une imitation d'un antique simulacre de bois. Voy. t. II, p. 812 sqq. — Musée royal de Dresde. Becker, *Augusteum*, pl. 9, coll. H. Meyer, *Geschichte der Kunst*, pl. 5, A.

341 *a* (LXXXVII). Tête de *Minerve*, avec le casque orné de feuilles d'*olivier*, sur une grande médaille d'argent ou un *tétradrachme* d'Athènes, d'un style antérieur à l'époque de Phidias. Le revers est au n° suivant. Même tome, p. 761 sq.—Hunter, *Num. popul.* VIII, 7.

341 *b* (XCIV). Revers du n° précédent. On y voit la *chouette*, un croissant et une branche d'olivier, avec l'inscription qui indique une médaille d'*Athènes*. *Ibid.* — *Ibid.*

341 *c.* (XCIV). Revers d'une autre médaille d'Athènes, présentant le hibou ou la *chouette* perchée sur un vase, et un *cerf* à côté, avec l'inscription ordinaire et les noms de deux magistrats, le tout environné d'une couronne d'olivier. — *Ibid.* Compar. fig. 410. — Eckhel, *Anfangsgr. der Numism.*, tab. VI, 5.

341 *cc* (XCIV). L'*abeille*, au revers d'une médaille d'*Athènes*, dont la face représente la *chouette*, symbole de Minerve, perchée sur la proue d'un vaisseau d'où sortent deux épis. Voy. tom. II, *ibid.*, et tom. III, liv. VIII, sect. II, chap. I.— Haym, *Thesaur. Britann.*, tab. XVII, 3.

341 *d* et *e.* (XCIV). Ancienne médaille d'argent, attribuée à Athènes. Elle représente, d'un côté, une face de *Gorgone*, du genre le plus grossier et le plus ancien; de l'autre, une tête de lion dans un carré creux. Tome II, p. 752, etc. — D'après une empreinte en soufre de M. Mionnet.

341 *f* et *g* (XCIV). Tête de *Minerve*, d'un beau caractère, avec le monstre Scylla représenté sur son casque athénien; au revers, un *taureau cornupète* (βοῦς θούριος), emblème parlant du nom de la ville de *Thurii* dans la Grande-Grèce, écrit au-dessus; au-

dessous, dans l'exergue, un poisson. — Médaille d'argent, du Cabinet du roi. LANDON, *Numism. d'Anach.*, pl. 81.

341 *h* (LXXXVII). Vue du côté septentrional de l'*Acropolis* ou de la citadelle d'Athènes, représentant, au-dessus des *longues roches* et des deux grottes de Pan et des Agraulides, les *Propylées* avec le grand escalier qui y conduisait, la statue de *Minerve-Promachos* exécutée par Phidias, et le *Parthénon* (ou l'*Erechtheion?*). Tome II, p. 767 et 810 sq. — Médaille de bronze, d'*Athènes*, du Cabinet du roi. Cf. BRÖNDSTED, *Voyages dans la Grèce*, II, p. 131 et 287 sq.

341 *i* (XCIV). Vue du côté méridional de l'*Acropolis*, avec les contours des *Propylées*, du *Parthénon* et du grand *théâtre dionysiaque*, y compris la grotte située au-dessus et transformée aujourd'hui en une petite chapelle. Même tome, p. 810 sq. — Médaille de bronze d'*Athènes*, au musée britannique. LEAKE, *Topography of Athens*, frontispice, et p. 57 sq.

342 (XCIV). *Amphore panathénaïque* ou imitation d'un de ces vases de prix provenant d'Athènes, trouvée en Étrurie, et représentant, sur cette face, *Pallas-Athéné* ou *Minerve* dans un mouvement d'attaque, armée de la lance et du bouclier, vêtue d'une tunique longue ou d'un péplus richement brodé, pardessus lequel se voit l'égide, et placée entre deux colonnes qui portent des coqs, symboles de combat. L'inscription signifie : *Un des prix d'Athènes*. L'autre face, non donnée ici, offre cinq coureurs. Tom. II, p. 771, 813, etc. — Vase du prince de Canino, d'après BRÖNDSTED, *Mémoire sur les Vases panathénaïques*, pl. V, 8, coll. III, 1, 2.

343 (XCIV). *Minerve*, dans un mouvement analogue à celui de la figure précédente, vêtue de la tunique longue, rabattue en *diploïdion*, montrant un *griffon* sur son casque athénien, et la tête de la *Gorgone* au milieu de l'égide écaillée, étendue sur son bras gauche, et qui lui sert ainsi de bouclier en même temps que de cuirasse. Même tome, p. 727, 752, 813, etc. — Statue d'Herculanum, en style hiératique. MILLINGEN, *Unedited Monuments*, Ser. II, pl. 7.

344 (XCIV). La *Minerve*, d'ancien style, sculptée au fronton occidental du temple de cette déesse à Égine, vêtue à peu près

comme la précédente, mais avec l'égide sur la poitrine et retombant par-derrière de manière à couvrir le dos; la tête de *Méduse* a été restaurée par Thorwaldsen dans le trou pratiqué pour la recevoir. La déesse tient la lance et le bouclier élevés, comme *Promachos* ou *Protectrice*. Voy. la note 16 dans les Éclaircissements sur le livre VI, tom. II.—Dessiné d'après l'original à la glyptothèque du roi de Bavière à Munich, dans O. Müller et Oesterley, *Monum. de l'art antique*, I, pl. VIII B, *f*, coll. VI et VII, 28 et 29, *f*.

345 (XCIV). Statue colossale et idéale de *Minerve*, dite la *Pallas de Velletri*, et qui passe pour une imitation de la *Parthenos* ou *Vierge* de Phidias, quoique portant le casque corinthien. Elle est vêtue de la tunique longue, par-dessus laquelle est jeté un péplus ou himation, artistement drapé et couvrant la partie inférieure du corps. La tête de *Méduse*, entourée de serpents, indique l'égide placée sur la poitrine. La déesse, à la fois *victorieuse* et *pacifique*, comme le marquent sa pose et l'expression de ses traits, tenait probablement une lance dans la main droite, mais au repos; sa main gauche abaissée soutenait peut-être une Victoire. Même tome, p. 811, 813, avec la note 16 dans les Éclaircissements du livre VI. — Musée du Louvre, n° 310, et Millin, *Monum. inéd.*, tom. II, pl. XXIII, p. 189.

345 *a* (XCIV). *Minerve* casquée, mais du reste sans armes, enveloppée d'un ample manteau qui, relevé sur son épaule, couvre son bras gauche et une partie de son égide; tenant dans sa main droite abaissée une patère. A ses côtés, et sur la base même qui la porte, se voient la *chouette* placée à sa gauche, et, à sa droite, un être femme et poisson qu'on regarde comme une *Néréide*. On peut, dans cette image, qui se rapproche naturellement de la précédente par son attitude et son costume, et qui n'est pas non plus sans rapport avec la figure 203 par ses attributs, soupçonner une Minerve *Aléa* ou *Victrix*, analogue à la Minerve *Hippia*, née de la mer comme elle, ayant triomphé des puissances de ténèbres, et répandant la lumière avec la chaleur et la vie, par conséquent *victorieuse*, *pacifique* et *salutaire* à la fois. Voy. tome II, p. 793-800, et la note 14 dans les Éclaircissements du livre VI. Comparez encore fig. 341 *f*, et 600. —

Statue du Casino Ruspigliosi. Bracci, *Memorie degli incisori*, II, *tav. agg.* IX, et p. 97, coll. Gerhard, *Antike Bildw.*, Cent. I, tab. VIII, 1-3, avec son *Prodromos*, p. 139 sqq.

346 (XCII). *Minerve*, debout, avec la tunique, l'égide, un casque athénien surmonté d'une aigrette et orné de deux coursiers ailés, tient une patère dans laquelle elle donne à manger au grand *serpent* ou *dragon* à qui elle avait confié la garde d'Érichthonius et que les Athéniens nourrissaient dans son temple. Minerve comme *Poliade* ou *Protectrice de la cité*, mais peut-être en même temps comme *Hygie* et *Salutaire?* Même tome, p. 758 sq., 768 sqq., 798. Compar. fig. 310 et 339 ci-dessus. — Bas-relief d'un candélabre. *Mus. Pio-Clem.*, IV, 6.

347 (XCIII). Buste de *Minerve*, d'une grande richesse d'ornements et d'une grande beauté d'exécution. La poitrine de la déesse est couverte de l'égide à écailles, bordée de serpents, avec la tête de *Méduse* idéalisée; un collier composé de glands, et des pendants d'oreille en forme de grappe de raisins, lui font une double parure; sa longue chevelure est couverte d'un casque magnifique, dont l'aigrette est supportée par un *sphinx* accompagné de deux coursiers ailés ou *Pégases*, et dont le devant est orné de quatre *chevaux* et les couvre-joues d'un *griffon*. Le bois de lance indique la Pallas *guerrière* et *victorieuse*, qu'on peut encore appeler ici *Hippia* ou *Équestre*, et surtout *Callimorphos* ou *la belle*, en la considérant comme une imitation de la Minerve *Lemnienne* de Phidias. Même tome, p. 727, 752, 795 sqq., 811, avec la note 16 dans les Éclaircissements du livre VI. Compar. fig. 34, *f*, 343 et 346.—L'inscription indique l'auteur de cette belle intaille, *Aspasios*. Bracci, I, 29.

348 (XCII). *Minerve Victrix* ou *Nicéphore*, portant sur sa main droite une image de la *Victoire* qui tient une palme et un trophée, dans l'autre main une haste; derrière elle est un trophée. Même tome, p. 811, etc.—Médaille frappée sous Commode, au Cabinet du roi.

349 (XCIII). *Minerve* lançant le foudre de sa droite, tandis que, de la gauche, elle tient son bouclier élevé: symbole de la puissance de Domitien, *empereur pour la dix-neuvième fois, consul pour*

la seizième, censeur, père de la patrie, etc. Même tome, p. 816, coll. 806, 809.—Oisel, *Thesaur.*, LI, 11.

350 (XCIII). *Minerve Pacifique* ou *Pacifère*, casquée, debout, et tenant un flambeau renversé sur un autel, en signe qu'elle éteint les feux de la guerre; on lit en grec, au bas de la statue: *Athena eirenophoros* (Minerve apportant la paix). Même tome, p. 775 sq.—Paciaudi, *Monum. Peloponn.*, I, 35. Comparez la *Minerve* d'ancien style avec son casque à la main, également comme *Pacifique*, fig. 250, *h*, ci-dessus.

350 *a* (XCIII). La même, ayant près d'elle son bouclier, s'appuyant de la main gauche sur sa lance, et de la droite tenant un rameau d'olivier. On lit autour : *Sous le scribe Julius Paulus*, monnaie *des Magnésiens. Ibid.*—Médaille de Maximin, au Cabinet du roi.

351 (XCV). *Minerve Ergané* (ouvrière), vêtue d'une ample et longue tunique, ayant l'égide sur sa poitrine, le casque en tête, et dans la main gauche une haste, étend l'autre vers un *sculpteur* qui est assis devant elle et qui travaille à un chapiteau d'après ses instructions; à côté est une machine mise en mouvement par une roue dans laquelle marchent deux hommes pour la faire tourner, et qui élève ainsi le fût de la colonne à laquelle le chapiteau est destiné. A la gauche de Minerve est *Jupiter tonnant*, tel qu'il était représenté au Capitole; et plus loin, *Diane chasseresse*, l'arc et la haste en main, le carquois sur l'épaule. Une *prêtresse* fait une libation sur un autel. Le gros serpent avec la tête d'un bouc barbu sans cornes, mais ornée d'une couronne, qui occupe l'extrémité du bas-relief, représente le *Génie du théâtre*, comme l'indique l'inscription mutilée qu'on lit au-dessus. Celle du bas signifie : *Lucceius Peculiaris, entrepreneur du proscenium, a fait* placer ce bas-relief votif *d'après un songe*. Voyez tome II, p. 770-776. Compar. fig. 546, 639, 639 *a*.—Carlo Fea, ad Winckelmann, *Storia delle Arti*, III, 13.

352 (XCII). *Minerve-Hygiée* ou *Hygie*, appuyée d'une main sur son bouclier, et de l'autre présentant la *matricaire* à trois *malades*, que cette plante doit guérir de leurs maux, et dont l'un montre à la déesse son avant-bras, l'autre sa main gauche; ce-

lui du milieu, aveugle, se conduit à l'aide d'un bâton. Même tome, p. 768-770. Compar. fig. 346, avec l'explicat. — Ne serait-ce pas plutôt, à en juger par le costume et l'attitude, soit de la déesse, soit de ceux qui sont devant elle, *Minerve*, à la fois *Victorieuse* et *Pacifique*, offrant la palme à des guerriers vainqueurs? Compar. fig. 348, 350, 350 *a*. — PACIAUDI, *Monum. Peloponn.*, II, 155.

353 (XCIV). Idole de la *Pallas Troyenne*, auprès de laquelle *Cassandre* cherche un asile contre la poursuite d'*Ajax*, fils d'Oïlée; la *prêtresse* de Minerve s'enfuit épouvantée. La déesse est debout, coiffée du bonnet phrygien, vêtue d'une tunique longue, nouée par une ceinture; elle tient, de ses deux mains élevées, le bouclier et la lance. Même tome, p. 734 sq. Compar. fig. 820 et 777-780, avec l'explicat.—*Vases du comte de Lamberg*, publiés par AL. DE LABORDE, II, pl. 24.

353 *a* (XCIV). *Athéna-Ilias* ou *Minerve Iliée*, debout, portant de la main droite la lance sur son épaule et dans la gauche un flambeau, ayant la chouette devant elle. Même tome, p. 735. — Médaille de la Nouvelle-Ilion, dans CHOISEUL-GOUFFIER, *Voyages*, etc., II, pl. 38, n° 10.

354 (XCIV). Idole antique d'*Athéna-Chrysé* ou de la Minerve de Lemnos, déesse d'origine dardanienne ou troyenne, à laquelle *Hercule* et *Jason*, Argonautes, vont offrir le sacrifice d'un jeune taureau. La *Victoire* ailée prend part à cette oblation, ayant près d'elle un *éphèbe*, qui semble ouvrir un coffre contenant des ustensiles sacrés. Minerve est debout sur une colonne à base de rocher, enveloppée d'une tunique serrée et brodée richement, élevant les deux mains, et la couronne radiée en tête. Même tome, *ibid.* — MILLINGEN, *Peint. de vases de div. coll.*, pl. 51, coll. pl. 50.

355 (XCVI). *Arès* ou *Mars*, enfant, allaité par *Héra-Junon*, sa mère, qui le tient sur ses genoux, assise, et reconnaissable à la *stéphané*, sa coiffure habituelle. Voy. tom. II, p. 644, 649. Compar. fig. 274, 274 *a*, et surtout 275, ci-dessus. — Statue du musée du Vatican. *Mus. Pio-Clem.*, I, 4.

356 (XCII). *Arès-Mars*, le casque en tête, la chlamyde rejetée en arrière, tenant le bouclier de la main gauche, et de la droite

enfonçant sa lance dans le dos du géant *Mimas*, figuré anguipède et avec l'expression de la douleur. Même tome, p. 648. Compar. le *Mars* d'ancien style, pl. LXVI, 1.—Millin, *Pierres gravées inédites*, XXII.

357 et 357 *a, b.* (XCVII). Trois *Génies de Mars* ou *trois Amours*, portant les armes du dieu, le premier son *bouclier*, le second son *épée*, le troisième son *casque*, sur les trois faces d'un autel triangulaire, orné d'élégants arabesques, soutenu par des *Sphinx*, et dont les angles sont décorés de têtes de *béliers*. Même tome, p. 648, 665.—Musée du Louvre, n° 331. Willemin, *Cost. ant.*, LXXXI.

358 (XCIX). Trône de *Mars*, préparé par ses *Génies* ou par des *Amours*, dont l'un tient son bouclier, et l'autre porte un casque et une couronne. *Ibid.* — *Pitture d'Ercolano*, I, 29.

359 (XCV). Deux prêtres de *Mars*, appelés *Saliens*, la tête voilée et vêtus de la *trabea*, sur laquelle l'un a un *hippocampe*, l'autre un *Triton*, portant trois des boucliers sacrés nommés *Ancilies*. On lit en haut ALLIVS, et au bas ALCE, en vieux caractères gréco-italiotes, peut-être par allusion aux *Salii* d'Aleso, ville qui, dans l'ancienne langue du pays, se nommait *Alse*. Tom. II, p. 507-511.—Lanzi, *Saggio*, II, IV, 1.

360 (XCV). Les *Ancilies*, sur un denier d'argent, frappé sous Auguste; au milieu est l'*apex* du flamine. On lit autour : P. Stolo III VIR. *Ibid.*, et surtout p. 510. — Fortia, *Hist. des Saliens*, p. 173.

361 (XCVII). Belle tête de *Mars barbu* sur les médailles de Métaponte. (L'inscription indique plutôt *Leucippos*, le fondateur achéen de cette ville.)—Magnan, *Miscell. Numism.*, III, 25-28.

362 (XCVI). *Mars combattant*, armé du bouclier et de la lance; une chouette est à ses pieds, étendant ses ailes pour voler, présage de victoire. Tom. II, p. 648. — Médaille *des Bruttiens*. Magnan, *Bruttia num.*, tab. 8, 1.

363 (XCVI). *Mars Teichésiplétès* (qui ébranle les murs), portant une lance, un bouclier et une échelle pour monter à l'assaut. Même tome, p. 645, 648. — Médaille de bronze, frappée sous Septime-Sévère, des *Bizyeniens* de Bizya, ville de Thrace. Voltereck, *Electa numaria*, III, 7.

364 (XCVI). *Mars victorieux* se couronne lui-même; il tient dans sa main gauche une lance renversée; dans le champ est un serpent, comme signe monétaire. Même tome, p. 648.—Médaille des Bruttiens. Magnan, *ibid.*, tab. 5, 1.

365 (XCVII). *Mars Stator* (qui *arrête* les fuyards) tient un *aigle* dans une main et dans l'autre l'étendard légionnaire. Même tome, p. 650.—Médaille d'argent de Septime-Sévère. Gessner, *Imp.*, CXXXI, 67.

366 (XCVI). *Mars Gradivus*, entre deux captifs, tient dans une main une lance et dans l'autre un trophée. On lit autour: *Courage de l'armée des Gaules*. Même tome, p. 511 et 649 sq. — Type commun sur les médailles de Constantin, de Constant et de Julien.

367 (XCVI). Statue de *Mars Ultor* (vengeur) dans son temple, soutenu par quatre colonnes; il tient dans une main un aigle légionnaire, et dans l'autre une enseigne militaire plus petite. Même tome, p. 650.—Médaille d'Auguste en or. Gessner, *Imp.*, XVII, 17.

368 (XCVII). *Mars Pacifère*, tenant dans une main l'image de la *Victoire* et dans l'autre un rameau d'olivier. Même tome, *ibid.* Comparez, pour l'idéal de Mars, les fig. 356 et 381.—Millin, *Pierres gravées inédites*, XXI.

Nota. On trouvera plus loin (pl. CCLIV, 872, et CCLVI, 873) le *Mars* latin ou romain en rapport avec *Rhéa Silvia*.

368 *a* (CL). *Enyo* ou *Bellone*, déesse de la guerre, dans une attitude belliqueuse, le casque en tête, tenant un bouclier des deux mains, ayant une lance à côté d'elle, et précédée de la chouette aux ailes étendues. A la face est une tête de *Mars* barbu analogue à la figure 361, mais sans inscription. Même tome, p. 650. Compar. fig. 362. — Médaille des Bruttiens. Magnan, *Bruttia*, tab. 6, iv.

368 *b* (CL). *Prêtre bellonaire* : sa tête est ceinte d'une couronne de laurier ornée de trois camées, d'où pendent des bandelettes; son col est paré d'un collier formé d'un serpent à deux têtes qui mordent une gemme; sa longue tunique, attachée sur l'épaule, est retroussée, et il a par-dessus un ample manteau; il tient deux haches de sacrifice et une branche de laurier. Près de lui

est une *ciste* (fig. 452, 453, etc.), et à ses pieds on lit une inscription dont voici le sens: « A L. Lartius Anthus, *cistophore* du « temple de *Bellone*, où son image est placée sur un *pulvinar* « (lit sacré). C. Quintius Rufinus a fait faire cette pierre à son « frère (collègue) et son maître chéri, et lui a fait faire un mo- « nument intérieur dans le champ de l'Apollon d'argent. Quin- « tius Rufinus. » Tom. II, p. 650. — MURATORI, *Inscript.*, CLXIX, 1.

369 (CII). Tête de la *Pâleur* (*Pallor*, *Deimos*), suivante de *Mars*, sur un denier de la famille Hostilia; derrière est un *lituus*, trompette militaire. Au revers, on voit une figure de *Diane*, de style antique, avec une couronne radiée, une courte tunique et un péplus à plis droits; sa main droite tient un cerf par son bois, et la gauche une haste. Voy. tom. II, p. 645, 648, 650; et compar. fig. 321 et p. 145 ci-dessus. — MORELL., *Thesaur.*, p. 199.

370 (CII). Tête de la *Frayeur* (*Pavor*, *Phobos*), avec un bouclier derrière, sur un denier de la famille Hostilia. Au revers, on voit un guerrier armé d'un javelot et d'un bouclier (probablement *Mars* lui-même) sur un *bige* entraîné avec rapidité, et dont le conducteur tient une torche dans sa main gauche (probablement *Eris* ou la *Discorde*). Même tome, *ibid.* — MORELL., *ibid.*

371 (XCVI). Buste de *Nicé* ou la *Victoire*, sur un denier de la famille Valéria. Sa tête est couronnée d'un diadème, et ses cheveux sont attachés par un *ampyx* (lien) d'or; de courtes ailes naissent de ses épaules. Voy. tom. II, p. 452, 575, et surtout tom. III, liv. VIII, sect. I, chap. VI. — MORELL., *Thesaur.*, p. 428.

372 (XCVI). *Victoire Nicéphore*, debout, couronnée de laurier, sans ailes, tenant sur sa main droite une image ailée de la *Victoire*; son bras gauche est appuyé sur un bouclier placé sur un globe. Mêmes tomes, *ibid.* — MORELL., p. 144, *Famille Cossutia*.

373 (XCVI). La *Victoire*, portant la couronne murale sur sa tête et une guirlande de feuilles de chêne dans ses mains. — Médaillon d'Antonin-le-Pieux. VENUTI, *Mus. Alb.*, XXV, n° 1.

374 (XCVIII). Médaillon de Gordien II, représentant l'empereur à cheval, portant une haste; il est précédé de la *Victoire*, qui tient une couronne de laurier dans sa main droite et une palme

dans sa gauche; il est suivi d'un soldat et de trois *signifères* ou porte-enseignes. — BUONARROTI, *Medagl. ant.*, XIV, 2.

375 (XCVIII). La *Victoire*, planant dans les airs, couronne l'empereur qui est dans un *bige*, et qui appuie sa main gauche sur une haste; elle porte une palme. L'inscription signifie : *Sous le pontife et archonte Tatianus*, monnaie *des Silandiens*. — Médaillon de Commode. VENUTI, XLVI, 1.

376 (XCVIII). Médaillon d'Alexandre Sévère, représentant la *Victoire* couronnant l'empereur dans un *quadrige*; il tient une branche de laurier dans sa main droite; deux soldats conduisent les chevaux; dans le fond, on voit d'autres soldats qui portent des palmes. L'inscription veut dire : *Souverain pontife, tribun du peuple pour la huitième fois, consul pour la troisième, père de la patrie*. — BUONARROTI, XII, 1.

377 (XCVIII). Deux *Victoires* soutiennent un bouclier votif entouré de laurier, dans lequel on lit : *Le sénat et le peuple romain; monument de la Victoire sur les Parthes*; au-dessous est la *Province* personnifiée, assise et plongée dans la tristesse; à côté d'elle une enseigne militaire. — Médaillon d'Antonin. VENUTI, XXX, 3.

378 (XCVI). La *Victoire* debout sur la proue d'un vaisseau; elle n'est vêtue que depuis la ceinture; dans sa main droite elle porte une couronne de laurier, et dans l'autre une palme; dans le champ est une fleur de grenadier, au-dessus de laquelle on lit: POΔIΩN (monnaie *des Rhodiens*). — Médaillon de Néron. *Mus. Pisan.*, VI.

379 (CXXXIV). La *Victoire* attache à un palmier le bouclier d'un Germain vaincu; on y lit: *Victoire germanique*; au pied de l'arbre est la *Germanie* elle-même *captive*, comme dit l'inscription de l'exergue. — Médaille de Vitellius. OISEL, *Thesaur.*, XXIV, 9.

380 (XCV). On voit d'abord, à gauche, un groupe de trois figures; c'est *Vulcain* épousant *Vénus* en présence de *Junon* (confér. fig. 275 *a*). Plus loin, le même *Vulcain* rend les dieux témoins de l'adultère de *Mars* et de *Vénus*, en soulevant la draperie qui les couvrait; *Mars* porte la main devant son visage, en signe de confusion; *Vénus* se retourne avec un geste d'effroi;

et cache le sien dans son voile. La figure aux ailes de chauve-souris est peut-être la *Nuit* qui fuit devant *Hélios* ou le *Soleil*, placé en opposition avec elle à côté de Vulcain, et reconnaissable à sa couronne radiée ainsi qu'au fouet qu'il tient dans sa main gauche (fig. 303, 304, 305); peut-être aussi cette figure ailée, qui tient un flambeau, représente-t-elle plutôt *Himéros* ou *Pothos*, qui s'enfuit épouvanté. Les deux enfants, également ailés, dont l'un, plus âgé, se détourne en pleurant du couple adultère, l'autre, plus jeune, et portant un flambeau, le contemple avec compassion, sont *Hymenæos* ou l'*Hymen*, et *Eros* ou l'*Amour*. Les témoins de la scène sont, du côté de Vulcain, Jupiter, assis, ayant le sceptre dans la main gauche, et l'aigle à ses pieds, qui paraît prononcer son jugement; *Apollon*, debout derrière lui, en face d'*Hélios*, avec le griffon, son attribut; de l'autre côté, assis comme Jupiter, mais près de Vénus, et vis-à-vis de tous deux, *Hermès* ou *Mercure*, les ailes à la tête, le caducée dans la main, et un doigt sur la bouche, en signe d'intelligence ou de moquerie. Voy. tom. II, p. 295-301, coll. p. 124, 128; et p. 649, 666, 689. — Bas-relief de la Villa Albani. WINCKELMANN, *Monum. ined.*, n° 27.

381 (C). *Aphrodite-Vénus*, amante d'*Arès-Mars*, triomphant par ses charmes du dieu de la guerre : groupe du Musée Capitolin. *Vénus* à demi nue, drapée seulement depuis la ceinture, les cheveux relevés en *crobylos* par-derrière, et le pied gauche élevé dans une attitude pleine de grâce, embrasse *Mars* debout, le casque en tête, la chlamyde rejetée sur ses épaules, de manière à laisser voir ses membres vigoureux, un bras passé autour du corps de la déesse, et, de l'autre, s'appuyant sur sa lance. Voy. tom. II, p. 296, 649, 664, et compar. fig. 356, 382, 390.—*Mus. Capitol.*, III, 20, coll. *Mus. Florent.*, III, 36.

382 (CIV). *Vénus et Mars*, sujet analogue au précédent, mais de style ancien. La déesse, debout, porte une chevelure roulée autour de sa tête, et une tunique longue qu'elle retrousse de la main droite, tandis qu'elle élève la gauche vers *Mars*. Ce dieu est debout également, et il a la tête nue; il est vêtu d'une courte chlamyde, des cnémides couvrent ses jambes, et il tient une lance dans la main droite, s'appuyant de la gauche sur son

bouclier. *Ibid.* et p. 648, 663. Comparez pl. LXVI, 250, fig. *i* et *k* ; CI, 397 ; et CL, 562, avec l'explicat. — Millin, *Pierres gravées inédites,* n° 24, coll. 25 et 26.

383 (XCIX). *Vénus Anadyomène,* sortant de l'onde, soutenue par deux *Centaures marins ;* des jeunes *Tritons* sonnant de la conque, des *Amours* et des *Néréides*, assis sur des *Centaures marins*, sont autour ; une de ces *Néréides* embrasse un *Amour*, une autre tient un miroir. Tom. II, p. 664, 665. — Bas-relief de la villa Pinciana. Stanza, I, n° 12.

384 (C). *Vénus Anadyomène,* sortant de la mer, et exprimant l'eau dont ses cheveux sont imbibés. Statue de bronze, qui paraît une imitation de la Vénus peinte par Apelles. Même tome, p. 664.—Millin, *Monum. inéd.,* II, 28 et 29.

385 (CI). *Vénus Marine,* assise sur un *hippocampe* ou cheval marin ; elle a la tête voilée, et la partie inférieure du corps couverte d'une tunique ; elle étend le bras droit vers l'*Amour*, qui est posé sur la queue de l'animal et qui décoche une flèche. T. II, *ibid.* et p. 653.— Monnaie *des Bruttiens.* Magnan, *Brutt. num.,* pl. 3, 11.

386 (XCIX). *Vénus* sur un *taureau marin* autour duquel jouent des *Amours,* dont l'un est monté sur le col du monstre et le dirige, par l'ordre de la déesse ; un autre est dans les replis de sa queue ; un troisième s'y retient en sortant des eaux ; un quatrième est porté sur un dauphin ; un cinquième plane dans l'air au-dessus du groupe. Même tome, *ibid.*—Camée du Cabinet du roi, avec le nom du graveur, *Glycon.*

387 (C). *Vénus Marine,* entièrement nue, sur un char traîné par un *Triton* qui porte une conque, et par une *Néréide* qui sonne de la trompette.—Médaille d'Agrippine, frappée à *Corinthe.* Vaillant, *Num. Imp.,* p. 113.

388 (C). *Vénus de Cnide,* entièrement nue, et venant de dépouiller son dernier voile ou le reprenant sur un *alabastron* (vase à mettre les parfums). Toute la figure se distingue par un caractère d'élévation en même temps que de beauté. Médaillon de Caracalla, qui retrace la composition de la statue de Praxitèle. Même tome, p. 663 sq. — Lachau, *sur les Attributs de Vénus,* p. 71.

389 (CI). Statue de *Vénus* sortant du bain, dite la *Vénus du Capitole*, très bien conservée, mais beaucoup moins idéale et moins belle que la précédente image; elle est nue; ses cheveux, ceints d'un bandeau, et en outre relevés et noués sur le sommet de la tête, lui forment une haute coiffure; à ses pieds est un *alabastron* recouvert d'un linge bordé de franges, pour s'essuyer. *Ibid.* Compar. fig. 396 *b*. — Piroli, *Mus. Nap.*, I, 56.

390 (C). Statue idéale de *Vénus*, connue sous le nom de la *Vénus de Milo*, parce qu'elle a été trouvée dans cette île, l'antique Mélos, en 1820, et qui est qualifiée, avec quelque raison, de *Vénus Victrix* ou *Victorieuse*. Elle est à demi drapée, dans une pose qui se rapproche de celle de la fig. 381, mais avec moins de mouvement, ce qui ne permet guère de penser qu'elle fût groupée, comme celle-ci, avec une autre figure. Tenait-elle, de ses bras aujourd'hui mutilés, quelqu'un des attributs de *Mars*, par exemple son bouclier, comme sur une médaille de Corinthe (Millingen, *Unedit. Monum.*, II, 4, avec la *Vénus* analogue *de Capoue*, 5), ou bien la pomme, ce que semblerait indiquer le fragment de main gauche tenant une pomme (*mélon*, allusion possible au nom de *Mélos*), trouvé avec cette belle statue? Ce qui paraît sûr, c'est qu'elle fut déjà restaurée dans l'antiquité, peut-être plus d'une fois, et que, bien qu'on ne puisse la regarder comme irréprochable de tout point, elle n'en est pas moins d'une beauté de style où la noblesse le dispute à la grâce, et d'un rare talent d'exécution. Si l'inscription fruste de la plinthe qui supporte ce chef-d'œuvre, et qui a été découverte en même temps, s'y rapporte, il faudrait l'attribuer à un sculpteur *d'Antioche du Méandre*. Tom: II, p. 664. — Musée du Louvre, n° 232 *bis*. Confér. Quatremère de Quincy, *sur la statue antique de Vénus*, etc., in-4°, avec une planche, 1821; De Clarac, *sur la statue antique de Vénus Victrix*, etc., 1821, in-4°, avec deux planches; et le *Musée de Sculpture* du même, pl. 339.

391 (XCI). *Vénus Victrix*, d'un style plus sévère, coiffée de la stéphané, regardant un casque qu'elle tient dans la main droite, et du bras gauche, appuyé sur un cippe, tenant une palme. *Ibid.* — Millin, *Pierres gravées*, XXIII.

392 (CI). *Vénus Érycine*, d'ancien style, complétement vêtue, assise, tenant sur sa main droite une colombe, et ayant l'*Amour* devant elle. Tom. II, p. 654, 663, 665.—Médaillon d'argent, d'*Eryx* en Sicile, au Cabinet du roi.

392 *a* (CIV). Denier de la famille Considia, représentant le temple de *Vénus* au mont *Eryx* (fig. précéd.), dont le pied est entouré de murs. Même tome, *ibid.*—Morell. *Thesaur.*, p. 109.

393 (C). *Vénus*, qu'on pourrait appeler *Vénus-Léda*, posée sur un cygne, du reste vêtue d'une tunique longue, qui laisse voir seulement une partie du sein, et tenant un voile éployé au-dessus de sa tête. Même tome, p. 662, 663. — Terre cuite du *British Museum*. Combe, pl. XXXV, 72.

394 (CIV). Denier de la famille Mussidia, représentant les *Comices*, dans lesquels on voit un distributeur de bulletins et un citoyen donnant son suffrage. On lit au bas CLOACIN, *Vénus Cloacina*, dont le temple était dans ce lieu. Même tome, p. 668.—Morell. *Thesaur.*, p. 289.

395 (CI). Médaille de Julia Mammæa, représentant *Vénus Genetrix* ou *Genitrix*, complétement vêtue et drapée, dans une attitude majestueuse. De la main droite elle soutient un globe, et elle appuie l'autre sur un sceptre; un enfant nu est debout devant elle et lui tend les bras. Tom. II, p. 664, 669. — Gessner, *Num. Imp. Rom.*, CLXVI, 47.

396 (CI). Médaille de Julia Paula, représentant *Vénus Felix*, vêtue et drapée comme la précédente, s'appuyant d'une main sur un sceptre et de l'autre portant un enfant nu. *Ibid.* — Gessner, *ibid.*, CLIX, 65.

396 *a* (CI). Statue de *Sallustia Barbia Urbiana*, femme d'Alexandre Sévère, figurée en *Vénus Felix*. Sa belle chevelure est ornée d'un diadème élevé, pareil à celui de Junon (fig. 274, 274 *a*); la moitié supérieure du corps est nue; le reste est drapé comme le sont la plupart des statues des *Augustæ* figurées en *Vénus*; à ses côtés est un *Amour*, dans l'attitude de présenter quelque symbole. On lit au bas une inscription qui se traduit : *A Vénus Heureuse, Sallustia et Helpidus ont consacré* cette statue. Même tome, p. 664, 665. — *Mus. Pio-Clem.*, II, 52.

396 *b* (CI). *Julia Soœmias*, mère d'Elagabale, figurée en *Vénus*

sortant du bain, avec un *Amour* sur un dauphin à ses pieds, attribut commun à plusieurs images de Vénus. Elle tient dans une main un *unguentarium*, petit vase à parfums, et frotte avec l'autre ses longs cheveux, qui sont faits d'une autre pièce de marbre, et amovibles. Même tome, p. 634 sq., 653, 664 sq. Comp. fig. 384, 386, 389. — *Mus. Pio-Clem.*, II, 51.

397 (CI). *Aphrodite Vénus*, debout et complétement vêtue, donnant la main à *Anchise*. On lit autour leurs deux noms grecs, et dans l'exergue, monnaie *des Iliens*. Même tome, p. 660, 663. — Pellerin, *Recueil*, III, tab. 134, 7.

398 (CV). *Adonis*, blessé à la cuisse par un sanglier, expire dans les bras de *Vénus*, vêtue, mais le sein gauche découvert; le jeune chasseur, dont la chlamyde est rejetée en arrière, de manière à laisser voir tout son corps, a près de lui son chien qui le regarde avec douleur, et il laisse échapper de sa main défaillante une longue haste armée de son fer; dans le lointain on aperçoit le mont Liban. Voy. tom. II, p. 42 sqq., 47 sqq., 54, et 662 sq. Compar. fig. 409 *a*, avec l'explicat. — Peinture antique copiée par Raphael Mengs, et gravée par Volpato.

399 (XCIX. Les *Amours* préparent le trône de *Vénus*; l'un tient sa navette d'or, l'autre y place une branche de myrte; la *colombe* de la déesse est sur le coussin. Même tome, p. 654, 662, 665. Compar. fig. 358. — *Pitture d'Ercolano*, I, 29.

400 (C). Mosaïque connue sous le nom de *Colombes du Capitole* : quatre colombes sont placées sur un vase d'une forme élégante. *Ibid.* — Furietti, *de Musivis*, p. 30.

401 (CII). *Eros, l'Amour*, ou *Cupidon*, dans l'ancien style, représenté sous les traits d'un éphèbe ou adolescent, ailé et tirant de l'arc. Voy. tom. II, p. 665 et tom. III, p. 375 sqq., 394 sqq. — Pierre gravée, de la collection de feu M. de Hoorn. Millin, *Monum. ant. inéd.*, II, 1.

402 (CII). Torse d'*Eros* ou de l'*Amour*, qu'on reconnaît non-seulement aux trous pratiqués dans les épaules pour recevoir des ailes, mais encore à ses longs cheveux bouclés, à la finesse de ses traits et à la douceur de son regard. C'est le plus ancien idéal du dieu, dans la beauté tendre de la première jeunesse.

Ibid.—*Mus. Pio-Clem.*, I, 12 ; *Mus. Napol.*, I, 64 ; Bouillon, I, 15.

403 (CII). *L'Amour*, sous les traits d'un enfant, endormi dans une coquille. *Ibid.* Compar., pour l'*Amour* enfant et les *Amours*, les fig. indiquées tom. II, p. 665. — Camée de la collection de feu le chevalier d'Azara. Millin, *Mon. ant. inéd.*, I, 18.

404 (CIII). Peinture d'Herculanum, connue sous le nom de la *Marchande d'Amours*. (Quelques-uns voient ici une allusion aux trois *Amours*, compagnons de *Vénus*, *Éros*, *Himéros* et *Pothos*. Conf́er. fig. 380, avec l'explic.) *Ibid.* — *Pitt. d'Ercol.*, III, 7.

405 (CXLI). *Lucille*, femme de L. Vérus, sous la figure de *Vénus* ; de la main gauche elle retient son vêtement, et de la droite elle courbe sur sa tête un arbrisseau placé dans une caisse : un *Amour* ailé est debout sur cette caisse ; un autre, sans ailes, se jette, la tête la première, dans un bassin ; un troisième regarde du haut d'un mur qui entoure une place plantée d'arbres ; un quatrième court sur une terrasse, entre laquelle et la figure principale est une autre figure, comme d'une *Nymphe* ou suivante, qui a un genou en terre pour puiser de l'eau. *Ibid.* — Médaillon de Lucille. Vaillant, *Num. Mus. de Camps*, 42.

406 (CIV). *Psyché* assise, et réfléchissant sur la perte que lui cause sa fatale curiosité ; elle est reconnaissable à ses ailes de papillon. Tom. III, p. 398-401. — Millin, *Pierres gravées inédites*, XXIX.

406 a (CIV). *Psyché*, persécutée par Vénus, implore la pitié de cette déesse ou l'appui de son fils. *Ibid.* (Sans l'indication des ailes, on aurait pu la prendre pour une des *Niobides* ou filles de Niobé cherchant à fuir. Conf́er. fig. 730-735 avec l'explicat.) — Statue du Musée du Louvre, n° 387. De Clarac, pl. 331.

407 (CIV). *Psyché* portant des ailes de papillon, parée de bracelets et de périscélides (cercles aux pieds), se couvre d'un léger vêtement ; elle a près d'elle un miroir ; l'*Amour* la tient embrassée, ailé également et enfant comme elle ; il a derrière lui son arc et son carquois fermé ; un rosier et des roses sont à ses pieds. La devise latine que l'on lit autour signifie : *Chère âme, jouissons sans amertume* ; le dernier mot, qui est grec, quoique écrit en latin, veut dire : *vis*, c'est-à-dire *jouis de la vie* ;

c'est une acclamation qui se trouve souvent sur les verres peints. *Ibid.* — BUONARROTI, *Vetri antichi*, XXVIII, 3.

407 *a* (CV *bis*). *Psyché* et l'*Amour* s'embrassant, tous deux adolescents et sans ailes, celui-ci nu comme presque toujours, celle-là drapée depuis la ceinture. Groupe célèbre, d'une composition excellente et d'une grande beauté d'exécution, fréquemment reproduit.—*Mus. Capitol.*, III, 22, coll. *Mus. Fr.*, I, 4, BOUILLON, I, 32.

408 (XCVIII). *Éros* ou l'*Amour* et *Psyché*, tous deux enfants et ailés, ont la tête couverte d'un voile transparent qui tombe jusqu'aux pieds de Psyché; ils tiennent des colombes, symboles de l'amour conjugal; ils sont attachés avec une bandelette, par laquelle *Hyménée* avec son flambeau, faisant ici l'office de paranymphe, les conduit vers le lit nuptial; sur ce lit un des frères ou compagnons d'*Éros* (peut-être *Himéros*) étend une couverture, tandis qu'un autre *Amour* (peut-être *Pothos*) élève au-dessus des deux époux une espèce de van rempli de fruits, emblème de fécondité. Tome III, *ibid.* et p. 395, coll. tom. II, p. 665 sq., et fig. 380 avec l'explicat. p. 161 sq. ci-dessus. L'inscription grecque qui se lit dans le champ signifie : *Tryphon faisait*, et nous apprend le nom de l'auteur de cette charmante composition, contemporain d'Alexandre. — Camée souvent copié, appartenant au duc DE MARLBOROUGH, et gravé dans sa collection, I, 50.

409 (CII). *Éros* et *Psyché* couchés sur un lit, devant une table à trois pieds, sur laquelle on voit un poisson, animal aphrodisiaque; *Éros* présente à boire à son épouse qu'il tient embrassée, pendant qu'un petit *Amour* leur offre une colombe, emblème d'amour, et qu'un autre, près de la table, joue avec un lièvre, symbole de fécondité, en tenant une grappe de raisin. Des suivants d'*Éros* et de *Psyché*, faits à leur image, sont aux deux extrémités du lit : à droite, un *Amour citharœde*, c'est-à-dire s'accompagnant sur la cithare, suivi de deux autres *Amours*, dont le premier tient des fruits de diverses espèces, le second un lièvre ; à gauche, une femme à ailes de papillon, assise et jouant d'un instrument semblable à notre théorbe, ayant derrière elle une autre femme pareille, mais debout, et qui tient

dans ses mains un vase à verser le vin et un thyrse ; puis un *Amour* portant une quantité d'œufs, nouvel emblème de la génération et de la vie qu'elle perpétue dans la nature. Deux oiseaux se voient encore au bas, dont l'un semble un paon, l'autre est peut-être une oie, sans doute avec une signification analogue ; et deux arbres, chargés de fruits, probablement des pommes, terminent la scène de chaque côté. C'est ici une sorte de banquet nuptial et d'hymen sacré, correspondant à ceux de *Liber* et de *Libéra*, de *Bacchus* et d'*Ariadne*, mais sous une forme plus récente. Voy. tom. III, *ibid.*, et p. 341 sq., 344 sqq., avec les planches indiquées.—Bas-relief aujourd'hui au Musée Britannique, provenant de la collection TOWNLEY, d'après un dessin envoyé à MILLIN.

409 *a* (CV *bis*). Deux scènes correspondantes entre elles, sur un cratère de marbre, séparées l'une de l'autre par ses anses. L'une représente *Aphrodite* ou *Vénus* blessée, levant d'une main son pied gauche entouré d'une bande, avec une sensation douloureuse, et de l'autre s'appuyant contre une colonne d'ordre ionique, érigée sur le tombeau d'*Adonis*. De l'autre côté de cette colonne est une figure de femme, la *Nymphe de Byblos*, présentant à la déesse un baume qui doit la guérir. Derrière elle se voit un *Satyre*, avec une expression de raillerie, montrant du doigt la petite image de *Priape*, placée à l'opposite sur un arbre, comme pour faire entendre que ce dieu est la cause de tout le mal. La seconde scène est plus grave ; c'est la purification de *Psyché*. *Éros* ou l'*Amour*, les yeux baissés, et pénétré d'une douleur profonde qu'exprime toute sa figure, semble déplorer la loi qu'il est forcé d'accomplir. Des deux côtés sont debout l'*Espérance*, qui nourrit nos désirs, et *Némésis*, qui les modère. Aux pieds de l'*Amour* est un flambeau allumé, au-dessus duquel, en se détournant, il tient par les ailes un *papillon*, symbole de *Psyché* ou de l'âme, qui, dans la lutte des passions contraires, s'altère et se consume, jusqu'au jour où, purifiée et retrempée par leurs flammes mêmes, elle passe dans le tranquille Élysée, pour jouir de ses délices et aplanir aux hommes les voies salutaires de l'initiation. CREUZER, d'après ZOËGA. Voy. tom. II, p. 42-56, *passim* ; et tom. III,

p. 400-407, coll. p. 226, 317, 376. — Vase de la collection du prince CHIGI. ZOËGA, *Abhandlungen*, éditées par WELCKER, tab. V, 13, et p. 81 et 386 sqq. Compar. le sujet semblable dans la *Collection of Vases, Altars*, etc., by HENRY MOSES, pl. 41.

409 *b* (CV *bis*). L'*Amour* pressant sur sa poitrine un *papillon*. Tom. III, p. 400 sq. — *Description of ancient terra cottas in the British Museum*, pl. XXXV, 73.

409 *c* (CV *bis*). Buste de femme, avec la tête voilée par-derrière, et sur la poitrine un *papillon* qu'elle saisit par les ailes : probablement *Psyché*, ou tout au moins une allusion à l'âme et à sa sortie du corps. *Ibid.* — Pierre gravée, dans LEONARDO AUGUSTINI, ed. Jac. Gronov., part. I, tab. 74.

409 *d* (CV *bis*). *Psyché*, à qui *Hermès Psychopompe*, ou *Guide des âmes*, attache les ailes de l'*Amour* enchaîné. Tom. III, p. 398-407, *passim*, coll. tom. II, p. 683 sq. — Camée, dans VIVENZIO, *Gemme antiche*, tab. II.

409 *e* (CV *bis*). *Narcisse*, assis sur le bord d'une fontaine, sa lance renversée à la main, et contemplant dans les eaux son image; près de lui, *Éros* ou l'*Amour*, éteignant son flambeau contre terre. Voy. tom. III, p. 384-390. — *Pitt. d'Ercol.*, V, 28.

410 (XCI). Les trois *Charites* ou *Grâces*, vêtues, telles que Socrate (le fils de Sophronisque ou un autre?) les avait sculptées à Athènes, et qu'elles se voyaient près des Propylées. Elles sont ici rapprochées de la *chouette*, attribut de Minerve, perchée sur une *diote* ou vase à deux anses. Voy. tom. II, p. 666, coll. 762 sq. Compar. les *Grâces* d'ancien style, pl. LXVI *bis*, 250 *n*; et la *chouette*, diversement accompagnée sur d'autres médailles athéniennes, portant à la face la tête d'*Athéna*, fig. 341 *b* et *c*, coll. 341 *a*, avec l'explicat. — HUNTER, *Num. popul.*, IX, 5.

411 (XCI). Les *Grâces* vêtues et drapées, imitation de l'ancien style (fig. 250 *n*, et 410). On lit autour : *Sous le préteur Alexandre*, monnaie *des Germéniens* (de Germe en Galatie). Même tome, p. 666. — Médaille de Caracalla, au Cabinet du roi.

412 (XCI). Verre peint sur lequel on voit les trois *Grâces* nues et les bras entrelacés, ayant chacune des bracelets et des périscélides (fig. 407); celles des extrémités tiennent une bandelette, et chacune a près d'elle une fleur. On voit autour une inscrip-

tion moitié grecque, moitié latine, la partie grecque écrite en caractères latins. On y trouve d'abord les noms des *Grâces*, différents des noms vulgaires, et également significatifs : GELASIA (*doux sourire*), LECORI (pour DECORI? *beauté brillante*), COMASIA (*aimable convive*). Le reste de l'inscription, PIETE (*buvez*), ZESETE (*vivez*, c'est-à-dire, *jouissez*, fig. 407), MULTIS ANNIS VIVATIS (*vivez de nombreuses années*), fait penser que, sous l'emblème de ces trois *Grâces*, on a voulu représenter ce qui fait le charme d'un banquet, la *gaîté*, la *beauté*, l'*amabilité*. MILLIN. Même tome, *ibid*. Compar. fig. 313, et surtout 690, où les *Grâces* se rapprochent des *Heures* (fig. 250 *o*, *q*, *r*, et p. 125 ci-dessus). — FABRETTI, *Inscript. ant.*, p. 539.

412 *a* (XCI). Les *Grâces* nues, sur la main droite d'*Hercule*, coiffé du mufle de la dépouille du lion de Némée, du reste nu lui-même, et tenant son arc de la main gauche. Compar. fig. 690. MILLIN. (Les passages des auteurs s'accordent à faire voir ici plutôt une imitation de la statue colossale d'*Apollon* à Délos, ouvrage d'Angélion et de Tectæus. Confér. tom. III, pag. 197, n. 7, et O. MÜLLER, *Archæologie*, § 359, 4.) — MILLIN, *Pierres gravées inédites*.

413 (CVI). *Hermès* ou *Mercure*, dans l'ancien style, avec la barbe cunéiforme, les cheveux retombant en tresses, la courte chlamyde rejetée en arrière, les ailes, appelées *talonnières*, aux pieds, et un long *caducée* à la main. On lit auprès le nom du graveur, *Aetion*. Voy. tom. II, pag. 687, et compar. pl. LXVI, 250, *l*, et LXVI *ter*, 250 *q*. — MILLIN, *Pierres grav. inéd.*

414 (CVI). *Hermès-Mercure* poursuivant *Hersé*; il est barbu et il tient le caducée. Tom. II, *ibid.*, et pag. 761, 763. Compar. fig. précéd. — MILLIN, *Peintures de vases*, I, pl. LXX.

415 (CVII). *Hermès* messager, imberbe, coiffé du *pétase*, vêtu de la chlamyde et tenant son caducée ; on lit dans le champ de cette belle intaille le nom de l'auteur, *Dioscoride*. Même tome, p. 681 sq., 687. Compar. fig. 250 *q*. — BRACCI, *Memor.*, II, 65.

416 (CVII). *Hermès Enagonios*, dieu des Gymnases, appelé faussement l'*Antinoüs* ; il est représenté comme un éphèbe d'une beauté mâle, ayant la chlamyde roulée autour du bras gauche, et sa statue est appuyée contre un tronc de palmier, emblème

de victoire. Même tome, pag. 685, 688. Compar. fig. suiv. — *Mus. Pio-Clem.*, I, 7.

417 (CVI). *Hermès* fort rapproché du précédent par le caractère général de la figure, et dont la pose est à peu près la même. On a rétabli à la tête les ailes, qui étaient indiquées par deux trous sur le devant de la chevelure, et dans la main gauche le caducée dont il restait un fragment. Tom. II, *ibid.*— Musée du Louvre, n° 297. BOUILLON, I, 26.

418 (CXLVIII). Nous avons rapproché, sous ce n°, deux statues d'*Hermès* ou de *Mercure*, bizarrement confondues par MILLIN. La première (*a*) est encore un *Hermès Enagonios*, dieu de la palestre, comme les deux précédents, dont il rappelle la pose, mais en même temps dieu de la musique, des luttes de l'esprit comme de celles du corps. L'on voit, en effet, sous l'un de ses pieds, la *tortue* qui le caractérise comme inventeur de la lyre; il porte, de plus, des ailes à la tête et aux pieds, et le caducée, ailé également, dans la main gauche, à titre de messager des dieux. Le pilastre orné d'arabesques, sur lequel il s'appuie, est du genre de ceux qui soutenaient les barrières des Xystes et des Gymnases, ainsi que VISCONTI l'a remarqué. — La seconde statue (*b*), dont la pose est différente, semble représenter *Hermès*, à la fois comme dieu de la parole ou de l'éloquence(*logios*), et de la musique. Il a le bras droit élevé, dans l'attitude d'un orateur; sa chlamyde est posée sur son bras gauche, dont il tenait probablement le caducée, et retombe jusqu'à terre; à ses pieds, comme à ceux du précédent, on voit la *tortue*. Sur la carapace de cet animal se lit une inscription grecque, qui attribue cette statue, appelée vulgairement le *Germanicus*, et supposée le portrait d'un personnage romain plus ancien, ce qui n'est pas sûr, à l'œuvre de *Cléoménès, fils de Cléoménès, Athénien*. Tom. II, *ibid.* — PIROLI, *Musée Napoléon*, I, 54; et *Musée français*, tome IV, 2e partie (Musée du Louvre, n° 712).

419 (CVII). *Mercure*, assis sur un rocher, se repose après avoir exécuté les ordres des dieux; il n'a plus son pétase, mais il porte encore ses talonnières aux jambes, remarquables par leur longueur. Même tome, p. 688. — Statue. *Bronzi d'Ercol.*, II, 29.

420 CVI). *Mercure enfant* tient une *bourse*, et met, d'un air malin,

le doigt sur sa bouche, comme pour obtenir le silence sur les larcins qu'il a faits. Même tome, p. 689.— Statue. *Mus. Pio-Clem.*, I, 5.

421 (CIII). *Hermès Psychopompe* (conducteur des âmes), tenant le caducée et coiffé du pétase ailé, vêtu d'une ample chlamyde retroussée sur son bras, amène l'*ombre* d'une jeune fille devant *Hadès-Pluton* et *Proserpine*, souverains des enfers, ou, selon Visconti, *Cronos-Saturne* et *Rhéa*, souverains des îles des Bienheureux, assis sur un même trône. (Les deux *hippocampes* ou chevaux marins que l'on voit au-dessus de cette scène semblent, en effet, annoncer le séjour des âmes dans l'Océan, au-delà de la mer. Compar. pl. CLIII, fig. 591 *b*, avec l'explicat.) Derrière la jeune fille est une figure de femme voilée, que l'on croit représenter *Nœnia*, la déesse de la mort, et qui est peut-être *Télété*, l'initiation personnifiée, la déesse des mystères, avec lesquels ce sujet paraît être en rapport. Voy. t. II, p. 638, 683 sq., 689, et tom. III, p. 268 sq., 298, etc. Compar. fig. 554. — Bellori, *Sepolcr. de Nasonii*, VIII.

421 *a* (CVII). *Hermès Psychopompe*, tenant un long caducée, et dont le pétase retombe derrière sa tête, du reste entièrement nu, mène ou plutôt porte une *âme* aux enfers, par-delà des espèces de vagues indiquées au bas de la pierre, pour signifier soit les eaux, soit les ténèbres. Tom. II, p. 683, 689. Compar. la fig. précéd.—Millin, *Pierres gravées*, XXX.

422 (CVI). *Hermès*, instituteur des sacrifices, à la fois *Hiérocéryx* et *Criophoros*, le pétase retombant sur l'épaule, le caducée sous le bras, les talonnières aux pieds, la chlamyde rejetée en arrière, porte d'une main un vase en forme de corbeille, ou une corbeille même (*caneon, canoun*), remplie de toute sorte d'offrandes, et de l'autre conduit par les cornes un *bouc* vers l'autel où il doit être immolé. La présence du *Silène* couronné de lierre, que l'on voit à mi-corps, avec le thyrse et la bandelette sacrée, indique les fêtes de Bacchus et a probablement trait aux mystères. Tom. II, p. 675 sq., 686, 689, et tom. III, p. 140 sqq., 224, etc. — Millin, *Peintures de vases*, I, 51.

422 *a* (CVI). *Hermès* monté sur un *bélier*; au-devant un épi. Tom. II, *ibid.* — Buonarroti, *Medagl. ant.*, 41.

423 (CVII). *Génies de Mercure* ou *Amours*, portant les attributs du dieu. Celui qui figure *Hermès* est dans un petit chariot; il a des ailes aux tempes, et il tient la *bourse* et le *caducée;* deux béliers le conduisent, dirigés par un autre *Génie*, armé d'un fouet. Derrière le chariot est un troisième *Génie*, qui présente une bandelette à celui qui occupe le char; et devant les béliers on voit deux autres *Génies* qui tiennent chacun un *pedum*, symbole d'*Hermès Nomios*, gardien des troupeaux. Même tome, p. 675 sq., 680, 687, 689. Compar. fig. 251, et l'explication, p. 126 ci-dessus.—Bas-relief antique sur ivoire. Buonarroti, *Medagl. ant.*, 1.

424 (CVII). *Bélier de Mercure*, chargé de la *bourse* du dieu. Même tome, p. 675 sq., 689. Compar. fig. 420, 423.

425 (CVI). *Hermaphrodite* endormi, connu sous le nom de l'*Hermaphrodite Borghèse;* le matelas est moderne, et il a été sculpté par le Bernin dans sa jeunesse. Voy. tom. II, p. 690, coll. t. I, p. 55. Compar. la fig. suiv. et 333 *a*, pag. 149 sq. ci-dessus. — Musée du Louvre, n° 527. Bouillon, I, 63.

426 (CVI). *Hermaphrodite* debout, paraissant réfléchir sur le mystère de sa propre nature, composée des deux sexes, comme ses formes de leurs beautés réunies, par l'alliance d'*Hermès* et d'*Aphrodite*. Il tient dans sa main droite un cylindre, peut-être le reste d'une haste sur laquelle cette main s'appuyait; sa tête, qui reproduit celle de *Vénus* avec ses longs cheveux bouclés, est coiffée d'une pièce d'étoffe carrée; et la chlamyde de *Mercure*, en retombant de côté, laisse à découvert son corps, mélange de grâce féminine et de mâle vigueur. *Ibid.* — Caylus, *Recueil d'antiquités*, III, 28.

427 (CVIII). *Dionysos (Bacchus) Phales* ou *Phallen*, représenté par une tête barbue du dieu, ceinte d'une bandelette, érigée sur un cippe ou un pilier carré du genre des *Hermès*. Comparez pl. CXXXI, 238 *a* et *c*, où *Dionysos* et *Hermès* lui-même sont ainsi représentés et ont l'un et l'autre le *phallus* pour attribut. Voyez aussi tom. III, p. 60 et 149, coll. tom. II, p. 686. Le dieu est ici lavé, devant une prêtresse qui tient un rameau, par un de ses rustiques adorateurs, ceint d'une peau de chèvre, et que servent deux femmes portant des vases. On peut appeler

l'homme un *Tityre* et les femmes des *Thyades*. Tom. III, p. 129 sq., 132 sqq. — Bas-relief du *Museum Worsleyanum*, I, 15.

428 (CVIII). *Dionysos* ou *Bacchus*, barbu et couronné de lierre, vêtu d'une tunique talaire et d'un péplus, tenant d'une main des pampres, de l'autre une large coupe (*Karchesion*), entre deux *vieux Satyres*, qui semblent former une danse comique (la *Kordax*). Tom. III, p. 88, 247, 332, coll. 135 sq. Compar. principalement fig. 472 et 473 ci-après. — Peinture de vase d'un style très ancien, approchant de la caricature. MILLINGEN, *Vases grecs de Coghill*, pl. 37.

428 *a* (CVIII). Le *Dionysus* phrygien, surnommé *Bassareus*, coiffé du bonnet caractéristique de cette nation, barbu, vêtu de la longue et ample *bassaride*, et tenant d'une main le *thyrse*, de l'autre une coupe, dans laquelle *Méthé*, l'ivresse personnifiée, tenant également un thyrse et une coupe, lui verse à boire d'un *cratère* placé derrière elle. Deux *vieux Satyres*, porteurs de thyrses, et faisant un geste comique, accompagnent cette scène. Même tome, p. 224 sqq., coll. p. 155 et 62. — Bas-relief en style hiératique, dans STUART, *Antiq. d'Athènes*, II, 2, vign.

428 *b* (CVIII). *Bacchus, Cupidon* et une *Bacchante*. *Bacchus*, sous la figure d'un homme barbu, presque entièrement nu, a seulement un manteau jeté par-dessus ses épaules, et il embrasse le jeune *Cupidon* reconnaissable à ses ailes; à côté danse une *Bacchante*, au son du tambourin, qu'elle tient élevé au-dessus de sa tête et qu'elle frappe avec ses mains. CREUZER. (Nous pensons que HIRT a raison de signaler ici plutôt le vieux *Silène*, couronné de lierre, caractérisé par son nez épaté, par son corps trapu, par son ample manteau, par l'ivresse qu'expriment ses traits comme toute son attitude. Mais, avec ZOËGA et M. CREUZER, nous appellerons le Génie ailé qui le soutient *Éros* ou *l'Amour*, le même que *Cupidon*, et non pas *Comos* ou *Comus*, autre Génie qui présidait aux banquets. Voy. tom. III, p. 136, 139, 140 sqq., 296 sq., coll. 125 sq., avec les renvois à nos autres planches, surtout fig. 494, 495). — *British Mus.*, *Terra cottas*, pl. V, n° 6, coll. HIRT, *Bilderbuch*, II, p. 126, et ZOËGA, *Bassirilievi*, n° 79.

429 (CXII). L'ancien *Bacchus* ou le *Bacchus indien*, dans la di-

gnité idéale de sa personne, et dans la magnificence tout orientale de son costume. Ses longs cheveux bouclés sont retenus par le bandeau appelé *mitre*; sa barbe majestueuse descend jusque sur sa poitrine; il est vêtu d'une ample et longue tunique, qui tombe jusqu'à ses pieds chaussés du cothurne, et d'un manteau ou péplus non moins ample, drapé par-dessus son bras gauche; de son bras droit élevé il tient un sceptre; sur le bord du manteau on lit en caractères grecs le mot *Sardanapalos*, qui prouve qu'on avait cru reconnaître, dans cette figure du divin monarque de l'Orient, le voluptueux roi de Ninive. Voy. tom. III, p. 79 sqq.; 87 sq., 247. Compar. fig. suiv. et 428, 428 *a*, 443 *b*, 472, 473, 477, etc. — *Mus. Pio-Clem.*, I, 41.

429 *a* (CXI). Le même *Bacchus* ancien ou asiatique, barbu, couronné de lierre, vêtu de la longue robe flottante, et s'appuyant de la main gauche sur un sceptre, tandis que de la droite il épanche une coupe. Même tome, *ibid.*, et p. 319 sq. — Médaille des *Cilbiens* de la Lydie. Eckhel, *Sylloge*, p. 48, coll. Creuzer, *Dionysus*, p. 260 et tab. IV, 3.

430 (CXVII). Tête idéale de *Bacchus* barbu, ceinte d'une large mitre, sur laquelle serpente une guirlande de lierre. Même tome, p. 88 et 95. — Médaille d'argent de la ville de Naxos en Sicile, et non pas de l'île de Naxos. Compar. le revers, même planche, fig. 496, avec l'explicat., p. 206 ci-après. Landon, *Numism. d'Anachars.*, II, pl. 79, et p. 77 sq.

431 (CXXVIII). Seconde naissance de *Dionysus-Bacchus*. Jupiter, couronné de fleurs, tient un foudre ailé en forme de flèche, et un sceptre surmonté d'un aigle; il paraît éprouver de vives douleurs. *Bacchus* sort de sa cuisse, couronné de laurier, et il tient déjà le pedum. Une déesse qui a la tête ceinte d'un diadème et une bulle d'or au cou, complétement vêtue du reste, reçoit l'enfant dans ses bras. Derrière elle est *Apollon* presque nu, tenant une branche de laurier. Derrière Jupiter on voit une déesse ailée, vêtue d'une tunique longue, avec une ceinture et des bandes croisées sur la poitrine, la tête diadémée et une bulle au cou, comme la précédente; elle tient à la main droite un stylet, dont elle semble marquer quelque chose, dans sa main gauche un vase à parfums; près d'elle est une espèce de panier à

anses, peut-être le *licnon*, qui doit servir de berceau au nouveau-né. Le nom de cette déesse, inscrit au-devant de sa tête (*Muran*), indique *Mœra* ou la *Parque*, qui préside à la naissance et en marque l'instant. *Tinia*, le même mot que *Tina*, se rapporte à Jupiter plutôt qu'à Bacchus. *Thalna*, appliqué à la première déesse, rappelle, par les fonctions et par le costume, l'Ilithyie ou la Lucine-*Diane*, *Thana*, qui reçoit Minerve (fig. 337 et pag. 150 sq. ci-dessus); par l'identité du nom, l'Aphrodite-Vénus ou encore la *Dioné*, qui soutient Jupiter dans ses bras (*ibid.*): on la prend d'ordinaire pour une des Heures, et ce pourrait être aussi bien une des Grâces (*Thallo* et *Thalie*). *Apulu* est évidemment *Apollon*. Sur le manche de cette patère, ou plutôt de ce miroir étrusque, se voit encore une figure ailée, au-dessus de laquelle on croit lire, en caractères gréco-italiotes très altérés, une inscription dont le sens serait: *Larthia Lysia, fille d'Anaéa.* Voy. tom. III, p. 65-71 et 227; et tom. II, p. 409, 486, avec les notes indiquées pour les Éclaircissements des livres V, sect. II, et VII. Compar., outre le sujet analogue, fig. 337, un troisième miroir étrusque, fig. 443 *a*, où sont rapprochés Bacchus et Apollon. — *Mus. Pio-Clem.*, IV, B, 1.

432 (CX). *Jupiter* est assis sur le rocher *Colone* (colline de l'accouchement); il paraît tourmenté par les douleurs de l'enfantement. *Bacchus* sort de sa cuisse, et étend ses petits bras vers *Mercure*, qui le reçoit dans une *nébride* (peau de faon, ou ici de chevreau): *Ilithyie*, la main étendue, *Proserpine* et *Cérès* assistent à cette scène. (Ces trois déesses ne seraient-elles pas plutôt des *Parques* ou des *Heures?*) Tom. III, p. 66, 70 sq. Compar. le sujet précéd., et pl. LXVI *bis* et *ter*, 250 *p* et *o*, avec l'explic. p. 125 ci-dessus. — *Mus. Pio-Clem.*, IV, 19.

433 (CXI). *Gæa* ou *Tellus*, couronnée de tours comme *Cybèle*, et dont le corps ne paraît qu'à moitié, l'autre étant enfoncée dans la terre dont elle est le symbole, tient dans ses bras le petit *Bacchus*, que *Jupiter* lui avait confié, et que ce dieu, assis sur un siége sans dossier, regarde avec complaisance; elle va le remettre à une *Nymphe* qui, par son geste, témoigne qu'il faut redouter la colère de Junon; une autre *Nymphe* est appuyée sur un cippe. (Les têtes de ces deux femmes étant restaurées, il est difficile de

déterminer qui elles peuvent être précisément, quoiqu'elles s'annoncent comme les nourrices du jeune dieu.) Même tome, p. 65 sqq., 128 sq.— Bas-relief du Musée du Louvre, n° 259. *Musée Napol.*, I, 75.

434 (CXVIII). *Jupiter* debout, tenant lui-même sur son bras *Bacchus* enfant, qu'il va remettre aux Nymphes ; près de lui est le *chevreau* dans lequel il métamorphosa le jeune dieu pour le soustraire à la fureur jalouse de Junon. Même tome, p. 66 sq. (Compar., dans les *Nouvelles Annales de l'Institut archéologique, Monum.*, pl. IX, une peinture de vase où *Jupiter* lui-même, comme ici, tient dans ses bras le petit *Bacchus*, qu'il confie à deux *Nymphes*, dont l'une, assise, le reçoit. Voy., dans le même recueil, tom. I, p. 357 sqq., la dissertation de M. J. DE WITTE sur ce monument.)— Médaille du *Démos* (peuple), couronné de laurier à la face, des *Laodicéens* de Phrygie. ECKHEL, *Num. Anecdot.*, XIV, 12.

435 (CXII). *Hermès* ou *Mercure*, coiffé du pétase, et chaussé des bottines, tient dans un pan de sa chlamyde le petit *Bacchus* qu'il s'empresse de porter à ses nourrices. Même tome, *ibid.* Compar. fig. 436-438 ci-après. — ZOËGA, *Bassirilievi*, I, 3.

436 (CIX). *Hermès*, absolument dans l'attitude du précédent, remet le petit *Bacchus*, déjà couronné de lierre, à sa nourrice *Ino*, assise sur un rocher, et qui le reçoit sur une nébride étendue ; derrière elle se tiennent debout *Athamas*, son époux, la tête ceinte d'une couronne de lierre, et s'appuyant sur un thyrse, et ses deux sœurs, *Autonoé* et *Agavé*, dont l'une tient également un thyrse, l'autre s'appuie contre un tronc d'arbre dépouillé; du côté opposé, on voit derrière Hermès trois personnages bachiques, une *Ménade*, échevelée et à demi nue, entre deux *Satyres*, ayant pour tout vêtement une nébride jetée sur l'épaule, l'un jouant de la double flûte, l'autre portant un thyrse, la Bacchante jouant du tambourin et dansant comme eux. Leur attitude animée fait contraste avec la pose calme et digne des précédents. M. WELCKER croit reconnaître dans ceux-ci *Silène* et la Nymphe ou Bacchante *Mystis*, l'instituteur et l'institutrice du jeune Bacchus, suivis d'*Opora*, l'Heure ou la saison de l'Automne et de la vendange; dans la nourrice du dieu, il voit *Nysa*

au lieu d'*Ino*, la seconde au lieu de la première, principalement à cause du rocher qui semble indiquer une grotte. Compar. les deux sujets suivants. — Bas-relief d'un beau et grand style, sculpté autour du cratère de marbre dont il est question t. III, p. 66, n. 2, et que l'inscription annonce être l'œuvre de *Salpion l'Athénien*. Mus. Borbon., tom. I, tab. XLIX, coll. WELCKER, *Zeitschrift für alte Kunst*, tom. I, p. 500 sqq., et tab. V, 23, VI, 24.

437 (CXIII). *Hermès*, qui a jeté son caducée à terre, vient de remettre le petit *Bacchus* à sa nourrice, debout, qui l'a reçu sur une nébride, et qui parait placée à l'entrée d'une grotte figurée par un berceau de lierre (M. WELCKER y voit, pour cette raison, *Nysa* plutôt qu'*Ino* ou *Leucothée*). L'enfant étend ses bras vers son fidèle gardien dont il ne veut pas se séparer. Même tome, *ibid.*, et p. 128. Compar. les fig. précédente et suivante. — Peinture de vase, dans TISCHBEIN, III, 8.

438 (CXIV). *Hermès*, en costume de voyageur, est assis sur le rocher de *Nysa*; il tient sur ses genoux le jeune *Dionysos*, qui étend ses petits bras vers une Nymphe qualifiée par l'inscription de *Mœnas* ou *Ménade* (identique à *Baccha*), placée devant lui et portant un thyrse à la main ; derrière le dieu est une autre Nymphe, dont le nom mutilé se termine en *ous*, et qui, dans une attitude pieuse, tient une tige de myrte. Ce sujet est comme la contre-partie du précédent. Même tome, *ibid.*, *ibid.* — MILLIN, *Peint. de vas.*, II, 13, coll. PANOFKA, *Cabinet Pourtalès*, p. 91-94, et pl. XXVII.

439 (CXV). Deux *Nymphes* (*Naïades*) vont laver le petit *Bacchus*, que l'une tient nu sur ses genoux, tandis que l'autre verse de l'eau dans un vase. Un second groupe, à droite, représente l'enfant divin, déjà plus grand, tenu en équilibre par un jeune *Satyre* et par le vieux *Silène*, qui le soutient au moyen d'une branche d'arbre, et l'instruit à cet exercice en présence de deux autres *Nymphes*. Un troisième groupe, à gauche, fait voir le jeune *Bacchus* monté sur un *chevreau*, et portant avec peine sur ses épaules la *ciste* mystique, entre *Silène* qui l'accompagne enveloppé dans son manteau, une *Nymphe* qui marche devant le divin pédagogue, et un *Satyre*, tenant un thyrse, qui entraîne l'animal. Même tome, p. 66 sq., 127-129, 135-137, 140-154,

passim.—Bas-relief de la villa Albani. Winckelmann, *Monum. ined.*, n° 52, coll. *Mus. Capitol.* IV, 60.

440 (CXVI). *Ino-Leucothée*, déesse de la mer et nourrice de *Dionysus-Bacchus*, debout, et portant le petit dieu sur son bras. Sa tête est ceinte d'un bandeau; elle est vêtue d'une ample et longue tunique sans manches, par-dessus laquelle est jeté un péplus; elle tient d'une main un petit vase, auquel touche *Bacchus* en même temps qu'il la caresse, et de l'autre fait un signe qui semble lui rappeler sa céleste origine. Même tome, p. 67 sq., 70, etc. — Statue de la villa Albani. Winckelmann, *Monum. ined.*, 54, et Bouillon, II, 5.

441 (CXVI). *Silène*, couronné de lierre, entièrement nu, et d'un style tout-à-fait idéal, est appuyé sur un tronc autour duquel s'entortille un serpent, et qui est couvert d'une nébride, portant dans ses bras le petit *Bacchus*, et le regardant avec une tendre sollicitude. (Si l'enfant avait une queue, comme on le croit, il y faudrait voir plutôt un jeune *Satyre*, et probablement *Maron*, donné ou comme petit-fils, ou comme fils de Bacchus, ou même comme propre fils de Silène.) Voy. tom. III, p. 145, 154, 156, n. 2, coll. p. 135 sqq., 139. — Statue ou groupe de la villa Borghèse, maintenant au Musée du Louvre, n° 709. Bouillon, II, 2.

442 (CXXIII). *Dionysus* ou *Bacchus Licnitès*, le même que *Iacchus*, bercé dans la corbeille ou le *van mystique* (*licnon*), d'où s'échappent des pampres et des raisins, par un *Satyre* vêtu d'une peau de panthère, et par une *Ménade* couverte à la fois d'une tunique, d'un voile et d'une nébride qui flottent au gré du vent; ils tiennent, l'un un thyrse, l'autre une torche allumée, qu'ils secouent sur le dieu en dansant. Scène symbolique de purification par l'air et par le feu tout ensemble. Même tome, p. 225-228, 231 sqq., coll. pag. 126, 137, etc. — Winckelmann, *Monum. ined.*, 53.

443 (CXVII). *Bacchus*, ou, selon l'inscription, *Dionysos*, adolescent, est couché sur les genoux d'une des *Nymphes* qui l'ont élevé et qu'il embrasse (cette figure à la couronne radiée semble plutôt celle de *Sémélé*, devenue *Thyoné* ou *Libéra*, comme l'indique le sujet suivant); la partie inférieure de son corps est couverte

d'une chlamyde parsemée d'étoiles, ainsi que le péplus d'une seconde *Nymphe*, placée en face, et qui lui offre une guirlande de lierre (dans une attitude semblable à celle de la figure analogue, 438); une troisième *Nymphe*, à demi couchée sur un plan inférieur, présente un oiseau (probablement une colombe) à la panthère du dieu. Au revers, on voit *Hélios* ou le *Soleil* (et non pas le même *Bacchus*, comme le croit M. CREUZER d'après MILLIN), la tête radiée, le fouet en main, conduisant son char attelé de quatre chevaux, au-dessus de la mer indiquée par des plantes et des animaux marins. Même tome, pag. 331 coll. 266, 270, 128 sq. Comparez, entre autres, fig. 555 *b*, ci-après. — MILLIN, *Peint. de vas.*, II, 49.

443 *a* (CXXVIII). *Bacchus* (*Phuphluns*), dans une attitude pleine de grâce, pressant sa tête contre le sein de *Sémélé* (*Semla*), qu'il a enlevée des enfers, et qui s'incline vers la bouche de son fils avec la tendresse d'une amante encore plus que d'une mère; elle tient dans sa main droite un thyrse, en qualité d'initiée. *Apollon* (*Apulu*), comme dieu pythien, vainqueur des ténèbres infernales et purificateur, assiste à cette scène, portant une branche de laurier; derrière lui, un petit *Satyre* joue de la double flûte. Même tome, pag. 72 et 266, coll. pag. 64, 62, etc. Compar. fig. précéd. et 431. — Miroir étrusque, publié par son possesseur, M. GERHARD, *Dionysos und Semele*, Berlin, 1833. Confér. *Monum. inéd. de l'Institut archéol. de Rome*, tom. I, pl. 56; et *Monum. de l'art antique*, par O. MÜLLER et OESTERLEY, I, pl. LXI, 308.

443 *b* (CXI). *Dionysus* barbu, enveloppé d'un ample manteau, et soutenu par un jeune *Satyre* (*Ampélus*), se présente à la table de l'Athénien *Icarus* ou *Icarius*, couché sur un lit, et qui l'accueille avec transport, ayant près de lui sa fille *Érigone*, assise; un serviteur apporte une coupe, tandis qu'un second *Satyre* (peut-être *Comus*), jeune comme le premier, détache la chaussure de l'hôte divin. Tom. III, p. 234 sq., 156 sq., etc. Compar. le sujet évidemment analogue et beaucoup plus riche, pl. CXXVI, 477, ci-après. — Terre-cuite du Musée britannique. *Description*, etc., pl. XXV, 47.

444 (CXIX). *Lycurgue* combattant contre *Bacchus* et vaincu par

les *Ménades*. Le roi de Thrace, d'un aspect fier et sauvage, occupe le centre de la scène, tenant des deux mains une double hache, arme de son pays. A ses pieds est couchée *Ambrosie*, l'une des Nymphes qui présidèrent à l'éducation de Bacchus, menacée par le monarque furieux, et implorant la Terre contre laquelle elle s'appuie d'une main, tandis qu'elle élève l'autre vers son ennemi; derrière elle serpente le cep de vigne, dans lequel elle est métamorphosée, pour mieux le combattre en l'embarrassant de ses branches et de son feuillage (Nonn. Dionysiac., XXII, 7 sqq.). Ainsi empêché, *Lycurgue* est assailli par deux *Ménades* ou *Bacchantes*, semblables à deux *Euménides* ou *Furies*, ayant les cheveux épars et des ailes aux tempes; l'une, vêtue de la tunique talaire, avec un court manteau noué en ceinture autour de son corps, tient d'une main un glaive et de l'autre frappe le roi Thrace à la tête avec une verge ou un fouet; l'autre, court vêtue à la manière de Diane, l'attaque avec deux torches, ou passe devant lui comme une apparition terrible, ayant la *panthère* bachique pour auxiliaire (compar. fig. 328). A droite de ce groupe principal, on voit trois des *Muses*, peut-être par allusion au nombre primitif de ces déesses qui font partie du cortége de Bacchus; elles ont des plumes sur la tête, et il est facile de reconnaître en elles *Uranie*, *Clio* et *Calliope* (fig. 295, 287, 288, 301, etc.). M. Welcker les prend pour les trois *Mœres* ou *Parques*, figurées en *Muses*. Du côté opposé, paraît *Dionysus* ou *Bacchus* avec sa suite, dans l'attitude du triomphe; sous son bras droit élevé est le vieux *Silène* qui le regarde et le conseille; à sa gauche, *Pan*, le danseur, tenant une pédum et une amphore; il élève un de ses pieds de bouc, au-dessous duquel, à la place ordinaire de la ciste mystique (fig. 451 a, 474, 475, etc.), est *Opora* ou *Pomone*, couchée à terre, et portant dans les plis de son vêtement des grenades et d'autres fruits pareils; le serpent, qui sort ordinairement de la ciste, lui forme un collier; derrière elle, un *Faune* ou *Panisque*, avec le pédum recourbé et la nébride, termine la scène à laquelle il semble applaudir, tout en imitant le geste de Bacchus. D'après Zoëga, en grande partie. Voy. tom. III, p. 71, 109, surtout 123, 131 sq., 137 sq., 157 sqq., 177, 184 sqq., etc. — Bas-relief d'un sarcophage à Rome. Zoëga, *Abhandl.* ed. Welcker, tab. I, fig. 1, coll. 3 et tab. II, 4, 5, 6, où sont rapprochés des monuments analogues.

444 *a* (CXLIX *bis*). Vase peint de la Pouille, représentant dans la bande supérieure une scène analogue à la précédente, mais qui n'est qu'esquissée ici. On y distingue *Lycurgue*, sévissant contre les *Ménades*, et venant de frapper du coup mortel son épouse qui tombe à ses pieds; à gauche sont deux *Bacchantes*; à droite une *Érinnys* ou *Furie* ailée, accompagnée de la *panthère*, et qui attaque le roi barbare des Édoniens. La bande inférieure offre un monument sépulcral honoré par des offrandes. Même tome, p. 71, 109, etc.— Millin, *Descript. des tomb. de Canose*, pl. II, 11, coll. pl. XIII.

445 (CX). *Penthée* déchiré par les *Bacchantes*. Sa mère *Agavé* lui arrache un bras près de l'épaule; *Ino* le saisit par une jambe; *Autonoé* et la troupe furieuse l'attaquent de toutes parts; la *panthère* de Bacchus prend elle-même part à l'action, et mord une des jambes du malheureux prince. A gauche on voit un *Faune* qui contemple cette scène avec effroi, et deux *Centaures*, dont l'un joue de la lyre pour calmer le délire des Bacchantes, l'autre étend ses mains au ciel comme pour implorer la grâce de Penthée; du côté opposé est la *Nymphe* d'une fontaine du *Cithéron*, qui laisse écouler l'onde de son urne, en détournant la vue, ayant sur ses genoux un gros *serpent*, symbole bachique. Voy. tom. III, p. 72, 109, 123, 127, etc. — *Galeria Giustiniani*, I, 104, coll. Millingen, *Vas. de div. coll.*, 5, et Raoul Rochette, *Monum. inéd.* I, iv, 1.

446 (CX *bis*). *Dionysus* ou *Bacchus* entouré de ses fidèles compagnons, les *Satyres*, qui le délivrent des mains des *Tyrrhéniens*, et tirent vengeance de l'attentat de ces pirates. Au centre de cette composition formant une bande circulaire, divisée ici, mais dont il est facile de rétablir l'unité, paraît le jeune et beau *Dionysus*, assis sur un rocher recouvert de son manteau, et tenant de la main gauche une coupe, à laquelle paraît vouloir se désaltérer un *lion*, symbole de force et de victoire, qu'il caresse de la droite; deux *jeunes Satyres*, assis comme lui, et caractérisés par la queue de cheval, sont à ses côtés; deux autres, debout,

et qui se correspondent également, puisent le vin dans deux *cratères;* plus loin, à droite, un *vieux Satyre* emporte une coupe pleine; à gauche, un autre *vieux Satyre* commence le combat contre les pirates, une torche à la main. Des deux côtés se succèdent maintenant (bande supérieure de droite à gauche, bande inférieure de gauche à droite) deux séries de groupes qui n'en font qu'une, groupes aussi variés que nombreux, où l'on voit les *Satyres* vieux et jeunes, mais principalement les vieux, vêtus pour la plupart de *pardalides* (peaux de panthères), et la tête ceinte d'une bandelette, comme Bacchus lui-même, terrassant les *Tyrrhènes* avec des massues, des thyrses, des branches d'arbre, les poursuivant avec des torches, les précipitant dans les flots, ou les forçant de s'y jeter à demi changés en *dauphins* par le pouvoir du dieu; le *serpent* bachique ne manque pas plus ici qu'au sujet précédent, et prend part au combat. Voy. tom. II, p. 632, et tom. III, p. 72, 78, 135-137, etc. — Bas-relief qui orne la frise du petit monument circulaire érigé à Athènes par *Lysicrate,* en mémoire d'une victoire *choragique,* comme en fait foi l'inscription (*Lysicrates de Kikyna, fils de Lysitheides, était chorège;* la tribu *Acamantide vainquit* dans le chœur d'enfants; *Théon jouait de la flûte; Lysiades, Athénien, était l'instructeur* du chœur; *Évainetos était archonte*). Sa date est l'Olympiade CXI, 2. STUART, *Antiquit. of Athens,* I, chap. 4, pl. III et suiv.

447 (CXLVIII). *Bacchus* barbu, couronné de lierre, vêtu d'une tunique courte, recouverte d'une cuirasse, et, sur son bras gauche dont il tient un cep de vigne, portant une pardalide en guise de bouclier, terrasse avec son thyrse un guerrier armé à la grecque, et qui doit être ou *Persée,* ou quelque autre roi grec, plutôt que le roi indien *Dériadès* qu'on y voit d'ordinaire. T. III, p. 123, 331 sq., coll. p. 79, 112 sq. — Vase peint. HIRT, *Bilderb.,* p. 83.

448 (CXIX). *Bacchus,* vainqueur de l'Inde, faisant grâce à *Dériadès.* Le héros divin, couronné de pampres, est assis sur un trône, sous lequel se voit la *panthère;* à ses côtés se tient debout *Pan,* le général de son armée; le roi de l'Inde, captif, est prosterné devant lui, accompagné d'une femme et d'un homme de sa nation, ce dernier portant les insignes de son pouvoir; d'autres

Indiens sont foulés aux pieds des chevaux et des *Centaures*, qui traînent dans deux chars le chef des Satyres, *Silène*, armé de toutes pièces, et une *Bacchante*. Même tome, p. 79, 154, 157, etc. — Bas-relief du Musée Chiaramonti, d'après Gerhard, *Antike Bildwerke*, pl. CIX, 1. Comparez le beau fragment d'un monument pareil, mais d'une exécution bien supérieure, fig. 458 b, ci-après.

448 a (CXVIII). Marche triomphale de *Bacchus* dans l'Inde. En avant est un *lion*, suivi de deux *chameaux* portant un *Indien* et une *Indienne*, symbole des peuples soumis. Vient ensuite, précédé d'un *Satyre* armé d'un thyrse, le char de triomphe, orné d'un griffon, et traîné par deux *éléphants* que conduisent des *Amours*; on y voit *Dionysus* vainqueur, s'appuyant sur son fidèle *Ampélus*; au-dessous est le vieux *Silène* monté sur une *panthère* et tenant un bouclier. Derrière, sont des guerriers du cortège de Bacchus, à cheval et à pied, suivis d'un vieux *Satyre* monté sur un *âne*. Cette pompe paraît sortir de la porte d'une ville. Même tome, *ibid.* — Bas-relief d'un sarcophage. Zoëga, *Bassiril.*, I, 7.

449 (CXVIII). Le grand *Cratère dionysiaque*, entouré de lierre, et duquel sort un thyrse, est ramené de l'Inde dans un chariot à roues pleines, traîné par deux panthères; sur le devant est un *Indien* prisonnier et enchaîné, dont une *Bacchante*, probablement *Méthé*, tient la chaîne; un *Satyre* paraît soutenir le cratère; un autre conduit un *éléphant*, couvert d'un réseau, et qui porte un autre *Indien* ayant les mains liées derrière le dos. *Ibid.* — Zoëga, *Bassiril.*, I, 8.

450 (CXXX). Triomphe de *Bacchus* représenté comme celui des empereurs romains. Le dieu est précédé de deux *Satyres*, dont un joue de la double flûte, et suivi d'une *Bacchante* tenant un thyrse; derrière eux des *Indiens* prisonniers portent avec peine une espèce de brancard, sur lequel est un grand *Cratère* entouré de quatre *statues* assises, qui figurent les nations vaincues; deux *chameaux* ferment la marche du cortége, qui se dirige vers un autel allumé. *Ibid.* — Zoëga, *Bassiril.*, II, 77.

451 (CXV). Ici la *panthère* marche en avant au lieu du lion (448 a), accompagnée d'un jeune *Satyre* portant un panier de fruits sur

son épaule et un pédum à la main; un autre *Satyre*, armé d'un thyrse, conduit par la trompe un *éléphant* que gouverne un *Amour* monté sur son cou, tandis que, sur son dos, est lié un *Indien* prisonnier, qui a la chevelure bouclée et des *anaxyrides* (larges pantalons); un troisième *Satyre* mène une *femme* dont la tête ajustée comme celle de l'Indien annonce sa compagne de captivité; suit un *homme* à demi nu, les mains liées derrière le dos, et qu'une *Bacchante* force d'avancer en le menaçant d'un court javelot; derrière, marche une autre *Bacchante* faisant l'office de *canéphore*, c'est-à-dire portant une corbeille de fruits, et correspondant ainsi au premier Satyre. *Ibid.* — *Mus. Pio-Clem.*, IV, 23.

451 *a* (CIX). Triomphe de *Bacchus*: scène analogue aux précédentes, mais beaucoup plus riche, et où le cortége du dieu est presque au complet. On le voit couché mollement sur un char, orné de sculptures relatives à son culte, et entre autres d'un *Faune* ou d'un *Satyre* entraînant un *bouc* par les cornes; près de lui est *Ariadne*, qui le tient embrassé; un *Amour* portant un drapeau vole au-devant du couple divin abrité d'un parasol; *Dionysus* verse le vin à un *Faune* (ou un personnage rustique), qui reçoit ce présent avec reconnaissance. Deux vieux *Centaures* traînent le char, l'un pinçant la lyre, l'autre jouant de la double flûte; devant eux est *Pan*, qui, d'un coup de son pied de bouc, ouvre la *ciste mystique*, et, dans ses deux mains élevées, tient un vase avec la *syrinx*; deux jeunes *Bacchants* et deux *Bacchantes* le précèdent, celles-ci portant le thyrse et une grappe de raisin, ceux-là un quartier de chevreuil et le pédum. Plus loin paraît le vieux *Silène*, ivre, et chancelant sur son âne; un jeune *Satyre* le soutient, et deux *Bacchantes* marchent en avant, l'une tenant une grappe de raisin et un pédum, l'autre le tambourin élevé au-dessus de sa tête. Un autre groupe se compose d'un vieux *Faune*, d'une *femme* ayant la tête ceinte d'une bandelette, d'un *homme* portant un *enfant* sur ses épaules et ayant près de lui un autre *enfant* avec une grappe de raisin; derrière eux est un *éléphant*. Un *Silène* jouant de la double flûte, et un jeune *Satyre* tenant un pédum recourbé, auquel pend une calebasse, ouvrent la pompe bachique, et doivent peut-être, ainsi

que les personnages du groupe qu'ils précèdent, s'entendre des *Tityres*, des *Lydiens*, et des autres rustiques adorateurs de Bacchus. Tom. III, pag. 79, 124 sqq., 132 sqq., 154, 157, etc. — Bas-relief de la villa Montalto, passé dans la collection Townley, et de là au Musée britannique. BARTOLI, *Admiranda Rom.*, tab. XLVIII et XLIX.

452 (CXX). *Bacchus* trouve *Ariadne* endormie dans l'île de Naxos; *Morphée*, figuré comme un vieillard avec des ailes à la tête, prolonge son sommeil; *Pan* a levé le voile qui la couvrait, et un *Amour* fait voir à Bacchus combien elle est belle. Le dieu s'avance nonchalamment, appuyé sur le jeune *Ampélus*, qui tient un *rhyton*; il est environné de *Satyres* vieux et jeunes, et de *Ménades*, qui admirent Ariadne. Une de celles-ci porte un petit foyer sur une soucoupe, ce qui a rapport au *batillus* sur lequel on portait le feu devant les empereurs et les magistrats romains. On voit sur le sol un *serpent* qui sort du rocher de la grotte de Naxos, un *vase* à boire, une *panthère* et une *ciste*, d'où s'élance un autre *serpent*. Une *Ménade* et un *Satyre* soutiennent un grand *flambeau*, qu'un autre *Satyre* va laisser tomber; un troisième *Satyre*, vêtu d'une pardalide, porte un *masque* et sur son bras un *Satyrisque*; un quatrième, ayant devant lui la ciste mystique, semble purifier par l'eau ou par le feu un autre petit *Satyre*. Plus loin, on voit sur un cippe orné d'attributs bachiques (un *masque* et un *flambeau*), une statue de *Bacchus barbu*, qui tient un *thyrse* et un *tambour*; devant cette statue est un petit autel, vers lequel une *Ménade*, précédée d'un autre personnage, apporte une offrande de fruits, tandis qu'une *prêtresse* (une *Thyade?*) y sacrifie un poulet que la flamme va consumer. Cette cérémonie et tous ces symboles ont trait aux noces mystiques de *Bacchus* et d'*Ariadne*. Voy. tom. III, p. 270 sq., 297, 299, coll. p. 130, 137, 150, 156, 158, etc. Compar. les sujets suivants. — *Mus. Pio-Clem.*, V, 8.

453 (CXXI). *Dionysus-Bacchus*, ou *Liber*, et *Ariadne*, représentée comme *Kora* ou *Libéra*, rapprochés sur un lit sacré et célébrant leur union, tous deux couronnés de lierre; celle-ci, vêtue d'un ample manteau qui lui sert de voile, et tenant d'une main une coupe, de l'autre un tambour; celui-là, presque nu, s'appuyant

sur un thyrse, et présentant à boire à sa *panthère* couchée entre eux. Derrière *Bacchus* est *Hermès* ou *Mercure*, debout, avec son caducée, puis une *Ménade* qui s'appuie sur lui, puis un *Satyre*; derrière l'épouse divine, un *enfant* assis sur un rocher et qui souffle dans une conque, puis un *Satyre* muni d'un pédum et faisant un geste moqueur, puis une *Ménade* ou *Thyade* appuyant la main sur un autel orné d'un *Bacchus* en relief; aux deux extrémités on voit en regard deux *prêtres* de Bacchus, vêtus d'une tunique longue avec la nébride par-dessus, ayant un thyrse et un tambour dans les mains, et un modius sur la tête. Entre *Bacchus* et *Ariadne*, et au-dessus d'eux, est représenté le vieux *Silène* livrant à des *Génies* ailés ou *Amours*, dont l'un tient une palme, un *Pan* ou *Satyre* (espèce de *Marsyas*) qu'il a vaincu, pour le châtier. Sur le sol on remarque les principaux symboles bachiques, le *van* et la *ciste* mystiques, l'un et l'autre avec le *serpent*; un panier qui paraît contenir la poussière *athlétique* (dont on couvrait l'arène); un *lion*, un *chevreau*. Le champ est tout rempli de pampres avec des raisins. Même tome, p. 270 sq., coll. p. 129 sq., 137, 158, 228, etc. — Bas-relief célèbre du sarcophage Casali. *Mus. Pio-Clem.*, V, C. Voy. fig. suiv.

454 (CXXI). *Bacchus* et *Ariadne*, couchés en face l'un de l'autre, ont près d'eux un *Faune* ou un *Satyre* qui fait résonner un cornet recourbé; derrière Bacchus est une *Ménade* appuyée, et derrière Ariadne une autre *Ménade* jouant de la double flûte pendant qu'elle frappe avec le pied un instrument appelé *croupezia*, qui lui sert à marquer la mesure. *Ampélus*, favori de Bacchus, s'avance, d'un côté, sur un char traîné par deux *tigres*, sur l'un desquels est monté un *Amour* pinçant la lyre; de l'autre côté, un *Pan* ivre est relevé par deux *Nymphes*; plus loin, une femme, *Nymphe* ou *Ménade*, soulève mystérieusement le voile qui couvre le *van* mystique, et une autre femme découvre la *ciste* d'où s'échappe le *serpent* dont un *Satyre* s'éloigne avec effroi. Même tome, *ibid*. — Bas-relief ornant le couvercle du même sarcophage. *Ibid*.

455 (CXXII). Pompe nuptiale de *Bacchus* et d'*Ariadne*. La troupe des *Bacchants* et *Bacchantes* précède les chars des divins époux; deux jeunes *Satyres* soutiennent avec peine *Silène* ivre, dont les

cymbales sont tombées à terre; ils sont suivis d'un autre *Satyre*, qui danse en portant un cratère sur ses épaules; puis, sur un char à deux roues, traîné par deux *panthères* que guide l'*Amour* éphèbe, accompagné d'une *Bacchante* qui sonne de la trompette, paraît *Ariadne* couverte à demi du voile de fiancée, ayant à côté d'elle *Hyménée* avec son flambeau, et s'appuyant sur un jeune *Satyre*, peut-être *Ampélus*, qui suit le char et fait l'office de *paranymphe*; derrière, vient le char à quatre roues de *Bacchus*, traîné par deux chevaux que dirige son écuyer *Maron* dans une demi-ivresse; le dieu lui-même, ayant la main droite posée sur la tête en signe de repos, un pédum dans la main gauche, et les cheveux ceints d'une bandelette avec des grappes de raisin qui retombent des deux côtés, semble assoupi sur les genoux d'une déesse voilée comme l'épouse, et qui est la *pronuba* de ces noces (probablement *Vénus conjugale*); un *Satyre*, portant une pardalide et une outre sur son épaule, ferme la marche. Tom. III, p. 270 sq., 297, 299, coll. 126 sq., 136, 154 sqq., et tom. II, p. 653. — Bas-relief d'un sarcophage. *Mus. Pio-Clem.*, IV, 24.

456 (CXXVI). *Bacchus* et *Ariadne* se tenant embrassés dans le char du dieu traîné à travers les airs par un jeune *Centaure* et une *Centauresse* qui joue de la lyre; au-devant vole un *Amour*, si ce n'est *Hyménée*, avec un flambeau nuptial à la main; derrière est un autre *Amour*; au bas, on voit, à la surface tranquille des eaux, un groupe formé du vieux *Nérée* tenant une corne d'abondance, entre deux *Néréides* dont l'une porte dans sa main une voile repliée et doit être *Galéné*, en qui se personnifie le calme de la mer. Tom. III, p. 270 sq., 297, coll. tom. II, p. 364 sq., et la note 12 dans les Éclaircissements du livre VI. — Camée du Cabinet du roi. Buonarroti, *Medagl. ant.*, p. 430.

457 (CXXVI). Lectisterne ou banquet nuptial de *Bacchus* et d'*Ariadne*, assistés d'*Hercule*. Les trois divinités sont couchées sur un lit somptueux que domine un berceau de vigne. *Bacchus*, qui est au milieu, et couronné de lierre, tient dans sa main droite un rhyton et dans la gauche une large coupe; ses regards sont tournés vers *Ariadne*. Celle-ci, couronnée de lierre comme son époux, tient dans sa main droite un thyrse orné d'une

bandelette, et dans l'autre un canthare ; au-dessus d'elle plane le *Génie des mystères*. *Hercule* est assis au bas du lit, à la place la moins honorable, coiffé et vêtu de la peau de lion, appuyant la main droite sur sa massue et le coude gauche sur le genou de Bacchus. Deux femmes, dont l'une, qui paraît une *Bacchante* ou une *Thyade*, porte un thyrse dans sa main droite et une ciste dans la gauche, l'autre, d'un aspect et d'un costume imposants, se tient près du Génie des mystères (peut-être *Télété*, l'initiation personnifiée), sont à droite et à gauche du groupe. Tom. III, p. 270 sq., 342 sq., coll. p. 294, 297, 299, etc.— MILLIN, *Peint. de vas.*, I, 36.

458 (CVIII *bis*). Statue idéale de *Dionyus* ou *Bacchus*, représentant le dieu dans tout l'éclat de la jeunesse et de la beauté, avec ses formes demi-féminines, son regard nageant dans une douce ivresse, son attitude et ses traits exprimant une langueur voluptueuse. Une bandelette ceint son front ; ses cheveux couronnés de lierre descendent en longues boucles sur ses épaules ; il est entièrement nu, et tient de sa main gauche des grappes de raisin, en s'appuyant mollement sur un tronc d'arbre le long duquel serpente un cep de vigne, du bras gauche élevé un thyrse qui devait lui faire un autre appui. Voy. tom. III, p. 76 sqq., et compar. les fig. suiv.— Musée du Louvre, nº 154. *Musée franç.*, I, 1 ; BOUILLON, I, 30.

458 *a* (CVIII *bis*). *Bacchus*, dans une pose et avec des caractères analogues au précédent, s'appuyant du bras gauche, dont il tient un canthare, sur un Génie ailé où l'on a cru trouver *Ampélos*, mais qui n'est autre qu'*Éros* ou l'*Amour*, et de sa main droite, élevée au-dessus de sa tête couronnée de pampres, pressant des grappes de raisin. La *nébride* du dieu est jetée sur le tronc qui supporte sa statue, et le long duquel, avec le cep de vigne, grimpe à replis nombreux le *serpent*. Même tome, *ibid.*, et pag. 156 sq., 296 sq., etc. — Groupe du Musée Bourbon, à Naples, d'après GERHARD, *Antike Bildwerke*, Cent. I, pl. XIX. Compar. *Bacchus* et *Ampélos* dans le *Mus. Pio-Clem.* I, 42, coll. *Mus. Florent.*, III, 48, et dans le *British Mus.*, III, 11.

458 *b* (CVIII *bis*). *Bacchus*, vainqueur de l'Orient, et le vieux *Pan*. CREUZER. (Ce groupe n'est qu'un fragment, remarquable par la

beauté de l'exécution, et par la grâce tout idéale donnée à la figure de Bacchus, d'un bas-relief analogue à celui qui se trouve gravé pl. CXIX, 448. Voy. p. 184 ci-dessus.) Même tome, *ibid.*, et p. 79, 137, 157, etc. — ZOËGA, *Bassiril.*, n° 75.

458 c (CVIII *bis*). Tête idéale de *Bacchus* jeune, avec des traits qui rappellent ceux d'Apollon; elle est, du reste, ceinte du bandeau ou diadème appelé *mitre*, et en outre d'une couronne de lierre. Au revers se voit la *panthère* sacrée du dieu, avec une inscription qui annonce une médaille d'*Andros*, l'une des Cyclades. Même tome, *ibid.*, et p. 332. Compar., pour la mitre, fig. 430 ci-dessus. — LANDON, *Numism. d'Anach.*, II, pl. 72.

459 (CXIV). *Bacchus* couché sur un rocher (peut-être le sommet du Parnasse), ou dans une grotte, la tête ceinte d'une bandelette et couronnée de pampres, à demi enveloppé d'ailleurs dans un ample manteau; la grande coupe qu'il tient à la main est une restauration vraisemblable. Même tome, *ibid.*, et p. 88, 129, 240. Compar. fig. 446 ci-dessus. — *Mus. Pio-Clem.*, I, 43.

460 (CXVI). Statue d'*Ariadne* : sa tête est couronnée de feuilles de lierre et de grappes de raisin; dans sa main gauche elle tient une coupe; elle est vêtue d'une longue tunique à plis nombreux, et d'un ample péplus. Tom. III, p. 78, 267, 270 sq. — *Mus. Pio-Clem.*, I, 45.

460 a (CXVII). Tête d'*Ariadne*, couronnée d'une guirlande de lierre. *Ibid.* — Médaille d'argent de Sicile, au Cabinet du roi.

461 (CXIII). *Nymphe bachique* ou *Ménade* endormie, caractérisée par le *serpent dionysiaque* qui s'entortille autour de son bras. (En rapprochant cette statue du Vatican de la prétendue *Cléopâtre* qui se trouve au même Musée, et qui appartenait au groupe de *Bacchus* surprenant *Ariadne*, on est tenté d'y reconnaître une représentation analogue de la fiancée du dieu, plutôt que l'image d'une simple *Bacchante*, ou d'une *Érynnis*, ou même de *Thétis*, plongée dans le sommeil.) *Ibid.* — *Mus. Pio-Clem.*, III, 43, coll. II, 44, et RAOUL ROCHETTE, *Mon. inéd.*, I, pl. V.

462 (CXXVIII). *Bacchus* ou *Liber* avec de petites *cornes* au front, ayant près de lui *Libéra* en *Cérès*, avec le *modius* sur la tête et la corne d'abondance dans la main, tous deux assis sur une *thensa* attelée de deux *Centaures*, dont l'un joue de la double

flûte, l'autre porte un *Amour* sur son dos; une *panthère* est figurée sur le char que précède un *Génie bachique*. Tom. III, p. 76, 264 sq., 294 sqq., 319. Compar. fig. 456, 489, etc. — Médaille *des Nicéens*. Creuzer, *Dionysus*, tab. III, 2.

462 *a* (CXXVIII). Buste de *Bacchus cornu*, ayant les cheveux retenus par un diadème formant voile, appelé *credemnon*, dont les deux bouts retombent sur la poitrine. La figure se rapproche de celle du *Satyre*. Même tome, p. 76 et 319. Compar. fig. 485 *a*. — Hirt, *Bilderbuch*, X, 3.

463 (CXXVII). *Bacchus Tauriforme*, avec la tête, la queue et les pieds du taureau, armé d'une massue, symbole de la force du soleil, conduit les *Pléiades*, qui furent ses nourrices, vers un autel. Les figures forment deux séries, marchant en sens contraire, et qui se rejoignent à l'autel, à cause de la forme circulaire du monument. (Böttiger, Tölken et d'autres voient ici le *Minotaure* entraînant les *jeunes Athéniennes* pour les immoler.) Même tome, p. 57 sq., 68-71, 76, 190, 329. Compar. les fig. précéd. et suiv.— Bas-relief d'un vase connu sous le nom de *Vase d'Orsay*, qui a fait partie du *Musée Napoléon*. Dupuis, *Orig. des cult.*, atlas, nos 14 et 15.

464 (CXXVI). *Bacchus Tauriforme*, sous la figure d'un taureau à tête humaine barbue, vulgairement nommé *Hébon*. (D'autres, et particulièrement M. Millingen, reconnaissent dans cette figure celle d'un fleuve, et ici du *Selinoes*, comme porte l'inscription pour *Selinoeis*.) Au revers, *Proserpine* résistant aux caresses du *serpent* dans lequel Jupiter se transforma pour la séduire, et qui donna naissance au dieu-taureau. Même tome, p. 76, 210, 237, 265, 319. Compar. fig. suiv. — Médaille de *Sélinunte* en Sicile. Eckhel, *Doctr. num.*, I, 4.

465 (CXXVI). *Bacchus-Hébon*, sous la forme d'un *taureau à face humaine*, au-dessus duquel plane la *Victoire* portant une couronne. Même tome, *ibid*. Compar. fig. précéd. et suiv. — Médaille des *Néopolitains* (de Naples), au Cabinet du roi.

465 *a* (CXXVII). Figure analogue aux deux précédentes, mais représentée seulement à mi-corps et comme *protome* de *Bacchus-Hébon* (*hâtant le pas de son pied de taureau*), à qui une femme offre une guirlande ou une couronne de feuillage. Sur d'autres

médailles de Géla, au lieu de l'inscription *Sosipolis* (*sauveur de la cité*), écrite ici de droite à gauche au-dessus du dieu-taureau, on trouve ΓΕΛΑΣ pour ΣΕΛΑΣ, ce qui, entre autres motifs, a fait rapporter cette figure au fleuve éponyme de la ville. Même tome, *ibid.*, et pag. 57 sq. Compar. fig. 464 ci-dessus, 526 *b* et p. 217 ci-après. — Creuzer, *Dionysus*, tab. III, 3, et pag. 278, coll. Landon, *Numism. d'Anach.*, II, pl. 53.

466 (CXII). *Taureau dionysiaque* (ou *Dionysus* lui-même sous la figure complète d'un taureau) : il a le corps entouré d'une branche de lierre, et il marche sur un thyrse orné d'une bandelette. L'inscription gravée au-dessus donne cette belle intaille comme un ouvrage d'*Hyllus*. Même tome, p. 57 sq., 76, etc. — Bracci, *Memor.*, II, 91, coll. Lippert, *Dactylioth.*, I, 231.

467 (CXI). Le *Taureau dionysiaque*, paré de bandelettes comme pour un sacrifice, sur lequel est assise une *Thyade* ou prêtresse de *Bacchus*, la tête ornée d'une couronne à pointes, vêtue d'une tunique longue, et relevant son ample péplus de la main gauche : autour d'elle trois personnages mâles, qui paraissent la conduire en pompe, l'un, qui marche en avant, ayant la tête ceinte à peu près comme elle et tenant une lance ; l'autre, qui est en arrière, coiffé d'un piléus, et tenant de la main gauche une lance, de la droite une couronne de feuillage ; le troisième assis, coiffé comme le premier, tenant une couronne de feuillage et un bâton. *Ibid.*, et p. 130, surtout 328 sq., où est rapportée l'explication peu vraisemblable de Millin, adoptée par M. Creuzer. Compar. la fig. suiv. — Millin, *Peint. de vas.*, II, 12.

468 (CXI). Deux *Bacchantes* ou *Thyades*, prêtresses de *Bacchus*, emmenant un *taureau* pour le sacrifice, dans une attitude très animée ; derrière, est un pied de candélabre allumé servant d'autel, et entouré d'une bandelette qu'une de ces femmes tient dans sa main. *Ibid., ibid.* — *Mus. Pio-Clem.*, V, 9.

469 (CXIV). *Bacchus*, la tête ceinte d'une couronne radiée, un manteau jeté sur les bras, est monté sur une *panthère* qui court ; une *Ménade*, couronnée de même, enveloppée d'un ample péplus, et tenant un flambeau dans chaque main (peut-être *Télété*: 250 *r*), le précède à grands pas ; un *Satyre*, la tête ceinte de lierre, ayant une pardalide sur le bras et une queue de cheval, marche

en arrière, portant un beau cratère de ses deux mains (peut-être *Acratus*). Tom. III, p. 60, 135 sq., 146 sqq., 300, etc. — Peinture de vase. Tischbein, II, 43.

470 (CXXIII). *Bacchus*, couronné de lierre, tenant un thyrse et un rhyton, est nonchalamment assis sur un âne; un *Satyre* le précède en jouant de la double flûte; il y a dans le champ de la peinture un gâteau sacré et une bandelette. Même tome, p. 288 et 339 sq., coll. 140-154, *passim*, 137 et 350 sq.— Tischbein, II, 42.

471 (CXLIII). *Vulcain* ramené dans le ciel par *Bacchus* et sa suite. *Marsyas* ouvre la marche en jouant de la double flûte; véritable *Silène* ou *vieux Satyre*, il est couronné de lierre, vêtu de la pardalide, et il a une longue queue de cheval; il est suivi d'une *Ménade* agitée par une fureur divine; la tête de celle-ci est également ceinte de lierre; elle porte dans sa main droite un thyrse, et dans l'autre une grande coupe à deux anses ou un canthare; elle est vêtue de deux tuniques plissées, une longue et une courte; on lit au-dessus d'elle son nom, Comodia. Vient ensuite Dionysos ou *Bacchus*, dans l'attitude de l'ivresse, portant une longue barbe, le front ceint de la mitre, et ses longs cheveux retombant sur ses épaules; vêtu d'une tunique courte et plissée, serrée par une ceinture, et d'un péplus rejeté en arrière; chaussé de bottines de peau de panthère, et tenant aussi un thyrse et un canthare. Héphæstos ou *Vulcain* ferme la marche, en faisant un geste de concession; il est barbu et coiffé du piléus; vêtu d'une tunique courte et sans manches, ornée de broderies, et dans sa main droite il porte un marteau. Voy. tom. III, p. 340 coll. 285 sqq., 135 sq., 156, 257 sq., 331 sq., etc. Compar. les deux fig. suiv., 472 et 473. — Millin, *Peint. de vas.*, I, 10.

472 (CXLII). Sujet analogue au précédent. *Bacchus* barbu, ses longs cheveux couronnés de lierre, vêtu d'une tunique talaire et d'un péplus, tenant dans ses mains une branche de lierre et un canthare, marche en avant; *Vulcain* le suit monté sur un *âne*, la tête ceinte de même, portant une tunique courte, très ornée, avec une riche cuirasse et un manteau rejeté en arrière, par-dessus, tenant dans sa main gauche un marteau; derrière, est un *vieux Satyre*, probablement *Marsyas*, qui tient une lyre et un plectrum, dans

une attitude animée et grotesque. Tom. III, *ibid.*, et p. 122. — Peinture de vase. Tischbein, IV, 38.

473 (CXLV). Scène analogue aux deux précédentes. Le *Satyre* marche ici en avant, comme dans la première, jouant de la double flûte et portant une lanterne suspendue à une bandelette. *Bacchus,* qui vient ensuite, rappelle la seconde pour le costume comme pour la pose; il a la tête tournée vers *Vulcain;* mais, avec le canthare d'où s'échappe le vin, il porte un thyrse, ainsi qu'au n° 471. *Vulcain* est représenté jeune et sans barbe, et il monte un *mulet;* son costume est à peu près le même que celui du précédent, mais plus simple; une flamme caractéristique se voit sur sa cuirasse, et il tient un thyrse, au lieu d'un marteau, dans sa main gauche. Même tome, *ibid.*—Millin, *Peint. de vas.*, II, 66.

474 (CXXIV). Pompe *dionysiaque* ou *Bacchanale*, sur un bas-relief. *Bacchus* est couché sur un lit placé sur un char à quatre roues, traîné par deux jeunes *Centaures* à physionomie de Satyres, dont l'un joue de la cithare et l'autre sonne du cornet. Le dieu est nu; sa chlamyde est négligemment jetée; dans sa main gauche il tient une couronne de fleurs, et dans l'autre qu'il élève au-dessus de sa tête, en signe de repos, il a des raisins. A côté de lui est un personnage de femme, soit *Méthé,* sa compagne ordinaire, soit *Nysa,* sa nourrice (il paraît sortir d'une grotte ornée de ceps de vigne, peut-être celle des Nymphes *Nyséides*); un petit *Génie* sans ailes, portant une espèce d'étendard, est monté sur le dos de l'un des Centaures. Le char est précédé du cortége habituel (*Thiasos*) de Bacchus. Une *Ménade* et un *Pan* frappent chacun un tambourin; ce dernier, d'un coup de son pied de bouc, découvre la *ciste mystique,* d'où sort le *serpent;* une autre *Ménade* joue des cymbales, ayant à ses pieds une *panthère.* Devant elle, est un jeune *Satyre,* qui appuie sa main droite sur un autel rustique, et dans la gauche tient un grand pédum noueux; il est précédé d'un *Génie bachique* sans ailes, monté sur un *lion;* à côté est une *Canéphore* qui porte une corbeille remplie de fruits. Tom. III, p. 68, 76, 124 sqq.; 155, 183 sq., 229, 294 sqq., 343. Compar. les fig. suiv. — *Mus. Pio-Clem.*, IV, 47.

475 (CXXV). Pompe *dionysiaque* analogue à la précédente, mais beaucoup plus riche en personnages et en symboles bachiques. *Dionysus* est assis sur un char traîné par deux *Centaures*, près desquels marchent un *lion* et une *panthère*, et que dirige un Génie ailé ou un *Amour* monté sur l'un d'eux; le dieu tient dans sa main droite un canthare, et il appuie l'autre sur son thyrse; sa chlamyde forme un nimbe autour de sa tête. *Méthé*, qui porte une nébride, est placée derrière lui. Devant le char marche un jeune *Satyre* couronné, qui joue de la double flûte, entre deux *Ménades* dont l'une joue des cymbales; cette dernière est précédée d'un *Pan*, qui danse en agitant son pédum derrière sa tête; à ses pieds est la *ciste mystique*, d'où sort le *serpent*. En avant est un petit char très bas, traîné par des *ânes* qui sont tombés, et qu'un *Satyre* placé devant eux cherche à relever. Un *Pan* placé sur le devant du char tient les rênes des ânes et un thyrse avec lequel il les dirige; deux *Muses* sont assises dans ce char, et couronnent de lierre un *masque* de Silène, symbole assorti aux chœurs comiques tels que celui-ci. Le char est escorté d'un *Silène* ou *vieux Satyre*, qui tient une corbeille pleine de fruits, récemment cueillis à un arbre; d'une *Ménade*, qui porte un *chevreau* sur ses épaules; et d'un *jeune Satyre* qui porte un *faon*. Les timons des deux chars se terminent également en tête de *bélier*. Même tome, p. 124 sqq., 140 sqq., 149 sq., 155, 183, 184 sq., 197, coll. 67, 76, etc.—*Mus. Pio-Clem.*, V, 7.

476 (CXLIX). *Bacchus*, comme *dieu des Saisons*, couronné de fleurs et de pampres, est assis sur une *panthère*, et il verse du vin de la main droite dans un rhyton, placé dans la main d'un *Pan* qui gambade et porte une outre sur son épaule; un *Satyre*, qui est derrière le dieu, semble le soutenir. Les *Génies* des *quatre Saisons*, sous la figure de jeunes gens ailés, environnent Bacchus. On voit d'abord à gauche, le *Printemps*, couronné de fleurs, tenant d'une main une corne d'abondance remplie de fruits, de l'autre un chevreau; près de lui est l'*Été*, couronné d'épis, tenant d'autres épis en faisceau et une faucille; plus loin, l'*Automne*, couronné d'olivier, porte à la main et dans un calathus des figues sèches enfilées; à l'extrémité droite, l'*Hiver*, couronné de roseaux, tient d'une main des oies sauvages, de l'autre une

corne d'abondance avec des productions de la saison. Le bas est rempli de figures accessoires, qui sont des petits *Génies bachiques* en rapport avec les grands, ou bien jouant avec les animaux sacrés du dieu, eux-mêmes relatifs aux diverses saisons. Des *lions* ou *lionceaux*, des *boucs* dont un sur un autel, un *Pan* qui semble renversé par la panthère de Bacchus, un *oiseau aquatique*, un *sanglier*, s'y remarquent surtout. Même tome, p. 71, 137, 158, 177 sq.. 296 sq., etc. Compar. fig. 250 *s*, ci-dessus. — Bas-relief d'un sarcophage qui a fait partie du Musée Napoléon, d'après Bartoli, *Admirand. Rom. antiq.*, tab. 79, comparé avec Vauthier et Lacour, *Monum. de sculpt.*, pl. 56. Voy. le bas-relief analogue, au Louvre, n° 116, et dans Clarac, pl. 146.

476 *a* (CXLV). *Bacchus* barbu, en costume lydien ou phrygien, tenant le canthare et le thyrse, debout sur un piédestal dominé par un arbre, aux branches duquel pendent la *syrinx* ou flûte de Pan et le *tympanum* ou tambourin; derrière, est une *Bacchante* couchée, saisissant d'une main ce dernier instrument et ayant un thyrse dans l'autre; devant, un jeune *Satyre* assis, tenant par les pattes un *bouc* qu'il doit sacrifier au dieu. Même tome, p. 244-258, *passim*, coll. p. 67 et 243. Compar. fig. 429 et surtout 429 *a*, avec l'explicat.— Camée. *Mus. Pio-Clem.*, II, B, 8.

477 (CXXVI). *Bacchus* barbu et enveloppé d'un ample manteau, soutenu par un jeune *Satyre* (Ampélos), est conduit vers un lit où sont couchés un *homme* et une *femme*, près desquels est une table ronde à trois pieds; un autre *Satyre* détache la chaussure du dieu; un troisième, plus grand, danse derrière lui, un *pédum* à la main, au son de la double flûte de *Silène* (*Acratos*), qui vient ensuite. En dehors de la draperie, on voit un *Bacchant*, qui semble porter une outre, et une *Bacchante* ivre, tenant un panier, que soutient dans ses bras un *vieux Satyre*, dont la tête est ceinte d'une bandelette, comme celles de la plupart des autres personnages. En arrière, paraît debout sur un autel la statue de *Priape*. (Compar. cette représentation très probable de l'arrivée de *Bacchus*, suivi de son cortége, chez *Icarius*, avec celle que nous avons expliquée plus haut, 443 *b*, et qui est moins

complète.) *Mus. Pio-Clem.*, **IV**, 25. Conféŕ., sur ce monument curieux, dont ce n'est ici qu'une portion, Zoëga, *Abhandl.*, ed. Welcker, p. 76 sqq., et 362 sqq., avec les tab. III et IV, 7, 8, 9, 10.

478 (CXXII). *Bacchus* ivre revient d'un banquet; il est précédé d'un *vieux Satyre* barbu, dont les reins sont ceints d'une peau, et qui tient un flambeau des deux mains; le jeune *Ampélus* soutient le dieu qui chancelle, malgré son thyrse qu'il a dans la main droite. Suit une *Centauresse* tenant dans sa main droite des *crotales*, qu'un *jeune Satyre* qui est monté en croupe cherche à lui arracher; derrière elle est un autre *jeune Satyre* portant un flambeau, que veut lui enlever un *vieux Satyre* barbu semblable au premier, mais qui tient un thyrse. Puis viennent deux enfants ou deux *Satyrisques*, ayant chacun un thyrse dans la main, et portant une soucoupe à trois pieds, sur laquelle est placé un petit autel à parfums. Un *vieux Satyre* ou un *Silène*, chaussé de cothurnes, et son manteau roulé autour de la ceinture, les suit avec un flambeau. La marche est fermée par une *Centauresse*, qui, à l'aide d'un *jeune Satyre* qui vient derrière elle, force un autre *Satyre*, qui a sauté sur sa croupe, d'en descendre. Même tome, p. 135 sqq., 156, etc. — *Mus. Pio-Clem.*, **IV**, 21.

479 (CXXIV). Procession bachique, sculptée autour d'un cratère de marbre d'un beau style, connu sous le nom de *vase Borghèse*. La première figure à gauche est *Bacchus*, négligemment vêtu d'un grand manteau ou péplus; de sa main droite il tient un thyrse orné d'une bandelette, et il appuie son bras gauche sur l'épaule d'une *Bacchante* vêtue d'une tunique longue et qui joue de la lyre. Un *Satyre* nu, portant une pardalide et un thyrse, danse dans une attitude forcée; à ses pieds est couchée une *panthère*, qui tient un thyrse dans ses pattes. Plus loin, est *Silène* ivre et couronné de lierre; il se baisse pour ramasser à terre sa coupe qu'il a laissé tomber, et il est soutenu par un *Satyre* portant un thyrse, avec une pardalide nouée autour de son cou. Devant lui est une *Bacchante* qui joue des crotales, vêtue d'une ample tunique, qui flotte ainsi que son péplus. Vient ensuite un *Satyre* avec la pardalide, jouant de la double flûte; puis une *Bacchante*

portant une lyre, qu'un autre *Satyre* saisit par son manteau. La dernière figure est une *Bacchante*, qui relève en dansant son vêtement avec la main gauche, tandis que, de l'autre, elle élève son tambourin au-dessus de sa tête. Même tome, p. 122, 127 sq., 154, etc. — Musée du Louvre, n° 711. Bouillon, I, 76.

480 (CXXIII). Deux *Bacchantes* ou *Ménades*, vêtues d'une ample et longue tunique et d'une pardalide, tenant, l'une un vase, l'autre un thyrse, et poursuivies par un *Satyre* ayant une pardalide sur son bras gauche, un thyrse dans sa main droite, et par un autre *Satyre* absolument nu. Même tome, p. 126 sq., 137. — Peinture de vase. Tischbein, III, 14.

481 (CXXVII). Au milieu de ce bas-relief, sculpté sur un sarcophage, est *Bacchus*. Le dieu est dans un commencement d'ivresse; sa chlamyde flotte en désordre; il est couronné de lierre et de raisins; dans sa main gauche il tient une coupe; une guirlande de feuilles de laurier pend de son épaule gauche à sa hanche droite; sa marche chancelante est guidée par *Ampélus* qui le soutient, ceint comme lui d'une guirlande, et il appuie son bras droit sur celui d'une *Bacchante* qui tient dans sa main gauche un tambourin; à leurs pieds sont deux panthères, qui jouent avec des têtes de bélier. A gauche de ce groupe principal, on voit d'abord *Silène*, avec une lyre dans les mains, son manteau sur les épaules, et un masque à ses pieds; puis le dieu *Pan*, portant un pédum, et, dans une attitude lubrique, regardant une *Bacchante* placée derrière lui et qui semble tenir dans ses mains les membres d'un chevreau; un jeune *Satyre*, qui joue avec une chèvre, assis sur un rocher, est aux pieds de Pan; derrière la Bacchante sont deux autels, sur l'un desquels brûle la flamme, outre un flambeau renversé qui s'y appuie, sur l'autre est placée l'offrande. Du côté opposé, est un vieux paysan (un *Tityre*), qui danse, en portant un chevreau sur son bras gauche, et dans sa main droite des serpents bachiques; sa tunique est ceinte de cordons parallèles, auxquels sont suspendues des sonnettes; il est chaussé de brodequins. Près de lui un jeune *Satyre* joue de la double flûte, la pardalide jetée sur l'épaule gauche. Entre eux est un autel sur lequel brûle la flamme, et à leurs pieds une *panthère* couchée qui pose sa patte sur un panier rem-

pli d'œufs ou de fruits. La dernière figure est une *Bacchante* qui danse, animée d'une fureur bachique, et tenant dans sa main gauche son voile flottant au-dessus de sa tête. Même tome, p. 122, 125 sqq., 132 sqq., 150, 156, 157 sqq., 181 sq., 299. — *Mus. Pio-Clem.*, IV, 20.

482 (CXX). Les dix grandes figures représentent cinq *Satyres* et cinq *Bacchantes* qui dansent la *cordax*. Trois des *Satyres* sont absolument nus; les deux autres portent sur leurs bras des pardalides; ils ont tous des cheveux hérissés et couronnés de feuilles de pin, des cornes naissantes et de petites queues. Les *Bacchantes* sont toutes vêtues d'amples tuniques. En partant de la gauche, le *Satyre* du premier groupe tient des crotales, et la *Bacchante* qui danse avec lui joue des cymbales. Le second *Satyre* a dans sa main droite le pédum et étend l'autre vers sa danseuse, qui d'une main relève son péplus et tient dans l'autre un thyrse; entre eux est un autel, sur lequel est posé un masque bachique, couronné de lierre, tandis qu'un autre semblable gît aux pieds du Satyre. Le troisième groupe est placé entre deux grandes têtes ou deux masques de lion, au-dessous desquels sont deux *Génies bachiques*, assis sur des panthères et tenant chacun un vase; le *Satyre* a dans sa main droite un thyrse à deux cônes de pin, et dans l'autre un vase; la *Bacchante* porte un tambourin d'une main et un thyrse de l'autre; entre leurs pieds est une panthère dont le dos est ceint d'une guirlande de lierre, et qui pose sa patte sur une tête de bélier, comme celle qui la précède. Le *Satyre* du quatrième groupe relève sa pardalide de la main droite, et de la gauche tient un thyrse double; la *Bacchante* tient d'une main son vêtement et porte une pyxis de l'autre. Le dernier *Satyre* a dans sa main gauche un thyrse, et de l'autre tient une espèce de cercle (un *rhombos*); une panthère est à ses pieds; quant à la dernière *Bacchante*, elle est dans une attitude de repos, s'appuyant d'une main sur un grand flambeau, et dans l'autre tenant un vase. Même tome, p. 125 sqq., 135 sqq., 149 sq., 227 sq., 343. Compar., entre autres, le sujet précédent. — *Mus. Pio-Clem.*, IV, 29 et 29*.

483 (CXIII). Deux *vieux Satyres* foulent, en dansant, des raisins dans un grand baquet; ils se tiennent par la main; un troisième,

assis, exprime avec ses doigts le jus d'une grappe dans un vase. Même tome, p. 135-137. — OLIVIERI, *Marmora Pisaurensia*, vignette.

484 (CXIII). Un *Panisque* ou *Faune* et une *Bacchante*, celle-ci complétement vêtue et portant une haste, celui-là à demi couvert d'une peau nouée en ceinture, et tenant d'une main le pédum, de l'autre la syrinx dont il joue, dansent, aux sons de cet instrument, sur des outres enfilées. Même tome, p. 125 sqq. et 137 sq. — BUONARROTI, *Medagl. ant.*, 252.

484 *a* (CVIII *bis*). Un *Faune*, sous une forme complétement humaine, portant des raisins dans sa nébride et dans sa main droite élevée, dans la gauche un pédum; des cymbales et une syrinx sont, en outre, suspendues au tronc qui sert d'appui à la statue. Même tome, p. 137 sq. Compar. la fig. précéd. — *Mus. Pio-Clem.*, I, 47.

485 (CXII). Ornement d'un pied-de table. Deux *griffons* assis aux angles forment les principaux supports; deux grands *thyrses*, ornés de bandelettes, paraissent servir d'étais; au milieu est un vase élégant (un *cratère*) dans lequel deux *jeunes Satyres* nus expriment le jus des raisins suspendus à une branche de vigne qui s'étend entre des *cymbales* et des *sonnettes*. Même tome, p. 62, 111, 137 sq., 343, etc. — *Mus. Pio-Clem.*, V, 10.

485 *a* (CVIII *bis*). Un jeune *Satyre*, sous une forme complétement humaine, la tête ceinte d'une bandelette, la pardalide jetée sur l'épaule droite et retombant en arrière, une flûte dans la main; il s'appuie nonchalamment sur un tronc d'arbre, dans une attitude qui rappelle celle de Bacchus lui-même. Tom. III, p. 137 sq. — *Mus. Pio-Clem.*, II, 30.

486 (CXXV). *Génies bachiques* formant une procession comique, sur un sarcophage. Le premier, en partant de la gauche, a dans une main un tambour suspendu à une bandelette, dans l'autre un flambeau renversé; son pied gauche est posé sur un pédum. Le second tient dans la main gauche une cithare et dans l'autre un plectrum; une syrinx est à ses pieds. Le groupe qui suit offre un Génie, mal affermi sur ses jambes et représentant évidemment *Silène*, soutenu par deux autres, aux pieds desquels sont des cymbales. Le sixième, qui paraît représenter *Bacchus*, porte

une outre sur son épaule et un thyrse dans sa main droite ; à ses pieds on voit une panthère. Le suivant a un pédum dans sa main gauche, et porte dans la droite un panier ou un seau, sans doute par allusion à la ciste mystique; il fait le rôle de *Pan*. Des deux derniers, l'un joue des cymbales, et un masque est à ses pieds; l'autre joue de la flûte oblique (*plagiaulos*). Tous ces Génies sont ailés, vêtus de chlamydes, et ont les cheveux noués en touffe sur le devant au moyen d'une bandelette. Même tome, p. 297 coll. 122, etc. — *Mus. Pio-Clem.*, V, 13.

487 (CCXXXVIII). Vase de sardonyx. On voit sur l'une des faces (*a*) une table carrée portée sur quatre pieds et placée entre des arbres autour desquels serpentent une *vigne* et une plante dont la fleur est campanulée; un voile, attaché par ses extrémités à ces arbres, est étendu au-dessus de la table ; des *masques*, un *tambour*, des *sonnettes* et une *syrinx* sont suspendus aux arbres et au voile (espèce d'*oscilla* ou de balançoire); un *chevreau* se dresse contre l'arbre à gauche; à côté de lui, par terre, est une espèce de sac (*pera*) attaché à un *pédum* ; de l'autre côté, aussi à terre, sont deux *masques*, dont l'un sous la table. Sur cette table on voit cinq *vases*, dont l'un est renversé, et au milieu une petite figure d'un *Centaure marin* sur un piédestal. Une figure vêtue d'une longue robe porte deux *flambeaux*. La tablette porte deux *vases* sans anses, dont l'un est entre deux *griffons*. — L'autre face (*b*) est à peu près semblable pour les arbres et pour le voile; des *masques* sont également suspendus aux arbres et posés à terre; il y en a même un qui est placé sur un piédestal; des *oiseaux* sont perchés sur la cime des arbres. Les pieds de la table sont deux *sphinx* ; il y a dessus quatre *vases* et deux *cistes mystiques*; de l'autre côté, à droite de la table, sort un *serpent*; sur le coin de cette table est une petite statue de *Priape* en gaîne; on voit enfin, au pied de la table, un *chevreau* couché et une *panthère* qui boit le vin dans un vase renversé. — Ce monument unique pour sa beauté, et remarquable par la réunion qu'il présente des principaux symboles bachiques, est au Cabinet des antiques de la Bibliothèque du roi. Il est figuré, dans Montfaucon, avec son ancienne monture, sur laquelle on lisait cette inscription : HOC VAS XPE TIBI (DEVOTA) MENTE DICAVIT

TERTIUS IN FRANCOS (SUCCEDENS) REGMINE KARLUS, qui nous apprend que c'est Charles III qui a donné ce vase à Jésus-Christ : il était autrefois dans l'abbaye de Saint-Denis. — MONTFAUCON, *Antiq. expliq.*, I, 167, coll. DE CLARAC, *Mus. de Sculpt.*, pl. 125.

487 *a* (CXI). Urne entre deux branches de palmier, gardée par deux *sphinx* : allusion supposée aux mystères de *Bacchus*. Voy. tom. III, p. 319, coll. p. 111, n. 1. — Médaille de la ville phénicienne d'*Aradus*, frappée sous Domitien. CREUZER, *Dionysus*, tab. IV, 2, et p. 261.

488 (CXV). Médaille appelée *cistophore*, parce qu'on y voit la *ciste mystique*, d'où sort le *serpent bachique*, dans une couronne de corymbes et de feuilles de lierre. Le revers représente deux *serpents* dressés et entrelacés par leurs queues; au milieu est un carquois; à droite un thyrse autour duquel s'entortille un serpent : on lit au-dessus un monogramme qu'on explique *Prytane*, et ME, initiales du nom de ce magistrat; l'autre monogramme est incertain. Même tome, p. 76, 253, 258, 315, etc.— PANEL, *de Cistophoris*, vignette.

488 *a* (CXLIX). Autre médaille de la même classe. La face, non donnée ici, représente également la *ciste mystique*, d'où sort le *serpent*. Au revers, l'on voit aussi deux *serpents* entrelacés par les extrémités, mais avec le *taureau* à côté, par un rapprochement significatif. Même tome, *ibid.*, et surtout p. 253 sq., 265. Compar. fig. 464 ci-dessus. — Médaille de Tralles en Lydie. MILLINGEN, *Méd. inéd.*, tab. IV, 10, et p. 74.

489 (CXLIV). *Dionysos-Iacchos* et *Kora*, ou *Bacchus* et *Proserpine*, comme enfants de *Déméter* ou *Cérès* (*Liber* et *Libéra*), et divinités des mystères. Ils sont debout, l'un à côté de l'autre, dans un char de triomphe, et tous deux couronnés de lierre. Le manteau du dieu retombe sur la partie inférieure de son corps, et sa nébride est suspendue en écharpe sur son épaule droite; il tient dans sa main droite élevée un canthare, et dans l'autre un thyrse. La déesse appuie sa main droite sur l'épaule de *Bacchus*; dans sa gauche, elle tient des épis et des têtes de pavots; elle est vêtue d'une ample tunique retenue par une ceinture, et d'un péplus. Le char est traîné par deux *Centaures*, qui portent un thyrse, un rhyton, un flambeau, et par deux *Centauresses*, aussi

couronnées de lierre, qui jouent de la double flûte et du tambourin. Un petit *Amour*, placé sur le devant du char, anime le monstrueux et divin quadrige, qui s'élance au galop par-dessus la *ciste mystique* et un *cratère* renversé, à gauche et à droite. Tom. III, p. 258-271, 332, etc. Compar. fig. 453, 454, 456, 474 ci-dessus. — Grand camée du Vatican. Buonarroti, *Medagl. ant.*, 427.

490 (CV). *Dionysus* ou *Bacchus*, comme *Iacchus* ou *Liber*, debout, couronné de lierre, tenant d'une main le thyrse, dans l'autre une corbeille remplie de fruits, devant *Déméter* ou *Cérès*, assise, richement couronnée et vêtue, qui paraît déployer à ses yeux un rouleau ou volume (si ce n'est un voile renfermant les semences), en qualité de *thesmophore* ou législatrice, présidant aux lois fondées sur l'agriculture aussi bien qu'aux mystères qui en dérivent. Derrière elle est la *ciste* sacrée. En haut, l'on aperçoit une fenêtre, d'où sort une tête de femme, probablement celle d'une prêtresse, sans doute pour indiquer le temple de la déesse. Même tome, *ibid.*, et livre VIII, sect. II, chap. II, *passim*. Compar. fig. 547 et 250 *r*. — Peinture de vase, Tischbein, IV, 36.

490 *a* (CXLVII). *Iacchus* enfant, placé entre *Déméter* et *Kora* (Cérès et Proserpine), les deux déesses des thesmophories, enveloppées de longs voiles qui descendent de leurs hautes coiffures, et tenant chacune la patère ou coupe des sacrifices. Même tome, *ibid.*, *ibid.* — Gerhard, *Antike Bilderwerke*, I, tab. II, 1.

490 *b* (CXLIV). *Déméter* ou *Cérès*, le sein droit découvert, tenant sur son bras gauche le petit *Iacchus*, son nourrisson, et s'appuyant du bras droit sur un sceptre. Même tome, *ibid.*, et surtout p. 231 sqq. — Revers d'une médaille de bronze *des Athéniens*. Combe, *Num. Mus. Britann.*, tab. VII, 7.

490 *c* (CV). Les deux têtes accolées, en manière d'Hermès, de *Bacchus* (*Liber*), barbu, et de *Kora* (*Libéra*). Tom. III, p. 258 sqq. Compar. fig. 238 *a* et 238 *b*. — Marbre du *British Mus.*, part. II, pl. XVII.

491 (CXLV). *Liber* et *Libéra*, assis aux deux côtés d'une éminence qui paraît former une grotte, celui-là tenant un thyrse orné d'une bandelette, celle-ci ramenant sa tunique devant son vi-

sage par un geste de pudeur, et se retournant vers son divin époux, tandis qu'un *Silène* ou *vieux Satyre* se précipite comme pour l'embrasser, en lui présentant un œuf, emblème de la génération. Un *lièvre*, symbole analogue d'amour et de volupté, est couché au-devant de la grotte; une bandelette est dans le champ. Sujet relatif aux mystères de Bacchus, dont l'explication développée se trouve au tome III, p. 344 sqq. — Peinture d'un vase inédit de la collection du comte d'ERBACH, publié d'après M. CREUZER, *Abbildungen*, tab. VIII.

491 a (CXLV). *Télété*, la déesse de l'initiation, ailée et debout, relevant d'une main sa tunique talaire, de l'autre tenant une branche de vigne, devant une *initiée* assise, qui tient un sceptre et une patère(?). Même tome, p. 300, coll. 294. — GERHARD, *Antike Bildw.*, I, tab. L.

491 b (CXLV bis). Des deux côtés d'un autel sont assis *Dionysus* ou *Liber*, tenant le thyrse et le canthare, et *Proserpine* ou *Libéra*, portant dans sa main droite élevée un instrument qui se rapproche de la forme d'une échelle, et que l'on prend pour un métier à tisser. Un *Satyre* tenant d'une main un flambeau orné d'une bandelette, de l'autre un seau, s'approche de *Libéra*. Du côté opposé, s'approche de *Liber* le *Génie des mystères*, androgyne et ailé, présentant au couple divin une couronne et des fruits sur un plat. Sous ses pieds est un seau; à ceux de Proserpine on voit trois pommes, et dans le champ des bandelettes, des gâteaux sacrés, des fleurs, etc. Voy., du reste, l'explication de M. CREUZER, tom. III, p. 351 sqq. — MILLIN, *Peint. de vas.*, tom. II, pl. 16.

491 c (CXLV bis). Un *Éphèbe* assis sur un rocher et dans l'attitude d'une méditation profonde, se regardant dans un miroir; au-dessus de lui, est suspendu un gâteau sacré; devant lui devrait se voir une figure de femme, probablement une prêtresse (peut-être aussi *Télété*), lui présentant une bandelette, figure omise par accident dans la copie de cette peinture inédite d'un vase du comte d'ERBACH, publiée par M. CREUZER, et que nous reproduisons ici. Scène probable d'initiation, sur laquelle il faut consulter le tome III, p. 350 sq., en rapprochant la fig. 491 a ci-dessus. — CREUZER, *Abbildung.*, tab. IX.

491 d (CXLV bis). Un *Éphèbe* courant vers un temple distyle d'ordre ionique, aux deux côtés duquel sont suspendues de grandes bandelettes. Le jeune homme, outre sa chlamyde jetée sur son bras, porte dans une main une *colombe* avec ce qu'on croit une cassolette, dans l'autre un seau. Scène de sacrifice, peut-être aussi de purification, que M. Creuzer met en rapport avec les mystères de *Liber* et de *Libéra*. Voy. tom. III, p. 363 sqq. — Peinture d'un vase inédit de la collection du comte d'Erbach. — Creuzer, *Abbildung*., tab. XI.

492 (CXLVIII). Médaillon d'Hadrien, représentant *Bacchus* appuyé sur sa main droite, tenant un thyrse dans la gauche; *Apollon* est à côté de lui et joue de la lyre : ils sont assis sur une *thensa* attelée d'une *panthère* et d'une *chèvre;* sur celle-ci est un *Amour*. Tom. III, p. 116, 122, coll. 67, 76, etc. Compar. fig. 238 a. — Venuti, *Mus. Vat.*, XIII.

492 a (CXLVIII). A la face, tête laurée d'*Apollon;* au revers, le vieux *Silène* portant une outre sur son épaule, et derrière lui une colonne surmontée d'une statue. Même tome, p. 143 sq. — Denier de la famille Marcia. Morell. *Thesaur.*, p. 264.

493 (LXXXVI). *Ptolémée XII*, frère de Cléopâtre, est représenté sur cette médaille avec les attributs de *Bacchus;* il est couronné de lierre et porte un thyrse sur son épaule : c'est un *nouveau Dionysus*, titre qu'il affectait. Même tome, p. 74 sq.— Vaillant, *Numism. Ptolem.*, 162.

494 (CXVI). Statue de *Silène :* il tient d'une main une coupe dans laquelle il exprime le jus d'une grappe de raisin qu'il a dans l'autre; sa tête est ceinte de lierre; son vêtement, qui est une nébride, suspendu sur l'épaule gauche, retombe le long du dos; il est appuyé contre un tronc d'arbre auquel ses cymbales sont attachées par une courroie. Tom. III, p. 136, 139, 140-154. — *Mus. Pio-Clem.*, I, 46.

495 (CXII). *Silène* ivre, soutenu par un *jeune Satyre;* son thyrse lui est échappé et son vêtement est dans un grand désordre; un autre *Satyrisque* cherche à le lui remettre avec sa main droite, et de la gauche il tient une outre sur son épaule. Tom. III, *ibid.* Compar., plus haut, fig. 428 b, *Silène* soutenu par l'*Amour.* — *Ibid.*, IV, 28.

496 (CXVII). *Silène* ou un *vieux Satyre*, au front chauve, au nez épaté, et portant une queue de cheval, accroupi sur un tertre d'où s'élève un cep de vigne; il tient d'une main une *diote* ou un vase à deux anses, et de l'autre une branche de pin. Même tome, *ibid.*, et p. 95. — Revers d'une médaille *des Naxiens*, fig. 430 et p. 176 ci-dessus.

496 *a* (CXXV). *Silène* couronné de lierre, barbu et velu, assis sur une outre dont il tient les extrémités des deux mains. *Ibid.* Ces sortes de statues servaient à la décoration des fontaines, appelées, pour cette raison, *Silani*, à Rome. — *Bronzi d'Ercolano*, II, 44.

497 (CXXIX). *Silène*, nonchalamment couché sur un *âne*, tient dans sa main une coupe : sur l'autre face se voit un grand vase fermé, à deux anses, autour duquel on lit le nom de la ville de *Mende* en Macédoine. *Ibid.*, et p. 95.— PELLERIN, *Recueil*, I, 32.

498 (CXVII). *Pan*, imberbe et nu, sous une forme complétement humaine, caractérisé seulement par sa chevelure hérissée et par ses attributs, est assis sur un rocher que recouvre son vêtement et qui représente, selon l'inscription, le mont d'Arcadie *Olympus*; dans sa main droite est le *pedum* ou bâton pastoral, et à ses pieds la *syrinx* ou flûte à sept tuyaux. Tom. III, p. 157 sqq., et surtout 179. — Médaille *des Arcadiens*. HUNTER, *Num. pop. et urb.*, tab. 7, n° IV.

498 *a* (CXXIX). *Pan*, sous des traits et dans une pose à peu près semblables, avec une petite corne au front seulement; près de lui un *lièvre* se dressant, symbole de fécondité; dans le champ, le nom du dieu en lettres grecques. *Ibid.* et p. 345. — Médaille de Messana en Sicile. ECKHEL, *Sylloge*, I, tab. II, 10.

499 (CXVII). Tête de *Pan* plus caractérisée, par les cheveux hérissés et la barbe touffue, et par toute l'expression de la figure; derrière, un *pedum*, et au bas l'inscription PANSA. *Ibid.* — Monnaie de la famille Vibia. MORELL. *Thesaur.*, p. 444.

500 (CX). Prisme de marbre, qui a servi d'ornement à une fontaine à Athènes, et sur les faces duquel on voit les *Nymphes* ou *Naïades*, divinités des eaux terrestres; elles sont vêtues de longues tuniques et se tiennent par les mains. Tom. III, p. 127 sq. — PACIAUDI, *Monum. Peloponn.*, I, 223.

501 (CXXXIX). Beau marbre grec trouvé en 1759 dans le stade

d'Athènes : on y voit un *éphèbe*, couronné de feuillage et la chlamyde rejetée en arrière (*Dionysus* ou *Bacchus*), conduisant par la main trois femmes couronnées de même et vêtues d'amples tuniques, qui se suivent en se tenant également par la main (les *Nymphes*); à gauche est un masque (celui de *Silène*), et à droite *Pan* aux cornes et aux pieds de chèvre, accroupi et jouant de la syrinx. Au bas, paraît un *homme*, vêtu d'une tunique courte et d'une chlamyde, conduisant un *cheval*, et placé devant un autel, en face de deux *femmes*, vêtues de tuniques longues et de péplus, l'une assise et coiffée du modius, tenant dans sa main droite un corps rond tel qu'un fruit ou un œuf, l'autre en avant et debout, tenant deux bâtons ou plutôt deux flambeaux (*Déméter* et *Perséphone*, sa fille, c'est-à-dire *Cérès* et *Proserpine*). L'inscription qui sépare les deux sujets, évidemment correspondants, se traduit: *Les baigneurs suppliants ont dédié cet autel aux Nymphes et à tous les dieux. Zoagoras, fils de Zocyprus : Zocyprus, fils de Zoagoras : Phallus, fils de Leucius : Socrates, fils de Polycrates : Apollophanes, fils d'Euporion : Sosistratus : Manes : Nyrrines : Ostas : Sosigenes : Midas.* Même tome, *ibid.*, et p. 149, 158, 179 sq., etc. — Paciaudi, *Monum. Pelop.*, I, 207.

502 (CXIII). *Pan* aux formes de bouc, tenant des raisins dans ses mains, et ayant à ses pieds le *chien*, son attribut comme dieu des bergers. Derrière lui, trois *Nymphes*, debout, vêtues d'amples et longues tuniques, unies entre elles et tenant des roseaux. Peut-être le côté qui est brisé portait-il l'image d'*Hercule*, comme au n° 503 a. Même tome, *ibid.* — Monument dédié *aux Nymphes Augustes*, c'est-à-dire protectrices de la maison de l'empereur. Paciaudi, *ibid.*, 230.

503 (CXXXVIII). Pierre votive représentant trois *Nymphes* qui président aux eaux, ou *Naïades* : elles sont à demi vêtues seulement, et leur tunique est nouée autour de la ceinture ; celle du milieu tient une coquille, et les deux autres versent de l'eau sur deux petits autels avec les vases qu'elles tiennent chacune dans une main, tandis qu'elles posent l'autre sur les épaules de leur compagne, de manière à former un groupe. Même tome, *ibid.* — Autel *consacré aux Nymphes saintes ; Epictetus*, sur-

veillant des eaux, affranchi de notre empereur *Auguste.* GORI, *Inscript. ant.*, I, 47.

503 *a* (CXXXIX). On voit sur ce bas-relief les figures de *Diane,* des *Nymphes,* de *Silvain* ou *Sylvain* et d'*Hercule,* rapprochées, à titre de divinités protectrices des bois et des eaux (des sources froides et chaudes). *Diane* porte une main à son carquois et de l'autre tient son arc (fig. 321, 321 *a*, etc.). Les *Nymphes,* portant de longs cheveux épars, et demi vêtues, comme dans le sujet précédent, tiennent chacune une coquille. *Silvain* a une tunique courte et un manteau agrafé sur le devant; ses jambes sont couvertes de tresses de paille ou de jonc; il tient une branche d'arbre et une serpe. *Hercule,* nu, et la peau de lion jetée sur son bras gauche, dont il porte la massue, élève sa main droite au-devant de ses yeux. L'inscription dit : *Titus Claudius Asclepiades et Cæcilius Asclepiades ont consacré cet ex-voto aux Nymphes.* Même tome, *ibid.*, coll. tom. II, p. 348, 503, etc. Compar. fig. 742 *a*, 690, 598, 599. — *Mus. Pio-Clem.*, VII, 10.

504 (CXXX). *Poseidon* ou *Neptune*, vêtu d'un ample péplus, et marchant ou plutôt glissant d'un pas rapide sur la surface calme de la mer (comme *Asphalios*). Sa chevelure, roulée en partie autour de sa tête, forme des tresses qui retombent sur son cou; il porte une longue barbe; l'expression de sa figure garde quelque chose d'inquiet et de sauvage; il tient dans sa main droite un long *trident* d'une forme élégante, et sur la gauche un *dauphin*. Voy. tom. II, p. 625 sqq., et surtout 627, 629, 634, 637. — Figure en style hiératique, sculptée sur le pied d'un candélabre du Vatican. Compar. pl. LXIV, 250 *c*. *Mus. Pio-Clem.*, IV, 32.

505 (CXXIX). *Poseidon* ou *Neptune*, debout et en repos, et complétement nu, tel à peu près qu'on le voyait, dans une statue colossale d'airain, au centre du port de Kenchrées à Corinthe, tenant de la main droite le *dauphin*, de la gauche le *trident*, comme dominateur de la mer. Même tome, *ibid.* — *Mus. Pio-Clem.*, I, 33. Compar. la médaille de bronze de la nouvelle Corinthe, du temps d'Antonin-le-Pieux, dans MILLINGEN, *Méd. inéd.*, pl. 2, n° 19.

506 (CXXX). *Poseidon-Neptune*, dans l'ancien style, la chlamyde jetée sur les bras et lui servant de bouclier, marche d'un pas

210 RELIGIONS DE LA GRÈCE ET DE L'ITALIE ANCIENNES.

rapide et brandit le *trident* de sa main droite élevée, comme auteur des tremblements de terre. Même tome, *ibid.*, et surtout 627, 638. — Médaille incuse de *Posidonia*, la même que Pæstum, au Cabinet du roi.

507 (CXIII). *Neptune*, la chlamyde retombant en arrière, s'appuyant d'une main sur un sceptre, tenant de l'autre un *aplustre*, et posant le pied sur un globe, comme souverain de la mer et par elle du monde. Dans le champ, les trois premières lettres de son nom latin. Même tome, *ibid.*, et p. 638. — Médaille d'argent de Titus. GESSNER, LX, 1 et 2.

507 *a* (CXXIX). Tête idéale de *Neptune*, d'un aspect fier et sévère, les cheveux et la barbe en désordre, et couronnée de plantes marines. *Ibid.* — Médaille d'argent *des Béotiens*, comme porte le revers, qui représente le même dieu assis sur un trône, avec le *dauphin* sur la main droite et le *trident* dans la gauche. MIONNET, *Descript. de Méd.*, *Planches*, LXXII, 7. Compar. fig. 222 ci-dessus.

508 (CXXX). *Poseidon*, le pied posé sur un rocher, et tenant le trident, cherche à séduire *Amymone*, assise et demi-nue, le bras droit appuyé sur une *hydrie* ou urne, et de la main gauche relevant son péplus. Aux deux extrémités sont debout *Hermès*, coiffé du pétase, faisant un geste significatif, et une figure de femme, qu'on prend pour une suivante d'Amymone, mais qui pourrait bien être *Aphrodite*, comme dans la peinture analogue d'un vase du Cabinet de Vienne (AL. DE LA BORDE, *Vases de Lamberg*, tom. I, pl. 25), où se voient *Poseidon* et *Amymone* qu'il poursuit, entre *Aphrodite* et *Éros*, tous quatre avec leurs noms. Voy. tom. II, p. 638, et surtout tom. III, p. 333 sqq., où est expliquée une scène corrélative d'un autre vase peint. — MILLIN, *Peint. de vas.*, II, 20.

508 *a* (CXXIX). *Poseidon Petræos*, appuyé sur son *trident* et posant un pied sur des blocs de *rocher*, près desquels est une *hydrie*, en qualité de dieu des sources d'eau vive. Tom. II, p. 626, 629, et surtout la note 12 dans les Éclaircissem. du livre VI. — Pierre gravée. LIPPERT, *Dactyl.*, I, 119.

508 *b* (CXXIX). *Poseidon*, figuré à peu près de même, fait présent à *Amymone*, voilée et tenant l'*hydrie*, de la source de Lerne.

Tom. III, *ibid.* — Pâte antique. *Impronte dell' Instit. di corr. arch.*, cent. I, n.º 64. Compar. *Amymone*, debout et demi-nue, s'appuyant sur le *trident*, comme Neptune lui-même, et tenant l'*hydrie*, sur une pierre gravée de la Galerie de Florence, dans WICAR, tom. I, pl. 91.

509 (CXXXI). *Poseidon*, entièrement vêtu, et sous son aspect le plus terrible, renverse le rocher de Nisyros, qu'il vient de déraciner avec son redoutable trident, sur le géant *Ephialtes*, en costume complet d'hoplite, et déjà terrassé. Le bouclier de ce dernier a pour emblème un *cheval*, animal consacré à Neptune, avec l'inscription si fréquente ΚΑLΟS. Tom. II, p. 332 sq., 629 sqq., 637. — MILLINGEN, *Anc. uned. Monum.*, Ser. I, pl. 7. Compar., sur un autre vase, pl. CLX, 612, ci-après, *Neptune* en rapport avec les *Gorgones*.

510 (CXXXII). Trône de *Neptune*, sur lequel est étendu un voile, peut-être par allusion à la mystérieuse profondeur de la mer; au bas est une espèce de *griffon marin*, variété de l'*hippocampe*, tel qu'on en voit deux autres sur le dossier; à droite, deux *Génies* du dieu ou deux *Amours* portant une grande *conque*; à gauche on n'en voit qu'un, le bas-relief étant fruste, qui soutient sur ses épaules un grand *trident*. Le portique est supporté par des pilastres cannelés, d'ordre corinthien; la frise est ornée de *coquilles*, de *dauphins* et de *tridents*. Tom. II, p. 625-638, *passim*, et note 12 dans les Éclaircissem. sur le livre VI. Compar. fig. 241. — Bas-relief de Saint-Vital à Ravenne, d'après la gravure de LA FRERIE.

510 a (CXXIX). Représentation de l'isthme de Corinthe, et réunion des principales divinités de la mer qui y étaient adorées. On y voit au centre *Poseidon*, le pied gauche appuyé sur un rocher battu par les flots, entouré de deux couples de chevaux qui se rendent aux jeux isthmiques célébrés en son honneur. Au-dessus paraît, sur une colonne, une statue d'*Éros* ou de l'*Amour*, à qui le vieux *Nérée* présente *Mélicertes* ou *Palémon*, sauvé des eaux, tandis que, de l'autre côté, *Aphrodite Euplœa* étend une voile en face du nouveau dieu marin. Dans le champ inférieur, aux pieds de Neptune, on aperçoit encore deux divinités marines, dont l'une, couchée, paraît être *Thalassa* ou *Amphitrite*;

l'autre, assise et tenant un coquillage, est peut-être *Glaucus*. Même tome, *ibid.*, et même note dans les Éclaircissements du livre VI. Compar. fig. 304 et 305 ci-dessus, et surtout 765 ci-après, avec l'explicat. — Camée du Cabinet de Vienne. Eckhel, *Pierres gravées*, pl. 14.

510 *b* (CXXIX). Tête de femme avec les épaules nues et les cheveux flottants, accompagnée d'un poisson, et qui est très probablement *Amphitrite*. Au revers, non donné ici, *Poseidon* ou *Neptune*, monté sur un bige d'*hippocampes* et brandissant le *trident*. Même tome, p. 637 sq., et même note dans les Éclaircissements. Compar. fig. 222 *a*, ci-dessus. — Médaille d'argent de Q. Cre̦pereius M. F. Rocus. Morell. *Thesaur.*, p. 145.

510 *c* (CXXIX). *Amphitrite* demi-nue et tenant le *trident*, assise sur le dos d'un vieux *Triton* d'une taille gigantesque. *Ibid.*, *ibid.* — Pierre gravée. Lippert, *Dactyl.*, III, 111. Compar. l'*Amphitrite* assise sur un trône, à côté de *Hestia* ou *Vesta*, avec les noms en avant des figures, en style archaïstique, sur la célèbre coupe peinte de Volci, représentant le banquet des dieux aux noces de *Thétis* et de *Pélée*, dans les *Monum. inéd. de l'Instit. de corresp. archéol.*, I, pl. XXIV, n° 25.

511 (CXXXII). Pompe de *Tritons* et de *Néréides*, sorte de pendant des processions bachiques, où se mêlent, avec des *Amours*, plusieurs des monstres et des animaux symboliques de la mer. A gauche se présente d'abord, environnée d'*Amours* et rappelant *Vénus Euplœa* (fig. 386), une *Néréide* portée par un *bouc marin*, qu'un jeune *Triton* conduit par sa longue barbe. Une seconde *Néréide* est assise sur un vieux *Triton* portant un sceptre (ce devait être un trident), et qui tient par la bride un *hippocampe* ou cheval marin. La troisième *Néréide* tient une lyre soutenue par un *Amour*; le jeune *Triton* sur lequel elle est assise porte dans une main une ancre, et dans l'autre il tient celle d'un *Amour* monté sur son épaule. Le dernier groupe offre une *Néréide* qui rappelle *Ariadne* (452 et suiv., 460), et qui est peut-être *Thétis*, assise sur un vieux *Triton* qui, de sa main gauche, tient sur sa tête une ciste, et conduit de l'autre un *taureau marin*; sur les replis de sa queue de poisson est monté un *Amour*; quatre autres *Amours*, dont l'un joue de la double flûte, vo-

guent sur des *dauphins*. Tom. II, p. 364 sq., 634 sq., 638, et surtout la note 12 dans les Éclaircissem. du livre VI. Compar. encore fig. 383, 765, etc., ce dernier sujet représentant *Nérée*, *Protée*, *Leucothée*, autour de *Thétis* endormie et surprise par *Pélée*. Quant à *Thétis*, qui appartient surtout à la mythologie héroïque, il faut voir fig. 766, 767, 770, 800-802, 812, etc.— Bas-relief du Musée du Louvre, n° 75. De Clarac, pl. 206.

512 (CXL). *Triton* figuré avec des cornes à la tête, une barbe ondoyante dans laquelle des *dauphins* se cachent, des membranes écailleuses au front, à la bouche et aux sourcils, et des vagues au bas de l'hermès : les *pampres* dont il est couronné peuvent indiquer la fertilité du rivage de Pouzzoles, où ce beau monument a été découvert (quelques-uns y voient la tête du dieu d'un fleuve : ci-après, fig. 526 et suiv.). Même tome, p. 635 sqq., et même note dans les Éclaircissements. Compar. fig. 515. — *Mus. Pio-Clem.*, VI, 5.

513 (CXXXII). *Mélicertes*, le même que *Palémon* et *Portumnus*, coiffé et en partie vêtu de la dépouille d'un poisson. (Un jeune *Triton* se rapprochant de la figure d'un *Satyre?*) Même tome, p. 632, coll. 502 sq., et tom. III, p. 67. Compar. fig. 625-627. — *Mus. Pio-Clem.*, I, 35.

514 (CCXLVIII). Une *Néréide* emportée par un jeune *Triton*, ayant les oreilles pointues d'un *Satyre*, de petites cornes au front et des jambes de cheval, et tenant une conque dans sa main gauche; deux *Amours* sont placés sur les plis de sa queue. Note 12 dans les Éclaircissem. du liv. VI. — Beau groupe du Musée du Vatican. *Mus. Pio-Clem.*, I, 34.

515 (CV). Tête d'un vieux *Triton*, qu'il faut comparer à la fig. 512 ci-dessus. *Ibid.* — Winckelmann, *Monum. ined.*, n° 35.

516 (CV). Fragment d'un bas-relief qui représente un jeune *Triton* couvert d'écailles, avec des jambes humaines, tenant un monstre marin dans sa main gauche; la figure de femme mutilée est peut-être celle d'une *Néréide*. *Ibid.* — *Marm. Taurin.*, II, 26.

517 (CXXXV). Tête d'un vieux *Triton*(?), dont le menton est ombragé d'une barbe épaisse et onduleuse; il a pour coiffure la dépouille d'un poisson, qui paraît sortir d'un panier propre à la pêche,

tel qu'on en voit sur les médailles de Byzance. *Ibid.* — MILLIN, *Pierres gravées inédites*, XLIV.

518 (CXXXIII). Statue demi-colossale du *Nil* répandant ses bienfaits. Le dieu du fleuve, sous la figure d'un vieillard nu et portant une longue barbe, est couché sur un socle dont le plan représente ses ondes; il appuie son coude gauche sur un *sphinx*; dans la main gauche il tient une corne d'abondance d'où sortent des épis, des raisins, des roses sauvages, des fruits du *lotus*, et de la colocase, et au milieu un *enfant* ayant les bras croisés; dans la main droite il tient des épis; sa tête est ceinte de fruits et de feuilles de *lotus*. Les *seize enfants* qui l'accompagnent, échelonnés sur son corps, sont les symboles des *seize coudées* auxquelles ses eaux devaient s'élever pour rendre l'Égypte fertile; ceux qui sont à ses pieds entourent un *crocodile* qu'ils veulent faire battre contre un *ichneumon;* d'autres vont porter, sur l'onde qui sort de l'urne du dieu, un grand voile, emblème de l'obscurité qui couvre encore sa source. Les deux compartiments inférieurs du socle représentent des plantes et toute sorte d'animaux propres à l'Égypte, tels que des *bœufs*, des *crocodiles*, des *hippopotames*, des *ibis* et un *ichneumon;* on y voit aussi deux bateaux montés par des *Tentyrites*, hommes d'une très petite taille, qui combattent un *hippopotame* et un *crocodile*. Voy. tom. 1er, l'Introd., p. 62, 66, et le livre III, *passim*, surtout 397 sq., 403 sqq., avec les notes 6 et 15 dans les Éclaircissements, p. 824 sq. et 945 sqq. Compar. les deux fig. suiv. et 137 *a*. — *Mus. Pio-Clem.*, I, 30.

519 (CXXXIV). Le *Nil* est couronné de *sorgho* (*milium sorgho*), espèce de millet; il tient dans une main une tige de cette plante céréale, et dans l'autre une corne, d'où sort un des *Génies* du Nil appelés *coudées*, montrant du doigt, dans le champ de la médaille, le signe numérique *seize;* au bas est un *crocodile*. Tom. Ier, *ibid.* Compar. la figure précédente et 137 *a*. — Médaille de Trajan. ZOËGA, *Num. Ægypt. imp.*, tab. IV.

520 (CXXXIV). Le *Nil*, couronné de *sorgho*, tenant une tige de cette céréale et une corne d'abondance remplie de fruits, s'appuie sur un *hippopotame*. Même tome, *ibid.* Compar. les deux

fig. précéd. et 137 a. — Médaille d'Hadrien. Zoëga, *Num. Ægypt. imp.*, tab. VI.

521 (CX). *Anchyrrhoé* (sic, pour *Anchirrhoé*; vulg. *Anchinoé*), fille du *Nil*, tient un vase à la main; sa tête est couronnée de la fleur du *lotus*. Même tome, *ibid.* — *Mus. Pio-Clem.*, III, A, 9.

522 (CXXXIV). Médaillon d'Antinoüs, frappé à Tarse, représentant le fleuve *Cydnus* sous la figure d'un homme presque nu, couché, et appuyant le bras gauche sur une urne renversée d'où découle l'eau; dans sa main droite il tient une branche de laurier. — Buonarroti, *Medagl. ant.*, II, 2.

522 a (CXXXIV). La *déesse de la ville d'Antioche*, statue du Vatican, copiée d'après le célèbre original d'Eutychides de Sicyone. Elle est vêtue d'une longue tunique et d'un ample manteau; un voile descend de la couronne de tours qui surmonte sa tête, en même temps que la stéphané ceint sa chevelure; dans sa main droite elle tient des épis et elle appuie l'autre sur le rocher du mont *Silpius*, sur lequel elle est assise; sous ses pieds, chaussés de sandales, s'élève à mi-corps la figure d'un homme imberbe, qui est le dieu du fleuve *Orontes*. — *Mus. Pio-Clem.*, III, 46. Compar. la médaille d'Antioche dans Gessner, *Num. popul.*, X, 19, et d'autres dans O. Müller et Oesterley, *Monum. de l'art ant.*, I, pl. XLIX.

523 (CXXXIII). Statue du *Tibre*. Le dieu du fleuve est couché sur son vêtement; sa tête est ceinte de laurier; dans sa main droite il tient une corne d'abondance remplie de raisins, de fleurs, de pampres et de fruits; au milieu est une pomme de pin, derrière laquelle on voit un soc, symbole de l'agriculture; le fleuve appuie cette main sur la *louve* qui allaite *Romulus* et *Rémus*; dans sa main gauche il tient une rame, emblème de la navigation; ses eaux se répandent sur la première face de la base, à l'extrémité droite de laquelle on voit des collines et un mur qui indiquent la ville de *Rome*. Sur la seconde face est représentée l'apparition du *Tibre* à Énée; à l'extrémité gauche paraît la *truie* avec ses trente pourceaux, et la ville d'*Albe* auprès d'elle, assise sur un rocher; plus loin, deux figures sortent des flots jusqu'à la poitrine entre des roseaux, probablement le dieu même du fleuve, et celui du *Numicius*; deux pêcheurs viennent ensuite,

assis sur des monticules; après eux, un bateau hâlé par trois hommes. Sur la dernière face sont deux autres bateaux, vers le second desquels trois autres hommes apportent des marchandises; puis des arbres dont les rives du fleuve sont plantées, avec les divers animaux qui paissent sur ces rives. Compar., fig. 518, le groupe du *Nil*, auquel celui du *Tibre* faisait pendant, comme ornements des deux fontaines qui décoraient l'avenue du temple d'Isis et de Sérapis, près de la *Via Lata*. — Musée du Louvre, n° 249. Pio-Clem., I, 39.

524 (CXXXIV). Médaillon de Domitien, représentant l'*empereur* armé d'une haste pure et d'un parazonium; il semble fouler à ses pieds le *Rhin* (Rhenus), sous la figure d'un homme barbu, à demi couché devant lui, appuyant son bras droit sur une urne renversée, et tenant dans la main gauche un roseau. Compar. les fig. précéd. — Oisel, *Thesaur. Num. antiq.*, XXIV, 7.

525 (CXXXIV). Le *Danube* (Danubius), sous les traits d'un vieillard avec une longue barbe et de longs cheveux, nu, et couché au bas du pont que Trajan avait fait construire, appuie son bras sur une urne renversée d'où s'écoulent ses eaux. Sur le pont, on voit une *Victoire* imposant la main sur la tête d'un *homme* à genoux devant elle, dans l'attitude d'un suppliant; elle tourne ses regards vers un *guerrier* armé d'une lance. On lit autour: salus reip. Constantin, en faisant frapper ce médaillon, voulut renouveler le souvenir des victoires de Trajan sur les peuples du Danube. Compar., entres autres, fig. 379. — Oisel, *Num. select.*, XXIV, 4.

526 (CXXXV). Tête d'un *fleuve* avec des oreilles et des cornes de bœuf, ce qui indique que le bruit de ses ondes est semblable au mugissement des taureaux. Millin. (Les *fleuves*, à commencer par l'*Achéloüs*, le fleuve des fleuves pour la Grèce, apparaissent fréquemment, dans l'art ou dans la poésie, soit avec la tête humaine, les cornes et le corps du taureau, forme que l'art préféra; soit avec la tête de bœuf et le corps humain; soit même entièrement taureaux. Voy. tom. II, pag. 538 sqq., 544, et la note 12 dans les Éclaircissements du liv. VI. Compar. les deux fig. suiv., et 669, 681, 681 *a*, avec l'explicat. Quant à la fig. actuelle, en la rapprochant du n° 154 *a* ci-dessus, pag. 45, on

est tenté d'y reconnaître plutôt une *Isis* ou une *Astarté* ou même une *Io*, comme déesse lunaire.) — MILLIN, *Pierres gravées inédites*, XLVI.

526 *a* (CXXXV). Le fleuve *Achéloüs* sous la figure d'un vieillard à longue barbe, ayant des cornes de taureau à la tête, et nu, sauf le court manteau qui retombe par-derrière; d'une main il s'appuie sur un roseau, de l'autre il tient une patère, symbole des sacrifices qu'on lui offrait; devant lui est un *dauphin*. L'inscription, en caractères grecs très anciens, signifie : *Prix de l'Achéloüs*, et se rapporte à des jeux célébrés en l'honneur de ce fleuve. Compar. celle des amphores athéniennes, fig. 342. — Médaille d'argent de *Métaponte*, fondée en partie par des Étoliens, dont l'autre face, outre le commencement rétrograde du nom de cette ville, offre, comme d'ordinaire (fig. 277 *a*), l'*épi* et le *grillon*. MILLINGEN, dans les *Transact. of the royal Soc. of Liter.*, vol. I, part. I, p. 142.

526 *b* (CXXXV). L'*Achéloüs* figuré par la *protome* ou partie antérieure du taureau à la face humaine, avec les cornes et les oreilles de l'animal, ici sans barbe, mais ailleurs barbue, telle qu'on la voit sur les monnaies de la Campanie et de la Sicile, où elle est prise ordinairement pour *Bacchus-Hébon*. Le nom écrit à côté est celui d'un magistrat. Compar. fig. 465 *a*, coll. 464, 465, et pag. 192 sq. ci-dessus. — Médaille d'argent *des Acarnaniens*, comme porte l'inscription du revers, avec une figure d'Apollon assis sur un trône et tenant son arc. LANDON, *Numism. d'Anach.*, I, pl. 33.

527 (CXXXVIII). L'une des *Sirènes*, filles, non-seulement de Phorcus, ou de la Terre, ou d'une des Muses, mais aussi de l'*Achéloüs* et de *Stéropé* (l'éclair), et surnommées, pour cette raison, *Achéloïdes*. Elles sont au nombre, soit de deux, soit de trois, et représentées, dans la poésie ou dans l'art, sous la figure de femmes sans ailes ou ailées; ou bien avec la partie supérieure d'une femme et la partie inférieure d'un oiseau, outre les ailes; ou bien encore comme des oiseaux à tête humaine. Celle-ci est figurée demi-femme et demi-oiseau, portant d'une main, sur sa tête, une *hydrie*, de l'autre un *flambeau* allumé (l'eau et le feu), avec un anneau ou un *collier*. Voy. tom. III, p. 194, 195 sq.,

218 RELIGIONS DE LA GRÈCE ET DE L'ITALIE ANCIENNES.

et surtout la note 15 dans les Éclaircissements du livre VII. Compar. fig. 298, 850, avec l'explicat., et la suiv.— MILLIN, *Pierres grav. inéd.*

528 (CXLII). Une *Sirène*, plus complétement métamorphosée, avec la tête, le cou et les bras d'une femme seulement, et tout le reste du corps d'un oiseau ; elle vole et porte dans ses mains un *miroir* et un *collier*, symboles qui peuvent avoir trait aux mystères. *Ibid.* Compar. les fig. indiquées ci-dessus, et les images analogues, représentant probablement des *âmes*, sur les monuments égyptiens, pl. XLV et XLVII, 182, 185, avec l'explicat., p. 60 sqq., 78 sq. — MILLIN, *ibid.*

529 (CXXXVIII). Le vent *Borée*, figuré comme un vieillard avec de grandes ailes au dos et de plus petites aux jambes, poursuit *Orithyie*, fille d'Érechthée, pour l'enlever ; celle-ci fuit, après avoir jeté le vase avec lequel elle était allée puiser de l'eau dans l'Ilissus ; une de ses compagnes la précède en témoignant son effroi. Voy. tom. III, livre VIII, sect. II, ch. I, art. II.— Peint. de vase. TISCHBEIN, III, 31.

530 (CXXXV). La tour octogone d'Andronicos Kyrrhestes, à Athènes, connue sous le nom de *Tour des Vents*. Ses huit faces regardent les points de la terre d'où partent les huit vents principaux. Chacune porte la figure d'un de ces *Vents*, sous les traits d'hommes ailés et planant dans les airs, tous vêtus, et chaussés la plupart d'élégants brodequins ; nettement caractérisés, d'après leurs propriétés respectives sous le climat de la Grèce, soit par l'habitude de leurs corps, soit par leurs attributs, et désignés en outre par leurs noms inscrits dans l'entablement. Au centre de la coupole s'élève un chapiteau de colonne, qui était surmonté de la figure mobile d'un *Triton*, tenant dans sa main droite un sceptre avec lequel il montrait la direction du vent. La frise est ornée de têtes de *lions*, servant à l'écoulement des eaux pluviales. Voy. tom. I, pag. 64, tom. II, pag. 367, et les huit figures qui suivent. — STUART, *Antiquités d'Athènes*, I, ch. 3.

531 (CXXXVI). ΒΟΡΕΑΣ (*Boréas*), *Borée*, le vent du *nord*, sous la figure d'un vieillard aux cheveux et à la barbe hérissés, saisissant d'une main son manteau qui s'enfle, et de l'autre tenant une

forte conque, pour indiquer le bruit rauque de son souffle violent. *Ibid.* — Stuart, *ibid.*

532 (CXXXVI). ΚΑΙΚΙΑΣ (*Cæcias*), le vent du *nord-est*, également sous la figure d'un vieillard, mais moins hérissé, et à cheveux flottants, portant la grêle dans un disque. *Ibid.* — Stuart, *ibid.*

533 (CXXXVI). ΑΠΗΛΙΩΤΗΣ (*Apéliotès*), le vent d'*est*, imberbe, les cheveux courts, mais agités, portant dans le pan de son manteau des fruits et un rayon de miel. *Ibid.* — Stuart, *ibid.*

534 (CXXXVII). ΕΥΡΟΣ (*Eurus*), le vent du *sud-est*, vieillard à la longue barbe, aux longs cheveux flottants, enveloppé dans un ample manteau, à cause des orages qu'il amène. *Ibid.*—Stuart, *ibid.*

535 (CXXXVII). ΝΟΤΟΣ (*Notos*), le vent du *sud* et des grandes pluies, jeune homme imberbe, portant une urne qu'il vide. *Ibid.* — Stuart, *ibid.*

536 (CXXXVI). ΛΙΨ (*Lips*), le vent du *sud-ouest* ou de la *Libye*, vent chaud et favorable aux vaisseaux qui entraient dans le Pirée; imberbe, déchaussé, et tenant un aplustre. *Ibid.* — Stuart, *ibid.*

537 (CXXXVII). ΖΕΦΥΡΟΣ (*Zéphyrus*), Zéphyre, le vent d'*ouest*, doux et chaud, soufflant principalement au printemps; beau jeune homme, également sans chaussure, portant des fleurs dans son manteau abaissé jusqu'à la ceinture. *Ibid.* — Stuart, *ibid.*

538 (CXXXVII). ΣΚΙΡΩΝ (*Sciron*), le vent du *nord-ouest*, froid et orageux, qui soufflait des roches *Scironides*; vieillard aux cheveux et à la barbe en désordre, épanchant un vase travaillé avec art. *Ibid.* — Stuart, *ibid.*

Nota. Pour la figure des *Harpyies*, symboles des rafales orageuses et funestes, vaincues par les fils du salutaire Borée, *Zétès* et *Calaïs*; pour celle d'*Iris*, leur sœur, la rapide messagère des dieux, il faut voir pl. CLXXI *bis*, 644 *a*, CXCI, 679, CC, 707, CCXLI, 823, avec l'explicat., ci-après.

539 (CXL). Statue de *Hestia* ou *Vesta*. La déesse est vêtue d'une tunique talaire, serrée par une ceinture, sur laquelle est jeté un ample péplus; un long voile descendant de sa tête retombe sur

ses épaules; elle appuie sa main gauche sur une haste pure, et dans l'autre elle tient une lampe, symbole du feu éternel. Voy. tom. II, p. 694 sqq., 705 sq. Compar. pl. LXIII, 249, LXVI, 250, m, LXVII, 252, g, avec l'explicat.; p. 122, 124 et 127 ci-dessus. — *Galeria Giustiniani*, I, 17; Hirt, *Bilderb.*, VIII, 10.

539 a (CXL). Lampe avec une *tête d'âne*, consacrée à *Vesta*. Même tome, p. 701 sq. Compar. pl. LXVIII, 252, m, et p. 127 ci-dessus. Hirt, *ibid*.

540 (CXLI). Tête de *Vesta* (ou d'une *Vestale*), voilée, sur un denier de la famille Cassia; on lit autour: Q. CASSIUS VEST. Sur le revers on voit un *temple rond*, orné de *têtes d'âne*, et surmonté de la *statue* de la déesse; dans l'intérieur est une chaise curule; à droite une tablette avec les initiales A. C. (*absolvo, condemno*); à gauche l'urne destinée à recevoir les tablettes sur lesquelles une de ces lettres était inscrite, en conformité de la loi *tabellaria*, portée par le tribun Q. Cassius, l'an de Rome 617. Même tome, p. 699, 702, 705 sq. — Morell. *Thesaur.*, p. 76.

541 (CXLI). Médaillon de Lucille, femme de L. Vérus; on y voit un *temple rond*, soutenu par quatre colonnes, avec la statue de *Vesta* dans l'intérieur; six *Vestales* sont autour, entretenant le feu sacré sur l'autel orné d'une guirlande. Même tome, p. 699, 701, 705 sq. Rapprochez la fig. 405, même planche, avec l'explicat., p. 167 ci-dessus. — Decamps, *Numism. select.*, 41, n° 1.

542 (CXL). Plaque de bronze du Cabinet du roi, offrant le portrait d'une *Vestale* (v. v., c'est-à-dire *virgo vestalis*), appelée *Bellicia Modesta*, comme nous l'apprend l'inscription qui la lui consacre. L'*infule*, qui cache toute sa chevelure, est ornée de bandelettes, et le *pallium*, qui couvre son cou, attaché sur sa poitrine par une *fibule*. Même tome, pag. 701. — Buonarroti, *Medagl. ant.*, XXXVI, 1.

542 a (CV). Une autre *Vestale*, sur un camée du Cabinet du roi, représentée à peu près de même; on lit au bas: NER VIR V (*NERatia VIRgo Vestalis*). *Ibid*. Compar. fig. 599 a, ci-après. — Buonarroti, XXXVI, 3.

543 (CX). *Héphæstus* ou *Vulcain*, debout et barbu, coiffé du bonnet conique que portent en commun les *Cabires* et les *Dioscures*, vêtu de l'*exomis* des artisans, qui laisse l'épaule et le bras

droit à découvert, tenant de la main droite un marteau, de la gauche des tenailles ; l'une des deux jambes, un peu plus courte, indique le dieu boiteux. Voy. tom. II, p. 288-295, 308-313, et tom. III, p. 282 sqq. Compar. les fig. suiv. et 199, 236, 249, LXVII, 252, *d*, LXVIII, 252, *i*, 275, 380, 471, etc.— Statuette de bronze du Musée royal de Berlin. Hirt, *Bilderb.*, VI, 2.

544 (CX). *Héphœstus-Vulcain*, en style plus ancien ou archaïstique, debout également et barbu, le bonnet conique posé sur sa chevelure roulée autour de sa tête, vêtu d'une tunique courte, et portant de ses deux mains un lourd marteau. Mêmes tomes, *ibid.*, *ibid.* — Millin, *Pierres gravées*, XLVIII.

545 (CXLI) Beau buste de *Vulcain*, représentant le dieu sous son aspect idéal, jeune, quoique barbu, les cheveux frisés autour de la tête, et le bonnet conique posé dessus. — Gerhard, *Ant. Bildw.*, I, tab. LXXXI, 3.

546 (CXLI). Médaillon de Commode, représentant ***Vulcain*** assis, barbu, coiffé du bonnet conique, vêtu de l'*exomis*, et le marteau à la main, devant une colonne ou une enclume de cette forme, sur laquelle est placé un casque ; en face de lui est *Minerve* casquée, la main droite étendue, la gauche appuyée sur son bouclier. On lit autour : *Sous le stratège* (ou *préteur*) *A. Aphianus*; et dans l'exergue : Monnaie *des Thyatiréniens.* — Morell., *Méd. du roi*, XV, 14. Compar. le sujet analogue, dans Millin, *Pierr. grav.*, XLIX, et ci-dessus, pl. LXV, 250, *g*, *h*, *Vulcain* et *Minerve* également rapprochés, comme ils l'étaient dans le système des dieux de la Grèce; mais *Vulcain* complétement nu et imberbe, ainsi qu'il se voit encore fig. 336, 337, coll. 473, ce dernier sujet, fort remarquable à tous égards, montrant le dieu en rapport avec *Bacchus*, de même que les n°⁵ 471, 473.

547 (CXLIV). *Déméter* ou *Cérès* conduit *Triptolème* dans son char tiré par deux *serpents* ailés : *Triptolème* tient dans le pan de sa chlamyde la semence qu'il doit répandre sur la terre, et *Cérès*, en qualité de *thesmophore*, le rouleau ou volume qui renferme les lois de la propriété. Voy. tom. III, livre VIII, sect. I, ch. V et VII, et sect. II, ch. I et II, *passim*. Compar. fig. 490 ci-dessus, et 548, 548 *a*, 551, ci-après. — Camée célèbre du Cabinet du roi. *Mém. de l'Acad. des Inscript.*, I, 276.

547 a (LXXXVI). *Déméter*, tenant d'une main la corne d'abondance et dans l'autre une patère (prise pour le stylet qui a servi à graver ses lois), est assise sur un trône supporté par une figure de femme ailée, qui se termine en queues de poisson ou en serpents. On lit dans le champ : Monnaie *du roi Démétrius Soter*, et les trois lettres de l'exergue marquent l'année 158 de l'ère des Séleucides, qui correspond à 155 avant J.-C. Cette *Cérès*, dont le nom grec paraît ici faire allusion à celui du roi, peut, du reste, être rapprochée soit de la *Cérès-Fortune*, soit de la *Cérès Cabirique*, sur d'autres médailles, fig. 320, 564 a, 740 b. Voy. tom. II, p. 315 sq., 506 sq.; et tom. III, liv. VIII, sect. I, chap. VI, et sect. II, chap. II. — Visconti, *Iconogr. gr.*, II, xlvi, 25.

547 b (CXLIX ter). *Déméter* ou *Cérès*, assise sur un trône richement travaillé, avec un marche-pied : elle est représentée sous les traits d'une matrone, vêtue d'une ample tunique et d'un péplus jeté par-dessus; sa tête est couronnée d'épis; elle porte d'autres épis dans sa main gauche, et dans la droite un grand flambeau allumé; des épis remplissent encore un *calathus* ou panier placé à ses pieds. Tom. III, liv. VIII, sect. I, chap. VII, et *passim*.

548 (CXLVII). *Triptolème* (Triptolemos), assis sur un char auquel sont adaptées des ailes de cygne, portant dans sa main gauche un sceptre et des épis, s'apprête à recevoir dans une patère qu'il tient de la droite une libation sacrée que va lui verser *Cérès* (Demeter), debout devant lui; *Proserpine* ou *Perséphone* (Perophata, c'est-à-dire *Perrophatta* pour *Persephassa*), qui est derrière, va lui ceindre une bandelette autour de la tête déjà couronnée de myrte. Voy. tom. III, liv. VII, pag. 270; et surtout liv. VIII, sect. I, chap. VII, et sect. II, chap. I et III. Compar. fig. 547 et 551. — Peinture d'un vase de Volci. Inghirami, *Pitt. di vasi fitt.*, pl. 35. Confér. le vase de Nola, analogue mais plus riche, dans les *Monum. de l'Inst. de corresp. archéol.*, tom. I, pl. 4.

548 a (CXLIX ter). *Déméter* ou *Cérès*, à demi nue, assise dans son char tiré par deux *serpents* ailés, et tenant deux épis dans sa main droite; au revers, une *truie* pleine, symbole de fécondité,

entourée d'une couronne de myrte. Tom. III, liv. VIII, sect. I, chap. V, et sect. II, chap. II. Compar. mêmes fig. et 549.— Médaille d'*Eleusis*. Haym, *Thesaur. Britann.*, tab. XXI, 7.

548 *b* (CXLIV). *Déméter* assise sur un rocher, nue, entourée d'un *serpent*, et posant son pied sur un *dauphin*, ce qui rappelle à plusieurs égards la Cérès *noire* de Phigalie, en rapport avec Neptune. Voy. tom. II, p. 630 sq.; et tom. III, sect. I, ch. III, sect. II, chap. I. Confér. ces deux divinités rapprochées encore dans les bas-reliefs en style hiératique, pl. LXIV, 250, *c* et *d*, et pag. 123 ci-dessus. — Revers d'une médaille de bronze de Parium. Millingen, *Ancient coins*, pl. 5 et 10.

549 (CXLV *bis*). *Déméter* debout et complétement vêtue, avec le modius sur la tête, les cheveux retombant en tresses sur les épaules et sur le cou, une patère dans la main droite, et dans la gauche un sceptre (brisé). A côté d'elle, debout également, *Kora-Perséphone*, les cheveux relevés, vêtue d'une tunique longue et enveloppée d'un péplus, tenant dans ses mains un flambeau et des épis. Une famille, composée d'un *homme* et d'une *femme*, dans une attitude d'adoration et portant des présents, précédés d'un *enfant* qui tient une corbeille remplie d'offrandes, amène devant l'autel des *deux déesses* une *truie* qui va leur être immolée. Voy. tom. III, liv. VII, p. 259 sq., et liv. VIII, *passim*, surtout sect. II, chap. II. Compar. fig. 548 *a* ci-dessus, et 490, 490 *a*, 490 *b*, où *Cérès*, mère et nourrice, est mise en rapport, soit avec sa fille *Proserpine*, soit avec *Iacchus* et *Dionysus-Bacchus*.

550 (CXLVI). L'enlèvement de *Kora* ou *Proserpine*. Hadès ou *Pluton*, au centre de la scène, tient d'un bras, sur son char, la jeune déesse évanouie, et de l'autre main les rênes de ses chevaux; son manteau flottant indique la rapidité de sa course; deux *Amours* planent dans les airs autour du couple divin, et *Mercure*, avec le caducée et le pétase ailés, conduit les coursiers. Le quadrige emporté semble se précipiter par-dessus la figure de la *Terre*, sous les traits d'une femme couchée, tenant des épis dans ses mains, ayant près d'elle un calathus et un bœuf; il arrive aux enfers indiqués par *Cerbère* à la triple tête; mais là *Minerve* indignée paraît encore vouloir arrêter le ravisseur,

ayant à ses pieds une *Nymphe* que l'on prend pour une des compagnes de Proserpine avec son calathus renversé, et qui pourrait bien être la Nymphe d'un des fleuves infernaux appuyant la main sur son urne. Du côté opposé, en arrière du char, on voit d'abord une figure de femme à genoux, qui semble implorer Pluton, et qui a devant elle un vase, derrière elle un *lion* à tête ailée faisant pendant à Cerbère; elle est prise ordinairement pour *Hécate*; mais c'est plutôt la *Nymphe* de la source près de laquelle Proserpine cueillait des fleurs lorsqu'elle fut surprise. A l'extrémité de la scène paraît *Cérès* irritée, tenant un flambeau d'une main, des épis dans l'autre, et courant sur les traces de sa fille, dans son char traîné par des *serpents* ailés dont *Hécate* tient les rênes. Voy. tom. III, liv. VIII, sect. I, chap. V et VII, avec les notes correspondantes dans les Éclaircissements. — Bas-relief d'un sarcophage, fort restauré. *Mus. Pio-Clem.*, V, 5. Compar., entre autres monuments analogues, celui qui se trouve décrit 553 ci-après.

551 (CXLIV *bis*). Retour de *Proserpine* dans l'Olympe, auprès de *Jupiter*, et *Triptolème*, sur la terre, recevant le blé des mains de Cérès, deux scènes rapprochées sur ce monument célèbre comme dans la pensée du mythe, et qui font suite à la précédente. Le plan supérieur montre *Jupiter* assis, couronné d'olivier, enveloppé dans son manteau depuis la ceinture; son bras gauche est paré d'un bracelet au milieu duquel est une gemme gravée; la plus ancienne manière de porter le cachet; il tient un sceptre orné de clous d'or et surmonté d'un aigle, et sa main droite élevée témoigne l'étonnement, comme l'expression de sa figure la bienveillance. *Proserpine* est debout devant lui, vêtue, comme une jeune mariée, d'une longue tunique et d'un ample péplus; elle a des bracelets et un collier de perles; sa tête est ceinte d'un diadème enrichi de gemmes. L'*Heure* ou la *Saison* du printemps, vêtue à la légère, lui présente une guirlande de fleurs, pour indiquer l'arrêt du Destin, qui ne lui permet de rester auprès de sa mère que pendant la saison des fleurs. *Mercure*, qui est de l'autre côté et dans la même pose que l'*Heure*, et qui a ramené la jeune déesse avec elle, semble rendre compte à Jupiter de sa mission; il est caractérisé par ses principaux at-

tributs. — Le plan inférieur offre *Triptolème* dans un char ailé conduit par des *serpents;* le héros est couronné de myrte, symbole d'initiation, et tient à la main un sceptre avec un faisceau d'épis, auxquels il va joindre ceux que lui présente *Cérès.* Cette déesse est vêtue d'une riche tunique brodée et d'un péplus étoilé qui lui forme voile; elle porte sur l'épaule un instrument de labourage (si ce n'est un flambeau ou quelque autre attribut). Derrière Cérès se tient debout, un flambeau à la main, *Hécate,* qui a guidé les recherches de la déesse (fig. précéd.), et qui, la première, a salué le retour de sa fille dont elle devient la compagne; de l'autre côté, dans la figure de femme assise, on croit voir *Rhéa,* mère de Cérès, présentant sur un plat aux serpents attelés les gâteaux de miel dont ils se nourrissent. Près de ce dernier personnage croît le *narcisse,* cette fleur trompeuse, cette fleur infernale, que Rhéa (ou *Gæa,* la Terre) avait produite pour séduire Proserpine, dans les champs de Nysa où elle fut enlevée par Pluton. Voy. t. III, liv. VII, p. 269, 370, 385 sq., et liv. VIII, sect. I, chap. VII. Rapprochez, outre les fig. 547 et 548, qui se rapportent à la seconde scène, celles qui se lient à la première, 552-556; et surtout la fig. 551 *b* ci-après, qui semble les réunir également, ainsi que le grand bas-relief athénien dans MONTFAUCON, *Antiq. expl.*, t. I, pl. 45, 1.—Face antérieure du vase peint connu sous le nom de *Vase Poniatowski,* d'après E. Q. VISCONTI et MILLIN, *Peint. de vas.*, II, pl. 32.

551 *a* (CXLIV *ter*). Dans un *distyle* d'ordre ionique est debout un *Héros,* complétement nu, la tête ceinte d'une bandelette, un bâton dans la main droite, et de l'autre paraissant caresser son chien qui le regarde et qui est couché à ses pieds; en face de lui est suspendu à la paroi du temple la bandelette sacrée (*tænia*), symbole des mystères. En dehors, à droite, s'avance un *éphèbe,* ceint de même et également nu, portant un manteau jeté sur son bras gauche. De l'autre côté, vis-à-vis, s'avance aussi une *femme* (une prêtresse), vêtue d'une tunique longue, parée d'une couronne à pointes, d'un collier, de bracelets, et tenant de la main gauche un miroir. Au-dessus d'elle, un second *éphèbe,* semblable au précédent, est assis sur son manteau, ayant dans ses mains une couronne et un plat chargé de fruits. En face, et au-

dessus du premier éphèbe, une seconde *femme* ou prêtresse, assise également, tient une couronne ou un diadème d'une main, et de l'autre une *pyxis* ou cassette. — Si l'on rapproche cette scène peinte au revers du même vase, de la seconde des deux qui sont figurées à la face, l'on peut, avec Visconti, reconnaître ici *Jasion*, amant de Cérès comme Triptolème, comme lui comblé de ses faveurs, recevant les honneurs décernés aux *Héros*, bienfaiteurs de l'humanité. M. Creuzer, appliquant cette idée aux mystères, l'a développée en ce sens, et croit découvrir dans le Héros *sauveur*, tenant le bâton du voyageur et accompagné du chien, une figure du retour de l'âme à la demeure céleste. Voy. tom. III, p. 370 sqq., et confér. fig. 555 *a* et p. 230 ci-après, avec notre note 23 dans les Éclaircissements sur le livre VII. — Visconti et Millin, *ibid.*

551 *b* (LXXXIV) Scène d'un bas-relief, en style hiératique, malheureusement mutilé, qui paraît avoir eu beaucoup de rapport avec la double scène figurée à la face du vase Poniatowski, n° 551 ; seulement les deux parties connexes, au lieu d'être superposées l'une à l'autre, se suivent ici sur le même plan, et ne se distinguent que par la position des deux principaux personnages. *Jupiter*, tourné à gauche, faisant un pas en avant, est debout, le sceptre en main, les cheveux relevés par une bandelette, son ample manteau retombant à mi-corps; à ses pieds est l'*aigle*, qui semble attendre ses ordres, la tête et le col tournés vers lui (peut-être le dieu s'avançait-il ainsi à la rencontre de sa fille *Proserpine*). De l'autre côté, et en sens contraire, est *Cérès* couronnée d'épis, vêtue de la tunique talaire et du péplus, debout également et appuyée sur un sceptre, présentant du blé avec des fruits à un personnage dont on ne voit plus que la main qui les reçoit et la partie inférieure du corps ; il portait une tunique courte, et à ses talons sont attachées des ailes. (Il est naturel de soupçonner *Triptolème* dans ce personnage, chez qui les ailes aux pieds semblent remplacer le char ailé des sujets 547, 548. M. Creuzer est porté à y reconnaître plutôt *Hermès-Trophonius*, le Mercure nourricier, assimilé, en qualité de héros, à *Jasion* et à *Triptolème*, et le même encore qu'*Erichthonius*, dont on va voir le serpent.) Entre Cérès et le Héros qui reçoit le blé

de ses mains, est une *ciste* ronde et tressée, pareille à un modius, et sans couvercle, de laquelle sort un *serpent* qui se dresse vers la déesse. Voy. tom. II, p. 327 sqq., 674, 756, 758; et tom. III, liv. VII, pag. 371, et liv. VIII, sect. I, chap. V. — Fragment d'un putéal au palais Colonna, publié pour la première fois par M. WELCKER, *Zeitschrift*, I, tab. II, 8, coll. pag. 96 sqq.

552 (CV). Réunion de *Cérès* et de *Proserpine* qu'elle a retrouvée; la *mère* tient des épis dans sa main droite; la *fille* tient dans sa main gauche la grenade dont elle a goûté et qui l'empêche de rester dans l'Olympe. On lit autour : LÆTITIA, *allégresse*, et COS. IIII, *consul pour la quatrième fois*. Tom. III, liv. VII, p. 259 sq., 269, et liv. VIII, sect. I, ch. V. — Médaille d'Antonin-le-Pieux. BAST, *Antiq. rom. et gaul.*, XVII, 12.

553 (CXLVII). *Hermès* ou *Mercure*, qui vient chercher *Kora* ou *Proserpine*, assise sur un même trône avec *Hadès-Pluton*, dont elle est devenue l'épouse et près de qui est *Cerbère*; l'*Heure* du printemps, portant des fleurs dans le pan de sa double tunique, marque que le moment du retour est venu. Même tome et mêmes livres, *ibid.*— Ce n'est ici qu'une partie d'un grand bas-relief, couvrant les trois côtés d'un sarcophage du palais Ruspigliosi (autrefois Mazarini), et où se trouvent rapprochées les trois scènes de l'enlèvement de *Proserpine* par *Pluton* que poursuit *Cérès* (compar. fig. 550 ci-dessus), de son rappel dans l'Olympe tel qu'on le voit ici, et, si nous ne nous trompons, de son retour aux enfers indiqués par le fleuve *Cocyte*, près duquel *Cérès* se sépare de *Proserpine* qu'elle a reconduite (*Ceres Catagusa :* déjà Praxitèle paraît l'avoir rapprochée de la scène du rapt, à en juger par Pline, H. N. XXXIV, 8 ou 19). Comparez encore fig. 551, scène d'en haut, et surtout fig. 555, 556, avec l'explicat. — BELLORI et BARTOLI, *Admir. Rom.*, tab. 53, 54.

554 (CIV) *Pluton* et *Proserpine*, son épouse, siégeant sur un double trône, comme roi et reine des enfers, tous deux couverts d'amples vêtements, et avec une expression sombre et sévère. Le dieu appuie son bras gauche sur un sceptre, et il a *Cerbère* à la triple tête près de lui; la déesse tient un flambeau dans sa main droite, et de la gauche elle embrasse son époux. Des deux côtés du trône sont debout, auprès de Proserpine, *Éros* ou l'*Amour*, portant

son flambeau, et montrant du doigt le couple infernal soumis à son pouvoir; auprès de Pluton, une figure de femme, voilée et complétement vêtue, plaçant l'index de sa main droite sur sa bouche et appuyant sa main gauche sur un vase; on la prend ordinairement pour *Psyché*, figurant le silence qui règne parmi les âmes, et le vase pour une urne funéraire; Tölken y voit *Némésis* avec l'urne de la destinée; nous sommes tenté d'y reconnaitre plutôt *Télété* faisant le geste expressif des mystères, dont le vase est un autre symbole. Compar. fig. 421 et p. 173 ci-dessus. Voy. tom. III, p. 269, 323 sqq., 398 sqq., etc. — Bas-relief du Vatican. *Mus. Pio-Clem.*, II, 10.

554 a (CXLVII). Statue d'*Hadès* ou *Pluton* (ordinairement qualifiée de *Sérapis*), assis sur son trône. Le *Jupiter infernal* est vêtu d'une ample tunique, par-dessus laquelle est un péplus; de longs cheveux s'avançant sur le front et une barbe épaisse contribuent à l'aspect sévère de son visage; il porte sur sa tête un *modius* ou boisseau orné de tiges d'*asphodèle*, plante funèbre; dans sa main gauche élevée il tient un sceptre, l'autre repose sur son genou; près de lui est *Cerbère* aux trois têtes, autour de qui s'entortillent des serpents. Voy. tom. II, liv. V, p. 329 sq., liv. VI, p. 543, 549; tom. III, liv. VII, p. 235 sq., 260, liv. VIII, sect. I, chap. II et IV. Compar. fig. 421, 553, 554, avec 254-257 ci-dessus. — *Mus. Pio-Clem.*, II, 1.

554 aa (CLI) Statue de *Kora-Perséphone*, *Libéra* ou *Proserpine*, assise. La *Junon infernale* est coiffée de la *stéphané* (souvent du *modius*, aussi bien que *Déméter* ou *Cérès*, sa mère); vêtue d'une tunique talaire à manches, et d'un péplus qui enveloppe son bras gauche; dans sa main droite elle tient une *pomme de grenade*. Voy. tom. III, liv. VII, p. 259 sqq., et liv. VIII, sect. I, *passim*, coll. tom. II, p. 608, 611, 614. Compar. fig. 490 a, 549, 552, 555, avec 274 et suiv., 355, etc. — Figure en terre cuite, trouvée, avec beaucoup d'autres analogues, dans les fouilles de Pæstum. Gerhard, *Ant. Bildw.*, I, tab. XCVII, coll. XCVIII.

554 b (CXLVIII). *Zagreus*, le *Bacchus* de Crète, ou *Dionysus-Pluton*, fils de Proserpine, déchiré par les Titans; un *Curète*, distrait, danse à côté, le casque en tête et le bouclier à la main. Tom. III, p. 234-244. — Zoëga, *Bassirilievi*, n° 81.

554 c (CXLVIII) Bas-relief mutilé, comme le précédent, qui y fait suite. *Dionysus-Zagreus*, assimilé à Jupiter enfant, est dans son berceau, protégé par les *Curètes* ou *Corybantes*, qui dansent autour de lui, en frappant de leurs épées sur leurs boucliers; à côté sont les deux principaux compagnons de Bacchus, *Pan* qui, d'un coup de son pied de bouc, entr'ouvre la ciste mystique d'où sort le *serpent*, et le vieux *Silène-Pappos*, aux oreilles en pointe, au corps velu, qui se détourne. Même tome, *ibid.*, et p. 135 sqq., 145, 153 sqq., coll. tom. II, pag. 60, etc., avec la fig. 248 ci-dessus. — GERHARD, *Ant. Bildw.*, I, tab. CIV, 1.

555 (CXLIX *bis*). Tableau du *royaume d'Hadès* ou des enfers. Le *palais de Pluton*, qui en occupe le centre, est figuré par un prostyle d'architecture ionique. Le souverain des morts, *Hadès* ou *Pluton*, y est assis sur un trône magnifique, vêtu de sa robe royale et portant le sceptre surmonté de l'aigle, en qualité de *Jupiter catachthonius* ou souterrain. *Perséphone* ou *Proserpine*, véritable *Junon stygienne*, prend congé de son époux pour retourner au monde sublunaire, tenant un grand flambeau qui doit guider sa marche à travers les ténèbres. En partant de ce centre, on trouve à droite et formant un groupe, les trois juges des enfers, *Minos*, *Éaque* et *Rhadamanthe*; ce dernier, qui est debout, a le costume asiatique, parce qu'il juge les morts de l'Asie, selon la fiction de Platon. Vis-à-vis, à gauche, on voit *Orphée*, costumé à la mode thraco-phrygienne, qui chante en s'accompagnant de la cithare pour ravoir son Eurydice. Près de lui et dans le plan supérieur, de gauche à droite, on remarque successivement trois groupes qui représentent, sous divers aspects, les ombres des bienheureux : des époux réunis (peut-être *Protésilas* et *Laodamie*); des éphèbes, qui, après leurs exercices gymnastiques, indiqués par le strigille et le flacon à l'huile, vont au bain que marque un jet d'eau sortant d'une gueule de lion sous une colonnade; enfin, à ce qu'il semble, la vertueuse *Électre*, qui a tiré le glaive pour venger son père, et délibère avec *Oreste* et *Pylade* en costume de voyageurs. Dans le plan inférieur, à droite, paraît *Tantale*, le monarque lydien, épouvanté à la vue de la pierre suspendue sur sa tête; à gauche, *Sisyphe*, repoussant de toutes ses forces le rocher qui sans cesse retombe, pen-

dant qu'une *Furie* le frappe de son fouet; au milieu *Hercule*, conduit par *Mercure*, entraînant le triple *Cerbere*, en dépit d'une autre *Furie* qui lui lance ses torches. Voy. tom. II, p. 549, 608, 611, etc.; t. III, liv. VII, p. 236, 260-269, et liv. VIII, sect. I, chap. IV, V, VII, sect. II, chap. III, *passim*. — Peinture de la face principale du vase ci-dessous.

555 *a* (CXLIX *bis*). Amphore provenant d'un tombeau de Canose (*Canusium*), dans la Pouille, et dont la face principale offre le tableau expliqué ci-dessus. Ici, avec la forme du vase, est esquissée la peinture du revers. Elle paraît représenter un *Héros* honoré dans un temple sépulcral d'architecture ionique par des offrandes multipliées. Un jeune homme, qui est entré dans le monument, tient une aiguière (*prochous*) et une coupe ou *phiale*, pour les libations. Les six personnages, tant mâles que femelles, qui environnent le temple, apportent des dons funèbres, un plat chargé de fruits, des couronnes et des bandeaux, des festons et un éventail, des vases pour verser et boire le vin, un miroir et une cassette, un bouclier et un casque, enfin tout ce qui avait servi au mort durant son existence terrestre et que l'on supposait devoir lui servir encore dans une autre vie. Comparez, pour la scène centrale, le sujet 551 *a* ci-dessus, qui peut bien n'avoir pas d'autre sens. La scène inférieure seule nous donne quelques doutes : en la rapprochant de celle du n° 491 *b*, elle nous semble plutôt divine qu'humaine, et nous serions tenté d'y voir le couple sacré des mystères, *Libéra* en *Aphrodite*, tenant le miroir et la pyxis, avec *Liber* en *Arès* ou en *Mars*, tenant le casque et le bouclier; dans le champ est ici l'espèce d'échelle que là porte dans sa main la déesse. Ce qui nous confirme dans cette idée, c'est que la scène supérieure, figurée sur le col du vase, et développée dans la planche suivante, 555 *c*, est évidemment aussi une scène divine.

555 *b* (CXLIX *ter*). Peinture du col du même vase, à la face antérieure, au-dessus du tableau des enfers. *Éos* ou l'*Aurore* et *Hélios* ou le *Soleil*, tous deux caractérisés par leur rayonnante auréole, sont montés sur deux chars attelés chacun de quatre coursiers au galop, et les dirigent, l'un à la suite de l'autre, dans la carrière du ciel, où ils viennent d'entrer en quittant le sein de

la mer indiquée par des poissons. *Héosphoros*, *Phosphoros* ou *Lucifer*, le front ceint d'un bandeau et la tête également entourée de rayons, vole au-devant du quadrige de l'Aurore, tenant d'une main la bandelette sacrée qui l'assimile au *Génie des mystères*. Compar. fig. 304, 335 *a*, 443, 457, 491 *b*, etc.

555 *c* (CXLIX *ter*). Peinture du col du même vase, au revers. Le dieu des mystères, *Dionysus-Bacchus* ou *Liber*, complétement nu, est assis sur son manteau, le front ceint de la mitre, s'appuyant d'une main sur un thyrse, et de l'autre tenant une phiale ou coupe. Un *Génie femelle* ailé, *Télété* ou une autre, le pied posé sur un rocher, lui présente une couronne et une grappe de raisin. Du côté opposé, un autre *Génie* ou ministre également femelle de son culte, debout et sans ailes, lui offre une grande bandelette. Un *Satyre*, assis comme Bacchus lui-même, nu aussi et la tête ceinte du bandeau, tient une branche de myrte, et présente au dieu qui se retourne un miroir de forme allongée. Voy. tom. III, p. 258 sqq., 279, 290-301, etc. Compar. fig. 438, 443, 491, 491 *a*, ci-dessus. — MILLIN, *Descript. des tomb. de Canose*, pl. I-VI, coll. O. MÜLLER, *Monum. de l'art antique*, I, pl. LVI et p. 31 sq., dont nous avons en grande partie suivi l'explication pour les scènes qui précèdent. M. CREUZER, dans ses *Abbildungen*, p. 34 sqq., et pl. XLII-XLV, en a proposé une fort développée et généralement très différente, qu'on trouvera annexée au chap. II de la sect. I du livre VIII, dans notre tome III.

556 (CXLV *bis*). Retour de *Proserpine* aux enfers. La jeune déesse, qui a déjà pris place à côté de *Pluton*, son époux, sur le char qui les emporte, tend les bras à *Cérès*, sa mère, et lui fait de tendres adieux. A la tête des coursiers marche *Hécate*, portant deux flambeaux pour illuminer les ténèbres de la nuit, indiquée par le croissant de la lune et par des étoiles. Le *Génie des mystères* ou l'*Amour*, portant une phiale, une guirlande et une bandelette, vole au-devant du couple divin, précédé de la *colombe de Vénus* qui porte une guirlande. *Mercure* appuyé contre un arbre, dans l'attitude du repos, semble attendre les deux époux pour les introduire aux sombres demeures. Voy. t. III, p. 258-271, 297-301, coll. tom. II, p. 683 sq.; et livre VIII,

sect. I, chap. V. Confér. fig. 550-553, avec l'explication de cette dernière surtout, 555, etc. — Peinture d'un vase de la Grande-Grèce. MILLINGEN, *Unedit. Monum.*, sér. I, pl. 16.

557 (CLI). Le *Génie de la Mort* (*Thanatos*), debout, la tête penchée et les bras croisés par-dessus, dans l'attitude d'un profond repos; près de lui, le *Génie d'un mort*, ailé et tenant un flambeau, qui lui montre le cadavre étendu à ses pieds. Voy. t. II, p. 360 sq., coll. t. III, 28 sq., etc., et fig. 603, 676 *a*, 812, avec l'explication. Compar. encore le *Génie du Sommeil*, fig. 324. — GERHARD, *Antik. Bildw.*, tab. XCIII, 3, coll. 1-2.

558 (CXLVI). Le vieux *Charon*, nautonnier des enfers, passe les ombres dans sa barque; il est vêtu d'une tunique ou d'un manteau qui laisse à découvert son bras et tout le côté droit de son corps, et coiffé d'un piléus ou bonnet de marin; une figure de femme voilée est près de lui, à laquelle il indique le chemin qu'elle doit suivre. Deux autres figures, vêtues de la toge, descendent de la barque à l'aide de l'échelle : l'une des *Mœres* ou *Parques* aide la première à descendre. La quenouille encore pleine de lin que tient la Parque montre que la mort de cette ombre a été prématurée; l'autre a la taille d'un enfant. Une déesse infernale vient au-devant d'elles avec un vase dans chaque main, ordinairement prise pour *Vénus epitymbia* (sépulcrale), la *Libitina* des Romains, mais qui est plutôt *Léthé*. Voy. tom. I, p. 464, 888, tom. II, p. 48, 443, etc., tom. III, liv. VIII, sect. I, chap. IV. Compar., pour les *Parques*, fig. 250 *p*, 602, 603, et pour les *âmes*, 421, etc. — Bas-relief. *Mus. Pio-Clem.*, IV, 35.

559 (CXLVI). *Némésis* complétement vêtue, la tête penchée, faisant avec son bras droit, qui ramène sa tunique par le haut, le geste qui indique la *mesure*, et tenant dans sa main gauche une branche de frêne. Voy. tom. I, p. 70 sq., tom. II, 361. Compar. fig. 409 *a* et suiv. — *Mus. Pio-Clem.*, II, A, n° 5.

559 *a* (CXLIII). Médaillon d'Antonin-le-Pieux : deux *Néméses* se regardent, faisant toutes deux du bras droit le geste caractéristique qui vient d'être décrit, et l'une des deux tenant un glaive dans sa main gauche ; à côté d'elles est *Apollon* nu, appuyant son bras gauche sur son arc. On lit autour : Union *des Milé-*

siens et des Smyrnéens. Ibid., ibid. — Morell., Médaillons du roi, VIII, n° 8.

559 *b* (CXLVII). Médaillon de Marc-Aurèle, représentant *Jupiter Philaléthès* (ami de la vérité), tenant sur une main son aigle, dans l'autre son sceptre, entre deux *Némésès* semblables à celles qui précèdent; autour et dans l'exergue on lit : *Attale, sophiste, à ses deux patries, Smyrne et Laodicée.* Ibid., ibid. — Venuti, *Mus. Alb.*, XXIII, n° 1.

559 *c* (CXLIII). Les deux *Némésès* de Smyrne, couronnées de tours, sur un char traîné par des *griffons*, du reste pareilles aux précédentes. Ibid., ibid. — Liebe, *Gotha numaria*, p. 282.

560 (CXL). *Némésis Panthée*, avec les ailes de la *Victoire*, et la roue de la *Fortune* à ses pieds, tient dans ses mains la patère et le serpent, comme *Pallas* et *Hygiée.* Ibid., ibid. Compar. fig. 636, 310, 346. — Intaille du Cabinet du roi. Buonarroti, *Medagl. ant.*, 225.

561 (CXL). *Pudicitia*, la Pudeur (*Aidos*), assise, complétement vêtue, ramenant son voile au-devant de son visage. Voy. tom. I, p. 71, et tom. II, pag. 361. — Médaille, d'après Montfaucon, *Antiq. expl.*, tab. XL, 18.

562 (CL). *Elpis* ou *Spes*, l'*Espérance*, coiffée d'une double stéphané, tient dans une main une fleur, et de l'autre relève sa longue tunique. Elle rappelle à tous égards *Vénus* dans l'ancien style : voy. Mus. Capitol. IV, 22, Pio-Clem. IV, 8, et notre figure 382 avec la p. 162 sq. ci-dessus. Sous une forme adoucie, elle est opposée à *Némésis*, fig. 409 *a*. — Camée ayant appartenu à M. Maignan. Millin, *Voyage au midi de la France*.

563 (CL *bis*). *Tyché* ou la *Fortune*, reine du monde, debout sur un *globe*, la tête nue, parée d'un collier, et vêtue d'une tunique longue, rabattue en diploïdion, qu'elle retrousse de la main droite et pince de la gauche, sans autres attributs. Voy. tom. II, p. 506 sq., et tom. III, liv. VIII, sect. I, chap. VI. — *Bronzes d'Herculanum*, pl. 24, et de Clarac, *Mus. de Sculpt.*, pl. 455, n° 837.

564 (CL *bis*). *Tyché* ou la *Fortune*, assise sur un trône, le *polos* sur la tête, la corne d'abondance dans la main droite et la rame dans la gauche, vêtue d'une tunique longue et d'un péplus ri-

chement drapés; une *lune* se voit à sa droite. Tom. II et III, *ibid.* Compar. fig. 304 et 320 ci-dessus.— BARTOLI et BELLORI, *Lucern.*, II, 46.

564 a (CL *bis*). *Fortuna-Ceres*, reine de la terre et de la mer, avec le *modius* ou *calathus*, la corne d'abondance, une rame et des épis. Tom. II, *ibid.* et p. 315; tom. III, *ibid.*— Médaille de Sardes, de l'époque romaine. SPANHEIM, *in Callimach.*; II, p. 735.

565 (CLII). La *Fortune de Préneste*, tenant deux *enfants* sur son sein. Tom. II et III, *ibid.*, et surtout note 7* dans les Éclaircissem. du liv. V, sect. II. — Terre-cuite, d'après MONTFAUCON, *Antiq. expl.*, *Supplém.*, I, 85, 3.

566 (CXLIX). Les *Fortunes d'Antium*, figurées comme deux femmes à mi-corps, coiffées de la *stéphané*, vêtues de la tunique, qui laisse à découvert le sein de l'une d'elles, et tenant chacune un *dauphin*. (Les *dauphins* paraissent appartenir au soubassement et sont remplacés par des *têtes de bélier*: on trouve aussi l'une des deux Fortunes coiffée d'un *casque*.) Tom. II et III, *ibid.*, et la même note dans les Éclaircissem.— Médaille d'Auguste, sous lequel Q. RUSTIUS était triumvir monétaire. OISEL, LXIV, 1. Confér. MORELL. *Thesaur.*, fam. Rustia.

567 (CLII). Deux *Fortunes armées*, debout, le casque en tête et la lance en main, placées entre deux éperons de navire surmontés chacun d'une rame; celle de gauche pose un pied sur la tête d'un animal qui ressemble à un sanglier, et un enfant ailé, pareil à un *Amour*, vole d'elle à sa compagne. *Ibid., ibid.*—Monnaie de la famille *Egnatia*, portant à la face une belle tête, qui paraît être celle de la *Fortune d'Antium*, coiffée de la stéphané, parée d'un collier et de pendants d'oreille, avec l'inscription MAXSUMUS. MORELL. *Thesaur.*, p. 161.

568 (CXLIX). La *Fortune des dieux*, assise, ayant à ses pieds un enfant couché, et environnée de quatre autres *Fortunes* debout, toutes également coiffées du *modius*, et portant divers attributs de la déesse. *Ibid., ibid.* — Médaille de *Laodicée*. HAYM, *Thesaur. Britann.*, II, 45, 10. Compar. la méd. d'Amasie, I, 35, 3.

569 (CXLIX). *Le Sort*, représenté comme une jeune femme, vue à mi-corps, vêtue d'une tunique et parée d'un collier, avec son nom, qui est féminin, sur la base: SORS. *Ibid., ibid.* Compar. 566.

— Monnaie de la famille *Plætoria*. Morell. *Thesaur.*, p. 323.

570 (CV). *Bonus Eventus* (bon succès), tenant dans une main une patère et dans l'autre un faisceau d'épis : on lit son nom autour de cette monnaie de Titus. *Ibid., ibid.* — Cabinet du roi.

571 (CL *bis*). Une *femme*, vêtue d'une longue tunique, tient dans une main une branche d'olivier, dans l'autre une corne d'abondance, et s'appuie sur un cippe : on lit autour, securitas populi romani. *Ibid., ibid.* — Médaille de Nerva. Oisel, LIX, 9.

572 (CL *bis*). Une *femme*, couronnée de fleurs, tient dans une main un faisceau de pavots et d'épis, et s'appuie de l'autre sur un *sphinx* : on lit autour ΕΥΘΗΝΙΑ (l'*Abondance*), et dans l'exergue, L B (l'an II). Cette médaille de bronze, frappée sous Antonin, est relative à la fertilité de l'Egypte. *Ibid.*, et tom. Ier, p. 62. — Zoëga, *Num. Ægypt. imp.*, X.

573 (CXL) Un *jeune homme* debout, la tête nue, vêtu à demi, tient une haste et une corne d'abondance ; en face de lui, et debout également, une *femme* casquée tient une haste et un *parazonium*, et pose le pied droit sur un casque : on lit autour leurs noms, honos et virtus (l'*Honneur* et la *Vertu* guerrière). *Ibid.* — Médaille de Galba. Oisel, *Thes.*, LXIV, 7 coll. 3.

574 (CL *bis*). Une *femme* debout, vêtue d'une longue tunique, serrée avec une ceinture, et d'un ample manteau, la tête coiffée d'un voile, tient dans une main un trophée et dans l'autre une image de la *Victoire* ; dans le champ est un vase pour les libations. On lit autour : ΚΡΑΤΗΣΙΣ (le *Courage*). *Ibid.* Conférer. fig. précéd., et pl. CCXX, 760, *Arété*, la *Vertu*, dans un sens général, avec plusieurs autres personnifications analogues. — Médaille de Galba. Zoëga, *Num. Ægypt.*, III.

575 (CXL). L'*Asie* (mineure), sous les traits d'une matrone debout : dans la main droite elle tient un *serpent*, et dans l'autre le gouvernail d'un vaisseau ; elle pose son pied droit sur une proue de navire. *Ibid.* — Médaille d'Hadrien. Oisel, *Num. Select.*, XVI, 3.

576 (CL *bis*). L'*Arabie*, sous les traits d'une femme vêtue d'une *stola*, tient dans sa main droite une branche de l'arbre à *encens*, et dans sa gauche une corne d'*antilope*; auprès d'elle est

un *chameau. Ibid., ibid.* — Oisel, *ibid.*, XVII, 7 coll. 9, où l'*autruche* remplace le chameau.

577 (CXL). L'*Afrique*, sous la figure d'une femme couchée, tient dans sa main droite un *scorpion*, et dans la gauche une corne d'abondance remplie de fleurs et de fruits; sa tête est coiffée de la dépouille d'un *éléphant*; à ses pieds est un calathus, duquel sortent des épis. *Ibid.*, et tom. Ier, p. 62. — Médaille d'Hadrien. Oisel, *ibid.*, XXXI, 12 coll. 4, où l'*Afrique* est debout et a près d'elle le *lion*.

578 (CL *bis*). L'*Égypte*, couchée, appuie son bras gauche sur une corbeille remplie de fruits; dans la main droite elle tient un *sistre*, et l'*ibis* est perché sur son pied. *Ibid.*, et note 15 dans les Éclaircissem. du liv. III, tom. I, p. 946 et 959. Compar. fig. 572. — Oisel, *ibid.*, XXXIII, 10.

579 (CL *bis*). La ville d'*Alexandrie*, sous la figure d'une femme assise, qui appuie son bras gauche sur un vase d'où sortent un cep de vigne, des pampres et un raisin; dans sa main droite elle tient des épis, d'autres paraissent croître à son pied. *Ibid.* Compar., ci-dessus et ci-après, d'autres personnifications de villes, *Antioche*, fig. 522 a, et *Rome*, 879-883, 901 ; pour les pays, l'*Italie*, 600, la *Germanie*, 379, etc.

580 (CLI). Les *Pénates* de Rome, Troyens d'origine, suivant la tradition, sous la figure de deux jeunes gens nus, assis en face l'un de l'autre, tenant des lances renversées et s'appuyant chacun sur un bouclier. Voy. tom. II, p. 412-416. — Patère ou miroir, soutenu par une figure qui paraît celle d'un *Apollon*, pareil à celui qui porte les *Grâces*, fig. 412 a ci-dessus. La Chausse, *Mus. Roman.* II, tab. 22.

581 (CLI). Les mêmes, comme *Lares publics*, plus rapprochés encore des *Dioscures* primitifs et des *Cabires* de Samothrace. Ils sont assis, presque nus, coiffés de casques, chaussés de brodequins, et portent chacun une lance; entre eux est la tête de *Vulcain*, caractérisée par le bonnet conique et par l'attribut des tenailles; plus bas, le *chien*, symbole de vigilance, qui accompagne aussi *Jupiter Custos* (fig. 259). L'inscription lare, rectifiée, paraît être le nom même des *Lares*. A la face se voit la tête de *Vejovis* ou Jupiter jeune et terrible; l'égide sur l'épaule et

tenant le foudre. Même tome, p. 416-424, *passim,* coll. p. 303-311, et pag. 500. Compar. fig. 261, 262. — Monnaie de la famille *Cæsia*. MORELL. *Thesaur.*, ibi HAVERCAMP, p. 59 sqq., coll. ECKHEL, *Doctr. Num. vet.*, V, p. 156 sqq.

581 *a* (CLI). *Lar familier*, ou *domestique*, ou *privé*, sous la figure d'un enfant accroupi, ayant les épaules couvertes d'une peau de *chien* dont il tient les pattes dans ses mains; près de lui est un panier rempli de provisions. Même tome, p. 420, 424. Compar. la fig. suiv.— CAYLUS, *Recueil d'antiq.*, tom. III, tab. 54, n° 4.

581 *b* (CLI). Figure analogue à la précédente, coiffée d'une peau de chien dont les oreilles retombent sur ses épaules; le *Lar* tient en outre un *chien* dans ses bras. *Ibid.* — MONTFAUCON, *Antiq. expl.*, *Supplém.*, tom. I, pl. LXXVIII, 3. Confér. des représentations du même genre, *Bronzi d'Ercolano*, tom. II, pl. LXXXVIII, p. 353, coll. not. 6, p. 351; et dans GRÆVIUS, t. V, p. 924.

581 *c* (CLI). *Lares Augusti*, les *Lares* protecteurs de la maison d'*Auguste*, représentés comme deux jeunes gens couronnés de laurier, vêtus de la tunique courte retroussée à la mode de Gabies (*cinctu Gabino*), chaussés de brodequins, et de l'une de leurs mains, par un arrangement symétrique, tenant chacun un rhyton élevé, de l'autre une patère ou une situla, en qualité de sacrificateurs. Tom. II, *ibid.*, surtout p. 419-422, et la note 3^x sur le livre V, sect. II, dans les Éclaircissements. — Bas-relief d'un autel dédié aux *Lares Augustes* et au *Génie d'Auguste*. *Galleria di Firenze*, ser. IV, tom. III, tav. 144.

582 (CLI). Un *Lar*, sous la figure d'un enfant debout, presque nu, avec la *bulla* suspendue au cou (*bullatus*), et le *chien* à ses côtés. Tom. II, p. 420, 421, 424, et même note dans les Éclaircissem. — D'AGINCOURT, *Fragments de sculpt. en terre cuite*, pl. XIV, 3, et p. 36 (il y voit simplement un enfant qui vient de recevoir la *bulla*).

582 *a* (CLII). Un enfant dans une pose presque semblable à celle du précédent, la *bulla* également suspendue au cou, mais tenant dans sa main gauche, dont le bras est orné d'un bracelet, un volatile qui est une *oie* ou un *canard*, et avec lequel il semble jouer de l'autre main. Sur sa cuisse et sa jambe droites est gra-

vée une inscription en caractères étrusques (placée ici à côté), qui se lit : *Velias Phanacnal thuphlthas alpan aenache clen cecha tuthines tlenacheis*, et paraît à O. Müller désigner cette belle statue de bronze, aujourd'hui au Musée de Leyde, comme une offrande d'une femme *Velia* de la famille *Phanacne*. L'oie fait penser soit à *Priape*, soit à *Bacchus*, soit à *Proserpine*, à qui elle était également consacrée. Elle peut appartenir aussi, selon M. Gerhard, de même que le chien, au Génie de Jupiter (*Genius Jovialis*), par conséquent aux Pénates, et à *Tagès*, son fils. Voy. tom. II, p. 415, 458, et la note 3*, déjà indiquée, dans les Éclaircissem. du liv. V. Conférer. la fig. suiv. — Lanzi, *Saggio di ling. Etrusc.*, tom. III, tab. XV, n° 6, et tom. II, p. 534, comparé avec Micali, *Storia*, etc., *Ant. Monum.*, tav. XLIII, et O. Müller, *Monum.*, I, pl. LVIII, 291, et p. 33.

583 (CLII). Un enfant assis, avec la *bulla* au cou, touchant la terre de la main droite, ou s'y appuyant pour se lever ; le bras gauche brisé portait une inscription étrusque mutilée aujourd'hui : suivant les uns, *Tagès*, espèce d'Hermès-Trophonius dans la religion de l'Etrurie ; suivant les autres, un simple *ex-voto*. Voy. même tome, p. 458-465, et les Éclaircissements, note déjà indiquée. — Bronze célèbre, aujourd'hui au Vatican. Lanzi, même pl., n° 5, et tom. II, pag. 529 sq., comparé avec Micali, XLIV, 1.

584 (CLII). Figure de bronze dont les bras sont brisés, représentant un jeune homme couronné de laurier et enveloppé à demi d'un manteau : suivant quelques-uns, un *Lar domestique* ; suivant Lanzi, qui croit lire, dans l'inscription tracée sur le manteau, le mot *Jupetal* entre autres, une simple *offrande à Jupiter*. Voy. la note indiquée dans les Éclaircissements du livre V, sect. II. — Lanzi, même pl., n° 4, et tom. II, p. 528.

585 (CLII). Belle statuette en bronze d'*Apollon*, couronné de laurier, avec un riche collier auquel pend la *bulla*, un bracelet au bras gauche, mutilé par le temps, et d'élégants brodequins aux pieds. L'inscription gravée sur la jambe gauche (ici à côté) se lit en ces termes : *Mi phleres Epul aphe Aritimi. Phasti Ruphrua turce clen cecha* ; elle laisse deviner qu'une femme étrusque, *Phastia*, de la famille *Ruphru*, a dédié cette idole dans un sanc-

tuaire d'Apollon (*Epul*) et d'*Artémis* (*Aritimi*). **Voy.** tom. II, p. 486, et la note indiquée, Éclaircissem. Compar. fig. 431 et 443 *a*, ci-dessus. — LANZI, *Saggio*, même pl., n° 3, et tom. II, p. 525, d'après GORI, *Mus. Etrusc.*, t. I, pl. 32, coll. O. MÜLLER, *Monum.*, pl. LVIII, 290, et p. 33.

585 *a* (CLII). Bas-relief de bronze représentant deux divinités : *Apollon*, avec la lyre, le foudre en forme de flamme, une longue chevelure imitant des rayons, et sur sa tête, coiffée du modius, un disque figurant le soleil (comme *Osiris* ou plutôt *Horus*), avec l'inscription APOLLINI; à sa gauche, une déesse réunissant les attributs de *Diane* et d'*Isis*, ayant à ses pieds une proue de vaisseau avec la cortine du trépied, sur sa tête une fleur de lotus entre deux cornes qui forment le croissant, autour de son bras droit un serpent et dans sa main droite un instrument pareil à un sistre, dans sa main gauche un sceptre. Au-dessus de cette figure se lit l'inscription CLATRÆ, où l'on croit retrouver une divinité des Falisques de l'Etrurie; ce qu'il y a de sûr, c'est que, comme l'*Apollon* qui lui est associé, cette espèce de *Diane* rentre dans les *Panthées*. Quant à l'inscription gravée au-dessous des deux divinités, elle est en langue ombrienne. Voy. tom. I, p. 121; tom. II, *ibid.*, et les Éclaircissem., note citée. — LANZI, même pl., n° 7, et tom. II, p. 538 sqq.

586 (CLII). Statuette en bronze d'une *déesse*, d'un style ancien, d'un caractère roide et grossier, mais dont les détails du costume sont très soignés et même exécutés avec une certaine recherche. Elle est coiffée du bonnet pointu appelé *tutulus*, et vêtue d'une tunique longue à manches, richement brodée, dont elle relève les plis nombreux de sa main gauche, tandis qu'elle tient sa droite élevée et ouverte en signe de bénédiction; des bracelets ornent ses bras, et ses pieds sont chaussés de souliers brodés; le manteau plissé et brodé par les bords, qui couvre sa poitrine, retombe derrière son dos, et l'on y lit en caractères étrusques l'inscription *phlexrl*, mot qui paraît analogue à *phleres*, fig. 585. M. CREUZER, comparant cette statue avec l'idole également en bronze et presque semblable que PACIAUDI a publiée dans ses *Monum. Peloponn.*, II, p. 130, et qui porte dans sa main une colombe (comme notre fig. 250, *k*), est disposé à y

reconnaître une *Vénus*. Voy. la même note, dans les Éclaircissements du tom. II. — LANZI, même pl., n° 1, et tom. II, pag. 522 sq. Confér. MICALI, *tav.* XXXIII, 1-2, représentant la même déesse d'après l'original qui est au Musée royal de Berlin.

587 (CLII). Statuette de travertin, de deux pieds de haut, figurée en Hermès, avec une inscription étrusque; les cheveux sont relevés en cône ou en pointe : suivant quelques-uns, le dieu *Terminus* ou un *Mercurius terminalis*, c'est-à-dire destiné à servir de borne. Voy. tom. II, p. 486, 495, surtout 691 sq., et la même note, dans les Éclaircissements. — LANZI, même pl., n° 8, et tom. II, p. 546 sq.

588 (CLII). Statue en bronze d'un *guerrier*, ou, comme présume GORI, d'un *héros* étrusque, pesamment armé, élevant le bras droit comme pour lancer le javelot, et du bras gauche ayant dû tenir le bouclier : son armure se compose d'un casque, d'une cuirasse, à laquelle s'adapte un court tablier militaire, et de cnémides ou jambarts; une inscription en caractères toscans est gravée sur sa cuisse. Voy. les Éclaircissements du tome II, note citée. — LANZI, même pl., n° 2, et tom. II, p. 523, comparé avec MICALI, XXXVIII, 1. Il faut rapprocher, entre autres sujets analogues, la figure représentée dans la pl. XXXIX de ce dernier, revêtue d'une armure beaucoup plus riche et travaillée avec un certain art, figure où l'on a cru reconnaître le *Mars* étrusque.

589 (CLV). L'*Aurore* en costume étrusque, montée sur son char attelé de quatre chevaux qu'elle dirige, et sortant des flots de la mer où se jouent deux *dauphins*. Voy. les notes 3* et 6* sur le livre V, sect. II, dans les Éclaircissem. du tome II. Compar. fig. 335 *a* et 555 *b*, ci-dessus. — Bas-relief d'une urne cinéraire de Volterra. INGHIRAMI, *Monum. Etrusch.*, sér. I, part. I, pl. 7.

589 *a* (CLV). *Déesse marine* avec de longs cheveux, de petites ailes à la tête et de grandes aux épaules, et des jambes monstrueuses terminées en queue de poisson; de chacun de ses bras étendus elle tient une ancre bidentée : c'est probablement une *Amphitrite* étrusque. Voy. les Éclaircissem. du tom. II, *ibid.* Compar.

fig. 510 c et 547 a, ci-dessus.—Bas-relief d'une urne semblable, dans la galerie de Florence. MICALI, *tav.* CX.

589 b (CLVI). Un des boucliers de bronze récemment découverts dans un tombeau à Tarquinii (Corneto). La tête de haut relief, qui est au centre, portant une longue barbe, avec des cornes et des oreilles de taureau, rappelle celle de l'*Achéloüs* et d'autres *dieux des fleuves* en Grèce. Les yeux font des cavités remplies d'un émail blanc et noir. Compar. fig. 526, 526 a, 526 b, et voy. pag. 216 sq. ci-dessus. — MICALI, XLI, 1.

589 c (CLVI). Plaque de bronze qui servait à l'ornement d'un char, trouvée dans un tombeau près de Perugia, et maintenant à la Glyptothèque de Munich. Du côté gauche on voit une *chasse au sanglier*, suivie d'un *hippocampe* ou cheval marin; à droite et en sens opposé, deux *chasseurs* armés d'arcs, suivis d'une *figure de femme* pourvue de nageoires, et placée horizontalement. Sujet qui paraît avoir une signification cosmogonique ou astrologique, et se rapprocher singulièrement de la mythologie des Chaldéens, aussi bien que plusieurs des suivants. Compar. fig. 201, 202, 203, et voy. les Éclaircissem. du tome II, note 4, sur le livre IV, et notes 1*, 2*, 3*, sur le livre V, sect. II, *passim*. INGHIRAMI, *Monum. Etrusch.*, sér. III, pl. 24, n° 2, et pl. 25, coll. MICALI, XXVIII, 1, 2.

589 d (CLVI). Plaque de bronze appartenant au même char, et qui se voit dans la même collection. Une *Gorgone* accroupie étouffe deux *lions* qui se dressent de chaque côté, en leur serrant la gorge; auprès est un *hippocampe*, et au-dessous un oiseau qui ressemble à une *grue*. Compar. fig. 590 c, et voy. les Éclaircissements du tome II, *ibid.* INGHIRAMI, sér. III, pl. 23, et MICALI, XXVIII, 5.

589 e (CLV). Bande sur un vase, composée de figurines légèrement tracées et plus ou moins monstrueuses, parmi lesquelles on remarque deux *Centaures* sous l'ancienne forme, qui est un amalgame du corps entier de l'homme avec le train de derrière d'un cheval, et une grande *Chimère*. Éclaircissem. du tom. II, *ibid.* — MICALI, XX, 1.

590 (CLV). Vase de terre cuite en forme de *Canope*, et dont le couvercle a la forme d'une tête humaine, les anses celle de bras

humains. Tom. II, p. 487, et les Éclaircissem., *ibid.* Compar. fig. 174 *a*, et 174 *b* ci-dessus. — MICALI, XIV, 1.

590 *a* (CLV). Figure de nain vieux, ventru et difforme, en pâte verte, enveloppée dans une sorte de châsse formée de lames d'or et richement travaillée. Cette petite idole, trouvée en Étrurie, paraît représenter le dieu *Phtha* ou le *Vulcain* égyptien, à peu près tel que nous l'avons vu, fig. 157, ci-dessus. Tom. II, *ibid.*, avec les Éclaircissem., même note. — MICALI, XLVI, 3.

590 *b* (CLV). *Dieu* ou *Génie*, qui n'est pas sans quelque rapport avec le précédent, au moins par l'aspect de son visage, par son corps ramassé et par ses deux mains placées sur sa poitrine; mais par ses quatre ailes, dont deux se dirigent en haut, deux autres en bas, il rappelle plutôt les sculptures de Babylone et de la Perse. *Ibid.*, *ibid.* Compar. fig. 123 et 124 ci-dessus. — Figure trouvée à Cerveteri, l'antique Céré ou Agylla, en Étrurie. MICALI, XXI, 5.

590 *c* (CLVI). Figure en relief, sculptée sur le pied d'un vase, d'une *déesse* ou d'un *génie femelle*, ayant de grandes ailes aux épaules, et, de ses deux mains ramenées sur la poitrine, serrant fortement par les pattes de devant deux *lionceaux* debout. Représentation qui, ainsi que la précédente, fig. 589 *d*, et les suivantes, 590 *d*, *e*, *f*, rappelle d'une manière frappante celles d'un grand nombre de cylindres et autres pierres gravées provenant de la Perse ou de Babylone. Compar. fig. 122-124, et voy. t. II, *ibid.*, *ibid.* — DOROW, *Voy. archéol. dans l'anc. Étrurie*, pl. 2, fig. 1 *b*.

590 *d* (CLVI). Figure de même genre, d'une *femme ailée* serrant de ses deux mains par le cou deux *cygnes* placés à ses côtés. Compar. les fig. indiquées ci-dessus, et surtout 124 *a*. — MICALI, XVII, 5, coll. LXXIII, 1.

590 *e* (CLV). Un *Génie* ou un *Héros* combattant un *griffon* qu'il a saisi par le milieu du corps et qu'il tient par une des pattes de devant. Compar. les fig. indiquées ci-dessus, et surtout 122. — Pierre gravée trouvée en Étrurie. MICALI, XLVI, 8.

590 *f* (CLV). *Génie* ailé, placé entre un *Sphinx* et un *lion*, qu'il tient chacun par une patte. Mêmes indications. — Contour estampé sur la plaque d'un anneau d'or, trouvé avec un grand

nombre d'autres à Volci en Étrurie. MICALI, XLVI, 23.

590 g (CLV). Un *Aurige* conduisant son char attelé de deux *chevaux ailés*; dans le champ, la *palme*, symbole de victoire. *Ibid.*, *ibid.* Contour du même genre, trouvé au même lieu. MICALI, XLVI, 20.

591 (CLIII). Le départ d'un *défunt* pour le séjour des *Mânes*. Semblable à un voyageur, mais la tête voilée, il est monté sur un cheval conduit par un *Génie* à figure barbue et terrible, avec des oreilles d'animal, vêtu d'une tunique courte et portant un marteau sur l'épaule; suit un autre *Génie* d'un aspect plus doux. Voy. tom. II, p. 428 sq., 454, et les notes 3* et 6* dans les Éclaircissem. du liv. V, sect. II. — Bas-relief d'une urne d'albâtre au Musée de Volterra. INGHIRAMI, Sér. I, P. I, pl. 7.

591 a (CLIII). Scène analogue à la précédente, mais où le mort n'est point voilé. Ici, d'ailleurs, les deux *Génies* sont ailés et disposés en sens inverse. Le *bon Génie*, tenant un flambeau renversé, conduit le cheval par la bride; le *mauvais Génie* marche en arrière, portant d'une main le marteau sur son épaule, dans l'autre un glaive; un œil, symbole de vigilance, est figuré sur l'une de ses ailes. *Ibid., ibid.* — Bas-relief d'une urne semblable. MICALI, ClV, 1, coll. INGHIRAMI, *ibid.*, pl. 8.

591 b (CLIII). Une *âme* portée sur un monstre marin de la famille des *hippocampes*, ce qui suppose que le terme de son voyage est au-delà de la mer. Compar. les fig. précéd. et 421, 421 a, avec l'explicat., pag. 173 ci-dessus. — Bas-relief d'une urne de même genre. INGHIRAMI, *ibid.*, pl. 6.

591 c (CLIII). Scène de combat entre deux guerriers, dont l'un, renversé de son char brisé, est terrassé par l'autre; des deux côtés sont deux *Génies* ailés à la tête et aux épaules, qui prennent part à l'action. L'un de ces Génies, vieux, barbu, ayant un œil figuré sur son aile, saisit les chevaux par les rênes; l'autre, jeune, et qui paraît femelle, tient un glaive dans la main droite, et de la gauche semble marquer avec un stylet l'heure fatale du guerrier terrassé. Sur le couvercle de l'urne d'albâtre décorée de ce bas-relief est couchée une figure de femme, vêtue et parée avec la plus grande magnificence, et tenant d'une main des tablettes ouvertes, de l'autre une pomme de grenade, fruit con-

sacré à *Proserpine*. L'inscription indique que la défunte, placée en quelque sorte sous la protection de cette déesse, par le monument sur lequel elles se confondent, avait vingt-cinq ans et appartenait à la grande famille des *Cecini*. Même tome et mêmes notes dans les Éclaircissements. Compar. fig. 591 *a* et 431 avec l'explicat., pag. 176 sq. — Musée du Louvre à Paris. Micali, *tav.* CV.

592 (CLIV). Une *âme* enveloppée d'un grand voile est assise sur un char traîné par deux *Génies* ailés, l'un blanc, l'autre noir, qui semblent se la disputer; un *Génie* blanc et sans ailes (probablement l'ange gardien de cette âme) la suit, paraissant implorer un autre *Génie* ailé et noir, qui s'appuie sur un marteau; plus loin est assis près d'une porte un *Génie* pareil à ce dernier. — La bande inférieure offre une représentation analogue d'*âmes* à pied et portant divers instruments, symboles de leur condition sur la terre, escortées par deux *Génies* ailés, blanc et noir. Le dernier groupe à droite est surtout remarquable : on y voit le *mauvais Génie* menaçant de son marteau une *âme* qui semble guidée par le *bon Génie*, un bâton à la main. Tous les *Génies* indistinctement sont chaussés de brodequins, aussi bien que ceux qui figurent dans les scènes précédentes, et vêtus la plupart de tuniques courtes. Même tome et mêmes notes dans les Éclaircissements; et tom. III, livre VII, chap. I, *passim*, surtout pag. 28 sq. — Peintures sur mur d'un tombeau de Tarquinii, d'après Micali, *tav.* LXV, comparé avec Inghirami, sér. VI, pl. 25, 26.

592 *a* (CLV). Le *bon Génie de la mort*, jeune et sans barbe, avec de petites ailes à la tête et de grandes aux épaules, ayant sa courte tunique roulée et serrée autour de la taille, et, sur la poitrine, des espèces de bretelles en sautoir qui la soutiennent; ses pieds sont chaussés de brodequins à revers, rabattus sur la jambe; il tient dans sa main droite un flambeau renversé, et il élève la gauche dans une attitude pleine de mouvement et d'expression. Mêmes tomes et mêmes notes dans les Éclaircissements. Compar. les fig. précéd., surtout 591 *a*. — Inghirami, sér. I, P. I, pl. 31.

592 *b* (CLV). *Mantus* ou *Vedius*, le *Pluton* étrusque, assis sur son

trône, vêtu d'une tunique et d'un grand manteau retroussé, chaussé de brodequins, et tenant dans ses mains un flambeau et un glaive; près de lui est le triple *Cerbère*. Tom. II, p. 453 sq., et la note 3* dans les Éclaircissem. du liv. V, sect. II. Compar. fig. 554, 554 a, 555, etc. — INGHIRAMI, *ibid.*, pl. 9, n° 2.

593 (CLV). Urne funéraire de Clusium (Chiusi), sculptée en pierre, telle qu'on en trouve un grand nombre provenant de cette ancienne ville étrusque. Sur la face principale, figurée ici, sont représentées les *lamentations* des parents autour d'un *défunt* couché sur son lit de mort, lamentations exécutées avec tous les excès de la douleur, qui étaient un hommage à sa mémoire, et aux sons lugubres de la flûte. Voy. la note 6* dans les Éclaircissem. du liv. V, sect. II, tom. II. — MICALI, LVI, 1.

593 *a-d* (CLV). Quelques portions des peintures sur mur de deux tombeaux de la nécropole de Tarquinii, près de Corneto : *a-b*, d'un dessin presque purement grec archaïque; *c-d*, d'un style moins pur et plus bizarre, où le caractère étrusque domine davantage. On y voit, *a*, un *banquet solennel*, égayé par le spectacle d'une *danse mimique*, exécutée par deux hommes et deux femmes, aux sons de la flûte; de l'autre côté, *b*, une *procession*, conduite par l'héritier du défunt, et apportant des vases et ustensiles sépulcraux pour orner le *tombeau*, garni déjà d'une grande quantité de vases de toute dimension et de toute forme; le joueur de flûte semble accompagner un chant de procession (*prosodion*), chanté et dansé par le chœur qui le suit. Sur le second tombeau, *c*, le *banquet solennel* est représenté avec plus de mouvement, plus de détail, et avec divers accessoires entre lesquels on remarque des animaux, une panthère, un coq, un autre oiseau; *d*, la *danse*, entremêlée d'accessoires du même genre, de quadrupèdes, d'oiseaux, et de plantes luxurieuses, semble, en outre, rappeler les danses de l'Orient par les attitudes lascives aussi bien que par les riches costumes des femmes qui y figurent. Tom. II, p. 465, 488, et surtout la note 6* dans les Éclaircissem. du liv. V, sect. II. — *Monum. inéd. de l'Institut de corresp. archéol.*, I, pl. 33 et 32.

594 (CLV). Bande supérieure, ornée de figures gravées, d'un vase d'argent, doré en partie, trouvé sur l'emplacement de l'antique

Clusium. Elle représente une *procession solennelle des Étrusques*. A la tête s'avancent un lutteur et un athlète armé du ceste, suivant toute apparence, suivis par un joueur de flûte, selon l'usage du pays; ensuite viennent deux danseurs armés (*pyrrhichistæ, Salii*), deux victimaires (*popæ*), deux porteurs d'ustensiles sacrés; enfin, un homme à cheval, et un homme à pied, armé en guerre, qui doivent prendre part aux jeux du cirque et au combat des gladiateurs. Les mêmes figures sont exactement répétées à la droite et à la gauche du *cratère* qui occupe le centre de la composition. Tom. II, *ibid.* et p. 507 sqq., avec la même note dans les Éclaircissem. — DEMPSTER, *Etruria regalis*, I, pl. 77, 78.

594 *a* (CLV). Figurines tracées autour d'un vase, dans le genre de celles de la bande 589 *e*, ci-dessus. Celle-ci représente des personnages assis à un *banquet*, d'autres montés sur des *chars* pour les jeux sacrés, le tout en rapport avec les cérémonies funèbres. Même tome et même note dans les Éclaircissements. — MICALI, XX, 19.

595 (CLV). Sacrifice à *Priape* sous sa forme la plus antique, dans laquelle il se confond avec *Dionysos-Phallen* (fig. 427 et pag. 174 ci-dessus). Devant l'Hermès du dieu barbu et ithyphallique, un des *sacrificateurs*, couronné de feuillage, vêtu d'une tunique courte et serrée, retourne avec une broche, au milieu des flammes allumées sur l'autel, les entrailles de la victime, qu'un autre sacrificateur, couronné de même, et vêtu d'une tunique semblable, mais étoilée, découpe sur une table, au-dessous de laquelle se voient à terre la tête de cette victime, qui est un *bouc*, et le vase qui en a reçu le sang. Des bandelettes sacrées sont suspendues dans le champ. Voy. tom. II, pag. 487 sq., et tom. III, p. 376 sqq. Compar. les figures vulgaires de *Priape*, 409 *a* et 477 ci-dessus. Peinture sur la face d'un grand vase de la collection du prince de Canino, trouvé à Volci, et qui contenait les cendres d'un mort. MICALI, XCVI, 2.

595 *a* (CLV). Dieu analogue à *Priape*, ayant comme lui le ventre renflé, mais une forme complétement humaine; son *phallus* est orné d'une bandelette, et il tient dans sa main un sceptre ou bâton fourchu, qui rappelle celui que portent souvent les dieux

des Phéniciens et de leurs colonies (fig. 214 *a*, *b*, *d*, ci-dessus). L'on peut penser à *Baal-Peor* ou *Belphégor*, à la fois dieu phallique et dieu des enfers, comme *Bacchus*. Tom. II, *ibid.* et pag. 20 sq., avec la note 6* dans les Éclaircissem. du liv. V, sect. II.
— Figure sculptée dans le roc d'un tombeau de l'ancienne Tarquinies, et accompagné d'une inscription en caractères étrusques, d'après un dessin communiqué par feu M. le baron DE STACKELBERG.

596 (CXXIX). Statue de *Priape*, comme dieu des vergers et des jardins, sous une forme tout-à-fait adoucie, qui le rapproche de *Silène*, de *Pan*, et des divinités italiques qui suivent. Il porte une barbe épaisse, il est couronné d'une guirlande de pampres, vêtu d'une longue et ample tunique qu'il relève avec sa main gauche et dans laquelle il porte toute sorte de fruits, et chaussé de brodequins. Tom. II, p. 485, 503, et les notes 3* et 7* dans les Éclaircissem. du liv. V, sect. II. — *Mus. Pio-Clem.*, I, 51.

597 (CXXIX). *Vertumne*, barbu et couronné de pin, tient d'une main un pédum noueux, et de l'autre une serpe, et il porte des fruits dans les plis de sa chlamyde, qui paraît formée d'une peau d'animal. (Il n'est pas sûr que le nom de *Vertumne* soit applicable à cette représentation, qui se rapproche singulièrement de celles de *Silvain* que l'on va voir.) Tom. II, p. 484 sq. — Statue du Musée du Louvre, n° 466, 1. DE CLARAC, pl. 345 coll. pl. 164.

598 (CLXXXIII). *Silvain* ou *Sylvain*, debout, barbu et couronné de pin, vêtu d'une peau d'animal en guise de chlamyde, dans laquelle il porte des fruits, et chaussé de brodequins, tient dans une main un jeune plant de pin, et de l'autre une serpe; près de lui est un autel sur lequel un *vieux paysan*, accompagné d'un *jeune garçon*, offre un sacrifice, tandis qu'un *tibicen* enfant joue de la double flûte; au pied de l'autel est un *chien*, symbole des dieux *Lares* (fig. 581, 581 *a* et *b*, 582), et derrière, un pin auquel des couronnes sont suspendues : de l'autre côté on voit des *paysans* amenant un *verrat* qui doit être sacrifié au dieu. Tom. II, p. 503, et la note 7* dans les Éclaircissem. du liv. V, sect. II. Compar. la fig. suiv. et 503 *a* ci-dessus, avec l'explic., p. 209. — TOMAS., *de Donar.*, p. 85.

248 RELIGIONS DE LA GRÈCE ET DE L'ITALIE ANCIENNES.

599 (CL). Sacrifice à *Silvain*. Le *prêtre* est voilé; il tient une corne d'abondance et une patère; un *Camillus* ou jeune servant apporte des fruits dans un plat et d'autres offrandes, et un autre conduit un *verrat* à l'autel allumé, tandis qu'un *tibicen* joue de la double flûte; des deux côtés deux *sacrificateurs*, pareils aux *Lares* (fig. 581 c), versent du vin d'un rhyton, qu'ils tiennent chacun d'une main, dans une situla qu'ils portent de l'autre. Des guirlandes de feuillage sont suspendues au-dessus de cette scène. Tom. II; ibid., ibid. — *Pitture d'Ercolano*, IV, 13.

599 *a* (LXXII). Tête de *Flore*, couronnée de fleurs, et avec une *corolle* derrière elle; au revers, l'image d'une *Vestale*, voilée, assise et tenant une lampe à la main, probablement *Clodia* ou *Claudia* (fig. 231 ci-dessus), famille dont c'est ici un denier, et dont plusieurs membres avaient fait célébrer les *Floralia* ou jeux floraux avec magnificence. Tom. II, p. 521 et 611, avec les Éclaircissements, note citée plus haut. Compar. fig. suiv. — MORELL. *Thesaur.*, p. 93.

599 *b* (LXXII). Tête de *Flore*, couronnée de fleurs, et avec un *lituus* ou bâton augural derrière elle : on lit autour FLORAL PRIMUS (*C. Servilius a* le premier *célébré les* Floralia). Ibid., ibid. — Denier de la famille Servilia. MORELL., p. 392.

599 *c* (CL bis). Statue de *Flore*, debout, couronnée de fleurs, vêtue de la tunique longue et d'un manteau qui l'enveloppe à plis nombreux, tenant un bouquet de fleurs dans sa main gauche, et la droite un peu élevée. Ibid., ibid. — *Mus. Capitol.*, III, 45; DE CLARAC, pl. 439, n° 759 A.

599 *d* (CL bis). Statue de *Pomone*, debout, couronnée de fleurs, vêtue d'une tunique longue à manches et d'un manteau dans le pan duquel elle porte des deux mains des fruits divers, comme les fig. 596-598 ci-dessus. Ibid., ibid.— CAVACEPPI, *Raccolt.* II, 45; DE CLARAC, pl. 441, n° 804.

600 (CLI). Médaille italique, avec l'inscription en langue osque, VITELIU, à la face, auprès d'une tête laurée; au revers, une déesse casquée, s'appuyant du bras droit sur une lance, et le gauche enveloppé dans son manteau, comme la *Minerve*, 345 *a* ci-dessus; près d'elle est la partie antérieure d'un *taureau* (*vitulus*), qui paraît la désigner symboliquement comme l'*Italie*

(*Vitalia*). Tom. II, p. 517-519, et la note 8* dans les Éclaircissements du liv. V, sect. II. — MILLINGEN, *Méd. gr. inéd.*, I, 19, et p. 31.

Nota. Pour compléter la série des monuments étrusques, il faut, outre les trois miroirs donnés ci-dessus, fig. 337, 431, 441 *a*, rapprocher ceux qui, ayant trait principalement à la mythologie héroïque, ont dû être renvoyés à la section suivante, ainsi que quelques pierres gravées, urnes, etc., la plupart avec des inscriptions. Voy. pl. CLXI, 610, CLXXXV, 674, CLXXXVII, 643, 675, 680, CXCIII, 637, CCIX, 816, CCXIII, 747, CCXV, 721, CCXVIII, 632, CCXXVIII, 751, CCXXXIV, 824, CCXLIV *bis*, 816, CCXLV, 658 *a*, etc., etc.

SECTION SIXIÈME (livres IV-IX).

MYTHOLOGIE HÉROÏQUE DES GRECS, DES ÉTRUSQUES ET DES ROMAINS.

Fig. 601 (Pl. CLVII *bis*). *Prométhée*, assis, forme une *figure d'homme* placée sur une base; *Athéna* ou *Minerve*, debout, assiste l'ouvrier divin, en qualité d'*Héphæstoboula*. Voy. tom. II, p. 370, 765 sqq., et surtout la note 6 dans les Éclaircissements du livre V, sect. I, même tome. Compar. fig. 601 *c* ci-dessous. — Bartoli et Bellori, *Lucern. fict.*, I, 1.

601 *a* (CLVII *bis*). *Prométhée*, les cheveux épars, fuit en toute hâte, portant le *feu* qu'il vient de dérober au char du Soleil. Même tome, pag. 370, et même note, aux Éclaircissements. Compar. la fig. suiv. — *Ibid.* 2.

601 *b* (CLVII *bis*) *Prométhée*, portant sur son bras gauche une *figure d'homme*, qu'il regarde avec sollicitude, dans sa main droite la tige de *férule*, qui contient le feu dont il va l'animer, marche d'un pas rapide; derrière lui la *foudre* sillonne l'air, symbole du châtiment qui lui est réservé. Même tome, *ibid.* — Pierre gravée d'un beau travail et d'un style ancien. Bröndsted, *Voyages et Recherches en Grèce*, II, XLV, p. 195, coll. p. 302 sq.

601 *c* (CLXVIII). *Prométhée*, assis sur un rocher, forme l'*homme* de ses mains; *Minerve*, debout, lui donne la vie en posant sur sa tête un *papillon*, symbole de l'âme; derrière la déesse, s'entortille autour d'un arbre le *serpent* qui lui est consacré. Voy. tom. II, *ibid.*, tom. III, p. 400, et compar. fig. 601, 409 *a*, *b*,

c ci-dessus, 6o3 ci-après. — Médaillon. Venuti, *Mus. Vatic.* XXV, 2.

602 (CLVII). Promethes (*Prométhée*), nu, assis sur un rocher, modèle avec un ébauchoir la première *femme* (mvlier); le *taureau* (tavrvs), l'*âne* (asinvs), et le *lièvre*, qui l'entourent, expriment les qualités de divers animaux, mêlées par le grand artiste au limon dont il forma ses créatures; l'une de celles-ci, qui paraît être une *femme*, est couchée sans vie; deux autres, qui semblent être des *hommes*, sont debout et respirent. Le mot servs, deux fois répété entre ces figures et au-dessous, s'y rapporte-t-il? Est-il, comme l'a pensé Visconti, une sorte de traduction latine du nom grec d'*Épiméthée*, frère de Prométhée et époux de *Pandore*, la première femme? Désignerait-il ainsi l'espèce humaine par son autre prototype? Quoi qu'il en soit, le groupe qui est au-dessus de la figure couchée, et dont le rapport avec cette figure ne paraît pas douteux, montre *Mercure* (mercvrivs), en qualité de *Psychopompe*, emmenant par la main, sous les traits de *Psyché* (fig. 406 et suiv.), l'*âme* de la femme (anima), dont la mort et la naissance sont ainsi rapprochées. Derrière elle on voit les trois *Parques*, qui fixent sa destinée comme celle de chacun de nous, Atropos en montrant l'heure fatale marquée par un *gnomon*, Lachesis en traçant un horoscope sur un *globe*, Clotho par les *volumes* qu'elle tient dans ses mains et qui renferment les arrêts du sort. La main qui reste de la figure brisée appartenait peut-être à *Némésis*, peut-être aussi à *Minerve*, qui manque rarement dans les scènes de ce genre. Quant à l'*aile* que l'on voit au bas, c'était sans doute celle de l'aigle déchirant le cœur de Prométhée, dans une contrepartie analogue à celle du sujet suivant qu'il faut comparer. Voy. tom. II, *ibid.*, et p. 443, 689; tom. III, p. 298, 401 sq. — Fragment des bas-reliefs d'un sarcophage romain. *Mus. Pio-Clem.* IV, 34.

6o3 (CLVIII). Le sujet de ce bas-relief, analogue au précédent, mais bien plus complet et bien plus riche, est double, et chacune de ses deux parties se divise à son tour en plusieurs scènes; ou plutôt, il offre l'image de la destinée de l'homme, les mystères de son origine et de sa fin dernière, encadrés, pour ainsi dire, entre les différents actes de la légende de son créateur. Le centre de ce drame plastique et si complexe de la nature humaine, de l'œuvre, de la *passion* et de la délivrance du Génie qui en est à la fois l'auteur et le prototype (car les deux bandes doivent être réunies de telle sorte que celle d'en bas continue à droite celle d'en haut), c'est *Prométhée* assis, tenant de la main gauche sur ses genoux une *figure d'homme* qu'il vient de former, et dans la droite l'ébauchoir dont il va la terminer; devant lui est une autre *figure* entièrement finie. *Minerve*, caractérisée par le casque, l'égide et le hibou, perché sur son bouclier, pose un *papillon*, symbole de l'*âme*, sur la tête de la figure que tient Prométhée (fig. 601 c); derrière la déesse est une colonne avec un cadran solaire. Au-dessus de l'artisan divin, *Clotho*, l'une des Parques, porte la quenouille sur laquelle elle file les jours des hommes; *Lachesis*, sa sœur, trace leur horoscope sur un globe. La femme couchée derrière Prométhée, et qui tient une grande corne d'abondance, soutenue par deux *Génies*, est la *Terre*, mère des hommes, qui fournit les éléments dont leurs corps sont formés; à ses pieds, *Amour* et *Psyché* s'embrassent, emblème de l'union du corps et de l'âme (407, 407 a); au-dessus on voit le *Soleil*, parcourant sur son char attelé d'un quadrige sa carrière lumineuse, suivi de l'*Océan*, d'où il sort chaque jour, et qui, tenant une rame, est porté par le monstre sur lequel il ira consoler Prométhée enchaîné; un *Triton* le précède, sonnant d'une conque droite. La scène qui vient ensuite à gauche offre les apprêts du supplice de Prométhée; on aperçoit la caverne où *Vulcain* forge ses fers, assisté de deux vigoureux *Cyclopes*; un troisième, à demi caché par le rocher, est occupé aux soufflets. Le couple debout et nu sous un palmier, que présente cette extrémité du monument, rappelle d'une manière frappante l'*Adam* et l'*Ève* de la tradition biblique, à moins que l'on n'aime mieux y reconnaître *Deucalion* et *Pyrrha*, sauvés seuls des eaux du déluge sur les rochers du Parnasse, et qui perpétuent le genre humain créé par Prométhée. — Mais si l'espèce subsiste, les individus passent; la mort est la condition inévitable de la naissance; toutes deux sont rapprochées ici comme dans le bas-relief précédent, et d'une manière encore plus significative. La seconde bande qui, ainsi que nous l'avons dit, continue la première, en offre la contre-partie à tous égards. Un *corps* humain est étendu sans vie, devant la troisième des Parques, *Atropos*, qui tient ouvert sur ses genoux le livre de la destinée; *Amour*, avec un flambeau renversé, comme *génie de la mort*, semble présider à la séparation de l'*âme*, qui s'échappe du corps sous la forme d'un *papillon* (fig. 409 *a*, *b*, *c*, *e*, coll. 324, 557); la grande figure, enveloppée d'un ample manteau, que l'on voit derrière, est sans doute l'*ombre* du défunt (fig. 773); au-dessus de cette scène funèbre plane la *Lune* sur son char traîné par deux coursiers, et plus loin *Mercure Psychopompe* emporte l'âme figurée en *Psyché*; la *Terre*, qui recueille les restes de l'homme qu'elle a nourri et contribué à former, assiste à son trépas comme à sa création. Une dernière scène, à droite, représente *Prométhée* enchaîné sur son rocher, et sur son sein l'*aigle* qui lui ronge le foie; mais l'heure de la délivrance approche pour lui comme pour l'âme; *Hercule*, le héros sauveur, nu, et portant seulement son carquois, s'apprête à percer de sa flèche mortelle l'oiseau dévorant; son bouclier, sa massue et sa peau de lion sont appuyés contre un des rochers du *Caucase*, sur lequel ce mont personnifié est lui-même assis, sous la figure d'un vieillard aux cheveux hérissés, tenant un des pins dont il est couvert, et accompagné d'un ou même de deux serpents, en tant que *génie du lieu*. Si l'on admet, sur ce monument, selon Böttiger, le mélange des traditions bibliques avec les légendes païennes relatives à la création de l'homme et à l'origine du mal, on pourrait, en rapprochant cette dernière figure du groupe opposé de la bande supérieure, y trouver une sorte de réminiscence du Tentateur. Voy. tom. II, p. 361, 362, 443, 689; tom. III, p. 298, 401 sq.; et surtout les Éclaircissements, note 6 sur le livre V, sect. 1, et note 24 sur le livre VII. Compar., entre les nombreux monuments de ce genre, outre le précédent, Musée du Louvre, n°s 433 et 768, De Clarac, pl. 215 et 216; Gerhard, *Ant. Bildw.*, 61, et *Neapels Ant.*, p. 52. — *Mus. Capit.* IV, 25.

603 *a* (CLVIII *bis*). *Prométhée*, suivant la tradition antique, attaché à une *colonne* sur laquelle est posé l'oiseau *Styx*; l'*aigle* lui dé-

chire le sein. Vis-à-vis, *Atlas*, son frère, pliant sous le poids de la *voûte céleste*, qu'il supporte de ses mains; derrière lui, un *serpent* qui se dresse sur sa queue en formant de nombreux replis, et qui doit être celui du jardin des Hespérides, dont Atlas est voisin. Les deux *patients* de l'Orient et de l'Occident sont ici rapprochés l'un de l'autre, comme dans le *Prométhée enchaîné* d'Eschyle. Voy. tom. II, p. 370, et surtout la note 6 dans les Éclaircissem. du liv. V, sect. I. Compar. principalement fig. 665 *b* et *c*, ci-après. — Peinture d'une coupe de style archaïque, au Vatican. GERHARD, *Griechische Vasenbilder*, *Taf*. LXXXVI.

603 *b* (CLVII *bis*). *Prométhée* (PRUMATHĖ en vieux caractères grecs rétrogrades), assis sur le Caucase, barbu, couronné de laurier, et ceint d'une simple draperie, est délivré par deux héros, jeunes et nus, l'un désigné par l'épithète de CALANICÉ, l'autre par le nom de CASTUR, qui le soulèvent par les bras; au bas du rocher est l'*aigle* ou le *vautour* qu'ils ont tué. Le surnom de *Calanicé* ou *Callinicos*, aussi bien que la massue placée derrière le premier des deux héros, semblent indiquer *Hercule*, libérateur ordinaire de Prométhée; mais son air de jeunesse, sa ressemblance et son association avec l'autre, qui est positivement *Castor*, nous ramènent à *Pollux*, souvent d'ailleurs confondu avec Hercule; et les deux étoiles qu'on remarque dans l'espèce de cartouche, où est inscrit le nom de *Prumathé*, achèvent de caractériser les jumeaux, fils de Jupiter et de Léda, c'est-à-dire les *Dioscures*. Si l'objet rond qu'ils tiennent chacun dans leur main droite levée est percé par le milieu, il y faut voir, non pas l'*œuf*, mais l'*anneau* ou la *bague* symbolique, que porta dans la suite Prométhée en mémoire de sa captivité qui devait être éternelle. Voy. tom. II, p. 302 - 313 *passim*, p. 370, et les Éclaircissements de ce tome, surtout la note 6 sur le livre V, sect. I. Confér. fig. 665 *c*, 738 et suiv. — Miroir étrusque, publié par MICALI, *Storia*, *Atlas*, tav. L, 1, coll. DE WITTE, *Vases et bronzes de l'Étrurie*, n° 293, p. 130 sq.

603 *c* (CLVIII *bis*). ...ΝΕSIΔORA (*Anesidora* pour *Pandora*) entre HEΦA..ΣTOS (*Hephæstus* ou *Vulcain*) et AΘENAA (*Athena* ou *Minerve*), occupés à la parer après qu'elle a été formée par le dieu. La *première femme* est d'une taille bien inférieure à celle

des deux divinités. Elle se présente de face et tourne la tête vers la déesse placée à sa gauche; une tunique talaire, de couleur brune, avec des bandes de pourpre, et parsemée de petites étoiles blanches, la couvre entièrement; par-dessus est un ampécho-nium de même couleur et également étoilé; de ses deux mains elle relève un peu son vêtement. *Athéna* est coiffée d'une sté-phané, et vêtue d'une double tunique blanche, que serre une ceinture de pourpre et que couvre l'égide, de couleur brune, hérissée de serpents, avec la tête de la Gorgone peinte en jaune; elle rattache la stéphané d'*Anésidora*, de concert avec *Héphes-tus* placé de l'autre côté, imberbe, couvert d'une simple chla-myde brune, bordée de pourpre, et tenant son marteau de la main gauche. Cette peinture, si remarquable pour le sujet, uni-que jusqu'à présent, a cela de particulier, quant à l'exécution, que les chairs des figures, ainsi que la tunique de Minerve, y sont dessinées au simple contour sur fond blanc, les cheveux colorés en noir, et les stéphanés qui les ceignent dorées et rele-vées en bosse. Voy. tom. II, p. 370, et les Éclaircissements, note indiquée; tom. III, p. 638. Compar. le bas-relief du Musée du Louvre, n° 217, DE CLARAC, pl. 216, unique aussi dans son genre, mais d'une exécution médiocre, où *Pandore* est représentée sur les genoux d'Héphestus qui vient de la former, et va recevoir les dons de plusieurs divinités qui s'approchent. — Peinture in-édite du fond d'une coupe (*Cylix*), de Nola, dont nous devons le dessin à l'obligeance de MM. LENORMANT et DE WITTE. *Cf.* la *Descript. de la coll. de M. de Magnoncour*, de ce dernier, n° 9, p. 7 sqq.

603 d (CLVIII *bis*). *Pandore* tenant d'une main le vase ou la boîte d'où s'échappent tous les maux, de l'autre le couvercle qu'elle vient de lever imprudemment; *Épiméthée*, son époux, placé à côté d'elle, témoigne par toute son attitude l'effroi que lui cause ce spectacle. Il est nu, sauf le manteau qui flotte par-derrière et qu'il retient de ses mains; quant à la femme, elle est vêtue d'une tunique sans manches, fendue sur le côté, et recouverte d'un ampéchonium. Tom. II, et les Éclaircissem. *ibid.* Compar. GORI, *Mus. Florent.* II, pl. XXXVIII, 5. — Bas-relief de la 14e mé-tope du côté sud du Parthénon, d'après l'esquisse de Carrey,

dans Brøndsted, *Voy. et Rech.* II, pl. XLVII, et p. 214 sqq., dont nous adoptons l'explication.

603 *e* (CLVII bis). *Lampadophore*, debout, nu, armé pour la *course aux flambeaux* (célébrée à Athènes en l'honneur de *Prométhée*, de *Vulcain*, de *Minerve*, etc.), la torche dans la main droite, le bouclier au bras gauche. On lit à côté la forme particulière ΛΑΜΠΑΔΙΑΣ. Tom. II, *ibid.* et tom. III, p. 382, etc. — Pâte antique. Brøndsted, *ibid.*, pl. XXXVI.

604 (CLXIV). *Io*, changée en *génisse*, sous la garde d'*Argus*, représenté comme un vieillard assis à l'ombre d'un arbre et qui s'appuie sur un bâton; près de lui un *chien* couché. Voy. t. II, p. 605 sq., 683, 753, tom. III, p. 457. Compar. les fig. suiv. — Améthyste de la Galerie de Florence. Schlichtegroll, *Pierres gravées de Stosch*, n° 30.

604 *a* (CLXIV bis). *Hermès* assis, jouant de la double flûte, devant *Argus*, également assis, qui s'endort; entre eux la vache *Io*. Même tome, *ibid.*, et surtout la note 10 sur le livre VI dans les Éclaircissements du tome II. — Pierre gravée. Panofka, *Argos Panoptes*, tab. II, 2, dans les *Mém. de l'Acad. de Berlin*, 1837.

604 *b* (CLXIV bis). *Hermès*, tenant la harpé d'une main, de l'autre la tête d'*Argus* endormi, qu'il vient de couper; le corps semé d'yeux est étendu sans vie. La vache *Io*, piquée par le taon, s'élance furieuse. Dans le fond est un olivier sur lequel perche un *paon*, oiseau sacré de Héra ou Junon (fig. 273). Mêmes tomes, *ibid.* — Winckelmann, *Pierr. grav. de Stosch*, cl. II, sect. III, n° 161, et Panofka, tab. III, 1. La curieuse peinture de vase, *ibid.*, 2, dans une scène analogue, montre *Argus Panoptes* sous les mêmes traits.

604 *c* (CLXIV bis). *Jupiter*, accompagné de l'*aigle*, recommandant à *Mercure Io* transformée en vache, que celui-ci va emmener ou peut-être qu'il ramène. *Ibid.* — Carnéole du Musée Worsley. Visconti, *Opere*, ed. Mil. tav. XX, n° 3, et Panofka, tab. I, 7.

604 *d* (CLXIV bis). *Io*, sous la figure d'une vierge à demi vêtue, avec deux petites cornes au front qui la caractérisent, est assise sur l'autel de *Héra-Ilithyie*, près de l'idole de cette divinité, dont elle est la prêtresse, idole de style archaïque, ayant les cheveux épars, le polos sur la tête, le flambeau et l'arc dans les

mains. La jeune fille tient une guirlande et une cassette, que vient de lui remettre *Jupiter* debout devant elle, reconnaissable à sa longue barbe, à sa couronne de laurier, à son long sceptre terminé par une fleur de lis, et qui cherche à la séduire. *Aphrodite-Pitho*, la déesse de l'amour et de la persuasion, richement vêtue et parée, seconde son entreprise, de concert avec l'oiseau magique, *Iynx*, qu'elle porte sur son doigt; derrière elle est un trépied, qui sert à marquer le lieu de la scène. Au-dessus de ces personnages et concourant à l'action, planent en quelque sorte deux figures mystérieuses, *Éros* ou l'*Amour* avec de grandes ailes, tenant un cerceau et un bâton, et *Pan* à demi couvert d'une nébride, ayant dans une main une branche d'arbre, dans l'autre ce qui paraît être une syrinx; en avant de sa tête est une fleur radiée. Du côté opposé et derrière Io, à droite de l'autel et de l'idole, se voit un éphèbe vêtu d'une chlamyde, debout, mais le pied gauche appuyé sur un monceau de pierres, la tête ceinte d'une bandelette, la main droite posée sur une massue, et tenant dans la gauche un diptyque (fig. 649). Derrière lui, et debout aussi, quoique sur un plan plus élevé, est une déesse portant dans la main droite un sceptre pareil à celui de Jupiter, de la gauche faisant un geste de surprise, et dans laquelle on ne saurait méconnaître *Héra* ou *Junon*, sous sa figure habituelle de reine et de matrone divine, comme M. Panofka a fait voir, dans l'éphèbe placé entre elle et son idole hiératique, *Argus*, gardien de son temple et ministre de son culte, sous une forme et avec des attributions qui l'assimilent à Hercule, sacristain de Déméter à Mycalessus. Le *faon*, à la peau tachetée, que l'on remarque aux pieds et en avant d'Argus, doit lui appartenir et le désigne peut-être comme *Panoptes*, remplaçant ainsi les innombrables yeux qui font de lui le symbole du ciel étoilé, de même qu'Io est celui de la lune. L'hydrie, aussi bien que les pierres et les arbrisseaux qui parsèment le champ, ne paraissent être que des désignations locales du pays d'Argos. Voy. liv. VI, ch. II, *passim*, surtout p. 599 sq., 605 sq., ch. VI, p. 683, coll. liv. IV, ch. V, p. 176, tom. II, et la note 10 dans les Éclaircissem. du liv. VI, même tome. Compar. le sujet analogue, mais moins riche, dans Millingen, *Vases de la Collect. Coghill*, pl. XLVI.— Peinture d'un vase du Musée royal de Berlin. Panofka, *ibid.*, tab. IV, 2, coll. 1.

605 (CLXI). Médaille d'argent de la ville d'Argos. On voit, d'un côté, inscrite dans un carré, la lettre A, initiale du nom de cette ville, et au-dessus les lettres ΠY, probablement initiales du nom d'un magistrat; au-dessous l'*aigle* de Jupiter, posé sur la *harpé* de son fils *Persée* (M. Panofka, au lieu de l'aigle, trouve ici la femelle d'un *paon*, et une allusion à la mort d'*Argus*, qui fut changé en cet oiseau). Au revers est la partie antérieure d'un *loup* qui court, double allusion à Apollon *Lycien* et au présage qui valut à *Danaüs* le royaume d'Argos. Voy. t. II, p. 107 sqq., 159 sqq., 598, 683, etc.— Hunter, *Num. pop. et urb.*

605 *a* (CLXIV *bis*). Réunion de symboles qui paraissent se rapporter au pays d'Argos et à ses cultes anciens, et qui offrent un curieux sujet de comparaison avec la médaille ci-dessus. La tête du *loup* de Danaüs ou d'Apollon Lycien et le *paon* de Junon ou d'Argus y sont en regard, et l'*hydrie* qui verse l'eau rappelle, soit les Danaïdes, soit le fleuve Inachus. L'*œuf* et la *feuille* sont peut-être les emblèmes accessoires de la vie et de la fertilité que répandent de concert l'élément humide et la chaleur du soleil. Voy. tom. II. *ibid.*, et tom. III, pag. 335 sq. — Pâte antique publiée par Panofka, *ibid.*, tab. II, 3.

606 (CLIX). Jeux donnés par *Danaüs* pour les secondes noces de ses filles, qui doivent être le prix des vainqueurs. Le héros, couronné de laurier et un bâton à la main, est assis en juge du combat. Un premier *couple*, monté sur un quadrige, est près d'atteindre le but, que lui montre une des *Danaïdes*, qui court en avant, tandis qu'une autre parait vouloir l'arrêter. A l'autre extrémité, un second *couple*, également sur un quadrige, semble quitter la carrière, après la victoire; *Apollon* daphnéphore vient à sa rencontre; un *héraut*, portant deux javelots, marche en avant. Dans l'intervalle, trois des sœurs paraissent préluder à la lutte prochaine, par la vivacité de leur action; une quatrième, qui s'avance vers elles, regarde avec envie le couple vainqueur. — Nous avons remplacé par ce monument, qui nous parait mieux correspondre à l'indication du texte, tome III, p. 335, quoique l'explication que nous en présentons soit, à nos pro-

pres yeux, purement conjecturale, celui que M. Creuzer avait en vue, d'après Winckelmann, et que nous renvoyons à sa place naturelle, fig. 737 a, où l'on peut en voir l'interprétation désormais certaine.— Millingen, *Vases de la coll. Coghill*, pl. I.

606 a (CLXI). Statue restaurée en *Nymphe* ou *Danaïde*. Les bras sont rapportés, ainsi que le vase qu'elle tient dans ses mains, et le tronc d'arbre sur lequel il est posé; la tête a été trouvée près de la statue, dans les fouilles du Forum de Préneste. On a pensé que ce pouvait être une copie d'une des *Danaïdes* qui, avec les *Ægyptiades*, décoraient le temple d'Apollon Palatin à Rome, parce que les colonies et les municipes aimaient à imiter les Romains dans la forme et la décoration des édifices publics (O. Müller suppose, de plus, que la statue d'*Anchirrhoé* (fig. 521), plutôt une source de l'Argolide que la fille du Nil, pouvait appartenir au même groupe; et il dépeint sous des traits semblables à ceux de la figure actuelle, une *Danaïde* du Musée royal de Berlin, provenant des Thermes d'Agrippa : *Handb. d. Archæol.*, § 414, 2). Voy. tom. III, p. 335-339, et la note 22 dans les Éclaircissem. du livre VII. Compar. fig. 503, 503 a, 742 a. — *Mus. Pio-Clem.* II, 2.

607 (CLXXII bis). Les *Prœtides* ou filles de *Prœtus*, roi d'Argos, assises autour de l'idole antique d'*Artémis Lusia*, dans son temple, sont purifiées et guéries de la fureur qui les possède, par *Mélampus*, prêtre de Dionysus, assisté d'un *Bacchant* assis, tenant un thyrse, et d'une prêtresse debout (peut-être *Télété*, l'initiation personnifiée), tenant un vase et un rameau; *Mélampus* est lui-même debout, un thyrse dans une main, et de l'autre faisant le geste d'exhorter. Voy. tom. III, p. 112 sq., et la note 11 sur le livre VII, dans les Éclaircissements du même tome. — Millingen, *Peintures de vases de div. collect.*, pl. 52.

608 (CLX). *Persée* (ΦΕΡΣΕ) s'apprêtant à combattre Méduse; il attache à son pied l'une des talonnières ou chaussures ailées qui lui sont communes avec Mercure; le pétase ailé pend derrière son cou; sa chlamyde retombe de son épaule; devant lui est la *harpé*. Voy. tom. II, p. 160, tom. III, p. 448 sq., 646. Compar. les fig. suiv. — Scarabée étrusque. Lanzi, *Saggio di ling. Etr.*, II, pl. IV, 5.

609 (CLXX). *Persée* va décapiter *Méduse*, qu'il tient par les cheveux, en la regardant dans le bouclier que Minerve lui avait donné, pour éviter d'être pétrifié; la poitrine de la Gorgone est couverte de l'égide écaillée, que porte souvent la déesse (fig. 343, 346, 347). Voy. t. II, p. 160, 162, 752-754, et les Éclaircissem., notes indiquées là même. Compar. la fig. suiv.— Pierre gravée trouvée dans les fouilles de la *Batie-Mont-Saleon*. Millin, *Voyage au Midi de la France*, atl., LXXII, 3.

609 *a* (CLXX). *Persée*, la chlamyde flottante, les talonnières aux pieds, décapite *Méduse*, qu'il tient par les cheveux, en la regardant dans le bouclier que lui présente *Minerve*, qui l'assiste en personne, casquée et armée de la lance. L'inscription se traduit: *Sous Lucius Amexalius Antoninus, archonte*, monnaie des Sébasténiens (de Sébaste en Galatie). Tom. II, *ibid.* et p. 808 sq. Compar. la fig. précéd. — Eckhel, *Num. Anecd.* p. 174.

609 *b* (CLXXIV). *Persée*, d'un caractère antique et tout-à-fait idéal, barbu, sa longue chevelure ceinte d'une bandelette, vêtu d'une ample chlamyde, tenant par les cheveux, près des ailes, la tête de *Méduse* qu'il vient de couper et qu'entourent des serpents. Même tome, *ibid.* — Fragment de terre cuite, au Musée britannique. Guattani, *Monum. ann. ined., ant.* 1788, *nov.*, I.

610 (CLXI). *Persée* (ΦΕΡΣΕ, rétrograde), coiffé du casque de Pluton, vêtu de la chlamyde, tenant de la main droite la *harpé*, de la gauche la *kibisis* (espèce de gibecière), se penche pour regarder la tête hideuse de la *Gorgone*, que Minerve (ΜΕΝΕΡFΑ), complétement armée et vêtue, touche ou perce de sa lance, selon l'explication ordinaire; mais dont, suivant l'interprétation aussi neuve que certaine qui nous est communiquée par M. le duc de Luynes, elle *montre* l'image au héros, près du lieu nommé pour cette raison *Deicterion*, après l'avoir tracée avec le fer de son arme sur le sable du rivage de Samos, afin que Persée puisse reconnaître Méduse entre ses sœurs (Tzetz. ad Lycophron. v. 838). Ainsi ce monument doit prendre place à côté du n° 608, puisque la scène qu'il représente est réellement antérieure à la décapitation de la Gorgone. Tom. II, *ibid.* et p. 408; tom. III, pag. 448 sq., 646, et nos Éclaircissements. — Miroir étrusque. Dempster, *Etrur. reg.* II, 4.

611 (CLX). *Persée* (ΦΕΡΣΕ), nu, tient d'une main la *harpé*, de l'autre, par les cheveux, la tête de *Méduse*, avec la *kibisis* suspendue à son bras par une courroie. — Lanzi, *Saggio*, II, pl. IV, 6.

612 (CLX). Les deux Gorgones, *Stheino* et *Euryale*, d'un aspect hideux, courent et volent en même temps à la poursuite de Persée, qui vient de tuer leur sœur Méduse (figures précéd.); *Poseidon* ou *Neptune*, attiré par leurs cris, arrive sur le lieu de la scène, le trident en main, suivi probablement d'*Amphitrite*. Au-dessous est représenté, selon toute apparence, le retour de *Persée* à Sériphe. Le héros, singulièrement rapproché d'Hermès par ses traits et son costume, de la main droite tient la harpé, de la gauche, en se détournant, présente la tête de Méduse à *Polydectès* assis, qui semble reculer d'effroi; derrière le roi, qui porte un long sceptre, est debout *Dictys*, son frère, enveloppé d'un grand manteau, et s'appuyant sur une béquille; de l'autre côté on voit *Pallas*, appuyée sur sa lance et assistant Persée; sur un rocher, à l'extrémité, et près d'un arbre dépouillé de ses feuilles, est assise *Danaé*, mère du héros, qui parait attendre sa délivrance. Voy. tom. II, p. 160, 637, 752, 809, tom. III, pag. 448 sq. — Millin, *Peintures de vases*, II, 34, dont nous avons entièrement réformé l'explication. Une amphore du Musée royal de Berlin, publiée par M. Panofka, vient à l'appui de la nôtre, en ce qui concerne le personnage de *Dictys*, qu'on y voit accueillant à son retour *Persée* avec la harpé dentelée et la tête de Méduse dans sa kibise (*Ueber verlegene Mythen*, dans les *Mém. de l'Acad. de Berlin*, 1839, pl. II).

612 *a* (CLXI). Tête de *Méduse* complétement idéalisée, avec des ailes au front et des serpents artistement mêlés dans sa belle chevelure; un air de tristesse mélancolique la caractérise du reste. Compar. la tête encore terrible et d'un caractère plus antique, mais déjà idéale, fig. 609 *b*; et le masque de la *Gorgone* ou le *Gorgonium*, dans toute son horreur primitive, fig. 341 *d*, coll. 589 *d*, 612, avec ses adoucissements successifs, 341, 343, 347, etc. Voy. tom. II, p. 752. — Camée du cabinet de la Bibliothèque royale.

613 (CLXI). *Persée*, avec des ailes à la tête et aux pieds, cache d'une main la tête de la Gorgone sous sa chlamyde, et de l'autre

aide *Andromède*, qu'il vient de délivrer, à descendre de son rocher; celle-ci est vêtue d'une tunique longue et d'un ample péplus, et elle regarde son libérateur avec reconnaissance; à ses pieds gît le *monstre marin* qui allait la dévorer. Voy. t. II, p. 160; t. III, p. 449. — Beau bas-relief tiré du *Mus. Cap.* IV, 52.

613 *a* (CLVIII *bis*). *Persée*, avec la seule chlamyde, aide *Andromède* demi-vêtue à descendre du rocher; aux pieds de celle-ci le *monstre* gisant. *Ibid.* — Médaille de Deultum en Thrace. Dumersan, *Cabinet Allier de Hauteroche*, pl. III, 10.

613 *b* (CLVIII *bis*). Tête de *Persée* avec le bonnet ou casque ailé, et la *foudre* en contremarque derrière; au revers, la face idéalisée de la *Gorgone*, sous laquelle se voit la *harpé* couchée, avec la légende ΣΕΡΙ. Tom. III, p. 448 sq. — Médaille de Sériphe. Ed. de Cadalvène, *Méd. gr.*, pl. IV, 24 (le n° 22 fait voir le bonnet ailé surmonté d'une *tête d'aigle*, autre allusion à Jupiter).

613 *c* (CLXII). *Chrysaor* et *Pégase* s'élançant du cou de *Méduse* décapitée, qui porte des ailes au dos et aux pieds; près d'elle *une de ses sœurs* avec la langue pendante, une chevelure hérissée de serpents, et deux de ces reptiles dans les mains. De l'autre côté, *Persée* s'enfuyant, avec le pétase ailé et les talonnières, tenant d'une main la harpé, de l'autre un bâton fourchu terminé en têtes de serpents (caducée de forme antique), et ayant en outre la kibise, dans laquelle se voit la *tête de la Gorgone*, suspendue à son bras; *Minerve* suit en toute hâte, étendant son manteau comme pour préserver le héros qu'elle assiste. Tom. II, p. 160 sq. 365 sq.; t. III, 448, 465, 632, etc. — Peinture d'une amphore de Nola. Gerhard, *Vasenbilder, Taf.* LXXXIX, 3, 4. Il faut comparer, pour la naissance de *Pégase* et de *Chrysaor*, le bas-relief d'une métope de Sélinunte, dans les *Antich. della Sicil.*, par le duc de Serradifalco, II, *tav.* XXVI, et la terre-cuite de Mélos, dans Millingen, *Unedit. monum.*, Ser. II, pl. 2.

614 (CLXXI). *Bellérophon* dompte *Pégase* devant la *porte de Corinthe.* Voy. tom. III, p. 197, 453, et la note 5 dans les Éclaircissem. du liv. VIII. — Denier de la *famille Tadia*. Morell.

615 (CLXII). *Bellérophon* abreuve *Pégase* à la source nommée *Hippocrène*, parce qu'il la fit jaillir d'un coup de pied. (Nous voyons plutôt ici *Bellérophon*, qui trouve *Pégase* s'abreuvant à

la source *Pirène*, au pied de l'*Acrocorinthe*, et qui va l'emmener, scène antérieure à la précédente.) Même tome, *ibid.* — Bas-relief du palais Spada à Rome. Winckelmann, *Storia delle Arti*, III, 14.

616 (CLXII). *Bellérophon* prend congé d'*Iobatès*, roi de Lycie, en allant combattre la Chimère; *Pégase* est près du héros. *Ibid.* — Peinture de vase. Tischbein, III, 38.

617 (CLVII). *Bellérophon*, coiffé de la *causia* thessalienne, et monté sur *Pégase*, qui s'élève dans les airs, combat la *Chimère*; ce monstre est représenté comme un *lion*, dont la queue se termine en tête de *serpent*, et du dos duquel sort une tête de *chèvre* avec le cou déjà percé d'un javelot; le héros va l'achever avec sa lance. Derrière lui est *Iobatès*, vêtu d'une tunique et d'un manteau richement brodés, tenant un long sceptre terminé par une fleur; son attitude annonce l'étonnement. Plus loin *Pallas-Athéné* ou Minerve, armée du casque et de l'égide avec le *Gorgonium*, s'appuyant d'une main sur sa lance, de l'autre sur son bouclier, contemple paisiblement le héros qu'elle protége. Tom. III, *ibid.* et p. 461; tom. II, p. 809. — Peinture de vase. Tischbein, I, 1.

618 (CLXX). *Bellérophon*, qui a été précipité par *Pégase*, le tient encore par une portion de la bride; mais le cheval ailé va lui échapper. Voy. tom. III, pag. 454. Compar. la description qu'a donnée M. Lenormant d'un vase peint représentant à l'intérieur un sujet analogue, et sur la face principale *Bellérophon combattant les Solymes*, dans le catalogue du cabinet Durand par M. de Witte, n° 249, p. 77 sq. coll. n° 1374, p. 341. — Gravelle, *Pierres gravées*, II, 51.

619 (CLXII) *Pégase* soigné par trois *Nymphes* qui l'entourent, couronnées de roseaux et puisant l'eau dans des vases, sur les bords de la source *Hippocrène* où elles le lavent; à l'horizon, la double crête du *Parnasse*. Tom. III, pag. 197, 453, et la note 5 dans les Éclairciss. du liv. VIII. — Bartoli, *Sepolcr. de' Nasonj*, XX.

619 a (CLVII). *Pégase*, d'une forme antique, avec l'initiale *Koppa*; au revers, carré creux. *Ibid.* — Statère d'argent de Corinthe, d'un travail ancien. Cousinéry, *Monnaies d'argent de la ligue achéenne, médailles de Corinthe*, pl. I, 4.

519 *b* (CLVII). D'un côté la *Chimère*, avec les lettres initiales ΣE, qui paraissent indiquer une monnaie de *Sicyon* (Σεκυών) plutôt que de *Sériphe*; de l'autre une *colombe* volant, entourée d'une branche d'olivier. *Ibid.*— Mionnet, *Méd. ant.*, *Supplém.*, t. IV, pl. IV, 3.

520 (CLXIV). *Europe*, la tête parée de fleurs, tient d'une main la couronne dont elle vient d'entrelacer les cornes du *taureau* sur lequel elle est assise, et en qui s'est transformé Jupiter; de l'autre, elle relève sa longue chevelure. Voy. tom. II, p. 547, avec la note 4 dans les Éclaircissements du liv. VI; tom. III, p. 458. Compar. la fig. suiv. — Schlichtegroll, *Pierres gravées de Stosch*, XXIX.

520 *a* (CLVIII *bis*). *Europe* sur le *taureau* courant, retenant son voile que le vent enfle au-dessus de sa tête. *Ibid.*— Monnaie *des Gortyniens*. Combe, *Num. Mus. Britann.*, tab. VIII, 12.

521 (CLXXVII). *Europe*, dans une attitude mélancolique, est assise sur le tronc du platane où Jupiter, changé en taureau, la déposa, près du fleuve Léthé; au revers, se voit le *taureau* divin, retournant la tête. Mêmes tomes, *ibid.* Compar. la figure suivante. — Médaille *des Gortyniens*. Combe, *Num. Mus. Hunt.* XXVIII, 21.

521 *a* (CLVIII *bis*). La même figure, dans la même situation, mais avec l'*aigle* sur son sein, autre symbole de Jupiter, et le *taureau* également au revers. (M. Panofka, dans une dissertation remarquable, qui fait partie des *Mémoires de l'Acad. de Berlin*, année 1835, voit ici, aussi bien que dans le sujet suivant, l'enlèvement d'*Égine*, la même que *Ganymeda* ou *Hébé*, par Jupiter transformé en aigle.) — Médaille de Gortyne. Mionnet, *Méd. ant.*, *Supplém.* IV, pl. X, 1.

521 *b* (CLXIV *bis*). Beau groupe, qualifié ordinairement d'*Hébé* caressant l'*aigle* de Jupiter, mais qui paraît devoir être rapproché du sujet précédent, expliqué par *Europe* ou par *Égine*. Voy. la note 4 dans les Éclaircissements du liv. VI, tom. II. — Schlichtegroll, *Pierres grav. de Stosch*, XXXIII.

522 (CLXXVII). *Cadmus* est debout, nu, sa chlamyde rejetée sur son bras gauche, qui soutient sa lance, une patère, symbole de sacrifice, dans sa main droite; près de lui, la *vache* qui se couche

et lui montre la place où il doit fonder la ville de *Thèbes*, dont le nom est écrit au-dessus de la porte et des murs qui la figurent; le *coquillage* dans le champ semble indiquer la Phénicie, patrie du héros. Voy. tom. II, p. 259; tom. III, p. 457. — Médaille. Pellerin, *Mél.* I, xxiii, 4.

623 (CLXIII). *Cadmus*, vêtu de la chlamyde et coiffé du casque béotien, son épée suspendue à un baudrier, tient de la main gauche l'hydrie pour puiser de l'eau, de la droite lance une pierre au *dragon* de la *fontaine de Dircé*, qui se dresse terrible contre lui à l'entrée de sa grotte, où croît un laurier; des deux côtés sont deux femmes debout, richement vêtues et coiffées, dont l'une tient une coupe, l'autre un rameau. Dans le plan supérieur et peintes à mi-corps, se voient les figures d'*Hermès* ou Mercure, couronné de myrte, et caractérisé du reste par le pétase et le caducée; de *Vénus-Libéra* avec le diadème et le miroir; de *Pan* aux cornes de bouc, faisant un geste comique; d'un *Satyre* qui l'accompagne, portant un thyrse orné d'une bandelette et une couronne de lierre, tous personnages en rapport avec les mystères. Le Soleil, dont on aperçoit le disque à demi, éclaire cette scène de ses rayons. *Ibid.*, et surtout t. III, p. 157 sqq., 179 sq., 265 sqq., etc. — Peinture de vase. Millin, *Monum. ant. inéd.* II, 199. Il faut comparer, dans Millingen, *Ancient Unedit. Mon.*, Ser. I, part. II, pl. XXVII et p. 69, la peinture analogue d'ΑΣΣΤΕΑΣ (fig. 665), portant les noms de tous les acteurs ou assistants de la scène, par le rapprochement de laquelle le savant éditeur conclut que, des deux femmes représentées sur la peinture actuelle, celle qui est à droite, près de la grotte, doit être ou *Thébé* ou la *Nymphe de la forêt* voisine, celle de gauche, la *Nymphe de la fontaine* tenant la nourriture du dragon (ΘHBH et KPHNAIH, celle-ci accompagnée d'IMHNOΣ pour IΣMHNOΣ, l'*Isménus*, personnage également local (fig. 653).

624 (CLXIV). Noces de *Cadmus* et d'*Harmonie*, célébrées en présence de tous les dieux. Le couple héroïque est assis sur un lit supporté par des *Télamones*; un *Amour*, qui fait l'office de paranymphe, écarte le voile d'*Harmonie*, qui tient le collier, présent de Vulcain, et regarde tendrement *Cadmus*, coiffé du casque, ceint du glaive, mais dont la cuirasse est à ses pieds. Près de lui

on voit *Mars*, *Vulcain*, *Mercure*, plus loin *Apollon*, *Diane*, d'autres dieux ou déesses encore, tous debout, à l'exception de *Cybèle*, assise sur un trône entre deux lions; du côté opposé, la *Terre* couchée, avec la corne d'abondance, et au-dessus *Jupiter*, accompagné de ses fils *Hercule* et *Bacchus*. Ce monument, qui a rapport aux mystères de Samothrace, est malheureusement mutilé. Voy. tom. II, liv. V, sect. I, ch. II, *passim*, surtout art. III, et la note 2 dans les Éclairc.— ZoËGA, *Bassirilievi antichi*, I, 2.

625 (CLXXVI). *Ino* se précipitant dans la mer avec son fils *Mélicerte* qu'elle tient dans ses bras; devant elle le *Génie* du rocher *Moluris*, et le *dauphin* qui va recevoir l'enfant (d'après l'explication d'O. MÜLLER, *Archæol.*, § 400, 4). Voy. tom. II, p. 632, 635. — Compar. *Ino-Leucothée*, fig. 436, 440, 445, 853. Monnaie frappée à Corinthe, sous Lucius Vérus, PERM. IMP., avec la *permission de l'empereur*. Cabinet de la Bibliothèque du roi.

626 (CLXXVI). *Mélicerte-Palémon*, couché sur le *dauphin* qui lui a sauvé la vie; derrière lui le *pin* auprès duquel il avait échoué, quand Sisyphe le recueillit. *Ibid.* — Monnaie de CLI COR, *Colonia* Julia *Corinthus*. *Ibid.*

626 *a* (CLXXVI). Le même sujet représenté dans le *Palæmonium*, temple consacré à *Palémon* et figuré comme un *tholus* formé d'écailles de poissons, avec des *dauphins* pour acrotères. *Ibid.* — Médaille de la même ville avec la même inscription. *Ibid.*

626 *b* (CLXXVI). L'*Acrocorinthe* ou la *citadelle de Corinthe*, avec le *temple de Vénus*, et au bas une *grotte*, qui figure peut-être la chapelle souterraine où *Palémon* passait pour être caché; non loin, et sans doute auprès du *Palæmonium* (fig. précéd.), se voit le *pin* près duquel Sisyphe trouva son corps; du côté opposé un autre petit temple (fig. 626 et 627). *Ibid.* — Médaille de Corinthe, avec l'inscription ci-dessus. *Ibid.*

627 (CLXXVI). *Mélicerte-Palémon* sur son *dauphin*; à côté *Sisyphe*, vainqueur dans les jeux isthmiques, qu'il a institués en son honneur, emportant le *vase* et la *palme*, symboles des prix; entre eux le *pin*. Cf. fig. 626 et suiv.; de plus, 510 *a* et p. 211 sq. ci-dessus.—Médaille de la même ville. *Ibid.*

627 *a* (CLVIII*bis*). *Taras*, héros fondateur de Tarente, porté par un *dauphin*, et tenant d'une main le *trident* de Neptune, son père,

de l'autre un *bouclier*. Tom. II, p. 636. — Médaille de Tarente, d'après une empreinte en soufre de M. Mionnet. Compar. H. D. de Luynes, *Choix de Méd. grecq.*, pl. II, 7, 16-18.

628 (CLXXI *bis*). Tête avec un diadème radié, qui paraît être celle d'*Aristée*; au revers une *étoile*, symbole de *Sirius*, entre les rayons de laquelle les lettres de la légende ΚΟΡΗΣΣΟΣ. Voy. tom. III, p. 677 sqq., 684. Compar. les fig. suiv.— Médaille de Coressos dans l'île de Céos. Brôndsted, *Voyages en Grèce*, I, p. 36, XIII, 2.

628 *a* (CLXXI *bis*). Tête qui paraît la même, barbue, ceinte d'un diadème; au revers, le *chien* entouré de rayons, symbole de *Sirius*, avec la légende ΚΕΙ... *Ibid.*— Médaille de Céos. Brôndsted, *ibid.* pl. XXVII, I, 1.

628 *b* (CLXXI *bis*). La même tête, simplement barbue; au revers, l'*abeille*, et la légende ΙΟΥΛΙΕΩ.. *Ibid.*— Médaille d'Iulis dans l'île de Céos. Brôndsted, *ibid.*, même pl., II, a, 9.

628 *c* (CLXXI *bis*). Tête barbue, laurée, de *Jupiter-Aristée*; au revers, une *chèvre*, devant laquelle se dresse un *serpent*, avec la légende ΦΑΡΙΩΝ. Même tom., *ibid.* et pag. 708. — Médaille de Pharos en Illyrie, de la collect. Allier de Hauteroche. Brôndsted, *ibid.* p. 52, XIV.

628 *d* (CLXXI *bis*). Tête de *Bacchus* jeune, couronné de lierre; au revers une *grappe de raisin* avec l'*étoile*, symbole de *Sirius*, et la légende ΚΑΡΘΑ... Tom. III, p. 684. — Médaille de Carthæa dans l'île de Céos. Brôndsted, *ibid.*, p. 3, IV, 1.

628 *e* (CLXXI *bis*). Tête laurée d'*Apollon*; au revers l'*abeille* et les lettres ΚΟΡΗ.... *Ibid.* Médaille de Coressos dans l'île de Céos. Brôndsted, *ibid.*, p. 36, XIII, 1.

629 *a* et *b* (CLXV-CLXVI). Fable d'*Actéon* (fils d'*Aristée* et d'*Autonoé*, fille de *Cadmus*), représentée sur ce beau sarcophage, provenant de la villa Borghèse, en quatre actes successifs, et dans quatre divisions entourées de guirlandes composées de fruits et de branches de laurier portées par trois *femmes* vêtues de tuniques et de péplus, et par deux *griffons* placés aux angles de la face postérieure; ces animaux étaient regardés comme les gardiens des tombeaux.

629 (CLXVI). *Actéon* vêtu d'une tunique courte et coiffé du casque

de chasseur, avec *un de ses compagnons*, se prépare à la chasse en donnant à manger à ses *chiens*; une corbeille est suspendue à un arbre, et sur un piédestal se voit le *simulacre de Pan*, divinité tutélaire des chasseurs, qui tient dans une main un vase pour recevoir des offrandes, et dans l'autre un pédum; dans le champ sont des arbres. Côté gauche du monument.

629 *a* (CLXVI). Sur la face principale, à droite du spectateur, *Diane* nue pose un genou en terre et soutient de la main gauche ses cheveux flottants; un *Génie*, placé devant elle, puise de l'eau dans une coquille, tandis qu'un autre lui en verse sur le dos avec un grand vase. En haut, à gauche, le dieu de la fontaine *Gargaphie* épanche son urne dont les ondes roulent aux pieds de la déesse; du côté opposé on voit, parmi les arbres, *Actéon* qui fait un geste de surprise joyeuse, quand déjà le bois du cerf pousse sur son front. Des rochers et des arbres décorent la scène. — Dans le troisième cadre, à gauche du précédent et sur la même face, on aperçoit *Actéon* dont la tête porte un bois de cerf; il est armé d'un pédum et cherche à se défendre contre quatre de ses *chiens* qui l'attaquent; à gauche, entre les cyprès, paraît *un de ses compagnons* qui leur lance une pierre; à droite, en haut, le *Génie* du mont *Cithéron*, où se passe ce funeste événement, et au-dessous un hermès de *Priape*, qui achève de caractériser la localité.

629 *b* (CLXV). *Actéon* est étendu à terre; *Autonoé*, qui a les cheveux épars et son voile flottant, se penche sur son fils et soutient de la main son bras gauche; la vieille *nourrice* d'Actéon cherche à le soulever de terre par les jambes; au haut de la montagne, se montre un des *chiens* de l'infortuné chasseur. Côté droit du monument.

Des *masques de Satyres*, couronnés de pin, et des *masques de Tritons*, ornent les côtés du couvercle de ce sarcophage; sur la frise de la face principale, on voit la mer couverte de *dieux marins*, de *Tritons* et de *Néréides*, assis sur des *monstres marins* de différentes formes, et portant divers attributs (fig. 511). Voy. tom. III, p. 684. Compar., pour *Autonoé* et les autres filles de Cadmus, fig. 436, 440, 445; pour *Sémélé* en particulier, 443, 443 *a*; pour *Actéon* lui-même, la fig. suiv.—Musée du Louvre, n° 315; DE CLARAC, *Musée de sculpt.*, pl. 113.

629 c (CLXXI *ter*). *Actéon*, couvert de la dépouille d'un cerf, qui a trompé ses *chiens*, se défend contre trois de ces animaux qui l'assaillent; *Diane* debout, en style archaïque, la tête ceinte de la stéphané, et le carquois sur l'épaule, semble présider elle-même à son châtiment, d'après la tradition suivie par Stésichore (Pausan. IX, 2). — Métope d'un temple de Sélinunte. Duc de SERRADIFALCO, *Antichita della Siciliá*, vol. II, tab. XVII, A, et XXXII. Confér., sur les monuments relatifs à Actéon, RAOUL-ROCHETTE, *Annal. de l'Instit. de corresp. archéol.*, vol. VI, p. 264 sqq.

629 d (CLXXI). *Diane*, un genou en terre, portant de la main gauche son arc en avant; un *chien* derrière elle, levant la patte. Au revers, la statue du *spectre d'Actéon* enchaînée sur son rocher (Pausan. IX, 38). — Médaille *des Orchoméniens* de Béotie. SESTINI, *Lettere*, nouvelle série, tom. IV, pl. I, n° 27, coll. t. II, p. 27.

630 (CLXVII). *Hellé*, assise sur le *bélier* à la toison d'or, l'embrasse avec son bras gauche, tandis que de la main droite elle relève avec grâce son péplus; un *dauphin* nage sur les vagues. Voy. tom. III, p. 429, 433, et la note 2 dans les Éclaircissem. du livre VIII. — Coupe peinte. TISCHBEIN, III, 2.

630 a (CLXVII). *Phrixus*, monté sur le *bélier* à la toison d'or, traverse l'*Hellespont*, où vient de tomber *Hellé*, sa sœur, à qui il tend vainement la main; en haut et en bas des *dauphins* qui nagent à fleur d'eau. *Ibid.* — *Pitt. d'Ercol.*, III, 23.

630 b (CLXXI). *Phrixus* monté sur le *bélier*, et portant le glaive dont il le sacrifia; à la face, tête de Cérès couronnée d'épis. *Ibid.* — Médaille de Géla. TORREMUZZA, *Siciliæ numi*, tab. XXXIII, 3.

631 (CCX). Statue de *Méléagre*, fils d'OEnée et vainqueur du sanglier de Calydon; il est dans l'attitude du repos; son bras droit, autour duquel s'entortille sa chlamyde, est appuyé sur la *hure du sanglier* posée sur un socle; son *chien* est à côté de lui. Tom. III, p. 333. — *Mus. Pio-Clem.* II, 39.

631 a (CLXXI *ter*). *Méléagre* ou, à ce qu'on croit, *Ætolus*, son aïeul, au terme de son émigration, debout encore, mais le pied droit posé sur un rocher, s'appuyant de la main droite sur un long bâton noueux, tenant son épée sous son bras gauche autour du-

quel sa chlamyde est roulée; le pétase du voyageur retombe derrière son dos. *Ibid.* — Médaille des *Étoliens*. LANDON, *Numism. d'Anach.* I, p. 133, pl. 34.

632 (CLXXI *ter*). *Méléagre* (MELAKRE, en vieux caractères grecs rétrogrades) est assis; la colère de Diane et la chasse du sanglier de Calydon l'occupent. Autour de lui sont debout ses compagnons, *Pollux* (PULUKE), nu, qui s'appuie sur sa lance et semble lui adresser la parole; *Castor* (CASTUR), vêtu d'une tunique, par-dessus laquelle est une chlamyde, et coiffé, ainsi que Méléagre, d'un casque dont la forme se rapproche de celle du bonnet phrygien; enfin *Ménélas* (MENLE), à titre de beau-frère des *Dioscures*, portant la lance et le bouclier. *Ibid.* et tom. II, pag. 302 sqq. Compar. fig. 737 et suiv. — Miroir étrusque. LANZI, *Saggio*, II, XI, 6.

633 (CLXVIII). Le *sanglier de Calydon* se fait jour à travers la troupe des héros qui se sont réunis pour le chasser, et des *chiens* qu'ils ont lancés contre lui; *Télamon* a été renversé, et deux oiseaux sont perchés sur l'arbre qui a causé sa chute; *Ancée* assène au sanglier un coup de massue; près de lui est *Pélée*, qui va relever Télamon; à droite de Pélée se voit *Atalante*, nue jusqu'à la ceinture, portant l'arc et le carquois dont elle vient de décocher une flèche contre le monstre; *Méléagre*, qui est à côté d'elle, semble admirer son adresse. — Sarcophage de Lyon. MILLIN, *Voyage au Midi de la France*, atlas, XXVI, n° 1.

633 *a* (CLXVIII). Premier petit côté du même tombeau. *Méléagre*, portant une massue, est entouré de ses *compagnons*, armés de massues et de lances; ils le félicitent de sa victoire; près d'eux est une *Nymphe*, protectrice de la contrée de Calydon. *Ibid.*, I, XXVI, 2.

633 *b* (CLXVIII). Sur le second petit côté du même sarcophage, se voit un *chasseur*, peut-être *Méléagre* lui-même, couvert d'une peau de lion; il enfonce sa lance dans la poitrine d'un de ces animaux, qui se dresse contre lui; son casque est à terre; sous le *lion* est un autre *chasseur* renversé, tenant une épée courte et se couvrant de son bouclier. *Ibid.*, XXVIII, 3.

634 (CLXXI *ter*). *Méléagre* offre à *Atalante* la dépouille du sanglier de Calydon; la jeune héroïne est en costume de Diane chasse-

resse. — Mosaïque de Lyon, publiée par M. Artaud. Compar. le miroir étrusque dans Inghirami, *Mon. Etr.*, Ser. II, part. II, pl. 61.

635 (CLXIX). *Méléagre* combat contre les *Curètes*, armés par les frères de sa mère, dans une sortie hors des portes de la ville, où se voit une colonne surmontée d'un vase, pour indiquer un tombeau. L'autre côté du bas-relief montre ce héros, qui vient de trouver la mort dans le combat, porté par plusieurs guerriers; son char, attelé de deux chevaux, est conduit par son compagnon; le peuple suit en foule, témoignant une affliction profonde; entre tous se distingue le vieil *OEnée*, qui presse le bras de son fils et le regarde avec l'expression de la douleur. Le bouclier placé au haut d'un poteau, presque au-dessus du cadavre, représente *Méléagre* perçant de sa lance le *sanglier* de Calydon. Les deux *cavaliers* et les *trophées* placés aux deux extrémités paraissent être là pour la symétrie. — Winckelmann, *Monum. inéd.*, 88.

636 (CLXIX). *Toxeus* et *Plexippus*, ou *Prothous* et *Cometes*, oncles de *Méléagre*, veulent lui arracher la hure et la peau du sanglier de Calydon, qu'il destine à Atalante. *Méléagre* est nu; sa chlamyde est jetée sur son bras gauche; il tient d'une main la dépouille du sanglier, et de l'autre son épée. Un de ses oncles est déjà étendu à ses pieds; l'autre attaque Méléagre, l'épée à la main. Le rocher indique que la querelle a lieu sur les montagnes de Calydon; derrière est une *Furie*, qui poursuit Méléagre avec une torche et un serpent; une autre *Furie* la suit, armée d'une torche; plus loin, *Althée*, mère du héros, en détournant les yeux du spectacle de la mort de ses frères, met le tison fatal dans le feu qui brûle sur l'autel. Une autre scène, conséquence de la première, s'ouvre vers le milieu du bas-relief. On voit *Méléagre* étendu sur son lit; il meurt à mesure que le tison se consume; le casque, l'épée et le bouclier du héros sont près de lui, ce dernier orné du *Gorgonium*. Le vieil *OEnée*, appuyé sur un bâton tortueux, est en face de son fils, dont il contemple avec anxiété la lente agonie; les deux *sœurs* de Méléagre sont de l'autre côté, dans l'attitude de la plus vive douleur, et s'arrachant les cheveux; l'une d'elles soutient la tête du mourant, et

lui met dans la bouche la pièce de monnaie destinée à Charon. La femme placée derrière OEnée, et dont la douleur est encore plus fortement exprimée, est probablement *Cléopâtre*, épouse de Méléagre; celle qu'on voit assise sur un rocher, triste et pensive, doit être *Atalante*, en costume de chasseresse, et avec un chien à ses pieds. Le voile tendu au fond de la scène indique un appartement. La dernière figure debout à gauche est l'une des *Parques*, posant son pied sur une roue, attribut ordinaire ou de Némésis ou de la Fortune; dans sa main elle tient un rouleau sur lequel elle écrit l'heure fatale de Méléagre. Tom. III, p. 333. — *Mus. Capitol.* IV, 35. Compar. Musée du Louvre, n° 270, et le remarquable miroir étrusque, dans Inghirami, *Mon. Etr.*, Ser. II, part. II, pl. 62, où se voit *Atropos* (*Athrpa*), fichant le clou fatal, comme ci-dessus, fig. 431, coll. 591 c.

637 (CXCIII). *Pélias* (ΠΕΛΙΑΣ, en caractères archaïques) et *Nélée* (ΝΕΛΕ), nus et armés de lances, retrouvent leur mère *Tyro* (ΤΥΡΙΑ) portant un vase suspendu à un anneau, signe de la condition où elle est réduite; derrière Pélias, et sur un piédestal au bas duquel se dresse un *serpent*, est placée l'image d'une divinité dont le nom se lit *Phlere* (ΦΛΕΡΕ); au-dessus est perché un *oiseau*, et un *Génie ailé* plane sur toute la scène; en bas, sur le manche de ce miroir étrusque, on voit une *tête ailée* coiffée d'un bonnet phrygien : ces figures ont sans doute rapport aux mystères. Voy. tom. III, p. 290 sqq. — Lanzi, *Saggio*, etc., II, xi, 5.

638 (CLXVII). *Jason* rattache sa sandale à son pied droit (ici le gauche, parce que la planche n'a pas été gravée au miroir), après avoir porté Junon, changée en vieille femme, à travers le fleuve *Anauros*; il la voit avec surprise reprendre ses formes divines, et il oublie de chausser l'autre sandale qui est devant lui (d'après l'explication de Winckelmann). — Statue du Musée du Louvre, n° 710, appelée autrefois *le Cincinnatus*, à cause d'un soc de charrue que le restaurateur y avait ajouté d'après cette idée. De Clarac, *Musée de sculpt.*, pl. 309 (avec une nouvelle tête), coll. *Mus. Pio-Clem.* III, 48.

639 (CXCVIII). *Argus*, coiffé d'un casque, construit le navire *Argo*; il est assis sur la proue, qu'il travaille avec un ciseau et un mar-

teau; derrière lui est *Tiphys* qui dresse le mât; *Minerve-Erganè*, assise, casquée, vêtue d'une simple tunique et d'un grand péplus, ayant près d'elle son bouclier avec le *Gorgonium*, et la *chouette* perchée sur une colonne, l'aide à lever la voile et à l'attacher; l'édifice est le temple qu'Apollon avait sur le promontoire de Pagases, au pied du mont Pélion, où le vaisseau fut fabriqué. Voy. tom. II, p. 770-776. — Bas-relief de la villa Albani. WINCKELMANN, *Monum. ined.*, I, vignette, coll. ZOËGA, *Bassirilievi*, 45.

639 *a* (CLXX). Plaque de bronze représentant *Argus* qui travaille à son navire; *Minerve-Ergané* et *Mercure*, dieu du commerce, l'aident de leurs conseils. *Ibid.* — Musée Borgia à Velletri. FLANGINI, *l' Argonautica di Apollonio Rodio*, II, frontispice.

639 *b* (CLXXI ter). *Jason* (ΕΑΣΥΝ) mettant lui-même la main au navire *Argo*. *Ibid.* — Pierre gravée d'ancien style. MICALI, atlas, pl. CXVI, 2.

640 (CLXX). Les *Argonautes* en marche sur le navire *Argo*. *Hercule* est à la rame du milieu; *Tiphys* assis à la poupe près du gouvernail; tous ont la tête ceinte du *strophium*. — Fragment de terre-cuite, du cabinet du prélat Casali. FLANGINI, *ibid.*, I.

640 *a* (CLXXVII). Le navire *Argo* et les *Argonautes* aux rames: on lit autour, ΑΡΓΩ ΜΑΓΝΗΤΩΝ (*Argo : monnaie des Magnètes*). — Revers des médailles de Maximin, Gordien et Gallien, de Magnésie d'Ionie sur le Méandre, colonie de Magnésie de Thessalie, où le navire Argo avait été construit. Cabinet de la Bibliothèque du roi.

Nota. Voy. pl. XCIV, 354, ci-dessus, *Hercule* et *Jason*, à Lemnos, sacrifiant un jeune bœuf en l'honneur d'*Athéna-Chrysé*.

641 (CLXXI). Trois *Nymphes* du fleuve *Ascanius*, éprises de la beauté d'*Hylas*, l'un des Argonautes et le favori d'Hercule, l'entrainent au fond de l'eau; des arbres et des broussailles entourent la source; dans la partie dégradée de la peinture, à droite, on voit *Cius* qui entend les cris du jeune ami d'Hercule et ne peut le secourir. Voy. tom. III, p. 390. Compar. fig. 690. — *Pitture d'Ercolano*, IV, 6.

642 (CLXXI ter). Médaille de Cyzique: à la face, on voit la tête et le nom du héros *Cyzicus*, fondateur de cette ville, qui accueillit les

Argonautes à leur passage; au revers (non reproduit ici), deux *serpents* entortillés autour de deux *flambeaux* allumés, et un *autel* au milieu, d'où s'élève une flamme, symboles relatifs au culte de Proserpine, avec l'inscription ΚΥΖΙΚΗΝΩΝ ΝΕΩΚΟ-ΡΩΝ. Voy. tom. III, p. 541, 560, etc. — Hunter, *Num. popul. et urb.* XXIV, 15.

643 (CLXXXVII). *Amycus* (amvces), roi des Bébryces, défie *Pollux* (poloces), au combat du ceste; ils sont tous deux nus, et leurs bras garnis des courroies nécessaires; Amycus est assis sur une base près d'une colonne; Pollux est debout sur la poupe du navire *Argo*; Diane-*Lune* (losna), appuyée sur une haste pure, et caractérisée par le *croissant*, assiste au combat. — Miroir italique. *Musei Kirkeriani œnea*, pl. IX.

644 (CLXXI). *Pollux* a vaincu, au combat du ceste, *Amycus*, roi des Bébryces, comme en témoigne la figure ailée de la *Victoire*, qui plane au-dessus de la scène, portant une couronne et une bandelette; maintenant il l'attache à un arbre pour le faire mourir, sans doute du même supplice que Marsyas; *Minerve* assiste à cette exécution, et semble correspondre à la *Lune* du sujet précédent; *Apollon*, couronné de laurier, ayant aux bras de riches bracelets, et tenant une lance, comme la déesse, est assis près d'elle et contemple le châtiment du Barbare, ainsi que plusieurs des *Argonautes*, portant également des lances, et placés à droite ou à gauche du groupe principal, dans différentes positions; derrière Pollux on voit le *Génie de la mort*, figuré à la manière étrusque, le pied posé sur un rocher, dans l'attente de la proie qu'il va saisir; le personnage couché au pied de l'arbre, près duquel sont les vêtements et les chaussures des combattants, est sans doute le *génie du lieu*. Cette scène n'est qu'un épisode de l'*arrivée des Argonautes sur la côte de Bithynie*, que représente la suite de ce dessin. Le navire *Argo* est au centre, et porte encore une partie des héros; d'autres sont descendus pour puiser de l'eau à une source gardée par un *Silène* (cf. fig. 496 *a* et pag. 207, ci-dessus), et qui jaillit de la gueule d'un lion; un *Argonaute* boit dans une coupe, sa lance à la main; plus loin, une *Nymphe* locale est couchée sur son péplus. — Bande circulaire autour d'une ciste ronde, trouvée à Préneste, ornée de

dessins sur bronze, et dans laquelle était le miroir ci-dessus. *Musei Kirkeriani œnea*, pl. I.

644 *a* (CLXXI *bis*). *Phinée*, délivré des *Harpyies*, qui infectaient sa table, par *Zétès* et *Calaïs*, fils de Borée, et Argonautes. Ceux-ci sont ailés comme leur père (539, 531); quant aux *Harpyies*, leur forme est adoucie et se rapproche de celle d'*Iris*, leur sœur (confér. ci-dessus, p. 219, et les monuments indiqués); seulement leur mouvement est violent et désordonné, conformément à leur nature; elles fuient dispersées, au nombre de trois, devant l'attaque victorieuse des *Boréades*, et elles emportent les débris du festin du vieux roi, couché sur une *cliné*, dans l'attitude de la douleur. Voy. tom. II, pag. 365. — Peinture de vase. — Millingen, *Unedited Monum.*, p. 40 et pl. XV. Il faut comparer, outre la peinture ci-après, 647, celle d'un vase de Canino, maintenant au Musée Britannique, et publié dans le vol. XXIX, pl. XVI, p. 144, du recueil de la Société des Antiquaires de Londres, où l'on retrouve, d'après l'idée très vraisemblable de M. le duc de Luynes, *Zétès* et *Calaïs*, complétement armés, emportant le cadavre de *Phinée* dans le pays des Bistons, en présence d'*Iris* non ailée, avec le caducée, et d'une femme éplorée, qui doit être l'épouse du roi, *Cléopatra*.

645 (CLXXII). *Orphée*, en costume hellénique, couronné de laurier et la *lyre* à la main, charmant par ses accents les *animaux* divers qui l'entourent, à commencer par le *lion* sur lequel il semble assis; chacun des compartiments extérieurs renferme un animal différent. Voy. tom. III, p. 107 et 120 sqq. Compar. la fig. suiv. — Mosaïque de dix-sept pieds de haut sur autant de large, trouvée près de Granson en Suisse. Laborde, *Voyage pittoresque de la Suisse*, n° 197. O. Müller (*Archæol.*, p. 649, deux. édit.) parle d'une mosaïque semblable et non moins belle trouvée récemment près de Rottweil.

645 *a* (CLXXII *bis*). *Orphée*, en costume phrygien ou thrace, avec la *mitre* et les *anaxyrides*, pinçant la *lyre* et environné d'une foule d'*animaux* divers que charment ses accents. Même tome, *ibid.* — Peinture sur mur, dans la catacombe de saint Calixte. Bottari, *Sculture e pitture sagre*, etc., tab. LXIII.

645 *b* (CLXXII *bis*). *Orphée* à l'entrée des enfers, d'où il veut re-

tirer son épouse Eurydice, tenant sa lyre, par les sons mélodieux de laquelle il charme jusqu'à *Cerbère* aux trois têtes, qui garde cette entrée et paraît écouter attentivement. Orphée est complétement nu, et une simple bandelette ou un diadème orne sa tête. CREUZER, citant Horace, Od. III, 11, v. 15 sqq. Même tome, *ibid.* — Pierre gravée, dans LEONARDO AUGUSTINI, *Gemmæ antiquæ depictæ*, part. II, tab. 8, coll. pag. 22. Compar. notre pl. CXLIX *bis*, 555, où Orphée, dans la même action, porte un riche costume thraco-phrygien. La scène qui fait suite à celle-ci, et où *Orphée* perd à jamais *Eurydice* au moment où il la retrouve, est le véritable sujet de la fig. 727 ci-après.

645 c (CLXXII *bis*). Mort d'*Orphée*, qui tombe en se défendant avec sa lyre contre une *Bacchante* furieuse, prête à le percer de son épée; les bras de cette dernière portent des stigmates formant une espèce de tatouage, usage thrace sur lequel il faut voir la note 5 du tome III, p. 105 sq. — Peinture de vase, dans les *Mon. de l'Instit. de corresp. archéol.* I, pl. V, 2, expliquée par TH. PANOFKA, dans les *Annales*, tom. I, p. 265 sqq.

646 (CLXXIII *bis*). Arrivée des *Argonautes* chez *Æétès*. On voit, à droite, une colonne, et auprès, le roi de Colchos debout dans son palais, tenant un sceptre à la main, avec un grand vase à ses pieds, signe de ses immenses richesses; un des Argonautes, probablement *Jason*, leur chef, lui présente la tessère de l'hospitalité, sur laquelle on lit le nom de ΣΙΣΥΦΟΣ, en souvenir de l'origine corinthienne d'*Æétès*; plus loin, *Médée* communique à l'une de ses femmes l'impression que fait sur elle la beauté du héros. A gauche de la colonne, le même *Jason*, la lance en terre, saisit la main que lui présente *Médée* et forme alliance avec elle; un *Argonaute* semble lui désigner la princesse; trois autres sont derrière, tous portant des couronnes de laurier. Voy. tom. III, pag. 423, 425 sqq., et surtout la note 2 sur le livre VIII, dans les Éclaircissem. de ce tome. Compar. les deux sujets suivants. — Peinture de vase. DUBOIS MAISONNEUVE, pl. 44.

646 a (CLXXXVII *ter*). *Médée* (ΜΗΔΕΑ), en costume asiatique, faisant d'une main le geste de relever son voile, dans l'autre tenant une ciste, s'avance, précédée d'une de ses femmes (E...EPA, selon M. Gerhard : Ελερα; ΕΛ...ΕΡΑ, selon M. de Witte :

peut-être Ελαερα), qui semble la rassurer, et suivie d'une autre (ΝΙΟΓΗ ou ΝΙΟΒΗ); *Jason* (ΦΙΛΟΚΤΗΤΗΣ, épithète caractéristique, substituée au nom propre), qui marche le premier, portant deux javelots, se présente devant *Æétès* (A....Σ, l'initiale et la finale du nom Αιητης que croit avoir distingué M. Gerhard) assis, le bandeau royal au front, le sceptre en main, pour lui demander sa fille. *Ibid.* — Deuxième tableau de la partie inférieure du vase dont les peintures occupent cette planche et la précédente. Le troisième et dernier tableau, 646 *aa*, figure, suivant M. Gerhard, un mariage attique ; deux éphèbes, *OEneus* et *Démophon*, s'approchent d'une jeune fiancée, nommée *Chrysis* ; trois autres, qui paraissent envier leur bonheur, se trouvent dans le voisinage. Le nom de l'un d'eux se lit assez bien ΚΛΥΜΕΝΟΣ ; mais ceux des deux autres sont tellement altérés, que M. de Witte croit pouvoir lire ΧΡΥΣΙΠΠΟΣ au lieu de ΙΠΠοzοΩΝ, et ΦΑΩΝ au lieu de ΑΝτιοΧος. Le premier tableau de cette partie inférieure est expliqué 665 *a*, et celui qui remplit toute la partie supérieure, 737 *a*, où nous nous étendrons sur le rapport de ces divers sujets entre eux et sur l'histoire même de ce vase célèbre.

646 *b* (CLXXXVII *ter*). A gauche, *Jason* dompte les *taureaux* de Colchos, en présence d'*Æétès* ; à droite, il s'unit avec *Médée* voilée, sous les auspices de l'*Amour*. *Ibid.*— Bas-relief du Musée du Louvre, n° 373. De Clarac, *Mus. de sculpt.*, pl. 199.

646 *c* (CCXLVIII). *Jason* tenant par les cornes les deux *taureaux* aux pieds d'airain qu'il a domptés. *Ibid.* — Fragment d'un bas-relief du Musée de Turin. *Marm. Taurin.*, II, 30.

647 (CLXXIII *bis*). *Jason*, l'épée à la main, combat le *dragon* gardien de la toison d'or, en présence de *Médée* debout derrière lui, tenant la ciste, et de cinq *Argonautes* assis, parmi lesquels on distingue à leurs ailes les Boréades, *Zétès* et *Calaïs* (compar. fig. 644 *a*). *Ibid.* — Peinture faisant suite à celle du n° 646, et prise du même vase, d'après Dubois Maisonneuve, pl. 44.

647 *a* (CLXXI *ter*). *Jason*, avec le casque, le bouclier et la chlamyde, contemple la *toison d'or* suspendue aux branches d'un chêne autour duquel est entortillé le *dragon* qui la garde; sur un autel placé au-devant (celui de Jupiter Laphystius) repose la *tête* du

bélier jadis sacrifié par Phrixus (fig. 630, 630 *a* et *b*). Tom. III, *ibid.* et p. 429, 433.— Pierre gravée du Cabinet de l'Académie de Cortone. FLANGINI, *Argon. di Apollon Rod.*, I, 434.

647 *b* (CLXXI *ter*). *Jason* devant une colonne autour de laquelle s'enroule le *dragon* gardien de la *toison d'or*, que combat l'oiseau *Iynx. Ibid.* — Pierre gravée. *Impront. dell' Instit. di corresp. archæol.* I, 75, 76. Compar. dans COMBE, *Terracott.*, 53, *Jason* recevant *Iynx* par l'entremise d'Hermès; et, 52, *Médée* charmant le *dragon* par un breuvage magique, comme dans MILLINGEN, *Vas. de div. collect.*, pl. VI, où en même temps *Jason* l'attaque avec l'épée. La planche suivante, *ibid.*, montre, selon nous, le héros, couronné par la *Victoire*, présentant la *toison d'or* à *Pélias*; *Médée* l'accompagne. Un autre terme de comparaison bien plus remarquable à tous égards, est cette peinture de l'intérieur d'une coupe, publiée par M. GERHARD, Berlin, 1835, qui représente *Jason* (ΙΑΣΟΝ) ou dévoré ou plutôt revomi par le *dragon*, en présence de *Minerve* attentive, tenant la chouette dans sa main. On peut consulter à ce sujet notre note 2 dans les Éclaircissem. du liv. VIII.

648 (CLXXXIII). *Médée* tient l'épée qu'elle va remettre aux *filles de Pélias*, roi d'Iolcos, pour égorger leur père, sous prétexte de le rajeunir, comme elle a fait du vieil Æson; elle a son péplus retroussé, et le geste animé de sa main gauche témoigne de la vivacité de ses exhortations; une des *Péliades*, qui l'écoute avec l'expression d'une anxiété profonde, tient le vase rempli de la liqueur destinée à produire le miracle annoncé; l'autre fuit, sans déguiser l'horreur que lui inspire la proposition de Médée. Tom. III, p. 425 sqq., etc. — Peinture de vase. TISCHBEIN, I, 7. Compar. dans DE WITTE, *Catalogue étrusque*, 124, la description d'une autre peinture de vase, où l'on voit *Médée* auprès de *Péliás*, ressuscitant en présence de ses *filles*, et pour les persuader, un *bélier* qui s'élance d'un lébès.

649 (CLXXIII). Cinq groupes représentant les principales scènes de la *Médée* d'Euripide. En partant de la gauche, on voit d'abord *Jason*, vêtu de la chlamyde et la tête ceinte du strophium, dans une attitude pensive, à la porte du palais de Créon, à Corinthe; ce palais est orné des festons qui ont été suspendus pour le ma-

riage du héros avec la fille du roi. Plus loin, dans l'intérieur d'un appartement, indiqué par une tenture, *Médée* assise se livre à son désespoir; près d'elle est sa vieille *nourrice* qui l'excite à la vengeance; derrière la nourrice est le *Génie de l'hymen* couronné de fleurs, tenant dans sa main gauche le flambeau nuptial qu'il se prépare à éteindre, et dans l'autre des pavots, symbole de l'oubli : ce génie remplace ici le *Pédagogue* de la tragédie grecque. Les deux fils de Médée, *Mermérus* et *Phérès*, portent, l'un une double couronne, et l'autre un péplus, présents funestes qu'ils doivent offrir à Créuse, nouvelle épouse de Jason ; près de Médée, on aperçoit à terre un diptyque (fig. 604 *d*) sur lequel est inscrit l'acte du divorce. Dans le groupe suivant, *Égée*, hôte de Créon, rencontre *Jason* qui s'arme pour la défense de son épouse, sur laquelle les affreux présents de Médée ont déjà produit leur effet; la fatale couronne a embrasé la chevelure de l'infortunée princesse ; le péplus empoisonné traîne à terre. *Créuse*, en proie aux plus horribles douleurs, va tomber sur le lit qui est derrière elle; *Créon* est accouru à ses cris, et s'arrache les cheveux de désespoir; le buste de *Neptune*, dieu protecteur de Corinthe et de l'Isthme (fig. 510 *a*) est sur un piédestal. Le quatrième groupe représente *Médée* qui a tiré l'épée du fourreau pour égorger ses fils ; ces malheureux enfants jouent à ses pieds avec une boule et le fût d'une colonne. Dans le dernier groupe, *Médée*, dont les traits égarés annoncent le forfait contre nature qu'elle vient de commettre, est sur son char traîné par deux dragons ailés, qui vont la soustraire à la vengeance de Jason; l'un de ses fils est couché sur le char; elle a chargé l'autre sur son épaule pour l'emporter avec elle. *Ibid.*—Bas-relief à Mantoue. *Mus. di Real. Acad. di Mantov.*, V, 58. Il faut comparer les deux autres copies du même original, au Musée du Louvre, n° 478 (DE CLARAC, pl. 204), et au Vatican (WINCKELMANN, *Mon. incd.*, 90, 91), ce dernier plus riche encore.

650 (CLXVII). *Médée* entre ses deux *enfants*, tire une épée de son fourreau pour les tuer; ils implorent sa pitié. — Groupe trouvé à Arles. MILLIN, *Voyage au Midi de la France*, atlas LXVIII, 2.

651 (CLXXIII). Bas-relief représentant trois scènes différentes, empruntées à l'*Alceste* d'Euripide. Au milieu est *Alceste* mou-

rante, étendue sur son lit et entourée des siens; sa fidèle *nourrice*, placée derrière elle, témoigne une vive douleur; à ses pieds sont la *nourrice* et le *pédagogue* de ses *enfants*, qui paraissent éplorés aux genoux de leur mère, sur le marche-pied de son lit; Alceste remet au pédagogue le rouleau qui contient ses dernières dispositions relatives à ses fils. A droite, *Admète*, son époux, se tourne vers *Hercule*, dont le temps a emporté la figure, que l'on remarque sur d'autres monuments; entre eux est une des femmes d'Alceste en pleurs. Dans la partie gauche, *Admète* ordonne aux habitants de Phères de célébrer les funérailles d'Alceste avec la plus grande pompe; plus loin il reproche à son beau-père *Phérès*, de n'avoir pas voulu, dans un âge aussi avancé que le sien, mourir pour lui, et d'avoir souffert qu'Alceste se dévouât; le vieillard s'appuie sur un bâton noueux; des habitants de Phères les entourent. Voy. tom. II, p. 202. — ZOËGA, *Bassirili. ant.*, I, 43, coll. GERHARD, *Ant. Bildw.*, 28.

152 (CLXXIV). *Jupiter*, coiffé du *modius* comme *Sérapis-Pluton* (fig. 554 *a*), du reste comiquement déguisé en *Amphitryon* sous les traits d'un *vieux Satyre* barbu et ventru (428 *b*, 495, etc.), tient une échelle pour monter à la fenêtre d'*Alcmène*, qu'il vient voir secrètement. *Mercure*, travesti en esclave comme le *Sosie* de Plaute, est figuré sous des traits analogues, mais reconnaissable à son pétase et à son caducée (415, 422); ministre complaisant des intrigues de son maître, il l'éclaire avec une lampe (si ce n'est plutôt une coupe qu'il présente à Alcmène pour la séduire); tous deux ont des caleçons, ainsi qu'on en voit à d'anciennes figures de comédiens. Cette véritable caricature, qui rappelle la scène du n° 275, est probablement fondée comme elle sur la représentation de quelque drame satyrique ou comique de l'antiquité. Voy. tom. II, p. 196 et 689. — Peinture de vase. D'HANCARVILLE, IV, 105.

153 (CLXXV). *Alcmène*, qui vient d'enfanter *Hercule*, est étendue sur un lit qu'entourent plusieurs femmes dans différentes attitudes; l'une d'elles tient le nouveau-né entre ses bras; les deux dernières, à gauche, paraissent être deux *magiciennes* envoyées par Junon pour empêcher l'accouchement; l'une des deux a les doigts entrelacés, ce qui était regardé chez les anciens comme

un maléfice, tandis que l'autre vient de les séparer (*Ilithyie* provoquée par *Galinthias*); *Mercure*, vêtu de la chlamyde, coiffé d'un pétase sans ailes, et tenant le caducée, vient recevoir l'enfant pour le porter à Jupiter. Sur l'autre partie du bas-relief, à la gauche d'*Hercule* qui en occupe le centre, appuyé sur sa massue, coiffé et vêtu de la peau du lion, on voit *Mercure* qui emporte le héros enfant dans ses bras; devant lui est le fleuve *Isménus*, qui coulait près de Thèbes, représenté sous les traits d'un vieillard couché sur les rochers de sa grotte, d'où l'on voit jaillir sa source, et tenant une rame à la main; à l'extrémité, une figure restaurée, que l'on croit être celle d'*Amphitryon*, adossée à une colonne. Même tome, p. 194 sq. coll. 133, et 689. — *Mus. Pio-Clem.* IV, xxxvii, 37. Compar. la peinture d'un vase de Volci, dans Micali, pl. 76, 2.

654 (CLXII). *Hercule* enfant écrase deux *serpents*; derrière lui est sa mère *Alcmène*, qui exprime sa frayeur; *Amphitryon*, assis sur un siége élevé, ayant un sceptre dans la main gauche, de la droite tire son épée pour secourir le jeune héros; l'autre enfant, que porte dans ses bras le *pédagogue* à l'habillement barbare, est *Iphiclus*, frère d'Hercule. Même tome, p. 196. — *Pitture d'Ercolano*, I, vii, coll. *Mus. Borbon.* IX, 54. Il y avait un tableau de Zeuxis du même sujet. On le retrouve aussi, moins développé, et dans la sculpture et sur les médailles.

655 (CLXXVI). Divers événements de la jeunesse d'*Hercule*, sur un bas-relief partagé par des colonnes en compartiments alternativement arqués et architravés. Deux *sphinx* sont placés aux deux angles; une plinthe et une corniche, richement ornées, entourent tout l'ouvrage; dans les arcades sont des figures, et sous les architraves il y a deux sujets tirés de la jeunesse d'Hercule. Dans la première niche, à droite, est *Minerve*, protectrice du héros, armée du bouclier, de la haste et du casque corinthien, sans parler de l'égide; celle du milieu est occupée par *Junon*, persécutrice d'Hercule, mais par cela même cause de sa gloire, appuyée sur un long sceptre; la troisième figure est restaurée en *Bacchus*, frère du héros thébain (fig. 457, 685). La scène qui est entre Minerve et Junon représente *Hercule* enfant; il étouffe les deux serpents envoyés contre lui par cette dernière déesse; *Alcmène* est stu-

péfaite de sa force, et *Amphitryon* accourt en tirant l'épée (fig. précéd. et suiv.); dans le fond sont les murs de Thèbes. Dans l'autre compartiment, entre Junon et Bacchus, on voit *Eumolpus* (ou *Linus*) assis, enseignant la musique au jeune *Hercule*, qui joue devant lui de la lyre; d'une main Eumolpus semble régler la mesure, et dans l'autre il tient un rouleau; derrière Hercule est la fille du vieux musicien (ou une *Muse*), que son vêtement ne couvre qu'à moitié, et qui paraît écouter. Même tome, p. 195 sqq. — *Mus. Pio-Clem.* IV, xxxviii, 38.

56 (CLXXVII). Suite du même bas-relief. Ici *Minerve* occupe la niche du milieu; *Mars* et *Amphitryon* sont aux extrémités, le premier armé de toutes pièces, l'autre reconnaissable à l'épée qu'il veut tirer pour secourir son fils contre les serpents (654, 655); près de lui est un cippe pour indiquer que cette scène se passe dans un édifice. Sur le plan entre Amphitryon et Minerve, on voit *Hercule*, coiffé de la peau de lion retroussée autour de sa ceinture; il tient dans la main gauche un arc avec lequel il a décoché une flèche; les deux personnages qui l'accompagnent sont des *Scythes*, qui l'instruisent à tirer de l'arc; près de lui est le carquois. Dans l'autre plan, *Hercule* armé de la lance, la chlamyde ou bien la peau de lion jetée sur ses épaules, combat et tue les *Hippocoontides*. Les bas-reliefs qui rappelaient les divers événements de la jeunesse d'Hercule étaient très propres à la décoration des gymnases, et c'est à quoi celui-ci paraît avoir été destiné. Même tome, *ibid.* — *Mus. Pio-Clem.* IV, xxxix, 315.

57 (CLXXVII). Vase de marbre de trente-deux palmes de circonférence, de la villa du cardinal Alexandre Albani; les figures sculptées autour représentent les *travaux d'Hercule*. — Winckelmann, *Monum. ined.*, n° 64. Le développement de ces bas-reliefs se trouve sur les deux planches suivantes.

57 (CLXXVIII-CLXXIX). Le premier travail représenté sur le vase qui vient d'être cité, est (*a*) le *lion de Némée* étouffé par *Hercule* nu et sans armes; la *Nymphe de Némée* tient la palme qui attend le vainqueur dans les jeux qu'on y célèbre. (*b*) *Hercule* portant la peau de lion et la massue, emmène par la main *Thésée* coiffé du pétase des voyageurs, et le délivre de la prison d'Aïdonée où il était renfermé sous la garde de *Cerbère* qu'on

voit à ses pieds. (*c*) La figure assise devant *Hercule* est la *Thrace*, pays de Diomède, dont le héros armé de la massue dompte les *coursiers;* la roue indique le char auquel il va les atteler. (*d*) *Hercule* écrase de sa massue l'*hydre de Lerne*, figurée comme un gros serpent à neuf têtes; derrière le héros est la *Nymphe du marais de Lerne*, ou bien *Amymone* dont la source était voisine (658, 658 *a* et *b*); le palmier est ici à la place du platane sous lequel l'hydre avait pris naissance au sein des bois. (*e*) La figure suivante peut être *OEnoé* ou *Cérynée*, nymphe du lieu où se passe l'action; l'espèce de pétase de chasse dont elle est coiffée et auquel elle porte la main, marque dans tous les cas une hôtesse des forêts; quant à *Hercule*, il est sans armes et il vient d'atteindre à la course la *biche aux cornes d'or et aux pieds d'airain;* le genou posé sur sa croupe, il saisit d'une main l'une de ses cornes, de l'autre sa bouche; le cerf est un de ceux qui traînent le char de Diane (320, 321). (*f*) Dans le groupe suivant, *Hercule* tue à coups de flèches les *oiseaux Stymphalides* (661, 661 *a* et *b*); la *Nymphe du lac Stymphale* pleure leur mort. (*g*) La *Nymphe de l'Érymanthe*, assise sur un rocher, s'afflige aussi de voir le héros porter sur son épaule le *sanglier* qui faisait l'ornement de ses montagnes. (*h*) *Hercule* dompte le *taureau de Crète; Britomartis* assise en face tient un bouclier rond. (*i*) Le groupe d'après montre *Hercule* nettoyant l'*étable d'Augéas*, allusion au desséchement des marais de l'Élide; le héros puise avec un vase l'eau du *Pénée* ou celle de l'*Alphée*, placé devant lui, parce qu'il détourna le cours de l'un ou l'autre de ces fleuves pour accomplir cette grande opération. (*k*) *Hercule* combat *Géryon au triple corps* et dont les bras tiennent trois boucliers, une lance et une épée (compar. 664 et suiv.); le héros n'est armé que de sa massue et de sa peau de lion qui lui sert de bouclier; l'*Ibérie* (ou *Érythia*, coiffée d'un casque local et tenant un bouclier, est assise derrière Géryon. (*l*) Plus loin on voit *Hercule*, à peu près dans la même attitude et avec les mêmes armes, tuant le *dragon* qui gardait les *pommes* du *jardin des Hespérides* (665, 665 *a* et suiv.); derrière l'arbre autour duquel il s'entortille, est une de celles-ci. (*m*) Les *boucs* qui suivent et qu'un autre arbre sépare du groupe précédent, ont été rapportés à l'Afrique

EXPLICATION DES PLANCHES. 285

et à sa richesse en bêtes à laine; mais nous pensons qu'ils tiennent à la scène suivante et désignent la localité, si riche en troupeaux et surtout en chèvres, de l'Arcadie : c'est le théâtre du dernier des douze travaux et du combat d'*Hercule* contre les *Centaures de Pholoé* (659, 659 *a*); le héros est armé, comme dans les deux scènes qui précèdent, de la massue et de la peau de lion; son arc et son carquois sont à terre; le Centaure tient de la main droite une grosse branche d'arbre avec laquelle il va frapper Hercule; son autre bras est couvert d'une peau qui lui sert aussi de bouclier. Voy. tom. II, p. 198 sqq. Compar., pour l'ensemble des douze travaux, dont plusieurs sont différents et l'ordre varie, fig. 672 ci-après; et pour les détails, 658-666, etc. Ajoutez, pour le *lion de Némée*, le *sanglier d'Érymanthe*, la *biche de Cérynée*, le *taureau de Cnosse*, les représentations archaïques, dans MICALI, atlas, pl. 89, 85, 92; MAISONNEUVE, *Vases*, pl. 66; *British Museum, Marbl.*, II, 7 : ou idéales, dans le groupe du *Mus. Florent.*, III, 65; sur les métopes du temple de Thésée, STUART, *Antiq. of Ath.*, vol. III, ch. I, pl. XI, 1-6; sur celles du temple de Jupiter à Olympie, DE CLARAC, *Mus. de sculpt.*, pl. 195 *b*, n° 211, A et C; etc., etc. — WINCKELMANN, *Monum. ined.*, n° 65.

658 (CXCII). *Hercule* vêtu d'une tunique, armé d'une cuirasse, d'un casque, de cnémides, d'une épée, et portant sur son bras gauche sa chlamyde, qui lui sert de bouclier, lance des traits pour faire sortir l'*hydre de Lerne* du marais qu'elle habite; derrière lui est *Minerve* vêtue d'une tunique et d'un péplus, coiffée d'un casque et armée d'une lance; son égide, bordée de serpents, est étendue sur son bras gauche en guise de bouclier; elle va tuer un *cancre* énorme qui, pour secourir l'hydre, veut mordre au pied le héros qu'elle protège. Sur l'autre face du même vase, on voit *Hercule* (le personnage précédent doit être *Iolaüs*, son neveu et son compagnon) couvert de la peau du lion jetée par-dessus sa tunique; il a quitté sa massue pour une *harpé*, pareille à celle de Persée (608, 610 et suiv.), avec laquelle il va couper les têtes du monstre; et il vient d'en saisir une; ces têtes sont au nombre de neuf; la queue de l'hydre est fourchue. Sur les deux faces de ce vase, on aperçoit des traces d'inscriptions devenues indéchiffrables.

Tom. II, pag. 196, 200, 809. — MILLIN, *Peint. de vases*, II, 75.

658 *a* (CCXLV). *Hercule* (HEDKoLE), nu, va combattre l'*hydre;* il tient d'une main sa massue, de l'autre une plante qui doit le guérir des morsures du monstre ; sa peau de lion est jetée sur son épaule; entre ses pieds on voit le carquois avec la peau qui en couvre l'ouverture (c'est plutôt un tronçon de l'hydre déjà terrassée). A côté de lui est *Minerve* (MENEDFA rétrograde), vêtue d'une longue tunique, recouverte en partie d'un *himation* et de l'égide ornée du *gorgonium;* le front de la déesse est ceint d'un bandeau et elle a des ailes, deux particularités fort remarquables ; de plus, elle tient une baguette, traversée de traits ou de caractères qui expriment peut-être des nombres. L'*hydre* est un énorme serpent à trois têtes dont deux sont barbues. *Ibid.* — Miroir étrusque. LANZI, *Saggio*, II, XI, 1.

658 *b* (CLXXV). *Hercule*, jeune et imberbe, et complétement nu, tient dans une main un des tronçons de l'*hydre*, dans l'autre un flambeau allumé, dont il les brûle pour empêcher les têtes de se reproduire; plusieurs de ces têtes sont encore vivantes, quoique le monstre soit renversé derrière le héros, sur ses deux pieds armés de longues griffes. *Ibid.* — *Mus. Capitol.* III, 27.

659 (CLXX). *Hercule* a déjà tué un *Centaure* qui est étendu à terre; il appuie son genou sur un second qu'il va écraser avec sa massue, quoiqu'un troisième vienne à son secours, armé, comme ses compagnons, d'une grosse branche d'arbre dépouillée; cependant le centaure *Homadus* enlève *Halcyone*, sœur d'Eurysthée ; il a le corps entouré d'une guirlande de lierre, à titre de suivant de Bacchus (445, 474, etc.). On voit plus loin le temple d'*Hercules Victor*, dans le fronton duquel est un *aigle*, ἀετός , nom que portait aussi cette partie de l'architecture. Tom. II, p. 200 sq.; tom. III, p. 631. — Médaillon d'Antonin-le-Pieux au Cabinet de la Bibliothèque royale. DECAMPS, *Select. numism.*, 25.

659 *a* (CLXXV). *Hercule*, nu, combat deux *Centaures*, l'un desquels a déjà senti l'atteinte redoutable du héros ; l'autre lui lance un quartier de rocher, en se faisant un bouclier de la peau qui lui sert de vêtement, contre la massue dont Hercule va lui asséner un coup terrible. *Ibid.*— Peinture de vase. TISCHBEIN, I, 13. Compar. MICALI, pl. 95.

660 (CLXXXIV). *Hercule*, avec la peau de lion et le carquois, ouvre le tonneau des Centaures; *Pholos*, l'un d'eux, le suit, portant un arbre dans sa main droite. *Ibid.* — Peinture de vase, d'un style archaïque et d'un caractère presque grotesque, de la collection de M. Tochon, aujourd'hui au Musée du Louvre. Compar. Micali, pl. 99, 9, 116, 7, et les monuments analogues décrits dans le *Catalogue étrusque* de M. de Witte, nos 76 et 77.

661 (CLXXXVIII). *Hercule*, un genou en terre, et couvert de la dépouille du lion de Némée, perce de ses flèches les *oiseaux Stymphalides*. Tom. II, p. 198. Compar. les deux sujets ci-après. — Pierre gravée. Gori, *Mus. Florent.* II, xxxviii, 1.

661 a (CLXXXVIII). *Hercule* ramassé en grotesque, couvert de la dépouille du lion, et armé de la massue, combat deux *oiseaux Stymphalides* dont la taille démesurée contraste bizarrement avec la sienne; il a saisi le cou de l'un d'eux, tandis que l'autre va le mordre au bras qui tient la massue prête à frapper. C'est encore une de ces caricatures dont les vases peints offrent maint exemple (275, 652, etc.), et qu'on rencontre aussi sur les peintures d'Herculanum. *Ibid.* — Millin, *Peint. de vas.* II, 18. (Tölken voit ici un *Pygmée* déguisé en Hercule et combattant les *grues* : fig. 813.)

661 b (CXCI). *Hercule* combat les *Stymphalides ;* il est vêtu d'une tunique, et sa peau de lion, jetée par-dessus, est retenue par une ceinture; on voit la courroie à laquelle son carquois est suspendu; les bras et une des jambes sont à demi effacés. *Ibid.* — Peinture de vase. Tischbein, II, 18.

662 (CXC). *Hercule* combat *Hippolyte*, reine des Amazones, pour avoir le baudrier de Mars qu'elle portait à sa ceinture comme insigne de sa royauté, et qu'Admète, fille d'Eurysthée, avait ordonné au héros thébain de lui apporter; le demi-cercle radieux indique le soleil, et que la scène se passe au grand jour. T. II, p. 198, coll. p. 87 sqq. Compar. fig. 709 et suiv. — Peinture de vase. Tischbein, I, 12.

663 (CLXXXII). *Hercule* vient de percer d'une flèche mortelle le *monstre marin* auquel *Hésione* avait été exposée; le héros s'appuie sur sa massue, il tient un arc et deux flèches; sa peau de lion, nouée par les pattes sur sa poitrine, lui couvre la tête et le dos; il porte une ceinture guerrière, peut-être celle de l'Ama-

zone Hippolyte (662). Celui qui donne la main à Hésione et l'aide à descendre du rocher est *Télamon;* son épée est suspendue à un baudrier; son manteau est jeté sur son épaule et sur son bras; dans sa main gauche il tient une lance. *Hésione* est vêtue d'une tunique et d'un grand péplus, qui lui forme voile et dont elle relève le pan avec sa main gauche; une stéphané orne sa tête. Le *rocher* d'où elle descend forme une cavité dans laquelle elle avait été retenue par des anneaux de métal qu'on voit encore des deux côtés; au bas est la mer avec le monstre expirant. Dans le lointain on voit un *édifice* embrasé, lequel fait allusion à la destruction de Troie par Hercule, qui se vengea ainsi de la mauvaise foi de Laomédon, père d'Hésione. — Mosaïque de la villa Albani. Winckelmann, *Mon. ined.*, n° 66. Comp. *Hercule*, pareil à celui de Thasos (fig. 220), et *Télamon*, combattant de concert contre les Troyens, parmi les statues du fronton oriental du temple de Minerve à Égine, conservées à la Glyptothèque de Munich, et dans les *Monum. antiq.* d'O. Müller, I, tab. VIII, 30 coll. 31.

663 *a* (CLXXXIX). *Télamon* vient d'élever, près des murs de Troie, un *autel* à *Hercule*, sous le nom de *Callinicus* (glorieux vainqueur : confér. fig. 603 *b*, 665 *c*); le héros lui témoigne sa reconnaissance. — Pierre gravée. Gori, *Mus. Florent.* II, xxxvi, 8.

664 (CLXXX). *Hercule* et *Géryon* combattant l'un contre l'autre. *Hercule* (imberbe et nu), qui attaque *Géryon* avec la massue, et non point, selon la tradition vulgaire, avec l'arc et les flèches ici absents, est assisté par *Minerve*, placée à ses côtés, et armée du casque (ailé), de la lance, du bouclier et de la cuirasse; derrière la déesse se tient *Mercure*, avec le caducée dans une main, une branche de laurier dans l'autre, le pétase ailé sur la tête, la chlamyde rattachée sur la poitrine et retombant derrière les épaules. Il faut remarquer encore que *Géryon* n'est point ici, comme d'ordinaire, représenté avec trois corps (657 (*k*), 664 *a*, 664 *b*, 672), mais seulement avec *trois têtes* (comme dans Hésiode); (ses armes sont l'épée et le bouclier.) Creuzer. Voy. tom. II, p. 196, 199 sq., 365 sq.; t. III, p. 632. — Peinture d'un vase du Musée Bourbon à Naples. Millingen, *Vases de div. collect.*, pl. XXVII.

664 a (CLXXX bis). D'un côté *Hercule* nu, brandissant la massue, et la peau de lion roulée autour de son bras gauche, d'où elle pend sur le monument qui précède; de l'autre, *Géryon* sous la forme d'un *triple guerrier* armé de toutes pièces. *Ibid.* — Médaille de bronze fort rare, du Cabinet de la Bibliothèque du roi. *Nouvelles Annales de l'Instit. archéol.*, tom. II, pl. C, 1838.

664 b (CLXXX bis). Le monument le plus beau et le plus complet de tous ceux qui représentent le *combat d'Hercule et de Géryon*, dont les principaux détails y sont figurés en grand style. Au centre de la première scène du tableau qui se développe circulairement à l'extérieur de cette magnifique coupe, paraît *Hercule* (HEPAKΛEΣ) attaquant le triple Géryon. Le héros est barbu, pittoresquement couvert de la dépouille du lion, qu'une ceinture serre autour de son corps par-dessus sa tunique courte; de la main droite il lève sa massue; de la gauche il porte en avant son arc et deux flèches, tout prêt à s'en servir de nouveau. *Géryon* (...YONEΣ), qui lui fait face, est formé de la réunion de trois guerriers dans la vigueur de l'âge, tenant les uns aux autres par la partie inférieure du tronc; les trois corps sont armés de toutes pièces; deux sont encore debout, et de leurs mains brandissent des javelots, en se couvrant de deux boucliers argiens, dont un montre l'emblème d'un *sanglier ailé*; le troisième hoplite a déjà succombé et retombe sur son bouclier qu'il tient encore, une flèche lui étant entrée dans l'œil droit. Entre les combattants est renversé le chien bicéphale *Orthrus*, dont la queue se termine en tête de serpent; il vient aussi d'être percé d'une flèche. *Athéné* (AΘE....), placée derrière Hercule, vêtue d'une tunique talaire et d'un léger péplus, ne porte point l'égide, mais seulement un bouclier rond, décoré de la *tête hideuse de la Gorgone*, un casque et une lance; elle se retourne, avec un mouvement animé, vers le compagnon habituel d'Hercule, *Iolaüs* (IOΛEOΣ), figuré en hoplite barbu, et, jusqu'ici, à ce qu'il semble, simple spectateur de la grande lutte; à ses pieds et en arrière, est étendu blessé *Eurytion* (EYPYTION), le berger de Géryon, vêtu d'une tunique courte et d'une nébride, couvert d'un piléus. Du coté opposé, correspond à ce personnage et termine également cette première scène, une jeune femme

qui suit Géryon, s'arrachant les cheveux d'une main, étendant l'autre comme pour implorer la pitié d'Hercule; ce doit être *Érythia*, fille du roi, laquelle indique en même temps la localité (l'*île rouge* où fut depuis Gadira), de concert avec le *palmier* (*Phœnix*) planté derrière elle.—Une seconde scène, peinte en regard de la première, et qui en est la suite, fait voir les *bœufs de Géryon emmenés par les compagnons d'Hercule*. Un grand arbre, également local, sans doute l'olivier sauvage ou *Cotinos* (d'où l'île *Érythia* nommée aussi *Cotinusa*), étend ses vastes branches au-dessus du troupeau, composé d'un seul taureau qui marche accompagné de cinq génisses. Des quatre guerriers qui le conduisent un seul est barbu, les autres sont imberbes; tous sont complétement armés et portent des boucliers argiens, dont les trois visibles ont pour emblèmes un *coq,* un *canthare* et un *lion*. — A l'intérieur de la coupe, enduit d'un émail rouge, est peint au milieu, en rouge aussi sur fond noir, un jeune *cavalier*, coiffé de la causia, chaussé de bottines de fourrure, et vêtu d'une tunique courte, sur laquelle est un petit manteau richement brodé. Autour on lit le nom ΛΕΑΓΡΟ.., sans doute celui du donataire du vase, accompagné de l'épithète ΚΑΛΟΣ, *beau;* et ce nom, ΛΕΑΓΡΟΣ, *Leagros*, se trouve répété, avec ou sans son épithète, sur les deux faces extérieures; de plus, sur celle qui représente la seconde scène, et qu'on peut appeler le revers, est tracée l'acclamation ΗΟ ΠΑΙΣ ΚΑΛΟΣ, *le beau garçon*. Enfin, deux inscriptions, qui se lisent en noir sur le pied, nous font connaître les noms des deux artistes qui ont contribué à ce monument remarquable sous tant de rapports, le potier et le peintre : le premier, ΧΑΧΡΥΛΙΟΝ, *Chachrylion*, suivi du verbe ΕΠΟΙΕΣΕΝ, *a fait;* le second, ΕΥΦΡΟΝΙΟΣ, *Euphronius*, avec ΕΓΡΑΦΕΝ, *a peint*. Compar. les deux figures qui précèdent, ainsi que 657 (*k*), ci-dessus, 672 ci-après; et voy. tom. II et III, *ibid*. — Coupe peinte trouvée à Canino, et dont le diamètre est de quarante-deux centimètres environ; réduite d'après la planche XVI-XVII des *Monum. de la section française de l'Institut archéol.*, accompagnant la savante monographie de M. DE WITTE insérée au tome II des *Nouvelles Annales*, pag. 107 et p. 270, où tous les monuments connus, concernant le mythe de

Géryon, sont passés en revue, décrits, et le mythe lui-même exposé et expliqué au long.

664 c (CLXX). *Hercule* vient de tuer le géant *Cacus*, qui avait enlevé deux des bœufs du troupeau de Géryon qu'il emmenait avec lui; la moitié du corps de Cacus est encore dans sa caverne. Les *habitants du mont Aventin* remercient le héros de les avoir délivrés de ce monstre, et baisent sa main encore armée de la massue. T. II, p. 192, 203, etc.— VENUTI, *Mus. Albani*, I, 18.

665 (CLXXXI). *Hercule* (ΗΕΡΑΚΛΗΣ), jeune et imberbe, la tête ceinte d'une bandelette ornée d'une lunule, pose le pied sur un rocher, ce qui indique son arrivée dans un pays étranger; sa peau de lion couvre son dos et est nouée par les pattes sur sa poitrine; son carquois est suspendu à son côté; dans sa main gauche il porte son arc, tout en s'appuyant sur sa massue noueuse; dans l'autre main il tient une des *pommes* qu'il vient de recevoir de l'Hespéride qui les cueille. Les *Hespérides* sont au nombre de *cinq* : celle qui donne à manger s'appelle *Calypso* (ΚΑΛΥΨΩ); elle est assise sur un tertre de gazon indiqué par une plante; elle présente au *dragon*, dans une patère ornée d'oves, la nourriture liquide qu'elle vient d'y verser avec le vase à anse qu'elle tient dans l'autre main; sur son pied est perché l'oiseau *Iynx*, symbole des enchantements. Celle qui cueille les pommes est nommée *Hermesa* (ΗΕΡΜΗΣΑ); à ses pieds est un oiseau palmipède; c'est peut-être un cygne, dont le chant ferait ainsi allusion aux mélodieuses Hespérides. *Antheia* (ΑΝΘΕΙΑ), qui est derrière Calypso, tient dans une main une bandelette, symbole de l'initiation, dans l'autre une des pommes de l'arbre. *Aiopis* (ΛΙΩΠΙΣ) regarde en s'appuyant sur sa sœur. *Melisa* (ΜΗΛΙΣΑ), placée derrière Hercule, porte un petit vase ou un autre objet qui peut également avoir rapport aux initiations. Toutes ces Hespérides sont vêtues d'une tunique talaire, par-dessus laquelle est un ampéchonium et en outre un péplus; ces vêtements sont parsemés de points ou d'étoiles, et ornés de bordures en échiquier. Au centre de la scène se voit l'*arbre aux pommes d'or* (*l'arbre des Hespérides*, désigné par le nom ΕΣΣΠΕΡΙΑΣ écrit à côté); le serpent *Ladon*, gardien de ces fruits, est entortillé autour de sa tige, lappant le breuvage enchanté

que lui présente Calypso. Dans le haut paraissent, à mi-corps, quatre divinités assistantes : à gauche et près de l'arbre, *Héra* (ΗΡΑ), ou Junon, à qui la Terre avait fait ce beau présent, le jour de ses noces avec Jupiter; elle est coiffée d'un diadème et d'un voile. Devant elle, de l'autre côté, est *Hermès* ou Mercure, vêtu de la chlamyde, tenant le caducée, et le pétase sans ailes jeté sur ses épaules. Près de Junon se trouve *Pan*, dont la nébride est nouée par les pattes sur sa poitrine; il a des cornes de bouc, une barbe épaisse, et porte un thyrse. La figure de femme placée en face de lui et derrière Mercure, coiffée à peu près comme Junon, est *Donakis* (ΔΟΝΑΚΙΣ, la nymphe des roseaux), une des nymphes aimées de Pan. L'inscription ΑΣΣΤΕΑΣ ΕΓΡΑΦΕ (*Astéas a peint*) nous apprend le nom de l'auteur de cette remarquable peinture de vase (623). Voy. tom. II, p. 177, 198; tom. III, p. 179 sq., etc. — MILLIN, *Peint. de vas.* I, 3.

665 *a* (CLXXXVII *ter*). Hercule (ΗΡΑΚΛΗΣ, comme M. de Witte lit intégralement) paraît ici également jeune et imberbe, mais assis sur la peau de lion, ayant le glaive suspendu à son côté, et s'appuyant sur la massue; accompagné d'*Iolaüs* (ΙΟΛΕΩΣ) debout, en costume de voyageur, et portant deux javelots, il regarde paisiblement les *trois Hespérides*, qui lui cueillent les *pommes d'or* de l'arbre gardé par le *dragon* entortillé autour de sa tige. La première, *Lipara* (ΛΙΠΑΡΑ), richement coiffée et vêtue, tourne les yeux vers le héros, et tient une pomme dans la main gauche, tandis que de l'autre elle relève son péplus; la seconde, *Chrysothémis* (ΧΡΥΣΟΘΕΜΙΣ) porte la main droite à l'arbre, en même temps qu'elle tire son péplus de la gauche, comme pour recevoir les fruits; la troisième (selon M. Gerhard, ΑΣΙΧΕΡΟΦΗ, l'*Abondance*, de ἀσιχειρ, ἠσιχείρ, donnés par Hésychius; suivant M. de Witte, et peut-être plus naturellement, ΑΣΣΤΕΡΟΠΗ), étend pareillement la main droite vers l'arbre, tout en s'appuyant du bras gauche sur l'épaule de sa sœur. Plus loin est assise une déesse, qui semble correspondre à Hercule, et qui est *Hygiée* ou *Minerve-Hygiée* (ΥΓΙΕΑ), coiffée d'un diadème radié comme *Lipara*, et tenant la lance dans sa main gauche, de la droite relevant son péplus (compar. fig. 310, 310 *a*, 346). Un jeune guerrier, nommé *Clytius* (ΚΛΥΤΙΟΣ), adossé à

un arbuste, appuyant un pied sur un rocher, ayant deux javelots dans la main gauche, et portant la droite en avant, termine la scène et correspond évidemment à *Iolaüs*. Tom. II, *ibid.* et p. 248.— Première scène de la partie inférieure du vase peint, dont les autres scènes sont reproduites dans cette même planche et dans la précédente, et décrites 646 *a* ci-dessus, et 737 *a* ci-après.

665 *b* (CCVII). *Hercule*, vêtu de la peau de lion, tenant la massue, visite *Atlas* en allant au *Jardin des Hespérides;* derrière lui est assise *Pallas-Athéné* sans casque, mais couverte de l'égide, s'appuyant sur sa lance, et ayant son bouclier à ses pieds; une petite *Victoire* vole de la déesse au héros, les bras étendus vers lui. *Atlas* se voit en haut et au centre de cette partie supérieure du tableau, debout, nu, sauf la simple chlamyde rejetée en arrière par-dessus ses bras, soutenant de sa tête et de ses mains une portion de la *voûte étoilée;* à sa droite, *Héosphoros* ou *Lucifer*, monté sur un cheval et tenant un flambeau, précède *Hélios* ou le *Soleil*, qui s'avance de l'autre côté, porté sur un bige. Dans la partie inférieure, également au centre, est l'*arbre aux pommes d'or*, que le *dragon* embrasse de ses replis; il est environné des *sept Hespérides*, distribuées trois à gauche, quatre à droite, assises ou debout, dans différentes positions; elles sont complètement vêtues, toutes parées de riches coiffures, de colliers et de bracelets, et elles tiennent dans leurs mains, ou l'on aperçoit à leurs pieds, divers objets de toilette, des fleurs, des guirlandes, des bandelettes, des cistes, un miroir, etc., qui paraissent les occuper exclusivement. Des fleurs croissent à l'entour ou sont parsemées dans le champ. Tom. II, *ibid.* et pag. 370, avec la note 6 sur le livre V, sect. I, dans les Éclaircissem. de ce même tome.— Peinture principale au revers du vase dont la face antérieure est représentée sur la planche précédente (725 *a* et 735 ci-après); au-dessus de cette peinture est une scène d'hymen mystique, où l'on reconnaît *Dionysus-Liber* et *Ariadne-Libéra*, précédés d'une *Bacchante*, et suivis de deux *Satyres*, dont l'un porte un flambeau. Voy. t. III, p. 270, et compar. fig. 453 et suiv.

665 *c* (CLXXXVI). *Hercule* (Calanice, en vieux caractères grecs, rétrogrades : confér. fig. 603 *b*), couvert de la peau de lion, sa

chevelure frisée ceinte d'une bandelette, la massue noueuse dans sa main droite, et tenant dans la gauche *trois pommes* de l'arbre des Hespérides, semble prendre congé d'*Atlas*, qui les a cueillies pour lui. Celui-ci, portant une longue barbe et de longs cheveux, le sommet de la tête coiffé d'une sorte de calotte en réseau, soutient de ses épaules et de ses bras un segment de la *voûte étoilée*, dont il vient de reprendre le fardeau des mains d'Hercule; tout près, et à sa gauche, on voit une *lance* debout, qu'il avait emportée pour se défendre du dragon; l'inscription Aril, rétrograde, si elle est exacte, désigne Atlas par un nom inconnu d'ailleurs, qui serait d'origine étrusque. Tom. II, *ibid.* Compar., outre le sujet qui précède, fig. 603 *a* ci-dessus, 667, 693 ci-après. — Miroir étrusque, d'après Micali, *Storia, atlas,* tav. XXXVI, 3.

665 *d* (CLXX). *Hercule*, après avoir tué le *dragon*, qui est encore sur l'*arbre aux pommes d'or*, cueille un de ses fruits; il tient dans la main gauche sa massue, et la dépouille du lion de Némée est jetée sur son bras; près de l'arbre sont les *trois Hespérides*, qui s'enfuient épouvantées. *Ibid.*— Médaillon d'Antonin. Morell., *Médaill. du roi*, VI.

665 *e* (CLXX). *Hercule* au *Jardin des Hespérides*, à peu près comme sur le monument qui précède, si ce n'est que les Hespérides manquent. *Ibid.* — Pierre gravée. Millin, *Peint. de vases*, I, vignette.

Nota. Il faut rapprocher ici deux scènes des aventures d'*Hercule* en Afrique, sa lutte contre *Antée* et son combat contre *Busiris*, pl. LIII, fig. 165 *b* et 165 *c*, avec l'explicat. p. 51, ci-dessus.

666 (CLXXX *bis*). Lutte d'*Hercule* contre *Nérée*, pour obtenir qu'il lui livre le secret de la route qui conduit au jardin des Hespérides; le dieu marin, demi-homme et demi-poisson, paraît armé d'un bouclier. Voy. tom. II, p. 364.—Groupe tiré des bas-reliefs d'Assos, récemment apportés à Paris, et déposés au Musée du Louvre. C'est un sujet fréquemment reproduit sur les vases peints, où le monstre est souvent désigné par le nom de *Triton*.

667 (CXC). *Hercule* en repos, connu sous le nom de l'*Hercule Farnèse*, parce qu'il était autrefois à Rome, dans la collection Farnèse, actuellement à Naples; il tient derrière son dos les *pommes*

du jardin des Hespérides (cette main avec les pommes est une restauration), et s'appuie sur sa massue : l'inscription grecque qu'on lit sur la base signifie : *Glycon Athénien faisait.* C'est une imitation savante d'un Hercule colossal de Lysippe (trouvée dans les thermes de Caracalla), comme le prouve l'inscription d'une autre copie médiocre, découverte sur le mont Palatin. — MAFFEI, *Raccolta di statue*, XLIX, coll. BIANCHINI, *Palazzo de' Cesari*, pl. 18, et les médailles de Commode et de Caracalla, ainsi que les pierres gravées, où Hercule est représenté dans la même attitude, tenant les pommes derrière son dos (MORELL. *Médaill. du roi*, XIV; O. MÜLLER, *Monum. de l'art antique*, I, pl. XXXVIII, 151-155).

68 (CLXXIV). *Hercule*, assis sur la peau de lion, la tête appuyée sur son bras que supporte son genou, se repose, accablé de fatigue, après ses travaux accomplis ; il est entouré de ses armes et des trophées de ses combats, parmi lesquels sont les *trois pommes*. Voy. tom. II, p. 176 sq. Compar. fig. 665 c, 667, 693. — Pierre gravée, qui est une imitation d'une autre statue colossale d'Hercule, également de Lysippe, transportée de Tarente à Rome, puis à Constantinople, et décrite par Nicétas. — LIPPERT, *Dactyl*. II, 231, coll. I, 285-287, et Supplém. 344-346.

69 (CLXXXII). *Hercule* porte dans ses bras son fils *Télèphe*, qui étend ses petites mains vers la *biche* qui l'a nourri ; l'*arbre* indique le bois dans lequel il a été élevé ; Hercule appuie sa massue sur une tête de bœuf, qui peut indiquer le fleuve Achéloüs (fig. 526, 526 a et b, avec l'explication) ; l'inscription signifie : *Monnaie de Tarse, métropole des Deux-Cilicies*, par un *décret du sénat*. — Médaillon de Maximin. FROELICH, *Tentam.*, 316.

70 (CLXXXIII). *Hercule* porte, suspendus à un baudrier, la peau du lion de Némée, son arc et son carquois ; il est couronné d'olivier. Placé entre un *aigle* et un *lion*, symboles de la puissance et de la force, il regarde avec complaisance son fils *Télèphe*, qui joue avec la *biche* qui l'a nourri, et qu'il vient de retrouver. L'*Arcadie* est devant lui, assise à côté d'un panier de fleurs et de fruits, symbole de sa fertilité ; elle est couronnée de feuillage et porte une branche d'arbre. Derrière elle est *Pan*, dieu tutélaire de cette contrée, et en particulier de Tégée, ville de Té-

lèphe, qui tient une syrinx et un pédum. Près d'Hercule se voit un *Génie* ailé, couronné d'olivier comme le héros, tenant des épis sous son bras, et montrant du doigt Télèphe à Hercule.— *Pitture d'Ercolano*, I, 6.

671 (CLXXXII). Beau groupe d'*Hercule* debout, tenant d'une main sa massue, de l'autre portant un jeune enfant sur la peau du lion de Némée; Winckelmann y voit *Ajax*, fils de Télamon (fig. 663, 663 *a*); Visconti *Téléphe*, fils d'Hercule lui-même. — *Mus. Pio-Clem.* II, 9.

672 (CLXXXIV). *Hercule* et *Omphale*, au centre d'un bas-relief dont les côtés et la partie supérieure représentent les *douze travaux*. La reine de Lydie debout, demi-nue, et coiffée d'une tresse roulée sur la tête, comme au temps de Sabine, femme d'Hadrien, pose une main sur l'épaule d'Hercule, debout aussi, nu et imberbe, s'appuyant de la main droite sur sa massue, portant sur le bras gauche la peau de lion; Omphale prend ainsi possession de son esclave; leurs noms sont écrits au-dessous de leurs figures. Les six premiers travaux sont sculptés dans la bande d'en haut et se succèdent de gauche à droite : on y voit Hercule étouffant le *lion de Némée;* écrasant les têtes de l'*hydre de Lerne;* apportant à *Eurysthée*, qui se cache d'effroi dans un tonneau, le *sanglier d'Érymanthe;* posant le genou sur la *biche Cérynite*, qu'il a jointe à la course; perçant de ses flèches les *oiseaux Stymphalides;* nettoyant les *étables d'Augéas*. Les six autres travaux sont distribués de chaque côté, dans des compartiments placés les uns au-dessus des autres : en commençant en haut à gauche, Hercule s'empare des *cavales de Diomède;* dompte le *taureau de Crète;* saisit l'Amazone *Hippolyte* et lui ravit sa ceinture; à droite, il tue *Géryon* au triple corps; écrase de sa massue le *serpent* qui garde les *pommes des Hespérides;* et emmène *Cerbère* enchaîné. Sur la base il y a un *arc* et un *carquois* du côté d'Omphale; du côté d'Hercule, une *quenouille* et un *panier* rempli de laine; au milieu l'inscription : *Cassia Priscilla, fille de Manius, a fait* (élevé) ce monument. Voy. t. II, p. 179 et 198 sqq. Compar. fig. 657 et suiv. — Ce beau bas-relief n'est connu que par une gravure particulière qu'en avait fait faire le cardinal Borgia, son possesseur, et dont celle-ci est une reproduction.

672 *a* (CXCI). *Omphale* ou une de ses femmes peigne les cheveux d'*Hercule*, qui paraît honteux de l'état où il est réduit; l'*Amour*, qui est devant lui, porte sa peau de lion et son carquois désormais inutiles. Même tome, p. 179, 203.—Millin, *Pierres gravées inédites*.

672 *b* (CLXXXV). *Hercule* a la partie supérieure du corps nue, et l'autre vêtue d'une robe de femme; une *quenouille* est fixée dans sa ceinture; il tient d'une main le fil, et de l'autre il tourne le fuseau; son *bouclier* et sa *massue* sont près de lui; tout son air exprime la langueur; on voit à terre un vase renversé, un thyrse et des raisins, symboles des cérémonies bachiques auxquelles il prend part avec Omphale. Deux *Amours*, dont l'un est couronné de feuilles de chêne, s'amusent avec un *lion*, qu'ils tiennent enchaîné; tandis qu'un troisième joue de la syrinx : c'est l'image du héros dompté et asservi par la passion. Le fond représente les environs de Sardes, et l'on y voit un *palmier*. Ibid. — Mosaïque du *Musée Capitolin*, IV, 19.

672 *c* (CLXXIV). Tête d'*Hercule* enveloppée dans un grand voile et couronnée de laurier; il est vêtu en femme et s'apprête à célébrer les Orgies avec Omphale. *Ibid.* Compar. les fig. précéd. — *Pierres gravées d'Orléans* (aujourd'hui dans la collection de l'empereur de Russie).

673 (CXC). *Hercule*, assis sur sa peau de lion, a sa massue et son carquois près de lui; il prend dans ses bras *Iole*, qui est presque nue : on lit dans le champ, ΤΕΥΚΡΟΥ (ouvrage de *Teucros*). Voy. tom. II, p. 202. — Célèbre pierre gravée de la Galerie de Florence. Bracci, *Memor. d'Antiq. Incis.*, II, 112.

674 (CLXXXV). *Déjanire*, enlevée par le Centaure *Nessus*, qui la porte sur son dos et se retourne vers elle en la pressant amoureusement; elle a la tête couverte d'un voile; le Centaure est barbu et a de longs cheveux retenus par un diadème. Leurs noms, ΔΑΙΑΝΕΙΡΑ, ΝΕΣΣΟΣ, se lisent autour, bizarrement défigurés. Voy. t. II, p. 200 sq., et compar. les deux fig. suiv. — D'Hancarville, *Antiq. etrusc.*, IV, 31.

674 *a* (CLXXXVI). *Hercule*, couvert de la peau de lion, portant l'arc et le carquois, saisit de la main gauche par la tête le Centaure *Dexamenus* (ΔΕΞΑΜΕΝΟΣ, rétrograde), ici jouant le rôle

de Nessus et l'ennemi du héros, contre la fable vulgaire, et de la droite levée s'apprête à lui asséner un coup de sa massue. Déjanire (ΔΑΙΑΝΕΙΡΑ, rétrograde), debout devant le Centaure, mais qu'il a déjà enlacée de son bras, semble appeler à son secours; elle est coiffée d'un riche diadème, vêtue d'une tunique et d'un ampéchonium brodés, par-dessus lequel est un court péplus ou himation, rattaché sur l'épaule droite par une agrafe. OEnée (ΟΙΝΕΥΣ), son père, debout derrière Hercule, vêtu d'une tunique brodée et d'un ample péplus, rejeté sur l'épaule, tient dans sa main gauche un long sceptre terminé par une fleur, et, du bras droit étendu, semble répondre à l'appel de sa fille. Tom. II, *ibid.*, et tom. III, p. 333. — MILLINGEN, *Vases de div. collect.*, pl. XXXVIII.

675 (CLXXXVII). *Hercule* a repris *Déjanire*, et la soulève pour l'emporter sur ses épaules; il tient la massue; l'arc et le carquois sont dans le champ. Tom. II, *ibid.* — Miroir étrusque, d'après LANZI, *Saggio*, VII, 2.

676 (CLXXXVIII). *Hercule* assomme de sa massue le géant *Alcyonée*, qu'il a terrassé, et dont le corps se termine en serpent. Voy. t. II, p. 363, 369, et la note 5 sur le livre V, sect. I, dans les Éclaircissem. de ce même tome. Compar. fig. 253, 338, 356, etc. — MILLIN, *Pierres gravées inédites*.

676 a (CLXXXVIII). *Hercule* coiffé de la dépouille du lion de Némée, armé d'une cuirasse, avec une épée suspendue à son côté, décoche au géant *Alcyonée* la flèche fatale qui va lui donner la mort. Le géant n'est pas anguipède; mais sa taille démesurée le fait aisément reconnaître; *Minerve* l'a terrassé de sa lance, en dépit de la massue d'airain qu'il tient encore de la main droite; il étend sa main gauche sur la terre, sa mère, afin qu'elle lui rende de nouvelles forces. Mais Hercule, par le conseil de Minerve, l'a entraîné hors du territoire de Pallène, lieu de sa naissance, et tout espoir de secours lui est interdit. Un *Ker* (génie de la mort) ailé pose le pied sur son corps, et le saisit par la tête, pour montrer qu'il s'empare de lui. Les inscriptions sont illisibles. Tom. II, *ibid.*, et p. 358, 809, etc. Compar., outre les figures précitées, 591 et suiv., 592. — Peinture de vase. TISCHBEIN, II, 20.

676 b (CLXXX bis). Combat d'*Hercule* (ΗΕΡΚΛΕ) contre *Cycnus* (ΚΥΚΝΕ), fils de Mars, qu'il a terrassé, et qu'il va tuer avec sa massue.— Pierre gravée étrusque; d'après Micali, *Storia*, atlas, tav. CXVI, 1, rectifié par O. Müller, *Monum.*, I, pl. LXIII, 322. Le même sujet est représenté, également avec des inscriptions, mais d'une manière différente, sur un vase grec du Musée du Louvre, publié par M. Millingen, *Unedit. monum.*, Ser. I, Part. II, pl. XXXVIII.

677 (CLXXXII). *Hercule* s'appuie sur sa massue; sa peau de lion est jetée sur son bras; dans sa main gauche il tient une branche de *myrte*, symbole de l'initiation; sa tête est ceinte d'un *strophium*; une large *bandelette* brodée est suspendue au-dessus de lui, semblable à celle que lui présente une *prêtresse de Cérès*, qui tient une lance renversée. (D'autres voient ici *Arété*, la Vertu personnifiée, avec ou sans allusion à la fable célèbre d'*Hercules in bivio*, entre la Vertu et la Volupté. Nous serions tentés, avec notre ami, M. Panofka, d'y reconnaître *Minerve* récompensant par l'initiation aux mystères son héros favori, au terme de ses travaux, d'autant plus que la déesse est fréquemment représentée sous des traits analogues, dans les peintures de ces vases de l'Apulie, d'un style moderne.) Voy. tom. II, p. 201 coll. 198. — Millin, *Peint. de vases*, II, 71.

678 (CLXXIV). *Hercule*, assis sur un rocher, couvert de la peau de lion, tient un *prochous* et a devant lui un *trépied*, symbole de son apothéose (ou plutôt d'expiation); sa massue est dans le champ, où on lit le nom de *Crotone*, ville où fut frappée cette médaille. Tom. II, pag. 177, 202, 205. — Acad. des Inscript. et Belles-Lettres, I, pag. 235. Compar., outre la figure suivante, *Hercule* enlevant le trépied d'*Apollon*, fig. 280, ci-dessus, et la réconciliation du héros avec les dieux de Delphes, 682 a, ci-après.

678 a (CLXXX bis). *Hercule*, assis comme ci-dessus, et tenant un vase de même genre, pose son pied droit sur un corps arrondi, qui paraît être l'*Omphalos* de Delphes (compar. fig. 280, 280 c, 836, 836 a); dans le champ on voit l'arc et la massue, et on lit le nom ΚΡΟΤΩΝΙΑΤΑΝ. — H.-D. de Luynes, *Choix de médailles grecques*, pl. IV, 2, coll. 3.

679 (CXCI). Apothéose d'*Hercule*. Le héros, qui vient de retrouver la jeunesse sur le bûcher de l'OEta, est assis dans le *quadrige* de Minerve, en compagnie d'*Iris* ou plutôt de *Nicé* (la Victoire) ailée, qui tient les rênes; il a la tête ceinte d'une bandelette et d'une couronne de myrte; il porte dans une main la massue, pose l'autre sur l'*antyx* (la rampe) du char, et sa chlamyde flotte au gré du vent. *Hermès* ou Mercure, couronné de myrte, vêtu également d'une chlamyde retenue par une agrafe sur sa poitrine, et le caducée en main, précède à grands pas les chevaux qu'il conduit; son pétase flotte derrière sa tête. En face de lui est assis *Apollon Daphnéphore*, couronné de même, et prêt à accueillir son frère Hercule devenu immortel; le personnage qu'on aperçoit à l'extrémité opposée, paraît être *Jupiter*, leur père commun; dans le fond est le *portique* d'un temple, symbole du culte réservé au divin héros. Dans le plan inférieur, on voit le *bûcher* enflammé, avec le *tronc* non encore consumé d'Hercule : à droite *Pœas*, ou *Philoctète*, son fils, coiffé du piléus, vêtu de la chlamyde, tenant deux lances dans la main gauche, fuit, après avoir mis le feu au bûcher, en emportant le *carquois* d'Hercule; à gauche, une *Nymphe*, en qui semble personnifiée la source du ruisseau *Dyras*, portant une tunique longue brodée et un court péplus par-dessus, verse de l'eau d'une hydrie sur les flammes pour les éteindre. Tom. II, p. 204 et 689.
— GERHARD, *Ant. Bildwerke*, I, *Taf.* XXXI.

680 (CLXXXVII). *Jupiter* est assis sur un socle au bas duquel on lit son nom (IOVEI), et de sa main droite il cherche à rapprocher *Junon* d'*Hercule*, dont il va prendre la main. Junon (IVNO) tient dans une main une branche d'olivier, et appuie l'autre sur l'épaule de Jupiter; entre eux est un hermès de *Sérapis* (?). *Hercule* (HERCELE, rétrograde) tient d'une main sa massue et sa chlamyde; il étend l'autre vers Jupiter, qui va la mettre dans celle de Junon réconciliée avec lui. Tom. II. p. 204 sq., 558, 591, etc. — Miroir étrusque. LANZI, *Saggio*, II, VI, 3.

681 (CXCIII). *Hercule*, coiffé et vêtu de la peau de lion, appuyé sur la massue, présente à *Jupiter* assis, couronné de laurier, et tenant un grand sceptre terminé par un oiseau, la *corne d'Achéloüs*, devenue la *corne d'abondance*; près du dieu, et la main ap-

puyée sur le dossier de son siége, est debout *Junon*, coiffée d'une stéphané d'où tombe un grand voile ; elle paraît réconciliée avec Hercule. (Nous voyons ici *Aïdoneus* ou *Jupiter-Pluton*, et *Dioné-Proserpine* ou *Junon infernale*, son épouse : compar. fig. 555.) Tom. II, p. 204 sq., 544 ; tom. III, p. 68, et surtout 538. — Peinture de vase. Tischbein, IV, 25.

681 *a* (CXC). Statue d'*Hercule*, vainqueur d'*Achéloüs* (526, 526 *a* et *b*), dont il tient la *corne* ; dans l'autre main, qui est restaurée, il avait probablement une *patère* (au lieu des *pommes*) pour offrir une libation à Jupiter. *Ibid.* — *Mus. Pio-Clem.*, II, 5.

681 *b* (CXC *bis*). *Hercule* brandissant sa massue de la main droite, de la gauche portant son arc en avant, attaque *Achéloüs* (ΛΧΕΛΟ.Σ), représenté sous la forme d'un taureau à face humaine avec une longue corne ; auprès, un arbre. *Ibid.* compar. fig. 526, 526 *a* et *b*. — Amphore à figures rouges, publiée dans les *Annales de l'Inst. archéol.*, tom. XI, *tav. d'agg.* Q., qu'il faut rapprocher du beau vase avec le même sujet, donné antérieurement par M. Millingen dans les *Transactions of the roy. Soc. of Litterat.*, II, 1, et de celui qui est décrit dans de Witte, *Cat. étr.*, p. 48 sq.

682 (CLXXX). *Hercule* (herkle, en caractères archaïques), jeune quoique barbu, avec la massue et la peau de lion, est présenté par *Minerve* (menrfa, rétrograde), sans autre arme que l'égide, et tenant peut-être une branche de laurier qu'on aperçoit, à *Hébé* nue, parée d'un diadème et d'un collier, qui semble s'appuyer sur l'épaule de la déesse ; le héros regarde avec admiration l'épouse toujours jeune et toujours belle avec laquelle il va s'unir, en présence d'*Apollon Daphnéphore* assis, et de sa sœur *Artémis* ou *Diane*, qui tient un anneau. Autour de cette scène, et disposés circulairement, selon la forme du miroir, sont des groupes d'*animaux féroces*, réels ou fabuleux, qui terrassent et dévorent des *animaux paisibles* ; sur le manche, on voit un *vieux Satyre* accroupi, avec un pédum à la main. Tom. II, p. 204 coll. p. 126 sq. ; tom. III, p. 135 sq. — Miroir étrusque, d'après Micali, *atlas, tav.* 49.

682 *a* (CXC*bis*). *Hercule*, vêtu de la peau de lion, portant la massue sur son épaule, le carquois à son côté, l'arc dans sa main,

est précédé de *Minerve*, tenant son casque en avant et sa lance renversée, en signe de paix, et suivi d'un personnage de femme que l'on peut prendre pour sa mère *Alcmène*, mais qui peut être aussi bien *Junon*. A la rencontre de ce groupe qui s'avance, marche un autre groupe plus nombreux; et d'abord, en face de Minerve, *Apollon*, qui a quitté l'arc pour la cithare, puis sa sœur *Diane* avec l'arc, le carquois et la biche, et leur mère *Latone*, tous trois suivis de *Mercure*, dieu médiateur, et de trois femmes qui, se tenant par la main, laissent aisément reconnaître en elles les trois *Grâces*, ministres de paix et d'union (fig. 250 n). Nous voyons donc ici, avec O. Müller, la *réconciliation d'Hercule et des dieux de Delphes*, après la scène du trépied enlevé (fig. 280), et celle de la capture de la biche (657, 672, 321); plutôt que les *noces d'Hercule et d'Hébé* (fig. précéd.), avec Panofka; moins encore, avec Gerhard et Welcker, le cortège qui conduit *Vénus nouvellement née* vers l'Olympe. Tom. II, p. 155, 204 sq. — Bas-relief, de style ancien, d'un puteal, trouvé à Corinthe. Dodwell, *Alcuni Bassiril. della Grecia*, pl. 2-4, coll. Gerhard, *Ant. Bildw.*, Cent. I, pl. 14-16, et les *Annal. de l'Inst. de corresp. archéol.*, vol. II, pl. F, p. 145 et p. 328.

683 (CXCII). La *réconciliation* et *l'apothéose d'Hercule*, représentées sous une forme nouvelle, où le héros est mis en rapport avec les cultes d'Apollon et de Bacchus à la fois, dans les deux scènes de ce remarquable bas-relief. Celle d'en bas montre la *Victoire* ailée (*Hébé*, selon O. Müller), versant le breuvage d'immortalité dans une grande coupe que tient avec elle une *prêtresse* (celle de Junon, suivant O. Müller; suivant Panofka, *Junon* elle-même), qui porte un flambeau dans la main gauche; entre elles est un *autel* sur lequel brûle le feu sacré, et que décorent en bas-relief les figures d'un citharœde et d'un chœur de danseuses; derrière la prêtresse on voit *Hercule*, presque entièrement nu, la chlamyde rejetée sur son épaule, la tête ceinte d'une couronne torse, particulière aux athlètes, étendant son bras droit, dont la main tient une coupe, pour recevoir le breuvage; devant lui est le *trépied* d'Apollon, posé sur une base qu'une inscription couvre (compar. fig. 678); des deux côtés de cette scène s'élèvent deux *stèles* ou deux co-

lonnes, portant d'autres inscriptions, commémoratives des hauts faits qui ont valu à Hercule son immortalité. Tout semble annoncer que nous sommes ici dans le temple d'Apollon Isménien à Thèbes, et peut-être le trépied est-il celui qu'avait jadis consacré Amphitryon, dans la cérémonie où le jeune Hercule remplit l'office de daphnéphore. L'autre scène nous transporte dans l'Olympe, ou plutôt dans une sorte de paradis terrestre, où nous retrouvons *Hercule*, parvenu au terme de ses travaux, se reposant, comme dit l'inscription (ΗΡΑΚΛΗΣ ΑΝΑΠΑΟΜΕΝΟΣ), dans la société des joyeux compagnons de Bacchus. Le héros, désormais à l'abri des atteintes de l'âge et du malheur, figuré sous les mêmes traits que dans la scène précédente, mais avec des proportions colossales, est à demi couché sur la peau de lion, qui sert également de tapis aux personnages de son cortége. Il s'appuie sur le coude gauche, dans une attitude caractéristique, que pour cette raison le cynique Alcidamas affecte d'imiter dans Lucien, et il pose son bras droit sur sa tête, également en signe de repos (fig. 277); dans sa main gauche il tient l'énorme coupe (le *scyphus*) qualifiée d'*herculéenne*, et qui lui est propre, ainsi qu'aux Centaures. Pendant qu'il retourne vivement la tête, vers un groupe de *Satyres* trop empressés auprès de la femme placée à sa droite et qui paraît vouloir se défendre au moyen d'une lance, un autre *Satyre*, jeune, plonge sa face dans la vaste coupe, en présence d'un *vieux Satyre* et d'une *Ménade*, qui rient de son espièglerie, et semblent avec des gestes moqueurs lui promettre le secret, en même temps qu'ils expriment la crainte de voir Hercule se retourner. Les noms de la plupart des personnages de cette troupe bachique ont péri en partie ou en totalité; mais, à en juger par ceux d'ΕΥΡΩΠΗ et d'ΙΤΑΛΟΣ, qui sont parfaitement conservés, on peut croire que tous ces personnages représentaient les contrées qu'Hercule avait visitées ou qui lui rendaient un culte; peut-être même l'une des deux femmes figurait-elle l'*Asie*, ou plutôt la *Libye*, comme l'autre l'*Europe*. Ajoutons que cette scène, quoique traitée dans l'esprit du culte dionysiaque, semble faire allusion au mythe d'Hercule *Mélampyge* (le héros, en effet, tourne le dos) et des insolents *Cercopes*. Au bas du monument on lit une inscription qui se traduit : *Admata, prêtresse de Héra* (Junon) *Argienne, fille d'Eurysthée et d'Admata, fille d'Amphidamas, pendant* 58 *ans ;* c'est-à-dire que la date de l'apothéose d'Hercule, objet de ce monument, est fixée par l'inscription à la 58ᵉ année du sacerdoce d'Adméta. Voy. tom. II, p. 180-185, 204 sqq., 284, coll. 126 sqq. Compar. les fig. suiv. — Bas-relief de stuc passé du Musée Farnèse dans la villa Albani. Zoëga, *Bassiril.*, LXX, dont nous avons en grande partie réformé l'explication, ainsi que celle de Millin d'après lui et d'autres.

683 *a* (CLXXV). *Hercule* colossal est couché sur sa peau de lion ; un *jeune Satyre*, monté sur une échelle, se penche dans le *scyphus* de grandeur démesurée, que tient le héros. T. II, p. 184. Comp. fig. précéd.— Guattani, *Mon. ant.*, ann. 1786, XLIX.

683 *b* (CLXXXVIII). *Hercule*, armé de son arc et de sa massue, coiffé du muffle du lion, dont la peau lui sert à la fois de chlamyde et de bouclier, poursuit un *Satyre* aux oreilles pointues, à la queue de cheval, qui lui a enlevé son *carquois*, sans doute pendant qu'il succombait à l'ivresse. *Ibid.* et t. III, p. 135 sq.— Tischbein, III, 37. Compar. Millingen, *Vases de div. collect.*, XXXV.

683 *c* (CXC *bis*). *Hercule Mélampyge*, entièrement nu, porte à Omphale les *deux Cercopes* captifs, suspendus à un bâton de charge, et caractérisés seulement par leurs cheveux frisés. T. II, p. 180, 181 sqq.— Métope du temple du milieu sur l'acropole de Sélinunte, du même style archaïque que celle dont il est fait mention plus haut, p. 263. Serradifalco, *Antich. di Sicil.*, II, *tav.* XXV.

684 (CLXXXIX). *Hercule* porte sur ses épaules *Jupiter*, qui paraît ivre et tient un grand *rhyton* ; ils sont tous deux couronnés de laurier et semblent revenir d'un banquet. (N'est-ce pas plutôt la *corne d'abondance* que tient Jupiter, absolument comme dans la peinture de vase, 681 ci-dessus, sans doute avec allusion à l'Achéloüs ? Peut-être aussi Hercule lui fait-il ici passer l'eau, comme sur un autre vase, dans Gori, *Monum. etr.* II, 159, et Passeri, *Pict. etr.*, t. II, 104. Voy. tom. II, p. 544, III, p. 538.) — Peinture d'une coupe. Millin, *Peint. de vas.*, II, 10, coll. Böttiger, *Mytholog. Beitrag zur Methyol.*, I (*Kleine Schrif-*

ten, I, p. 367 sqq.), et Millingen, *Vas. de div. coll.*, pag. 56.

685 (CXCIV). Patère d'or dont le fond représente un *défi entre Hercule et Bacchus*, à qui boira davantage ; ils sont assis, le dernier sur un siége élégant, l'autre sur sa peau de lion ; sa massue est appuyée contre le rocher ; il tient dans une main un *canthare* qu'il va vider, et de l'autre il appuie son corps déjà chancelant. *Bacchus* tient un *thyrse* et un *rhyton* ; il est couronné de pampre et de lierre ; à ses pieds est sa *panthère* ; à sa droite un *jeune Satyre* qui joue de la double flûte ; derrière, on voit le vieux *Silène*, dont le front chauve est ceint de pampres. Plus loin, et en arrière de Bacchus et d'Hercule, sont trois *Bacchantes* également couronnées de pampres, et dont celle de gauche, qui tient une *férule* (ou un thyrse), peut passer pour *Méthé*, l'ivresse personnifiée ; entre les deux autres on aperçoit *Pan*, reconnaissable à sa figure grotesque et à ses cornes de bouc, aussi bien qu'à la syrinx dont il joue. — Le bas-relief circulaire offre le *triomphe de Bacchus sur Hercule* : les trois *Génies bachiques*, à gauche, qui placent des raisins dans un panier, indiquent le commencement du cortége (*thiasos*) ; une *Bacchante* qui joue des cymbales, qu'elle élève par-dessus sa tête, ouvre la marche ; vient ensuite un *Bacchant* (ou *jeune Satyre*) qui tient un thyrse dans sa main gauche, et de l'autre les rênes d'un *chameau*, sur le dos duquel est *Silène*, ivre, auquel une *Bacchante*, qui tient dans une main une canne de férule (*narthex*), présente de l'autre à boire dans un *canthare* ; entre les jambes du chameau est un *rhyton* renversé ; deux jeunes *Bacchants* suivent, tenant chacun un *pédum* et une grappe de raisin ; la *Bacchante* qui vient après joue des cymbales, et regarde, aussi bien que le *Bacchant* qui l'accompagne, armé d'un pédum, un *Pan* qui a laissé tomber le sien et qui combat à coups de tête contre un *bouc* ; une *Bacchante* vêtue d'une tunique, et qui tient une tige de férule, est près du Pan, dans l'attitude de la danse ; un vieux *Bacchant* (ou *Satyre*) joue de la syrinx, et la *Bacchante* qui suit danse en faisant résonner des cymbales ; un jeune *Bacchant*, ceint d'une nébride, et qui tient un pédum, précède un chariot bas (*plaustrum*), chargé d'un panier (*canistrum*) rempli de raisins, qu'un autre *Bacchant* soutient et

qui est traîné par deux *boucs*. Plus loin, une *Bacchante* dansant, à demi vêtue de son péplus que le vent enfle autour de sa tête; d'un côté, un *Bacchant* ou *Satyre*, qui joue de la double flûte; de l'autre côté, un second *Satyre* tenant un pédum et qui paraît admirer la danseuse. Le groupe suivant représente *Hercule* couronné de pampres, nu, ivre et chancelant; deux jeunes *Bacchants* le soutiennent par les bras, l'un d'eux portant la massue du héros. Le *char de Bacchus* vient derrière, attelé de deux *panthères*, précédé de *Pan* aux cornes et aux pieds de bouc, qui tient un pédum; on y voit le dieu nonchalamment couché, un thyrse dans une main, l'autre posée sur sa tête en signe de repos; deux *Bacchants*, dont l'un joue de la double flûte, accompagnent le char; un *Bacchant* et une *Bacchante*, tous deux d'une grande beauté (peut-être *Méthé* et *Ampélos*), l'un portant une tige de férule et l'autre un pédum, ferment la marche. Ce bas-relief circulaire est entouré d'une couronne de chêne. — Les seize médailles qui décorent le bord extérieur sont enchâssées dans des couronnes composées alternativement d'écailles de palmier et de fleurons : à commencer par celle qui est au-dessus de Bacchus, et en allant de gauche à droite, elles sont d'*Hadrien*, de *Caracalla*, de *Marc-Aurèle*, de *Faustine-la-Jeune*, d'*Antonin-le-Pieux*, de *Géta*, de *Commode*, de *Faustine-l'Ancienne*, de *Sévère*, et de *Julia Domna*. Sous chacune il y a une inscription pointillée qui en indique la place. Ce monument unique a été trouvé dans les fouilles d'une maison de la ville de Rennes, en 1772; il contenait encore quatre-vingts médailles d'or plus ou moins rares, dont quelques-unes étaient entourées d'ornements en filigrane et attachées avec des chaînes d'or. Quant aux scènes et aux personnages mythologiques qu'il représente, on peut voir tom. II, pag. 283 sq., III, pag. 124 sqq., 135 sqq., 154, 157 sqq., 332 coll. 62, etc.; et comparer, outre les nombreuses planches relatives au cortége dionysiaque, le lectisterne de Bacchus, d'Ariadne et d'Hercule, fig. 457. — Cabinet de la Bibliothèque du roi. MILLIN, *Monum. ant. inédits*, I, 225, dont nous avons reproduit l'explication, sauf quelques modifications légères.

686 (CXC). Tête imberbe et idéale d'*Hercule*, couronné d'*olivier*;

les pattes de la peau de lion sont nouées autour du cou; dans le champ se lit le nom du graveur, *Onesas.* — BRACCI, *Memor. d'ant. Incis.*, II, 89.

586 *a* (CXC). Tête barbue d'*Hercule*, couronnée de *lierre.*—Pierre gravée. *Mus. Florent.*, XXXIV, 8.

587 (CLXXXIX). Trois *Amours* supportent avec peine l'énorme *massue d'Hercule*; un quatrième, placé sur un tertre, la hisse avec effort à l'aide d'une corde, pour la dresser; le cinquième boit dans un vase pour se rafraîchir après un si pénible exercice; le *carquois* et la *peau de lion* du héros sont suspendus dans le champ. Tom. II, p. 665. — Intaille d'une grande beauté. *Mus. Capitol.*, IV, 87.

588 (CLXXXIX). *Hercule*, qui a porté le monde, ne peut porter l'*Amour*; il a fléchi un genou, et il agite en vain sa massue, devenue impuissante. *Ibid.* — Pierre gravée. *Ibid.* Imitation probable d'une troisième statue de Lysippe (voy. fig. 667 et 668), représentant *Hercule* terrassé et spolié par l'*Amour*, statue décrite dans l'Anthologie de Planude, IV, 103.

589 (CLXXIII). *Hercule Musagète*, coiffé de la peau de lion, ayant la massue près de lui, et tenant une *cithare* ou une lyre dont il pince les cordes; on lit dans le champ, HERCULES MUSARUM (*Hercule* conducteur *des Muses*). La face offre en regard la tête d'*Apollon-Roi*, avec l'inscription Q. POMPONIUS MUSA. Souvent aussi on trouve au revers l'une des *Muses* d'Ambracie, transportées à Rome dans le temple élevé à cet Hercule par Fulvius Nobilior. Tom. II, p. 197 coll. 177, et tom. III, p. 199. Compar. encore l'*Hercule de Thasos* à côté de qui est la *lyre*, fig. 220, ci-dessus.— Denier de la famille Pomponia. MORELL., *Fam. rom.*

690 (CXCV). *Hercule* et *Mercure*, protecteurs des chemins et des voyageurs, sont sur un socle placé dans un *trivium*, pour indiquer la route qui conduit à des bains. *Hercule*, couronné de feuillage, portant dans sa main gauche une branche noueuse, qui lui tient lieu de massue, et la peau de lion, fait, avec sa main droite élevée, le mouvement de regarder au loin (503 *a*). *Mercure* est coiffé du pétase ailé; sa chlamyde est retenue sur son épaule gauche par une agrafe; d'une main il tient le caducée,

de l'autre une bourse. Au bas du socle est la figure du fleuve *Ascanius* couché, appuyé sur son urne, d'où l'eau s'écoule; il tient un roseau, et sa tête est ceinte d'une bandelette. A gauche, on voit le groupe des trois *Grâces*, nues, entrelaçant leurs bras, et dont deux tiennent des épis; à droite deux *Nymphes* du fleuve qui enlèvent *Hylas*, favori d'Hercule, pendant qu'il y va puiser de l'eau pour rafraîchir les Argonautes (641); il est vêtu d'une ample chlamyde, et il porte un vase à la main. Auprès du simulacre de Mercure, on lit une inscription acclamatoire, qui se traduit: *Boniface, prêtre, vivez*, et qui vient de quelque voyageur reconnaissant. L'autre inscription, officielle, qu'on lit au bas, signifie: *Epitynchanus, affranchi et officier de la chambre de Marc-Aurèle César, a rétabli ce trivium*, en l'honneur des *fontaines et des nymphes très saintes, pour l'accomplissement d'un vœu*. Voy. tom. II, p. 192, 348 et 689, III, p. 390; et compar., outre les monuments précités, fig. 500 et suiv., 410-412 *a*, avec l'explicat. — *Mus. Capitol.*, IV, 54.

691 (CXC). La *Monnaie* personnifiée (*Moneta, Juno-Moneta*) tient dans sa main droite une balance et dans l'autre une corne d'abondance; devant elle est un tas de *monnaies*; *Jupiter*, placé à sa droite, tient le sceptre et le foudre; *Hercule*, à sa gauche, s'appuie sur la massue, et porte une des pommes d'or du jardin des Hespérides; l'inscription doit se traduire: *la Monnaie à Jupiter et à Hercule Augustes*. On sait que *Dioclétien* et *Maximien*, son collègue à l'empire, se faisaient représenter sous les traits de Jupiter et d'Hercule, et qu'ils avaient pris les surnoms de *Jovien* et d'*Herculéen*. Tom. II, p. 623 sq. Compar. fig. 275 *c*. — Médaillon de Maximien. BUONARROTI, *Med. ant.*, XXXI, 5.

692 (CLXXXIX). *Hercule*, debout, entièrement nu, tenant d'une main la massue qu'il va quitter, de l'autre une hydrie, puise de l'eau à une fontaine sortant d'un rocher; auprès est tracé le mot AIONA, qui, en le lisant de droite à gauche, signifie *démence*, et, de gauche à droite, *arrose*. (Nous voyons ici une des formes de l'*expiation* d'Hercule après ses fureurs, qu'il faut rapprocher des autres formes 678 et 683 ci-dessus.) Tom. II, pag. 202. — MILLIN, *Pierres grav. inéd.*

693 (CLXXV). *Hercule*, debout et nu, s'appuie de la main droite

sur sa *massue*, dans la gauche tient les *pommes* du jardin des Hespérides (665 c, 667, 668), par-dessus lesquelles la *peau de lion* retombe de son bras; à sa droite est son *carquois*, qui renferme son *arc* et ses *flèches*; de l'autre côté est un *cratère*, et auprès un *porc*, dont le corps est ceint d'une large bande, comme les animaux destinés aux sacrifices : ce vase et ce porc sont des symboles de la *déification* d'Hercule et du culte qu'on lui rendait. Tom. II, p. 204 sqq. Compar. la fig. suiv.— Fronton d'un petit temple à Tibur. *Mus. Pio-Clem.*, IV, 42.

694 (CLXXXIX). *Hercule* est sur le *porc* qu'on lui offrait en sacrifice; il tient d'une main la *massue* avec laquelle il a accompli ses travaux, de l'autre un *canthare*, symbole de son culte. *Ibid.* Compar. la fig. précéd.—Pierre gravée. *Mus. Flor.*, I, xxxix, 3.

695 (CXCIII). *Hercule*, couvert de la dépouille du lion de Némée, portant son carquois et accroupi sur un rocher, pêche avec une ligne attachée à un bâton (la forme de cet instrument se rapproche de celle qu'affecte quelquefois la *harpé*, par exemple, 613 b). *Mercure* barbu, coiffé d'un pétase sans ailes, vêtu d'une chlamyde, et chaussé de bottines, est assis en face du héros et pêche également avec son *caducée*. Derrière Hercule se voit *Neptune*, barbu et vêtu d'une tunique brodée, recouverte d'un péplus; il saisit un poisson qu'il vient de prendre avec son *trident*. Sur le rapprochement d'Hercule et de Mercure, voy. tom. II, pag. 238, coll. 172, et fig. 216 avec l'explication, pag. 112 ci-dessus. — CHRISTIE, *Disquisit. upon Etrusc. Vas.*, XII, 70.

696 (CXCVI). *Égée* paraît consoler *Æthra*, qui s'afflige d'être devenue mère; il tient *l'épée* qu'il doit cacher, pour qu'elle devienne entre les mains de son fils le signe de sa naissance; il appuie un pied sur un tronçon de colonne. Le jeune *Thésée*, dans l'autre partie du bas-relief, lève, en présence des habitants de Trézène, étonnés de sa force, la pierre énorme qui couvrait *l'épée* et les *chaussures* qu'Égée avait placées dessous. Voy. tom. III, p. 499, 527, et la note 8 sur le livre VIII, dans les éclaircissements du même tome. Compar., pl. CCXXII (107), *Æthra*, dans sa vieillesse, ramenée de Troie par ses deux petits-fils *Acamas* et *Démophon*, telle qu'elle se trouve aussi sur les

vases (tom. III, pag. 531). — Winckelmann, *Monum. ined.*, 96, coll. Combe, *Num. Mus. Brit.*, VI, 16.

697 (CXCVII). *Thésée* est vêtu d'une chlamyde retenue par une agrafe, coiffé d'un pétase couronné d'olivier et attaché sous son menton par une courroie; son épée est suspendue à son côté, et il tient dans sa main gauche deux lances; de la droite, il courbe une des plus longues branches de l'arbre qui est l'objet du défi que lui a proposé *Sinis*, surnommé *Pytiocamptes* (courbeur de pins), à cause de sa force et de son adresse dans ce genre d'exercice. *Sinis* courbe une autre branche; il est nu et barbu, et il a la tête ceinte de pin. Derrière Sinis est debout *Neptune Isthmius*, protecteur de l'isthme de Corinthe, où la scène se passe (et père divin de Thésée); il est couronné de pin, arbre qui s'y trouvait en abondance (fig. 626-627), vêtu d'un péplus, et tient un sceptre terminé par un fleuron. Même tome, *ibid.* — Millin, *Peint. de vas.*, I, 34.

698 (CXCIX). *Thésée* va plonger son épée dans le sein de *Sinis*, qu'il tient par la tête; il est coiffé du pétase; sa chlamyde est jetée sur son bras gauche, et le baudrier de son épée est suspendu sur son épaule. *Sinis* porte une barbe épaisse; il est vêtu d'une peau bordée de feuilles de pin; près de lui est le *pin* qu'il défiait ses hôtes de courber, et dont les branches ont été rompues dans la lutte qu'il vient de soutenir contre Thésée. *Ibid.* Compar. la fig. précéd. — Tischbein, *Engravings*, I, 6.

698 a (CXCVIII). *Thésée*, couronné de laurier, remarquable par son air d'extrême jeunesse, saisit *Damastes*, surnommé *Procruste*, auquel il vient d'arracher son *marteau*, et va l'étendre sur le *lit* fatal, pour le faire périr du supplice qu'il lui réservait. L'inscription se rapporte probablement au donataire du vase. *Ibid.* — Millingen, *Vas. de div. collect.*, IX, coll. X.

698 b (CCXXV). *Égée* arrache de la main de *Thésée*, qu'il reconnaît comme son fils, la coupe empoisonnée qu'il lui avait servie par le conseil de *Médée*; il regarde avec colère la magicienne debout derrière Thésée, et qui, tenant un vase, semble attendre avec anxiété le résultat de cette scène; les deux *femmes* placées de l'autre côté témoignent leur surprise. Tom. III, p. 499. — Combe, *Terracott.*, pl. XII, 20, monument qui donne son vrai

sens au fragment publié par Winckelmann, *Mon. ined.*, 127, et communément expliqué par *Machaon* et *Eurypyle*.

699 (CXCVII). *Thésée* a dompté le *taureau de Marathon*, auquel il a fait courber la tête devant *Minerve*, protectrice d'Athènes, et qu'il entraîne avec des cordes; dans la main droite, il porte sa massue; sa tête est ceinte d'une bandelette. La *Victoire*, balancée sur ses ailes au-dessus du taureau, présente au vainqueur une autre bandelette, comme un signe de son triomphe. *Minerve* est assise et appuyée sur son bouclier; dans sa main droite elle tient une lance; son casque est surmonté d'une aigrette et entouré d'une couronne d'olivier; elle est vêtue d'une tunique longue et d'un ample péplus. A l'extrémité opposée, on voit le vieil *Égée* s'appuyant sur un bâton. *Ibid.* — Millin, *Peint. de vas.*, I, 43. Ce combat de Thésée et sept autres, parmi lesquels ceux contre *Sciron* et contre la *laie de Crommyon*, sont représentés sur les métopes subsistantes du temple de Thésée, conjointement avec les travaux d'Hercule: voy. Stuart, *Antiq. of Ath.*, vol. III, ch. I, pl. XII, 7-10, et XIII, 11-14. C'est une raison de plus pour rapprocher du tableau actuel une autre peinture de vase publiée et savamment interprétée par M. Creuzer (*Annal. de l'Instit. de corresp. archéol.*, tom. VII, pag. 92-111 et pl. addit. C, 2), où l'on voit *Hercule*, assisté de *Minos*, domptant le *taureau de Cnosse*, le même que celui de Marathon, et le soumettant au joug, en qualité de *Bouzygès*, sujet traité dans le style du drame satyrique.

700 (CXCVIII). *Dédale*, vêtu d'une courte tunique, coiffé du piléus ou bonnet d'ouvrier, est assis sur un siége, tient dans la main une scie, et de l'autre caresse le *taureau*, qui va lui servir de modèle pour fabriquer la génisse de bois que *Pasiphaé* lui a demandée; cette princesse est voilée et vêtue d'une longue tunique. Voy. tom. III, p. 481-490. Compar. la fig. suiv. — Winckelmann, *Mon. ined.*, 94.

701 (CCI). Le sujet de ce bas-relief est partagé en trois scènes. *Pasiphaé*, assise, et accompagnée d'un *Amour* ailé, ordonne à un *bouvier*, placé devant elle, de lui amener le taureau blanc, objet de son infâme passion; l'entretien a lieu dans un palais, indiqué par le voile suspendu au-dessus. Plus loin, au centre,

on voit *Dédale* debout, coiffé du piléus ; il travaille à la *vache* que Pasiphaé lui a demandée, et il est aidé par un *compagnon*, qui façonne encore un des pieds avec un marteau ; près de lui se retrouve le *bouvier* de la reine, appuyé sur un long bâton, et paraissant hâter le travail de Dédale. A droite, la *génisse* est terminée et placée sur un plancher garni de roues ; une échelle appliquée contre, doit servir pour y monter et pour s'y renfermer ; l'homme qui est à côté est encore le *bouvier*, confident de Pasiphaé : cette princesse, dont la tête porte un voile, est conduite vers cette machine par un *Amour* sans ailes ; sa *nourrice* ou une de ses femmes l'accompagne. Le bâtiment qu'on voit dans le fond est probablement le *labyrinthe*, dont l'entrée est taillée dans le roc. Même tom., *ibid.*, et p. 493 sq. WINCKELMANN, *Monum. inéd.*, 93.

702 (CXCVIII). *Dédale*, après avoir fabriqué des ailes à son fils *Icare*, en fabrique aussi pour lui-même ; il est assis sur un siége sans dossier, devant une table, sur laquelle il pose l'aile qu'il travaille avec un marteau qu'il tient de la main droite ; l'autre aile, terminée, est posée à terre. Icare a déjà ses ailes attachées avec deux bandes qui se croisent sur la poitrine ; il s'appuie sur une pyramide. Le mur du fond indique la prison du labyrinthe. *Ibid.*—WINCKELMANN, *Mon. inéd.*, 95.

703 (CC). *Icare*, après sa terrible chute, est étendu sur le rivage ; une de ses ailes est à ses pieds ; un *pêcheur*, assis sur un rocher, est le seul témoin de cette scène. Quant à *Dédale*, soutenu par ses ailes, il plane dans l'air au-dessus de la mer, sur laquelle on voit une *barque* montée par deux hommes qui tiennent chacun une rame ; un *pavillon* est placé sous les branches d'un arbre au sommet d'un rocher (peut-être pour indiquer le labyrinthe). *Ibid.*—*Pitt. d'Ercol.*, IV, 63.

704 (CXCIX). *Thésée* a fait fléchir un genou au *Minotaure* ; il appuie le bras gauche sur sa tête, qu'il a saisie par une de ses cornes, et lui enfonce son épée au défaut de l'omoplate. Le *Minotaure* est figuré avec la tête d'un taureau unie au corps d'un homme, ici entièrement velu, et avec une queue ; dans sa main gauche il tient une pierre qu'il veut lancer à Thésée. Celui-ci est vêtu d'une tunique courte sans manches, avec une bordure en forme de

EXPLICATION DES PLANCHES. 313

vagues; une peau, terminée en pointe vers le cou et vers les jambes, lui sert de cuirasse; son baudrier est suspendu sur son épaule droite; son épée est une lame sans poignée, mais terminée par une traverse recourbée aux extrémités pour arrêter la main; son casque, surmonté d'une large crête, est à ses pieds, que chaussent des brodequins retenus par des bandelettes fixées avec une agrafe; il a, ainsi que les quatre personnages qui l'accompagnent, la tête ceinte d'une bandelette ornée d'une raie en zig-zag. Les deux *jeunes Athéniens* qu'il a délivrés sont nus et tiennent chacun une lance; les deux *jeunes filles* sont vêtues de tuniques longues et étroites avec d'autres tuniques brodées en carreaux et de forme diverse, qui sont serrées par-dessus. Voy. tom. III, p. 500-506, 513-617, *passim*, surtout p. 516. Compar. les fig. suiv. — Vase de style fort ancien, *ouvrage de Taleides*, comme porte l'inscription, et trouvé en Sicile, mais probablement de l'école attique, le sujet étant représenté de la même manière sur un autre vase de cette provenance, appartenant à M. Burgon. MILLIN, *Peint. de vas.*, II, 11, coll. MAISONNEUVE, *Introd. à l'étude des Vases*, pl. 38.

704 *a* (CCXII). Le *Minotaure*, sous la forme humaine, avec une tête de taureau, a fléchi le genou devant Thésée (fig. précéd.); dans sa main droite il tient un corps rond qui paraît être une pierre qu'il allait lancer au héros. Au revers, on voit le *labyrinthe*, composé de quatre échiquiers disposés en croix sur un fond noir. *Ibid.* — Médaillon d'argent de la ville de Cnossus en Crète. BARTHÉLEMY, *Essai d'une paléogr. numism.*, *Mém. de l'Acad. des Inscript.*, XXIV, p. 47, n°s 6 et 7.

704 *b* (CCXII). Le *labyrinthe*, formé de plusieurs lignes courbes entrelacées : on lit autour ΚΝΩΣΙΩΝ, monnaie *des Cnossiens*. T. III, p. 493, 505, 516. — Médaille d'argent de Cnossus. CHISHULL, *Antiq. asiat.*, p. 127.

704 *c* (CXCIX *bis*). *Thésée*, nu et barbu (?), tenant la massue dans sa main droite, saisit de la gauche par une de ses cornes le *Minotaure*, homme à tête de taureau, qu'il a terrassé, et sur le corps duquel il appuie son genou. Tom. III, pag. 515 sq. Compar. les fig. précéd. et suiv. — Médaille *des Athéniens*. PELLERIN, *Recueil*, I, pl. 22, 7, coll. COMBE, *Num. Mus. Brit.*, VI, 18-21.

704 *d* (CXCIX *bis*). Figure debout, composée du corps d'un *homme* avec la tête d'un *taureau*, portant dans une main un roseau, et dans l'autre ce qu'on a pris pour une pierre (fig. 704, 704 *a*), mais ce qui paraît être une patère; une courte chlamyde rejetée en arrière pend sur ses deux bras. On a vu dans cette figure, comparée aux précédentes, le *Minotaure*; mais si on la rapproche de la fig. 526 *a*, décrite p. 217, coll. 216, ci-dessus, et qui représente le fleuve *Achéloüs*, on sera convaincu avec nous de l'identité des deux sujets. Quant aux figures composées à l'inverse d'une tête humaine avec un corps de taureau, si fréquentes sur les médailles de la Campanie et de la Sicile, et que l'on rapportait également autrefois au *Minotaure*, elles n'ont rien de commun avec ce monstre, mais, pour la plupart, représentent aussi des fleuves, à commencer par *l'Achéloüs*. Du reste, *Achéloüs* lui-même et le *Minotaure*, combattant l'un contre *Hercule*, l'autre contre *Thésée*, se correspondent sur les deux faces du vase décrit par M. DE WITTE et mentionné plus haut, p. 301. Voy. tom. III, p. 515 sqq., coll. fig. 526 *b*, 464, 465, 465 *a*, et p. 192 sq. ci-dessus. — Médaille de Métaponte. MAGNAN, *Lucan. numism.*, pl. 34, 3.

704 *e* (CXCIX *bis*). A la face, la tête de *Thésée*, nue et imberbe, caractérisée par la *massue* qui se voit derrière l'épaule; au revers, le *boucrane*, allusion au sacrifice du taureau, et peut-être aussi au Minotaure, avec les initiales AΘE. Tom. III., pag. 506 sqq. — Médaille d'Athènes. COMBE, *Mus. Hunter.*, XII, 8, coll. *Num. Mus. Brit.*, VI, 22, 23.

704 *ee*^g (CXCIX *bis*). Le *Boucrane*, couronné d'une bandelette avec une guirlande, en commémoration du sacrifice du taureau, au revers de la tête de *Pallas-Athéné. Ibid.*—Cab. de la Biblioth. r.

704 *f* (CXCVI). *Talos*, TAΛΩN, ou *Taurus*, gardien merveilleux de l'île de Crète, marche à grands pas, les ailes et les bras étendus, tenant des pierres dans ses mains; au revers, le *taureau cornupète* et les initiales ΦΑΙΣ. Voy. tom. II, p. 547, III, 515, et la note 4 dans les Éclaircissements du livre VI. — Médaille de *Phæstus*. DUMERSAN, *Cabin. Allier de Hauteroche*, pl. VII, 5. *Cf.* CAVEDONI, dans les *Annales de l'Instit. de corresp. archéol.*, tom. VII, pag. 154 sqq.

704.g (CXCVI). *Velchanos*, ΓΕΛΧΑΝΟΣ, ou *Jupiter-Vulcain* (autre forme, plus grécisée encore, du *Baal - Moloch* de Phénicie, aussi bien que le *Minotaure*), nu, imberbe, assis dans l'*antre Idéen*, avec le *coq* sur ses genoux; au revers, le *taureau cornupète* et l'inscription ΦΑΙΣ pour ΦΑΙΣΤΙΟΝ. Tom. II, *ibid.*; III, *ibid.*, et pag. 704 sqq., 709, avec les notes 4 sur le livre VI et 16 sur le livre VIII dans les Éclaircissements. — Médaille de Phæstus en Crète, savamment expliquée par le P. Secchi dans une dissertation publiée à Rome en 1840. *Cf.* Raoul-Rochette, dans le *Journal des Savants*, septembre 1841.

705 (CXCVI). *Thésée* est nu et d'une haute stature; sa chlamyde est jetée sur son épaule gauche; il porte une massue noueuse; à un doigt de la main gauche, il a un anneau. Les *jeunes Athéniens et Athéniennes*, qui devaient être les victimes du Minotaure, l'entourent et lui témoignent leur reconnaissance; l'un d'eux lui baise la main droite; d'autres sont encore à la porte du *labyrinthe*. Le *Minotaure* est étendu aux pieds de Thésée; il a toutes les formes humaines, excepté la tête qui est celle du taureau. La figure assise sur une élévation, tenant d'une main un arc et une flèche, et portant le carquois sur le dos, peut être regardée comme *Diane*, protectrice du héros (ou divinité locale de la Crète). Tom. III, p. 501 sqq. — *Pitt. d'Ercol.*, I, 5. Compar. une mosaïque du pays des Marruccini, dans Allegranza, *Opusc. erud.*, pl. IV, n° 5, p. 232.

706 (CXCIX). Peinture divisée en trois scènes. A gauche, on voit *Ariadne* présentant à *Thésée* le *peloton* de fil qui doit le guider dans le labyrinthe. Au centre, *Thésée* vêtu d'une chlamyde retenue sur l'épaule droite par une agrafe, a la tête ceinte d'un diadème; il tient dans la main gauche une des cornes du *Minotaure*, qui a le corps d'un homme, la tête et la queue d'un taureau, et auquel il a fait plier un genou; il va l'assommer avec la massue qu'il a enlevée à Périphétès. A droite, on retrouve *Ariadne*, à qui *Thésée* a rendu le peloton, en échange duquel elle lui a donné un *strigile* pour nettoyer son corps. Dans cette dernière scène et dans la première, Ariadne a près d'elle un personnage dans une posture suppliante et tenant une branche

de *myrte*, peut-être un *initié*. Tom. III, p. 500 sqq.—Tischbein, I, 25.

706 *a-d* (CXCIX *bis*). Quatre scènes, renfermées dans quatre champs distincts, et représentant les principaux faits de l'histoire mythique de *Thésée* et d'*Ariadne*. Au centre, *a*, on voit le *labyrinthe de Crète* (704 *a* et *b*), dans l'intérieur duquel *Thésée* combat le *Minotaure* (704, 704 *c*). A gauche, *b*, *Thésée* vêtu de la simple chlamyde, comme sont d'ordinaire les héros, et tenant dans sa main une massue de la forme d'un pédum, reçoit d'*Ariadne* le peloton ; la fille de Minos porte un grand péplus, qui laisse à nu toute la partie supérieure de son corps. Au-dessus du labyrinthe, un vaisseau est à l'ancre ; *Thésée* y fait monter *Ariadne* par le moyen d'une planche ; deux *rameurs* sont à leurs rames, aux deux extrémités du navire, et montrent qu'il va partir. Enfin, à gauche du labyrinthe, on retrouve *Ariadne* seule et assise, plongée dans une profonde tristesse, et levant ses regards vers le ciel. Creuzer. Voy. tom. III, p. 500-506.—Mosaïque trouvée près de Salzbourg, maintenant à Vienne, longue de dix-huit pieds et large de quinze, et réduite d'après Creuzer, *Abbildung. z. Symbol. Taf.*, LV, 1.

707 (CC). *Ariadne*, abandonnée par Thésée dans l'île de Naxos, vient de se réveiller ; la partie inférieure de son corps est couverte d'un manteau dont elle relève un pan ; elle a des bracelets au bras, et son cou est paré d'un riche collier. La figure ailée qui est derrière elle, et qui lui montre de loin le vaisseau de Thésée, paraît être *Iris*, et faire allusion à la part que les dieux prennent dans cet événement. Le *vaisseau* est garni de rames et d'une voile ; sa proue se termine en cou de cygne, et la poupe est ornée d'un aplustre ; un gouvernail a été laissé sur le bord de la mer près d'Ariadne. L'*Amour* pleurant indique la douleur d'une amante délaissée. Tom. III, *ibid.*, surtout p. 504, coll. 267 sq. et fig. 452 sqq., 460-461 ci-dessus, 762 *a* ci-après, avec l'explicat. — *Pitt. d'Ercol.*, II, 15.

708 (CCXV). *Thésée* (ΘΕΣΕ) assis aux enfers, ou dans la prison d'Aïdoneus, pour avoir voulu enlever Proserpine, semble réfléchir sur son infortune. Tom. III, p. 529 et 537 sq. — Pierre gravée étrusque. Lanzi, *Saggio*, II, IV, 11. Confér. fig. 737

ci-après, l'indication d'un monument représentant *l'enlèvement d'Hélène par Thésée.*

709 (CXCVII). *Thésée* (ΘΗΣΕΥΣ), nu, coiffé d'un casque à large crête, et armé d'une épée suspendue à un baudrier et d'une lance, combat à pied *Hippolyte* (ΗΠΠΟΛΥΤΗ), reine des Amazones, à cheval, et lui enfonce sa lance dans le sein, au moment où elle vient de lui porter avec la sienne un coup qu'il a paré de son bouclier. *Deinomaché* (ΔΕΙΝΟΜΑΧΗ), autre Amazone, à pied, décoche une flèche à Thésée pour secourir sa compagne; son carquois est suspendu à son côté par une courroie. Les deux Amazones sont vêtues de tuniques de fourrure, ornées l'une d'étoiles et l'autre de plaques rondes, et serrées par une ceinture; Hippolyte porte une cuirasse sur sa tunique, qui est bordée de palmettes; celle de Deinomaché est bordée de méandres; leurs jambes sont couvertes d'anaxyrides de peaux avec des raies en zigzag, leurs chaussures sont attachées avec des cordons; toutes deux sont coiffées de mitres, et leur costume est l'ancien costume scythique. Voy. tom. III, p. 527 coll. tom. II, p. 57 sqq., et la note 9 sur le livre IV dans les Éclaircissements de ce dernier tome. Compar. fig. 662 ci-dessus, et les fig. ci-après; de plus, *Thésée* combattant *Antiope* avec l'aide de *Phalérus*, dans la *Description de quelques vases* de M. le duc DE LUYNES, pl. XLIII, et l'enlevant, de concert avec *Pirithoüs*, dans les *Monum. de l'Instit. archéol.*, I, pl. LV. — Peinture de vase. MILLIN, *Monum. ant. inéd.*, I, 351. L'histoire de *Phèdre* et *Hippolyte*, fils que Thésée eut d'Antiope, se trouve figurée dans ses actes successifs sur le célèbre sarcophage de Girgenti, dessiné par HOUEL, *Voyage pittoresque de Sicile*, tom. IV, pl. CCXXXVIII-CCXL. *Cf.* ZOËGA, *Bassiril.*, XLIX; GERHARD, *Ant. Bildw.*, I, 26.

710 (CCX). Une *Amazone* idéalisée est dans l'attitude de tendre un grand arc, dont elle tient les deux extrémités; son carquois, sans couvercle, est suspendu à son côté gauche; elle est vêtue d'une tunique courte, retroussée sur les hanches, et qui laisse à découvert le sein gauche; autour du pied gauche est une courroie dont la boucle est destinée à tenir un éperon; son casque, son bouclier en forme de croissant *pelta lunata)*, et la

hache à deux tranchants (*bipennis*) sont à ses pieds. *Ibid.* — Statue du Vatican, ici retournée, la gravure n'ayant pas été faite au miroir. *Mus. Pio Clem.*, II, 38.

711 (CCIII). Combat des *Amazones* avec les *Athéniens*. A gauche, une Amazone est tombée sur le genou, et elle lève sa bipenne pour repousser son adversaire qui va lui enfoncer sa lance dans le flanc; un autre guerrier, placé sur un lieu élevé, va percer de sa lance une Amazone qui est au-dessous de lui et qui a laissé tomber son bouclier sur lequel elle appuie le genou gauche; un laurier sépare ce groupe d'un troisième que l'on voit dans le plan inférieur. Là, un guerrier poursuit une Amazone avec sa lance, tandis qu'elle s'apprête à lui porter un grand coup avec son épée qu'elle élève au-dessus de sa tête; une dernière Amazone, à droite, est tombée sur le genou, comme les deux premières, et va recevoir de son adversaire un coup de lance qu'elle n'a pu parer avec son bouclier. Au centre, paraît la *reine des Amazones* dans un char traîné par quatre chevaux impétueux, et conduit par une autre Amazone qui fait les fonctions d'*aurige* (conducteur de char); la reine tient dans sa main gauche deux lances; et de l'autre elle s'appuie sur la rampe antérieure. Les Amazones sont ici presque toutes vaincues; elles ont toutes une tunique courte, peinte ou brodée, et ornée d'une bordure en forme de vagues; elles sont coiffées de la mitre à pendants, et elles paraissent avoir des anaxyrides, car on ne distingue pas les doigts de leurs pieds. La même uniformité règne dans le costume des guerriers grecs, tous vêtus de chlamydes, coiffés de casques, armés de boucliers, de lances et d'épées; ils ne font usage que de leurs lances, et leurs épées sont suspendues à leur côté gauche par un baudrier. Voy. tom. II, *ibid.*, et la même note dans les Éclaircissements. Comp. les deux sujets qui suivent. — Millin, *Peint. de vas.*, I, 56.

712 (CCIV). Cet autre combat des *Athéniens* et des *Amazones* paraît être une imitation de celui que *Phidias* avait représenté au revers du bouclier de sa Minerve. Ce grand artiste serait alors figuré lui-même sous les traits du *vieillard* vêtu d'une chlamyde et coiffé d'un pétase, qui élève de ses deux mains au-dessus de sa tête une énorme pierre dont il va écraser un *guer-*

rier scythe renversé devant lui, et cherchant vainement à se couvrir de son bouclier : les Scythes étaient les auxiliaires des Amazones dans cette expédition. Dans le plan supérieur, derrière le vieillard, à droite, est un *jeune guerrier* dans une attitude très animée; sa chlamyde flotte au gré du vent, ainsi que ses cheveux et le pétase qui tombe derrière sa tête; d'une main il tient son bouclier, avec lequel il vient de parer une flèche décochée par l'*Amazone* placée devant lui, et de l'autre main il va lui porter un coup de lance : ce serait le portrait de *Périclès* que Phidias avait figuré près de lui, de telle sorte que l'on pouvait voir son visage, quoiqu'il le cachât en grande partie derrière son bouclier; le pétase de l'Amazone est aussi posé derrière sa tête, et elle a son carquois sur le dos. Au milieu de cette vaste et belle composition se voit une autre *Amazone* à cheval, vêtue d'une tunique courte comme la précédente, mais ayant par-dessus un péplus qui flotte au gré du vent de même que son pétase; elle porte un coup de lance à un *guerrier* placé au-dessous d'elle et coiffé d'un piléus ou bonnet conique, lequel cherche à parer le coup avec son bouclier. En haut, à gauche (derrière la *reine des Amazones*, car ce doit être elle), un *guerrier*, coiffé d'un bonnet pareil, mais tronqué, vêtu d'une tunique courte et d'une chlamyde retroussée par-dessus, et couvert de son bouclier, attaque un autre *guerrier* vêtu d'une ample chlamyde dont il se fait une défense, et portant un pétase derrière son dos; celui-ci, dont la jambe droite est repliée, va lancer une pierre à son ennemi. Dans le plan inférieur, du même côté, un *guerrier*, presque en tout semblable, paraît fuir; un *héros* placé devant lui (selon nous *Thésée*), portant un casque et une cuirasse sur sa tunique courte, un grand bouclier orné en dedans d'une couronne d'olivier et d'une bordure en forme de vagues, au bras gauche, va percer de l'épée qu'il tient dans sa main droite une *Amazone* renversée, tenant d'une main son bouclier d'osier tressé, et dans l'autre une pierre; ses cheveux épars ajoutent à l'expression de terreur qui est sur sa figure, et son pétase retombe derrière ses épaules. *Ibid.* — Millin, *Peint. de Vas.*, I, 61, dont nous avons quelque peu modifié l'heureuse explication.

713 (CCV). Deux *Amazones* à cheval combattent contre deux *Grecs* à pied; l'une a des anaxyrides mouchetées, une tunique sans manches attachée avec une ceinture, et une peau de panthère ou pardalide jetée par-dessus; elle est coiffée de la mitre; son cheval se cabre devant son adversaire, auquel elle va porter un coup de lance qu'il s'apprête à recevoir sur son bouclier, tandis qu'il la menace d'un javelot qu'elle pare avec sa pelta; la chlamyde et le pétase du guerrier sont jetés sur ses épaules. L'autre Amazone est déjà vaincue; son petit bouclier, orné comme celui de sa compagne, de fleurons et de moulures, est tombé à terre, et elle met son cheval au galop pour s'enfuir; mais le guerrier qui la poursuit, armé d'une lance courte qu'elle cherche à détourner avec sa main, l'a saisie par les cheveux; il a jeté son grand bouclier derrière lui pour avoir le bras plus libre. Le champ est parsemé de fleurs imaginaires. — Dans le plan supérieur on voit quatre divinités et d'abord *Minerve*, assise, vêtue d'une tunique longue, sans manches, attachée avec une ceinture, et recouverte d'un diploïdion sur lequel est l'égide dépourvue du gorgonium; ses cheveux sont noués sur le sommet de la tête; d'une main elle présente son casque en signe de paix, dans l'autre elle tient une haste pure ou sans fer; son bouclier est posé près d'elle. A gauche de la déesse et la regardant, est également assis *Apollon*, qui tient sa lyre dans une main et son plectrum dans l'autre; sa chevelure est ceinte d'une bandelette; à côté de lui sa sœur, *Diane*, dans la même attitude, vêtue d'une tunique retroussée sur laquelle est un court manteau, chaussée du brodequin crétois, appuie sa main droite sur une haste et l'autre sur son genou; son front est orné d'une stéphané, et son carquois suspendu sur son épaule gauche. A l'extrémité droite, en face de Minerve, est debout *Hercule*, vêtu de la peau de lion nouée par les pattes sur sa poitrine, portant sa massue sur son épaule gauche, et étendant la main droite. Dans le champ, parmi des fleurs, on aperçoit divers objets relatifs au culte des dieux, tels que des *vases*, un *miroir*, des *boucranes*, et, près de Diane, un petit *temple* avec une poignée pour le transporter; c'est, en effet, un temple portatif, symbole du *temple d'Éphèse* (fig. 318), que les Amazones avaient bâti en l'honneur de Diane,

leur protectrice, dont le costume se rapproche ici du leur (fig. 327 et p. 148, ci-dessus). (O. Müller remarque avec raison, d'après Pausan., VII, 2, 5, que Minerve et Hercule, dans cette scène supérieure, semblent conclure un traité avec Apollon et Diane, au sujet de ce temple. Nous ajouterons que cette alliance de dieux et de cultes paraît représenter celle que formèrent enfin, après une longue lutte, les colons ioniens et les indigènes asiatiques, premiers adorateurs de l'Artémis d'Éphèse.) Voy. tom. II, pag. 87 sqq., 94 sq., et la note 9 dans les Éclaircissem. du liv. IV. Compar., pour la scène d'en haut, le sujet 682 *a* ci-dessus, avec l'explicat. — MILLIN, *Peint. de vas.*, II, 25. Le combat de *Thésée* et des *Athéniens* contre les *Amazones*, aussi bien que celui du même *Thésée* et des *Lapithes* contre les *Centaures*, que l'on va voir, sont représentés dans les sculptures en grande partie conservées du temple de Phigalie. *Cf.* le bel ouvrage du baron DE STACKELBERG, *der Apollotempel*, etc., planches VI et VII-XXIX.

713 *a* (CCVIII). Une *Amazone* en tunique longue, avec un himation rattaché sur l'épaule par une agrafe, maîtrise un *griffon* au bec et aux ailes d'aigle, au corps de lion, qui vient de la saisir de ses pattes de devant, et qu'elle a blessé; elle tient une *palme* en signe de victoire. *Ibid.* — D'AGINCOURT, *Recueil de fragm. de sculpt. antique en terre cuite*, pl. XI, 2.

714 (CCVIII). Des *Arimaspes* combattent contre des *griffons* qui ont des crêtes et des aigrettes; ces guerriers fabuleux sont vêtus, comme les *Amazones*, de tuniques courtes retenues par des ceintures, et l'un d'eux porte en outre une chlamyde; ils ont des manches et des anaxyrides, et ils sont coiffés de mitres phrygiennes; leurs armes sont la hache, le javelot, et le petit bouclier échancré en croissant. *Ibid.* et surtout la note aux Éclaircissem. — TISCHBEIN, *Vases*, II, 9, coll. MILLIN, *Monum. inéd.*, II, p. 129.

714 *a* (CCVIII). Un puissant *griffon* terrasse un *Arimaspe*, vieux, barbu, vêtu d'un costume barbare, et tenant en vain sa hache dans la main droite; un *guerrier* jeune, demi-nu, coiffé d'un casque ailé, armé du bouclier et de l'épée (comme dans la contre-partie, que nous ne donnons point, il l'est de la hache),

semble venir à son secours. *Ibid.* — Combe, *Terracottas of the British Museum*, pl. VI, 8. La pl. IV, 6, ne représente point, comme l'a cru O. Müller, des *Arimaspes*, mais bien des *Amazones*, terrassées par des *griffons*.

715 (CCIX). Un *Centaure*, sous la forme la plus ancienne, celle d'un *Satyre* ou d'un *Pher*, avec les oreilles et la queue de cheval, enlève une femme. Voy. tom. III, p. 631, avec la note 12 dans les Éclaircissem. du liv. VIII. Compar. les fig. suivantes et surtout 715 *d*. — Sestini, *Lettere num.*, I, 1, 20.

715 *a* (CCIX). Un *Centaure* moitié homme et moitié cheval, mais avec la tête de Satyre et en style ancien, enlevant une femme. *Ibid.* — Pellerin, *Supplém.*, III, V, 3.

715 *b* (CCIX). Un *Centaure* vieux et barbu, sous la forme ancienne, c'est-à-dire avec le corps entier d'un homme uni à la partie postérieure d'un cheval, lutte contre un *héros* imberbe et jeune qu'il cherche à enlever de terre; chacun d'eux porte un manteau flottant. Si la massue que l'on voit au bas appartient, comme nous le croyons, au héros, de même que le casque et le bouclier, elle indique *Thésée* plutôt qu'un autre. *Ibid.*— Pierre gravée. Gori, *Mus. Florent.*, II, xxxix, 1.

715 *c* (CCIX). Un *Centaure* sous la forme plus récente, où le corps d'un homme est uni à la partie antérieure aussi bien qu'à la partie postérieure du cheval, combat contre un *Lapithe* auquel il serre le cou avec un bras; de l'autre il tient une massue dont il va l'achever. *Ibid.*— Métope du Parthénon à Athènes. Stuart, *Antiq. of Athens*, II, 11. Le combat des *Lapithes* et des *Centaures* se voit également, développé au long, sur la frise du côté occidental du temple de Thésée; celle du côté oriental représente un autre combat de *Thésée* et des *Athéniens*, en présence de six divinités, contre des hommes sauvages, armés de quartiers de rocher, où O. Müller a reconnu les *Pallantides*. Cf. Stuart, III, pl. 21-24 et 15-20.

715 *d* (CCIX). Urne étrusque sur laquelle se voit un *Pher* ou un *Centaure* sous la forme la plus ancienne, avec les pieds et la queue du cheval seulement; il est vêtu d'une tunique très courte, ornée ou brodée d'une branche de lierre, ce qui marque un rapport avec le culte de Bacchus, et d'un manteau qui flotte au-

dessus de sa tête. Ce monstre, qui a terrassé plusieurs ennemis couchés à ses pieds, est attaqué en avant par un *héros* ou par un *roi*, portant une couronne et tenant une bipenne levée ; en arrière, par un *guerrier* qui va lui asséner un coup d'une arme semblable ; un *homme* et une *femme* accourent aussi pour le repousser, l'un avec une fourche, l'autre avec une torche. Un grand arbre s'élève en arrière du Centaure et en avant d'un édifice qui annonce un palais ou la porte d'une ville. On lit au-dessus une inscription en caractères étrusques ou en vieux caractères grecs, rétrogrades, dont le sens est : *Lars Sintinatus, fils de Lars Pomponius. Ibid.* Compar. fig. 715, et les Centaures bachiques, fig. 445, 451 *a*, etc. — DEMPSTER, *Etrur. regal.*, XXI, 1.

716 (CCXIV). Le (la) *Sphinx* vient de terrasser un *Thébain* qui n'a pas deviné son énigme, et va le tuer malgré l'épée dont il est armé : ce *Sphinx* a des formes idéales, de grandes ailes et plusieurs mamelles. Voy. tom. I, p. 502 sqq. Compar. les fig. ci-après, et 169 sqq. ci-dessus, p. 53 sq. — MILLIN, *Pierres gravées inédites.*

717 (CCXIV). *OEdipe*, nu, la tête couverte d'un casque, portant sur son bras droit son bouclier et une haste, indique par un geste qu'il explique l'énigme que le *Sphinx* lui propose : ce monstre ailé est placé devant lui sur un rocher. *Ibid.* — MILLIN, *ibid*.

718 (CCVIII). Le *Sphinx*, furieux de ce qu'*OEdipe* a deviné son énigme, s'est jeté sur lui ; mais le héros lui a opposé son bouclier, suspendu sur son épaule, et va le percer de son épée. *Ibid.* — MILLIN, *ibid*.

719 (CCX). *OEdipe*, couvert d'une cuirasse, a saisi avec sa main gauche la tête du *Sphinx*; de l'autre il va le percer avec son épée ; son genou est appuyé sur le dos du monstre, qui a des ailes, des mamelles et une queue ; son corps est celui d'un lion, mais le cou et la tête sont ceux d'une femme. *Ibid.* — MILLIN, *ibid*. Le même sujet se retrouve sur les urnes étrusques, ainsi que la scène antérieure du meurtre de *Laïus* par *OEdipe*. Voy. INGHIRAMI, *Mon. etr.*, I, tab. LXVI-LXVIII.

720 (CCVIII). *OEdipe*, privé de la vue, vêtu d'une tunique longue

et d'un ample péplus, est conduit par ses fils, *Polynice* et *Étéocle*, hors des portes de Thèbes, qui sont indiquées par deux arcades : *OEdipe* a la tête ceinte d'une espèce de diadème, et son épée est suspendue à un baudrier sur son épaule; *Polynice*, qui marche le premier, montre moins de dureté envers son père; *Étéocle* porte un javelot et se retourne vers une figure dont il n'existe plus que le bras et une partie du vêtement, qui paraît être celui d'une femme, sans doute une des filles d'OEdipe. — WINC-KELMANN, *Monum. inéd.*, 103. On croit voir *Tirésias* devant *OEdipe*, sur un vase publié par M. RAOUL-ROCHETTE, *Monum. inéd.*, pl. LXXVIII; *OEdipe*, au moment où on lui crève les yeux, est certainement représenté sur une urne étrusque, dans INGHIRAMI, I, tab. LXXI; probablement enfin, *OEdipe* avec *Antigone*, réfugié à Colone, au moment de l'arrivée de *Thésée*, sur un vase qu'a reproduit M. MILLINGEN, *Vases de div. collect.*, pl. XXIII.

721 (CCXV). Cinq des *sept chefs* réunis à Argos délibèrent sur l'expédition contre Thèbes : sur l'arrière-plan *Adraste*, ATPEΣΘΕ, a revêtu ses armes, et se lève pour assembler les forces des Argiens; *Tydée*, TVTE, appuyé sur sa lance, mais le casque en tête et le bouclier en avant, va le suivre; les trois autres sont encore assis et sans armes, d'abord *Amphiaraüs*, ΑΜΦΤΙΑΡΕ, enveloppé d'une toison de bélier en sa qualité de devin; il semble adresser de sinistres prédictions à *Polynice*, ΦΥΛΝΙΘΕΣ, qui a la tête appuyée sur sa main et paraît accablé sous les imprécations d'OEdipe; *Parthénopée*, ΠΑΡΘΑΝΑΠΑΕ, écoute attentivement et partage ses impressions. Les trois premiers noms sont écrits de droite à gauche, et les deux autres de gauche à droite. Voy. t. III, p. 90. — Célèbre cornaline en forme de scarabée, maintenant au Cabinet du roi de Prusse. LANZI, *Saggio*, II, VIII, 7. Le départ d'*Amphiaraüs* et d'*Adraste*, prenant congé d'*Ériphyle*, se voit, avec les noms, sur un vase, dans le recueil précité de M. MILLINGEN, pl. XX, XXI.

722 (CCXI). *Tydée* (TVTE, rétrograde), un des sept contre Thèbes, entièrement nu, se nettoie le corps après les exercices gymnastiques, en se servant du *strigile* (706), allusion à l'institution des jeux néméens. Cf. 725 *a* et la page 326. — LANZI, *ibid.*, 8,

23 (CCXII). *Tydée* (TVTE, rétrograde) est tombé sur ses genoux, après avoir reçu le coup mortel; il se couvre de son bouclier. — LANZI, *ibid.*, 9. *Ismène* est tuée par *Tydée*, sur divers monuments, particulièrement sur les vases, dans TISCHBEIN, IV, 18; MAISONNEUVE, pl. 51; MILLINGEN, *div. coll.*, XXIII.

24 (CCXI). *Capanée*, un des sept chefs, qui vient d'être foudroyé, est sur les débris de l'échelle avec laquelle il voulait escalader les murs de Thèbes; il porte un bouclier et le tronçon de sa lance; son nom, ΚΑΠΝΟ, est écrit à côté, moitié en monogramme, moitié en lettres disposées en colonne. Compar. fig. 726 *a*. — LANZI, *ibid.*, 10. (Il va sans dire que ce monument et les deux qui précèdent ont leur place naturelle à la suite de 725 *a* ci-dessous.)

25 (CCXI). *Adraste*, aidé d'un de ses compagnons, tue le *serpent* qui vient d'étouffer de ses replis *Opheltès*, dont on ne voit plus que la partie supérieure du corps, et qui, depuis, fut nommé *Archémore* : le héros est vêtu d'une chlamyde, et coiffé d'un casque; de sa main gauche il tient son bouclier, sur lequel on voit une tête de Méduse, et de l'autre un javelot court dont il va percer le serpent; à ses pieds est le vase dans lequel *Hypsipyle*, qui déplore le malheur de son nourrisson, avait apporté à boire à Adraste; des deux côtés s'élèvent des rochers. Voy. t. III, p. 90. Compar. le sujet suivant. — WINCKELMANN, *Monum. ined.*, 83.

25 *a* (CCVI). Au centre de ce tableau s'ouvre, soutenu par quatre hautes colonnes, le vestibule du palais de Lycurgue, roi de Némée : on voit au milieu *Eurydice* (ΕΥΡΥΔΙΚΗ), son épouse, qui vient d'apprendre avec douleur et colère à la fois la funeste nouvelle de la mort de son fils Opheltès; devant elle, à gauche, paraît *Hypsipyle* (ΥΨΙΠΥΛΗ), tremblante, qui lui raconte ce triste événement en cherchant à s'excuser; de l'autre côté, *Amphiaraüs* (ΑΜΦΙΑΡΑΟΣ), richement armé et vêtu, semble confirmer ses paroles et proposer une transaction. Quatre personnages sont en dehors du vestibule : auprès d'Hypsipyle, ses deux fils en costume de voyageurs, *Euneos* (ΕΥΝΕΩΣ), qu'elle eut de Jason, et probablement *Thoas*; près d'Amphiaraüs, deux de ses compagnons, *Parthenopœus* (ΠΑΡΘΕΝΟΠΑΙΟΣ) et *Capanée* (ΚΑΠΑΝΕΥΣ), armés de la lance et de l'épée. Dans le plan su-

périeur, et au-dessus de ces figures accessoires, sont assis deux groupes divins : ici *Jupiter* (ΖΕΥΣ), portant le sceptre surmonté d'un aigle, ayant près de lui le foudre, et se tournant vers la nymphe locale *Némée* (ΝΕΜΕΑ); là, sous un berceau de pampres, *Dionysus* (ΔΙΟΝΥΣΟΣ), tenant de la main gauche une lyre, en qualité de *Melpomenos*, de la droite une large coupe dans laquelle un *Satyre* lui verse à boire. Ces dieux consacrent en quelque sorte la stipulation en vertu de laquelle les jeux de Némée furent établis, comme expiation de la mort d'Opheltès, et pour honorer ses funérailles représentées dans la scène qui occupe le bas de la peinture. Sur un lit de repos, richement décoré, est couché l'enfant royal, devenu *Archémore* (ΑΡΧΕΜΟΡΟΣ), enveloppé dans son linceul; une femme voilée, en longs habits de deuil, peut-être encore sa nourrice *Hypsipyle*, lui pose sur la tête une couronne de myrte; sous le lit on aperçoit le vase destiné aux purifications. Trois figures sont à la tête, et autant au pied du lit : ici le *Pédagogue* (ΠΑΙΔΑΓΩΓΟΣ) au front chauve, à la longue barbe, s'appuyant sur un long bâton recourbé par le haut, et tenant une lyre, emblème de ses fonctions; là une autre femme, qui soutient un parasol au-dessus de la tête du mort. Derrière le premier marchent deux hommes, portant sur leurs têtes de petites tables chargées de vases et d'autres présents funèbres; ils en tiennent encore dans leurs mains, et entre eux est placé le plus magnifique de tous, consistant en une grande amphore à deux anses, dont le couvercle surmonté d'un oiseau semble annoncer qu'elle est de métal. Deux autres hommes marchent également vers la femme au parasol, l'un portant dans ses mains un cratère pour les libations, l'autre en costume champêtre et tenant un pédum, mais tous deux restaurés. — Tableau principal peint sur la face antérieure du vase dit *d'Archémore*, trouvé à Ruvo, et dont les autres peintures sont données soit sur cette planche, soit sur la suivante, d'après les planches V et VI des *Monum. inéd. de la section française de l'Institut archéologique*, expliquées dans les *Nouvelles Annales*, tom. I, p. 352 sqq. Confér. le savant mémoire de M. Gerhard sur ce vase, dans les *Mémoires de l'Acad. de Berlin*, année 1836, p. 253 sqq., et pl. I-IV.

726.(CLXXII). *Polynice*, à qui son frère *Étéocle* plonge son épée dans le sein, est renversé sur le genou droit; son casque est tombé loin de lui sous les pieds d'Étéocle; de la main gauche il tient encore son bouclier qu'Étéocle écarte, et de la droite il enfonce aussi son épée dans le ventre de son frère. De chaque côté est une *Furie* ailée qui porte un flambeau, et montre à chacun des deux frères celui qu'il doit percer. Voy. tom. II, p. 363. — Urne étrusque du cabinet de M. de Saint-Vincens à Aix. MILLIN, *Voyage au Midi de la France*, atlas, XXXI, 2.

726 *a* (CCXV *bis*). Les trois scènes principales de la première guerre de Thèbes réunies et représentées en plusieurs groupes qui se succèdent de gauche à droite. La première scène montre *Hypsipyle* suppliante, cherchant à conjurer le ressentiment de *Lycurgue* et d'*Eurydice*; deux des *héros argiens* semblent la prendre sous leur protection; un troisième se met en marche. La deuxième scène figure le siége de Thèbes et ses funestes suites : *Capanée*, qui veut escalader les murs de la ville, est sur le point d'être foudroyé; *Amphiaraüs*, penché en avant sur son char, va être englouti dans le sein de la terre, représentée sous l'image d'une *femme* couchée aux pieds de ses chevaux; trois autres héros, *Parthenopée*, *Hippomédon* et *Mécisthée* ou *Étéoclus* sont étendus sur un bûcher commun. La troisième scène est composée, comme les précédentes, de plusieurs groupes distincts, dont l'un fait voir *Étéocle* et *Polynice* s'entretuant; plus loin, à droite, *Ismène* et *Antigone* soutiennent entre leurs bras le *corps* de Polynice, tandis qu'à gauche deux satellites veillent à l'entrée du tombeau d'Étéocle. — Bas-relief de la villa Pamfili, publié par M. RAOUL-ROCHETTE, dans ses *Mon. inéd.*, pl. LXVII A, et pag. 315, 426 sq. On peut comparer, pour les deux dernières scènes, les bas-reliefs plus ou moins curieux de divers sarcophages étrusques, dans INGHIRAMI, *Monum. etr.*, I, Part. II, pl. 84, 87-90, 93 et 94. Un autre bas-relief de la villa Pamfili, voisin du précédent, mais d'une époque et d'un travail bien inférieurs, et connu seulement par la description de ZOËGA (dans WELCKER, *Thebaïs, Allgem. Schulzeit.*, 1832, *Abtheil.* II, n° 29), a paru à cet illustre archéologue représenter la scène finale de la seconde guerre de Thèbes ou de celle des

Épigones, à savoir la prise de la ville abandonnée de ses habitants. On y voit, suivant lui, *Alcméon*, fils d'Amphiaraüs, sur son char de guerre au milieu des Argiens; *Égialée*, fils d'Adraste, tué par *Laodamas*, fils d'Étéocle, qui seul fait résistance; *Manto*, fille de Tirésias, tombant au pouvoir des assiégeants, etc. La vengeance exercée par *Alcméon* sur sa mère *Ériphyle*, au début de la guerre, se rencontre aussi sur les urnes étrusques; et *Manto*, selon toute apparence, consacrée dans le temple de Delphes, en présence de la Pythie et devant le trépied, comme la part la plus précieuse du butin, sur un bas-relief publié par M. Gerhard, *Ant. Bildw.*, I, pl. XXI.

727 (CCLIII). *Antiope* voilée, entre ses deux fils, *Amphion* et *Zéthus*, caractérisés l'un par la lyre, l'autre par le pétase, qui la reconnaissent et la consolent des maux que lui a faits Dircé, sa belle-sœur. (Telle est l'interprétation ordinaire de ce bas-relief, d'un beau style grec, provenant de la villa Borghèse, et maintenant au Musée du Louvre, n° 212; interprétation fondée sur les noms écrits après coup en caractères latins au-dessus des personnages. Un autre exemplaire tiré de la villa Albani, et publié par Zoëga, *Bassiril.* I, 42, est sans inscription. Tous deux paraissent n'être que des copies de celui du Musée de Naples décrit par Gerhard et Panofka, *Neap. ant. Bildw.*, p. 67, dont l'inscription grecque donne le véritable sujet, déjà restitué par Zoëga: *Eurydice* entre *Orphée*, qui la perd à l'instant même où il la retrouve, pour l'avoir regardée, et *Hermès* qui la réclame et va la ramener aux enfers. La douleur se mêle à l'amour dans le regard fatal d'Orphée, dont le costume, quoique adouci, est encore caractéristique, et la figure d'Eurydice est empreinte d'une mélancolie profonde; Hermès est reconnaissable à l'expression de sa physionomie, aussi bien qu'à son pétase retombant en arrière, quoiqu'il ne porte d'ailes ni aux pieds ni à la tête. Voy. tom. III, p. 121. Compar. fig. 645 sqq., et p. 276 sq. ci-dessus.)—Winckelmann, *Mon. ined.*, 85, coll. De Clarac, *Musée de sculpture*, pl. 116.

728 (CCXII). *Amphion* et *Zéthus* (les Dioscures thébains) retiennent le *taureau* indompté aux cornes duquel ils attachent *Dircé* par les cheveux, pour la faire déchirer sur les ronces et les ro-

chers du Cithéron. Le thyrse et les festons indiquent que Dircé y était venue pour célébrer les fêtes de Bacchus. En bas, à droite, est assis un *Bacchant*, qui porte une guirlande de feuilles de vigne autour du corps; au-dessus on voit une *lyre* (probablement celle d'Amphion), et plus loin, un *chien* qui se dresse, une ciste mystique, une syrinx; à gauche, une hure de sanglier, un aigle, un serpent qui sort d'un tronc d'arbre, la tête d'un autre serpent, et un chien qui s'enfuit (quelques-uns de ces attributs peuvent se rapporter à Zéthus, en sa qualité de chasseur; le reste appartient aux Bacchanales). *Antiope*, mère des héros thébains, paraît en arrière, tenant un thyrse (cette figure a été ajoutée par un des restaurateurs du monument). Voy. tom. II, p. 307, not. 2. — Groupe connu sous le nom du *taureau Farnèse*, ouvrage de deux sculpteurs de Tralles, Apollonius et Tauriscus, maintenant au Musée Bourbon à Naples : d'après MAFFEI, *Raccolta di Stat.*, XLVIII. On retrouve le même groupe au revers d'une médaille de Thyatire en Lydie, frappée sous Alexandre-Sévère, dans ECKHEL, *Num. anecd.*, pl. XV, 1; et, moins exactement, sur une pierre gravée, fig. suiv.

728 *a* (CCXII). *Amphion* et *Zéthus* préparent le supplice de *Dircé* ; l'un contient le *taureau*, l'autre lui passe une corde autour des cornes; *Dircé* est agenouillée devant eux, et demande inutilement sa grâce (comme ci-dessus, elle semble implorer spécialement Amphion, moins féroce que son frère, qui joue le principal rôle dans cette scène de vengeance).— MILLIN, *Pierres gravées inédites.*

729 (CCX). *Niobé* (NIOBH) et *Latone* (ΛΗΤΩ) se donnent la main en signe de leur première amitié; *Phœbé* (ΦΟΙΒΗ), fille de Latone, s'appuie sur Niobé, et semble prendre part à la conversation, pendant que *Hileaira* (ΙΛΕΑΙΡΑ) et *Aglaé* (ΑΓΛΑΙΗ), filles de Niobé, jouent aux osselets. En haut, à gauche, on lit en grec : *Alexandre athénien a peint*. — *Pitt. d'Ercol.*, I, 1.

730 (CCXIII). *Apollon* et *Diane*, placés aux deux extrémités du bas-relief, sont armés d'arcs et de flèches; à gauche, *Diane* perce de ses traits *quatre des filles de Niobé*, qui se réfugient vainement près de leur mère, et qu'*une de leurs nourrices* essaie non moins vainement de secourir; la malheureuse *Niobé* voudrait

elle-même les cacher sous son ample péplus (si toutefois ce voile qui règne sur toute la scène est autre chose que l'indication d'un appartement). A droite, *quatre de ses fils* périssent également par les traits d'*Apollon*, sans que les javelots que porte l'un d'eux sur sa tête en fuyant, ni les efforts du *Pédagogue* en costume barbare, qui tient un autre d'entre eux dans ses bras, puissent les sauver; près de celui qui est étendu à terre est une de ses sœurs qui expire (si ce n'est pas plutôt *Niobé* qui reparaît dans cette seconde scène, expirant de douleur). Sur le couvercle du sarcophage on voit *dix Niobides*, cinq filles et cinq garçons, dont les corps sont couchés sur la terre; les jeunes filles sont sur des marche-pieds; la tenture du fond indique qu'elles ont été tuées dans l'intérieur du palais de leur père : les fils sont étendus sur leurs armes de chasseurs; et comme le voile du fond ne va pas jusqu'à l'espace qu'ils occupent, on peut juger qu'ils ont été tués hors du palais. — *Mus. Pio-Clem.*, IV, 17.

730 *a* (CCXIV). Sur l'un des petits côtés du même sarcophage, paraissent *deux filles de Niobé*, qui cherchent en vain à échapper aux traits de Diane; leurs péplus forment une tenture au-dessus de leurs têtes, comme sur le bas-relief précédent et avec le même sens. — *Ibid.*

730 *b* (CCXIV). L'autre petit côté montre *deux fils de Niobé*, dont l'un soutient son frère blessé à mort, auprès d'un *cheval* bridé qui s'échappe, nouvelle indication du lieu de la scène. — *Ibid.*

731 (CCXV) *Niobé* et la plus jeune de ses filles, qu'elle cherche à soustraire aux flèches de Diane en la garantissant avec son péplus; l'attitude et l'expression de cette figure sont d'une beauté touchante et cent fois remarquée. — Groupe partiel de la galerie de Florence, qui se rattache à la statue suivante et à plusieurs autres, conservées là et ailleurs, dans la composition totale de la *mort des Niobides*. D'après Fabroni, *Statue di Niobe*, n° 2.

732 (CCXV). Le *Pédagogue* des fils de Niobé (et non pas *Amphion*, son époux), cherchant à garantir le plus jeune de ceux-ci (fig. 730) des traits inévitables d'Apollon; la terreur et la pitié se mêlent dans ses traits. — Statue ou plutôt groupe, qui faisait pendant au précédent; car la statue de l'enfant, conservée également dans la galerie de Florence, devait s'y lier, comme le

prouve un groupe découvert à Soissons en 1830. FABRONI, *ibid.*, n° 1, coll. *Galleria reale di Firenze*, Ser. IV, Stat., vol. I, pl. 15 et, 11, et RAOUL-ROCHETTE, *Monum. inéd.*, pl. LXXIX et p. 427.

733 (CCXV *bis*). Essai de recomposition du groupe total de la *Mort des Niobides*, d'après l'idée conçue par BARTHOLDY, exécutée par COCKERELL, adoptée par ZANNONI, modifiée et savamment motivée par M. WELCKER; idée selon laquelle les statues originales de ce groupe, ouvrage de Scopas ou de Praxitèle, auraient formé la décoration du fronton d'un temple, soit en Grèce, soit à Rome, où elles furent transportées par le consul C. Sosius, au temps du triumvir Marc-Antoine. Le moment choisi et représenté par l'auteur de cette grande page de sculpture, est celui où les enfants de Niobé tombent sous les flèches d'Apollon et de Diane, et fuient éperdus sans savoir d'où leur vient la mort. Niobé seule, vers laquelle ils semblent, des deux côtés, chercher également leur refuge, paraît avoir conscience de cette inévitable catastrophe dont son orgueil maternel est la cause, et qui la frappe dans ce qu'elle a de plus cher. Placée au centre de la composition dont elle est l'âme, sa figure colossale (*a*), les yeux levés vers le ciel, exprime le désespoir d'une mère avec autant de noblesse que d'énergie; elle sent qu'elle ne peut même sauver cette enfant (*b*) qui se jette à genoux dans ses bras, et toutefois elle la presse contre son sein de la main droite, en élevant son péplus de la gauche comme pour lui faire un rempart qu'elle sait inutile (compar. fig. 731). Deux de ses filles plus âgées (*c* et *d*), déjà blessées ou près de l'être, et la douleur empreinte sur le visage, s'avancent vers elle par la gauche, portant l'une la main gauche et l'autre la droite à leur péplus, derrière leurs épaules. Une de leurs sœurs (*e*), qui les suivait, est tombée mourante et s'appuie du bras droit sur le genou de son frère aîné (*f*), qui ramène de la main droite, en se penchant, son manteau par-dessus sa tête. Un second fils (*g*) vient après, fuyant, comme celui qui précède, élevant aussi son manteau roulé autour de son bras gauche, posant son pied gauche sur un rocher, et retournant la tête avec terreur vers le côté du danger. Le mouvement de la figure du Niobide qui suit (*h*) est à peu près semblable, si ce n'est que cette figure se présente à

l'inverse et par le dos, qu'elle porte en avant le pied droit et élève le bras droit, qu'elle retrousse son manteau du bras gauche abaissé, formant tout à la fois le pendant et le contraste de la précédente, avec laquelle elle s'harmonise ainsi parfaitement; ajoutons que le fini d'exécution de la partie postérieure de cette statue prouve qu'elle fut faite pour être vue ainsi, à la différence des autres. La figure d'une fille de Niobé étendue morte, mais qui manque, devait, selon toute apparence, terminer ce côté du groupe, dans l'angle gauche de la disposition pyramidale (i), comme l'angle droit offre en pendant le Niobide couché. La progression du danger croît, en effet, du centre aux extrémités, de part et d'autre; pour les filles à gauche, et pour les fils à droite, selon qu'ils se trouvent plus près de Diane ou d'Apollon, acteurs invisibles de cette scène de deuil. Les fils placés à gauche sont encore intacts, et de même les filles à droite, en commençant par la plus jeune qui s'unit étroitement à sa mère, de ce côté. L'aînée (k) regarde avec effroi et compassion, en élevant son péplus de la main gauche, par un geste analogue à celui de Niobé, l'un de ses frères (l) qui vient de tomber à ses pieds sur le genou gauche et qui cherche à se soutenir avec les mains, tandis que sa tête se penche en arrière. Plus loin, le Pédagogue (m), dans un groupe partiel, qui correspond pour la place à celui du frère soutenant sa sœur (e-f), pour l'action à celui de la mère protégeant la plus jeune de ses filles (a-b), reçoit dans ses bras le plus jeune des fils (n) que l'épouvante y précipite, et dont les regards, ainsi que les siens, semblent apercevoir le trait fatal qui va l'atteindre (compar. fig. 732). Le Niobide qui suit (o), tombé sur les deux genoux, a été frappé au dos, et il porte la main gauche à sa blessure, tandis qu'il élève le bras droit dans la contraction de la douleur. Venait ensuite une figure de femme nécessaire pour la symétrie de la composition, aussi bien que pour achever le nombre de sept filles, répondant aux sept fils dont le Niobide étendu mort (q), et la plus admirée de ces figures après la mère, est le dernier : si l'on pouvait admettre que la *Psyché* de notre planche CIV, 406 a, eût été primitivement l'une des filles de Niobé, comme on l'a cru, elle remplirait cette place, où nous l'avons reçue d'une manière purement subsidiaire (*p*). Rien de plus frappant, du reste, que l'air de famille qui règne entre la plupart de ces figures; de plus touchant que la sympathie qui semble les unir même au milieu de ce grand désastre; de plus varié et de plus harmonieux tout ensemble que l'expression de la souffrance ou de la terreur dans leurs traits, dans leurs attitudes; de plus tragique et de plus beau que l'effet du groupe entier, du moins autant qu'il nous est permis de le restituer aujourd'hui. — Ces statues, qu'on ne saurait guère considérer comme les originaux, mais dont quelques-unes sont des copies excellentes, ont été trouvées au nombre de douze, en 1583, près de la porte Saint-Jean-de-Latran à Rome, et se voient toutes, aujourd'hui, une seule exceptée, dans la Galerie de Florence, avec plusieurs autres qui, de même que la Psyché, paraissent n'avoir point appartenu à la composition primitive de la *famille de Niobé* (un Discobole, une Muse, une Nymphe pareille à l'*Anchirroé*, CX, 521, un cheval, et même le groupe célèbre des deux jeunes Pancratiastes, quoique découvert au même endroit). Aux statues authentiques de Florence est ajoutée ici, d'après un groupe mutilé du Vatican, qualifié vulgairement de *Céphale* et *Procris*, la fille mourante qui s'appuie sur son frère, et où CANOVA, le premier, reconnut une Niobide. Pareillement le jeune homme tombé sur ses deux genoux, qu'on appelle le *Narcisse*, prend place parmi les fils de Niobé, d'après le sentiment de THORWALDSEN. Le plus jeune des fils a été groupé avec le Pédagogue, sur l'autorité de la découverte faite à Soissons et mentionnée ci-dessus (732). La prétendue *Psyché* est intercalée, comme nous l'avons dit, pour tenir la place d'une figure perdue; mais nous avons laissé vide celle qu'occupait plus que probablement une autre fille gisante à gauche. D'ailleurs notre planche, copiée sur celle de M. WELCKER, à la suite de sa belle dissertation *Ueber die Gruppirung der Niobe und ihrer Kinder* (dans le *Rheinisches Museum*, année 1836); mais soigneusement revue sur les figures de la *Galleria reale di Firenze* (Stat., P. I, *tav.* I et *seq.*, P. II, LXXIV-LXXVI) et sur divers plâtres, n'a d'autre prétention que de donner une idée de l'ensemble d'une des plus admirables compositions plastiques de l'art ancien.

734 (CCXIV). *Pélops*, nu, sa chlamyde posée sur la cuisse, tient par les rênes les *quatre coursiers* qu'il a reçus en don de Neptune, et les abreuve dans une *auge* de marbre, sur laquelle il appuie le pied droit et qui est décorée de têtes de chevaux en relief; devant lui et près des coursiers est accroupi son aurige *Sphærus* ou *Cillas*, coiffé et vêtu à la phrygienne, de la mitre, d'une tunique longue à manches, et d'anaxyrides; il boit dans un vase à deux anses, d'une belle forme et d'un riche travail; derrière les chevaux se voit un *Hermès de Silène*, comme génie à la fois et décoration d'une fontaine (fig. 496 *a* et 644). Voy. tom. III, p. 149 sqq. — Camée du cabinet de la Bibliothèque royale. MILLIN, *Monum. inéd.*, I, 1. On peut rapprocher, comme transition aux deux sujets qui suivent, la remarquable peinture de vase, dans MAISONNEUVE, pl. 30, où se voient, en partie avec les noms, *OEnomaüs*, accompagné de son quadrige conduit par son aurige *Myrtile*, sacrifiant devant l'idole d'*Artémis*, et *Pélops*, déjà sur son char avec *Hippodamie*, paraissant appeler le roi d'Élis; à cette scène assistent, d'un côté *Poseidon*, de l'autre *Athéné* et *Zeus* ou Jupiter, servi par *Ganymède* et peut-être par *Hébé*.

735 (CCVI). Sur un char emporté par deux coursiers au galop, est monté *OEnomaüs*, le roi d'Élis, barbu, armé d'un casque et d'une cuirasse, la lance et le bouclier à la main; à sa droite et prêt à s'élancer à terre, paraît son perfide aurige *Myrtile*, qui a négligé à dessein de fixer la roue à l'essieu par la clavette; Myrtile est vêtu d'une courte tunique, serrée par une ceinture, avec une chlamyde par-dessus, et coiffé du bonnet phrygien. Le couple également emporté sur un bige, et que poursuit OEnomaüs, se compose de *Pélops*, imberbe et nu-tête, tenant les rênes, et d'*Hippodamie*, placée à ses côtés, le front paré d'une couronne élevée en forme de calathus, et dans sa main droite ayant une lance; de la gauche elle se tient, comme Myrtile, à l'antyx ou à la rampe du char. Au-dessus des coursiers de ce second bige, plane l'*Amour*, portant une bandelette en signe de victoire; tandis que, près des chevaux du premier, court un *lièvre*, qui semble rivaliser avec eux de rapidité, et qu'on explique encore, ou comme un présage de malheur pour OEno-

maüs, ou comme un symbole aphrodisiaque, relatif à l'union des deux amants (fig. 491). Cette scène dans son ensemble fait, en outre, allusion à l'établissement des jeux Olympiques, comme celle qui est au-dessous a rapport à l'institution des jeux Néméens.—Peinture sur le col de la face antérieure du *vase d'Archémore*. Confér. 725 *a* et 665 *b* ci-dessus, et le mémoire de M. Gerhard déjà indiqué.

735 *a* (CCII). *Pélops*, couvert d'une cuirasse, est dans son char traîné par quatre chevaux pleins de feu; il tient le fouet. Le char d'*OEnomaüs* est brisé. *Myrtile*, armé d'un fouet, tourne la tête vers le roi d'Élis, dont sa trahison a causé la chute, et qui, vêtu d'une chlamyde jetée par-dessus sa cuirasse, est étendu par terre sur la roue même qui s'est détachée de son char. Au-dessus on voit, comme suspendu en l'air, le dieu du fleuve *Cladéus*, deminu, et assis sur un tertre avec un arbre; il appuie sa main droite sur une rame, pour indiquer que la course devait commencer aux bords de ce fleuve et finir à l'isthme de Corinthe. *Évarète*, épouse du roi, coiffée d'une stéphané, et sa fille *Hippodamie*, qui doit être le prix de la victoire, sont derrière OEnomaüs et paraissent pleurer sa mort. Aux deux extrémités sont des bornes pour indiquer la carrière; près de celle de droite on aperçoit des têtes de spectateurs, parce que la course est supposée avoir lieu dans un cirque, sur ce sarcophage romain. — Guattani, *Monum. ined.*, ann. 1785, XI, 111.

736 (CCXVI). *Léda* est couchée sur un lit, dans une attitude qui exprime la douleur; elle est vêtue d'une tunique et d'un péplus, un voile couvre sa tête; elle s'appuie sur un coussin, et ses pieds posent sur un tabouret; à côté est l'œuf qu'elle vient de mettre au jour et qui renferme *Castor* et *Pollux* avec *Hélène*. Derrière Léda est sa *nourrice*, qui a la tête couverte d'un voile, et de l'autre côté est une *esclave* qui assiste à l'accouchement; le vieillard, vêtu d'un ample manteau ou tribon, et qui étend ses bras vers les enfants, doit être le *Pédagogue* auquel l'éducation des jeunes héros sera confiée. Au pied du lit est *Tyndare*, dont le geste exprime l'étonnement que lui cause cet accouchement singulier. La draperie du fond indique l'intérieur d'un palais. Derrière Tyndare, *Vénus* retient d'une main son péplus et une tresse

de ses longs cheveux, de l'autre main une colombe; à sa gauche est un candélabre allumé. Le vieillard couché, qui porte dans sa main une plante aquatique, est l'*Eurotas*, principal fleuve de la Laconie. La *Canéphore* qu'on voit à l'extrémité n'est qu'un ornement. Voy. tom. II, p. 304, 309 sq. — Millin, *Voyage au Midi de la France*, II, xxxvii, 1.

736 *a* (CCX). *Jupiter*, métamorphosé en *cygne*, sur le sein de *Léda. Ibid.* Compar. fig. 393, et p. 165 ci-dessus. — Lampe en terre cuite, regardée par d'Agincourt comme une *Lucerna meretricia. Fragments de sculpture antique en terre cuite*, planche XXVIII, 3.

737 (CLXXXVII). Les *Dioscures*, c'est-à-dire *Castor* et *Pollux*, reconnaissables à leurs bonnets coniques, et vêtus de chlamydes, enlèvent *Phœbé* et *Hilaïra*, filles de *Leucippus*, roi de Messène, que l'on voit à droite, faisant un geste d'indignation, armé d'un bouclier, d'un casque et d'une épée, et accompagné de son épouse *Philodicé*, qui a été gagnée par les présents des Dioscures. Entre ceux-ci sont *trois* des *jeunes filles* qui étaient venues pour célébrer les noces des *Leucippides* avec les *Aphareïdes*, et qui avaient apporté des fleurs, comme on en juge par le panier d'où ces fleurs se répandent; celle du milieu, qui est la plus agitée, paraît être *Arsinoé*, la jeune sœur des Leucippides. A gauche, on aperçoit les fils d'Apharée, *Idas* et *Lyncée*, qui devaient épouser les filles de Leucippe; ils sont armés pour venger l'injure que les Dioscures leur ont faite; *Idas* lève son épée et veut attaquer un des ravisseurs; mais *Lyncée* le retient et demande que l'affaire soit décidée par un combat singulier. Aux deux extrémités sont des *Victoires* ailées, tenant des guirlandes dans leurs mains. Voy. tom. II, p. 309. — *Mus. Pio-Clem.*, IV, 44. Compar., outre le sujet suivant, le vase de M. le duc de Luynes (*Descript. de quelques vases*, etc., pl. IX, X, et pag. 6), où, suivant l'explication très probable du savant archéologue, sont rapprochés le *combat des Dioscures et des Aphareïdes pour les Leucippides*, et l'*enlèvement* antérieur d'*Hélène par Thésée* aidé des mêmes *Aphareïdes*.

737 *a* (CLXXXVII *bis*). Au centre s'élève sur une base l'idole antique d'*Artémis*, dont l'une des filles de Leucippus était la prê-

tresse, comme l'autre celle d'Athéné. A gauche, *Pollux* (ΠΟ-ΛΥΔΕΥΚΤΗΣ) emmène *Hilaïra* (ΕΛΕΡΑ) qu'il a enlevée dans son quadrige lancé au galop, dont il tient les rênes, avec une couronne en signe de victoire, et un fouet; la jeune fille est debout devant lui, d'une main relevant son péplus, de l'autre se retenant à l'antyx du char. A droite, *Chrysippos* (ΧΡΥΣΙΠΠΟΣ), l'aurige de *Castor*, monté sur un autre quadrige qu'il arrête, et tenant également une couronne et un fouet, attend son maître (ΚΑΣΣΤΩΡ), qu'on voit au-dessous, portant entre ses bras *Ériphyle* (ΕΡΙΦΥΛΗ), ainsi nommée, qu'il enlève à son tour; la jeune fille éperdue relève des deux mains son péplus, qui s'échappe au gré du vent dans la rapidité de la course; Castor est vêtu, comme son frère, d'une tunique richement brodée, serrée par une ceinture dans laquelle est passée une couronne, et d'un court manteau ou himation flottant; un pétase retombe derrière sa tête nue. Cinq divinités assistent à cette scène, dans le plan inférieur, avec des poses et un intérêt divers, mais vivement exprimé: d'abord *Aphrodite* (ΑΦΡΟΔΙΤΗ), assise au pied d'un autel, sur lequel elle s'appuie d'une main, en regardant l'enlèvement d'Ériphyle dont elle est la cause; puis les trois Charites ou Grâces, désignées par des noms particuliers: *Pitho* (ΠΕΙΘΩ), la Persuasion, qui s'enfuit à la vue de cet acte de violence; *Chryséis* (ΧΡΥΣΕΙΣ), à genoux devant Aphrodite et lui montrant le ravisseur; *Agavé* (ΑΓΑΥΗ), debout et relevant son péplus des deux mains dans un mouvement animé; enfin *Jupiter* (ΖΕΥΣ), assis à gauche, à demi vêtu d'un péplus, tenant dans sa main un long sceptre terminé par le calice d'une fleur, et paraissant consentir à l'union de ses fils avec les Leucippides sous les auspices de Vénus. Deux arbres croissent aux deux extrémités opposées de ce plan. Au-dessus du plan supérieur on lit: ΜΕΙΔΙΑΣ : ΕΠΟΙΗΣΕΝ, *Midias a fait*. T. II, *ibid.* et p. 666; tom. III, p. 529, où ce sujet est indiqué pl. CLIX, 606, quoique nous y en ayons substitué un autre, en renvoyant celui-ci à sa vraie place. — Peinture qui occupe la partie supérieure du célèbre vase de la première collection d'Hamilton, publié d'abord par d'Hancarville, I, 130, maintenant au Musée britannique, et dont la partie inférieure, offrant trois tableaux distincts, est donnée dans la planche suivante, et expliquée sous les n°s 665 *a* et 646 *a* ci-dessus, d'après la nouvelle publication qu'a faite, en 1840, de ce monument, désormais connu sous le nom de *vase de Midias*, M. GERHARD, qui en a si heureusement découvert les inscriptions. Il en résulte pour le tableau principal, donné ici, et qu'on avait expliqué de différentes manières, mais principalement par les *jeux de Danaüs pour les secondes noces de ses filles* (voy. t. III, p. 335; cf. fig. 606 et p. 259 ci-dessus), une interprétation aussi neuve que certaine. Ce tableau, du reste, se lie à ceux de la partie inférieure du vase par l'idée du mariage réalisée, dans le dernier des trois qu'elle comprend (646 *aa*), en une scène toute humaine, dont celles qui précèdent sont en quelque sorte les prototypes divins. Ce système de représentations symboliques de l'hymen, figurées tantôt par des jeux dont des femmes sont le prix, comme dans le sujet par lequel nous avons remplacé celui-ci (fig. 606) et sur le vase d'Archémore (fig. 735), tantôt par de véritables rapts, comme ici, et où le mythe des Hespérides joue fréquemment un rôle aussi bien que les aventures de Jason et Médée (fig. 646, 646 *a*, et 665, 665 *a*, 665 *b*), le tout aboutissant ou à une scène d'hymen mystique, comme sur le vase d'Archémore (665 *bb*) et sur celui de la collection Coghill (606), ou même, comme sur le vase actuel, à un mariage purement humain, sera l'objet de considérations plus étendues dans les Éclaircissem. du liv. VII, notes 20-23, mais surtout note 21, § 3, tom. III.

738 (CCXVI). *Castor* et *Pollux*, debout, se donnent la main; ils sont nus, mais coiffés de leurs bonnets au-dessus desquels brillent des *étoiles* : on lit dans le champ ΛΑΚΕΔΑΙΜΟΝΙΩΝ (monnaie *des Lacédémoniens*). Tom. II, p. 302 sqq., 307-312. Compar. les fig. suiv. et fig. 580, 581, 603 *b*, 632, avec l'explication pag. 236, 255 et 271 ci-dessus. — Cabinet de la Bibliothèque du roi.

739 (CCXVI). Les bonnets des *Dioscures*, surmontés d'*étoiles*; autour on lit la même inscription. Même tome, *ibid.* — Cabinet de la Bibliothèque du roi.

740 (CCXXI). Une *diote* ou hydrie à deux anses, sur le ventre de laquelle est un *serpent*; aux deux côtés, les *bonnets étoilés* des

Dioscures. Même tome, p. 310. — Médaille d'argent de Laconie. Pellerin, *Recueil*, I, pl. 19, 3, coll. 1 et 2.

741 *a* (CCXXI). Têtes des *Dioscures*, coiffées des bonnets coniques étoilés; au revers, seul donné ici, deux *diotes*, autour de chacune desquelles s'entortille un serpent. Même tome, p. 311. — Médaille *des Lacédémoniens.* Combe, *Mus. Brit.*, VIII, 1.

741 *b* (CCXVIII). D'un côté la tête de la *Cérès Cabirique*; de l'autre, celles des *Dioscures* avec les bonnets étoilés (c'est par erreur que, dans la copie de l'atlas de M. Creuzer, les étoiles sont omises), entourées d'une branche de vigne, et accompagnées de l'inscription ΘΑΣΙΟΝ. Même tome, p. 312 sq., 315. — Médaille de Thasos. Gesner, *Mus. Haym.*, II, 106.

741 (CCXVI). *Castor* et *Pollux*, à cheval et armés de lances, dont les têtes accompagnées d'étoiles se regardent, quoiqu'ils courent dans une direction opposée l'un à l'autre, par allusion au séjour que chacun d'eux fait alternativement dans le ciel et dans les enfers : on lit dans l'exergue, c. serveil. m. f. (*Caïus Servilius, fils de Marcus*). Même tome, p. 303 sq., 311 sqq. Compar. fig. suiv. et surtout 743. — Morell., *Fam. Servilia.*

742 (CCXVI). Tête d'*Apollon* couronnée de laurier, devant laquelle est une espèce de croix, derrière une étoile, au bas le nom ROMA. Sur le revers on voit les *Dioscures*, coiffés de leurs bonnets coniques; ils s'appuient sur leurs lances auprès de leurs chevaux, qui boivent à une fontaine; au-dessus d'eux sont des étoiles, et devant il y a un croissant : on lit au bas, a. albinus. s. f. (*Aulus Albinus, fils de Spurius*). Même tome, *ibid.* — Denier d'un triumvir monétaire de la *famille Postumia*, frappé en souvenir de la victoire remportée près du lac Régille, sur les Latins et sur les fils de Tarquin-le-Superbe : les Dioscures, tels qu'ils sont figurés sur cette monnaie, apparurent, dit-on, dans le Forum, et y apportèrent la nouvelle de la bataille bien avant qu'elle pût parvenir par aucune voie humaine; on rapporte aussi que, pendant l'action, deux jeunes gens furent vus combattant pour les Romains sur des chevaux blancs, d'où le culte rendu aux Dioscures à Rome. Morell., *Fam. rom.*

742 *a* (CXXXVIII). Trois *Nymphes* demi-nues portent des coquilles; aux deux côtés sont les *Dioscures*, tenant chacun un

cheval par la bride et une lance; au bas est couché le *dieu d'un fleuve,* tenant une rame. On lit à droite: NUMERIUS FABIUS DEDI-CAVIT CUM SUIS ALUMNIS; à gauche: AURELIUS MONNUS CUM SUIS; c'est-à-dire: *Numerius Fabius a dédié* ce monument *avec ses élèves; Aurelius Monnus avec les siens.* Compar. fig. 503, 503 a, 741, 742. — Bas-relief votif inédit du Musée Borgia à Velletri. MILLIN.

743 (CCXXI). Têtes des *Dioscures,* tournées l'une en haut, l'autre en bas, pour exprimer qu'alternativement l'un est au ciel ou dans l'hémisphère supérieur, l'autre dans l'hémisphère inférieur ou aux enfers. Tom. II, pag. 304, 309, et compar. fig. 741. — Médaille d'Istrus. Cabinet de la Bibliothèque du roi.

744 (CLXXIV). Têtes de *Castor* et *Pollux,* avec des couronnes de laurier sous lesquelles leurs cheveux forment des boucles ondoyantes; des étoiles brillent sur leurs fronts, et ils ont près d'eux chacun un javelot. Ce doivent être les portraits de deux jeunes Césars, peut-être *Caïus* et *Lucius*, petits-fils d'Auguste. Compar. fig. 704 a, 740 b. — Pâte en verre. SCHLICHTEGROLL, *Pierres gravées de Stosch,* XXVIII.

745 (CCXVII). *Ganymède,* enlevé par *l'aigle* de Jupiter, est vêtu d'une chlamyde; dans sa main droite il tient un *pédum* noueux: l'aigle a pris son vol; ses ailes sont déployées; il applique ses serres avec précaution sur le corps du jeune chasseur et sur sa chlamyde, pour ne pas le blesser; à côté est le *chien* de Ganymède, aboyant après son maître. Ce groupe paraît être une copie de celui de Léocharès (Plin. XXXIV, 19, 17, et O. MÜLLER, *Archæol.,* § 128, 1). Compar. fig. suiv. — *Mus. Pio-Clem.,* III, 49.

745 a (CLXXIV). *Ganymède* est enlevé par *l'aigle* de Jupiter, qui pose légèrement ses serres contre le corps du beau jeune homme; sur un tertre, qui indique la terre, est son *chien*, qui aboie après son ravisseur; ce chien paraît s'élancer vers une plume qui tombe de l'aile droite de l'aigle, et que Ganymède en se débattant lui a peut-être arrachée. La posture du chien et l'inclinaison du corps de Ganymède font juger que le vol de l'aigle est rapide. — SCHLICHTEGROLL, *Pierres gravées de Stosch,* XXXI. Compar. *Hébé* ou *Ganyméda,* également enlevée par Jupiter transformé en aigle, fig. 621 b ci-dessus.

746 (CCXVIII). *Vénus* caresse *Ganymède*, et l'instruit de la haute destinée à laquelle il est appelé; le bel adolescent porte un doigt à sa bouche, ce qui est un signe de sa timidité; *Jupiter*, presque entièrement caché par son aigle, qui a les ailes éployées, le contemple sans en être vu; Ganymède est coiffé du casque de chasseur, et la pelta qu'il porte au bras gauche est un signe de son origine phrygienne, comme le vase qui est à ses pieds est un symbole des fonctions qu'il va remplir. — *Mus. Florent.*, II, 37.

746 *a* (CCXVIII). *Ganymède*, appuyé contre un tronc d'arbre, vêtu d'une chlamyde, et coiffé du bonnet phrygien, tient dans sa main droite une coupe remplie d'ambroisie, qu'il va présenter à l'*aigle* de Jupiter; il a dans sa main gauche un pédum. — *Mus. Pio-Clem.* II, 36.

747 (CCXXIII). *Mercure* (MIRQVRIOS), vêtu d'une chlamyde, coiffé de son pétase ailé, et chaussé du cothurne avec les talonnières aux pieds, adresse la parole à *Alexandre* (ALIXENTROM), premier nom de *Pâris*, qui est assis sur un rocher, vêtu du costume phrygien et tenant une lance; à ses pieds est un *chien*, entre eux un laurier, et derrière Mercure une colonne. Les noms sont écrits en caractères gréco-italiques rétrogrades. — LANZI, *Saggio*, II, XII, 2.

748 (CCXI). *Minerve*, vêtue d'une tunique et d'un péplus, couverte de l'égide et coiffée d'un casque, tient dans une main sa lance et son bouclier, et de l'autre elle présente une *bandelette* à *Pâris*: celui-ci est assis sur un rocher, et tient dans sa main gauche un long pédum; il avance la droite pour recevoir le présent de la déesse. Des deux côtés on voit des arbres, et dans le fond des montagnes. — WINCKELMANN, *Monum. ined.*, 113.

749 (CCXIX). *Mercure*, vêtu d'une chlamyde et coiffé d'un pétase sans ailes, tient dans sa main gauche son caducée, et dans l'autre la *pomme d'or*, qu'il présente à *Pâris*: celui-ci est assis sur un rocher; il est vêtu d'une longue tunique, coiffé d'un bonnet phrygien, et tient un pédum; ses troupeaux paissent sur les rives de l'*Æsacus*. A gauche, sur le sommet du mont *Ida*, sont les trois déesses, *Vénus*, *Junon* et *Minerve*, chacune tenant une lance: *Vénus* n'a qu'une stéphané posée sur ses cheveux; *Junon* porte

en outre un voile qui retombe derrière sa tête; *Minerve* est coiffée de son casque et s'appuie sur son bouclier; devant elle est un *Amour* ailé; à droite on voit un bocage. Tom. II, p. 664. Comp. fig. suiv. — Bartoli, *Sepolcr. de' Nasoni*, XXXIV.

750 (CCXXIII). Les trois déesses sont sur le mont *Ida* : on voit à gauche *Vénus* demi-nue, tenant la *pomme*, signe de sa victoire; *Junon*, voilée et portant une haste, lui tourne le dos avec dépit; en face d'elle est *Minerve* casquée, s'appuyant également sur sa haste. *Pâris*, qui vient de prononcer son jugement, est assis sous un arbre; entre lui et les déesses est *Mercure*, qui les a amenées et qui vient de remettre la pomme à Vénus; au-dessus de celle-ci plane un *Génie* portant une couronne : dans le champ se lisent les lettres L. Z. (l'an VII). *Ibid.* — Médaille frappée à Alexandrie sous Antonin. Morell., *Specimen*, 11.

750 *a* (CCXVII). *Mercure* conduisant en toute hâte les trois déesses, *Junon*, *Minerve* et *Vénus*, vers Pâris qui doit prononcer sur leur beauté : cette scène est figurée ici à peu près comme elle devait l'être sur le coffre de Cypsélus (Pausan. V, 19, 1).—Peinture de vase en style archaïque. Millingen, *Vases Coghill*, pl. XXXIV, 1. Le *jugement de Pâris* est représenté dans des styles divers et avec des attributs différents donnés aux trois déesses, sur un grand nombre d'autres vases, sur des miroirs, etc. Voy. Gerhard, *Ant. Bildw.*, I, *Taf.* XXV, XXXII coll. XXXIV (cette seconde scène met en rapport avec la première, comme nous le croyons, l'*arrivée de Pâris chez Hélène*); *Annal. de l'Instit. de correspond. archéol.*, tom. V, *tav.* d'*Agg.* E, F, et p. 339 sqq.; Raoul-Rochette, *Monum. inéd.*, pl. XLIX, L, etc.

751 (CCXXVIII). *Hélène* (ELINA), figure ailée en vieux style, fait une libation sur un autel. Tom. II, p. 309; tom. III, p. 528 sqq. — Eckhel, *Choix de pierres gravées du cabinet impérial de Vienne*, XL. Compar. *Elina* rapprochée de *Menle* ou *Ménélas*, sur un miroir étrusque, fig. 824 ci-après; *Elanai*, entre *Ménélas* et *Agamemnon* d'une part, et *Pâris-Alexandre* de l'autre, sur un monument du même genre, mais beaucoup plus riche (*Mon. de l'Instit. archéol.*, II, pl. VI); et les sujets analogues mentionnés dans les *Annales*, tom. VI, p. 242.

752 (CCXLVI). *Aphrodite* (ΑΦΡΟΔΙΤΗ), vêtue d'une tunique qui

EXPLICATION DES PLANCHES. 343

laisse à découvert le sein gauche, et coiffée d'un voile, est assise à côté d'*Hélène* (ΕΛΕΝΗ) et cherche à lui persuader de suivre Pâris, accompagnée qu'elle est de *Pitho* (ΠΕΙΘΩ), la Persuasion, assise au-dessus d'elles sur un socle élevé, et coiffée d'un modius; en face d'Hélène est *Alexandre* (ΑΛΕΞΑΝΔΡΟΣ) ou *Pâris*, vêtu d'une chlamyde, chaussé de brodequins, et qu'*Éros* ou l'*Amour*, avec de grandes ailes, engage à l'entreprise qu'il va tenter. Tom. II, p. 663, 665, 666. Compar. la fig. suiv.— Beau bas-relief, aujourd'hui au Musée Bourbon à Naples. WINCKELMANN, *Monum. ined.*, 115.

753 (CCXXXI). *Hélène* est assise avec un air modeste et décent, soutenant sa tête et retenant son péplus; *Vénus*, complètement vêtue, sauf le sein droit qui est ici découvert, siége à côté d'elle sur le même trône et lui montre Pâris; son geste et son attitude annoncent qu'elle cherche à lui persuader de s'en laisser charmer; vis-à-vis est *Amour* entraînant *Pâris* vers Hélène; le prince troyen, frappé de sa beauté, est vêtu d'une simple chlamyde, rattachée par une agrafe sur l'épaule droite, et coiffé du bonnet phrygien. Trois *Muses* assistent à cette scène, prêtes à célébrer l'hyménée : *Polymnie*, entièrement enveloppée dans son péplus, sauf la main qui tient un volume, et appuyée sur une colonne dans une attitude pensive; *Euterpe*, jouant de la double flûte; *Érato*, qui préside aux chants amoureux, pinçant la lyre. Tom. II, *ibid.*, et tom. III, p. 198 et 200. Compar. la fig. précéd. et fig. 293, 294, 296.— Bas-relief d'un vase de marbre de M. Jenkins. TISCHBEIN, *Figures d'Homère*, Il. II, 2.

754 (CCXXIX). *Pâris* est assis devant le vaisseau phrygien sur lequel il va enlever *Hélène*, que deux *Troyens* lui amènent; *Amour*, ici sans ailes, s'efforce de la faire approcher; *Vénus*, placée entre elle et Pâris, tient un flambeau allumé; deux *Troyens* sont aux deux bouts du navire, l'un à la poupe, tenant le gouvernail, l'autre, admirant Hélène, à la proue qui est ornée d'une tête de bélier. Compar. fig. 223. — Bas-relief. TISCHBEIN, *Ibid.*, I, 4.

755 (CCXXI). Le vieil *Homère* est assis sur un siége et tient un volume sur lequel est écrit ΙΛΙΑC (*Ilias*); on lit autour son nom, OMHPOC : au revers se voit un *Sphinx* ailé, qui est accroupi et pose l'un de ses pieds de devant sur une *diote*; l'inscription

XIΩN indique une monnaie *des habitants de Chios.* Voy. t. III, pag. 111 et 319. Compar. les fig. suiv. — Mionnet, *Descript. de méd.*, III, p. 274, n⁰ˢ 89-91.

756 (CCXXI). Tête d'*Homère*, barbue et ceinte d'une bandelette; autour, son nom, OMHPOC : au revers, le fleuve *Mélès* (ME-ΛHC, dans l'exergue), couché et appuyé sur l'urne d'où découlent ses eaux, tenant une *corne d'abondance*, symbole des riches campagnes qu'il arrose et fertilise, et une *lyre*, signe de l'illustration que la ville de Smyrne doit aux chants d'Homère; autour, l'inscription AMAᶜTPIANΩN, monnaie des *Amastriens* (d'Amastris en Paphlagonie, colonie probable de Smyrne). — Mionnet, II, p. 391, n⁰ˢ 20 et 21.

757 (CCXXIII). Buste d'*Homère*, vêtu d'un tribon ou pallium; autour le nom ΩMHPOC (*sic*). L'aigle incrusté derrière est celui de la maison de Gonzague. — Contorniate. Visconti, *Iconograph. gr.*, I, pl. 2, 4.

758 (CCXXV). Tête d'*Homère*, ceinte d'une bandelette, et accollée à celle d'*Archiloque*. — Visconti, *ibid.*, 2, 5.

759 (CC). *Homère* entre deux *Muses* : au-dessus, l'inscription OMHP(oς). Les têtes des Muses sont ornées des plumes qu'elles ont enlevées aux Sirènes (compar. fig. 298, 301). Tom. III, p. 197. — Fragment d'un bas-relief conservé dans l'École de médecine à Montpellier. Millin, *Voy. au Midi de la Fr.*, LXXII, 7.

760 (CCXX). Ce beau bas-relief représente l'*apothéose d'Homère*. (*a*) *Jupiter* est assis au sommet du Parnasse, et appuyé sur un rocher; sa tête est ceinte d'une bandelette; il tient le sceptre, et son aigle est à ses pieds. Au-dessous, et dans un premier repli de la montagne, on voit (*b*) *Calliope*, qui tient dans sa main gauche les tablettes (fig. 296); (*c*) *Clio* avec le volume (296, 297); (*d*) *Thalie* fait des gestes avec la main droite, et dans la gauche elle tient une lyre; (*e*) *Euterpe* tient la double flûte (296, 753); (*f*) *Melpomène*, drapée, montée sur une estrade et chaussée du cothurne, ayant une lyre à ses pieds, porte sur sa figure le masque tragique et prend une attitude solennelle (289 et suiv.); (*g*) *Érato* danse avec action. Dans le plan intermédiaire, (*h*) *Terpsichore*, assise, tient la lyre et le plectrum (292, 296); (*i*) *Uranie*, en face d'elle, regarde une sphère posée sur un socle

(295, 296); (*k*) *Polymnie* est enveloppée de son péplus et appuyée dans l'attitude de la méditation (294, 296, 753); (*l*) *Apollon Pythien*, citharœde et musagète (281, 282), vêtu de l'orthostade, tient une lyre dans sa main gauche et un plectrum dans la droite; on voit à ses pieds la cortine (ou plutôt l'omphalos) delphique (280, 280 *c*), qui soutient son arc et son carquois; (*m*) la *Pythie* offre au dieu une libation avec une patère : ces deux figures sont placées dans l'antre corycien; (*n*) *Olen* de Lycie, fondateur de l'oracle de Delphes, est placé devant le trépied fatidique. Sur le plan inférieur, dans un portique ou temple orné de tapisseries, (*o*) *Homère* (ΟΜΗΡΟΣ), assis sur un trône, et vêtu d'une tunique à manches courtes, tient dans sa main gauche un sceptre terminé par un fleuron, et dans l'autre un rouleau ou volume; (*p*) la *terre habitée* (ΟΙΚΟΥΜΕΝΗ), sous les traits d'une femme qui porte une couronne tourrelée, élève au-dessus de la tête d'Homère une couronne de laurier; (*q*) le *Temps* (ΧΡΟΝΟΣ), ailé, tient deux rouleaux, pour indiquer qu'il conserve les deux sublimes ouvrages du poëte; au pied du trône d'Homère sont assises (*r*) l'*Iliade* (ΙΛΙΑΣ), armée d'une épée, et (*s*) l'*Odyssée* (ΟΔΥΣΣΕΙΑ), tenant un aplustre; les *rats* qui courent autour du marche-pied, font allusion à la *Batrachomyomachie*, autre poëme attribué à Homère; en face de lui est un autel circulaire, orné d'un boucrane et de festons, et sur la plinthe duquel on lit les lettres AL, qui peuvent signifier le nombre XXXI, désignant ce bas-relief, soit parmi les autres ouvrages du même sculpteur, soit parmi les autres monuments appartenant au même propriétaire; auprès de l'autel est un *bœuf*, destiné au sacrifice en l'honneur d'Homère déifié; (*t*) le *Mythe* (ΜΥΘΟΣ), c'est-à-dire le Génie des mythes ou des fables, sous les traits d'un éphèbe couronné de laurier, tenant un vase et une patère, s'apprête à verser la libation sacrée; (*u*) l'*Histoire* (ΙΣΤΟΡΙΑ), tenant un rouleau dans sa main gauche, porte la droite en avant pour prendre part au sacrifice; (*v*) la *Poésie* (ΠΟΙΗΣΙΣ) s'y associe en élevant de ses deux mains deux flambeaux; (*w*) la *Tragédie* (ΤΡΑΓΩΔΙΑ), voilée et chaussée du cothurne, en élevant simplement la main droite, ainsi que (*x*) la *Comédie* (ΚΩΜΩΔΙΑ), sans voile et sans cothurne; les cinq dernières figures groupées, qui assistent à cette scène, sont : (*y*) la *Nature* (ΦΥΣΙΣ), sous les traits d'un enfant; (*z*) la *Vertu* (APETH), levant la main comme pour exhorter; (*aa*) la *Mémoire* (MNHMH), qui paraît recueillie en elle-même; (*bb*) la *Fidélité* (ΠΙΣΤΙΣ), qui porte les doigts sur ses lèvres et tient un volume dans la main gauche; enfin (*cc*) la *Sagesse* (ΣΟΦΙΑ), tenant sa main sous le menton, comme une personne qui réfléchit. Dans le plan supérieur on lit l'inscription : ΑΡΧΕΛΑΟΣ ΑΠΟΛΛΩΝΙΟΥ ΕΠΟΙΗΣΕ ΠΡΙΗΝΕΥΣ (*Archélaüs de Priène*, fils d'*Apollonius, a fait*). Voy. tom. III, p. 199-200. Compar. la fig. suiv. — Célèbre bas-relief, autrefois au palais Colonna, maintenant au Musée britannique. *Mus. Pio-Clem.*, I, B des preuves. *Cf.* Cuper, *Apotheosis Homeri*, 1683; Schott, *Explic. nouv. de l'Apoth. d'Hom.*, 1714.

761 (CCXXI). *Homère* a la tête voilée; il tient dans sa main gauche un *volume*, il porte la droite à sa bouche, et il est assis sur un *aigle* dont les ailes sont éployées : l'*Iliade*, sous les traits d'une femme guerrière, coiffée d'un casque, et armée d'un bouclier et d'une lance, est assise à sa droite; à sa gauche on voit l'*Odyssée*, caractérisée par le costume et surtout par le bonnet de marin, que porte d'ordinaire Ulysse (815 *a*, 841, etc.), et par une rame; toutes deux sont dans l'attitude de la réflexion. Au-dessus règne un ornement composé de bandelettes et de feuillages, décoré de deux *cygnes* qui ont les ailes éployées, par allusion à la douceur des chants du poëte, et de deux *masques* qui rappellent les scènes tragiques et comiques de l'Iliade et de l'Odyssée. — Vase d'argent du Musée de Naples. Tischbein, *Fig. d'Hom., Il.*; I, 3.

762 (CCII). *Pélée*, armé d'une épée, d'une lance et d'un bouclier, surprend *Thétis* endormie; la tête de la déesse est appuyée sur ses bras; ses pieds sont croisés, attitude qui, dans les monuments, marque également le repos; près d'elle sont un *lion* et une *chèvre*, indiquant les différentes formes d'animaux qu'elle prenait pour échapper à ses poursuivants. Derrière Pélée est *Protée*, vieillard barbu, accompagné d'un *monstre marin* et tenant un gouvernail; au-dessous est assis le vieux *Nérée*, père de Thétis, couronné d'algues marines, tenant dans sa main droite une conque, et l'autre appuyée sur une urne; *Amphitrite*, debout en arrière et à demi vêtue, est caractérisée par les deux

pinces d'écrevisse qui saillent sur son front (fig. 305) et par l'aplustre qu'elle tient, comme déesse de la mer. Derrière Thétis est *Morphée*, dont la tête est ailée, versant sur la déesse avec une corne une liqueur soporifique; dans l'autre main, il tient une autre corne et une clepsydre ou horloge d'eau. Pélée pose son pied droit sur le vêtement de Thétis pour l'empêcher de s'échapper; les *Amours* le suivent; l'un veut le débarrasser de sa lance, un autre lui montre la belle Néréide endormie. La *Terre*, couronnée d'épis et à demi couchée, tenant une corne d'abondance et soutenue par un *Génie*, regarde Thétis. Les dieux sont témoins du triomphe de Pélée, et se préparent à célébrer ses noces : *Junon Pronuba* (*Héra Zygia*) siége à la première place, parce qu'elle préside au mariage; son front est ceint de la stéphané, et elle tient un sceptre; près d'elle est *Hébé*, qui lui présente l'ambroisie dans une patère; *Minerve* est coiffée d'un casque, et l'olivier dont elle a fait présent aux hommes croît devant elle; *Vulcain*, coiffé du piléus, porte un flambeau, signe du feu auquel il préside; *Bacchus*, placé auprès de lui, tient son thyrse, et sa main droite est posée sur sa tête couronnée de pampres; entre eux paraît *Leucothée*, qui l'a nourri, le front paré du crédemnon (peut-être *Vesta*). Immédiatement derrière Pélée, dans le plan supérieur, sont d'autres dieux : *Apollon* assis et appuyé sur sa lyre; *Diane* avec le carquois; *Mercure* tenant le caducée et coiffé du pétase; *Proserpine*, distinguée, comme Junon, par la stéphané qui orne son front et le voile qui en retombe. Derrière elle, et au-dessus d'Amphitrite, est porté un segment du zodiaque avec les signes du *scorpion* et de la *balance*, ce dernier propice à l'hymen. Voy. tom. II, p. 364 sq., etc. — Bas-relief. WINCKELMANN, *Monum. ined.*, 110. Il faut rapprocher la coupe de *Sosias*, dont il a déjà été question plus haut, pag. 212, et qui représente, sur le bord extérieur, le banquet des dieux aux noces de *Thétis* et de *Pélée*; au centre, la scène décrite fig. 771 ci-après.

762 *a* (CCXV *bis*). *Thétis* à demi couchée, tenant d'une de ses mains le *serpent* dans lequel elle se métamorphose, au moment où *Pélée*, qui dépose sa chlamyde, essaie de la saisir pendant son sommeil; un *Amour* plane au-dessus d'elle, portant

un arc et un flambeau; à ses pieds croît un *arbre*, près duquel est debout, vis-à-vis de Pélée, *Neptune*, autre amant de la déesse, le pied appuyé sur un rocher (508, 508 *a* et *b*) dans une attitude d'observation.—Le revers nous paraît offrir en pendant *Ariadne*, endormie, entre *Thésée* qui l'abandonne et *Bacchus* qui va le remplacer, tous deux assis vis-à-vis l'un de l'autre; aux pieds de la fille de Minos est un *diptyque*, qui fait allusion au contrat violé, comme ci-dessus, fig. 649. Ces deux scènes, dont chacune occupe un côté de la bande circulaire de sculptures développée ici, sont séparées par des *masques de Tritons*. Compar. la fig. précéd. et fig. 452, 461, plus haut.—Bas-relief d'un vase de verre, du genre des diotes, connu sous le nom de *vase Barberini* ou *Portland*, aujourd'hui au Musée britannique, d'après le dessin de Millingen, *Transact. of the royal Soc. of Literat.*, I, 2, pag. 99. Parmi les nombreux monuments de tout genre qui représentent le sujet de *Pélée et Thétis*, on peut comparer les belles peintures de vases, dans les *Monum. de l'Instit. archéol.*, I, pl. XXXVII et XXXVIII; et dans la *Description de quelques vases*, etc., de M. le duc de Luynes, pl. XXXIV. La première est remarquable, entre autres circonstances, par la présence du Centaure *Chiron*.

762 *b* (CCX). *Pélée* (Pele) sortant de la mer, où il a visité Thétis, exprime l'eau de ses cheveux. — Pierre gravée étrusque. Œuvres de Winckelmann, éd. de Dresde, t. VII, p. 3 B.

763 (CCXXIV). *Pélée* est assis près de *Thétis* qu'il vient d'épouser et qui a encore le voile nuptial; *Vulcain* lui fait présent d'une épée et d'un bouclier; *Minerve* lui offre une lance et un casque; les *Heures* ou *Saisons* apportent un sanglier, un oiseau, un chevreau, des fleurs et des fruits pour le banquet (compar. fig. 250 *r*); une *jeune fille* de la noce joue en éteignant son flambeau, tandis que *Comus* apporte un autre flambeau et une amphore; plus loin l'*Amour* repousse de toutes ses forces *Éris* ou la *Discorde*, qui veut troubler la fête; les *arbres* indiquent qu'elle se passe sur le mont Pélion. On voit dans la frise des *hippocampes*, des *dauphins*, et au milieu une tête de *Triton*, symboles du séjour où Thétis fait sa demeure habituelle. — Zoëga, *Bassirilievi antichi*, LII.

764 (CCXXV). Putéal revêtu de marbre, sur lequel sont sculptés divers événements de l'*histoire d'Achille.* (*a*) *Thétis*, assise sur un lit, vient de lui donner le jour; (*b*) la *nourrice* lave le *nouveau-né* dans un vase; (*c*) *Thétis* plonge son fils dans les eaux du *Styx*, figuré ici comme une *vieille Nymphe* (*Styx*, une des Océanides) appuyée sur une urne; (*d*) elle remet *Achille* à *Chiron*, qui doit lui donner l'éducation des héros; (*e*) le jeune prince est sur le dos du *Centaure*, et poursuit un *lion* qu'il vient de blesser d'une flèche; (*f*) *Achille* est caché, sous des habits de femme, parmi les esclaves de *Déidamie*, fille de Lycomède, roi de Scyros; (*g*) *Déidamie* veut retenir *Achille*, mais il a déjà saisi un bouclier et une épée, et il se prépare à suivre *Ulysse*, qui ordonne à *Agyrtès* de sonner de la trompette pour exciter encore davantage sa jeune ardeur; (*h*) *Achille* combat *Hector*, qui veut venger la mort de *Polydore*, son frère, étendu à ses pieds; derrière eux est la porte *Scée*, et devant cette porte le fleuve *Scamandre*, sous les traits d'un vieillard couché, appuyé sur une urne, et tenant dans sa main droite un roseau; (*i*) *Achille*, nu, armé d'un casque et d'une épée, vient d'attacher à son char, sur lequel il est monté, le *corps* d'Hector; il tient les rênes de ses chevaux, qui sont précédés par la *Victoire* portant une palme et une couronne; dans le fond, où sont les *murs* de Troie, *Priam*, coiffé du bonnet phrygien, est spectateur de cette scène dont il frémit. — *Mus. Capit.*, IV, 37.

765 (CCXVIII). Le Centaure *Chiron* apprend au jeune Achille à jouer de la lyre. Tom. III, p. 631. — Gori, *Mus. Florent.*, II, xxv, 2. (Le même sujet est représenté sur le sarcophage d'Ios, faussement regardé comme le tombeau d'Homère, et dans les peintures d'Herculanum, I, 8).

766 (CCXXV). Le Centaure *Chiron*, vêtu d'une chlamyde, et appuyé sur un bâton, donne à *Achille*, en présence de *Pélée*, sa leçon de botanique; Pélée est assis et tient un bâton; Achille a des *plantes médicinales* dans sa main gauche, comme le Centaure, son maître, dans sa droite, et s'appuie sur sa lyre. La scène est dans un lieu agreste, orné d'un *trépied* placé sur un piédestal, et consacré au dieu de la musique et de la médecine. *Ibid.* et tom. II, p. 125 sqq., 349. — Millin, *Dissertation dans le*

recueil de la Société d'émulation de médecine, V^e année, p. 342.

767 (CCXXVI). *Achille*, qui était caché à Scyros parmi les femmes de *Déidamie*, vient de rejeter le vêtement sous lequel il était déguisé, et paraît presque nu; parmi les dons présentés par Ulysse, il a choisi la lance et le casque, ce dernier placé à ses pieds; l'*Amour* tente vainement de le retenir; *Déidamie* désespérée et ses compagnes surprises, qui voudraient aussi l'arrêter, ne peuvent plus l'empêcher de se trahir; il fait un grand pas, comme s'il allait au combat; *Ulysse*, que sa barbe et son bonnet font aisément reconnaître, s'applaudit, par un geste expressif, du succès de son artifice; *Diomède*, armé de toutes pièces, marche en avant, tandis qu'*Agyrtès*, armé de même, sonne de la trompette, pour enflammer le courage du jeune héros; une cuirasse est à leurs pieds, un panier à ouvrage derrière Achille; une lyre et des étoffes roulées dans les mains des femmes de Déidamie. — *Mus. Pio-Clem.*, V, 17. (Le même sujet se voit encore sur le sarcophage d'Ios, sur celui de Barile, et ailleurs.) *Cf.* Raoul-Rochette, *Monum. inéd.*, I, 12, et dans les *Annal. de l'Instit. archéol.*, IV, p. 320, et *tav.* D, E.

768 (CCXXVII). *Iphigénie* est assise, dans un accablement profond, au pied de l'autel de *Diane*, en Aulide, surmonté de la statue de cette déesse : devant elle est debout *Achille*, à qui elle avait été promise, et derrière celui-ci *Ménélas*, appuyé sur son sceptre; plus loin, *Agamemnon*, la tête voilée. De l'autre côté, on voit quatre héros, dont le second, seul en mouvement, est *Calchas* qui s'avance, cachant le glaive fatal. — Beau vase de marbre connu sous le nom de *vase de Médicis*. Tischbein, V, 3. Il faut comparer l'autel de Cléomènès, également à Florence, et la peinture de Pompeï, où, comme dans le fameux tableau de Timanthe, *Agamemnon* est représenté se couvrant le visage de son manteau; et rapprocher de cette peinture celle d'un vase où la biche substituée à *Iphigénie*, au lieu d'arriver par les airs, est placée derrière elle : bien d'autres monuments encore figurent cette scène, postérieure dans l'ordre historique à la suivante, et plusieurs avec des particularités remarquables (Raoul-Rochette, I, pl. XXVI et XXVII).

769 (CCXVII). Un *serpent* entortillé autour d'un arbre va dévorer *neuf* petits *oiseaux* qui sont dans leur nid, et leur mère qui arrive partagera bientôt leur sort : c'était, selon Calchas, un présage que le siège de Troie devait durer dix années, et que la ville serait prise dans la dixième. — Pierre gravée. Gori, *Mus. Florent.*, II, xxiv, 3.

770 (CCXXIV). Combat d'*Achille*, à la tête des guerriers grecs, contre *Télèphe*, fils d'Hercule (fig. 667-671), devenu le fils adoptif de Teuthras, roi de Mysie; Télèphe va tomber blessé, en se heurtant contre la *plante* qui croît sur ses pas; un *guerrier mysien* est derrière lui, comme un *grec* derrière Achille; mais, plus près encore de ce héros, on voit *Nicé* ou *la Victoire*, prête à le couronner, tandis qu'à l'extrémité opposée intervient le roi *Teuthras*, le bras droit élevé, pour séparer les combattants dont il a reconnu l'erreur. — Vase du Louvre, publié par M. Millingen, *Unedit. Monum.*, I, 22. Si telle est la véritable explication de ce sujet, il faut admettre que l'artiste l'a traité avec une certaine liberté, en substituant la plante que l'on voit à la *vigne* qui fit tomber Télèphe, et l'*épée* à la *lance* dans la main d'Achille. Quoi qu'il en soit, cette explication est pour le moins aussi probable que celle qu'ont donnée MM. Panofka et de Witte (*Annal. de l'Instit. archéol.*, tom. VII, pag. 119 et *tav. d'agg.* D, 2; *Catalogue du cabinet Durand*, n° 385) d'autres peintures de vases où l'on voit, suivant eux, *Achille* à pied, précédé d'un *petit écuyer* à cheval, poursuivant *Télèphe* nu, qui a laissé tomber une hydrie pleine de vin. Un vase ayant appartenu au cabinet Durand paraît représenter *Télèphe*, arrivé chez Teuthras, et poursuivant sa mère *Augé*, qu'il n'a pas d'abord reconnue (*Catal.*, n° 384). D'autres monuments offrent la suite des aventures de ce prince. Une urne étrusque, publiée par M. Raoul-Rochette, et récemment expliquée par M. Otto Jahn, le montre sous la figure d'un mendiant, dans le palais d'Agamemnon, menaçant d'égorger le jeune *Oreste*, pour obtenir sa guérison d'Achille par l'entremise du roi des rois. Une pierre gravée publiée dans Raponi, 36, 3, fait voir sa guérison par cette même *lance d'Achille* qui l'avait blessé.

771 (CCXVIII). *Patrocle* (ΠΑΤΡΟΚΛΟΣ), blessé dans le combat des

Grecs contre Télèphe, est pansé par Achille (ΑΧΙΛΕΥΣ), qui serre une bande autour de son bras avec une attention marquée ; tous deux sont accroupis sur un coussin, et l'expression de la douleur physique se lit sur la figure aussi bien que dans l'attitude contractée de Patrocle ; le dessin de cette peinture est remarquable, en outre, par le soin extrême que l'artiste a mis à rendre tous les détails, soit du nu, soit des vêtements. — Intérieur de la coupe dite *de Sosias*, d'après l'inscription qu'elle porte, et sur l'extérieur de laquelle est représentée, dans un style beaucoup plus roide, la scène dont il a été question sous les n°⁸ 510 c et 762 ci-dessus. *Monum. inéd. de l'Inst. de corresp. archéol.*, I, pl. 24, n° 25.

772 (CCXXVIII). *Protésilas*, vêtu d'une chlamyde, tient dans la main gauche un javelot ; il présente l'autre à son épouse *Laodamie*, qui est voilée et assise sur un trône dans l'intérieur de son palais, indiqué par la tenture du fond ; un *guerrier* armé tient le bouclier du jeune héros, et il se détourne pour ne pas entendre les adieux des deux époux.—Petit côté du sarcophage dont les autres bas-reliefs sont donnés sous les deux numéros qui suivent. *Mus. Pio-Clem.*, V, 18. On peut rapprocher *Achille* et *Patrocle* prenant congé de *Pélée* et *Ménétius*, leurs pères, sujet lié à celui du combat d'*Achille* et de *Télèphe*, sur le vase du Louvre ci-dessus, fig. 770 ; et *Ajax* et *Teucer*, faisant leurs adieux au vieux *Télamon*, sur une autre peinture de vase donnée par M. Raoul-Rochette, *Mon. inéd.*, pl. LXXI, 2.

773 (CCXXVIII). Le débarquement des Grecs sur la rive troyenne est figuré par deux guerriers, dont l'un, qui a déjà un pied sur l'échelle de son vaisseau est *Protésilas*, l'autre doit être *Énée* ou *Achate* ou *Euphorbe*, si ce n'est *Hector* lui-même. L'oracle avait prédit que celui qui descendrait le premier sur le rivage de Troie y perdrait la vie ; en effet, le *corps* de Protésilas est étendu un peu plus loin sur la rive ; son *âme*, sous la forme d'une *ombre* enveloppée dans un grand voile, l'abandonne ; *Mercure Psychopompe* la reçoit pour la conduire au séjour des morts. Le groupe suivant représente le même *Protésilas* qui, d'après la permission de Pluton, est ramené par *Mercure* à son épouse désolée. Au centre du bas-relief, devant la porte figurée du mo-

nument funèbre, on voit les deux jeunes époux s'entretenant ensemble pendant le peu d'instants qui leur ont été accordés pour se revoir. A l'extrémité droite, *Protésilas* retourne, sous la conduite de *Mercure*, aux enfers, dont l'entrée est figurée par une arcade; *Charon* l'y attend pour le faire entrer dans sa barque. Derrière ce groupe on aperçoit *Laodamie* mourante, couchée sur un lit, au pied duquel est assis son vieux père, *Acaste*, plongé dans la douleur; la figure debout, enveloppée dans un grand voile, doit être encore l'*ombre* de Protésilas, qui semble attendre son épouse; derrière le lit, on voit, sur une sorte d'autel, un *masque bachique* enchâssé dans une niche, ayant à sa droite une *lance*, à sa gauche un *thyrse*, tandis qu'en bas sont des *cymbales*, des *flûtes droites* et *recourbées*, et un *tympanum*, tous symboles du culte mystérieux de Bacchus, avec lequel Laodamie est en rapport, et où l'on enseignait le dogme consolant de la palingénésie. Voy. tom. II, pag. 689; et surtout tom. III, pag. 149 sqq., 302 sqq., 343, etc. — Face principale du même sarcophage, *ibid.*

773 *a* (CCXXVIII). Autre petit côté du même sarcophage, qui représente les supplices de *Tantale*, de *Sisyphe* et d'*Ixion*, dans les enfers. Compar. fig. 555. — *Ibid.*

774 (CCXVIII). Sur cette frise, qui règne tout autour et au bas du col d'une amphore de Volci, à figures noires, paraît représenté le *combat des Grecs contre les Troyens*, à la suite du débarquement, et la *mort de Cycnus*, fils de Neptune, et roi de Colone en Troade, par la main d'Achille. Le sujet est divisé en deux parties égales, l'une de quatre, l'autre de cinq groupes, séparées par deux figures isolées, dont le costume phrygien marque le lieu de la scène. Derrière le *trompette* vêtu de rouge et sonnant d'un cor recourbé, se voit le groupe principal, *Cycnus*, reconnaissable à l'emblème du cygne qui orne son bouclier, vaincu par *Achille* et prêt à tomber, mais défendu par *Ténès*, son fils, dont l'écu porte un sanglier; plus loin, à gauche, sont trois guerriers, ses compagnons, combattant contre trois Grecs, et montrant sur leurs boucliers un cerf axis, une chèvre et un astre, emblèmes qu'on trouve, ainsi que le précédent, sur les monnaies d'Éphèse, d'Antandrus, de Tralles et de Cyzique, villes asiati-

ques. Vient ensuite un *archer* troyen prenant la fuite, et de ce côté paraissent cinq guerriers Grecs attaquant cinq guerriers Phrygiens, défenseurs de Cycnus; les emblèmes des boucliers grecs, ici visibles, comme là ceux des Troyens, sont la partie antérieure d'un cheval, une tête de panthère, la partie antérieure d'un bélier, les ailes d'un foudre, et la partie antérieure d'un lion, ce dernier, symbole connu d'*Agamemnon* et de Mycènes, les autres, qui se retrouvent sur les monnaies d'Arpi, d'Athènes, de Salamine, de Prasus, pouvant indiquer *Diomède, Ménesthée, Ajax,* fils de Télamon, *Idoménée.* — Duc de Luynes, *Descript. de quelques vases peints*, pl. I, et p. 1 sq., dont nous adoptons de tout point l'ingénieuse explication.

774 *a* (CCVII). *Achille* (ΑΧΙΛΛΕΥΣ), descendu de son quadrige, qu'on voit derrière lui, barbu, armé de toutes pièces, pose le pied gauche sur l'assise inférieure de l'*autel d'Apollon Thymbréen*, bâti en pierres de taille; de la main droite il tient son épée nue, et de la gauche il saisit par le bras le jeune *Troïlus* (ΤΡΟΙΛΟΣ, à demi-effacé), fils de Priam, réfugié sur l'autel, et qu'il va égorger; derrière l'autel on voit la *porte Scée* et les murs de Troie, entre les créneaux desquels se montrent deux têtes de guerriers; de la porte sort un guerrier complétement armé, qu'un autre suit avec un quadrige : sans doute *Hector*, qui vient au secours de son frère avec *Déiphobe, Énée* ou un autre, comme ils paraissent avec leurs noms dans une scène qui fait suite à celle-ci sur un autre vase (*Musée étrusque du prince de Canino*, n° 529). — Vase de Volci, publié par Otto Jahn, *Telephos und Troïlos*, Kiel, 1841, pl. 2, et p. 70 sqq., où sont rapprochés plusieurs monuments analogues. Cf. de Witte, *Cat. étr.*, n° 143.

775 (CCXXII). Bas-relief de stuc, trouvé, à ce qu'on croit, dans les ruines d'un ancien temple sur la voie Appienne, à Frattocchie, dans les terres des princes Colonna, et appelé *table Iliaque*, parce qu'il représente les principaux événements de la guerre de Troie. Deux colonnes le partageaient en trois parties; on lisait sur ces colonnes, en petits caractères, une courte explication des sujets sculptés sur le bas-relief. La colonne à gauche et la partie qu'elle séparait de celle du milieu ont péri. Il est plus

que probable que ce monument servait aux grammairiens pour l'instruction de la jeunesse, dans les écoles, où on lisait les poésies d'Homère et de ses continuateurs.

Dans la bande supérieure de la partie centrale, à gauche (1 et 2), devant le *temple d'Apollon Sminthien*, ΙΕΡΟΝ ΑΠΟΛΛΩ-ΝΟΣ ΣΜΙΝΘΕΩΣ, est *Chrysès*, ΧΡΥΣΗΣ, avec trois autres figures, dont l'une presque entièrement détruite par la fracture, et un bœuf qu'elles amènent pour être sacrifié; les vœux du vieux prêtre, qui offre une libation à son dieu, sont exaucés; (3) les *hommes* et les *chiens* à la fois meurent de la peste, ΛΟΙΜΟΣ, envoyée par *Apollon* lançant ses traits dans le champ des Achéens; (4) *Calchas*, ΚΑΛΧΑΣ, élevant la main, signale la cause de cette scène de mort; (5 et 6) *Agamemnon*, ΑΓΑΜΕΜΝΩΝ, et *Nestor*, ΝΕΣΤΩΡ, sont assis, devant les autres chefs; (7) *Achille*, ΑΧΙΛΛΕΥΣ, tire l'épée contre Agamemnon; mais (8) *Minerve*, ΑΘΗΝΑ, le retient par les cheveux, tandis que Nestor s'interpose; (9 et 10) *Ulysse conduisant l'hécatombe destinée au dieu*, ΟΔΥΣΣΕΥΣ ΤΗΝ ΕΚΑΤΟΜΒΗΝ ΤΩ ΘΕΩ ΑΓΩΝ; (11, 12 et 13) il rend *Chryséis*, ΧΡΥΣΗΙΣ, à son père, qui embrasse sa fille près de l'*autel* placé en face du *temple*; (14) *Thétis*, ΘΕΤΙΣ, à genoux devant *Jupiter*, le prie de venger son fils de l'injure que lui font les Grecs en lui enlevant Briséis.

La partie gauche, qui est perdue, contenait sans doute la suite des événements des douze premiers chants de l'Iliade. La partie droite, dans ses douze bandes superposées les unes aux autres, en remontant de bas en haut (comme celles de la partie gauche devaient se succéder de haut en bas), représente ceux des douze livres suivants.

Dans la bande la plus inférieure, marquée d'une N, lettre numérique du XIIIe chant de l'Iliade, on voit (15) le combat de *Mérionès*, ΜΗΡΙΟΝΗΣ, et d'*Acamas*, ΑΚΑΜΑΣ : ce n'est cependant qu'au livre XVI que Mérionès tue Acamas; plus loin, (16) *Idoménée*, ΙΔΟΜΕΝΕΥΣ, tue *Othrionée*, ΟΘΡΙΟΝΕΥΣ, qu'emporte un de ses compagnons; (17) *Asius*, ΑΣΙΟΣ, prince d'Arisba, reçoit la mort, en voulant venger celle d'Othrionée; (18) *Énée*, ΑΙΝΗΑΣ, combat contre *Apharéc*, ΑΦΑΡΕΥΣ.

Bande Ξ, chant XIV : (19) *Ajax le Locrien*, ΑΙΑΣ ΛΟΚΡΟΣ,

tue *Archélpque* ΑΡΧΕΛΟΧΟΣ, en voulant frapper *Polydamas*, qui évite le coup : Homère dit cependant que ce fut le fils de Télamon qui tua Archéloque; (20) *Neptune*, ΠΟΣΙΔΩΝ, sous les traits de Calchas, conduit *Ajax*, ΑΙΑΣ, par la main; (21) *Apollon*, ΑΠΟΛΛΩΝ, rend à *Hector*, ΕΚΤΩΡ, ses forces pour combattre les Grecs.

Bande O, chant XV : (22, 23 et 24) *Énée*, ΑΙΝΗΑΣ, *Pâris*, ΠΑΡΙΣ, et ΕΛΕΝΟΣ : celui-ci tend un arc, quoique Homère ne l'ait pas compté parmi les guerriers qui combattirent près des vaisseaux; (25) *combat près des vaisseaux*, ΕΠΙ ΝΑΥΣΙ ΜΑΧΗ : (26) *Hector*, ΕΚΤΩΡ, attaque celui d'Ajax, dont on voit les rames; (27) *Ajax*, secondé de *Teucer* et d'un de ses compagnons, repousse les assaillants; (28) *Calétor*, ΚΑΛΗΤΩΡ, périt sous ses coups en voulant mettre le feu au navire; (29) *Clitos*, ΚΛΙΤΟΣ, est tué par Teucer qui, à l'abri du bouclier d'Ajax, lui a décoché une flèche.

Bande Π, chant XVI : (30) *Patrocle*, ΠΑΤΡΟΚΛΟΣ, aidé par *Automédon*, revêt l'armure d'Achille; (31) *Achille*, ΑΧΙΛΛΕΥΣ, assis sous sa tente, refuse de combattre, quoique pressé par *Phœnix*, ΦΟΙΝΙΞ, son précepteur, *Diomède*, ΔΙΟΜΗΔΗΣ, et un autre guerrier, peut-être *Alcimus*; (32) *Patrocle*, ΠΑΤΡΟΚΛΟΣ, que la lance d'Euphorbe a déjà blessé, est tué par *Hector* (33); celui-ci poursuit *Automédon* (34), qui se sauve dans le *char d'Achille* (35), attelé seulement de deux chevaux, *Xanthus* et *Balius*, le troisième, *Pédasus*, ayant été tué par Sarpédon.

Bande P, chant XVII : (36) *Hector*, après avoir dépouillé *Patrocle* de son armure, rentre dans la ville, sur son char attelé de deux chevaux, et accompagné d'*Énée*; (37) *Ajax*, couvert de son grand bouclier, combat Hector; (38) *Ménélas* veut emporter le *corps de Patrocle*; (39) *Mérionès* et lui le placent sur un char attelé de deux chevaux et conduit par deux guerriers : Homère ne parle point de ce char.

Bande Σ, chant XVIII : (40) *Patrocle*, ΠΑΤΡΟΚΛΟΣ, est étendu sur une estrade; *Achille*, ΑΧΙΛΛΕΥΣ, plongé dans une profonde douleur, est assis au pied du lit, et les *femmes* debout se lamentent; (41) *Thétis*, ΘΕΤΙΣ, suivie d'une *Néréide*, demande pour son fils de nouvelles armes à (42) *Vulcain*, ΗΦΑΙ-

ΣΤΟΣ, qui est assis près de sa forge; (43 et 44) trois *Cyclopes* forgent à coups de marteau un *bouclier* posé sur une enclume : la *fabrication des armes*, ΟΠΛΟΠΟΙΑ.

Bande T, chant XIX : (45) *Thétis* (ΘΕΤΙΣ), accompagnée d'une *Néréide*, vient d'apporter à son fils l'armure forgée par Vulcain; (46) *Achille*, ΑΧΙΛΛΕΥΣ, attache ses cnémides, en s'appuyant sur la cuirasse qui est à ses pieds; (47) une autre *Néréide* lui présente le fameux bouclier, ΑΣΠΙΣ; (48) *Phœnix*, ΦΟΙΝΙΞ, tient dans ses mains le casque; (49) *Achille*, ΑΧΙΛΛΕΥΣ, armé de toutes pièces, s'élance sur son bige, avec *Automédon*, son aurige; près de *Xanthus*, le cheval de droite, est placé un *devin* (50), pour indiquer que cet animal, devenu fatidique, prédit à son maître la mort qui l'attend.

Bande Υ, chant XX : (51) *Neptune*, ΠΟΣΙΔΩΝ, enlève *Énée*, qu'Achille a rencontré le premier dans la mêlée; (52) Achille, ΑΧΙΛΛΕΥΣ, perce de son épée *Iphition* ou *Démoléon* (53), fils d'Anténor; (54 et 55) il frappe *Hippodamas* et *Polydore*, fils de Priam, qui avaient pris la fuite; (56) un *guerrier* relève un autre *guerrier* tombé sur les genoux.

Bande Φ, chant XXI : (57) *Hector*, enveloppé d'un nuage par Apollon, est sauvé de la fureur d'Achille; (58) le fleuve *Scamandre*, ΣΚΑΜΑΝΔΡΟΣ, rejette les cadavres dont Achille avait rempli son lit, et le combat par une inondation; (59 et 60) *Achille*, ΑΧΙΛΛΕΥΣ, que ses forces allaient abandonner, est relevé par *Neptune*, ΠΟΣΙΔΩΝ; les *Phrygiens*, ΦΡΥΓΕΣ, qui ne peuvent plus lui résister, se retirent dans la ville, dont la porte est ouverte.

Bande Χ, chant XXII : (61) *Hector*, seul, près de la porte *Scée*; (62 et 63) *Achille*, ΑΧΙΛΛΕΥΣ, tue *Hector*, ΕΚΤΩΡ; (64) le dépouille de son armure et lui enlève son casque; (65 et 66) attache le *corps* du héros à son *char*; (67) *Automédon* suit le char à pied.

Bande Ψ, chant XXIII : (68) *Achille*, ΑΧΙΛΛΕΥΣ, debout, accompagné d'un *serviteur* qui porte une libation funèbre, consacre aux mânes de Patrocle, étendu sur le bûcher, la chevelure dont son père avait promis l'offrande au fleuve Sperchius; vis-à-vis (69) est peut-être *Agamemnon*, qui assista aux funérailles de Patrocle; le *Pollinctor*, c'est-à-dire celui qui lave et oint les cadavres, paraît vaquer à cet office ; on lit au bas, *brûlement de Patrocle*, ΚΑΥΣΙΣ ΠΑΤΡΟΚΛΟΥ ; (70) les *jeux funèbres*, ΕΠΙΤΑΦΙΟΣ ΑΓων, qu'Achille fait célébrer en l'honneur de son ami; (71) *Eumélus*, fils d'Admète, a été renversé par Minerve, et son cheval se câbre derrière lui.

Bande Ω, chant XXIV : (72 et 73) *Mercure*, ΕΡΜΗΣ, a conduit *Priam*, ΠΡΙΑΜΟΣ, au camp des Grecs ; (74) *Achille*, ΑΧΙΛΛΕΥΣ, assis, écoute la demande du vieux roi suppliant, pour lequel semble intercéder *Phœnix*; (75) *Automédon* et *Alcimédon* ou *Alcime*, autres amis d'Achille, déchargent la rançon que Priam vient d'apporter sur un char traîné par des mulets; (76) *Achille* et ses deux *amis* soulèvent le *cadavre d'Hector* pour le placer sur le même char : *Hector et le rachat d'Hector*, ΕΚΤΩΡ ΚΑΙ ΛΥΤΡΑ ΕΚΤΟΡΟΣ.

Le reste du bas-relief représente les derniers événements de la guerre de Troie. Les noms des poëtes et des ouvrages où les faits dont il s'agit et ceux qui précèdent ont été puisés, se lisent vers le milieu, aux nᵒˢ 77, 78 et 79 : d'abord le titre du sujet total, la *guerre de Troie*, ΤΡΩΙΚΟΣ (πόλεμος); puis, l'*Iliade selon Homère*, ΙΛΙΑΣ ΚΑΤΑ ΟΜΗΡΟΝ; l'*Æthiopis selon Arctinus le Milésien*, ΑΙΘΙΟΠΙΣ ΚΑΤΑ ΑΡΚΤΙΝΟΝ ΤΟΝ ΜΙΛΗΣΙΟΝ; l'*Iliade dite la Petite d'après Leschès de Pyrrha*, ΙΛΙΑΣ Η ΜΙΚΡΑ ΛΕΓΟΜΕΝΗ ΚΑΤΑ ΛΕΣΧΗΝ ΠΥΡΡΑΙΟΝ, enfin, et d'une manière plus saillante, comme source du tableau central et principal, dont les bandes latérales ne sont que le cadre ou l'introduction, le *sac d'Ilion selon Stésichore*, ΙΛΙΟΥ ΠΕΡΣΙΣ ΚΑΤΑ ΣΤΗΣΙΧΟΡΟΝ.

Les deux bandes inférieures commencent la série des événements posthomériques. A gauche de la première on lit ΚΗΣ : c'est sans doute la dernière syllabe du nom de *Podarcès*, que l'Amazone *Penthésilée* perça de sa lance. (80) *Penthésilée*, ΠΕΝΘΕΣΙΛΕΙΑ, est tuée par *Achille*, ΑΧΙΛΛΕΥΣ; (81) *Achille*, ΑΧΙΛΛΕΥΣ, immole *Thersite*, ΘΕΡΣΙΤΗΣ, près d'un autel : peut-être est-ce une imitation du tableau de Panænus; (82) *Antiloque*, ΑΝΤΙΛΟΧΟΣ, est tué par *Memnon;* (83) *Achille*, ΑΧΙΛΛΕΥΣ, le venge par la mort de *Memnon*, ΜΕΜΝΩΝ; (84) *Achille*,

ΑΧΙΛΛΕΥΣ, est tué lui-même devant la porte *Scée*, couverte de spectateurs; (85) *Ajax*, ΑΙΑΣ, fils de Télamon, et (86) *Ulysse*, ΟΔΥΣΣΕΥΣ, défendent le héros mort en le couvrant de leurs boucliers; (87) le *corps d'Achille* est enfin emporté par les Grecs, puis étendu à terre, la tête sur son bouclier; on lit au bas de toute la scène ΑΧΙΛΛΕΩΣ ΠΤΩΜΑ; (88) la *Muse*, ΜΟΥΣΑ, représente ici le chœur entier de ces divines sœurs qui, dans l'Odyssée, forment autour d'Achille mort un concert lugubre; (89) *Thétis*, ΘΕΤΙΣ, accompagnée du vieux *Phœnix*, place les cendres d'Achille dans le *tombeau* que ce héros avait élevé pour Patrocle et pour lui, l'*Achilleum*, ΑΧΙΛΛΕΙΟΝ; (90) *Ajax furieux*, ΑΙΑΣ ΜΑΝΙΩΔΗΣ, est assis sur un rocher, et s'afflige de ce qu'Ulysse, quoique moins vaillant, a obtenu les armes d'Achille; (91) colonne carrée, qu'on regarde comme le *tombeau d'Ajax*, près du promontoire Rhœteum.

Sur la dernière bande, (92) *Pâris* est tombé, son arc à la main, blessé à mort par Philoctète; (93) *Priam* au tombeau de Pâris, accompagné d'*un de ses fils*; (94) combat d'*Eurypyle* et de *Néoptolème*, ΕΥΡΥΠΥΛΟΣ ΝΕΟΠΤΟΛΕΜΟΣ; (95) *Ulysse*, ΟΔΥΣΣΕΥΣ, et *Diomède*, ΔΙΟΜΗΔΗΣ, enlevant le *Palladium*, désigné par le mot ΠΑΛΛΑΣ; (96) le *cheval de bois*, ΔΟΥΡΙΟΣ ΙΠΠΟΣ, que (97) les *Troyennes* et les *Phrygiens font entrer dans la ville*, ΤΡΩΑΔΕΣ ΚΑΙ ΦΡΥΓΕΣ ΑΝΑΓΟΥΣΙ ΤΟΝ ΙΠΠΟΝ; (98) *Sinon*, ΣΙΝΩΝ, est amené; les mains liées derrière le dos, devant *Priam*, ΠΡΙΑΜΟΣ; (99) *Cassandre*, ΚΑΣΣΑΝΔΡΑ, en avant de la *porte Scée*, ΣΚΑΙΑ ΠΥΛΗ, s'oppose vainement au funeste projet de ses concitoyens.

Tout le milieu de cette partie du bas-relief, partagé en plusieurs plans distincts, de haut en bas, se compose des différentes scènes relatives à la *prise de Troie* et à ses conséquences. On y voit cette grande ville entourée de murailles crénelées et flanquées de tours. Dans le plan supérieur, à droite, on retrouve (100) le *cheval de bois*, ΔΟΥΡΙΟΣ ΙΠΠΟΣ, d'où les guerriers Achéens descendent au moyen d'une échelle; plus loin, à gauche et en haut, (101) paraît le *temple de Minerve*, devant lequel (102) *Cassandre* à genoux implore la protection de la déesse contre la violence que veut lui faire (103) *Ajax*, fils d'Oïlée; (104) *Corœbus* est tué par *Pénéléus* au pied de l'autel qu'il embrasse; dans d'autres parties de l'enceinte de la citadelle, et des deux côtés en dehors, d'autres *Troyens* tombent sous le fer des *Grecs*. Dans le second plan intérieur, on aperçoit, de chaque côté, un *temple :* devant celui de gauche une *femme Troyenne* est massacrée par un *Grec*; à droite, devant le *temple de Vénus*, ΙΕΡΟΝ ΑΦΡΟΔΙΤΗΣ, *Ménélas*, près de tuer Hélène, est désarmé par la vue de son beau corps; au milieu s'ouvre le *portique* du palais du roi Priam : (105) son fils, *Polités*, est tué par *Néoptolème*, fils d'*Achille ;* (106) *Néoptolème* égorge *Priam* lui-même sur l'*autel* de Jupiter Herceus; d'autres *Troyens* gisent mourants. Dans le plan inférieur de l'enceinte de la ville, on voit, à droite, (107) *Æthra,* ΑΙΘΡΑ, mère de Thésée, emmenée par *Démophon*, ΔΗ.... et *Acamas*, ses petits-fils; *Hélène*, de qui elle était devenue l'esclave, est couchée tout près dans une attitude plaintive, et au-dessous d'Hélène une autre de ses femmes paraît se rouler par terre, de désespoir; du côté opposé, (108) *Énée*, ΑΙΝΗΑΣ, remet à son père *Anchise* les pénates renfermés dans une *petite chapelle* portative; le fidèle *Achate* leur montre le chemin pour sortir; entre ces deux scènes principales est la continuation de la seconde : (109) *Mercure*, ΕΡΜΗΣ, conduit *Énée*, ΑΙΝΗΑΣ, qui porte sur ses épaules *Anchise*, ΑΝΧΙΣΗΣ, son père, tenant le *sacellum* qui renferme les pénates; il tient par la main *Ascagne*, ΑΣΚΑΝΙΟΣ, son fils; *Créuse*, sa femme, suit par derrière; ils sortent tous par la porte de la ville; *Vénus*, placée à droite de cette porte, semble veiller sur eux et leur indiquer la route; le groupe à gauche de la même porte représente probablement *Hélène*, devant laquelle passe *Énée*, l'épée à la main, et qu'il est tenté de tuer. Hors des murs de Troie, on trouve à gauche (110) le *tombeau d'Hector*, ΕΚΤΟΡΟΣ ΤΑΦΟΣ, entouré d'un mur; au-dessus est placé un *bouclier* avec l'emblème d'un *lion;* (111) *Talthybius et les Troyennes*, ΤΑΛΘΥΒΙΟΣ ΚΑΙ ΤΡΩΑΔΗΣ, qui sont assises près de ce tombeau et qu'il paraît gourmander : *Andromaque*, ΑΝΔΡΟΜΑΧΗ, tenant dans ses bras son fils *Astyanax*; près d'elle *Cassandre*, ΚΑΣΣΑΝΔΡΑ, et devant, *Hélénus*, ΕΛΕΝΟΣ : de l'autre côté du tombeau, on voit (112) *Hécube*,

ΕΚΑΒΗ, embrassant sa fille *Polyxène*, ΠΟΛΥΞΕΝΗ, sur le point d'être immolée aux mânes d'Achille; *Andromaque*, ΑΝΔΡΟΜΑΧΗ, privée de son fils; près d'elle encore *Hélénus*, ΕΛΕΝΟΣ, et devant, (113) *Ulysse*, ΟΔΥΣΣΕΥΣ, qui semble leur annoncer la captivité qui les attend. A droite, (114) *Néoptolème*, ΝΕΟΠΤΟΛΕΜΟΣ, sacrifie *Polyxène*, ΠΟΛΥΞΕΝΗ, sur le tombeau d'*Achille*, ΑΧΙΛΛΕΩΣ ΣΗΜΑ, où l'on voit une *figure couchée*, représentant sans doute le héros mort; *Ulysse*, ΟΔΥΣΣΕΥΣ, auteur de ce sacrifice, y assiste assis; *Calchas*, ΚΑΛΧΑΣ, est debout derrière lui; près de Néoptolème, est un *servant* du sacrifice, tenant un vase. En retournant à gauche, au-dessous du tombeau d'Hector, est indiquée la *station des vaisseaux des Achéens*, ΝΑΥΣΤΑΘΜΟΝ ΑΧΑΙΩΝ, près du promontoire *Sigée*, ΣΕΙΓΑΙΟΝ, dont on voit le phare (116); à droite, sous le tombeau d'Achille, est représentée la *fuite d'Énée* : (117) *Anchise et les choses sacrées*, ΑΓΧΙΣΗΣ ΚΑΙ ΤΑ ΙΕΡΑ; il tient l'*édicule* qui renferme les pénates, et entre dans le vaisseau; *Énée* aide son père d'une main, et de l'autre il conduit son fils *Ascagne* sur la planche qui mène au *vaisseau* (118) que les *Troyens*, ses compagnons, retiennent jusqu'à ce qu'ils y soient réunis; au-dessus du vaisseau on lit ΑΠΟΠΛΟΥΣ ΑΙΝΗΟΥ, *départ d'Énée*; de l'autre côté est écrit : ΑΙΝΗΑΣ ΣΥΝ ΤΟΙΣ ΙΔΙΟΙΣ ΑΠΑΙΡΩΝ ΕΙΣ ΤΗΝ ΕΣΠΕΡΙΑΝ, *Énée, avec les siens, faisant voile pour l'Hespérie*, c'est-à-dire l'Italie; (119) *Misène*, ΜΙΣΗΝΟΣ, portant une trompette, ferme la marche et clot en même temps cette longue série de sujets et de figures dont l'intention toute romaine se dévoile par la scène finale, aussi bien que par celle où l'on voit Énée, au centre même du tableau et sur le premier plan, emportant son père avec les pénates troyens, et emmenant son fils, sous l'œil de Vénus, sa mère, et sous la conduite d'Hermès. Au-dessous de la dernière partie règne une inscription métrique exhortatoire en l'honneur d'Homère, formée d'un distique dont subsiste la plus grande partie : ΩΡΗΟΝ ΜΑΘΕ ΤΑΞΙΝ ΟΜΗΡΟΥ ΟΦΡΑ ΔΑΕΙΣ ΠΑΣΗΣ ΜΕΤΡΟΝ ΕΧΗΣ ΣΟΦΙΑΣ (sic), *apprenez la splendide ordonnance d'Homère, afin que la connaissant vous possédiez la mesure de toute sagesse.* —*Mus. Capitol.*, IV, 68, revu sur Tischbein, VII, 2. Compar. les fragments d'une table toute pareille dans Choiseul-Gouffier, *Voy. pitt. de la Grèce*, II, p. 346; et dans la *Galleria Omerica* d'Inghirami, 5, 6. Il faut aussi consulter, sur l'ensemble de la composition de ce célèbre bas-relief, les excellentes observations de M. Welcker, dans les *Annales de l'Instit. de corr. archéol.*, tom. I, p. 227 sqq.

776 (CCXXX). *Théano*, prêtresse de Minerve, tient le *Palladium* placé sur son autel, qui est orné d'une guirlande. Voy. tom. II, p. 733 sqq. Compar. les fig. suiv.— Millin, *Pierres grav. inéd.*

777 (CCXVII). *Diomède*, armé d'un casque et d'une épée, a fléchi le genou devant l'autel sur lequel est placé le *Palladium*, qu'il va enlever. Même tome; *ibid.* et p. 311 sq. — Millin, *ibid.*

777 a (CCXLI). *Diomède*, assis sur un autel orné d'une guirlande, vient d'enlever le *Palladium* : il le tient de la main gauche, qu'il a enveloppée de sa chlamyde pour ne pas le souiller; la droite porte une épée. *Ibid.* — Gori, *Mus. Florent.*, II, xxviii, 2.

778 (CCXXXV). *Diomède*, la tête couverte d'un casque, tenant une épée d'une main et le *Palladium* de l'autre, a le genou appuyé sur l'autel; la *prêtresse* assise dans le temple, indiqué par le voile qui y est étendu, cherche vainement à l'arrêter. *Ibid.* — Millin, *ibid.*

779 (CCXLIV). *Diomède* est assis sur un autel; il tient dans sa main droite une épée et dans l'autre le *Palladium*; la *prêtresse* est étendue morte à ses pieds; devant lui, sur une colonne, est une statue à demi vêtue (celle de la *Pallas* troyenne distincte du *Palladium*. Cf. la fig. suiv. et fig. 353 ci-dessus; de plus, p. 735, tom. II). On lit dans le champ ΔΙΟΣΚΟΥΡΙΔΟΥ (ouvrage de *Dioscorides*). — Bracci, *Memor. d'antiq. Incis.*, II, 61.

780 (CCXLIV). *Diomède*, assis sur un autel orné d'un feston, comme ci-dessus, tient d'une main son épée, et le *Palladium* de l'autre, qu'il a enveloppé de sa chlamyde pour ne pas le souiller; devant lui, comme ci-dessus encore, s'élève, sur une colonne, la statue de la *Minerve* troyenne; plus loin, en face de Diomède, est *Ulysse* nu, barbu, coiffé du piléus, sa chlamyde roulée autour de son bras gauche, dont la main porte un javelot; de la main droite il montre avec indignation le cadavre

étendu de la *prêtresse* que Diomède vient d'égorger et dont on aperçoit les pieds; le *temple* se voit dans le fond. L'inscription grecque de l'exergue veut dire : *Félix*, affranchi *de Calpurnius Severus, a fait.* — Bracci, *ibid.*, II, 75. Ce même sujet de l'*enlèvement du Palladium* se rencontre sur les vases peints, par exemple sur un vase de la Basilicate publié par Millingen, *Uned. Mon.*, I, 28, et qui offre cette circonstance remarquable que Diomède et Ulysse enlèvent *deux* Palladium à la fois, comme on le trouve encore sur une terre-cuite du Musée de Berlin, et comme le rapporte Ptolémée Héphestion dans Photius, p. 148 Bekker.

Nota. Il est aisé de voir que la place naturelle de cette série de monuments, 776-780, serait plus loin, immédiatement avant 817 et ceux qui concernent la prise de Troie. L'ordre véritable des faits mythologiques est rétabli par la *Table Iliaque*, p. 355 sqq. ci-dessus, et la lacune qui s'y trouve, remplie jusqu'à un certain point par les monuments ou les indications qui suivent. Et d'abord on croit reconnaître la *dispute d'Achille et d'Agamemnon* au revers d'une amphore tyrrhénienne, dont la face paraît représenter *Clytemnestre* accompagnée d'une panthère, son symbole, avec *Agamemnon* et les *Dioscures* (de Witte, *Catalogue Beugnot*, n° 50). Deux peintures de Pompéï montrent *Chryséis* reconduite à *Chrysès*, son père, et *Briséis* redemandée en échange à *Achille* (*Mus. Borbon.*, II, 57; Raoul-Rochette, *Monum. inéd.*, I, 19). De plus, *Achille et Briséis* sont représentés, avec leurs noms, à la face et au revers d'un vase qui a fait partie de la collection Durand (de Witte, *Catalogue Durand*, n° 386).

781 (CCXVIII). *Achille*, entièrement nu, est assis sur un rocher recouvert de sa chlamyde, au bord de la mer, sur laquelle il fixe ses regards; son *épée* est suspendue à un autre rocher, et son *bouclier*, sur lequel on voit une tête de Méduse ailée, y est appuyé; l'expression mélancolique de la figure d'Achille est caractéristique. — Gori, *Mus. Florent.*, II, xxv, 3.

782 (CCXXV). *Achille* est, de même, assis sur un rocher, au bord de la mer; il célèbre sur sa *lyre* les hauts faits des héros; son *casque* est posé près de lui; son *épée* est suspendue par un bau-

drier à une branche de l'arbre contre lequel est appuyé son *bouclier*, où l'on voit une tête de Méduse et une course de chars : on lit sur la pierre, ΠΑΜΦΙΛΟΥ, ouvrage de *Pamphile*. — Bracci, *Memor. d' ant. Incis.*, II, 90.

783 (CCXVII). Deux guerriers couverts de leurs armes, peut-être *Pâris* et *Ménélas*, combattent avec des *lances* en présence de deux *hérauts* qui tiennent chacun un sceptre, symbole de leur dignité. (Si l'un des deux combattants n'était pas prêt à lâcher pied, on pourrait voir ici le duel fameux d'*Hector* et *Ajax*, qui fut interrompu par les *hérauts*. Un vase décrit dans le *Catalogue Durand*, n° 387, représente une autre monomachie tirée de l'Iliade, sur les acteurs de laquelle les noms de *Diomède* et d'*Hector* ne laissent aucun doute.) — Millin, *Peint. de vas.*, I, 33.

784 (CCXXIII). *Diomède* et *Glaucus*, au moment d'engager un combat singulier, se reconnaissent comme appartenant à deux familles liées par une ancienne amitié, s'embrassent, et échangent leurs *armes*; ils ont tous les deux une cuirasse et un casque; leurs épées sont suspendues à leur côté; l'un d'eux tient encore sa lance, tandis que celle de l'autre est appuyée derrière lui ainsi que son bouclier. — Gori, *Mus. Florent.*, II, 29.

Nota. Deux vases à figures noires, l'un décrit par M. de Witte, *Cat. étr.*, n° 472, l'autre mentionné dans le *Rapporto Volcente* de M. Gerhard, n° 472, paraissent représenter les *Adieux d'Hector et d'Andromaque* : un troisième vase, publié par M. le duc de Luynes, *Descript.*, etc., pl. XII, *Hector* entraînant *Pâris* au combat, et prenant congé de *Priam*; le petit *Astyanax* fait ses adieux à son père; mais Andromaque est absente. Sur un quatrième vase, chez M. Raoul-Rochette, *Mon. inéd.*, pl. XIII, est figurée, dans un style fort différent, la scène ultérieure d'*Achille recevant l'ambassade des Grecs*.

785 (CCXLVI). *Ulysse*, coiffé du piléus, et *Diomède* d'un casque, ce dernier armé d'un bouclier, d'une lance et d'une épée, le premier d'une lance seulement, s'introduisent furtivement dans une enceinte pour une expédition secrète. — Pierre gravée. Tischbein, *Fig. d'Hom.*, II., I, 11.

786 (CCXXXIV). *Ulysse* et *Diomède* surprennent *Dolon* : celui-ci

couvert d'une peau de loup, d'après le récit d'Homère, embrasse les genoux d'Ulysse, qui semble l'interroger, tandis que Diomède, un pied posé sur lui, le saisit par le col pour le tuer avec l'épée qu'il tient dans sa main. — Pierre gravée. Tischbein, *ibid.*, I, 8.

787 (CCXXVII). *Ulysse* et *Diomède* s'apprêtent à percer de leurs épées qu'ils tiennent d'une main et le fourreau de l'autre, *Dolon* placé entre eux et qui implore vainement leur pitié : les chlamydes des trois personnages sont jetées sur leurs bras et symétriquement disposées, comme les figures elles-mêmes. L'inscription tracée au bas du tableau est un vers qui paraît devoir se lire : δὶς πεπληγὼς τοῖον νυ ἐπάσατ᾽ ὄχημα, et se traduire : *deux coups mortels, voilà le char qu'il a gagné*, allusion à la promesse du char d'Achille qu'Hector avait faite à Dolon. — Tischbein, *Vases*, I, 23. L'inscription est expliquée d'après Boeckh, *Corp. inscript. gr.*, I, p. 12, tit. 5.

788 (CCXXIX). Diomède tient dans une main la *tête de Dolon*, coiffée d'un bonnet phrygien; il appuie l'autre sur son bouclier : *Ulysse*, qui est devant lui, et qui tient une épée, paraît lui donner un conseil. — Tischbein, *Fig. d'Hom., Il.*, I, 10. Compar. la scène représentée sur le col d'un des vases de Bernay, d'après Raoul-Rochette, *Mon. inéd.*, p. 284 et pl. LIII.

789 (CCII). *Ulysse*, coiffé d'un casque et tenant une lance, emmène les *chevaux* de Rhésus. — Pierre gravée. Tischbein, *ibid.*, I, 12.

790 (CCXXIX). *Hector* attaquant les *vaisseaux* des Grecs. — Pierre gravée. *Improni. dell' Institut. di corrisp. archeolog. di Roma*, Cent. I, 82.

790 *a* (CCXXIX). *Hector*, une torche dans une main, le bouclier et la lance dans l'autre, prêt à incendier les mêmes *vaisseaux*. — Pierre gravée. Inghirami, *Galler. Omer., Il.*, CXXXVII.

791 (CCXXX). *Ajax*, fils de Télamon, nu, armé d'un casque, d'un bouclier, et d'une grosse pierre, défend son *vaisseau*; deux lances sont fixées derrière lui. Compar. la fig. suiv. — Millin, *Pierres grav. inéd.*

792 (CCXXIX). *Ajax*, l'épée au côté, le javelot en main, combat sur son vaisseau; son bouclier protège *Teucer*, qui vient de décocher ses flèches contre les ennemis; la figure de ce dernier

est beaucoup plus petite. — Gori, *Mus. Florent.*, II, 27.

793 (CCXXIX). *Ulysse* sous l'abri du bouclier d'*Ajax*.—Tischbein, *Fig. d'Homère*, *Il.*, II, 6.

794 (CCI). *Hector*, armé d'une cuirasse et d'un casque, tient dans une main sa lance et son bouclier, dans l'autre les rênes des quatre chevaux qui traînent son char, et une *Victoire* ailée qui porte une couronne et une palme; au-dessus on lit son nom, ΕΚΤΩΡ, et dans l'exergue, ΙΛΙΕΩΝ (monnaie *des Iliens*).— Médaillon de Septime Sévère. Morell, *Médaill. du roi*, XVII, 8.

795 (CCXXX). Les *Grecs* et les *Troyens* combattent pour le *corps de Patrocle*. Il a été dépouillé par Hector de l'armure d'Achille; *Ménélas* saisit le corps d'une main, et de l'autre le couvre de son bouclier; *Ajax*, fils de Télamon, armé d'une hache, a terrassé *Hippothoüs*, qui avait passé une courroie à l'un des pieds du corps de Patrocle pour le tirer à lui; *Mérionès* (ou plutôt *Teucer*), placé derrière Ménélas, et armé, comme Ajax, d'une cuirasse formée de plusieurs lames de métal, décoche une flèche; au-dessous de Ménélas, *Ajax*, fils d'Oïlée, vient au secours d'un autre guerrier qui appuie le genou sur un tertre, et cherche à frapper son adversaire avec sa lance; deux *archers*, qui ont leurs carquois suspendus au côté gauche, dirigent leurs flèches contre les deux Ajax; celui du plan inférieur est coiffé d'une mitre phrygienne; ce pourrait être à la rigueur *Páris*, quoiqu'il ne soit point dit chez Homère avoir pris part à ce combat; l'autre, qui porte un casque, serait alors *Pandarus*. Le combat figuré dans le plan supérieur est censé se passer dans un lieu plus éloigné. *Hector*, armé d'un grand bouclier, attaque *Automédon* pour enlever les chevaux d'Achille, que celui-ci allait ramener à leur maître; il est accompagné d'*Énée*, qui tient une lance dont le bout est garni d'une traverse pour l'empêcher de glisser, et de *Chromius*; Automédon, armé d'un bouclier rond, soutient leur attaque; *Antiloque*, placé derrière lui, et que Ménélas a chargé de porter à Achille la triste nouvelle de la mort de son ami, part d'un air affligé. Tous les guerriers, un seul excepté, sont coiffés du casque, et la plupart nus avec une chlamyde flottante; il y a toutefois quelque chose de caractéristique dans le costume plus complet de quelques-uns

des Troyens, ainsi que dans leurs armes. Compar. fig. suiv. — MILLIN, *Peint. de vases*, I, 49. Le même sujet paraît représenté dans les statues du fronton occidental du temple d'Égine, conservées à la glyptothèque de Munich, d'après les restaurations de COCKEBELL et THORWALDSEN (O. MÜLLER, *Monum.*, I, pl. VI et VII). Autour d'une coupe de Volci, publié par INGHIRAMI, *Gal. Om.*, t. II, pl. 254, et reproduite dans le même recueil de MÜLLER, I, pl. XLIV, on voit, avec les noms, d'un côté *Ajax*, *Diomède*, *Énée*, *Hippasus*, se disputant le corps de *Patrocle* étendu; de l'autre côté *Phœnix* et *Antiloque*, conduits par *Iris*, annonçant la triste nouvelle à *Achille*, qui, réconcilié avec les Grecs, accepte les offres du vieux *Nestor*.

796 (CCXXXIV). *Hector*, secondé par *Phorcys*, repousse vigoureusement les Grecs, et donne à *Hippothoüs* le temps d'attacher une corde au bras de *Patrocle* mort pour le traîner vers les Troyens; les trois Grecs sont, d'après Homère, *Ajax*, fils de Télamon, *Ménélas*, et *Ajax*, fils d'Oïlée, ou *Idoménée*, ou *Mérionès*; celui qui est renversé derrière Hector, et dont on ne voit que les jambes et le bouclier, est *Schedius*, qu'il vient de tuer : tous ces guerriers ont des cnémides. — Pierre gravée. MILLIN, *Peint. de vas.*, I, 72.

797 (CCXXXII). *Ménélas*, coiffé d'un casque orné d'une aigrette, et vêtu d'une chlamyde légère enflée par le vent, relève le corps de *Patrocle*. — Intaille. MARIETTE, *Cabinet du roi*, II, 114.

798 (CCXXIX). *Ménélas*, vêtu d'une simple chlamyde et coiffé d'un casque, emporte le corps de *Patrocle*. — Groupe du Musée de Florence. MILLIN, *Peint. de vas.*, I, LXXII, n° 3. Conf. sur ce groupe célèbre, dont il existe plusieurs copies, O. MÜLLER, *Archæol.*, § 415, 2, pag. 659, deux. édit., qui y reconnaît *Ajax*, fils de Télamon, plutôt que *Ménélas*, aussi bien que dans la pierre gravée ci-dessus.

799 (CCII). *Achille*, assis sur une pierre devant sa cabane, pleure la mort de Patrocle, qu'*Antiloque*, qui est devant lui, appuyé sur un cippe, vient de lui annoncer; la figure casquée, qu'on voit à l'entrée de la cabane, est probablement *Phœnix*. Compar. fig. 781. — Camée d'une grande beauté. WINCKELMANN, *Mon. ined.*, n° 129, coll. TISCHBEIN, *Homernach Antiken*, IX, 4.

800 (CCXXXII). *Achille*, assis sur un siége sans dossier, et vêtu d'une simple chlamyde, tient dans une main des *cnémides* (jambières) forgées par Vulcain, et porte l'autre à son *épée*. Devant lui est *Ulysse* debout, caractérisé par son *piléus* et la branche d'olivier dont ce bonnet est couronné; une chlamyde, attachée par une agrafe sur l'épaule droite, est jetée par-dessus sa tunique; il s'appuie sur un bâton, à cause de la blessure qu'il a reçue, et il adresse la parole à Achille. *Agamemnon*, debout derrière Ulysse, et reconnaissable à la majesté de sa figure, la seule barbue, élève la main en témoignage de sa réconciliation avec le fils de Pélée. Derrière celui-ci, est *Automédon*, son aurige, tenant le fameux *bouclier*. Le guerrier qui est assis au-dessous, et qui s'appuie sur sa lance et son bouclier, paraît être Diomède, qui avait aussi été blessé. Dans le plan inférieur, *Thétis*, assise sur un *hippocampe* (cheval marin), apporte à son fils la dernière pièce de son armure; c'est une *cuirasse* que Vulcain vient de terminer. Une *Néréide*, assise derrière Thétis, la suit des yeux. Compar. la fig. suiv.—Millin, *Peint. de vas.*, I, 14.

800 *a* (CCXXIII). *Thétis*, assise, fend l'onde sur un *hippocampe*; elle tient le *bouclier* forgé par Vulcain, qu'elle va porter à son fils, et sur lequel on voit une tête de Méduse ou *Gorgonium*. Compar. fig. précéd.—Buonarroti, *Med. ant.*, p. 113. (Fréquemment aussi l'on trouve les *Néréides* portant les *armes d'Achille*, et sur des monumens de toute sorte, peintures de vases, bas-reliefs, médailles, pierres gravées. Cf. O. Müller, *Archæol.*, § 402, 3, p. 615, et les *Mon. inéd. de l'Inst. archéol.* tom. III, pl. XIX et XX.)

801 (CCXLIV). *Achille*, s'armant, met ses cnémides. — Pierre gravée étrusque. Inghirami, *Gal. Omer., Il.*, CLXXXIII.

802 (CCV). *Achille*, dont la chlamyde retombe à mi-corps sur ses genoux, est assis sur un siége avec un marche-pied; ses cheveux qu'il a coupés pour les consacrer à la mémoire de Patrocle, sont courts; il tient une lance, la seule de ses armes qui n'ait point été enlevée par Hector, Patrocle n'ayant pu la manier à cause de sa pesanteur. *Antiloque*, qu'Achille aimait le plus après Patrocle, lui présente *Briséis* qu'Agamemnon vient de lui rendre; il est vêtu d'une tunique courte à manches échancrées;

son épée est suspendue sur l'épaule droite par une courroie, et il porte des brodequins. Briséis est vêtue d'une robe avec de longues manches, appelée *Chiridote* (χιτών χειριδωτός); un ample voile descend de sa tête à ses pieds; elle porte des pendants d'oreilles. *Agamemnon* jure à Achille, en mettant la main gauche sur son épée, et la droite sur sa poitrine, qu'il a respecté la pudeur de Briséis; il n'est vêtu que d'une tunique courte, attachée avec une ceinture, et par-dessus laquelle est jetée une chlamyde. *Nestor* est placé derrière Achille et Antiloque; il s'appuie sur un bâton à cause de sa vieillesse; le héros qu'on aperçoit derrière Nestor, tenant un long sceptre, est peut-être *Idoménée*. Celui dont on ne voit que la tête entre Achille et Agamemnon, et qui lève la main en parlant à ce dernier, ne peut être qu'*Ulysse*, qui s'oppose au renouvellement du combat avant que les troupes se soient reposées. Celui dont on ne voit non plus que la tête coiffée d'un casque, et qui est armé d'un bouclier et d'une lance, est peut-être *Mérionès*, un de ceux qui accompagnèrent Ulysse et Agamemnon. Le vieux *Phœnix*, auquel Achille avait fait dresser un lit dans sa tente, est assis à terre, et croise ses mains sur le genou droit; son épée est suspendue à son côté. Le guerrier qui se tient debout derrière Phœnix, est un héraut, probablement *Talthybius*; il porte une cuirasse par-dessus sa tunique, et il est coiffé d'un casque; son épée est suspendue par une courroie sur son épaule droite; il tient une trompette recourbée, une espèce de *tuba* ou de *lituus*, ce qui est contraire aux traditions homériques et ne convient qu'aux hérauts des jeux olympiques. Sur une table ronde, derrière Talthybius, il y a une *guirlande* et un *vase* entre deux corps ronds; ce sont les présents qu'Agamemnon fait à Achille : les corps ronds sont peut-être les *talents d'or* qui en faisaient partie. Aux pieds d'Achille et des autres chefs, on voit deux *casques*, deux *épées*, deux *boucliers*, une *cuirasse*, un *arc*, un *carquois* rempli de *flèches* et dont le couvercle est ouvert, un *lituus* et des *cnémides* : ce ne sont point les armes du héros, car elles ont été enlevées par Hector, et Thétis ne lui a pas encore apporté celles qu'elle a obtenues pour lui de Vulcain; ce sont celles des guerriers qui l'entourent (ou plutôt celles qui lui sont offertes pour remplacer ses armes perdues). L'ornement d'architecture devant lequel Achille est placé, est le *péristyle* de son habitation ; au milieu du *fronton* triangulaire de la porte principale, est une *fleur prolifère*, c'est-à-dire d'où sort une autre fleur ; aux deux petites portes cintrées sont suspendus des *voiles* semblables à des portières. Les *colonnes* qui soutiennent l'édifice sont d'ordre corinthien ; aux deux côtés du fronton sont des *rosaces*, et au-dessus on voit un *Triton* et une *Néréide*, qui font peut-être allusion à l'origine du fils de Thétis ; tous deux embouchent une *conque*. Un *cercle* de petits fleurons borde ce disque d'argent, connu sous le faux nom de *bouclier de Scipion*, et qui n'est autre chose qu'une grande coupe, trouvée près d'Avignon en 1656. — Cabinet des antiques de la Bibliothèque royale. Millin, *Mon. inéd.*, I, 10.

803 (CCXLVIII *bis*). *Hermès* (TVPM), assis, coiffé du bonnet ailé, tient élevée une *balance*, dans les plateaux de laquelle sont les *âmes* d'*Achille* (AXAE) et d'*Evas* (EFAΣ), représentées sous la figure de deux petits guerriers armés de toutes pièces. A droite, et du côté d'*Evas*, est *Apollon* (AΠAY), assis également, levant son bras gauche au-dessus de sa tête avec l'extrémité de sa chlamyde, et portant la main droite en avant, comme pour contrôler l'opération d'Hermès. Winckelmann a vu ici la *Psychostasie* ou *pesée des âmes* d'*Achille* et d'*Hector*, supposant qu'*Evas* était un nom étrusque de ce dernier héros ; mais si l'on rapproche ce nom de celui d'*Aevas*, donné au personnage en bonnet phrygien qui accompagne *Pâris-Alexandre*, sur un monument du même genre mentionné fig. 751 et 824, on restera convaincu qu'il s'agit du fils de l'Aurore (*Eos*, d'où *Eoas*, *Aoüs*, etc.), c'est-à-dire de *Memnon*, comme sur le vase célèbre décrit ci-dessous, 812. — Miroir étrusque. Winckelmann, *Monum. inéd.*, 133 ; coll. Lanzi, *Saggio*, tom. II, p. 178, et tab. XII, 4.

804 (CCVI). *Achille*, barbu et armé de toutes pièces, accompagné d'*Automédon*, tenant les rênes, est monté sur son quadrige, auquel est attaché le cadavre colossal d'*Hector*, misérablement traîné dans la poussière ; un *serpent* avance sa gueule béante sur la tête du héros troyen ; plus haut, on aperçoit l'*eidolon*, ombre ou âme, *de Patrocle*, sous l'image d'un petit guerrier, complé-

tement armé, placé sur un tertre qui figure son tombeau. — Peinture de vase. RAOUL-ROCHETTE, *Mon. inéd.*, pl. XVII, coll. XVIII, 1 et 2. L'un des deux principaux vases d'argent trouvés en 1830 à Bernay, et qui sont un des plus précieux ornements du cabinet de la Bibliothèque du roi, rapproche les deux scènes du *deuil des héros grecs autour du corps de Patrocle* et de la *rançon d'Hector*, dont le cadavre est pesé contre un cratère, ainsi que l'avait représenté Eschyle dans les Phrygiens; l'autre, les deux scènes connexes d'*Hector traîné par Achille* et du *combat autour d'Achille blessé au talon*. Au col du premier est figuré l'*enlèvement du Palladium*; au col du second, en pendant, *Diomède et Ulysse qui viennent de tuer Dolon* (fig. 788 ci-dessus). A cette série de sujets appartient encore la ciste de bronze de M. RÉVIL, découverte en 1826, et où se voient les *sacrifices humains offerts aux mânes de Patrocle* dont le corps est sur son bûcher. M. RAOUL-ROCHETTE a publié ces divers monuments, pl. LII, LIII, et pl. XX.

805 (CCXXVI). *Priam*, vêtu d'une tunique, la tête voilée, et les pieds nus, a fléchi un genou devant *Achille*, dont il prend la main pour la baiser, en lui redemandant le corps de son fils; *Achille* est assis sur un siége sous lequel est son casque; il est ceint de l'épée, et sa chlamyde le couvre à peine; il détourne les yeux pour ne pas voir la douleur du malheureux père; *Automédon*, son aurige, est près de lui; derrière Priam est le *bige* dans lequel il est venu et que conduit son *aurige*, armé de toutes pièces; un *serviteur* soigne les chevaux; des *soldats* d'Achille, l'un vêtu, l'autre nu, déchargent l'autre char, qui contient les présents apportés par Priam; l'un tient un vase, l'autre une cuirasse qui leur sont livrés par les hérauts; *Idæus* est dans le char, et coiffé de la mitre phrygienne. Compar. fig. suiv. — Bas-relief du *Mus. Capitol.*, IV, 4, dont se rapproche celui du Musée du Louvre, n° 206, et DE CLARAC, pl. 111.

805 *a* (CCI). *Priam* à genoux devant *Achille*, dont on ne voit qu'une jambe, le monument étant mutilé, redemande le corps d'Hector, en offrant au héros les présents qu'il apporte et qui consistent en vases précieux de différentes formes, dont ses *serviteurs*, coiffés comme lui du bonnet phrygien, vêtus de tuniques et d'anaxy-

rides, sont chargés; trois *guerriers* grecs, placés près d'Achille, se distinguent par leurs casques. De l'autre côté du bas-relief on voit le *corps d'Hector*, qui est porté par des hommes vers la *porte Scée*, où des guerriers et des femmes viennent le recevoir; *Andromaque* veut se jeter sur le corps de son époux, une *suivante* la retient; auprès d'elle est *Astyanax* en pleurs. Compar. la fig. précéd. — Sarcophage du Louvre, n° 418. Winckelmann, *Monum. ined.*, 13, et de Clarac, *Mus. de sculpt.*, pl. 194. Une mosaïque trouvée en 1823, à Barhely, dans le comitat de Hunyade en Transylvanie, représente la première des deux scènes avec les noms de *Priam*, d'*Achille* et d'*Automédon* en lettres grecques. On la voit aussi, figurée d'une manière plus antique et plus complète à la fois, sur une coupe peinte de Volci décrite dans le *Catalogue étrusque* de M. de Witte, n° 144, et publiée par M. Inghirami, *Gall. Omer., Il.*, tav. 238 et 239.

805 *b* (CCXLIV *bis*). *Priam*, coiffé de la mitre phrygienne, dont les bouts retombent derrière et sur les côtés, porte une barbe épaisse: on lit sur le devant, AETIΩNOC, ouvrage d'*Aétion*. — Pierre gravée. Bracci, *Mem. d' ant. Incis.*, I, 4.

806 (CCXXIX). *Penthésilée*, reine des Amazones, debout et appuyée sur son *cheval*, offre son secours à *Pâris* et à *Hélène*, qui sont assis sur un même siége; Hélène se couvre de son voile, et appuie un bras sur l'épaule de Pâris, qu'un *chien* caresse, et qui, en qualité de chasseur, tient un pédum; le *cippe*, surmonté d'une *urne*, fait allusion à Hector que les Troyens ont perdu. — Camée du cabinet de la Bibliothèque royale.

807 - 808 (CCXXXIII). *Andromaque*, assise devant *Hécube*, tient *Astyanax* sur ses genoux; derrière elle est la nourrice du fils d'Hector; à côté est une autre *suivante*: toutes pleurent avec elle la mort du héros, dont le *bouclier*, qui doit servir de sépulture à Astyanax, est à terre (?). Plus loin, *Priam*, coiffé de la mitre phrygienne, et tenant un sceptre, présente la main à *Penthésilée*, qui vient à son secours; le *casque* et le *bouclier* de l'Amazone sont à ses pieds; elle tient les rênes de son cheval; une autre *Amazone*, armée d'une lance et d'un bouclier, l'accompagne. Priam est suivi de plusieurs autres *Troyens*, affligés de la mort d'Hector, dont les cendres sont renfermées dans l'*urne* qu'Andro-

maque, figurée pour la seconde fois, a sur ses genoux ; auprès d'elle on voit une de ses suivantes en pleurs, et *Astyanax*, qui partage sa douleur (compar. fig. suivante). L'autre partie du bas-relief représente les préparatifs des *Amazones* pour le combat : elles ont toutes des tuniques courtes, serrées par des ceintures, et le sein droit découvert ; leurs armes sont la *pelta* ou le bouclier échancré, et la *bipenne* ou hache à double tranchant. La première à gauche, qui paraît être *Penthésilée*, a un bouclier ovale, qu'une de ses guerrières, encore sans chaussure et sans armes, arrange à son bras ; son casque est à ses pieds ; la troisième Amazone est prête au combat ; celle qui est assise chausse ses brodequins ; une cinquième, debout, tient une espèce de masse d'armes ; les deux dernières sont occupées à brider un *cheval* qui se cabre. — WINCKELMANN, *Monum. ined.*, 137.

808 *a* (CCXXVII). *Andromaque* et *Astyanax* pleurent la mort d'Hector sur sa tombe, figurée ici par une *stèle funéraire* (compar. fig. 812 *a*, 829, etc.). Andromaque, assise et voilée, tient sur ses genoux l'*urne* qui renferme les cendres de son époux ; Astyanax, figuré comme un éphèbe, coiffé du bonnet phrygien et vêtu d'une tunique courte sur laquelle est une chlamyde, est debout devant sa mère, et appuie sa tête sur sa main droite. — Camée de la collection de M. GIRAUD. MILLIN, *Pierres gravées inédites*.

809 (CCXXXIV). *Penthésilée* combat, au milieu des *Troyens*, contre les *Grecs* ; elle est vêtue d'une tunique de peau, chaussée d'anaxyrides, et coiffée de la mitre phrygienne ; son arme est une bipenne ; le guerrier qui lui est opposé est probablement *Achille*, qui la tua. Les autres guerriers, dont trois sont déjà terrassés, un quatrième va l'être, ont un casque à une seule crinière, sauf celui qui est placé à l'extrémité gauche, dont le casque est orné d'aigrettes ; les *généiastères* (couvre-joues) cachent le visage presque en entier, et ressemblent à des visières. Ces guerriers portent leur épée suspendue au côté par un baudrier, et combattent avec des lances ; leurs cuirasses sont courtes et étroites ; leurs jambes sont défendues par des cnémides ; presque tous les boucliers sont ronds, un seul est échancré ; ils portent divers emblèmes, entre lesquels on remarque surtout un *serpent*, un

trépied, et une *jambe humaine*. — Peinture de vase d'un style ancien, qui, sous ce rapport, forme un frappant contraste avec le bas-relief qui suit. Millin, II, 19. On peut comparer le combat d'*Achille* et de *Penthésilée*, avec les noms, sur le vase d'Exékias, décrit dans de Witte, *Cat. Durand*, n° 389.

810 (CCXXXI). Les *Amazones* combattent contre les *Grecs*, et quelques-unes ont déjà péri dans le combat; on les voit étendues, la face contre terre, ou bien tombant avec leurs chevaux. *Penthésilée* elle-même vient d'être frappée à mort par *Achille*, qui la retient et s'est épris d'elle au moment où il l'a reconnue, mais trop tard; il ne la regarde point toutefois, mais il paraît menacer *Thersite*, qui lui reprochait cette faiblesse et qui est gisant à ses pieds; la *pelta*, ornée d'une tête de Méduse, échappe à la main mourante de Penthésilée. A droite et à gauche, deux *Amazones* à cheval sont saisies et sur le point d'être renversées par deux *guerriers grecs*; d'autres combattent à armes plus égales, le glaive ou la hache en main; deux enfin, placées aux extrémités, semblent quitter le champ de bataille avec terreur et regret, emmenant leurs chevaux et sauvant leurs enseignes. Toutes ont un sein découvert, comme ci-dessus, fig. 807-808, mais non pas toujours le droit. Le visage d'Achille est défiguré par une petite barbe qui rappelle celle d'Héliogabale. En général, l'exécution de ce monument est très incorrecte, comme celle de la plupart des sarcophages; mais l'invention des figures et la composition des groupes sont loin d'être sans mérite; peut-être même reproduisent-elles quelque original des beaux temps de l'art. — *Mus. Pio-Clem.*, V, 21.

811 (CCXXXV). *Nestor*, assisté des *guerriers de Pylos*, place sur son *char* le corps de son fils *Antiloque*, qui a été tué par Memnon, roi des Éthiopiens, venu au secours de Troie; il y a trois lances dans le char; l'*aurige* tient l'épée et le casque du jeune héros. Parmi les assistants on distingue *Ulysse* à la forme de son piléus couronné de l'olivier de Minerve. — Tischbein, *Fig. d'Homère, Il.*, I, 6.

812 (CCXXXVI). *Memnon* vient de retirer la lance qu'Ajax lui avait plongée dans le côté; la douleur lui a fait fléchir un genou sur le sol, indiqué par quelques traits; la lance sur laquelle il

s'appuyait s'est brisée. *Achille*, qui a percé d'un premier javelot l'épaule droite du roi des Éthiopiens, en darde un autre avec lequel il va lui porter le coup mortel. Le héros grec est coiffé d'un casque orné d'un panache et de trois aigrettes; il est couvert d'une cuirasse par-dessus sa tunique, et en outre d'une chlamyde flottante; ses jambes sont protégées par des cnémides; on aperçoit la *tête de Méduse* appliquée sur la face de son bouclier. Quant à Memnon, vêtu à peu près de même, sauf la chlamyde, il a des généiastères (809) à son casque, dont la visière se termine en bec d'oiseau, peut-être par allusion aux oiseaux *Memnonides*; l'emblème du bouclier de ce fils de l'Aurore est un *astre rayonnant*. Dans le plan supérieur, *Mercure* est assis devant un *arbre*, auquel est suspendue par un clou une *balance*; il est coiffé d'un pétase sans ailes et chaussé de brodequins lacés sur le devant; sa chlamyde est jetée avec grâce, il s'appuie sur un long caducée, et il montre du doigt le bassin de la balance qui descend; on y voit l'*âme de Memnon* sous la forme d'un *Génie ailé*; l'autre *Génie* semblable qui s'élève avec l'autre bassin, représente l'*âme d'Achille*. A gauche, *Thétis* étend une main vers son fils, et de l'autre elle relève son voile sur lequel est posée une double couronne; à droite, l'*Aurore*, désespérée de la mort de Memnon, s'arrache les cheveux. Voy. t. I, p. 482, 484 sqq.; tom. II, p. 689; tom. III, p. 28 sqq., etc. Compar. fig. 557, 602, 603, 803.—Vase dit *du Stathouder*. Millin, *Peint. de vas.*, I, 19. Un autre vase peint, publié par M. Millingen, *Unedit. mon.* I, 40, fait voir l'*arrivée de Memnon à Troie*. Un troisième, provenant d'Agrigente, et gravé dans le même recueil, I, 5, montre en deux groupes le *combat d'Achille et de Memnon*, et l'*Aurore enlevant dans ses bras le corps de son fils*. Cf. Zoëga, *Bassiril.*, 55, où l'*Aurore* veut séparer les combattants; Millingen, *Vas. de div. coll.*, XLIX; de Luynes, *Descript.*, etc., pl. XI; et les peintures de vases analogues décrites dans de Witte, *Catal. Durand*, n° 391, et *Catal. Magnoncour*, n° 59, où le corps d'*Antiloque* gît aux pieds des combattants.

812 *a* (CCXXXVI). Col du vase précédent. Deux femmes, coiffées de diadèmes radiés, portent, l'une un *flambeau allumé* et une *ciste mystique*, l'autre un *vase* avec lequel elle va faire une liba-

tion sur un *autel* ou plutôt sur une *stèle funéraire*. On peut voir ici l'*Aurore au tombeau de Memnon*, si ce n'est *Thétis au tombeau d'Achille. Ibid.*

812 *b* (CCXXXVI). Bordure du vase précédent. On y voit un *taureau* abattu sur ses pieds de devant, et un *griffon* qui le tient en arrêt et lève une de ses pattes pour le déchirer. Le premier de ces animaux représente peut-être symboliquement *Memnon*, et l'autre *Achille*. (Peut-être aussi est-ce une figure mystique de la mort, comme destruction de la vie matérielle dont le *taureau*, consacré à *Dionysus* ou *Bacchus*, est l'emblème; le *griffon* appartient à *Apollon*, dieu destructeur et purificateur à la fois, qui, par la mort, ramène la vie à sa source, à l'esprit, à l'unité. Voy. tom. III, p. 272 sqq., 464 sqq., 596, etc.) — *Ibid.*

813 (CCXXXVII). Deux *Pygmées* (voisins des Éthiopiens), armés de lances, et portant sur leurs bras gauches des peaux qui leur servent de boucliers, combattent contre deux *grues*; un troisième sans armes s'élance pour en secourir un quatrième, que l'un des redoutables oiseaux a terrassé en le frappant de son bec au front. De grosses têtes barbues et frisées sur des corps d'enfants donnent aux Pygmées un aspect tout-à-fait grotesque. Voy. t. II, p. 311, et compar. fig. 661 *a* et p. 287 ci-dessus.— Tischbein, *Vases grecs*, II, 7.

814 (CCXXXII). *Achille*, blessé par Pâris au talon, seule partie vulnérable de son corps, est tombé sur le genou droit; il arrache d'une main la *flèche* fatale; dans l'autre il tient son *bouclier* orné d'un *foudre*. — Intaille. Millin, *Monum. ant. inéd.*, II, 6. Compar. le *combat autour d'Achille blessé*, indiqué sous la fig. 804 ci-dessus, et le *combat sur le corps d'Achille*, dans les *Monum. de l'Instit. archéol.*, I, pl. LI (vase de Volci).

814 *a* (CCXLIV *bis*). *Ajax* (AIFAS, rétrograde) a posé un genou en terre pour charger sur ses épaules *Achille* (AXELE), qui vient d'être tué. Ajax a une cuirasse; mais Achille a été dépouillé de la sienne; la petite figure que l'on voit devant paraît représenter l'*eidolon* ou l'*âme* du héros mort. — Cornaline étrusque, taillée en scarabée, dont la partie convexe montre une *Sirène* comme Muse de la mort : maintenant dans la collection de l'empereur de Russie. *Cabinet d'Orléans*, II, pl. 11. Confér. Raoul-

Rochette, *Monum. inéd.*, pl. LXVIII, 1, et p. 283, 381, 387 sq.; de Witte, *Cat. étr.*, n° 148, où l'*eidolon* plane également au-dessus d'*Achille* mort.

815 (CCXLVI). Dispute pour les *armes d'Achille*, pardevant *Minerve*, entre *Ulysse* et *Ajax*. La *déesse* est assise sur un siége sans dossier, muni d'un marche-pied ; elle a le casque en tête, l'égide avec le gorgonium sur la poitrine, sa lance dans la main droite, et son bouclier près d'elle ; elle lève la main gauche comme pour prononcer son arrêt. *Ajax* debout, coiffé du casque, chaussé des bottines, et sa chlamyde jetée sur son bras droit que soutient sa lance, fait un geste par lequel il réclame avec fermeté les armes qu'on voit aux pieds de Minerve, et qui consistent en un *casque*, une *cuirasse* et une paire de *bottines*. *Ulysse*, debout également, en face de son adversaire, chaussé de même, mais la tête nue, et vêtu d'une tunique par-dessus laquelle est une chlamyde, tient aussi sa lance dans la main droite, et semble par le geste de sa main gauche, ainsi que par la pantomime animée de toute sa personne, invoquer *Achille* lui-même, qui se montre tout à coup dans un nuage et témoigne en sa faveur. Compar. fig. suivante. — Disque ou coupe d'argent, trouvée en Permie, et faisant partie du Cabinet de M. de Stroganow, à Saint-Pétersbourg, d'après une gravure publiée par M. de Köhler, *Magasin encyclop.*, ann. 1803, tom. V, p. 372.

815 *a* (CCXLV *bis*). *Ulysse* avec une barbe en pointe, coiffé du piléus, vêtu de la chlamyde, regarde les *armes* qui viennent d'être le prix de son éloquence : ces armes sont une cuirasse, un bouclier, une épée et une lance. Compar. fig. précéd. — Millin, *Pierres grav. inéd.*

815 *b* (CCXLII). *Ajax* (ΑΙΓΑΣ, rétrograde), dépouillé de ses vêtements et de ses armes, qu'on voit autour de lui, mais couronné comme pour le sacrifice, se précipite sur son épée plantée en terre. — Peint. de vase. *Mon. de l'Instit. archéol.*, II, pl. VIII.

816 (CLXXXII). *Philoctète* marche avec peine, malgré le bâton sur lequel il s'appuie ; sa jambe gauche est entourée de bandelettes qui couvrent la blessure que lui a faite la morsure d'un serpent ; dans sa main droite il tient, avec un arc, le *carquois* rempli des

flèches d'Hercule et où l'on aperçoit un second arc. — Pierre gravée. WINCKELMANN, *Mon. ined.*, 119.

816 *a* (CLXXXII). *Philoctète*, assis sur un rocher de l'île de Lemnos, évente sa plaie avec une aile d'oiseau pour la rafraîchir; sa jambe est entourée de bandages; on lit au-dessus ΒΟΗΘΟΥ, ouvrage *de Boëthus*. — Pierre gravée. CHOISEUL-GOUFFIER, *Voy. pittoresq. de la Grèce*, II, 16. Compar. les urnes étrusques publiées par RAOUL-ROCHETTE, *Monum. inéd.*, pl. LIV, LV.

816 *b* (CCXXVII). *Machaon* et *Podalire*, fils d'Esculape, qui guérirent Philoctète de sa blessure; l'un est coiffé du casque, l'autre du *théristrion*, espèce de bonnet qu'on remarque à plusieurs figures du dieu de la médecine. Voy. tom. II, p. 339 sq., 346 sq. — Cornaline du Cabinet de l'empereur de Russie. MILLIN, *Mon. ant. inéd.*, II, 30. La guérison de *Philoctète* (ΦΕΛΙΝΘΕ) par MACHAON (ΜΑΧΑΝ), et non pas celle de Télèphe par la lance d'Achille (p. 351 ci-dessus), se voit sur un miroir dans INGHIRAMI, II, 39.

Nota. Dans l'ordre des faits mythologiques, comme nous l'avons déjà observé plus haut, doivent se placer ici les monuments décrits sous les n°s 776-780 ci-dessus.

817 (CCIX). Le *cheval* de bois (AECSE, rétrograde, *aekse, equus*) avec des cordes autour du col, et des anneaux de fer autour du pied droit de devant, pour indiquer qu'il doit être traîné; derrière lui, *Epeus* (ΕΠVVE, *epuue*), qui travaille encore à la tête avec un marteau; devant, *Hephœstus* ou *Vulcain* (ΜΕΘΛΑΝS, *Sethlans*) tenant dans sa main droite une masse informe, probablement de la poix, pour remplir les interstices. Sur une tablette, qui paraît être attachée au cheval, on lit HAINS (*Helins* pour *Hellenes*), les *Grecs*, enfermés dans la cavité de la machine. Voy. tom. II, pag. 486, etc. — Miroir étrusque, au Cabinet de la Bibliothèque royale. LANZI, *Saggio*, II, XII, 3, coll. MICALI, *tav.* XLVIII.

817 *a* (CCXXXVIII). *Laocoon*, fils d'Anténor et prêtre d'Apollon Thymbréen, se défend en vain, ainsi que ses deux *fils*, contre deux énormes *serpents* envoyés par les dieux, ennemis des Troyens, pour le punir de l'audace qu'il avait eue de s'opposer à l'entrée du cheval de bois dans les murs d'Ilion, et de lancer

un trait contre cette funeste machine, afin de dissiper l'erreur de ses compatriotes. Enlacé dans les replis des monstres, dont un lui mord le flanc, l'infortuné Laocoon expire, après d'inutiles efforts pour se dégager; il va tomber sur l'*autel* même du dieu qu'il sert, ainsi que le plus jeune de ses fils succombant sous l'étreinte et sous la dent cruelle de l'autre dragon; l'aîné, qui lutte encore, regarde avec terreur son père mourant. L'harmonie qui règne entre les trois figures dans la plus haute expression de la douleur, et d'une douleur sympathique, n'est pas moins remarquable que la hardiesse de la composition, la beauté de l'ordonnance et le talent de l'exécution. Ce groupe fameux et digne de sa renommée fut, selon Pline, l'ouvrage de trois sculpteurs rhodiens, Agésandre, Polydore et Athénodore, qui vivaient, selon toute apparence, peu de temps avant l'ère chrétienne. Il a été trouvé, en 1506, dans le quartier des *Bains de Titus*, et il se voyait, à l'époque de Pline, dans le palais de ce prince. Le bras droit du père et deux bras des enfants ont été restaurés. — *Mus. Pio-Clem.*, II, 39.

818 (CCXXXIX). Le *cheval de bois* est dans la ville de Troie, dont on voit les *murs*, deux *créneaux* et une *tour*; une partie de ces murs a été abattue pour faire entrer la fatale machine; elle pose encore sur un *cylindre* ou une des roues qui ont servi à la mouvoir. Entre les créneaux paraît *Cassandre*, dont la prédiction a été méprisée; le génie fatidique l'agite encore; ses cheveux sont hérissés et elle étend ses mains vers le ciel, à l'aspect des *Grecs* qui sortent des flancs du cheval avec une échelle et de longues cordes. Celui qui est sur l'échelle sans armes, doit être *Sinon*, qui vient d'ouvrir la porte pratiquée dans le corps du cheval, et qui aide les guerriers à descendre; quatre sont déjà descendus. — Winckelmann, *Monum. ined.*, 140. L'entrée du *cheval de bois* est représentée sur des monuments divers, vases, bas-reliefs (*Marmor. Oxon.* I, 147), urnes étrusques (Raoul-Rochette, *Monum. ined.*, pl. LVII, 1. 2), etc.

819 (CCXLI). *Cassandre* arrachée par *Ajax*, fils d'Oïlée, de l'*autel* de *Minerve* où elle se réfugie. — Pierre gravée. *Mus. Worsleyan.*, IV, 23. Le sacrilége d'Ajax se retrouve, avec diverses circonstances, sur des monuments de toute espèce. Compar., outre

la figure 820, la belle peinture de vase, pl. XCIV, 353 ci-dessus, où paraît la *prêtresse* de Minerve; et Raoul-Rochette, *Monum. inéd.*, pl. LX, LXVI (vases); XX (miroir); de Witte, *Catal. Durand*, n°s 407-410 (vases); de Clarac, *Mus. de sculpt.*, pl. 117 (bas-relief), etc., etc.

819 *a* (CCX). *Ajax*, fils d'Oïlée et roi des Locriens, marchant au combat, le casque en tête, le bouclier en avant, et l'épée à la main; à ses pieds une lance. — Médaille *des Opontiens*. Landon, *Numism. d'Anach.*, pl. 27.

820 (CCXL). Plusieurs scènes réunies du *sac d'Ilion*. *Énée* porte entre ses bras son père *Anchise*; il est armé d'une cuirasse, d'un casque, et de cnémides; son épée est suspendue à son côté; son bouclier a pour emblème un serpent; Anchise, ayant une longue barbe, est coiffé d'un piléus en forme de calotte et tient une béquille; le petit *Ascagne*, couvert d'un tribon, marche devant son père; tous les trois tournent leurs regards vers leur malheureuse patrie, comme pour lui dire un dernier adieu. Dans le groupe suivant, *Ajax*, fils d'Oïlée, armé de toutes pièces, a saisi *Cassandre* par les cheveux et la menace de son épée; la malheureuse princesse s'est réfugiée auprès de la *statue* de *Minerve*, dans le temple et à l'*autel* de cette déesse; elle embrasse d'une main la statue, et de l'autre elle adjure son ennemi; ses regards, pleins de compassion, sont fixés sur un guerrier troyen étendu aux pieds d'Ajax; c'est probablement son amant *Corœbus* qui vient d'expirer sous les coups du fils d'Oïlée; Cassandre, tombée sur le genou droit, est presque nue, son péplus, noué sur la poitrine, étant rejeté en arrière; quant à la statue de la déesse, elle se présente de telle sorte qu'elle paraît protéger sa suppliante avec son bouclier, et menacer de sa lance l'impie qui veut l'outrager. Les deux *femmes* assises, l'une au revers de l'autel de Pallas, l'autre sous le *palmier*, sont deux autres filles ou belles-filles de Priam; leurs mains placées sur leurs cheveux et toute leur attitude expriment la désolation; le geste de la dernière pourrait faire croire que c'est *Andromaque*, à qui vient d'être enlevé son fils Astyanax, tandis que l'autre serait *Médésicaste*, fille naturelle de Priam, ou *Laodicé*, la plus belle de ses filles. Le troisième groupe, à gauche de la seconde bande qui n'est qu'une

continuation de la première, représente *Priam*, vêtu d'une ample tunique à manches, mais sans mitre et sans barbe, assis sur l'*autel* de *Jupiter Herceus*; il couvre en vain sa tête de ses mains, pour se garantir du coup que *Néoptolème* ou *Pyrrhus*, armé de toutes pièces, va lui porter avec l'épée qu'il tient levée d'une main, pendant que de l'autre il a saisi la tête du vieillard pour la lui trancher; sur les genoux de Priam on voit un *enfant* mort; c'est un de ses petits-fils égorgé par Pyrrhus (*Astyanax* qu'il vient d'écraser contre l'autel : voy. le vase décrit dans le *Catalogue étrusque* de M. DE WITTE, n° 149); aux pieds de cet implacable ennemi est couché mort *Politès*, fils du vieux roi. Les personnages du groupe d'après ne sauraient être aisément déterminés : un *guerrier* accroupi cherche à couvrir son corps de son bouclier pour parer le coup qu'une *femme* furieuse va lui porter avec un *joug* dont elle s'est emparée. Dans le dernier groupe, un *guerrier* armé d'un casque, d'un bouclier et d'une lance, prend par le bras une femme assise devant lui et qui paraît plongée dans une profonde affliction : c'est peut-être *Ulysse* qui veut emmener *Hécube*, devenue son esclave (nous verrions plutôt ici *Polyxène*, et dans la femme du groupe précédent *Hécube*). Voy. tom. II, pag. 571. — Peinture circulaire d'un vase qui, de la collection VIVENZIO à Nola, est passé au Musée de Naples. MILLIN, *Peint. de vas.*, I, 25, coll. GERHARD et PANOFKA, *Neap. Ant. Bildw.*, p. 368 sq.

821 (CCXXXV). *Andromaque* supplie vainement *Ulysse*, qui tient une lance et une épée, et a sa chlamyde jetée sur l'épaule gauche; de l'autre côté on voit un *soldat grec*, qui pose un genou sur la galerie d'une *tour* (?) avec une frise ornée de sphinx ailés et de bas-reliefs; il tient le jeune *Astyanax*, qu'il va frapper avec son épée et précipiter ensuite, dès qu'il aura reçu l'ordre d'Ulysse; l'enfant tend les bras vers sa nourrice désespérée, qui demande non moins vainement sa grâce. Compar. les fig. précéd. et suiv. — TISCHBEIN, *Vases*, II, 6. (O. JAHN est tenté de voir ici, comme sur le monument cité fig. 770 ci-dessus, *Télèphe* menaçant d'égorger le jeune *Oreste* sur l'*autel* des dieux domestiques, en présence d'*Agamemnon* retenu par *Clytemnestre* effrayée. Le même doute règne sur beaucoup d'autres monu-

ments où l'on avait cru reconnaître le *meurtre d'Astyanax*, par exemple sur le vase de Volci (*Mon. de l'Instit.* I, pl. XXXIV) supposé représenter le fils d'Hector écrasé par *Néoptolème* contre l'autel d'Apollon Thymbréen figuré par un *trépied*, et où M. Welcker (*Annal.*, V, p. 253) et O. Jahn s'accordent à signaler *Troïlus* tué par *Achille*, en rapprochant diverses autres peintures de vases dont nous donnons une plus haut (fig. 774 a).

822 (CCXLVIII bis). *Néoptolème*, nu, l'épée dans la main droite, saisit de la gauche par les cheveux *Polyxène*, qu'il va immoler aux mânes de son père; la fille de Priam est assise devant lui, sur un bouclier, au pied du *tombeau* d'Achille, et cherche à se couvrir de son péplus qui retombe sur ses genoux; au-dessus du tombeau, décoré d'une guirlande, s'élève une *stèle*, surmontée d'une figure assise à ailes de papillon représentant l'*âme* du héros mort, dont le *glaive* dans son fourreau est en outre suspendu à l'une des colonnes du monument. — Pierre gravée de la collection de Stosch. Winckelmann, *Mon. ined.*, 144. On peut comparer, outre la Table Iliaque, CCXXII (114), la célèbre ciste Townley, au Musée Britannique, publiée par M. Raoul-Rochette, *Mon. inéd.*, pl. LVIII, et par M. O. Gerhard, *Etrusk. Spieg.*, tav. XV-XVI; elle se compose de deux scènes, dans l'une desquelles ces deux savants s'accordent à reconnaître le *sacrifice de Polyxène*, tandis que, pour l'autre, le premier y voit le *meurtre* antérieur *d'Astyanax*, le second, l'*immolation* postérieure, au contraire, *de Néoptolème par Oreste dans le temple de Delphes* (fig. 840 ci-après).

823 (CCXLI). Au milieu du plan inférieur de cette peinture de vase est *Hécube*, vêtue d'une ample tunique, et parée d'un collier à deux rangs, assise sur un trône dont le dossier est orné d'un méandre; d'une main elle s'arrache les cheveux, dont elle a déjà déchiré la bandelette; dans l'autre elle tient le corps d'*Astyanax*, où est la marque d'une des blessures qui lui ont donné la mort: les pieds de la princesse posent sur un marche-pied rond supporté par quatre pattes de lion. Le *bouclier* suspendu entre deux *cnémides* indique le mur de l'habitation d'Ulysse, dont Hécube est l'esclave; la *quenouille* et le *fuseau* sont des signes de la servitude à laquelle elle est réduite. *Talthybius*, héraut des

Grecs, lui annonce qu'elle doit faire inhumer son petit-fils dans le *bouclier d'Hector* sur lequel il s'appuie; il est armé de toutes pièces et sa chlamyde est jetée sur ses bras. Hécube a déjà suivi l'ordre de Talthybius, de parer l'enfant pour cette triste cérémonie; une des jambes d'Astyanax a des périscélides, et une bandelette de perles ou de grains enfilés est posée sur son corps. Les *guerriers* qui l'entourent apportent de quoi compléter ces ornements funéraires; celui qui est le plus près, coiffé d'un pétase, et dont l'attitude annonce la tristesse, présente une bandelette; l'autre, qui pose un pied sur une pierre, apporte un piléus avec une bordure; celui qui est derrière Talthybius est peut-être un de ceux qui l'accompagnent et qui vont creuser le tombeau d'Astyanax avec leurs lances. Le champ est semé de différentes *fleurs*, pour la plupart imaginaires. Derrière Hécube est un *éventail* qui est censé fixé au mur, et plus loin il y a une espèce de *crochet* qui servait pour y suspendre des armes. Dans le plan supérieur on voit un *char* carré, sur lequel est *Iris* ailée, caractérisée en outre par une auréole qui figure l'arc-en-ciel; le char est traîné par quatre chevaux et le timon en est recourbé; *Mercure*, vêtu d'une chlamyde et coiffé du pétase, portant des talonnières et tenant le caducée, le précède. Il serait difficile de déterminer quel est le *guerrier* qui est appuyé sur une lance en face de Mercure; il est vêtu d'une chlamyde, le pétase est jeté derrière son dos, et son bouclier est placé à ses pieds. Le *piléus* et l'*épée* en sautoir, qu'on voit au-dessus de cette scène supérieure, sont des signes allégoriques de l'Iliade et de l'Odyssée; ils rappellent les titres d'Homère à la protection des dieux et à l'admiration des hommes. Le retour de Mercure et d'Iris dans l'Olympe annonce que la mort d'Astyanax a mis fin à l'expédition de Troie, et que les décrets des dieux ont reçu leur exécution. En haut on lit, ΛΑΣΙΜΟΣ ΕΓΡΑΨΕ, *Lasimos a peint*. — MILLIN, *Peint. de vas.*, II, 37, dont nous avons reproduit l'explication, avec quelques modifications légères, quoique cette explication nous paraisse encore plus ingénieuse que certaine.

824 (CCXXXIV). *Ménélas* (ΜΕΝΛΕ, rétrograde), complétement armé, est assis et s'appuie sur son bouclier, sur lequel est écrit son nom; il tient un *collier*, présent de Vénus, qu'*Hélène* (ΕΛΙ-

NA), assise vis-à-vis de lui, vient de lui donner; entre eux est *Vénus* debout, et à côté son nom étrusque, TYPAN. (On pourrait voir ici la réconciliation de *Ménélas* et d'*Hélène* sous les auspices de *Vénus*, s'il n'était peut-être plus naturel d'y reconnaître *Ménélas* offrant un collier en présent de noces à *Hélène*, qui étend ses mains vers *Vénus*, soit pour implorer ses avis dans le choix d'un époux, soit pour obtenir un autre présent que Vénus, conspirant avec le héros, paraît tenir dans sa main droite). Voy. t. II, p. 486, et les Éclaircissem., note indiquée là même. — Miroir étrusque. *Mus. Pio-Clem.*, IV, B des preuves, n° 1, coll. *Monum. d'O. Müller*, I, pl. LX, n° 306, avec l'explication p. 36. Il faut comparer un autre miroir, beaucoup plus riche, dont il a déjà été question ci-dessus, fig. 751, et qui est publié dans les *Monum. de l'Instit. archéol.*, II, pl. VI. On y voit également, suivant différentes interprétations, ou la réconciliation de *Ménélas* et d'*Hélène*, coiffée de la mitre phrygienne, sous les auspices d'*Agamemnon*, avec un sens mystique, qui motiverait la présence de *Páris* (EAXSNTPE) tournant le dos et congédié; ou bien les adieux d'*Agamemnon* et de *Ménélas* qui partent pour l'île de Crète, tandis que *Páris-Alexandre* demeure avec *Hélène* dans le palais de son époux, sous la foi de l'hospitalité. Une scène est au-dessus, en rapport avec celle-là, suivant le premier système d'explication. *Cf.* ORIOLI dans les *Annales de l'Instit. archéol.*, t. VI, p. 183 sqq., outre DE WITTE, *ibid.*, p. 241, et O. MÜLLER, *Archæol.*, p. 655, deux. édit.

825 (CCXXIII). *Ménélas*, vêtu d'une tunique courte, coiffé d'un casque à couvre-joues, et portant en avant son grand bouclier argien, poursuit *Hélène*, qu'il a retrouvée après la prise de Troie, et veut la tuer; mais elle se retourne, au moment où il va l'atteindre, et, frappé de sa beauté, il laisse échapper son glaive de sa main droite; *Hélène*, coiffée d'une stéphané d'où tombe un voile, vêtue d'une tunique longue et d'un péplus, se réfugie auprès de l'*autel* de ses dieux domestiques, derrière lequel est une *statue* placée sur un *cippe* et ombragée d'un *arbre*. — DELABORDE, *Vases de Lamberg*, II, pl. XXXIV. Ce sujet était représenté sur le coffre de Cypsélus (Pausan. V, 18), mais d'une manière probablement plus rapprochée de la peinture d'un vase de

la seconde collection d'Hamilton, dans Tischbein, IV, pl. L; au contraire, le vase décrit dans le *Catalogue étrusque* de M. de Witte, n° 150, coïncide presque avec le nôtre; enfin un autre vase publié par M. Millingen, *Unedit. monum.*, part. II, pl. 32, auquel il faut comparer celui qui est donné dans les *Mon. inéd. de l'Instit. archéol.*, I, pl. XXVII, 26, fait voir *Ménélas*, ΜΕ-ΝΕΛΕΟΣ, emmenant par la main une femme voilée où l'on croit retrouver *Hélène* réconciliée avec lui.

826 (CCXLVI). *Ménélas*, complétement armé, consacre le *casque* du Troyen Euphorbe, orné d'un *griffon* et d'un *sphinx*, à *Apollon*, dont la statue est placée sur un cippe; cette statue est nue et tient un *arc* (elle ressemble à l'Apollon *Sminthien* et *Didyméen*, fig. 285 *b*, et 285 *c* ci-dessus). — *Mus. Pio-Clem.*, V, 23.

827 (CCXLIII). *Clytemnestre*, vêtue d'une tunique longue et d'un ample péplus, avance avec précaution pour frapper, avec la *hache* qu'elle tient dans sa main, Agamemnon endormi; *Égisthe* la suit (et semble vouloir la retenir), vêtu d'une tunique courte, sur laquelle est une chlamyde, et son pétase jeté derrière son épaule. (Suivant Tölken, *Mérope*, reine de Messène, qui a saisi la hache pour tuer son propre fils qu'elle ne reconnaît pas. Le vieux *berger*, qui a secrètement élevé le jeune prince, retient la main de sa mère et dévoile le mystère.) — Millin, *Peint. de vas.*, II, 24.

828 (CCXLIII). *Clytemnestre*, vêtue d'une longue tunique brodée et sans manches, à laquelle est attaché un péplus flottant, va porter le coup mortel à *Agamemnon*, avec une *hache* qu'elle a saisie des deux mains. Ce prince est coiffé du casque des héros, du reste nu; les premiers coups de son épouse adultère l'ont fait tomber près d'une *colonne*, qui indique que la scène se passe dans l'intérieur d'un palais; il est parvenu à se dégager de l'ample vêtement dans lequel Clytemnestre l'avait enveloppé comme dans un filet, et il lui oppose en vain son bouclier. (Suivant Tölken, *Mérope*, comme dans la figure précédente, sur le point de tuer *Æpytus*, son fils, endormi sous le vestibule du palais; il se réveille et se fait connaître.) — Millin, *Peint. de vas.*, I, 58.

829 (CCXXXV). *Oreste* enlève l'*urne* que sa sœur *Électre* a déposée sur le *tombeau d'Agamemnon*, et qu'elle croit renfermer les

cendres de son frère; elle reconnaît son erreur. Sur le tombeau s'élève une *stèle*, portant l'urne cinéraire d'Agamemnon. — Millin, *Pierres grav. inéd. Électre* paraît sur les vases peints, tenant l'*urne* supposée contenir les cendres d'Oreste. Voy. Millingen, *Vases de div. collect.*, pl. XVI; Delaborde, *Vases de Lamberg*, I, pl. VIII; Raoul-Rochette, *Mon. inéd.*, pl. XXXI.

830 (CCXXXIX). *Oreste* et *Électre*, après s'être reconnus, se tiennent embrassés et s'entretiennent de leur vengeance. Ce groupe (ainsi expliqué par Winckelmann) est celui qui est connu sous le nom du *jeune Papirius et sa mère*. — Maffei, *Raccolta di Statue*, LXII. Compar. le groupe du *Mus. Borbon.*, IV, 8, et dans Raoul-Rochette, pl. XXXIII, 1.

831 (CCXXXVII). *Égisthe* est égorgé sur son trône (le trône d'Agamemnon) par *Pylade*, qui l'a saisi par les cheveux et pose le pied sur son genou; le jeune héros a jeté son bouclier à côté du trône et ne se sert que de son épée; sa chlamyde tombe par terre; une *Furie*, qui tient un fouet, est derrière lui et l'excite à ce meurtre; plus loin, à gauche, on voit *Chrysothémis*, fille d'Agamemnon, et un *Argien* de la garde du roi, qui n'ose ou ne veut pas le secourir; à droite, *Électre* va frapper Égisthe avec un marche-pied ou un objet semblable. Cependant *Oreste* immole *Clytemnestre*, qu'il tient également par les cheveux, et sur laquelle il appuie son genou; la vieille *nourrice* lui arrête le bras et veut l'empêcher de commettre ce matricide, mais elle est distraite par les cris d'Égisthe vers qui elle tourne ses regards; derrière Clytemnestre et à côté de son fils est aussi une *Furie* tenant un fouet dont on ne voit que le manche; un jeune *Argien* veut défendre la reine avec un vase, seule arme qu'il ait trouvée sous sa main; plus loin, à droite, est une figure dont on n'aperçoit que le bras et la jambe, et qui paraît tenir un arc. — Bas-relief qui est à Rome, dans l'escalier du palais Circi. Visconti, *Mus. Pio-Clem.*, tom. V, pl. A des preuves.

832 (CCXXXVII). *Égisthe* a été renversé du trône par *Pylade*, qui, après l'avoir tué, lui enlève le manteau qui le couvrait; de son côté, *Oreste* vient de frapper *Clytemnestre* étendue à ses pieds; le voile suspendu sur des hermès indique que l'action se passe dans l'intérieur du palais. La vengeance des hommes est ainsi sa-

tisfaite; mais celle des dieux va commencer. En effet, on aperçoit, à gauche, un groupe formé de trois *Furies* qui dorment, assises ou appuyées; près d'elles, la *nourrice* de *Clytemnestre*, en détournant ses yeux du double meurtre, semble dire par son geste: « Prenez garde de les réveiller. » Elles sont réveillées, à droite, et l'on en voit deux, derrière le voile, secouant leurs torches et leurs serpents contre *Oreste*, qu'elles poursuivent jusqu'au rocher de Delphes, où on le retrouve saisissant d'une main le *trépied* d'Apollon, ombragé du *laurier* sacré, de l'autre tenant, tout éperdu, l'épée dont il a frappé sa mère; l'*Érinnys* couchée à ses pieds, avec ses torches renversées et ses serpents, semble épuisée de la course qu'elle a faite, ou peut-être cède-t-elle devant la puissance du dieu expiateur. La figure d'homme qu'on aperçoit accroupie dos à dos avec elle, du côté de Clytemnestre, et soulevant dans ses mains une espèce de meuble, est prise par Visconti pour le *Pédagogue* d'Oreste enlevant le petit *autel* domestique de la maison d'Agamemnon, pour qu'il ne soit pas souillé du sang de sa famille.—Bas-relief au Vatican. *Mus. Pio-Clem.*, V, 22. Compar., outre la figure qui suit, le bas-relief du Louvre, n° 388, DE CLARAC, pl. 202, et le même sujet traité à la manière étrusque dans MICALI, pl. CIX.

833 (CCXLV). La scène principale du sujet précédent, représentée absolument de la même manière, comme si elle était détachée du bas-relief ci-dessus. La *nourrice* ni le *Pédagogue* n'y manquent pas, non plus que la main d'une des *Furies* armée du serpent.—Camée. ECKHEL, *Pierres grav. du Cabinet de Vienne*, 20.

834 (CCXLIII). *Oreste*, tourmenté par ses remords, s'évanouit dans les bras d'*Électre*. Compar. 839 (*a*), où il tombe dans les bras de Pylade. — MILLIN, *Pierres grav. inéd.*

835 (CCXLII). *Oreste* entre deux *Furies* qui le tourmentent, armées de *serpents*; celle de droite lui présente en outre un *miroir*, où l'on aperçoit la tête de *Clytemnestre*, symbole de ses remords; il cherche à se défendre en opposant à l'une l'épée nue qui a tué sa mère, à l'autre le fourreau de cette épée, dans une disposition toute symétrique. Compar., à cet égard, fig. 787.—Face d'un vase peint du Musée de Naples, publié pour la première fois par M. RAOUL-ROCHETTE, *Mon. inéd.*, pl. XXXVI.

835 *a* (CCXLII). *Oreste*, coiffé du pétase, vêtu de la chlamyde, portant d'une main son épée dans le fourreau, de l'autre deux lances, arrive à Delphes, et se présente en suppliant devant *Apollon* assis sur l'*Omphalos*, et tenant dans ses mains la *cithare* et le *laurier*, comme dieu expiateur et purificateur (compar. fig. suiv. avec les renvois); derrière Oreste est *Électre*, sa sœur, qui l'a suivi; à droite, son fidèle compagnon, *Pylade*, et plus loin la *Pythie* assise sur le *trépied*. — Revers du même vase. *Ibid.*, pl. XXXVII. Il faut rapprocher la composition plus simple encore du vase publié par Thorlacius et reproduit dans les *Denkmäler der alten Kunst* d'O. Müller, II, *Taf.* XIII, 148, sans parler des peintures plus ou moins analogues données par Tischbein, *Vases*, II, 16; Millin, *Peint. de vas.*, II, 68; Raoul-Rochette, pl. XXXV, etc.

836 (CCXLIV). *Oreste*, vêtu d'une chlamyde ornée d'une large bordure et semée d'étoiles, tenant deux lances d'une main, de l'autre l'épée avec laquelle il a tué sa mère, est accroupi en suppliant sur un *réseau* qui sert de couverture à l'*Omphalos* placé devant le *trépied* d'Apollon (280, 280 *c*); un rang de perles descend de son épaule gauche et passe sous son bras droit; il regarde *Minerve*, placée à sa gauche, comme pour implorer son assistance. La déesse, qui l'a conduit à Delphes, paraît le rassurer et lui promettre sa protection; son casque, posé sur sa longue chevelure bouclée, est surmonté d'un cimier qui porte une crinière de cheval entre deux panaches; son cou est paré d'un collier à deux rangs; sa poitrine est couverte d'une énorme égide écaillée, bordée de serpents, et décorée de la tête de la Gorgone; sous l'égide est une tunique courte ou un diploïdion, qui recouvre une tunique plus longue semée de paillettes d'or, avec une riche bordure et des manches rattachées par des agrafes; un ample péplus est jeté par-dessus; les bras de Minerve sont ornés de bracelets en forme de serpents; elle tient dans sa main gauche une longue lance à deux pointes, et elle appuie son pied sur un fût de colonne. A la droite d'Oreste est *Apollon* debout, dans son rôle de dieu expiateur et purificateur (fig. 835 *a*); ses longs cheveux flottent sur ses épaules et sont couronnés de laurier; un rang de perles descend de son

épaule gauche, un autre orne sa cuisse droite; il est chaussé du cothurne; son ample chlamyde retombe derrière lui, et l'on y voit le *laurier* sacré aux branches duquel sont suspendues des bandelettes et des tablettes votives sur lesquelles on remarque des figures. Le dieu protége son suppliant contre deux *Furies* qui le poursuivent, l'une à gauche et en pied, sur le même plan que les figures précédentes, l'autre à droite, sur un plan un peu plus élevé, et figurée seulement à mi-corps; la première est vêtue d'une tunique courte, propre aux déesses chasseresses, avec des paillettes d'or, sans bordure, et des manches serrées par des bandes; cette tunique en recouvre une autre qui descend jusqu'au genou et que termine une bordure en forme de vagues; l'*Érinnys* porte le brodequin crétois; ses longues ailes sont attachées avec des rubans croisés sur la poitrine et semés de clous d'or; elle tient un gros serpent qui se replie autour d'elle et surmonte sa tête; un autre se dresse sur son front. La seconde *Furie* est vêtue de même, mais elle vient de quitter ses ailes, ou du moins elles ne sont indiquées que par les rubans croisés; deux serpents se dressent sur ses épaules, un troisième est dans sa main, et un quatrième sur son front. La femme figurée également à mi-corps, dans le plan supérieur, est *Clytemnestre*, qui accuse Oreste et excite les Furies contre lui; elle est vêtue d'une tunique à manches avec une large bordure dentelée, parée d'un collier et de pendants d'oreille; sa tête est couverte d'un voile qui retombe sur les côtés (835). La figure d'homme à mi-corps, qui correspond à celle-là dans l'angle gauche, est celle de *Pylade*, faisant un rôle opposé et assistant son ami; il est vêtu comme lui, mais coiffé du piléus, et il tient une lance. Les rayons en forme de cônes allongés ou de langues, qui forment un demi-cercle au-dessus d'Apollon, indiquent que le *soleil* éclaire cette scène. — Peinture de vase. MILLIN, *Mon. ant. inéd.*, I, 29. Compar. les peintures analogues dans TISCHBEIN, III, 33, et RAOUL-ROCHETTE, *Mon. inéd.*, pl. XXXVIII.

837 (CCXLIV). *Minerve*, vêtue d'une tunique longue par-dessus laquelle est jeté un ample péplus, et coiffée d'un casque, absout Oreste en mettant une boule blanche dans l'*urne* posée sur une table, et qui contient les suffrages partagés de l'Aréopage; de-

vant elle est une *Furie*, qui tient un *rouleau*, signe de l'accusation, et une torche (un *servant* du tribunal avec le flambeau allumé, parce que les jugements se rendaient pendant la nuit); derrière la Furie on voit *Oreste* nu, dans l'attitude d'un suppliant, et sa chlamyde jetée sur son épaule gauche; sur un rocher, derrière Minerve, est assise *Érigone*, fille d'Égisthe, absorbée dans sa douleur, et attendant le jugement qui va être rendu (*Dicé*, la Justice personnifiée de l'Aréopage, assise dans l'attitude de la méditation et posant le pied sur le *rocher de Mars*); derrière elle un *gnomon* est placé sur un cippe; les deux dernières figures à droite sont *Pylade* et *Électre*, dont l'un semble épier, l'autre calculer le résultat probable du vote. — Bas-relief du vase d'argent, dit de Corsini, trouvé dans le port d'Antium. WINCKELMANN, *Monum. ined.*, 151, coll. PANOFKA, dans les *Annales de l'Instit. archéol.*, II, p. 137.

838 (CCXXXIX). *Oreste* assis, dans une attitude triste et pensive, est reconnu par *Iphigénie*, qui pleure et l'embrasse; *Pylade* est assis vis-à-vis de lui sur une espèce de table, tenant à demi ouverte la lettre qu'Iphigénie l'avait chargé de remettre dans Argos à son frère; deux *compagnes* d'Iphigénie sont auprès d'elle; l'une témoigne sa surprise de ce singulier événement; l'autre, en portant le doigt à sa bouche, indique le secret dont il doit être couvert; *Thoas* arrive, et Iphigénie lui dit qu'un de ces jeunes gens a tué sa propre mère, et qu'il faut le purifier dans l'eau de la mer, ainsi que la *statue de Diane*, qu'on voit au fond dans une espèce de niche, le carquois sur l'épaule. (Ce sujet, d'après une interprétation différente, aurait trait au moment où *Oreste*, malgré l'absolution de l'Aréopage, tourmenté encore par ses remords, reçoit l'oracle de Delphes qui lui ordonne de partir pour la Tauride; *Électre* et *Pylade*, placés près de lui, témoigneraient leur surprise et leur douleur; et l'abattement profond dans lequel il tombe lui-même, aurait alors son interprétation naturelle, ainsi que les costumes complétement helléniques des personnages.) — *Pitt. d'Ercol.* I, 11, coll. *Annal. de l'Instit. de corresp. archéol.*, t. II, p. 134.

839 (CCXLIV *bis*). Ce bas-relief, qui orne un sarcophage autrefois au palais Accoramboni à Rome, et maintenant à Munich, se di-

visé en trois ou quatre scènes, dont la première (*a*) occupe le milieu : on y voit une *Furie* agitant un flambeau ardent, autour duquel un serpent est entortillé, et portant un fouet; placée derrière un rocher du rivage de la Tauride, elle tourmente *Oreste*, qui est tombé par terre, saisi d'un de ses accès, à son arrivée dans ce pays, et qui tient encore l'épée, instrument funeste de son matricide; *Pylade* le soutient et le soulève. La seconde scène (*b*), à gauche de la première, montre *Oreste* et *Pylade* venus pour enlever la *statue de Diane Taurique*, qu'on aperçoit sur son autel, le croissant au front et un flambeau dans la main; cet autel est placé dans une *édicule* supportée par des colonnes torses, et derrière se trouve un arbre, auquel sont suspendues, aussi bien qu'aux colonnes, une tête de *taureau* et des têtes humaines, avec un glaive, et un autre instrument de sacrifice; Oreste et son ami ont les mains liées derrière le dos, et un *Scythe* les conduit, armé d'une épée, pour être immolés; les deux héros sont nus, sauf leurs chlamydes jetées sur leurs bras; quant au Scythe, il a, selon l'usage barbare, une tunique courte retroussée, des anaxyrides, et un bonnet phrygien; *Iphigénie* est debout devant l'autel orné d'une guirlande et au pied duquel brûlent des parfums; elle tient un glaive dans son fourreau, et tourne avec un tendre intérêt la tête vers les captifs. Dans la troisième scène (*c*), à droite, *Thoas* a été renversé par *Oreste*, qui est armé d'une épée et d'un bouclier couvert d'écailles comme l'égide; la tête de Méduse est cachée; Oreste va porter le coup mortel au barbare, que veut en vain défendre *un de ses satellites* tenant une lance et un bouclier orné d'arabesques; *Iphigénie* craintive, derrière Thoas, joint les mains pour soutenir la statue de la déesse dont elle s'est chargée : un dernier groupe la fait voir de nouveau, avec l'aide de *Pylade*, montée sur le navire qui va les emporter; sa tête et ses bras sont enveloppés dans un ample péplus, et elle regarde avec anxiété l'issue du combat; mais bientôt *Oreste* les suit, levant son épée victorieuse, et se précipite dans le vaisseau par un escalier qui est appliqué à la poupe. Voy. t. II, p. 103 sqq., III, p. 563 sqq. — Winckelmann, *Monum. ined.*, 149, rectifié d'après la planche jointe à l'explication de Uhden, dans les *Mém. de l'Acad. de Berlin*, 1812-1813. Compar. les deux bas-reliefs Grimani dans MILLIN, l'*Orestéide*, pl. 3 et 4; le vase de Lucanie, dans RAOUL-ROCHETTE, *Mon. inéd.*, *Orestéide*, pl. 41; la belle amphore de Ruvo publiée dans les *Mon. de l'Instit. archéol.*, II, pl. 43, et expliquée par E. BRAUN dans les *Annales*, tom. IX, p. 198 sqq.; la peinture d'Herculanum faisant suite à celle qui est donnée ci-dessus, I, 12; enfin, pour la dernière scène, le vase dans MAISONNEUVE, pl. 59.

840 (CCXLIII). *Oreste*, barbu, qui vient d'égorger *Néoptolème*, et qu'un serpent, symbole du remords, enlace de ses replis, se réfugie à l'*autel* de Delphes sur lequel il pose un genou, et à l'ombre du *laurier sacré*, tenant d'une main l'épée nue, de l'autre le fourreau; à ses pieds gît *Pyrrhus* mourant, que saisit *Thanatos* ou le *Génie de la mort*, barbu et ailé, à peu près comme sur les monuments étrusques (voy. fig. 591 *a*, 591 *c*, 592 *a*, et compar. fig. 557, 676 *a*); à droite, un personnage barbu, vêtu d'un péplus et couronné de laurier, tenant un bâton d'une main, lançant une pierre de l'autre, représente, soit un *prêtre*, soit même le *Démos de Delphes*, ameuté contre Néoptolème. — Canthare du cabinet Pourtalès, publié par M. RAOUL-ROCHETTE, *Monum. inéd.*, pl. XL, 2. L'autre face, *ibid.*, 1, représente *Oreste*, barbu et nu, conduit en criminel par un *guerrier* et par *Mercure*, qui lui tiennent les deux mains, devant une *femme* enveloppée dans un grand voile, assise sur un trône et le front diadémé; Mercure se tourne vers *Minerve*, debout à droite, sans aucun de ses attributs ordinaires, si ce n'est le casque, et posant sa main gauche abaissée sur une *roue ailée*, pendant que la droite semble accompagner les paroles qu'elle adresse à Mercure. M. RAOUL-ROCHETTE voit ici *Oreste conduit devant Iphigénie en Tauride*: mais alors pourquoi Mercure et Minerve? M. PANOFKA, avec beaucoup plus de probabilité, *Oreste conduit par Mars et par Mercure devant Diké*, la Justice personnifiée de l'Aréopage (compar. l'explicat. de la fig. 837 ci-dessus). Quant à la *roue ailée*, où l'on est tenté au premier abord de soupçonner la *roue de Némésis* (fig. 560), comme on l'a fait pour le *cercle* que tient Pyrrhus tué par Oreste sur une urne funéraire de Volterra (RAOUL-ROCHETTE, *ibid.*, pl. XXXIX : ce savant archéologue y

reconnaît simplement le cercle du trépied fatidique que Néoptolème a saisi pour se défendre), c'est plutôt le symbole du *char* qui vole et dont Minerve passait pour l'inventrice (t. II, p. 795 sqq.). *Cf.* Panofka, *Cabinet Pourtalès*, pl. VII et pag. 37-42, et dans les *Annal. de l'Institut. archéol.* t. II, p. 136 sq.

841 (CCXLV *bis*). *Ulysse*, vêtu d'une chlamyde, et coiffé d'un piléus entouré d'un bandeau, va frapper de sa lance un *sanglier*, celui même qui le blessa au-dessus du genou, dans les états de son grand-père Autolycus; il porte la chaussure propre aux chasseurs, aussi bien que son compagnon, un *fils d'Autolycus*, qui va asséner au sanglier un coup de massue; le chien *Argus*, grimpé sur le dos de l'animal, l'attaque de son côté. — Tischbein, *Fig. d'Hom., Odyss.*, IV.

842 (CCXLVIII *bis*). *Ulysse*, par son effroi, trahit le rôle de fou qu'il s'était imposé pour ne pas aller à la guerre de Troie, grâce à l'artifice de *Palamède*, qui l'observe, après avoir posé à terre le jeune *Télémaque* devant la charrue qu'il conduisait; cette charrue est attelée de *deux bœufs*, au lieu d'un cheval ou d'un âne accouplé avec un bœuf. — Pierre gravée, publiée et expliquée par M. Panofka, dans les *Annal. de l'Instit. archéol.*, tom. VII, tav. d'agg. 1835, H, 4, et p. 249 sq. Cette scène était représentée différemment dans une peinture décrite par Lucien, *de domo*, 30, où l'on voyait *Palamède* feignant de vouloir trancher la tête à l'enfant. Une amphore de Nola, appartenant à M. le duc de Luynes et publiée par ce savant (*Description de quelques vases peints*, pl. XXXV), nous montre *Palamède* sous un autre point de vue, apprenant de *Minerve*, placée devant lui et qui écrit sur des tablettes, l'art de tracer les caractères dont il était supposé avoir enrichi l'alphabet grec. Le même personnage, selon toute apparence, lance le disque, jeu dont il passait également pour l'inventeur, au revers d'une autre amphore de la même fabrique, mais trouvée à Volci, que M. Gerhard a fait connaître dans les *Monum. de l'Institut. archéol.*, tom. I. pl. XXVI, 6, et expliquée dans les *Annales*, t. III, p. 230 sq. Enfin ce héros, auquel on attribuait tant d'autres inventions, est justement soupçonné dans l'un des deux guerriers (l'autre serait *Thersite* comme dans le tableau de Polygnote à Delphes, Pausan. X, 31),

que l'on voit sur un si grand nombre de vases, jouant aux dés, quelquefois en présence de *Minerve* (DE WITTE, *Catal. Durand*, n⁰ˢ 320, 385, 398-403 ; *Catal. étrusque*, 141, etc., etc.). Néanmoins, sur le beau vase du Vatican, donné dans les *Monum. de l'Institut. archéol.*, II, pl. XXII, les noms d'*Achille* et d'*Ajax* sont ceux qui se lisent auprès des héros *Cybeutes*. Cf. PANOFKA, *Bull. de l'Inst. archéol.*, 1832, p. 70 sqq., et RAOUL-ROCHETTE, dans les *Mém. de l'Académie des Inscriptions et Belles-Lettres*, nouv. sér., tom. XIII, p. 634 sqq.

Nota. Les faits ou les circonstances de la guerre de Troie, dans lesquels figure *Ulysse*, sont représentés, soit sur la Table Iliaque, 775 ci-dessus, soit sur divers monuments qui la suivent, 780, 785-789, 802, 815, etc. Il ne s'agit plus ici que des événements de l'*Odyssée* proprement dite.

843 (CCXLV *bis*). *Polyphème* est assis sur un rocher au bord de la mer ; sa chlamyde est jetée sur ses genoux ; il tient son énorme *lyre* formée d'un tronc d'arbre à deux branches, et un *plectrum* ; il étend la main pour recevoir une lettre de Galatée, que lui apporte un *Amour* monté sur un dauphin ; il a trois yeux et n'est point difforme ; un arbre ébranché, qui lui sert de bâton, est à côté de lui. — *Pitt. d'Ercol.*, I, 10. Conf. ZOËGA, *Bassiril.*, 57.

843 *a* (CCXLVII). Tête de *Polyphème* avec un seul œil sur le front ; les deux yeux ordinaires sont indiqués seulement par des paupières. — Tête inédite, trouvée à Lyon, et dont le dessin avait été communiqué à MILLIN par M. ARTAUD.

844 (CCXLV *bis*). *Polyphème* est assis sur une peau d'animal étendue sur un roc dans sa caverne ; il tient sous ses pieds *un des compagnons d'Ulysse* qu'il a tué, et va déchirer ses membres pour les dévorer ; de l'autre main il prend le *vase* grossier, rempli de vin, qu'*Ulysse*, reconnaissable à son piléus, lui présente ; un *autre des compagnons* du héros est chargé d'une *outre* ; on voit près de Polyphème l'extrémité de l'arbre qui lui sert de bâton. — Bas-relief mutilé du Musée du Louvre. DE CLARAC, *Musée de sculpt.*, pl. 223.

844 *a* (CCXLVIII *bis*). *Polyphème*, nu, portant une barbe hérissée et de longs cheveux, retenus dans une sorte de calotte ou de réseau que serrent des bandelettes, est assis sur un fragment de ro-

cher; d'un air stupide, il tient encore dans ses mains les *jambes* d'un des malheureux qu'il a dévorés. *Ulysse*, debout et imberbe, coiffé à peu près de même (et non du piléus), ainsi que les *trois compagnons* qui l'assistent, lui présente à boire de la main droite dans un *scyphus* à une seule anse ou *cissybium* ; de la main gauche il soutient sur son épaule, aidé de ceux qui le suivent, un long pieu aiguisé, qu'il dirige vers le front du Cyclope pour l'enfoncer dans l'œil du milieu ; les deux autres yeux n'en sont pas moins figurés, à en juger par celui qu'on voit de profil. Au-dessus des Grecs, et particulièrement de leur chef, se déroule un long *serpent* tacheté, dont la gueule béante vient toucher la tête de Polyphème ; on peut le regarder comme le symbole de Minerve, protectrice du héros, et c'est dans tous les cas l'emblème de sa prudence et de son astuce bien connues (compar. toutefois fig. 804 ci-dessus). Sous les figures, s'étend en sens opposé, par conséquent dans le sens même où se présente le Cyclope, un gros *poisson*, qui paraît nager et s'approche d'un appât qu'il va saisir ; c'est l'emblème manifeste et naturel de l'avidité féroce autant que stupide du fils de Neptune. — Peinture du fond d'une coupe ou cylix à figures noires et de style archaïque, publiée dans les *Mon. inéd. de l'Instit. archéol.*, I, pl. VII, 1, et savamment expliquée par M. le duc DE LUYNES, *Annales*, tom. I, pag. 278 sqq. Compar. les monuments qui s'y trouvent rapprochés, et ceux qui ont été indiqués ou publiés par M. RAOUL-ROCHETTE, *Mon. inéd.*, *Odysséide*, pl. LXII-LXIII, et p. 305 sqq.

845 (CCXLVII). *Ulysse* se sauve de l'antre de Polyphème, sous le ventre d'un des grands *béliers* du Cyclope. — Statuette de la villa Pamfili, reproduite dans la villa Albani. WINCKELMANN, *Monum. inéd.*, 155 et pag. 210, seconde édit. Le miroir de bronze donné par Winckelmann à la suite de ce bas-relief, montre *Ulysse* et *un de ses compagnons* attachés aux *béliers*, et au-dessus la figure de *Polyphème* terminée en queues de poissons, comme fils de Neptune. Il faut comparer les peintures de vases analogues, publiées ou décrites dans les *Monum. de l'Inst. arch.*, ibid., 3, 4 ; *Annales*, ibid., pag. 283 ; dans RAOUL-ROCHETTE, *Monum. inéd*, pl. LXV, 1 ; et dans DE WITTE, *Catal. étrusque*, n° 151.

846 (CCXXXIX). *Ulysse* barbu, coiffé du piléus, et vêtu d'une courte tunique retenue par une ceinture, par-dessus laquelle est jeté un himation, saisit l'*outre* gonflée des *Vents*, qu'Éole lui a confiée. — Pierre gravée. Winckelmann, *Monum. ined.*, 158. Conf. Passeri, *Lucern.*, II, 100.

847 (CCXLVII). Fragment d'une *Table Odysséenne*, c'est-à-dire qui contenait la représentation des événements de l'*Odyssée*, comme la *Table Iliaque*, 775, contient ceux de l'Iliade. Il est composé de trois scènes. Sur le plan inférieur on voit *Ulysse* qui vient de sortir de son vaisseau garni de rames et d'un aplustre; il est armé d'une lance, vêtu d'une tunique courte avec un himation par-dessus, et coiffé du piléus, et il reçoit de *Mercure*, vêtu et coiffé de même, l'herbe *moly* (*allium moly*), qui doit le garantir des enchantements de Circé; on lit au-dessous : ΟΔΥΣΣΕΙ ΤΟ ΜΩΛΥ ΕΡΜΗΣ, *Hermès* donne le *moly* à *Ulysse*. La seconde scène, plus haut à droite, montre *Ulysse*, ΟΔΥΣΣΕΥΣ, dans l'intérieur du palais de *Circé*, ΚΙΡΚΗ, armé d'une épée et d'un bouclier, et menaçant la magicienne, qui s'est jetée à ses pieds, de la tuer, si elle ne rend à ses compagnons leur forme première. Dans le plan supérieur et dans la troisième scène, *Ulysse*, ΟΔΥΣΣΕΥΣ, se tient à côté de *Circé*, ΚΙΡΚΗ, qui, avec sa baguette enchantée, rend la forme humaine à ses *compagnons* qu'elle avait changés en animaux; on en voit quatre, le premier avec une tête de *pourceau*, le second de *sanglier*, le troisième de *mouton*, le quatrième, qui est encore dans l'étable, de *bœuf*; on lit au-dessous d'eux : ΕΤΑΙΡΟΙ ΤΕΘΗΡΙΩΜΕ..., les *compagnons* d'Ulysse *changés en bêtes*. L'inscription qui est au bas se traduit : *tiré du récit à Alcinoüs, dans le dixième livre* de l'Odyssée. Voy. tom. I, p. 468, tom. III, p. 425 sqq. — Bas-relief du palais Rondanini. Guattani, *Monum. ant. per l' anno* 1788, *Febr.*, XI. La métamorphose des compagnons d'Ulysse se rencontre fréquemment sur les urnes étrusques, sans doute par allusion à la métempsychose : cf. les *Mon. inéd.* de M. Raoul-Rochette, pl. LXI, 2.

847 a (CCXVIII). *Ulysse*, coiffé du piléus, nu d'ailleurs, tient d'une main son épée, et de l'autre, qu'il élève, le *moly*. Compar. la fig. précéd. — Millin, *Pierres grav. inéd.*

848 (CCXLVII). *Ulysse*, avec le piléus et la chlamyde, vient d'ouvrir le sol d'un boyau sur lequel il s'appuie de la main gauche; de la droite il fait un geste de surprise causé par l'apparition de sa mère *Anticlée*, dont l'âme ou le spectre, enveloppé dans une longue tunique, et la tête couverte d'une espèce de bandeau, se dresse à mi-corps du sein de la terre, en étendant vers lui une main suppliante. De l'autre côté du vase, un homme barbu, en tunique et en pallium, debout dans une attitude de repos, la main gauche cachée dans son manteau et posée sur la hanche, la droite appuyée sur un bâton, et en qui se personnifie le *Démos*, se retourne vers un *Canope à tête humaine*, posé sur une base, ce qui indique, suivant M. Raoul-Rochette, la *localité de l'Averne et l'oracle des morts*, en rapport avec la scène précédente, tirée de la *nécyomantie* ou de l'évocation des mânes dans l'Odyssée. — Peinture grossière d'un vase de Nola, du Cabinet de M. de Pourtalès, publié par M. Raoul-Rochette, *Monum. inéd.* pl. LXIV et p. 369.

849 (CCXLVIII). *Ulysse*, barbu, coiffé du piléus, sa chlamyde ou son manteau jeté sur son genou, pose le pied gauche sur un rocher, et tenant d'une main son épée, de l'autre le fourreau, interroge sur son retour, à l'entrée des enfers, le devin aveugle *Tirésias*; celui-ci est barbu également, vêtu d'une tunique longue, et enveloppé dans un ample péplus qui lui couvre la tête et retombe sur ses bras; il porte un long sceptre, présent de Minerve, et s'appuie contre un cippe, dans l'attitude d'une réflexion profonde. — Beau bas-relief du Musée du Louvre, n° 298, provenant de la villa Albani. Winckelmann, *Mon. ined.*, 157; de Clarac, pl. 223. Il faut rapprocher la peinture de vase analogue, dans Inghirami, *Mon. etr.*, Ser. V, tav. XLIV, et surtout le remarquable miroir étrusque gravé dans les *Mon. de l'Inst. archéol.*, tom. II, pl. XXIX, et si savamment expliqué, avec ses espèces d'inscriptions bilingues, par le P. Secchi dans les *Annales*, tom. VIII, p. 65-99.

850 (CCXXXIX). *Ulysse* est attaché par les bras au mât de son vaisseau, orné de la *chénisque* (tête d'oie) qui décore la proue, d'une tête de monstre au *rostrum* ou éperon, et d'un aplustre à la poupe; les voiles sont pliées; *cinq rameurs* lui font fendre les

vagues, et le *pilote* est au gouvernail; le navire passe ainsi devant l'île des *Sirènes*, qu'on voit au-dessus, au nombre de trois. Elles ont des corps de femmes terminés en queues et en pieds d'oiseaux, avec des ailes; celle du milieu tient un rouleau de musique et paraît chanter; une autre pince la lyre, et la troisième joue de la double flûte. Voy. tom. III, p. 194 sqq., et compar. fig. 527 et 528 avec l'explicat., p. 217 sq. ci-dessus. — Pierre gravée. PACIAUDI, *Mon. Pelop.*, I, 139. Cette scène est représentée, avec des particularités fort remarquables, sur un vase de Volci publié dans les *Mon. de l'Inst. arch.*, I, pl. VIII, à peu près expliqué dans les *Annales*, p. 284 sqq.; les *Sirènes* y figurent, comme dans les peintures de vases en général, surtout de style archaïque ou archaïstique, et même encore sur une peinture de Pompeï du même sujet, sous la forme d'oiseaux à têtes de femmes; elles sont au nombre de trois, dont une avec le nom HIMEPOΠA, une autre se précipitant dans la mer; trois Génies mâles ailés, qui leur correspondent, volent au-dessous, l'un nommé HIMEPOΣ, si la lecture est certaine, les deux autres, qui seraient alors *Éros* et *Pothos*, portant une bandelette, une guirlande et un lièvre; un *œil* est peint à la proue du vaisseau et un *crédemnon* suspendu à la poupe : la haute intention morale de cette représentation nous paraît évidente, aussi bien que son rapport avec les initiations de Samothrace. Voy. tom. II, p. 300 sq., 321, et fig. 853 ci-dessous, avec l'explication. Cf. DE WITTE, *Catal. Durand*, n° 418, *Catal. étr.*, 152; RAOUL-ROCHETTE, *Mon. inéd.*, pl. LXI, 1, avec ses observations, p. 377 sqq. coll. 283; et surtout celles de PANOFKA, *Cabinet Pourtalès*, p. 73-77, avec les pl. II, XXIII et XXIV.

851 (CCXLV). *Scylla*, tenant un gouvernail dans sa main gauche, de la droite arrache *un des compagnons* d'Ulysse de son vaisseau; les replis du monstre, dont les extrémités se terminent en queues de poissons, indiquent la violence du tourbillon, au passage du détroit; *Ulysse* essaie en vain de défendre son compagnon avec l'arme qu'il lève; un autre personnage est en arrière, spectateur de cette scène; quelques *Grecs* et un *dauphin* nagent dans le gouffre; derrière Scylla se voit un arbre. Voy. tom. III, p. 497

sq. Compar. fig. 341 *f* et l'explication.— Contorniate. HAVER-
CAMP, n° 64.
852 (CCXV *bis*). *Ulysse* construisant le *radeau* sur lequel il doit
quitter l'île de Calypso. Compar. fig. 639 *b* ci-dessus. — *Impronte gemmarie dell' Instit. di corresp. archeol.*, I, 95.
853 (CCXLV). *Ulysse*, ΟΔΥΣΣΕΥΣ, nu, portant une longue barbe,
et la tristesse empreinte sur le visage, tient à la main le *crédemnon* ou l'écharpe de salut, que vient de lui donner *Ino-Leucothée*, après son dernier naufrage; la déesse, désignée par l'épithète de ΚΑΛΕ, *la belle*, se replonge dans les flots en tournant
les yeux vers lui. Voy. tom. II, p. 321, et l'explication de la fig.
850 ci-dessus. Compar. fig. 625. — PANOFKA, *Musée Blacas*,
pl. XII et p. 38 sq.
854 (CCXLV *bis*). *Ulysse*, coiffé du piléus, et sa chlamyde jetée sur
son épaule, prend congé d'*Alcinoüs*, roi des Phéaciens; celui-ci
pose son pied sur la base d'un cippe hexagone, qui porte la statue d'une divinité marine, peut-être celle d'*Ino*, tenant une
ancre; l'attitude du roi (qu'aucun attribut ne caractérise comme
tel) annonce la réflexion; à gauche on voit l'arrière du *vaisseau* qu'il a fait équiper pour le retour d'Ulysse à Ithaque, et
l'on y remarque la *chénisque*, comme ci-dessus, 850. (M. RAOUL-
ROCHETTE reconnaît ici, trop vaguement, *Ulysse* concertant avec
Euryloque son retour, après avoir consulté Tirésias; et dans la
déesse avec l'ancre, sur une colonne, *Galéné*, la sérénité de la
mer. Pourquoi ne serait-ce pas plutôt, d'après le texte positif de
l'Odyssée, aussi bien que d'après l'attitude respective des deux
personnages, *Ulysse* qui vient d'aborder à l'île d'*Æœa*, séjour
de Circé, et donne à *Euryloque* ses instructions pour explorer
cette terre inconnue?) — BUONARROTI, *Medagl. ant.*, frontisp.
855 (CCXXXIX). *Ulysse*, de retour dans son île, et déguisé en
mendiant, est reconnu par son chien *Argus* (fig. 841), placé
sous la *porte* de son habitation. — PACIAUDI, *Mon. Pelop.*, I,
139.
855 *a* (CCXXXIX). Le même sujet sur une monnaie de la famille
Mamilia : on lit autour, C. MAMIL. LIMEAN.— MORELL., *Fam.
Rom.* Compar. TISCHBEIN, *Homer nach Antiken*, Od., VIII, 3-
5, et, 8, *les Bergers préparant le repas d'Ulysse*.

856 (CCXLVII). Fragments d'un bas-relief de terre-cuite. Celui qui est à gauche représente *Ulysse*, que sa nourrice *Euryclée* a reconnu, en lui lavant les pieds, à la cicatrice de la blessure que lui fit jadis un sanglier (841); le héros lui ferme la bouche pour qu'elle ne divulgue pas son secret; derrière lui est son porcher *Eumée*, vêtu d'une peau velue jetée par-dessus ses autres vêtements; *Argus* est couché à côté du siége de son maître. Sur l'autre fragment on voit *Pénélope*, assise sur une chaise sous laquelle est son panier à ouvrage, et plongée dans une rêverie profonde; devant elle se tiennent deux de ses femmes, *Mélantho* et *Eurynome* : la fidèle Eurynome paraît être celle qui regarde Pénélope et semble prendre part à sa douleur, tandis que l'infidèle Mélantho regarde en arrière, et paraît plus occupée de l'étranger auquel on lave les pieds que de sa maîtresse.—MILLIN, *Mon. ant. inéd.*, II, 40 et 41. *Ulysse* se présente en mendiant devant *Pénélope*, sur une peinture de Pompeï: W. GELL, *Pomp.*, *n. s.*, pl. 15. Sur une peinture de vase on reconnaît *Pénélope* à l'emblème parlant de l'espèce de canard appelé πηνέλοψ, qui l'accompagne (DE WITTE, *Cabinet Durand*, n° 419); on croit la voir aussi filant et entourée des *Prétendants*, puis conversant avec *Télémaque*, sur un autre vase (*Cat. étrusque*, 153).

857 (CCLII). Tête d'*Ulysse*, coiffé du *piléus*, et ayant le menton ombragé d'une barbe épaisse et frisée; au revers est un *coq*, symbole de la vigilance et de la pénétration qui caractérisaient Ulysse et dont l'expression est sur sa figure; autour on lit ΙΘΑ-ΚΩΝ (monnaie des habitants d'*Ithaque*), et dans le champ un monogramme. — NEUMANN, *Popul. et Reg. Num. inéd.*, I, VI, 8, coll. DE BOSSET, *Méd. de Céphalonie et d'Ithaque*, pl. V et p. 11. La tête d'*Ulysse* se voit aussi sur une médaille de Cumes, avec *Scylla* au revers : RAOUL-ROCHETTE, *Mon. inéd.*, p. 253, vign.

857 a (CCXLVIII bis). Tête et buste d'*Ulysse*, coiffé d'un *piléus* ou casque *conique* fort riche, parmi les ornements duquel on remarque le combat d'un *Lapithe* et d'un *Centaure*; une bandelette, dont les bouts retombent, ceint en dessous la chevelure du héros; son menton est ombragé d'une barbe touffue et frisée; les traits de sa figure respirent l'énergie calme et forte de son âme; sur son

épaule gauche est jetée l'*égide* écaillée de Minerve, avec le *gorgonium* et les serpents, pour indiquer la protection de la déesse; de la main droite élevée Ulysse brandit sa lance, sans doute contre les Prétendants, après avoir épuisé ses flèches. — Camée du Cabinet de la Bibliothèque royale. MILLIN, *Mon. inéd.*, I, pl. XXII, p. 201.

857 *b* (CCXLV). Buste d'*Ulysse*, copié d'après un marbre appartenant au lord Bristol : ses yeux expriment au plus haut degré la pénétration, l'intelligence, la réflexion, le calme et la fermeté; les mèches bouclées de la barbe et de la chevelure sont travaillées dans le goût de celles des plus belles têtes de Jupiter, avec la différence que celles-ci sont ordinairement tombantes, tandis que chez Ulysse elles se redressent d'ordinaire; une chlamyde, retenue par une agrafe, couvre ses épaules et sa poitrine; le piléus dont il est coiffé est artistement travaillé et orné de cannelures, d'une bande transversale, de figures, d'arabesques, et d'une bordure en forme de vagues. — TISCHBEIN, *Fig. d'Hom.*, *Odyss.*, I.

858 (CCXLVIII). *Virgile*, vêtu d'une tunique longue et d'un ample manteau, est assis dans une attitude méditative, tenant à sa main le rouleau ou *volume* sur lequel il a tracé son Énéide; à sa gauche est un *scrinium*, et à sa droite une *table à écrire*. — BARTOLI, *Virgil. Cod. Bibl. Vatic. Picturæ.*

859 (CCLI). *Énée* vient de prendre les armes pour voler au secours de Troie, surprise par les Grecs; *Créuse*, son épouse, se jette à ses pieds, et le supplie d'employer sa valeur à défendre elle, son père et son fils; deux *serviteurs*, coiffés de bonnets phrygiens, de tuniques retroussées à manches, et d'anaxyrides, versent de l'eau sur la tête du jeune *Jule* qui tient un *pédum*, pour éteindre la flamme que ses parents y virent briller au même instant; le vieil *Anchise* lève ses mains vers le ciel étoilé, priant Jupiter de confirmer l'heureux présage qu'il reconnaît dans cette flamme. — *Ibid.*

859 *a* (CCXLVI). *Énée*, vêtu d'une chlamyde flottante, par-dessus sa cuirasse, chaussé de bottines, porte son père *Anchise* sur son épaule; celui-ci tient la *cassette* dans laquelle sont renfermés les pénates; Énée en outre donne la main à son fils *Ascagne*,

vêtu également d'une chlamyde, coiffé d'un bonnet phrygien, et tenant un pédum. Ces trois personnages sont ici représentés en caricature et sous la figure de *singes*. Sur la Table Iliaque, pl. CCXXII (109), et sur le beau vase de Nola, CCXL, 820, ci-dessus, la même scène est figurée au sérieux, comme elle se voit sur un grand nombre d'autres monuments de toute sorte. — *Pitt. d'Ercol.*, IV, 368. Compar. les peint. de vases d'un style ancien, dans MICALI, *Atlas, tav*. LXXXVIII, *b*, et RAOUL-ROCHETTE, *Mon. inéd.*, pl. LXVIII, 2, 3.

860 (CCL). Les *dieux Pénates*, qu'Énée avait emportés de Troie, lui apparaissent en songe, sur les côtes de Crète, où, suivant l'avis d'Anchise, il avait cherché en vain la contrée que l'oracle avait promise à lui et à ses descendants, et lui ordonnent de retourner dans son ancienne patrie ; ils lui annoncent que cette patrie, dont Apollon avait parlé, est l'Italie, d'où étaient sortis Dardanus et Jasion, auteurs de la nation troyenne. *Énée* est couché sur un lit ; deux colonnes supportent la voûte de la chambre ; on aperçoit les étoiles et la lune, à la lueur de laquelle il avait reconnu les pénates ; ceux-ci sont représentés sous deux figures entièrement voilées, dont l'une ne peut être que celle de *Jupiter*, l'autre semble être *Vesta*. Voy. t. II, p. 415 sq., et compar. la représentation fort différente, fig. 580. — BARTOLI, *Virgil. Cod. Pict.*

861 (CCXLIX). Les *vaisseaux* d'Énée sont en proie à une horrible tempête causée par le déchaînement des Vents, que Junon avait obtenu d'Éole, en lui promettant une de ses Nymphes. Les *Vents* sont ici figurés à mi-corps et sans ailes, portés sur des nuages, et soufflant dans des tubes courbés ; leur front est accompagné de deux cornes ; une autre figure ailée, également portée sur des nuages, espèce de *Génie de la tempête*, secoue des deux mains deux autres tubes, d'où semblent s'échapper la foudre et les éclairs ; autour des vaisseaux et à fleur d'eau, on voit des *poissons* et des *monstres marins*. *Énée*, reconnaissable à l'auréole qui entoure sa tête, lève ses deux mains vers le ciel. Compar. les figures des *Vents* du temps classique de l'art, 529-538 ci-dessus. — *Ibid.*

862 (CCXLIX). *Énée* et son fidèle *Achate*, tenant chacun une lance,

et enveloppés d'un nuage, contemplent, de la colline où ils sont placés, la ville nouvelle de *Carthage*, où *Didon* en personne, et le sceptre en main, se multiplie, pour diriger et animer les travaux des *Tyriens*.— *Ibid*. Il faut comparer le bas-relief fort remarquable, quoique d'un bas-temps aussi, dans le *Mus. Pio-Clem.*, VII, 17, où l'on voit *Didon* montrant à *Énée* les merveilles de sa nouvelle ville, placée sous la protection des dieux tutélaires.

863 (CCLI). *Ilionée* et d'autres *Troyens* implorent la protection de Didon dans le temple de Junon: ils tiennent de longues lances; Ilionée, en qualité de héraut, a la tête ceinte d'un bandeau; d'autres sont coiffés de la mitre phrygienne et ils ont des anaxyrides; tous sont vêtus de tuniques retroussées, par-dessus lesquelles sont agrafées des chlamydes. *Didon*, vêtue d'une tunique longue et d'un ample péplus, est assise sur un trône élevé; elle est coiffée du diadème et porte un long sceptre dans sa main gauche; le geste de sa droite indique qu'elle répond aux Troyens; derrière elle est une de ses suivantes (sans doute *Anna*, sa sœur). Dans le fond on aperçoit une haute montagne, et deux des vaisseaux d'Énée stationnés près du rivage. — *Ibid*.

864 (CCL). *Énée*, placé à la droite de Didon, lui raconte les événements de la guerre de Troie; il est coiffé du bonnet phrygien, vêtu d'une ample tunique à manches, et son épée est suspendue sur son épaule droite par un baudrier; *Didon* est coiffée d'une espèce de diadème, et vêtue d'un péplus par-dessus sa tunique longue; le personnage placé à sa gauche et qui boit, vêtu et coiffé comme Énée, est *Bitias* à qui Didon vient de remettre la coupe d'or de Bélus; tous trois ont des auréoles autour de leurs têtes. L'*appartement*, le *lit*, sur lequel ils sont couchés tous trois, sont richement drapés, et devant eux s'élève une *table* somptueuse, sur laquelle on voit un *poisson* dans un plat. Deux *jeunes garçons* tiennent de grands vases, et l'un d'eux présente à Énée une coupe pareille à celle de Bitias, tandis que l'autre va remplir une coupe d'une autre forme, sans doute pour Didon. — *Ibid*.

865 (CCLI). *Amour* a pris, par ordre de sa mère, les traits et l'habit d'Ascagne, fils d'Énée, pour enflammer le cœur de Didon;

il est vêtu d'une tunique courte, d'une chlamyde et d'anaxyrides, coiffé de la mitre phrygienne, et il tient son arc; derrière lui est *Didon*, assise sur un trône avec un marche-pied, au bas duquel se voit un *poisson*, probablement du nombre des présents qu'Amour avait offerts à la reine (peut-être en même temps un symbole d'amour). De l'autre côté on aperçoit le véritable *Ascagne*, couché et endormi sur un gazon de fleurs, devant le temple d'Idalie, où Vénus l'avait transporté. — *Ibid.*

866 (CCLII). *Énée* et *Didon* se sont réfugiés dans une caverne, pour se mettre à l'abri d'un violent orage qui les a surpris à la chasse; ils ont l'un et l'autre des brodequins de chasseurs; leurs boucliers et leurs lances sont à côté d'eux, le bouclier de Didon pareil à la *pelta* des Amazones (fig. 710 et suiv.); à l'entrée de la grotte on voit leurs chevaux; deux hommes de leur suite, armés du bouclier et de la lance, sont assis sur le rocher au-dessus, l'un abrité sous un arbre, l'autre sous son bouclier; dans le fond on voit tomber une forte pluie. — *Ibid.*

867 (CCL). *Didon*, désespérée du départ d'Énée, est couchée sur le *lit*, dressé sur un *bûcher*, où elle vient de se donner la mort avec l'épée dont elle avait fait présent au héros troyen, et qu'elle tient encore de sa main défaillante; ses *femmes* accourues pour assister au sacrifice qu'elle avait préparé, poussent des cris de douleur en voyant la fin tragique de leur reine; celle qui est éplorée, à la tête du lit, est sans doute *Anna*, sa sœur; celle qui est au pied, la *vieille nourrice* de Sychée. — *Ibid.*

868 (CCXXXVIII). Statue trouvée sans tête et sans extrémités, et restaurée comme représentant *Didon*, d'après celle du palais Barberini; elle est assise sur un gradin, dans l'attitude d'un accablement profond, et s'y appuie de la main droite; sa main gauche semble être placée pour tenir le poignard avec lequel elle s'est donné la mort; son pied gauche est chaussé, tandis que l'autre est nu.—*Mus. Pio-Clem.*, II, 40, coll. B des preuves, 10.

868 *a* (CCXLIV). Deux *Trirèmes* voguent sur la mer indiquée par des *dauphins*; sur celle de gauche est *Didon*, debout, le sceptre dans une main, étendant l'autre vers la trirème de droite, sur laquelle on voit deux *figures*, dont l'une, portant aussi un sceptre, doit être *Pygmalion* qui poursuit sa sœur fugitive; der-

rière celle-ci est une *petite figure*, et au-dessus de la seconde trirème le *char d'Astarté*, divinité locale. Autour, la légende : COL. MET. AUR. PIA SID. (*Colonia metropolis Aurelia pia Sidon*). Voy. tom. II, p. 247 sq. — Médaille impériale de Sidon, frappée sous Élagabale. VAILLANT, *Num. in Colon percuss.*, II, pag. 130, coll. pag. 252, 253 et 265, où *Didon*, comme ci-dessus, 862, préside aux travaux de sa ville nouvelle.

869 (CCXXXVIII). *Darès*, dans une attitude menaçante, défie au combat du ceste *Entelle*, qui l'attend de pied ferme; ils sont tous les deux nus, et leurs bras sont armés du *ceste*; le *taureau* qui est entre eux est le prix du vainqueur. — Mosaïque de l'hôtel-de-ville d'Aix. MILLIN, *Voyage au Midi de la France*, atlas, XXXV.

870 (CCLI). Le héraut *Ilionée*, à la tête d'autres *Troyens* envoyés vers le roi *Latinus*, lui adresse la parole. Les Troyens sont vêtus de tuniques courtes, de chlamydes et d'anaxyrides; ils portent tous des mitres phrygiennes; ils tiennent dans leurs mains des présents divers, destinés au roi. Celui-ci est assis sur un siège au bas des marches de son palais; son front est ceint d'un bandeau, marque de sa dignité; il tient une longue lance, et fait un geste allocutoire; un des hommes de sa suite est appuyé sur le dos de son siège. Le palais de Latinus est orné d'une colonnade, de statues des dieux, et d'un fronton avec un bas-relief. On lit le nom du roi sous ses pieds, et sous ceux des Troyens, le mot TROJANI. — BARTOLI, *Virg. Cod. Vatic. pict.*

871 (CCL). Les *vaisseaux* d'Énée, attachés par la poupe aux rives du *Tibre*, sont changés en *Nymphes* par une voix céleste. Cybèle avait obtenu de Jupiter que les navires qui devaient porter les Troyens en Italie, seraient métamorphosés en Néréides, pour avoir été construits avec les pins sacrés de l'Ida. Les *Rutules*, *Turnus* et *Messapus* à leur tête, qui avaient voulu les incendier pendant l'absence d'Énée, reculent d'épouvante. — *Ibid.* Compar., pour les origines de Rome, l'arrivée d'*Énée* en Italie, la *truie d'Albe* et ses trente pourceaux, etc., les bas-reliefs de la statue du *Tibre*, fig. 523 et p. 215 ci-dessus, et l'autel d'Auguste au Vatican, publié par M. RAOUL-ROCHETTE, *Mon. inéd.*, pl. LXIX.

872 (CCLIV). *Mars*, armé du casque, du bouclier et de la lance, et vêtu d'une chlamyde flottante, est debout devant *Rhéa Silvia* ou *Ilia*, qui paraît être assise; leurs noms sont écrits près d'eux. Compar. la fig. suiv. — Médaillon exécuté en relief sur un vase de terre rouge du Cabinet de Lyon. Caylus, *Recueil*, III, 107.

873 (CCLV). *Mars* vêtu d'une tunique, armé d'un casque, d'un bouclier et d'une épée, emmène *Rhéa Silvia* enveloppée de l'ample voile des Vestales; ils paraissent descendre d'une montagne; au bas on voit, appuyé sur son urne, et relevant son vêtement, le fleuve *Aniénus*, où Rhéa allait chercher de l'eau pour les cérémonies sacrées; le mont *Albanus* est assis sur la hauteur, tenant une branche de pin; les deux *béliers* indiquent un lieu agreste. — Bas-relief. *Mus. Pio-Clem.*, V, 25.

874 (CCLIV). Le berger *Faustulus* regarde avec étonnement la *louve* qui nourrit *Romulus* et *Rémus*, près du *figuier ruminal*, sur lequel est perché le *corbeau* de Mars (ou plutôt le *pivert*); la *tête* de ce dieu est dans le champ de la pierre (c'est plutôt la *tête de Rome*). Compar. 874 a. — Gori, *Mus. Florent.*, II, liv, 4.

875 (CCLIV). La *louve* de Mars nourrit *Romulus* et *Rémus* dans la grotte du mont Palatin appelé le *Lupercal*; deux *bergers*, coiffés du galérus et le pédum à la main, admirent ce spectacle; à gauche on voit les jambes d'une figure effacée par le temps, et qui peut avoir été le *Génie de Mars*. — *Mus. Pio-Clem.*, V, 24.

876 (CCLIV). La *louve* de Mars, allaitant *Romulus* et *Rémus* sous le *figuier ruminal*, représentée comme le symbole des soldats de la XIe légion, établie en Afrique; près des *enseignes* de cette légion, placées au-dessus, on lit : l. xi. c. p. f. (*légion XIe, Claudienne, pieuse, fidèle*); l'*Afrique* est indiquée, à gauche, par le buste d'une femme coiffée d'un muffle d'*éléphant*, et accompagnée d'un *scorpion*, qui fait allusion à la chaleur du climat de cette contrée (fig. 577); au-dessous est le *Nil*, emblème de l'Égypte, avec des pinces de *cancer* sur le front (compar. 518-520); à droite, l'*Espagne* est figurée par le buste d'une femme dont la tête est ceinte d'une couronne tourelée; au-dessous on voit un *trophée militaire*, en avant duquel est un *lapin*, emblème de ce pays où il multipliait si abondamment; tout au bas, les lettres q. e. t. t. q. sont peut-être les initiales des noms du préteur ou

du légat d'Espagne, d'Afrique et de cette légion.— Gori, *Ant. Etrusc. Urb.*, I, vi, 5.

877 (CCLVIII). *Romulus*, couvert d'une cuirasse, tient une lance et porte en trophée les *armes* du roi Acron, premières *dépouilles opimes*, qu'il va offrir à Jupiter Férétrien (fig. 260 *a*); on lit autour : romulo augusto, s. c. (*à Romulus Auguste, par autorité du sénat*).— Médaille frappée en l'honneur d'Antonin-le-Pieux, auquel le sénat avait donné le surnom de Romulus, à cause de son attachement pour les anciens usages religieux des Romains. Eckhel, D. N., VII, 15.

877 *a* (CCLVIII). Les *Sabins*, indignés de l'enlèvement de leurs filles, ont, sous la conduite de leur roi *Tatius*, attaqué les *Romains*; le combat s'est engagé; *Hersilie*, devenue l'épouse de *Romulus*, et les autres *Sabines*, se précipitent dans le champ de bataille entre leurs pères, leurs frères et leurs époux, et leur présentent leurs enfants; Tatius et Romulus cessent le combat. — Médaillon de Faustine l'Ancienne. Morell., *Méd. du roi*, IX, 2.

877 *b* (CCXLIV). Scène antérieure à la précédente, et qui fait voir *Tarpéia* accablée sous les *boucliers* des *guerriers sabins* qui l'entourent; au-dessus un *croissant* avec une *étoile*, pour indiquer que cette scène se passa la nuit; à l'exergue, L. TITVRI. La face, non donnée ici, offre la tête de *Tatius*, avec la *palme* de la victoire et l'inscription SABIN, *Sabinus*, surnom des *Titurius*. — Morell., *Fam. rom.*, p. 420.

878 (CCLIV). *Romulus*, vêtu de la *toge*, est porté au ciel par les vents et les tourbillons, figurés comme deux *Génies ailés*, dont l'un, qui a une barbe épaisse, indique l'orage et le brouillard au milieu desquels Romulus disparut; outre les deux grandes ailes attachées aux épaules, ils ont encore deux petites ailes sur le front, et des chlamydes, signe de leur vélocité; le *ciel* est représenté par le *Soleil* avec un disque radié, et par le *zodiaque*, sur lequel on voit les signes de la balance, du scorpion, du sagittaire, du bélier, du verseau, et des poissons; de l'autre côté sont les figures de cinq dieux qui représentent les *planètes*, et auxquels Romulus va être associé comme un nouveau *Mars* (*Quirinus*). Au-dessous de cette scène, à gauche, est un *bûcher à trois es-*

trades dressées l'une sur l'autre et tendues de draperies; deux *aigles* qui s'envolent sont censés porter au ciel l'*âme* de Romulus, dont les bûchers indiquent l'apothéose; sur le plus haut des bûchers est le *Génie* de Romulus dans un *quadrige*, ce qui fait allusion à un passage d'Ovide où il dit que Romulus monta au ciel dans un char traîné par les chevaux de Mars, son père. A droite et en bas, *Romulus* lui-même, déifié, est figuré assis sur un *trône* placé sous une espèce de *portique* orné de colonnes, et qui repose sur un *char* à quatre roues, auquel sont attelés quatre *éléphants* harnachés; il tient dans une main une branche de laurier, et appuie l'autre sur un long sceptre; les conducteurs des éléphants sont assis sur leurs dos; deux d'entre eux, vieux et barbus, tiennent des fers pointus et garnis de crochets avec lesquels ils paraissent diriger leur marche, comme font encore les cornacs; deux autres, imberbes, tiennent des cymbales cannelées, qu'ils semblent faire sonner avec leurs mains pour régler le pas des éléphants; un cinquième conducteur marche en avant. Au milieu du bord supérieur de ce bas-relief est le *monogramme* du nom de Romulus. (C'est ici une imitation évidente, soit du triomphe, soit de l'apothéose des empereurs romains, et l'on serait peut-être mieux fondé à rapporter ce monument à tel ou tel d'entre eux, reçu au ciel par ses prédécesseurs). Voy. t. II, pag. 495, III, pag. 28-31, et la note 4 sur le livre VII dans les Éclaircissements de ce tome. — Diptyque d'ivoire du Musée des comtes de Gherardesca. BUONARROTI, *Vetri antichi*, p. 236.

879 (CCLV). La déesse *Rome* est assise sur un *trône* dont les supports et le gradin sur lequel il est posé sont, ainsi que le grand *bouclier* appuyé à côté, décorés d'arabesques; son *casque romain* est surmonté de deux ailes d'aigle; elle est vêtue d'une *tunique* blanche à manches courtes, qui lui retombe jusque sur le bout des pieds; par-dessus cette tunique elle a une *prétexte* de couleur d'or; un *paludamentum* de couleur pourpre est jeté par-dessus ces deux vêtements; une *Victoire*, qui tient dans une main le *vexillum*, dans l'autre le *globe du monde*, est posée sur sa main droite; dans sa gauche elle tient le *sceptre;* deux autres *Victoires* sont assises sur ses épaules, et paraissent y fixer le paludamentum, signe de la victoire. Voy. tom. II, pag. 519 sqq.,

III, pag. 31, et la note 4 dans les Éclaircissements du livre VII. Compar. les fig. suiv. — Peinture célèbre du palais Barberini. SICKLER μ. REINHART, *Almanach aus Rom*, frontispice.

880 (CCLVIII). *Rome*, en costume d'Amazone (fig. 710 et suiv.), le casque romain en tête, est assise sur les *sept collines*, dans l'attitude du repos, et s'appuie sur son épée; elle a près d'elle la *louve*, qui allaite les deux jumeaux, *Romulus* et *Remus*, et en face le *Tibre*, appuyé sur son urne; à l'exergue, ROMA, et dans le champ, S C (*par décret du sénat*). Ibid.— PEDRUSI, VI, 12, b.

881 (CCLVIII). *Rome* debout sur un *autel*, dans un *temple* soutenu par six colonnes; autour, ROMÆ ÆTER.., *à Rome éternelle. Ibid.* — Médaille de Probus. PEMBROCK, III, 75, 17.

882 (CCLIV). Autel consacré à Rome et à Auguste par soixante nations gauloises, au confluent de la Saône et du Rhône. Cet *autel* est entre deux *colonnes* surmontées de *Victoires* qui portent des couronnes et des palmes (375, 378); sur la face de l'autel deux *Génies* supportent une couronne placée entre deux pins; on lit dans l'exergue : ROM. ET AVG., *à Rome et à Auguste. Ibid.* — Médaille de Lyon. Les colonnes du véritable autel ont été sciées en deux, et forment aujourd'hui les piliers qui supportent la voûte du chœur de l'église d'Aisnay.

883 (CCLIV). *Auguste* assis, vêtu à mi-corps et couronné de laurier, porte une double corne d'abondance et le *lituus* ou bâton augural; *Livie*, avec les attributs de la déesse *Rome*, est assise près de lui sur le même trône décoré d'un côté d'un *sphinx* ailé; elle appuie ses mains sur un bouclier, et elle est coiffée d'un casque; sa longue tunique lui couvre le sein (879), et ses pieds reposent, ainsi que ceux d'Auguste, sur un marche-pied très orné. *Ibid.*— ECKHEL, *Choix de pierres gravées du Cabinet impérial de Vienne*, II.

884 (CCLII). Le *Sénat romain*, sans barbe, avec cette inscription : ΘΕΟΝ CΥΝΚΛΗΤΟΝ (*le dieu Sénat*). Tom. III, pag. 30 sq. — Médaille de Cypre. SEGUIN, *Numism. select.*, 91.

885 (CCLVIII). Le *Génie du Sénat romain*, sous les traits d'un homme barbu, vêtu de la *toge*, debout, et tenant d'une main une *branche d'olivier*, signe de la paix, de l'autre le *sceptre d'ivoire*, marque distinctive des consuls; au-dessus on lit SENATVS (*le Sé-*

nat), et dans le champ, S C (*par l'autorité du sénat*). *Ibid.* — Médaille d'Antonin-le-Pieux. Pedrusi, *Mus. Farnes.*, VII, 11, 3.

886 (CCLVIII). Le *Génie du peuple romain*, imberbe et debout, à demi vêtu du pallium, coiffé du modius et tenant une corne d'abondance, va faire une libation avec une patère sur un *autel allumé*; on lit autour : genio popvli romani (*au Génie du peuple romain*), et dans l'exergue : p. l. c., qu'on interprète, *Pecunia Lugduni cusa* (monnaie frappée à Lyon). *Ibid.* — Médaille de Constantin I, moyen bronze. Banduri, II, 2.

887 (CCLVIII). Le *Génie du peuple romain*, barbu, vêtu du pallium comme Jupiter, assis sur une chaise curule, tient dans une main un sceptre, dans l'autre une corne d'abondance, et pose son pied droit sur le *globe du monde*; il retourne la tête vers la *Victoire* qui va le couronner : on lit dans le champ, d'un côté, p. lentvlvs p. f. (*Publius Lentulus, fils de Publius*), et de l'autre son surnom, Spin (*Spinther*). *Ibid.* — Monnaie de la famille Cornélia. Morell., *Fam. rom.*, II, 5.

888 (CCLVIII). Le *Génie du peuple romain*, figuré imberbe, debout, à demi vêtu du pallium, couronne à son tour la déesse *Rome*, debout également, s'appuyant sur un long sceptre, la tête tourelée, et vêtue en Amazone (fig. 880). On lit dans l'exergue : lent. mar. f. (*Lentulus Marcelli filius*). *Ibid.* — Morell., même famille.

889 (CCXLV). *Galba*, représenté comme le *Génie du peuple romain*, avec la corne d'abondance derrière sa tête; le front est chauve, comme était celui de cet empereur, à qui la haine générale contre Néron fit décerner ce titre; on lit autour : genio p. r. *Ibid.* — Morell., *Imper.*, II, iv, 17.

890 (CCLVII). Têtes de *Ptolémée Soter*, roi d'Égypte, et de *Bérénice*, avec la légende ΘΕΩΝ (*des dieux*); et de l'autre côté les têtes de *Ptolémée Philadelphe*, fils de Soter, et d'*Arsinoé*, sa seconde femme, disposées de la même manière, avec l'inscription ΑΔΕΛΦΩΝ (*frères*); chacun d'eux avait épousé sa sœur. Voy. t. III, p. 30. — Visconti, *Iconogr. gr.*, III, pl. 54, n° 1.

891 (CCLIII). Tête de *Marc-Antoine*, avec la légende ΑΝΤΩΝΙΟC ΑΥΤΟΚΡΑΤΩΡ ΤΡΙΤΟΝ ΤΡΙΩΝ ΑΝΔΡΩΝ (*Antoine, empereur pour la troisième fois, triumvir*); au revers est le buste de *Cléo-*

pâtre; sa chevelure, artistement arrangée, est ceinte d'un diadème, et un manteau orné de pierreries couvre ses épaules; on lit autour : ΒΑΣΙΛΙΣΣΑ ΚΛΕΟΠΑΤΡΑ ΘΕΑ ΝΕΩΤΕΡΑ (*la reine Cléopâtre, nouvelle déesse*). *Ibid*. — Monnaie d'argent frappée à Alexandrie. — *Ibid.*, n° 22.

892 (CCLIII). Tête d'*Antiochus IV Épiphane*, ceinte d'un diadème; il est représenté au revers sous les traits de *Jupiter Olympien*, assis sur un trône, appuyant une main sur un long sceptre, et dans l'autre tenant une *Victoire*; des deux côtés et dans l'exergue on lit : ΒΑΣΙΛΕΩΣ ΑΝΤΙΟΧΟΥ ΘΕΟΥ ΕΠΙΦΑΝΟΥΣ ΝΙΚΗΦΟΡΟΥ (monnaie *du roi Antiochus, dieu épiphane, victorieux*); dans le champ est un monogramme. *Ibid.* Compar. fig. 254 et 255. — *Ibid.*, pl. 46, n° 22.

893 (CCXVIII). Buste du roi *Arsace VII*, coiffé de la *tiare*; sur le revers on lit autour de la *figure du même roi*, qui est assis sur un trône et qui tient un *arc* : ΒΑΣΙΛΕΩΣ ΜΕΓΑΛΟΥ ΑΡΣΑΚΟΥ ΘΕΟΠΑΤΟΡΟΣ ΝΙΚΑΤΟΡΟΣ (monnaie *du roi grand, Arsace, ayant un dieu pour père, victorieux*). *Ibid*.—*Ibid.*, pl. 49, n° 8.

894 (CCLII). Tête de *Jules César*, ceinte d'une couronne de laurier; au-dessus est la *comète*, qui parut sept jours de suite à la même heure, pendant les jeux qu'Auguste faisait célébrer en l'honneur de César, et qui fut regardée comme le signe de son apothéose : au revers, la même *étoile* à chevelure enflammée, avec l'inscription DIVI IULI (*astre du divin Jules*). *Ibid*. — GESSNER, *Imp. rom.*, III, 27.

895 (CCLVII). Dans le plan supérieur, *Auguste*, représenté en *Jupiter*, est assis sur un trône; dans sa main droite il tient le *lituus*, symbole des auspices, dans la gauche un long sceptre sur lequel il s'appuie; un bouclier lui sert de marche-pied; sous le trône est l'*aigle*, et au-devant de la tête de l'empereur on voit le signe du *capricorne*, qui présida à sa naissance. Derrière le trône sont l'*Abondance*, portant la corne qui la caractérise, et ayant à ses côtés deux enfants, dont l'un tient des épis (dans cette figure on reconnaît *Agrippine*, épouse de Germanicus); l'*Océan* à la chevelure, à la barbe épaisse; et la *Terre*, couronnée de tours, voilée par-derrière, qui pose une couronne de chêne sur la tête d'Auguste. A côté de ce prince et sur le même trône est

assise *Livie* sous les traits et avec les attributs de la déesse *Rome* ; elle est coiffée d'un casque à trois crêtes ; dans sa main droite elle tient une lance ; la gauche repose sur le pommeau de son épée ; son bouclier est adossé contre son genou, et ses pieds portent sur une cuirasse. Près d'elle est *Germanicus*, debout et en habit militaire ; et plus loin, à gauche, *Tibère*, vêtu de la toge, couronné de laurier, tenant dans sa main gauche un long sceptre, et dans l'autre, sans doute, un bâton de commandement, ainsi que Germanicus, qui partage son triomphe : Tibère va descendre du char triomphal, guidé par la *Victoire* tenant un fouet, pour se prosterner devant l'empereur, son père adoptif ; les casques des deux princes sont à leurs pieds. Dans le plan inférieur, des *soldats romains*, les uns légionnaires, les autres auxiliaires (*socii*), et quelques goujats (*calones*), sont occupés à ériger un *trophée*, auquel ils vont attacher quatre *prisonniers*, deux hommes et deux femmes, en costume barbare. Le *scorpion* sur un des boucliers qui décorent le trophée, peut se rapporter à l'horoscope de Tibère, dont le triomphe sur les Pannoniens est ici représenté, ainsi que la famille d'Auguste, dans l'année 12 de notre ère. *Ibid.* — Camée de neuf pouces sur huit de diamètre, et d'un travail extrêmement soigné, qui appartint jadis à l'abbaye de Poissy, d'où il fut enlevé pendant les guerres civiles et porté à Vienne en Autriche, où il se voit actuellement dans le Cabinet de l'empereur. Eckhel, *Choix de pierres gravées*, I, coll. Mongez, *Iconogr. rom.*, pl. 19*.

896 (CCLVI). Au centre paraît *Tibère*, figuré en *Jupiter Ægiochus* (264), couronné de laurier, vêtu à mi-corps d'un manteau recouvert de l'*égide*, s'appuyant de la main gauche sur un long sceptre, et dans la droite tenant le *lituus* ou bâton augural ; il est assis sur un même trône avec *Livie*, sa mère, représentée en *Cérès*, également couronnée de laurier, et portant dans l'une de ses mains des têtes de pavot. *Germanicus*, debout devant eux, va partir pour aller faire la guerre aux Parthes, et son épouse *Agrippine*, ayant aussi une couronne de laurier, l'aide à compléter son armement ; à gauche, le jeune *Caligula*, leur fils, déjà presque entièrement armé, son casque sous l'un de ses pieds, et de l'autre foulant un cadavre, semble impatient du repos. Der-

rière Livie, à droite, *Drusus-César*, fils de Tibère, debout et armé, étend le bras droit vers la scène du plan supérieur, et de la main gauche porte un trophée. Un *jeune garçon*, en costume asiatique, est assis près de l'impératrice au pied du trône, la tête tristement baissée, comme pour indiquer l'oppression de l'Asie qui réclame un libérateur. Aux deux extrémités sont assises deux Muses, *Clio* et *Polymnie*, prêtes à célébrer les exploits de Germanicus; la dernière a près d'elle un *sphinx*. Le plan supérieur représente l'*apothéose d'Auguste*, arrivée deux ans auparavant. *Auguste*, couronné de laurier, vêtu d'une chlamyde flottante, est transporté au ciel par un cheval ailé ou un *Pégase*, qu'un *Génie* ailé également, ou plutôt l'*Amour*, fils de Vénus, aïeule de la famille Julia, conduit par les rênes; *Énée*, reconnaissable à son costume phrygien, vole à sa rencontre, tenant le *globe*, symbole de l'empire du monde promis à sa postérité; derrière lui est *Jules-César* en costume d'empereur consacré ou déifié (*Divus Julius*), le sceptre en main et la couronne radiée en tête, d'où descend un grand voile; le dernier personnage qui s'avance à gauche, couronné de laurier et en tenue militaire, portant un bouclier, est *Drusus*, le héros de la famille, dont la mort avait précédé celle d'Auguste. Les figures du plan inférieur représentent les nations vaincues par les Romains dans l'Europe septentrionale et dans l'Asie. *Ibid.* — Camée dit *de la Sainte-Chapelle*, parce qu'il y fut déposé d'abord, après avoir été envoyé de Constantinople à saint Louis par Baudouin II; aujourd'hui au Cabinet de la Bibliothèque du roi. C'est le plus grand que l'on connaisse, ayant treize pouces sur onze de diamètre. MORAND, *Histoire de la Sainte-Chapelle*, coll. MONGEZ, *Iconogr. rom.*, pl. 26. Il faut rapprocher l'autre camée du même Cabinet, donné pl. CXLIV, 547, ci-dessus, où, sous les traits de *Cérès-Thesmophore* et de *Triptolème*, sont représentés *Agrippine* et *Germanicus*, versant leurs bienfaits sur les provinces dans leur voyage à Antioche.

896 *a* (CCLIII). Un prince, dont la poitrine est couverte de l'*égide*, tient dans une main une corne d'abondance, comme le *Génie du peuple romain* (886 et suiv.), et dans l'autre le *lituus*, signe de la dignité augurale; il est porté sur un *aigle* qui tient dans

ses serres la palme de la victoire, et la *Victoire* elle-même lui présente une couronne. On croit reconnaître ici *Germanicus*, quoiqu'il n'ait jamais eu les honneurs de l'apothéose; il se peut cependant qu'il ait été figuré ainsi, d'une manière allégorique, au temps de Caligula, son fils. *Ibid.* — Autre beau camée du même Cabinet. *Académie des Inscript. et Belles-Lettres*, I, 273.

897 (CCLII). *Claude*, figuré sous les traits de *Jupiter*, est assis dans un char traîné par des *Centaures*; il est couronné de laurier et tient de la main droite un grand foudre; il pose la gauche sur l'épaule de *Messaline*, son épouse, figurée en *Cérès*, le front couronné comme le sien, la tête voilée par-derrière, un faisceau d'épis et de pavots dans la main gauche. Devant eux est leur fils *Britannicus*, en habit militaire, tenant d'une main le bâton de commandement, l'autre placée sur son épée. Derrière Claude est sa sœur *Octavie* debout, elle aussi couronnée de laurier. Les Centaures, qui jouent ici le même rôle que dans le triomphe de Bacchus, dont ils sont les servants, comme on le voit par le *cratère* renversé sous le char, foulent aux pieds les peuples vaincus par l'empereur, et soutiennent un grand *trophée*, tandis que la *Victoire*, planant au-dessus d'eux, présente une *couronne* au vainqueur. *Ibid.* — Ce beau camée, de dix pouces de haut, a été fait après l'expédition de Bretagne, lorsque le sénat eut décerné à Claude, l'an de Rome 796, le titre de *Britannicus*, qui devint commun à son fils; il a été gravé très infidèlement par Cuper, *Apotheos. Hom.* p. 203, et il est ici reproduit d'après l'original, qui est passé d'une famille hollandaise dans le Cabinet du roi des Pays-Bas. Conf. Mongez, *Iconogr. rom.*, pl. 29, et Jonge, *Notice sur le Cabinet des médailles du roi des Pays-Bas*, premier supplém., 1824, p. 14. Le grand camée du Vatican gravé et décrit ci-dessus, pl. CXLIV, 489, et p. 203 sq., offre un sujet de comparaison du même genre, selon toute apparence, que celui qui est indiqué fig. 896 et pag. précéd.

898 (CCLV). L'empereur *Hadrien* est assis sur un trône, et appuyé sur un marche-pied, comme *Jupiter*; il tient une patère et un sceptre. Devant lui, une *figure de femme* debout, vêtue d'une tunique longue avec un diploïdion, d'une main relève son voile, de l'autre porte une œnochoé : c'est *Hébé* qui va verser l'am-

broisie au nouveau dieu. La petite *figure d'homme* enveloppée dans un manteau, et qui s'avance derrière, un doigt levé, est probablement quelque *Grec* qui a dédié ce monument à Hadrien, soit par flatterie, soit par reconnaissance. *Ibid.* Compar. fig. 262 et 683. — Bas-relief. *Mus. Pio-Clem.*, V, 26.

899 (CCLVII). *Hadrien*, barbu, le front ceint de lauriers, la poitrine couverte de l'égide, tenant dans une main la corne d'abondance, sur l'autre une *Victoire* qui lui présente une couronne, est emporté au ciel, comme un nouveau *Jupiter*, sur un *aigle* qui tient un *foudre* dans ses serres. *Ibid.* Compar. fig. 896 a et 900. — MILLIN, *Pierres grav. inéd.*

900 (CCLVI). L'*empereur*, assis sur un *aigle*, tient un sceptre; au bas, sur un tertre, est la *Terre* qu'il vient de quitter; on lit autour, CONSECRATIO (*consécration*). *Ibid.* — Médaille d'Antonin-le-Pieux. VENUTI, *Mus. Alb.*, I, 27, 1.

901 (CCLV). Le *Génie du monde* ou *de l'éternité*, tenant dans une main un *serpent* et un *globe*, sur lequel on voit des étoiles et le zodiaque, de l'autre relevant son manteau qui flotte, transporte sur ses grandes ailes *Antonin-le-Pieux* et *Faustine*, sa femme. L'empereur est représenté sous les traits de *Jupiter*, avec un sceptre surmonté d'un aigle (fig. 551, etc.), et Faustine sous ceux de *Junon*, avec une couronne quadruple, un grand voile qui en descend, et un sceptre (273 a, 275, etc.); près de chacun d'eux est un *aigle* aux ailes étendues. Sur le plan inférieur est la déesse *Rome* (875 et suiv.), assise sur un monceau d'armes enlevées aux ennemis; elle est vêtue d'une tunique, qui laisse le sein droit découvert, et coiffée d'un casque; son épée est suspendue à son côté par un baudrier; elle s'appuie sur son bouclier, où sont figurés *Romulus* et *Rémus* allaités par la *louve*, et elle étend sa main droite vers le groupe supérieur, comme pour applaudir à ces nouveaux dieux tutélaires; un trophée composé de diverses armes est à ses pieds. L'autre figure, qu'on voit en face, et qui est celle d'un jeune homme à demi couché et drapé, s'appuyant sur le bras droit, et tenant un *obélisque* (l'obélisque d'Héliopolis) du bras gauche, représente le *Génie du Champ de Mars*, où l'on dressait ordinairement les bûchers des empereurs et des impératrices. Aux pieds des deux figures coule le Tibre,

qui longeait en effet le Champ de Mars, et baignait les murailles de Rome. *Ibid.* — Bas-relief. *Mus. Pio-Clem.*, V, 29.

902 (CCLVI). L'impératrice *Julia Domna*, figurée en *Junon*, est assise sur un *paon* dont les ailes sont déployées; un voile tombe de son diadème; elle élève la main droite, et dans l'autre elle tient un sceptre; on lit autour : CONSECRATIO S C (*consécration par l'autorité du sénat*). *Ibid.* — Médaille du Cabinet de la Bibliothèque du roi.

903 (CCLVIII). Tête de l'historien *Théophanes de Mytilène*, divinisé par la reconnaissance de ses compatriotes : sa chevelure est dans le costume romain, parce qu'il était devenu citoyen de Rome, et même il servait dans l'armée; on lit autour, ΘΕΟΦΑΝΗC ΘΕΟC ΜΥ (*Théophanes dieu* : monnaie *des Mytilénéens*). Au revers, une *tête de femme* voilée, peut-être l'épouse de Théophanes, avec l'inscription ΑΡΧΕΔΑΜ. (*Archédama*). Tom. III, p. 31. — Visconti, *Iconograph. gr.*, I, pl. 27, n° 4.

904 (CCIX). Portrait de *Sextus Empiricus*, contemporain des Antonins, et dont la patrie était demeurée inconnue; sa barbe et sa chevelure sont dans le costume grec; on lit autour, CΕΞCΤΟΝ ΗΡΩΑ (*les Mytilénéens honorent* le héros Sextus). Au revers est la *tête d'une femme*, avec la légende ΦΛΑ. ΝΕΙΧΟΜΑΧΙC ΜΥΤΙΛ (*Flavia Nicomachis* : monnaie *des Mytilénéens*). Il paraît que cette femme, d'ailleurs absolument inconnue, s'est distinguée par son rang ou par sa beauté, ou encore par des services rendus à sa patrie. *Ibid.* — *Ibid.*, pl. 37, n° 1.

905 (CCLVIII). Tête de *Julia Procla*, qui paraît avoir cultivé la poésie avec assez de succès pour mériter d'être honorée à Mytilène comme une héroïne : ses cheveux frisés sont ceints d'un bandeau, et on lit autour, ΙΟΥ ΠΡΟΚΛΑΝ ΗΡΩΙΔΑ (*les Mytilénéens honorent Julia Procla, héroïne*). Le revers représente, comme une sorte de patronne divine des poétesses, *Sappho* assise, s'accompagnant de sa lyre, posée sur ses genoux. La légende contient ces mots : ΕΠΙ ΣΤΡΑ ΑΠΟΛΛΩΝΙ ΜΥΤ (*sous le préteur Apollonius* : monnaie *des Mytilénéens*). *Ibid.* — *Ibid.*, 3.

906 (CCLVIII). Tête de *Nausicaa*, à laquelle les Mytilénéens paraissent avoir décerné les honneurs rendus aux héroïnes, pour son talent poétique; sa coiffure est celle de Faustine-la-Jeune;

on lit autour, ΝΑΥΣΙΚΑΑΝ ΗΡΩΙΔΑ (les Mytilénéens honorent *Nausicaa, héroïne*). Au revers on voit *Sappho* assise et jouant de la lyre, à peu près comme ci-dessus, avec l'inscription : ΕΠΙ ϹΤΡΑ ΙΕΡΟΙΤΑ ΜΥΤΙΑ (*sous le préteur Hierœtas :* monnaie *des Mytilénéens*). *Ibid.* — *Ibid.*, 4.

6 *a* (CCXLVIII *bis*). Une *jeune femme* assise sur une chaise de forme très simple, vêtue d'une tunique légère à mi-manches, serrée par une ceinture, les cheveux élégamment relevés derrière la tête, et les pieds nus croisés l'un sur l'autre, parcourt de ses doigts une *grande lyre triangulaire et polychorde* (*trigonon, trigonos pectis, magadis, sambyce*) qu'elle tient sur ses genoux : très probablement *Sappho*, la poétesse et l'héroïne de Lesbos. Compar. les deux figures précédentes. — Intaille sur cristal, d'une grande beauté, publiée par M. Brøndsted, avec d'excellentes remarques sur *Sappho* et ses représentations figurées, pl. XXXV et p. 277-285 de ses *Voy. et Rech. en Grèce*, livr. II.

7 (CXCI). *Aristomachus*, reposant sous un arbre, est enseveli dans de profondes réflexions, les yeux fixés sur les *abeilles* qui voltigent devant lui autour d'un petit autel. Creuzer. *Voy.* tom. III, p. 681 sq. — Pierre gravée, dans Leonardo Agostini, *Gemmœ antiq. depict.*, l'art. II, tab. 27, coll. p. 45 (et Visconti, *Iconograph. gr.*, I, pl. 21, n° 3, et p. 97 sq.).

SECTION SEPTIÈME (livre IX).

QUELQUES MONUMENTS CHOISIS POUR MARQUER LA TRANSITION DE LA SYMBOLIQUE PAYENNE A LA SYMBOLIQUE CHRÉTIENNE.

Fig. 908 (CCLIX). *Antinoüs*, favori de l'empereur Hadrien, figuré en *Aristée*, comme dieu des bergers, *dieu-pasteur* : il est coiffé d'un piléus ou bonnet, vêtu d'une tunique retroussée par une ceinture, laquelle laisse libre le bras droit, et chaussé d'une espèce de brodequins lacés, particulière aux gens de la campagne ; il tient de sa main droite une houe, et dans la gauche une branche chargée de fruits. Compar. la fig. suiv. et, pour le costume, celui des divinités champêtres, fig. 596-599 ci-dessus. — Statue du Louvre, n° 258. De Clarac, *Mus. de sculpt.*, pl. 266.

909 (CCLIX). *Aristée* ou le *Bon Pasteur*, vêtu d'une tunique courte, retroussée par une ceinture, et qui laisse nu le bras droit, la cibise ou panetière suspendue au côté, les chaussures formées d'une espèce de guêtres lacées autour des jambes, porte, comme *Hermès Criophore*, un *bélier* sur ses épaules, et il est suivi de son *chien* fidèle que l'on voit à ses pieds : des deux côtés croissent deux arbres. Voy. tom. III, liv. IX, coll. t. II, liv. VI, p. 675. Compar. les fig. précéd. et suiv. — Bas-relief d'un sarcophage à cannelures ondulées, qui, à en juger par le style, semble devoir remonter à la fin du second siècle et ne pouvoir être chrétien. Musée du Louvre, n° 772. De Clarac, *ibid.*, pl. 254.

910 (CCLIX). *Aristée* ou le *Bon Pasteur*, nu, à la réserve d'un pe-

tit manteau jeté sur le bras droit, porte une chèvre sur ses épaules et un *pedum* ou bâton pastoral à la main ; il est placé entre les quatre figures allégoriques des *quatre saisons* de l'année, figures dont nous donnons ici celle qui représente la saison des fruits ou l'*Automne*, tenant un *calathus* dans une main, un *thyrse* de l'autre. Voy. tom. III, même livre, et compar., outre les deux fig. suiv., la fig. 628 ci-dessus. — Bellori, *Pitt. ant. del sepolcr. de' Nason.* (du temps des Antonins), tab. XXII, p. 58.

911 (CCLIX). Le *Bon Pasteur*, vêtu d'une tunique courte, retroussée, mais la tête et les jambes nues, porte sur ses épaules une *chèvre* qu'il retient d'une main par les pattes ; deux autres *chèvres* sont à ses pieds, dont l'une le regarde ; des arbres encadrent le tableau. Même tome, *ibid.* — Peinture chrétienne du cimetière des Saints Marcellin et Pierre, dans les catacombes de Rome. Bottari, *Sculture e Pitture sagre*, tom. II, tab. CIII.

912 (CCLIX). Le *Bon Pasteur*, vêtu d'une tunique retroussée, avec un manteau par-dessus, le pied droit chaussé d'une espèce de guêtre, le gauche d'un brodequin ou d'une bottine, soutient d'une main la *brebis* qu'il porte sur ses épaules, et tient de l'autre une *syrinx* ou *flûte de Pan* ; deux *brebis* sont à ses pieds ; de chaque côté croît un arbre. *Ibid.* — Peinture du cimetière de Saint-Calixte, dans les catacombes de Rome, pouvant appartenir au troisième siècle. D'Agincourt, *Hist. de l'Art, Peinture*, pl. VIII, 4.

913 (CCLIX). Le *Bon Pasteur*, barbu et vieux, enveloppé d'un manteau par-dessus sa tunique, et s'appuyant sur un bâton, retient par les pattes une *brebis* qu'il porte sur ses épaules, au milieu d'un paysage où se remarquent non-seulement *deux* autres *brebis*, mais encore *quatre Génies* demi-nus, figurant, par leurs actes comme par leurs attributs, les *quatre saisons* de l'année. le *Printemps* et l'*Été* à droite, l'*Automne* et l'*Hiver* à gauche. Même tome, *ibid.* Compar. l'explicat. de la fig. 910, outre les fig. 250 s et 476 ci-dessus. — Peinture du cimetière de Saint-Sébastien. Bottari, tom. II, tab. LV.

914 (CCLIX). Le *Bon Pasteur*, vêtu de la tunique retroussée, par-dessus laquelle est un manteau agrafé sur la poitrine, ayant les jambes couvertes d'une sorte de guêtres, porte sur ses épaules

une *brebis* qu'il tient par les pattes; *sept* autres *brebis*, représentant les *sept communes* de l'Apocalypse, sont groupées à ses pieds et semblent le regarder avec amour ; *sept étoiles* brillent au-dessus de sa tête, et des deux côtés sont figurés symboliquement le *Soleil* par un buste d'homme à la tête radiée, porté sur des nuages, la *Lune* par un buste de femme avec un croissant au front et un voile éployé qu'elle tient de ses deux mains au-dessus de sa tête; au-dessous, et des deux côtés également, on voit la *colombe*, posée sur l'*arche*, emblème de l'*Église*, et une autre *colombe* en pendant sur une montagne; plus bas encore, *Jonas*, type de la résurrection du *Christ*, rejeté par la *baleine*, au bout de trois jours, puis reposant à l'ombre d'une *cucurbite* ou d'un *figuier*, qui penche sur lui ses fruits et ses feuilles, et d'un autre arbre. Même tome, *ibid*.— Lampe chrétienne, d'après Bartoli, *Lucern. sepulcr.*, part. III, tab. XXIX. Il faut rapprocher le *Ciel* entouré d'*étoiles*, entre le *Soleil* et la *Lune*, sur une autre lampe donnée ci-dessus, fig. 304 *a*, et les représentations analogues de la *Nuit* et du *Matin* aux deux côtés d'*Isaïe*, sur la peinture n° 333, avec l'explicat. p. 140, 149.

915 (CCLIX). Le *Bon Pasteur*, dans la seconde patrie d'*Aristée*, à Cyrène, sous des traits qui paraissent le rapprocher beaucoup de ce fils et représentant d'*Apollon Nomios*. Couronné de feuillage, et les cheveux séparés sur le front, vêtu d'une double tunique blanche, par-dessus laquelle est jeté un petit manteau rouge avec une bordure bleue, les bras et les jambes nus, sauf les brodequins légers qui couvrent le bas de ces dernières, il tient, soulevée par les pattes, sur ses épaules, une *brebis* à cornes, de l'espèce orientale appelée *ovis Ammon*; un *pédum* est en outre dans sa main gauche; six autres *brebis* semblables se pressent à ses pieds et le regardent; des deux côtés sont deux *arbres*, et tout autour du tableau, rangés en demi-cercle, *sept gros poissons* qui correspondent peut-être aux *sept brebis* (ces sept poissons n'ont pu être donnés ici, faute d'espace). Tom. III, liv. IX, *passim*, et liv. VIII, pag. 683. — Peinture d'un hypogée chrétien de la nécropole de Cyrène, d'après Pacho, *Voyage de la Cyrénaïque*, atlas, pl. LI.

916 (CCLIX). Idole sarde que l'on peut rapprocher des figures pré-

cédentes, et qui nous a paru devoir en compléter la série, d'autant plus qu'*Aristée* s'était naturalisé dans l'île de Sardaigne. Elle offre, sous des traits extrêmement grossiers, l'image d'un *homme*, dont la tête paraît rasée et couverte d'une espèce de calotte, dont le corps est vêtu d'une tunique ou casaque longue, et qui porte sur ses épaules un *bélier* qu'il tient par les pattes, de même qu'*Hermès Criophore* et le *Bon Pasteur*. Voy. t. III, liv. IX, et liv. VIII, p. 685. — Bronze du Musée royal de Cagliari, publié par M. le général comte DE LA MARMORA, *Voyage en Sardaigne*, atlas des *Antiquités*, pl. XXX, fig. 143, coll. t. II du texte, p. 327 sq. Le savant auteur, en comparant cette figurine à la suivante (916 *a*) et à quelques autres, notamment à la fig. 134, pl. XXIX de sa collection, incline à y voir un *prêtre sacrificateur* portant sur son dos la victime, bien qu'avec un doute en faveur de notre opinion.

916 *a* (CCLIX). Figurine, d'origine probablement sarde, portant sur ses épaules, comme la précédente, ou un *bélier* ou une *chèvre*, mais décorée, en outre, d'une *écharpe* en sautoir, à laquelle est attaché un *poignard*, qui paraît caractériser un *prêtre sacrificateur*. — Musée du Louvre. A. DE LA MARMORA, *Voyage en Sardaigne*, tom. II, *Antiquités*, p. 328, coll. fig. 133, 134 et 136, pl. XXIX de l'atlas.

917 (CCLIX). Le *Bon Pasteur*, vêtu de la tunique, chaussé des brodequins, entre *deux brebis* qu'il ramène vers lui de ses deux mains : en haut, à gauche et à droite de sa tête, les deux caractères grecs A et Ω, *initium* et *finis*. — Bulle de plomb du pape *Deus dedit*. FICORONI, *Piombi antichi*, tab. XXIII, 3.

Nota. De cette série des images du *Bon Pasteur*, dans l'origine *Aristée* ou *Apollon Nomios*, se rapproche assez naturellement l'image d'*Orphée* entouré des *animaux* que charment ses accents, sur une peinture du cimetière de Saint-Calixte dans les catacombes, sujet plus d'une fois reproduit sur les monuments chrétiens. Voy. fig. 645 *a*, coll. 645, et p. 276 ci-dessus; de plus, t. III, liv. IX.

918 (CCLX). *Moïse* sur la montagne, recevant les *Tables de la Loi* que lui tend une *main* sortant des nuages, seule représentation du *Père éternel* que l'art des premiers temps du christianisme ait admise; plus loin, *Élie*, laissant son manteau à *Élisée*, son dis-

ciple, monte au ciel sur un *quadrige*, sous les pieds duquel on aperçoit le fleuve du *Jourdain*, couché et appuyé sur son urne, absolument comme les dieux des fleuves dans le paganisme. Voy. t. III, liv. IX, et compar. *Isaïe*, sur qui la *main* de Dieu darde ses rayons, fig. 333 déjà indiquée, sans parler des *fleuves*, fig. 518 et suiv. — Partie des bas-reliefs d'un grand et beau sarcophage chrétien, au Musée du Louvre, n° 777. DE CLARAC, *Mus. de sculpt.*, pl. 227.

919 (CCLXII). Le *Christ*, assis sur un *bisellium*, et posant ses pieds sur le *Ciel*, figuré par un *vieillard* à mi-corps, qui tient un voile éployé au-dessus de sa tête, enseigne deux de ses *disciples* debout à ses côtés, et tenant des rouleaux ou *volumes*, probablement *saint Pierre* et *saint Paul*, Tom. III, *ibid.* Compar., pour la figure du *Ciel*, fig. 304, 304 a, avec l'explicat., pag. 140 ci-dessus. — Bas-relief au centre de la bande supérieure du sarcophage de *Junius Bassus*, lequel porte la date précise de l'an 359. BOTTARI, tom. I, tab. XV, coll. D'AGINCOURT, *Sculpture*, pl. VI.

920 (CCLX). Sur une espèce de tribunal élevé et construit en assises de pierre (*suggestum*), est assis le *Christ*, barbu, un nimbe ou une auréole autour de la tête, drapé à mi-corps, en *Jupiter* ou en *Pluton*, d'un manteau qui retombe à plis nombreux de son épaule gauche, étendant le bras droit, comme pour prononcer un arrêt; à côté de lui siège la *vierge Marie*, vêtue en matrone, d'une tunique longue et d'un péplus qui lui forme voile, et représentant *Proserpine*; au bas et des deux côtés, cinq *femmes* voilées figurant des *âmes*, et dont l'une porte une espèce de *tambourin*, instrument des mystères, sont amenées au tribunal du souverain juge, assisté de sa mère, par un héraut, dans lequel on ne saurait méconnaître *Mercure*, coiffé d'un pétase, vêtu d'une tunique retroussée, par-dessus laquelle est une chlamyde, et tenant à la main la *verge* ou baguette, qui achève de le caractériser. Voy. tom. VI, liv. IX, et compar. fig. 421, 554 et suiv. — Peinture du cimetière de Saint-Calixte, aux catacombes de Rome, qu'il faut rapprocher de celles qui la complètent et la confirment, dans BOTTARI, *Scult. e Pitt. sagre*, tom. III, tab. ad pag. 218, en y joignant les excellentes observations de M. RAOUL-ROCHETTE, dans son *Premier Mémoire sur*

les antiquités chrétiennes, Acad. des Inscript., tom. XIII, nouvelle série, p. 146-158.

921 (CCLX). Un *héros chrétien* en triomphateur, debout sur un *quadrige* richement caparaçonné, et tenant dans ses mains la *palme* et la *couronne*, symboles de victoire. Même tome, *ibid.*— Peinture du cimetière de Sainte-Priscille, appartenant au quatrième siècle. BOTTARI, tom. III, tab. CLX, coll. D'AGINCOURT, *Hist. de l'Art, Peinture*, pl. VI.

922 (CCLX). Une *Victoire* volant, la *palme* et la *couronne* en main, dans les décorations du même tombeau. Compar. fig. 374 et suiv. — *Ibid.*

923 et 924 (CCLX). Un *Pégase* ailé, et un *aigle* perché sur un *globe*, tenant dans son bec une *couronne de laurier*, deux symboles connus d'apothéose, dans les peintures du même tombeau chrétien. A ces sujets et aux deux précédents, il faut comparer les monuments de consécration et d'apothéose, fig. 896 et suiv., ci-dessus. — *Ibid.*

925 (CCLX). Groupe d'*Amour* et *Psyché*, détaché d'un sarcophage chrétien, qui porte également le *masque bachique* dans sa décoration. Même tome, *ibid.* Compar. fig. 407 et suiv., et surtout 603 ci-dessus.— D'AGINCOURT, *Hist. de l'Art, Sculpture*, pl. IV, 4 et 5.

926 (CCLXI). L'*ancre* de salut entre deux *poissons*, symboles du *Christ* et des *chrétiens*; en haut et en bas, ΙΗCΟΥC ΧΡΕΙCΤΟC. Voy. tom. I, p. 120 sq.; tom. III, liv. IX. Compar. fig. suiv.— Pierre gravée. MAMACHI, *Origin. et Antiq. Christian.*, I, p. 31.

927 (CCLXI). D'un côté et sur la face antérieure, les lettres, disposées en colonne, du nom ΙΧΘΥC, remplaçant le *poisson*, et donnant les initiales des mots Ἰησοῦς Χριστὸς Θεοῦ υἱὸς σωτήρ (*Jésus-Christ, fils de Dieu, sauveur*); de l'autre, l'*ancre* de salut. Mêmes tomes, *ibid.* — MAMACHI, *ibid.*, p. 428.

928 (CCLXI). Le *monogramme du Christ*, ou les deux premières lettres combinées de son nom, X et P, avec la première et la dernière lettres de l'alphabet, A et Ω, le *commencement* et la *fin*, au milieu d'une *couronne* sur laquelle sont posées deux *colombes*, symboles de la pureté des chrétiens, dans un ensemble aussi gracieux que significatif. *Ibid.* Compar. fig. suiv. — Ra-

relief au centre d'un sarcophage chrétien du Musée du Louvre. De Clarac, pl. 256. Consultez sur le *monogramme du Christ*, d'origine païenne comme les symboles précédents, et sur ses différentes modifications, l'ouvrage du docteur Fr. Münter, *Sinnbilder und Kunstvorstellungen der alten Christen*, I, p. 33 sqq.

929 (CCLXI). Le *Monogramme du Christ* au-dessus d'un *vase* (le vase d'élection) placé entre deux *colombes* tenant chacune une branche d'*olivier* dans son bec. *Ibid.*— Aringhi, *Roma subterranea*, II, p. 348.

930 (CCLXI). Le *Monogramme du Christ*, combiné avec la *croix* en forme de T; en haut, des deux côtés, les lettres A et Ω; au centre, un *serpent* s'enroulant autour de l'arbre de la croix; en bas, des deux côtés, deux *colombes* (*soyez prudents comme les serpents, et simples comme les colombes*, Matth., X, 16); à l'exergue, salus. *Ibid.* — Anneau chrétien, servant de sceau. Aringhi, II, 387.

931 (CCLXI). Le *Labarum*, surmonté du *monogramme du Christ*, et posé sur un *serpent* (l'*ancien serpent*) qu'il semble écraser; au milieu, l'inscription spes publica; à l'exergue, cons. *Ibid.* Compar. fig. suiv. — Médaille de bronze de *Constantin-le-Grand*, d'après Banduri, II, pag. 213. Il faut comparer, entre autres, les deniers d'or de *Majorien* (*ibid.*, p. 584), où l'empereur lui-même est représenté portant d'une main un sceptre terminé par une *croix*, de l'autre la déesse de la *Victoire*, et de son pied écrasant la tête du *serpent*.

932 (CCLXI). Le *Monogramme* inscrit dans le *Labarum* placé entre deux *soldats romains* qui le gardent; autour, gloria exercitus. — Médaille de bronze souvent reproduite sous les princes de la famille de Constantin. Münter, *Sinnbilder*, I, tab. I, 8.

933 (CCLX). Statue en pied de l'empereur *Constantin*, en costume militaire, couronné de laurier, couvert d'une riche armure, d'une main s'appuyant sur un long sceptre terminé en haut par le *Monogramme du Christ*, et de l'autre main saisissant la garde de son épée.—D'Agincourt, *Hist. de l'Art*, *Sculpture*, pl. III, 3.

934 (CCLXI). Le *Soleil*, sous la figure d'un homme presque entièrement nu, la tête ceinte d'un diadème radié, élevant la main

droite, comme pour indiquer du doigt un point de sa carrière (l'époque de sa naissance, où fut fixée également celle du *Christ*, après le solstice d'hiver, au 25 décembre, *Natales*, *Noël*), et dans l'autre main tenant le *globe du monde* ; dans le champ, une *croix byzantine* ou *grecque*, à quatre bras égaux, et une *étoile*, de chaque côté du dieu; autour, l'inscription : SOLI INVICTO COMITI. Voy. tom. I, pag. 364, et tom. III, liv. IX, *passim*. — Médaille de Constantin-le-Grand frappée à Trèves, comme le disent les deux initiales de l'exergue, *Tertia Trevirensis* (*officina*). MÜNTER, *Sinnbilder*, I, tab. II, 53, et pag. 73 sqq.

935 (CCLXI). L'empereur *Constance*, en habit militaire, debout sur un *vaisseau* (le vaisseau de l'état), au gouvernail duquel est la *Victoire*: il tient d'une main le *Labarum* avec le *monogramme du Christ*, de l'autre le *Phénix* ayant la tête couronnée de rayons et posé sur un *globe*, symbole du rajeunissement de l'empire sous les auspices du christianisme; autour, l'inscription en ce sens : FEL. TEMPORUM REPARATIO; à l'exergue, les lettres SHKB. — Médaillon de bronze, d'après BANDURI, II, p. 368.

936 (CCLXI). L'empereur *Honorius*, armé de la lance et d'un riche bouclier, sur lequel la *croix* est empreinte; autour, son nom et ses titres. — Médaille de bronze. BANDURI, II, pag. 499.

937 (CCLXI). La déesse de la *Victoire*, ailée et debout, ayant devant elle une *étoile*, et tenant de la main droite une longue *croix* latine. — Médaille d'or de l'impératrice *Galla Placidia*. BANDURI, II, pag. 501.

938 (CCLXI). Une *croix* à quatre bras égaux, placée entre deux *paons*, symboles d'immortalité. Compar. fig. 902 ci-dessus. — Face antérieure d'une urne sépulcrale inédite du quatrième ou du cinquième siècle, publiée par D'AGINCOURT, *Hist. de l'Art, Sculpture*, pl. VI, 4.

939 (CCLXI). Un *paon* faisant la roue, au milieu d'une *couronne*, avec un sens analogue à celui des deux précédents. — Bas-relief d'un sarcophage chrétien. BOTTARI, t. III, tab. CLXXII.

940 (CCLXI). Deux *pélicans*, sculptés aux deux côtés d'une fleur de *lotus* surmontée d'une *rose*, et se déchirant la poitrine avec leurs becs, sur les chapiteaux des colonnes de l'église de Saint-Césaire à Rome, peut-être par allusion au sacrifice du Christ

pour le salut du genre humain. — SCHÖNE *Geschichtsforschungen über die Kirchlichen Gebräuche und Einrichtungen der Christen*, III, *Taf.* I, coll. MÜNTER, *Sinnbilder*, etc., I, pag. 90.

941 (CCLXI). La *crosse d'ivoire* de saint Boniface ou de saint Sturme, premier abbé de Fulde, institué par lui : dans la courbure de cette crosse on voit une *licorne* s'agenouillant devant une *croix*, symbole de cette célèbre abbaye fondée dans le désert (la licorne est l'animal du désert), et en même temps de la force dans la pureté. Compar. fig. 118 et p. 26 ci-dessus. — Monument du huitième siècle. ECKHART, *Francia Orientalis*, I, p. 241, et MÜNTER, *ibid.*, p. 41 sqq.

942 (CCLXI). Un *agneau* en course, accompagné d'une espèce de *crosse*, à laquelle paraît suspendu un *vase* : représentation probable d'un *pasteur chrétien*, si ce n'est du *Christ* lui-même, regagnant sa patrie céleste. Comp. les fig. suiv. — Bas-relief d'une pierre sépulcrale. BOTTARI, tom. II, tab. LXVIII.

943 (CCLXI). Un *agneau*, dont le sens est nettement caractérisé par le *monogramme du Christ*, qui surmonte sa tête : c'est l'*agneau de Dieu*, aussi bien que le suivant. — Bas-relief. ARINGHI, I, p. 185, 2.

944 (CCLXI). L'*agneau de Dieu*, symbole du *Christ*, avec la *croix* sur la tête, est debout sur un *rocher* (la *pierre* de l'Église), d'où coulent *quatre sources* de vie, qui sont les *quatre Évangiles*. Compar. la fig. suivante. — Bas-relief. ARINGHI, I, pag. 185, 1.

945 (CCLXII). Le *Christ* tenant une longue *croix*, comme un sceptre, est debout sur un *rocher* d'où s'échappent *quatre sources*, entre *les deux princes des apôtres* qui reçoivent sa parole, et dont l'un porte les *volumes* où elle est consignée : ces trois figures sont encadrées dans un *portique* à voûte surbaissée, dont les deux colonnes portent deux *calathus* remplis de fruits ou de graines, que becquetent deux *colombes*, autre allusion à la nourriture céleste, à la parole de vie. Compar. fig. 919 et 944. — Bas-relief d'un sarcophage. ARINGHI, I, p. 181.

946 (CCLXII). Les *quatre évangélistes* figurés par les quatre *animaux symboliques*, adossés deux à deux à une *croix*, ailés, et accompagnés d'*étoiles* ; leurs noms sont inscrits autour et dans le champ. L'*aigle* est attribué à *saint Matthieu* (au lieu de

l'*homme*), l'*homme* à *saint Jean* (au lieu de l'*aigle*), le *lion* à saint Marc, le *bœuf* à *saint Luc*. Voy. tom. III, liv. IX, et compar. la fig. suiv. — Médaille de bronze du temps des Goths ou de Justinien, et du commencement du sixième siècle, PACIAUDI, *De cultu S. Johannis Baptistæ*, pag. 163. Il faut comparer les mosaïques du cinquième siècle, dans CIAMPINI, *t.* I, cap. XXI, tab. 48, et tom. II, cap. IX, tab. 20, 21, 36.

947 (CCLIX). *Saint Jean l'évangéliste*, drapé en docteur, avec une *tête d'aigle*, entourée du nimbe ou de l'auréole, et des *ailes d'aigle*; il élève la main droite (ici la gauche, la figure étant retournée), comme pour enseigner, et porte dans la gauche un *rouleau* sur lequel est inscrit son nom. *Ibid.* — L'un des quatre tableaux, probablement grecs, qui représentent les quatre évangélistes avec les têtes de leurs animaux symboliques, dans l'église de Saint-Étienne à Bologne. SCHÖNE, *Geschichtsforschungen*, III, *Taf.* II, 17.

948 (CCLXI). Le *Vaisseau de l'Église* voguant sur les flots, soutenu sur le dos d'un gros *poisson*, où l'on peut voir, avec MÜNTER, le symbole du *Christ* (compar. fig. 926 et 952); sur le mât et sur la poupe sont perchées *deux colombes*; un *homme* est au gouvernail, et *deux autres* occupés aux cordages; en dehors, *Pierre*, essayant de marcher sur les eaux, est secouru par *Jésus* qui lui tend la main; au-dessus d'eux les noms abrégés IHC et ΠET. — Célèbre pierre gravée chrétienne. MAMACHI, I, p. 262. Compar. l'anneau de jaspe publié par le cardinal Borgia, au frontispice de son traité *De cruce Veliterna*.

949 (CCLXII). Tête du *Christ*, représentée de profil, jeune et imberbe, comme on la voit sur les plus anciens bas-reliefs, ayant autour l'inscription grecque ΧΡΙΣΤΟΥ, au-dessous le *poisson* symbolique (fig. 926 et 927). Voy. tom. III, liv. IX. Compar. les fig. suiv. — Gravée sur la base d'un cône tronqué en calcédoine blanche, qui fut percé de part en part, pour être porté en amulette, et qu'on suppose pouvoir dater du second ou du troisième siècle: l'affectation d'archaïsme est sensible, du reste, dans le style et dans tout le travail. Publié pour la première fois par M. RAOUL-ROCHETTE, au frontispice de son *Discours sur les types imitatifs qui constituent l'art du christianisme*, d'a-

près l'original qui a fait partie de la collection de M. LAJARD, devenue celle de M. le marquis DE FORTIA D'URBAN.

950 (CCLXII). Tête ou plutôt buste du *Christ*, représenté de face, imberbe, mais avec de longs cheveux bouclés, les yeux fermés par la mort, ayant autour le *nimbe*, et derrière la *croix* traitée en manière d'ornement; une tunique serrée couvre la poitrine et monte jusqu'au col. Au revers, l'*église de la* RÉSURRECTION, ANACTACIC, comme dit la légende, ou la première église du Saint-Sépulcre, caractérisée par les *deux soldats* couchés qui dorment au-devant. — Médaille de bronze du Musée BORGIA, qu'on rapporte avec hésitation au siècle de Constantin. TANINI, *Supplem. ad Bandurii Numism. imperat.*, tab. V et p. 280, coll. MÜNTER, *Sinnbilder*, II, p. 19 sq.

951 (CCLXII). Tête vue de face du *Christ* mort, avec la barbe, les cheveux tombants, et, à ce qu'on croit, la couronne d'épines, mais figurée d'une manière qui la rapproche singulièrement de la coiffure symbolique de *Sérapis*, surtout pour la partie supérieure (fig. 174 b). Il est probable toutefois que c'est l'image du Christ, telle que la représentèrent certaines sectes gnostiques, par exemple les Carpocratiens; elle n'est pas non plus sans rapport avec la précédente, et l'intention de la *croix* nous paraît s'y trouver, quoique exprimée plus librement encore. — Pierre gravée, rangée parmi les *Abraxas*. J. MACARII *Abraxas*, ed. J. CHIFLET., tab. XXVI, n° 111, coll. JABLONSKI, *Opuscul.*, t. III, p. 402 sqq., et MÜNTER, *Sinnbilder*, II, p. 17.

952 (CCLXII). Buste du *Christ*, peint dans une espèce de médaillon (*imago clypeata*), avec un manteau jeté sur l'épaule gauche : la figure est ovale, le nez droit; les cheveux, partagés sur le front, retombent des deux côtés jusque sur les épaules en masses légèrement ondulées; la barbe est rare et courte; l'expression des traits est à la fois grave et douce. Voy. tom. III, liv. IX. Compar. la fig. suiv. — Cimetière de Saint-Calixte, aux catacombes de Rome. ARINGHI, *Roma subterranea*, I, p. 321, coll. BOTTARI, *Sculture pitt. sagre*, tom. II, tab. LXX.

953 (CCLXII). Buste du *Christ*, d'un caractère analogue, mais plus élevé et plus expressif. Le front est haut, et les cheveux en retombent avec grâce des deux côtés; les sourcils sont arqués, les

yeux très ouverts, le nez droit, la bouche pleine de douceur, le menton fort; la barbe en est rasée et ne se montre qu'au-dessus de la lèvre supérieure et autour du col, où elle forme moustaches et collier. Le corps est vêtu de la tunique et du pallium; la main droite, ouverte sur la poitrine, fait un geste qui semble accompagner la parole; la gauche tient un *livre* sur lequel sont tracés les mots : DOMINVS IES. Un *nimbo* ou une *auréole*, faite de perles, dans laquelle est inscrite une *croix* de perles également, environne la tête. L'ovale de la figure est d'une grande pureté; quelques rides marquées sur le front ajoutent de la gravité sans tristesse au calme ineffable qui règne dans les traits. C'est l'idéal complet, que l'on voit seulement ébauché dans les figures précédentes, et qui se retrouve, non moins achevé, dans une image en mosaïque de la basilique de Saint-Jean-de-Latran, dans une autre de celle du Vatican, dans les miniatures de quelques manuscrits grecs; c'est celui qu'adoptèrent les premiers peintres de la renaissance, Cimabué, Giotto; et le même encore qui inspirait Raphaël et Léonard de Vinci, quand ils transfigurèrent dans leurs chefs-d'œuvre, avec toute la puissance de l'art, cette antique représentation du fils de Dieu descendu sur la terre. — Peinture du cimetière de Saint-Pontian. ARINGHI, I, pag. 228, coll. BOTTARI, tom. I, tab. XLIII.

954 (CCLXII). Buste de *Marie* avec celui de l'enfant *Jésus* devant elle, et le *monogramme du Christ* de chaque côté. Marie étend ses deux mains, comme dans l'acte de bénir; un long voile descend de sa coiffure et retombe à plis nombreux sur ses bras; un collier orne son col. L'enfant est vêtu d'une tunique, et sa ressemblance avec sa mère est frappante. La figure de celle-ci est d'une régularité douce, qui respire au plus haut degré la bonté; on y reconnaît le type appelé byzantin, transmis des madones du moyen-âge à la renaissance, jusqu'à la création d'un nouvel idéal par Raphaël. Même tome, *ibid.* — Peinture du cimetière de Sainte-Agnès, aux catacombes de Rome. BOSIO, *Roma sotterranea*, p. 471, coll. BOTTARI, tom. III, tab. CLIII.

955 (CCLXII). La *Vierge*, assise, et enveloppée d'un long voile, avec l'enfant *Jésus* sur son sein, recevant les offrandes des *rois mages*. Compar. la fig. précéd. — Partie des bas-reliefs d'un sarcophage

430   SYMBOLIQUE PAGANO-CHRÉTIENNE.

rapporté au quatrième ou au cinquième siècle. Bosio, *ibid.*, p. 423, coll. Bottari, tom. I, tab. XXXVIII.

956 (CCLXII). Portraits des deux princes des apôtres, *saint Pierre* et *saint Paul*: le premier, qui occupe la droite, dans ses traits plus ramassés, avec son front proéminent, ses cheveux et sa barbe frisés, offre le caractère d'une volonté forte et persévérante; le second, avec son front élevé et chauve, son nez aquilin, sa longue barbe, porte sur sa grande figure l'empreinte du génie et de l'éloquence. Compar. fig. 919 et 945 ci-dessus. — Disque de verre. Boldetti, *Osservazioni*, etc., pag. 192, coll. Münter, *Sinnbilder*, etc., II, p. 32 sqq., et Raoul-Rochette, Discours cité, où sont indiquées les autres principales représentations des deux apôtres.

957 (CCLXI). La *croix* en forme de Φ (*et crucis effigie Palamedica porrigitur* Φ. Auson. *Technopægnion de litteris monosyllabis græcis et latinis*), élevée sur une base pyramidale à trois ou quatre degrés. Voy. tom. III, liv. IX. — Revers d'une médaille cufique du calife ommiade Abdolmalik, fils de Mervan, frappée à Damas, vers l'an 700 de J.-C., à l'imitation du type byzantin de celles de l'empereur Héraclius Ier Marchant, *Mélanges de numismatique et d'histoire*, Paris et Metz, 1818, Lettre Ire, pag. 8 et n° 6.

958 *a* et *b* (CCLXI). Trois formes différentes de *croix ansée*, employées au sens chrétien, la première dans une inscription du Pronaos du temple d'Isis à Philes, converti en une église, les deux autres sur les tombeaux chrétiens des grottes de Béni-Hassan. Compar. les autres formes de croix, fig. précéd. et 934, 936, etc. — Letronne, *Matériaux pour l'histoire du christianisme en Égypte, en Nubie et en Abyssinie*, deuxième mémoire, p. 92 et pl. n° 3, et dans le recueil de l'*Académie des Inscript. et Belles-Lettres*, nouvelle série, tom. X, p. 199.

959 (CCLXII). *Tête de mort* surmontée d'un *papillon*, symbole de l'âme, et ayant à côté d'elle l'*hydrie* qui contient l'eau rafraichissante, conformément aux croyances égyptiennes transplantées en Grèce et communiquées au christianisme par l'intermédiaire des néo-platoniciens. Creuzer. Voy. t. I, liv. III, p. 403 et *passim*, et tom. III, liv. IX. — Pierre gravée, communiquée

à M. Creuzer par M. Münter. *Abbildungen z. Symbolik*, *Taf.* VII, 3.

960 (CCLXII). *Iao*, le dieu panthéistique des Gnostiques-Basilidiens, à la tête de coq, au corps se terminant en queues de serpents, tenant un bouclier d'une main, un fouet de l'autre. Voy. t. I, p. 121; tom. III, liv. IX.—Pierre gravée du genre des *Abraxas*, provenant de la même source que la précédente. Creuzer, *Abbildungen*, *Taf.* VII, 4. Conférer. Macarii *Abraxas*, ed. Chiflet, tab. II-IV, VII VIII, XV, XXIII, 6-16, 30, 34, 61, 95, 97.

FIN DE L'EXPLICATION DES PLANCHES.

TABLE GÉNÉRALE

DES DIVINITÉS, PERSONNAGES, EMBLÈMES, ÊTRES ET OBJETS SYMBOLIQUES REPRÉSENTÉS SUR LES MONUMENTS DE CE RECUEIL.

N. B. Les chiffres qui suivent les noms et mots appellatifs, répondent à ceux des figures gravées et à l'ordre numérique des descriptions de ces mêmes figures.

A.

Abeille, symb. de la Fécondité, 107.
— bleue, consacrée à Vichnou, 230. — 320 b, 341 e, 628 b, 628 cc.
Abiou, décan de la constellation des poissons, 192.
Abondance, 23, 70, 71. — 572. — l'une des Hespérides, 665 a, 895.
Aboudad-Kaïomorts, homme-taureau, roi de la terre, 119.
Acamas, fils de Thésée, 775.
Acaste, père de Laodamie, 773.
Achate, compagnon d'Énée, 773, 775, 862.
Achéloïdes. Voy. *Sirènes*, 527.
Achéloüs, fleuve, 526, 526 a, 526 b, 589 b, 669, 680, 681 a, 681 b, 704 d.
Achencherès Ier (Pharaon), 146.
Achille, fils de Thétis, 764 à 768, 770 à 772, 774, 774 a, 775 (n°s 7, 31, 10, 46, 49, 52, 54, 55, 59, 60, 62, 64, 68, 74, 76, 80, 81, 83, 84, 87), 780, 782, 784, 795, 799 à 805 a, 809, 810, 812, 814, 814 a, 815, 842.
Achilleum, tombeau d'Achille et de Patrocle, 775.
Acratus, compagnon de Bacchus, 469, 477.
Actéon, fils d'Aristée et d'Autonoé, fille de Cadmus, 629 a, b, c, d.
Acrocorinthe, citadelle de Corinthe, 615, 626 b.
Acropolis, citadelle d'Athènes, 341 h, 341 i.
Adhysécha, serpent sacré, 47.
Aditya, dieu du soleil et de la lumière, 93.

Admète, roi protecteur, et protégé d'Apollon, 651.
Adonis, favori de Vénus, 398, 409 a.
Adraste, chef argonaute, 721, 725.
Æétès, roi de Colchos, 646, 646 a, 646 b.
Ægyptiades, les cinquante fils d'Ægyptus, 606 a.
Æon ou *Protogonos*, le Temps, 239.
Æpytus, fils de Mérope, 828.
Æsacus, fleuve, 749.
Æson, père de Jason, 648.
Ætion, graveur antique, 805 h.
Æthon, coursier du soleil, 303.
Æthra, femme d'Ægée et mère de Thésée, 696.
Ætolus, aïeul de Méléagre, 631 a.
Afrique personnifiée, 577, 876.
Agamemnon, roi des rois, frère de Ménélas, 768, 774, 775, 775, 780, 800, 802, 821, 824, 827, 828.
Agathodémon, serpent, le bon Esprit, 157, 158, 180 a, 182.
Agavé, fille de Cadmus, sœur d'Ino, nourrice de Bacchus et la mère de Penthée, 436, 445. — l'une des trois Grâces, 737 a.
Agésandre, sculpt. rhodien, 817.
Agni, dieu indien du feu, 87, 88.
Aglaé, fille de Niobé, 729.
Agneau, symbole du Christ, 942 à 944.
Agriculture, (symbole de l'), 1, 59, 60, 79, 80, 90, 91, 523.
Agrippine, épouse de Germanicus, 547, 895, 896.
Agyrtès, compagnon d'Ulysse, 761, 767.

1

TABLE DES SUJETS

Ahriman, chef des animaux impurs ou de la création de nuit, 118, 119.
Aidoneus, Jupiter-Pluton, 681, 708.
Aidos. Voyez *Pudicitia*, 561.
Aigles, conducteurs d'âmes, 878.
Aigle, 20, 23. — constellat., 193. — symb. de puissance, attribut de Jupiter, 207 a, 252, 257, 265, 551, 551, 555, 602 à 605, 621 a, 621 b, 659, 670, 895. — enseigne romaine, 365, 367, 879, 895. — d'apothéose. 218, 659, 923. — attribut de saint Jean l'Évangéliste, 946, 947.
Aiguière. Voyez *Vases*, 555 a.
Ailes, symb. de rapidité, 239, 774. Voyez *Mercure*, 418 et suiv. *Persée*, 613. *Morphée*, 334. *La Victoire*, 371, 560. *Les Génies*, 591, 878. *L'Amour*, 401 et suiv. — Du papillon. Voyez *Psyché*. —D'Icare, 702, 703.
Aiopis, l'une des Hespérides, 665.
Ajax, fils d'Oïlée, roi des Locriens, 353, 715, 772, 775, 795, 796, 819, 819 a, 820. — Fils de Télamon, 671, 774, 775, 783, 791, 792, 793, 795, 796, 814 a, 815, 815 b, 842.
Alabastron, vase à parfums, 388, 389.
Albanus, mont personnifié, 873.
Albe, ville personnifiée, 523.
Alceste, épouse d'Admète, 651.
Alcimédon, héros grec, 775.
Alcimus, héros grec, 775.
Alcinoüs, roi des Phéaciens, 847, 854.
Alcméon, fils d'Amphiaraüs, 726 a.
Alcyonée, géant, fils de la Terre, 676, 676 a.
Alcmène, mère d'Hercule, 652, 653, 654, 655, 682 a.
Alexandre, peintre athénien, 729. — premier nom de Pâris, le beau berger, 747.
Alexandrie (la ville d'), personnifiée, 579.
Alphée, fleuve personnifié, 657.
Althée, mère de Méléagre, 636.
Amalthée, chèvre nourrice de Jupiter, 248.
Amazones, femmes guerrières, 662, 672, 709 à 713 a, 806 à 810.
Ambrosie, nymphe, 444.
Ame universelle, 96, 155. — humaine, 182, 185, 421, 528, 591 à 593, 602, 603, 773, 803, 804, 812, 814 à 822, 848, 878, 920, 959. — Sa personnification. Voy. *Psyché*.
Amenti, génie des enfers, 181, 182, 183, 184, 190.
Amon-Ra ou *Ammon*, fils du Soleil, générateur et régénérateur, 141, 150, 155, 158, 160, 163, 166, 175, 182, 186 a, 187 b. — *Cnoupis*, 155, 158, 159, 174 a. — *Kneph*, 171.
Ammon-Soleil, 141, 170, 171. — planète de Jupiter, 153, 174. — Jupiter, 174, 270.
Amours égyptiens, adorat. du soleil, 153.
Amour conjugal (emblème de l'), 408. — fils de Vénus, 238, 252 a, 275, 324, 333 a, 357, 358, 380, 383, 385, 386, 392, 396 a, 396 b, 401 à 409 e, 428 b, 448 a, 451 a à 456, 458 a, 462, 475, 481, 510, 510 a, 511, 514, 551, 554, 556, 567, 603, 604 d, 624, 646 b, 672 a, 672 b, 687, 688, 701, 707, 734, 752, 753, 754, 762, 762 a, 763, 767, 865, 896, 925.
Ampelos, satyre favori de Bacchus, 443 b, 448 a, 452, 454, 455, 458, 477, 478, 481, 585.
Amphiaraüs, chef argonaute, 721, 725 a, 726 a.
Amphion, fils d'Antiopus et époux de Niobé, 727, 732. — Dioscure thébain, 728, 728 a.
Amphipolis, ville de Macédoine, 226 a.
Amphitrite, déesse de la mer, 305, 510 a, 510 a, 510 b, 510 e, 612, 762. — étrusque, 589 a.
Amphitryon, mari d'Alcmène, 652 à 656.
Amrita (ambroisie), 23, 27, 72, 89.
Amulettes, 9.
Amphore, vase.
Amycus, roi des Bebryces, 633, 644.
Amymone, nymphe, 508, 508 b, 657.
Ananta, serpent sacré, symbole du Temps, 30, 47.
Ancée, compagnon de Méléagre, 633.
Amset, génie des enfers, 182, 190.
Anchirrhoé ou *Anchinoé*, fille du Nil, 521, 606 a.
Anchise, prince troyen, père d'Énée, 397, 775, 775, 775, 820, 859, 859 a.
Anciles, boucliers sacrés, 359, 360.
Ancre de vaisseau, 511, 589 a, 854. —

FIGURÉS SUR LES PLANCHES. III

de salut, des chrétiens, 926, 927.
Andromaque, épouse d'Hector, 775, 775, 784, 805 a, 807, 808, 808 a, 820, 821.
Andromède, constellation représentée sur le zodiaque de Denderah, 193.
Andromède, fille de Céphée, roi d'Éthiopie, 613, 613 a.
Ane, consacré à Typhon, 141. — monture de Silène, des satyres, de Bacchus même, 448, 470, 475, 497, etc. — de Vulcain, 471. — Tête d'âne sur une lampe, 539 a, 540. — symbolique, 602.
Anebo ou *Anubis*, à tête de chakal, 138 b, 181, 182.
Anesidora pour *Pandora*. Voyez *Pandore*, 603 e.
Anges, bons et mauvais. Voyez *Génies*.
Anienus, fleuve, 873.
Animaux, charmés par Orphée, 645, 645 a.
Anna, sœur de Didon, 863, 867.
Anneau, myst., 117, 603, 705.
Année, son symbole, 39, 136, 137, 243, 244.
Anouke, dame du Ciel, divinité égyptienne, 158.
Antarès, constellation, 193.
Antée, fils de Neptune et de la Terre, 165 a, 165 b.
Antheia, l'une des Hespérides, 665.
Anticlée, mère d'Ulysse, 848.
Antigone, fille d'Œdipe, sœur de Polynice, 726 a.
Antilope, animal, 576.
Antiloque, héros grec, fils de Nestor, 775, 795, 799, 802, 811.
Antinoüs, favori de l'emp. Hadrien, 416, 522, 908.
Antioche, ville personnifiée, 522 a.
Antiochus IV, Épiphane, 892.
Antiope, mère d'Amphion et de Zéthus, 727, 728 a.
Antonin le Pieux, emper. rom. divinisé, 900, 901.
Antomédon, héros grec, 775.
Antre de Jupiter Idéen, 704 g.
Anubis ou *Anebo*, dieu infernal, 138 b, 141 a, 174 a, 181 à 183.
Ap ou *Api*, génie des enfers, 190, 192.
Apéliotès, le vent d'est, 533.

Apharée, héros grec, fils de Calétor, 775.
Apharéides, les deux fils d'Apharée, roi de Messénie, 737.
Aphoso ou *Aphut*, décan de la constellation de la Vierge, 192.
Aphrodite ou *Vénus*, voy. G. J., 249, 250, 337, 380, 381, 432, 508, 555 a, 737 a. — Euplœa, G. J., 510 a. — Pitho, déesse de l'amour et de la persuasion, G. J., 604 d.
Apis, bœuf sacré, 166, 166 a, 182, 190.
Aplustre, ornement de vaisseau, 507, 536, 707, 760, 762, 847, 850.
Apollon, de Sardaigne, 224. — Hélios, de Samothrace, 238. — fils de Jupiter et de Latone, 236, 249, 251, 253; 276 à 278 c, 280, 284 à 285 f, 297, 300 à 302, 380, 412 a, 431, 443 a, 492, 525 b, 559 a, 580, 585, 585 a, 665, 628 c, 644, 713, 730, 742, 762, 774, 775, 803, 812 b, 826, 835 a, 836. — Lycien, 277, 605 a. — Pythien, 278, 279, 279 a, 285, 443 a. — Mantis ou devin, 279 à 280 c. — Kallinicos, 278. — Alexicacos, destructeur du mal, 278. — Citharœde ou Musagète, conducteur des Muses, 281, 282, 492, 760. — Nomios, pasteur, 283, 915, 917. — Sminthien, protecteur des rats, 285, 285 b, 775, 826, 836. — Philesius ou Didyméen, 285 b. — Sauroctonos, tueur de lézards, 285 d. — Daphnéphore, 606, 679, 682. — Roi, 689. — Thymbréen ou de Thymbra, 774 a. — Didyméen, 285 b, 826.
Apollonius, sculpt. de Tralles, 728.
Apothéose, 182. — d'Hercule, 583. — de Germanicus et Agrippine, 547. — d'Homère, 760. — de Romulus, 878. — d'Auguste, 883, 895. — de Jules César, 894, 896. — d'Antonin le Pieux et Faustine, 901.
Apôtres (les saints), 919.
Appadeva, dieu des eaux, 89. Voy. *Varounas*.
Apulu, nom étrusque d'*Apollon*, 431, 443 a.
Arabie, personnifiée, 576.
Arbre aux pommes d'or, 665, 825, 839, 843, 844, 851.
Arc, 220, 224, 250, 251, 277 a, 278,

I.

280, 281, 285 c, 301, 320 a, 401, 503, 672, 760, 816. — en ciel, 823.
Arcadie, personnifiée, 670.
Archatapias, décan de la constellation des Poissons, 192.
Arche ou *Temple sacré*, portatif, 173, 175. — emblème de l'Église chrét., 914.
Archélaüs, de Priène, sculpt., 760.
Archéloque, héros troyen, 775.
Archemore (vase dit d'), 725, 725 a.
Archers, 774, 795.
Archigalle, grand prêtre de Cybèle, 230 a.
Architecture (génie de l'), symboles, attributs, 86.
Ardhanari, Iswara, 21.
Arès ou *Mars*, fils de Junon (Héra), 249, 250, 275, 355 à 368, 380, 381, 555 a.
Arété, la Vertu, 677.
Aréthuse, Arethosa, 320 f, 320 h.
Argo, le navire, 639, 639 a, 939 h, 640, 640 a, 643, 644.
Argonautes, 640, 640 a, 644, 646.
Argus, fils d'Inachus, 604, 604 a, 604 b, 604 d, 605, 639, 639 a. — chien, 841, 855, 856.
Ariadne, fille de Minos, 409, 451 a, 456, 457, 460, 460 a, 461, 511, 706 à 706 a à d, 707, 762 a.
Aril. Voyez *Atlas*, 665 c.
Arimaspes, guerriers fabuleux, 714, 714 a.
Aristée, dieu pasteur, 628, 628 a, 628 b, 628 c, 629 a, b, 908, 909, 910, 915. — de Sardaigne, 916.
Aristomachus, prétendant d'Hippodamie, 907.
Aroéris ou *Horus*, 157, 165, 169, 175, 182.
Arouna, conduct. du char du Soleil, 85, 93, 94.
Arouni, épouse d'Arouna (l'Aurore), 95.
Arpien, décan de la Balance. Voyez *Chontaré*, 192.
Arsace VII, roi déifié, 893.
Arsinoé, fille de Leucippus, 737.
Artémis ou *Diane*, 249, 250 à 252, 276, 281, 300, 301, 316, 320, 321 à 330, 682, 734, 735, 737 a. — Dictynna, 325 a. — Lochia, présid. aux enfantem., 325. — Orthia, de Sparte, 323. — Limenitis, protectrice des ports, 320 e. — Marine, 320 e. — Potamia ou Alpheïoa, 328 f, 320 g, 320 h. — Chasseresse, 321, 328. — Soteira (salutaire), 321 a, 321 b. — Lucifère, 321 e, 322. — Amazonia, 327.—Phosphoros, 335 a. — Lusia, 607.
Ascagne, fils d'Énée, 775, 775, 820, 859, 859 a, 861.
Ascanius, fleuve, 640, 690.
Ascentaur ou *Seket*, décan du Bélier, 192.
Asclepios. Voyez *Esculape*, 307 à 315.
Aseu, décan de la constellation du Verseau, 192.
Asicat, décan de la constellation du Taureau, 192.
Asiccan, décan de la constellation du Bélier, 192.
Asie (mineure), 575, 683.
Asius, prince d'Arisba, 775.
Asphalios, Neptune immobile, 504.
Asphodèle, plante funèbre, 334, 554 a.
Asouras, démon hindou, 34, 72.
Astarté, Junon, 215. — Hermaphrodite ou dieu Lunus et Vénus, 213 b. — la Pleine Lune, mère et nourrice des êtres, 197, 213, 213 a, 213 b, 213 b, 213 c, 213 d, 213 e, 214. —Déméter ou Cérès, punique, 212, 212 a. — Vénus, Uranie, 203. — Reine des étoiles, 198, 526, 868 a.
Asteas, peintre de vases, 665.
Astiro, décan du Verseau, 192.
Astre, symbolique, 774, 812.
Astyanax, fils d'Hector et d'Andromaque, 774, 784, 805 a, 807 a, 808 a, 820 à 823.
Aswatta, palmier sacré, 27.
Atalante, fille d'Iasus, roi d'Arcadie, 633, 634, 636.
Atargatis, Dercéto ou Dagon, dieu-poisson, 201, 202.
Atarph, décan du Taureau, 192.
Atembui, décan des Poissons, le même que Ptibiou, 192.
Aterchinis. Voyez *Ptéchout*, 192.
Athamas, époux d'Ino, nourrice de Bacchus, 436.
Athena ou *Minerve*, 249, 250, 250 a, 336 à 354, 546, 550, 560, 600, 601, 601 c, 602, 603, 603 c, 603 e, 609 a, 610, 613 c, 647 b, 664 b, 676 a, 677, 734. — Pallas ou Minerve des Pa-

nathénées, 341, 347, 353, 612, 617, 665 b, 704 ee, 779. — Promachos ou Minerve protectrice, 341 h, 344. — Eironophoros, ou Minerve apportant la paix, 350. — Ilias, ou Minerve Iliée, 353 a. — Chrysé, ou Minerve de Lemnos, 347, 354.
Athénodore, sculpt. rhodien, 817.
Athor ou *Hathor*, 138, 138 a, 140, 146, 147, 154, 154 a, 154 b, 182, 182 b, 186 a, 188, 192.
Atlas, frère de Prométhée, 603 a, 665 b, 665 a.
Atropos, parque, mesurant le temps, 602, 603.
Attis, pâtre phrygien, suivant de Cybèle, 229, 230, 230 a, 230 b.
Augé, mère de Télèphe, 770.
Augias, roi des Épéens, assisté par Hercule, 657, 672.
Auguste, empereur romain déifié, 882, 883, 895, 896.
Auréole, 61, 103.
Aurige, conducteur de char, 590 g, 711, 734, 735, 735 a, 737 a, 775, 805, 811.
Aurore des Hindous. Voyez *Arouni*, 95.

— ou *Elos*, 335, 335, 335 b, 555 b, 589, 812, 812 a.
Autel, 279, 281, 463, 468, 476, 476 a, 477, 481, 482, 491 b, 501, 503, 599, 604 d, 636, 647 a, 663 a, 683, 751, 760, 774 a, 775, 775, 776 à 780, 817, 819, 825, 832, 839, 840, 881, 882, 886.
Autolycus (le fils d'), 841.
Automédon, héros grec, aurige d'Achille, G. J., 775, 775, 775, 775, 795, 800, 804, 805.
Automne. Voy. *Saison*, 476, 910.
Autonoé, fille de Cadmus, sœur d'Ino, 436, 629, 629 b.
Autruches, oiseaux représentés sur des monuments assyriens, 124, 526.
Averne, entrée des enfers, 848.
Axieros, père des cabires de Samothrace, 238.
Axiokersa, cabire de Samothrace, 238.
Axiokersos, cabire, fils d'Axieros, 238.
Axur, Jupiter des Latins, analogue au Jupiter Lycéen d'Arcadie, 261, 262.

B.

Baal, seigneur-dieu de Carthage, 209, 213 d, 214, 214 a, 214 c, 214 f, 214 g.
Baal-Moloch, des Phéniciens. Voyez *Moloch*.
Baal-Peor ou *Belphégor*, 595 a. — le créateur, dieu infernal des Moabites et des Ammonites, etc.
Baal-Kronos, 214 f, 214 g.
Baal-Tharez, dieu de Tarse, 214.
Baccha. Voy. *Ménade*, 438.
Bacchanales, fêtes dionys., 474, 475, 478.
Bacchantes, suivantes de Bacchus, 428 b, 444, 444 a, 445, 448, 449, 451, 451 a, 455, 461, 468, 476, 477, 479, 481, 482, 484, 645 c, 665 b, 685.
Bacchants, 451 a, 455, 477, 607, 685, 728.
Bacchus ou *Dionysus*, Thébain, fils de Jupiter et de Sémélé, 250, 251, 301, 409, 481, 486, 487 a, 492,

493, 501, 725, 762, 762 a, 812. — Barbu, 429, 452. — Cornu, 462, 462 a. — Hadès, 238, 624, 628 d, 665, 685, 725 à. — Hadès de Samothrace, 238. — Hébon ou taureau à tête humaine, 464, 465, 465 a. — Iacchus ou Licnitès, 442, 489, 490 a, b, c, 491 b. — Indien, fils de Jupiter et de Proserpine, comme Iacchus, 429, 429, 448 à 452, 458 b. — Liber, 490 c, 490 e, 491, 491 e, 665. — Melpoménos, 725 a. — (Mystères de), 422, 487, 487 a, 555 c. — Phallen, 427, 595, 595 a. — Phrygien, 428 a. — Pluton, 238, 554 b, 554 c. — (Prêtres de), 453. — Prêtresses, 468. — Soleil ou dieu des Saisons, 476. — Tauriforme, 463, 466, 526 b. — Zagreus, de Crète, 554 a.
Baguette mystique, 658 a.
Bala-Rama ou *Balabhadra*, incarnation de Vichnou ou de Siva, I, 59.
— génie de l'Agriculture, 60.

TABLE DES SUJETS

Balance de la Justice, 41, 86, 182, 184, 185. — sign. zod., 191, 192, 193, 252, 762, 863, 812, 818.
Baleine. Voy. *Zodiaque*, 193.— Symb. chrétien, 914.
Bali, géant, ennemi des dieux, 52.
Balius, l'un des deux chevaux immortels d'Achille, 775.
Bandeau, coiffure royale, 658 a, 863, 870.
Bandelettes, symb. d'initiation, 491 a, 491 d, 548, 551 a, 555 b, 555 c, 556, 595, 595 a, 604 d, 623, 644, 665, 677, 679, 704 e, c, 748, 756, 758, 823, 836, 844, 857 a. — Voyez *Tenia*.
Banquets funèbres, 593 a, 593 c, 594 a.
Bari, barque sacrée, 173, 175, 182, 183.
Barques célestes, 190 à 192. — d'Astarté, 213 a.— de Charon, nauton. des enfers, 558.
Bassareus. Voy. *Dionysus* Phrygien, G. J., 428 a.
Beauté (déesse de la). Voy. *Lakchmi*, Vénus.
Bélier céleste, 87, 94, 138, 140 a, 150, 158, 159, 174, 175, 177, 187 b, 191, 215. — Dieu. Voy. *Ammon*.
— embl. et symbol., 280, 357 a, 476, 481, 566, 774, 813, 909, 916.
— de Mercure, 251, 423, 424. — de Polyphème, 845. — de la Toison d'or, 630 à 630 b, 647, 648.— signe du zodiaq., 191 à 194, 252, 878.
Bellérophon, 614 à 618.
Bellone ou *Enyo*, déesse de la guerre, 358 a.
Belphégor, dieu phallique et des enfers, 595 a. — Voyez *Baal-Peor*.
Bérénice, épouse de Ptolémée Évergète, fille de Ptolémée Philadelphe, 890.
Bhairava, fils de Siva, 76.
Bhavani, épouse de Siva, 17, 28, 33, 102.
Bhavani-Dourga-Devi, énergie divine, 34.
Bhavani-Ganga, la déesse du fleuve Gange; son symb., 10. — son idéal, 31.
Bhavani-Parvati, épouse de Siva, 32.
Bhavani-Yoni, la grande génératrice, 15.

Bhoudevi. Voyez *Mahadevi*.
Bhoumi, région intermédiaire de la terre, 115.
Bhourloka, domicile céleste de Bouddha (Mercure), 115.
Bhouvarloka, domicile céleste de Soukra (Vénus), 115.
Biche de Cerynée, au bois d'or, 321, 329, 657, 669, 672. — de Diane, 251, 768.
Bienfaisance, son emblème, 135.
Bitias, valeureux Troyen, ami d'Énée, 864.
Blanc, couleur symb., 42, 48, 51, 97, 182, 185, 185, 187, 603 c, 879, 915.
Bleu, couleur symb., 48, 49, 54, 87, 135, 155, 158, 182 bis, 182 b, 185, 915.
Boëthus, grav. antiq., 816 a.
Bœuf sacré, 21, 27, 28, 117, 119 b, 126, 129, 157 a, 166, 166 a, 182.
— ailé, à tête humaine, 119,119 a.
— symbol., 550, 664 b, 760, 775, 842, 847, 946.
Boîte de Pandore, 603 d.
Bonté, son symb., 109.
Bonus-Eventus, dieu du Bon succès, 570.
Boréades, filles de Borée, 644 a.
Borée, vent du nord personnifié, 529, 531.
Bouc, 119, 138, 152, 156, 158, 159, 172 b, 177 a, 191, 219, 422, 451 a, 416, 595, 657, 685. — marin, 511.
Bouclier, 214 b, 224, 244, 250, 261, 275 b, 325 a, 327, 342, 352, 353, 359, 357 a, 358, 359, 360, 364, 368 a, 372, 377, 379, 554 b, 555 a, 580, 509 b, 603, 609, 627 a, 636, 639, 647 a, 657, 664, 664 a, 664 b, 665 b, 669, 709 à 712, 721, 724, 725, 735, 737, 761, 762, 764, 774, 775, 781, 785, 788, 790 à 795, 800, 800 a, 802, 807 à 810, 812, 814, 820, 823 à 825, 839, 866, 872, 873, 883. — De la déesse Rome, 877 a, 879, 895, 901, 930, 960.
Bouddha, symb. de l'intell. et sagesse divine, 61, 111, 112, 113. — planète Mercure, 94, 115. — Sourya ou Soleil, 14.
Bourse, attr. de Mercure, 420, 423, 424, 690.

Boûto ou Latone Égyptienne, 151, 151 a, 151 b, 151 c.
Bouvier céleste. Voy. Zodiaque, 192, 193.
Bracelets, 407, 412, 551, 551 a, 707, 886.
Brahm, dieu suprême irrévélé, 115. — Maya, sous la forme d'Hermaphrodite ou d'Androgyne, 2. — Et Sacti ou Parasacti, 3.
Brahmâ, le créateur (prem. personne de la Trimourti), 14, 15, 17, 19, 20, 21, 46, 47, 77, 81, 115. — à quatre têtes, 27. — à cinq têtes, 76.
Brahmadicas ou Pradjapatis, maîtres de la création, 81, 82.
Brahmaloka, domicile de la planète indienne Sani (Saturne), 115.
Brahmâ-Siva, personnification de la vie et de la mort, 19.
Brahmâ-Vichnou, dieu créateur et conservateur, 20.

Brahmâ-Siva-Lingam, des bouddhistes. Voyez Richabba, 11.
Brahmanda, la matière vivante, 109.
Brahmi, épouse de Brahmâ, 17.
Briséis, captive, épouse d'Achille, 775, 780, 802.
Britannicus, emp. rom., fils de Claude et de Messaline, 897.
Britomartis, la douce Vierge, 657.
Brun, couleur symb., 603 a.
Bubastis (Diane), sœur d'Horus, 137, 151, 151 a, 151 a.
Bûcher d'Hercule, 679. — de Parthénopée, Hippomédon, Etéoclus, 726 a. — de Didon, 867. — de Romulus, à trois estrades, 878.
Bucrâne, tête de bœuf, 232, 323 a, 551, 704 e, 704 e, c.
Bulla, amulette suspendue au cou des enfants, 582, 582 a, 583, 585.
Busiris, roi d'Égypte, fondateur de Thèbes, 145.

C.

Cabira, mère des Cabires, 237.
Cabires, ouvriers de Vulcain, 157 bis, 171 a, 198, 214, 216 a, 221, 234, 234 a, 235, 236, 238 a, 543, 581.
Cacus, géant, 664 c.
Cadmilos, cabire, fils d'Axieros, 238.
Cadmus, fondateur de Thèbes, 622, 623, 624, 629.
Cadran solaire, 603.
Caducée de Melkarth, symbole de l'activité, 216. — d'Æon ou Protogonos, 239. — de Hermès ou Mercure, 236. — de Mercure, 249, 250, 250 a, 251, 252, 301, 380, 413 a, 418, 613 e, 690, 695, etc.
Cala, le dieu du temps, 21.
Cailasa, mont, 21, 24, 27.
Calaïs, fils de Borée, argonaute, 644 a, 647.
Calanice ou Callinicos, surnom d'Hercule, 603 b.
Calathus ou Panier de Cérès, 252, 273, 547 b, 550, 564 d, 577, 910, 945.
Calchas, roi, devin et grand prêtre, 768, 775.
Calétor, héros troyen, neveu de Priam, 775.
Cali, la nuit, 21.

Caligula, fils de Germanicus et d'Agrippine, 896.
Caliyouga, âge actuel, 43.
Calki-Avatara, incarnation à venir de Vichnou (10ᵉ), 67.
Calliope, muse de l'épopée, 288, 296, 297, 444, 760.
Calpa Vrikcha, arbre sacré, 84.
Calydon (sanglier de), 631 à 636.
Calypso, l'une des Hespérides, 665.
Cama (l'Amour), son symb., 104, 105, 107.
Camadeva, perceur de cœurs, dieu de l'amour, 105, 106.
Camadhenou, vache ailée, 74.
Camillus, jeune servant, 599.
Canard, oiseau domestique, 582 a.
Cancer, écrevisse, sig. zod., 191 à 193, 195, 252, 317. — embl. de l'Égypte, 876.
Cancre, écrevisse de mer, 658.
Candélabres, 206, 736.
Canéphores, porteurs de corbeilles, 451, 474, 736.
Canope, Canobus. Voyez Zodiaque, 192. — Canope, vase sacré à large panse et terminé par une tête d'homme ou d'animal révéré, 169, 170, 174, 174 a, 174 b, 182, 590, 848.

TABLE DES SUJETS

Canthare, coupe bachique à deux anses, 250 *q*, 251, 457, 471, 491 *b*, 664 *c*, 685, 694.
Capanée, chef argonaute, 724, 725 *a*, 726 *a*.
Capricorne, sign. zod., 191, 192, 193, 195, 252, 895.
Caracalla, empereur romain, 285.
Carquois, attribut, 104, 107, 250, 251, 252, 277, 279, 281, 320 *a*, 321, 321 *a*, 503 *a*, 603, 672, 679, 683, 683 *b*, 710, 760.
Carré mystique, 29, 48, 49, 66, 96 *bis*, 111, 112, 114.
Cartikeya, fils de Siva-Mahadeva-Iswara, 27.
Cartikeya, second fils de Parvati et de Siva, 39.
Casyapa, la Terre, 115.
Casques, 224, 250, 252, 275, 277 *a*, 340 *a*, 341 *i*, 343, 346, 347, 349, 351, 357 *a*, *b*, 358, 368 *a*, 554 *b*, 555 *a*, 566, 573, 581, 610, 623, 629, 632, 636, 639, 658, 664 *b*, 699, 704, 710, 711, 712, 721, 725, 735, 735 *a*, 737, 749, 762, 775, 782, 789, 791, 794, 795, 797, 798, 799, 802, 805 *a*, 807, 808, 809, 811, 812, 815, 816, 820, 825, 826, 836, 857 *a*, 873, 879, 880, 883, 895, 901.
Cassandre, prophétesse, fille de Priam, 353, 775, 775, 775, 818, 819, 820.
Cassiopée. Voyez *Zodiaque*, 193.
Castor, un des Dioscures, 304, 603, 632, 736 à 744.
Caucase, mont personnifié, 603, 603 *b*.
Causia, coiffure thessalienne, 617.
Cavales de Diomède, prises par Hercule, 672.
Ceinture symbolique de Maya, analogue à la ceinture de Vénus Aphrodite, 2.
Centaure, monstre moitié homme, moitié cheval, 122 *b*. — Dadouque, porte-flambeaux, 309. — servante de Bacchus, 445, 448, 451 *a*, 456, 462, 474, 475, 489, 897. — vaincus par Hercule, 657, 659, 659 *a*. — marin, 383, 487. — Nessus, 674. — Pholos, 660. — Pher, 713, 714 *d*. — Satyre, 471, 710 *a*. — vieux et barbu, 715 *b*. — combattu par Ulysse, 857 *a*. — du zodiaque, 193.
Centauresses, 456, 478, 489.
Céphale, époux de Procris, 335, 733.
Céphée, astre, 193.
Cerbère, chien à triple tête, gard. des Enfers, 174 *a*, 550, 553 *b*, 554, 554 *a*, 555, 592, 645 *b*, 657, 672.
Cerceau tenu par Éros, 604 *d*.
Cercopes Lydiens, châtiés par Hercule, 683, 683 *c*.
Cérès. Voyez aussi *Astarté Déméter*, 212, 212 *a*, 212 *b*. — Cabirique, 741 *b*. — Déméter, 249, 250, 250 *a*, 252, 469, 469, 490, 490, 490, 501, 547, 547 à 549, 553, 554 *a*, 556, 604, 630 *b*, 677, 896, 897. — Fortuna, 564 *a*. — Libera, 462.
Cerf, 285 *c*, 320, 320 *b*, 320 *c*, 329, 330, 341 *c*, 629 *a*, 629 *c*, 657, 774.
Cerynée (nymphe du mont), 657.
César (Jules), emp. rom., déifié, G. J., 894, 896.
Ceste (combat du), 643, 644, 869.
Chachrylion, célèbre potier, 664 *b*.
Chaise curule, siège magistral, 887.
Chakal, emblème d'Anubis, 138 *b*, 141, 141 *a*, 152, 174 *a*, 175, 181, 182, 183, 185, 190.
Chameau, 448 *a*, 575, 685.
Chapelle portative, 775.
Chapiteaux persépolitains, 126, 129.
Charites ou *Grâces* (les trois), 250 *a*, 410 à 412 *a*, 737 *a*.
Charon, nautonnier des enfers, 558, 636, 773.
Chariot (plaustrum) dans le cortége de Bacchus, 685.
Charrue conduite par Ulysse, 842.
Chars de divinités, de Héros, etc., 251, 305, 323, 335 *b*, 387, 448, 448 *a*, 451 *a*, 455, 456, 462, 474, 475, 489, 492, 547, 548 *a*, 560, 555 *b*, 559, 556, 589, 589 *d*, 590 *g*, 591 *c*, 594 *a*, 603, 635, 679, 685, 711, 735, 737 *a*, 774 *a*, 775, 787, 794, 804, 805, 823, 840, 868 *a*, 878, 895, 897, 918. — ailés, 348, 551.
Chauve-souris, 380.
Chêne, arbre de vie, arbre de salut, de victoire, 264, 373, 685. — Voyez *Couronne*.
Chenen. Voyez *Chommé*, décan de la constellation du Sagittaire, 192.

FIGURÉS SUR LES PLANCHES.   IX

Chenisque, tête d'oie, servant de décoration, 850, 854.
Chérubins, figures ailées, 173.
Cheval-homme, Voyez *Calvi-Avatara*, 67.
Cheval, 219, 501, 509, 510 a, 774, 775, 789, 795, 806. — marin. Voyez *Hippocampe*. — ailé, 590 g. — de Troie, 375, 375, 817, 818.
Chevaux du Soleil, de la Lune, 94, 98. — de Diomède, 672.
Chèvre. Voyez *Zodiaque*, 193.
Chèvre, 193, 617, 628, 734, 762, 774, 910, 911, 915, 916 a.
Chevreau, 432, 435, 439, 453, 475, 476, 481, 487, 763.
Chien (dieu à tête de), 141 a, 144 a, 213 e. — Voyez *Cynocéphale*. — Cerbère à triple tête, 174 c, 550, 553, 554, 554 a, 555, 592 b, 645 b, 657, 672. — chasseur d'Actéon, 629 à 629 c. — d'Adonis, 398. — Diane, 252, 326. — de Ganymède, 745, 745 a. — de Méléagre, 631. — de Mithra, 131 à 133 a. — de Pan, 502. — de Pâris, 747, 806. — du bon Pasteur, 909. — à tête ailée de Proserpine, 350. — de Syrius, 628. — domestique, 85, 141 a, 259, 551 a, 581, 581 a, b, 582, 598, 604, 728, 775. — à deux têtes et queue de serpent, 664.
Chimère, monstre participant de la chèvre, du lion et du dragon, 589 e, 617, 619.
Chiron, centaure, précepteur d'Achille, 762 a, 764, 765, 766.
Chnoumen, ou *Chnoum*, décan de la constellation du Cancer, 192.
Chomme ou *Chenen*, décan de la constellation du Sagittaire, 192.
Chontaré ou *Senacher*, décan de la constellation du Bélier, 192.
Chontaré ou *Arpien*, décan de la constellation de la Balance, 192.
Chontaré, décan des Poissons, 192.
Chontaré ou *Asiccan*, décan du Bélier, 192.
Chouette, 201, 203. — attribut de Minerve, 224, 252, 301, 339, 341 c, 345 a, 353 a, 362, 368 a, 410, 639.
Choüs, décan de la constellation du Taureau, 192.
Christ (le), 919, 920, 942, 954, 955,

— Son monogramme, 928, 929, 930, 931, 932, 933, 934, 935, 943, 948, 949 à 955, 954.
Chromius, guerrier troyen, 795.
Chrysaor, fils de Neptune et de Méduse, 613 c.
Chrysé, Minerve de Lemnos, 354.
Chryséis, fille de Chrysès, 775, 780.
Chryseia, l'une des trois Grâces, 737 a.
Chrysès, prêtre d'Apollon, 775, 780.
Chrysis, jeune fiancée, 646 a, a.
Chrysippos, aurige de Castor, 737 a.
Chrysothémis, l'une des Hespérides, 665 a.
Chrysothémis, fille d'Agamemnon, 831.
Chumis ou *Chnoumen*, décan du Cancer, 192.
Chytre, vase de terre, 285, 285 a.
Ciel divinisé. Voyez *Tpé*, *Ouranos*.
Cillas, aurige de Pélops, 734.
Cippe, demi-colonne, 656, 806, 825, 826, 837, 849, 854.
Circé, magicienne, 847.
Cissybium, coupe à une anse, 844 a.
Ciste mystiq., 230 a, 251, 252, 358 b, 444, 451 a, 452, 453, 454, 474, 475, 486 t, 488, 488 a, 489, 490, 511, 554 c, 665 b, 812 a.
Cithare. Voyez *Lyre*.
Cité de Dieu, représentée par le *Tchakra*, 66.
Cithéron, fontaine, 445. — Mont, 629.
Cius, Argonaute favori d'Hercule, 641.
Cladeus, fleuve, 735 a.
Clatroc, divinité étrusque analogue à Diane, 585 a.
Claude, emp. romain, en Jupiter, 897.
Claudia Quinta, vestale, 231.
Clef symbolique, 239, 326 a.
Cléopâtre, épouse de Méléagre, 461, 636.
Cléopâtre, dernière reine d'Égypte, femme de Marc-Antoine, triumvir rom., 891.
Clepsydre, horloge d'eau, 762.
Clio, muse de l'Histoire, 287, 296, 297, 444, 760, 896.
Clitos, héros troyen, 775 (29).
Clodia ou *Claudia* (famille), 599 a.
Clotho, l'une des Parques, présid.

TABLE DES SUJETS

aux arrêts du destin ou sort, 602, 603.
Clymène, mère de Phaéton, 305.
Clytemnestre, ép. d'Agamemnon, 780, 821, 827, 828, 831, 832, 833, 835, 836.
Clytius, géant, 328.
Clytius, jeune guerrier, 665 a.
Cnat, le même que Smat, décan du Capricorne, 192.
Cnémides, jambières, armure, 800, 802, 809, 812, 823.
Cnouphis ou Knouphis-Nilus-Agathodémon, le Jupiter-Nil ou Nil céleste, 158, 174 a.
Cocher. Voyez Zodiaque, 193.
Cœcias, vent nord-est, 532.
Collier, 527, 528, 551, 551 a, 624, 707, 824, 836.
Colombe de Vénus Aphrodite, 250, 252, 337, 399, 400, 408, 491, 556, 619 b, 716. — de Paphos, 206. — de Vénus de Syrie, 207. — de Vénus Uranie, 203. — Symb. chrétien de pureté et de simplicité, 914, 928, 929, 930, 945, 948.
Colone, rocher ou colline de l'enfantement, 432.
Colonnes, 603 a, 646, 649, 653, 683, 696, 725 a, 747, 802, 828, 836, 839, 860, 870, 881, 882, 945.
Comasia, l'une des trois Grâces, 412.
Comète, symb. de l'apothéose de Jules César, 894.
Comètès, oncle de Méléagre, 636.
Comices de Rome, 394.
Communes (embl. des sept) de l'Apocalypse, 914.
Comodia, ménade, 471.
Commode, empereur, en Jupiter, 260.
Comos ou Comus, génie des banquets, 428 b, 443 b, 763.
Conque ou Buccin, 20. — marine, 387, 510, 531, 762, 802.
Constance, empereur romain, 935.
Constantin, empereur romain, 933.
Coq, symb. de la Vaillance, de la Vigilance, 239, 342, 342, 593 c; 664 b, 857, 960.
Coquillage, 622.
Coquille, attrib. des nymphes marines, 503, 503 a, 510, 629 a.
Cor, instrument de musique, 774.
Corbeau, attribut d'Apollon, 224. — de Mahadévi, 1, 73. — de Mars,

874. — de Mithras, 131, 132, 133. — de Sana, 1, 45, 94.
Corbeille de fruits, 578, 629.
Cordax, danse bachique, 482.
Corne d'abondance, 137 a, 203, 303, 304, 305, 320, 456, 462, 476, 518, 519, 520, 523, 547 a, 564, 564 a, 571, 573, 578, 599, 603, 624. — Achéloüs, 680, 684, 691, 756, 887, 889, 899.
Cornes d'animaux, 212, 213, 213 a, 213 b, 214 h, 482, 498 a, 512, 604 d, 629 a, 883.
Cornet à bouquin, 474.
Corœbus, prince allié de Priam, 775 (104), 820.
Corolle de fleur dédiée à Flore, 599 a.
Cortine delphique, vase sacré, 280, 281. — Voyez Omphalos, 760, 836.
Corybantes-Cabires, prêtres de Cybèle, 235. — Voyez Curètes.
Corymbes, tresses de fleurs de lierre, 488.
Cosmogonico-astrologique (scène), 187 a.
Cothurne, chaussure, 289 et suiv., 760, 836.
Cotinos, olivier sauvage, 664 b.
Cotinusa. Voyez Érythia.
Coucoupha, ornement de sceptre, 179, 193.
Coupe à boire, 428, 428 a, 446, 471, 497, 555 a, 555 c, 652, 683. — Scyphus, 683, 683 a, 746 a, 802. — dite de Sosias, 510 c, 762, 771.
Courage personnifié, 574.
Couronnes d'algues marines, 762. — de chêne, 264, 273, 685, 895, 901. — d'épines, 951. — d'épis, 212, 212 b, 250, 375, 551 b. — de fleurs, 250 c, 599 à 599 d. — de laurier, 217 c, 250, 254, 278, 282, 284, 293, 374, 378, 646, 672 c, 760, 882, 883, 896, 897, 924, 933. — de lierre, 422, 428 b, 436, 441, 453, 457, 460, 623. — de myrte, 250, 623, 725 a. — d'olivier, 230 a, 551, 800. — de pampre, 288, 289, 448, 455, 458 a, 459, 460. — à pointes, 551 a. — radiées, 303, 305, 380, 443, 469. — symboliques, 901, 928. — tourellées, 207, 227, 230, 234, 301, 317, 373, 433, 522 a, 760, 888, 895. — triomphales,

258, 644, 683, 737 a, 750 a, 764, 812, 897, 939.
Couvera, dieu des richesses agricoles, 90, 91.
Cratère, vase à libations bachiques, 438 a, 446, 449, 450, 469, 489, 492, 693, 725 a, 897. — mystique, 227.
Credemnon, espèce de diadème, 462 a, 762, 853.
Créon, roi de Corinthe, 649.
Créuse, fille de Priam, épouse d'Énée, 775 (109), 859.
Créuse, fille de Créon, épouse de Jason, 649.
Crichna, 8e incarn. de Vichnou, 59, 61, 62, 63, 65, 66, 111. — le soleil avec la lune personnifiés, 64.
Criobolium, sacrifice d'un bélier à Attis, 230.
Crocodile, emblème du Nil, 89, 142, 143, 157, 168, 172 b, 190, 191, 192, 518.
Croissant, symb. de Bahvani-Ganga, 10. — lunaire, 114, 148, 153, 166, 177, 190, 191, 203, 206, 213, 213 a, 213 c, 304 a, 320 a, 320 c, 321 c, 321 d, 321 e, 322, 324, 326 a, 332, 643, 742, 877 b. — symbol. 117, 119, 121.
Croix ansée (symb. de la vie divine), 136, 137, 140, 142, 158, 159, 179, 182, 182 a, 185, 188.
Croix, symb. chrét., 930, 934, 936, 937, 938, 941, 944, 945, 950, 951, 953, 954, 958.
Cronos, le Temps ou Saturne, 239, 240, 240 a, 246, 247, 248, 421. — Voyez *Saturne*.
Crosse, insigne chrétien, 941, 942.
Crotales, petites cymbales, 478, 482.

Croupézia, instrument de musique, 454.
Cube, symb. de l'immobilité, 227.
Cuirasse de guerre, 250, 472, 473, 624, 664, 709, 712, 735, 735 a, 767, 775, 794, 800, 802, 805, 815, 859 a, 877, 895.
Cupavus, fils de Cycnus, 305.
Cupidon. Voyez *Eros* ou l'*Amour*.
Curcubite ou *Figuier*, symb. chrét., 914.
Curètes, suivants de *Rhéa* ou *Cybèle*, 265, 248, 554 b, 554 c, 635. — Voyez *Corybantes*.
Cuve bachique, 483.
Cyane, nymphe, 550.
Cybèle, la Terre, mère des Dieux, 227 à 235, 301, 433, 624.
Cybeutes, héros grec, 842.
Cyclopes, ouvriers de Vulcain, 603 (44), 775.
Cycnus, fils de Mars, 305, 676 b. — fils de Neptune et roi de Colone en Troade, 774.
Cydnus, fleuve personnifié, 522.
Cygne, oiseau d'Apollon, 285 f. — de Brahma-Vichnou, 20, 77. — de Cycnus, 305, 774. — de Léda, 393, 736 a. — emblémat., 548, 590, 665, 707, 761. — constellation, 192.
Cymbales, instrument de musique, 227 à 230 b, 474, 475, 482, 485, 486, 685, 878.
Cynocéphale, espèce de singe à tête de chien, divinité égypt., 167, 181, 182, 184, 185, 190. — constellation, 192.
Cyprès, arbre funèbre, 629 a.
Cyzicus, fondateur de Cyzique, 642.

D.

Dagon, dieu-poisson. Voyez *Atargatis*, 201, 202.
Dakcha-Brahmâ à tête de bélier, 81.
Damastes ou *Procruste*, 698 a.
Danaé, mère de Persée, 612.
Danaïdes, filles de Danaüs, 605 a, 606, 606 a.
Danaüs, roi d'Argos, 605, 605 a, 606, 737 a.

Danse armée, 248. — mimique, 593 a, 593 d.
Danube, fleuve personnifié, 525.
Daphnéphore, porteur de laurier, 683.
Dardanus, fondateur troyen, 860.
Darès, Troyen habile au combat du ceste, 869.
Darius, fils d'Hystaspes, 117.
Dauphin marin, 243 a, 526 a, 566, 625

à 630, 630 a, 851, 868. — de l'aurore, 589. — de Bacchus, 446. — Mélicerte, 626, 626 a, 627, 627 a. — de Cérès, 548 b. — de Neptune, 222, 252, 504, 505, 507, 510, 511, 512. — de Thétis, 763. — Tyrrhéniens (changés en), 446.

Décans, constellations zodiacales, 192, 193.

Décor, la beauté brillante, l'une des trois Grâces, 412.

Dédale, savant ouvrier crétois, 700, 701, 702, 703.

Déictérion, tracé par Minerve, 610.

Déidamie, fille de Lycomède, roi de Scyros, 764, 767.

Deimos ou *Pallor*, la Pâleur, suivante de Mars, 360, 369.

Déinomache, Amazone, 709.

Déiphobe, héros troyen, 774 a.

Déjanire, fille de Thestius, 674, 674 a, 675.

Delphes (temple de), 281.

Démiurge, artisan divin, 86.

Déméter. Voyez *Cérès*.

Démoléon, héros troyen, 775 (53).

Démons, 34.

Démophon, fils de Thésée, 646 a, 775 (197).

Démos de Delphes, 840, 848.

Dépouilles opimes, 877.

Dercéto, fem. poisson, mère d'Astarté. — Voyez *Dagon* et *Atargatis*, 203.

Dériades, roi indien, 447, 448.

Deucalion, fils de Prométhée, 603.

Dévaki, mère de Chrichna, 60.

Devatas, espace entre la terre et le soleil, 115.

Dévendra, dieu de l'Éther ou firmament. — Voyez *Indra*, 1, 83.

Devi, mère des Dieux, 28.

Devin, 775.

Devi-Roudrani-Cali, déesse de la vengeance, 26.

Dexaménus, centaure, 674 a.

Dhanvantari, dieu de la médecine, 23.

Dherma ou *Dharma*, *Deva*, dieu de la justice et de la vertu, 41, 42, 43.

Diadème, 320 g, 371, 462 a, 551, 551 a, 623, 628, 645 b, 674 a, 863, 892. — radié, 665 a, 934. Voyez *Stéphané*, *Credemnon*,

Diane, 137, 151 a, 151 c, 251, 252, 281, 320 d, 321 c, 329, 330, 369, 503 a, 585 a, 624, 629 a, 629 c, 629 d, 682, 683, 705, 713, 730, 762, 768. — Amazone, 325. — Artémis, 17, 249, 250, 276, 300, 301, 317, 321 a, 325, 325 a, 327. — chasseresse, 328, 351. — d'Égypte, d'Éphèse, 213, 315, 316, 317, 318, 320. — Étrusque, 585 a. — Hécate à triple forme, 326 a. — Leucophryne, 319. — Libera, 665 b. — Liménitis, 320 c. — Lucifère, 322, 323, 335 a, 681. — Lucine, prés. aux enfantem., 325, 337, 451. — Lune, 324, 329, 643. — Marine, 320. — Tauropole, 323 a. — Proserpine, 681. — Protect. des bois et des eaux, 503 a. — Taurique, 838, 839. Voyez *Bubastis*, 151 a, 151 c.

Dicé ou *Diké*, la Justice personnifiée, 837, 840.

Dictys, frère de Polydectès, 612.

Didon, reine de Carthage, 862 à 868 a.

Dioméda, fille de Phorbas, amie d'Achille, 775 (31).

Diomède, fameux héros grec, 767, 774, 775 (95), 776 à 780, 783 à 788, 795, 800.

Dioné, préside à la naissance de Bacchus, 431.

Dionysus. Voyez *Bacchus*.

Dioscorides, graveur, 779.

Dioscures, 221, 235, 236, 305, 543, 581, 603 b, 632, 737 à 744, 780. Voyez *Castor*, *Pollux*, *Hélène*.

Diote, emblème des libations (vase à deux anses), 279 a, 409 c, 496, 497, 740, 762 a.

Diptyque, registre, 604 d, 649, 762.

Dircé, fille de Lycus, roi de Thèbes, 623, 728, 728 a.

Discorde (déesse de la). Voyez *Eris*, 370, 763.

Disque ou *Globe* du monde, du soleil, de la lune, 142, 143, 145, 146, 147, 148, 150, 152, 158, 168 a, 169, 170, 176, 177, 177 a, 187, 185 a, 188, 190, 191, 275 a, 317, 532, 878.

Dius, mois de Jupiter, 331.

Djamboudwipa, la Terre, l'Inde, 115.

Djom, *Gom* ou *Sem* (l'Hercule égypt.), 153, 161.

Doryphores, piquiers, 117.

Dædalos, habile ouvrier de Vulcain, 275.

Dolon, fils de Priam, 786, 787, 788.
Domination (symbole de la), 249, 250.
Domitien, empereur, 524.
Donakis, nymphe des roseaux, 665.
Dragon céleste, 94. — ailé, 640. — de la fontaine de Dircé, 623. — du jardin des Hespérides, 654, 655, 665, 665 *a*, 665 *d*, 672. — de Minerve, 339. — de la toison d'or, 647 à 647 *b*, 657.
Drusus César, fils de Tibère, emp. rom., 896.
Dwipas, îles célestes, 115.

E.

Éaque, l'un des trois juges aux enfers, 555.
Eau, dieu, sa personnification, 18, 21, 69. — sacrée, 135.
Échelle, 555 *a*, 652, 683 *a*, 701, 775.
Écrevisse ou *Crabe*, 305, 320 *c*, 762.
Édicule, petit temple, 775 (117), 839.
Égée, père de Thésée, 649, 696, 698 *b*, 699.
Égialée, fils d'Adraste, 726 *a*.
Égide, armure de Jupiter, 261, 264, 581. — de Minerve, 250, 338 *a*, 342, 343, 344, 345, 347, 351, 609 *a*, 658 *a*, 658 *c*, 665 *b*, 836, 857 *a*, 896, 896 *a*. — de Méduse, 609.
Égine, l'une des nombreuses filles d'Asopus, 621 *a*.
Église du Saint-Sépulcre ou de la Résurrection, 950.
Égypte personnifiée, 578.
Égisthe, fils de Thyeste et Pélopia, 827, 831, 832, 833.
Eicton, âme de la nature, 155.
Eidolon. Voyez *Ombre* ou *Ame*, 804, 814 *a*.
Élagabale, empereur romain, 285 *a*.
Électre, sœur d'Oreste, fille d'Agamemnon, 555, 829, 830, 831, 834, 835 *a*, 837, 838.
Éléments (les cinq), 29.
Éléphant, 8, 25, 38, 66, 83, 84, 272, 448 à 451, 876, 878.
Élie, prophète, 918.
Élina. Voyez *Hélène*.
Élisée, disciple du prophète Élie, 918.
Elpis ou *Spes*. Voyez *Espérance*.
Empereurs romains déifiés, 889 à 900.
Encelade, géant, 337.
Endymion, fils de Jupiter, 324.
Énée, prince troyen, fils d'Anchise et de Vénus, 523, 773, 774 *a*, 775, 795, 820, 859, 859 *a* (18, 24, 36, 51, 108, 109, 110, 117, 118), 862, 896.
Énéualios ou *Ényalios*, le belliqueux, 275.
Enfants, symb. de la Fertilité, 518, 519, 520, 565, 895.
Enfers (les), 26, 44, 115. — divinités des enfers : Éaque, Hadès, Liber, Libera, Minos, Mara ou Parque, Pluton, Proserpine, Rhadamanthe, Sérapis. Voyez ces noms.
Entelle, Sicilien habile au combat du ceste, 869.
Enyo ou *Bellone*, déesse de la guerre, 358 *a*.
Éole, dieu des vents, 846.
Éos. Voyez *Aurore*.
Épée, 214 *h*, 232, 289, 290 *a*, 696.
Épervier, symb. du soleil, 135, 138 *a*, 140, 141, 152, 154 *b*, 155, 164, 165, 169, 172, 183, 186 *b*, 187 *b*, 190 bis, 192.
Épeus, ouvrier du cheval de Troie, 817.
Éphèbes, jeunes hommes, 491 *c*, 491 *d*, 501, 551 *a*, 555, 604 *d*, 646 *a*, 760, 864.
Éphialtes, géant, 509.
Épima ou *Sro*, décan du Capricorne, 192.
Épiméthée, frère de Prométhée, époux de Pandore, 602, 603 *d*.
Épis de blé, 212, 212 *a*, 212 *b*, 214, 250, 277 *a*, 476, 489, 518, 522 *a*, 526 *a*, 547 *b*, 551, 551 *b*, 552, 564 *a*, 570, 577, 579, 895, 897.
Érato, muse de la poésie érotique, 293, 296, 297, 753, 760.
Érébiou ou *Eregbuo*, décan du Sagittaire, 192.
Érichthonius, père de Tros, fondateur de Troie, 551 *b*.
Éridan céleste (fleuve), 193, 305.

TABLE DES SUJETS

Érigone, fille d'Égisthe, 323, 443 b, 837.
Érinnys ou *Furie* ailée, 444 a, 461, 832, 836.
Ériphyle, Leucippide, mère d'Alcméon, 721, 726 a.
Éris. Voyez *Discorde*.
Éro, décan du Taureau, 192.
Éros. Voyez *Amour*.
Érymanthe (nymphe de l'), 657.
Érythia, île de Géryon personnifiée, 657.
Eurytion, bouvier de Géryon, 664 a.
Esclave, 736.
Esculape ou *Asclépios*, 178, 216 a, 307, 308, 309, 310, 311, 312, 313, 314, 315.
Esmun-Esculape, 216 a.
Espagne personnifiée, 876.
Espérance ou *Elpis*, 409 a, 562.
Estia des Grecs. Voyez *Anouke*, 158.
Étables d'Augias, purgées par Hercule, 657, 672.
Été. Voyez *Saisons*, 476.
Étéocle, fils d'OEdipe, 720, 726, 726 a.
Étéoclus, fils d'Iphis, 726 a.
Éternel, Dieu, 213 d.
Éternité (symbole de l'), 3, 27, 115.
— (génie de l'), 901.
Étrennes, 244.
Éthra, mère de Thésée, 775 (107).
Étoiles, 157 a, 187, 236, 275 d, 285 a, 304, 603 b, 628, 628 d, 738, 739, 740, 741 a, 741 b, 836, 877 b. —
Symb., 603 c, 665, 709, 901, 914, 934, 937.
Eumée, porcher d'Ulysse, 856.
Eumélus, fils d'Admète, 775 (71).
Euménides ou *Furies* infernales, 444.
Eumolpus, fils de Neptune, 655.
Eunéos, fils d'Hypsipyle et de Jason, 725 a.
Euphorbe, héros troyen, 773, 775.
Euphronius, peintre de vases, 664 b.
Europe personnifiée, 683.
Europe, la sœur de Cadmus, 620, 620 a, 621, 621 a.
Eurotas, fleuve, 736.
Eurus, le vent sud-est, 534.
Euryale-Gorgone, sœur de Méduse, 612.
Euryclée, nourrice d'Ulysse, 856.
Eurydice, épouse de Lycurgue, roi de Némée, 555, 645 b, 725 a, 726 a, 727.
Euryloque, parent d'Ulysse, 854.
Eurynome, suivante de Pénélope, 856.
Eurypyle, fils de Télèphe, 775 (94).
Eurysthée, 672.
Eurysthée, mère d'Admata, prêtresse de Junon, 683.
Euterpe, muse, 296, 753.
Évarète, épouse du roi OEnomaüs, 735 a.
Évas ou *Eos*, ou *Eoas*, ou *Aoüs*, guerrier. Voyez *Hector*, *Memnon*, 803.
Éventail, 823.

F.

Faon, du cortége de Bacchus, 475, 604.
Faustine, femme d'Antonin le Pieux, emp. rom., divinisée, 301.
Faustulus, berger, 874.
Faunes, suivants de Bacchus, 444, 445, 451 a, 454.
Fécondité (embl. de la), 104, 174 a, 333 a, 402, 409, 490, 498 a, 874, 914.
Félix, grav. ant., 780.
Femme (la première), 110, 202, 589 a, 589 c, 602, 603.— ailée, 590, 590 d. — à tête d'épervier, 192. — à tête de lion, 162, 182, 189, 192. — de serpent, 141. — oiseau à tête humaine, 182.
Fertilité (symb. de la), 605 a, 670, 762. Voyez *Feuilles*, *fleurs*, *fruits*.
Férule (tige de), 601 b, 685.
Ferver, ange gardien, 117, 120.
Feu personnifié, divinisé, 18, 21, 29, 87, 88, 236, 237, 527, 601 a, 762.
Feuilles, symb. de Fertilité, 605 a.
Fidélité (génie de la), 760.
Figuier, symb. de Fécondité, 333 a, 874, 876, 914.
Fille (jeune) de 14 à 15 ans, 763.
Flambeau, attribut de l'Amour, 409 a, 409 e, 452. — Bacchus et son cortége, 452, 469, 478, 482, 486, 487, 489, 491 b. — Cérès, 250 e, 547 b. —Cybèle, 230.—Diane, 250, 251, 281, 301, 321, 322, 323. — Hé-

cate, 326 a, 328. — Hélios, le soleil, 305. — Hymen, 380, 408, 455, 456, 763. — Mantus, 592 b. — Mercure, 251. — Minerve, 350, 353 a, 837. — Proserpine, 554 et suiv. — Télété, 200, 469. — Vénus, 252. — Vulcain, 762. — Symb. du Feu, 236, 236 a, 237, 527, 539. — renversé, symb. de mort, 592 a, 603. — de nuit, 333.
Flamme symbolique, 859.
Flavia Nicomachis, femme célèbre de Mitylène, 904.
Fléau, instrument aratoire, emblème de la Puissance, 182, 182 b, 184, 191, 201.
Fleurs, embl. de Fertilité et d'Espérance, 474, 476, 491 b, 523, 537, 551, 562, 599 a, 599 b, 599 e, 600, 604 d, 620, 649, 665 b, 670, 737, 763, 802, 823.
Fleuves personnif., 301, 305, 319, 519 à 526, 550, 735 a, 736, 742 a. — (tête de), 526.
Floralia, jeux floraux, 599 a, 599 b.
Flore, déesse des fleurs, 599 a, 599 b, 599 c.
Flûte double, 296, 340, 340 a, 443 a, 451 a, 462, 470, 471, 475, 481, 489, 511, 599, 604 a, 685, 753,
760, 773. — simple (plagiolos), 64, 66, 486, 593, 593 a. — Syrinx, 850.
Fontaine, 496 a, 623, 644, 734, 742.
Force (symb. de la), 107, 108, 239, 333.
Fortuna-Cérès, reine de la terre, de la mer, 564 a.
Fortune d'Antium, 566, 567. — armée, 567. — des dieux, 568. — de Préneste, 565. — ou *Tyché*, 304, 320, 563, 564.
Foudre, symb. du Pouvoir, attrib. de Jupiter, 239, 249, 250, 256, 260, 261, 275, 581, 585 a, 601 b, 725 a, 774, 814.
Fouet, symbole de la Puissance, 143, 182, 444, 555, 831.
Fourmi, près de Mithra, 131.
Frayeur personnifiée, suivante de Mars, 370.
Fruits, symb. de la Prospérité, de l'Abondance, 475, 476, 490, 491, 523, 533, 551 a, 551 b, 597, 598, 599 d, 670, 763.
Fuseau, symb. de la Servitude, 823.
Furies, divinités infernales, 555, 636, 821, 832, 833, 835 à 837, 839. — ailées, 444, 726.

G.

Galba, emp. rom. en génie du peuple romain, 889.
Galéné, nymphe de la sérénité de la mer, 456, 854.
Galères dites *Trirèmes*, 868 a.
Galien, médecin, 315.
Galinthias, magicienne nuisant à l'enfantement, 653.
Gandharvas, musiciens célestes, 27, 57.
Ganésa, chef de la troupe céleste, 28, 37, 39. — dieu de l'année et de toute sagesse, 40. — à tête d'éléphant, 38.
Ganga, le Gange, fleuve céleste, 21, 24, 190. — Lune, 25, 99.
Ganyméda, déesse de la Jeunesse. Voyez *Hébé*.
Ganymède, jeune chasseur, favori de Jupiter, 745 à 746 a.
Gargaphie, fontaine, 619 a.
Garoudha, oiseau de Vichnou, 23, 27, 55.
Gâteaux sacrés, 491 b, 491 c.
Gazelle, attrib. de la Lune, 94. — de Sovk, 152.
Géants combatt. par Jupiter, 254. — Apollon Griffon, 302. — Neptune, 509. — Hercule, 676, 676 a.
Gélasia, l'une des trois Grâces, 412.
Gémeaux, sig. du zod., 191, 192, 193, 252, 317.
Genéiastères (couvre-joues), 809.
Générateur cosmique, 187, 187 a.
Génies (bons et mauv.), anges, 110 bis, 111, 117, 124. — ailés, 590 f, 591 a, 592, 592 a, 629 a, 637, 676 a, 812, 876, 896. — de l'Ame, 812. — d'Auguste, emper., 581 c. — de Bacchus, 462, 474, 482, 486, 685. — du Champ de Mars à Rome, 901. — du Cithéron,

mont, 629 a. — de la Comédie, 760.
— des Enfers, 591, 591 a, 591 c, 592 a, 750 a. — de l'Éternité, 901.
— de la Fidélité, 760. — d'Hercule, 670. — de l'Histoire, 760. — de l'Hymen, 649. — de Jupiter, 582 a.
— de Mars, 357, 875. — de la Mémoire, 760. — de Mercure, 423.
— de la Moisson, 670. — du Moluris, rocher, 625. — du Monde, 901. — de la Mort, 557, 592, 603, 644, 676 a, 812, 840. — des Muses, 296. — des Mystères, 457, 491 b, 555, 556. — du Mythe, 760. — de la Nature, 760. — de Neptune, 510.
— du Nil, fleuve, 518, 519, 520.
— de l'Orage, 878. — du Peuple romain, 886 à 889. — des Planètes, 116. — de la Poésie, 760 896 a. — de la Sagesse, 760. — des Saisons, 476, 913. — du Sénat rom., 885. — du Sommeil, 324, 333 a. — de la ville de Taba en Carie, 330.
— de la Tempête, 861. — de la Terre, 323, 603, 644, 760, 762. — du Théâtre, 351. — de la Tragédie, 760. — du Vent, 878. — de la Vertu, 760. — de Vulcain, 590 b.
Génisse d'Io, 604. — de Pasiphaé, 700, 701.
Germanicus, emp. rom., 418, 547, 895, 896, 896 b.
Germanie captive, 379.
Géryon, moustre à la triple tête, au triple bras, 657, 664, 664 a, 664 b, 672.
Glaive, 214 d, 214 g, 444, 591 a, 592 b.
Glaucus, guerrier troyen, 510 a, 784.
Globe myst., 117, 120, 138, 140, 143, 145, 166 a, 173, 182, 187, 187 b.
Globe de la Fortune, 563, 602, 603.

— d'Isis, 153. — de Jupiter, 248.
— de la Lune, 150. — de Saturne, 240 a. — du Soleil, 143, 176, 303.
— de Thoth, 168 a, 174 a, 188. — de l'Univers, 304, 372, 395, 507, 879, 887, 896, 901, 923, 934, 939.
— d'Uranie, 295, 332. — de Vénus de Syrie, 207.
Glycon, sculpt. athénien, 666.
Gnomon, indicateur, 837.
Gœa ou *Tellus*, symbole de la Terre, 433, 551.
Gom, ou *Djom*, ou *Sem*, Hercule égypt. Voyez *Sem*.
Gorgones, filles de Phorcys. 612.
Gorgonium, masque, 214 h, 341 d, 636, 639, 658 a, 664 a, 725, 781, 782, 800 a, 810, 812, 815, 836, 839, 857 a.
Gouvernail de vaisseau, 575, 762, 850, 851, 935.
Grâces (les trois) ou *Charites*, 250 a, 281, 313, 410, 411, 412, 412 a, 431, 580, 682 a, 690, 737 a.
Graphium ou *Stylet* pour écrire, 296.
Gration, géant, 328, 329.
Grenade, attrib. de Cérès et de Proserpine, 552, 554 a, a, 591 c.
Griffon, animal fantastique, 122, 172 b, 251, 285 e, 301, 302, 343, 347, 381, 485, 487, 559 e, 590 e, 629, 713 a, 714, 714 a, 812 b, 826. — mariu, 510.
Grotte myst., 131, 132, 133, 626 a, 653, 875.
Grue, oiseau, 589 d, 661 a, 813.
Guerre (dieu et déesse de la). Voyez *Mars*, *Bellone*, *Arès*, *Enyo*, *Soubramahuya*.
Guirlandes, 604 d, 659, 737, 802, 839.

H.

Hadès, le Bacchus de Samothrace, 238.
Hadès. Voyez *Pluton*.
Hadrien, emp. rom. en Jupiter, 898, 899.
Hamsa, oiseau consacré à Brahma, 20, 22.
Hanouman, prince des singes, 54, 57, 58, 82.

Hanouman-Pávana, le fils de Pávana-Siva, âme universelle, 96 bis.
Hara-Gauri (hermaphrodite), 21.
Hara-Héri (l'eau et le feu), 18.
Halcyone, sœur d'Eurysthée, 659.
Harmonie (dieu des arts et de l'). Voy. *Apollon-Phtha*, 156.
Harmonie, fille de Mars et de Vénus, épouse de Cadmus, 624.

Harpe, espèce de faucille, 240 à 242, 604 *b*, 608, 610, 611, 613 *b*, 658, 695.
Harpocrate, fils d'Isis, 138 à 142, 157, 172 *a*, 174 *a*, 184.
Harpyies, sœurs d'Iris, 644 *a*.
Haste, espèce de javelot, 539, 673, 643.
Hathor ou *Athor*, rectrice de la région sup. du monde, 146. Voyez *Athor*.
Hébé, épouse d'Hercule, 249, 621 *a*, 621 *b*, 682, 683, 762, 898.
Hébon, taureau à tête humaine, 464, 465, 465 *a*.
Hécate, divinité des Enfers, 550, 551, 556. — considérée comme Lune, 326, 326 *a*. — comme Diane, 324, 643.
Hécatombe, sacrifice aux dieux, 775 (10).
Hector, héros troyen, fils de Priam, 764, 773, 775 (21, 26, 33, 36, 37, 57, 61, 63, 76), 783, 784, 784, 790, 790 *a*, 794, 795, 796, 803, 804, 805 *a*.
Hécube, épouse de Priam, mère d'Hector, 775 (112), 807, 820, 823.
Hélène, sœur des Dioscures, 736, 737, 751, 752, 753, 754, 775 (104, 107, 109), 806, 824, 825.
Hélénus, fils de Priam et d'Hécube, 775 (111, 112).
Hélios. Voyez *Soleil*.
Hellé, fille d'Athamas et de Néphélé, 630, 630 *a*.
Héosphoros. Voyez *Lucifer*.
Hépé, décan du Lion, constellat., 192.
Héphæstoboula, conseillère de Vulcain, surnom de Minerve, Hygie ou Médica, 601.
Héphæstus. Voyez *Vulcain*.
Héra. Voyez *Junon*.
Héraklès-Chronos, le Temps ou *Éon*, ou *Protogonos Phanès*, 239.
Héraut d'armes, 606, 775, 783, 802, 805, 863, 870, 920.
Hercule, fils de Jupiter et d'Alcmène, 257, 280, 315, 354, 412 *a*, 457, 503 *a*, 555, 603, 603 *b*, 604 *d*, 624, 651, 653 à 695, 699, 713. — Égyptien. Voyez *Sem*. — Phénicien. Voy. *Melkarth*. — Sicilien. Voyez *Sandacus*. — de Thaos, 220. — de Tyr, 218. — Argonaute, 354, 640. —

—Calanicé, 603 *b*, 665 *c*. — chemins (protecteur des), 690. — Mélampyge, 683, 683 *c*. — Mithra, 133 *a*. — Musagète, 689. — Travaux (ses), 280, 555, 603, 603 *b*, 654, 655, 657 à 667, 674, 676 à 676 *b*, 681 *b*, 685. — Victor, son temple, 659. — (Génie d'), 670.
Hermaphrodite (deux sexes), 2, 21, 110, 333 *a*, 425, 426.
Hermès-Mercure, 249, 250 *l*, 250 *q*, 251, 252, 313, 380, 413 à 423, 426, 432, 453, 508, 556, 604 *a*, 604 *b*, 623, 624, 664, 665, 682 *a*, 747, 762, 823, 920. — Cabirique, 237, 238 *a*. — Criophoros, porte-bélier, 422, 422 *a*, 423, 424, 909, 916. — protecteur des chemins, 587, 690, 695. — du Commerce, 420, 423, 639 *a*. — Énagonios, dieu de la Palestre, des Gymnases, 301, 416, 417, 418, 418 *a*, 418 *b*. — messager des dieux, 415, 419, 419 *a*, 432, 435 à 438, 550, 553, 555, 556, 652, 653, 682 *a*, 727, 749, 750, 750 *a*, 775 (72), 840, 847. — Nomios, pasteur, 423, 604 *a*, 604 *b*, 604 *c*, 664. — Psychopompe, conducteur des âmes, 421, 421 *a*, 602, 603, 773, 803, 812, 920. — Sphénopogon, à barbe conique, 250 *l*, 413, 414, 587. — Terme, cubique ou borne, 427, 587, 832. — Trophonius, nourricier, 551 *b*.
Herméso, l'une des Hespérides, 665.
Hersé, fille de Cécrops, 414.
Hersilie, Sabine, épouse de Romulus, 877 *a*.
Hésione, fille de Laomédon, 663.
Hespérides, nymphes, filles d'Hespéros, fils ou frère d'Atlas, 665, 665 *a*, 665 *b*, 665 *c*, 665 *d*, 672.
Hespéros, génie des Planètes, 234.
Hestia ou *Vesta*, 249, 510 *c*, 539.
Heures ou *Saisons* (les trois), 250 *n* à 250 *r*, 317, 431, 432, 551, 553.
Hibou. Voyez *Chouette* de Minerve, 603.
Hilaira, fille de Leucippus, 737, 737 *a*.
Hiéracocéphale, personne à tête d'épervier, 182, 183, 192, 193.
Hiérodoules, servantes sacrées, 175.
Hiléaira, fille de Niobé, 729.
Himation, espèce de tunique, 658 *a*.
Himéros, frère d'Éros, 380, 408.

TABLE DES SUJETS

Hippasus, fils naturel de Priam, 795.
Hippocampe, cheval marin, 201, 222 a, 359, 384, 421, 510, 511, 589 c, 589 d, 591 b, 763, 800, 808 a.
Hippocoontides, fils d'Hippocoon, fr re de Tyndareus, 656.
Hippocrène, source consacrée à Apollon et aux Muses, 619.
Hippodamas, fils de Priam, 775 (55).
Hippodamie, fille d'OEnomaüs et d'Évarète, 734, 735, 735 a.
Hippolyte, reine des Amazones, 662, 672, 709, 711, 712.
Hippomédon, fils d'Aristomachus, 726 a.
Hippopotame, cheval de fleuve, 185, 192, 518, 520.
Hippothoüs, prince, chef pélasgien, 795, 796.
Hiranyacasyapa, géant, 51.
Hiranyakcha, géant, 50.
Histoire (génie de l'), 760.
Hiver. Voyez *Saisons*, 476.
Hom, arbre myst., 120.
Homadus, centaure, 659.
Homère, poëte, 755, 756, 757, 758, 759, 760, 761.
Homme (le premier), 110, 601 a, 601 b, 601 c, 603. — ailé, 27, 125, 192. — à tête d'âne, 141. — boeuf, 119, 192. — à tête de chakal, 192. — cheval. Voyez *Centaure*. — à tête d'épervier, 141, 192. — à tête de grenouille, 141. — à queue de scorpion, 192. —, à tête d'ibis, 141. — à tête de lièvre, 141. — à tête de lion, 119, 161. — poisson, 192, 202. — symb. de saint Matthieu l'évangél., 946. — oiseau à tête humaine, 182. — taureau, 122 b.
Homoth ou *Isró*, décan du Capricorne, 192.
Honneur et *Vertu*, 573.
Honorius, emp. rom., 936.
Horloge d'eau. Voyez *Clepsydre*, 762.
Horus, dieu de la Lumière, fils d'Isis et d'Anebo, 136, 138, 138 a, 139, 141, 146, 150, 151, 157, 157 a, 161, 165, 169, 172, 172 a, 173, 182, 183, 184, 186 b, 187 b, 190, 192, 193, 585 a.
Horus-Harpocrate, 138, 139 a, 140, 172, 174 a.
Hure de sanglier, 631, 636.
Hyades, groupe d'étoiles, 193.
Hydre, constellation, 192.
Hydre, monstre des marais près de Lerne, 657, 658, 658 a, 658 b, 672.
Hydrie, vase à eau, 508, 508 a, 508 b, 527, 605 a, 623, 679, 692, 740.
Hygiée ou *Hygie*, déesse de la santé, 310, 310 a, 560, 665 a.
Hylas, Argonaute favori d'Hercule, 641, 690.
Hymen (Hymenæos), 380, 455, 456. — mystique, 606, 665 b, 735, 737. — (génie de l'), 649.
Hypsipyle, nourrice d'Adraste, 725, 725 (5), 726 a.

I.

Iao, dieu panthéistique des Gnostiques basilidiens, 960.
Iacchus, fils de Jupiter-Serpent et de Proserpine *Korè* ou *Libera*. Voyez *Bacchus*.
Ibérie personnifiée, 657.
Ibicocéphale, personnage ailé d'Ibis, 189.
Ibis, oiseau sacré, destructeur des serpents, 135, 136, 152, 190, 193, 518, 578.
Icare, fils de Dédale, 702, 703.
Icarus ou *Icarius*, 443 b, 477.
Ichneumon, animal consacré à Hercule, à Latona-Bouto, 151 b, 151 c.
Ichneumon, ennemi du crocodile, 518.

Ida, mont, 749, 759.
Idæus, héraut troyen, 805.
Idas, fils d'Apharée, 737.
Idoménée, roi de Crète, 774, 775, 796, 802.
Ilia, mère de Romulus. Voyez *Rhéa-Sylvia*.
Iliade personnif., 760, 761.
Ilionée, héraut d'armes troyen, 862, 870.
Ilithyes, déesse présidant à la naiss., 250 a, 653.
Ilithyie, Junon, ou Diane, ou Héra-Lucine, 337, 604. Voyez *Diane*.
Imouth ou *Imuthes*, Esculape égypt., fils de Phtha, 178.

FIGURES SUR LES PLANCHES. XIX

Indra aux cent yeux, dieu hindou du Firmament, 28, 83, 84, 85, 115.
Indrani, l'épouse d'Indra, 28.
Inachus, fleuve, 665 a.
Initiation (scène d'), 120, 135, 677.
Ino, fille de Cadmus et épouse d'Athamas, devenue déesse de la mer. Voyez *Leucothée*.
Io, fille d'Inachus, déesse lunaire, 526, 604, 604 d.
Iobates, roi de Lycie, 616, 617.
Ioh ou *Ooh*, *Piouh*, *Pboh*, ou dieu Lunus, 142, 148, 148, 150, 177, 182, 185.
Iolaüs, héros sarde, 224. — neveu d'Hercule, 658, 664 a, 665 d.
Iole, fille du roi Eurytus, 673.
Iphiclus, frère d'Hercule, 654.
Iphigénie, prêtresse de Diane et sœur d'Oreste, 768, 838, 839, 840.
Iphition, héros troyen, 775.
Iravat, éléphant à plusieurs trompes, 83, 83 a, 638, 638 a, b, 503.
Hydrie, vase à eau, 603, 603 a, 502, 543, 605 a, 623, 679, 691, 720.
Hygiée ou *Hygia*, déesse de la santé, 310, 310 a, 360, 683 a.
Hylas, Argonaute favori d'Hercule.
Hymen (Hymenæus) 38, 51.
Janus, bifront (année), 242, 243 a, 244, 245.
Jasion, amant de Cérès, 655 a, 651 b, 860.
Jason, Argonaute, 354, 638, 639 a, 646, 646 a, 646 b, 646 c, 647, 647 b, 649, 680.
Jaune, coul. symb., 185, 603 c.
Jean l'Évangéliste, son symb. Voyez *Aigle*, 946, 947.
Jésus-Christ. Voyez *Christ*.
Jeux floraux, 599 a. — funèbres, 770.
Jonas (Aventure de), type de la résurr. du Christ, 914.
Jour personnifié. Voyez *Cala*.
Jourdain, fleuve, 918.
Jovialis, génie de Jupiter, 582 a.
Jule. Voyez *Ascagne*, fils d'Énée.
Julia Domna, imp. rom. en Junon, 902.
Julia Procula, poétesse de Mytilène, 906.
Junon ou *Héra*, reine du Ciel et des Dieux, 249, 252, 273, 274, 274 a,

Iris, messagère des Dieux comme Mercure, 679, 707, 795, 823.
Isaïe (le prophète) ou Esaïas, 333.
Isis, mère de l'Égypte arabique, 136, 137, 138 a, 141, 149, 153, 160, 182, 182 b, 188, 190, 192. — Athor, 145, 147, 154 a, 175. — Myrionyme, 180. — Panthée, 526, 585 a. — Pharia ou de Pharos, 160 a.
Ismène, fille d'Œdipe et de Jocaste, 723, 726 a.
Isménius, fleuve, 683.
Isro ou *Homoth*, décan du Capricorne, 192.
Italie personnifiée. Voy. *Taureau*, 600, 683.
Térésie personnifiée. Voyez *Methe*.
Ixion, supplicié des Enfers, 773.
Iynx, oiseau enchanté, 604 d, 647 b, 665.
Ized, génie de la religion perse, 123, 124.

J.

Jupiter crétois, fils de Chronos et de Rhéa, 247 a 250, 250 q, 252, 253, 256, 304, 305, 336, 337, 431 a, 434, 554 c, 603 b, 604 c, 620, 621, 621 a, 624, 632, 670, 680, 681, 682, 691, 736 a, 737 a, 746, 760, 755, 860, 895, 897 a 899, 901, 920. — (génie de), 582.
Jupiter aegiochus, porte-égide, 261, 866.
Jupiter aetophore, portant l'aigle, 257.

— d'Argos, — de Carthage, 808, 808 b, 215. — d'Égypte, 160 a, outre Isis et Sati. — de l'Inde, 471. — Lacinienne, 273 d. — de Platée, 273 c. — Stygienne, 555. — de Syrie, 207 a. — Dioné, 273 a. — Ilithye, protectrice des naissances, 604 d. — Lanuvina, conservatrice, 275. — Monéta, présid. à la fabrication des monnaies, 275 c. — Pronuba, tutélaire des mariages, 262. — Sospita, conservatrice, 275 b. — Zygia, présid. au mariage. Voy. *Cinxia*.

2.

TABLE DES SUJETS

Jupiter-Ammon, dieu bélier, 174, 215, 269 à 272.
Jupiter apomyos, chasseur de mouches, 266.
Jupiter-Aristée, chasseur, 628 c.
Jupiter-Axur, ou *Anxur*, ou *Véjovis*, 261, 262, 581.
Jupiter capitolin, 258.
Jupiter-Cassius de Syrie, 268.
Jupiter conservateur, 260.
Jupiter custos ou gardien, 259, 581.
Jupiter dius (mois) de Macédoine, 331.
Jupiter dodonéen, source de vie, comme le fleuve Achéloüs, ou Pélasgique, fils de l'Éther et père de Proserpine, 263, 273.
Jupiter férétrius, protecteur des guerriers, 260 a, 877.
Jupiter gamélius, présid. au mariage, 275.
Jupiter herceus, protecteur des familles, 775, 820.
Jupiter idéen, 230 a.
Jupiter infernal, ou Pluton, 554 a, 555.
Jupiter labrandéus, ou Jupiter guerrier des Cariens, 267.
Jupiter laphystius (fuyard), 647 a.
Jupiter olympien, père des Dieux, 254, 380, 551, 551 b, 892.
Jupiter philaléthès, ami de la vérité, 559 b.
Jupiter, planète, 94, 116, 153, 190, 193.
Jupiter pluvius, 265.
Jupiter-Sérapis, le Pluton égyptien, 174 c, 180, 180 a, 195.
Jupiter syrien, 207.
Jupiter de Tarse. Voyez *Baal*, 214.
Jupiter tonnant, 351.
Jupiter victor, 255.
Jupiter-Vulcain, 704 g.
Justice (dieu de la). Voyez *Dherma*, 41, 42, 44. — Dicé, son symbole, 837.

K.

Kailasa, surnom de Siva.
Kalastri-Lingam, incarnation de Siva, 36.
Kandopa-Avatara, incarnation de Siva, 36.
Karchésion, coupe bachique, 428.
Kérès, génies de la Mort et des Enfers. Voyez *Génies*.
Ketou et *Rahou*, éclipses, 94.
Kibisis, espèce de gibecière, 610, 611.
Kneph, dieu égypt., 157, 159, 172 a, 180 a. — Nilus-Agathodémon, 182.
Kneph-Phtha, serpent-lion, 163.
Knouphis-Nilus, le fécondateur, 158, 174 a. Voyez *Cnouphis*.
Kora ou *Proserpine*, épouse d'Hadès ou Pluton. Voyez *Proserpine*.
Kordax, danse bachique, 428.
Kourmavatara, 2e incarn. de Vichnou, 49.
Kronos ou *Chronos*. Voyez *Baal*, Saturne.

L.

Labarum, étendard de Constantin, 931, 932, 935.
Labyrinthe, lieu tortueux à une seule issue, 701, 704 a, 704 b, 704 c, 705, 706 a.
Lachesis, Parque, présid. à l'horoscope, 602, 603.
Ladon, serpent gardien de l'arbre des Hespérides, 665.
Laie, 157, 192.
Lait (mer de), 23 a, 72, 74.
Laius, père d'OEdipe, 719.
Lalchmana, prince des singes, 54.
Lakchmi ou *Sri*, épouse de Vichnou, 17.
Lakchmi, déesse de l'Abondance, de la Beauté, 23, 47, 75.
Lakchmi Padmálaya, habitant du lotus, 70, 71.
Lampadophore, porte-flambeau, 603 c.
Lampe à tête d'âne de Vesta, 252. — de Vestale, 599 a. — symb. du feu éternel, 539.
Lampétie, sœur de Phaëton, 305, 306.

FIGURES SUR LES PLANCHES.   XXI

Laocoon, prêtre d'Apollon, 817 a.
Laodamas, fils d'Étéocle, 726 a.
Laodamie, fille de Bellérophon, 555, 772, 773.
Laodice, fille de Priam, 820.
Lapin, consacré à Soma Lunus, 98. — emblème de l'Espagne, 876.
Lapithes, peuples anc. de Thessalie, 715 c, 857 a.
Lares. Voyez Pénates, 580, 581.
Lasimos, peintre de vases, 823.
Latinus, père de Lavinie, épouse d'Énée, 870.
Latone ou Léto, fille du géant Cœus et de Phœbé, 729. — égyptienne. Voy. Bouto, 151, 151 a, 151 b.
Laurier, consacré à Apollon et aux Muses, 249, 250, 277 a, 279, 284, 285, 287, 290, 293, 294, 326 a, 377, 832, 835 a, 836, 840. — symb. de victoire, 368 b, 372, 374, 664, 711, 878, 896, 899.
Léagros, nom propre d'un donateur, 664 b.
Léda, épouse de Tyndare, 393, 603 b, 736, 736 a.
Léocharès, sculpt. antiq., 745.
Léthé, fleuve, 319, 558.
Léto: Voyez Latone.
Leucippides, filles de Leucippus, prêtresse d'Artémis et d'Athénée, 737.
Leucippus, roi de Messène, 737.
Leucothée, déesse de la mer et nourrice de Bacchus, 436, 437, 440, 446, 517, 626, 762, 853, 854. Voy. Ino.
Lézard d'Apollon, 285 d.
Liber et Libéra (Bacchus et Proserpine), 409, 443, 453, 462, 489 à 491 d, 554 x, a, 555 a, 555 c, 623, 665.
Libitina, déesse sépulcrale des Romains, 558.
Libye personnifiée, 683.
Licorne (bœuf unicorne), l'un des animaux purs, 117, 118. — symb. de la force pure, 941.
Lierre, consacré à Bacchus, 436, 443, 481, 482, 488, 628 d, 659, 681. — Ariadne, 460, 623.
Lièvre, symb. aphrodisiaque et de fécondité, 250 r, 250 s, 409, 491, 498 c, 602, 735. — destructeur, 741. — zodiacal, ou le trône d'Orion des Arabes, 193.

Lilavaïkouta, surnom de Brahma, 115.
Lingam, symbole indien de la génération universelle, 5, 8, 10, 28, 33, 35. — à tête humaine, 36.
Lingapoudja, emblème de vie et de santé, 10.
Ligne à pêcher, 695.
Linus, poète grec, 655.
Lion, 38, 130, 141, 181, 182, 191, 341 e, 530, 589 d, 590 c, 590 f, 764, 774, 775.
Lion ailé, 530. — du cortège de Bacchus, 446, 448, 474 à 476. — de Cybèle, 228, 229, 301, 317, 624. — à tête d'épervier, 172. — d'Hercule, 217, 412 a, 503 a, 664 b, 670. — homme, 51, 161, 161 a. — animal impur, 117, 118, 122 a, 122 b. — de Jupiter de Syrie, 207 a. — de saint Marc l'évangél., 946. — de Némée, 657, 672, 672 b. — (peau de), emblème de l'agriculture, 60, 333 a, 453. — symbole de puissance et de force, 107, 141 a, 161 a, 162, 165, 168 a, 239, 446, 448 a, 474. — de sanglier, 184. — serpent, 191, 617. — de Siva, 33. — taureau, aigle-serpent, 108. — de Thétis, 762. — zodiacal, 191 à 195, 252, 285 a.
Lipara, l'une des Hespérides, 663 a.
Lips, le vent du Sud-Ouest, 536.
Lis, fleur, 604 d.
Lit, 141, 698 a, 725 a, 736, 773, 775, 864, 867.
Lituus, sceptre, bâton augural, 188, 201, 599 b, 883, 895, 896, 896 a. — espèce de tube ou trompette, 802.
Livie, mère de Tibère et femme d'Auguste, emp. rom., 883, 895, 896.
Lokalokas, monts, 115.
Lokas, domicile des planètes. Voyez Swargas.
Lotus, plante aquatique, 15, 21, 23 a, 24, 28, 70, 71, 79, 88, 97, 111, 117, 137, 137 a, 138, 139, 139 a, 157 a, 172 a, 172 b, 174, 175, 182, 182 a, 189, 190, 191, 518, 521, 585 a, 940.
Louki, déesse des moissons, 80.
Loup, 605, 605 a, 786. — du zodiaque, 193.
Louve de Mars, 252. — de Romulus

et Rémus, 523, 874, 875, 876, 880, 901.
Luc l'évangéliste, son symbole. Voyez *Bœuf*, 946.
Lucifer ou *Héosphoros*, 304. — ou *Phosphoros*, 555 b, 665 b.
Lune ou *Lunus*, 31, 64, 80, 94, 97, 119 b, 120, 131, 142, 148, 155, 166 a, 167, 177, 182, 188, 191, 213 b, 213 c, 275 a, 275 d, 564, 603, 914. — Voyez *Astarté*, 213 b. — *Artémis* ou *Diane*, 320 a à 321 e, 324, 643. — *Ganga*, 25, 99. — *Hécate*, 326, 326 a, 550, 551, 556. — *Men* ou *mois*, 329, 332. — Planète, 94, 115, 116, 195. — Pooh, 150, 185. — Séléné, 304 a, 324. — Soma ou Tchandra, 98.
Lycurgue, roi législat., 444 a, 725 a, 726 a.
Lyncée, fils d'Apharée, 737.
Lyre ou *grande cithare*, instrument de musique, 220, 251, 281 à 285 f, 292, 293, 296, 301, 321, 409, 451 a, 454, 456, 472, 474, 486, 511, 555, 585 a, 645, 645 a, 645 b, 645 c, 689, 725 a, 760, 765, 843, 850, 875.
Lysippe, sculpt. grec, 667, 668, 688.

M.

Macara, monstre marin répondant au Capricorne, 99.
Machaon, fils d'Esculape, 816 b.
Madhyama (les monts), 115.
Mages (les rois), 955.
Magiciennes, 653.
Mahabhouta, dieu de la nature vivante, 109.
Mahadéva-Roudra-Cala, dieu vengeur hindou, 26.
Mahadévi-Bhoudévi, déesse de la mauvaise fortune, 73.
Mahanatma, 109.
Maharchis, grand prophète, 82.
Maharloka, résidence céleste de Soma, 115.
Mahicha ou *Mahichassoura*, démon hindou, 34.
Main de justice, 41. — myst. et symb., 333, 918.
Mandar, mont, 72.
Mandoulis ou *Mandou-Ré*, dieu égyptien, 192.
Mânes, âmes, ombres. Voyez *Ames*, 603.
Mangala. Voyez *Mars*, planète.
Manmatha ou *Camadeva*, 105.
Manto, fille de Tirésias, 726 a.
Mantus ou *Véditès*, le Pluton étrusque, 592 b.
Marathon (taureau de), 699.
Marc-Antoine, triumvir rom., 891.
Marc l'évangéliste, 946. — son symb. Voyez *Lion*.
Marcellus, consul rom., 260 a.
Mariage (divinités président au). Voy.
Cinxia, *Junon* ou *Héra*, *Pronuba*, *Zygia*.
Marie, vierge, mère de Christ, 920, 954, 955.
Markandeya, pénitent immortel, 236.
Markandeya-Isvara, incarnation de Siva, 35.
Maron, petit-fils ou fils de Bacchus, 441, 455.
Marouta, dieu des vents, 92. Voyez *Vayou* et *Pavana*.
Mars ou *Arès*, dieu de la guerre, fils de Junon (Héra), 249, 250, 252, 275, 301, 355 à 368, 370, 380, 381, 382, 555 a, 624, 656, 840, 872, 873, 874, 878. — égypt., 161, 161 a, 165. — étrusque, 588. — (Génie de), 357, 875. — gradivus, marchant, 366. — Pacifère, 367. — phénicien. Voyez *Melkarth*. — planète, 94, 115, 116, 153, 190, 192, 193, 195. — Stator, qui arrête les fuyards, 265. — Teichésiplètes, qui ébranle les murs, 363. — Ultor (vengeur), 367. — Victorieux, 364.
Marsyas, satyre suivant de Cybèle, 282, 299, 300, 301, 340 a, 453, 471, 472.
Marteau, symb. de l'industrie, 216 a, 234, 234 a, 237, 250, 471, 543, 591, 591 a, 603 c.
Martichoras, animal symbolique, 119.
Masques bachiq., 407, 475, 482, 487, 501, 573. — comiq., 291, 296, 761. — satyriq., 452, 629 b. — tragiq., 289, 290. — de Tritons, 762 a.

Massue, 140 a, 140 b, 217, 217 a, 224 a, 280, 290, 296, 503 a, 603, 604 d.

Matthieu, l'évangéliste. — Son symb. Voyez *Homme*, 946.

Matsyavatara, incarnation de Vichnou, 42.

Maya, divinité hindoue présidant à la procréation, a, 61, 102, 103, 104, 110, 111.

Méandre, fleuve, 319. — ornement, 799.

Médée, fille d'Aétès, roi de la Colchide, 646 à 650, 698 b.

Médésicaste, fille nat. de Priam, 820.

Mécisthée, fils de Talaüs, 726 a.

Médecine (dieu de la) dans l'Inde, 23.

Méduse, l'une des Gorgones, 197, 281, 335 à 347, 589 d, 603 c, 608 à 613.

Mélampus, prêtre de Dionysus, 607.

Mélantho, servante de Pénélope, 856.

Méléagre, fils d'Œnée, 631 à 636.

Mélès, fleuve, 756.

Mélicertès, fils d'Ino, dieu marin, le même que Palémon et Portumnus, 510 a, 513, 625 à 627.

Mélisa, l'une des Hespérides, 665.

Melkarth, dieu de la guerre, l'Hercule phénicien, 214, 215, 216, 216 a, 217.

Melpomène, muse de la tragédie, 289, 290. — (génie de), 290 a, 297, 301, 780.

Memnon, roi d'Éthiopie, fils de l'Aurore, 775 (83), 803, 812.

Mémoire (Génie de la), 760.

Men, Mensis, mois. Voyez *Lunus*.

Ménades, prêtresses de Bacchus et de Cybèle, 436, 438, 442, 444, 444 a, 452, 453, 454, 461, 469, 471, 474, 475, 480, 683.

Mendès-Schmoun ou *Amon générateur*, dieu égyptien, 155, 156.

Méné ou *Diana Luna*, 320.

Ménélas, Atride, frère d'Agamemnon, 632, 751, 768, 775, 775 b (104), 783, 795, 796, 797, 798, 824, 825, 826.

Ménesthée, héros grec, 774.

Menou et Sataroupa, le premier homme et la première femme, 110.

Mer (déesse de la). Voyez *Amphitrite*. — Voyez *Ino Leucothée*. — Voyez *Thalassa*.

Mercure. Voyez *Hermès*.

Mercure (Génie de), 423.

Mercure, planète, 94, 115, 116, 167, 195, 252.

Mérion ou *Mérionès*, petit-fils de Deucalion, 775 (39).

Mérionès, chef crétois, 795, 796, 802.

Mermérus, fils de Médée, 649.

Mérope, reine de Messène, 827, 828.

Mérou, mont, 21, 27, 115.

Messaline, épouse de Claude, emp. rom., 897.

Messapus, héros, fils de Neptune, 871.

Méthé, l'ivresse, 428 a, 449, 474, 475, 685.

Mètre, mesure, 136.

Midias, peintre de vases, 737 a.

Mimas, géant, 357.

Minerve Athéné, 17, 130, 162, 162 a, 164, 169, 173, 154, 223, 262, 361, 304, 600, 644, 655, 656, 658, 658 a, 682, 682 a, 699, 713, 748 à 750 a, 763, 775, 779, 780, 815, 820, 836, 837, 840, 842; le surplus sous le nom d'*Athéné*. — Ailée, 658 a, 664. — Aléa ou victrix, 345. — Erganè (ouvrière), 351, 639, 639 a. — Héphæstoboula, conseillère de Vulcain, 360. — Hippia, 347. — Hygiée, 352. — Médica, 601, 665 a. — Nicéphore ou victorieuse, 348, 352. — Pacifique, 350, 350 a, 351. — Poliade, protectrice, 346. Comme complément, voyez *Athéné*.

Minos, l'un des trois juges aux Enfers, 555, 699.

Minotaure, homme-taureau, 463, 704, 704 a, 704 d, 704 e, 704 g, 705, 706.

Miroir, 383, 407, 528, 555 a, 555 b, 555 c, 623, 665 b, 713, 835.

Misène, célèbre trompette troyen, 775.

Mithra, dieu du soleil et de la lumière. Voyez *Sourya*.

Mithras-Persée, 130, 131, 132, 133. — femme, 134.

Mitre, diadème ou bandelette en coiffure, 249, 429, 430, 458 a, 555 c, 711, 863, 865.

Mnémosyne, déesse de la mémoire, 286. — (génie de), 296. — assemblée des Muses. Voyez *Muses*.

Modius ou *Boisseau*, 140 a, 142, 174 a, 174 c, 182.

Modius, coiffure, image du boisseau renversé, 273, 319, 320, 453, 462, 501, 554 a, 554 a, a, 564 a, 887.
Mœra, chien, 323. — la Parque, 431.
Mœres ou *Parques* (les trois), 250 p, 435, 444, 558.
Mohani-Maya, incarnat. de Vichnou, 72.
Mois, présidés par douze grands dieux, 252.
Moloch ou *Baal*, roi, seigneur, dieu Soleil des Phéniciens, 213 d, 214, 214 f, 214 g, 704 f, 704 g. Voyez *Baal-Tharez*.
Moluris, (génie du rocher), 625.
Moly, herbe mystérieuse, 847, 847 a.
Momies, corps embaumés, 181, 182, 185.
Monde, 66, 115. — (génie du), 901.
Monnaie personnifiée, 691.
Monstres marins, 589 c, 613, 613 a, 629 b, 663, 762, 861.
Morphée, dieu du sommeil, 323, 324, 434, 452, 762.
Mort (Déesse de la), 26, 36, 421. — (génie de la). Voyez *Thanatos*. —

Mort (le) ou *Défunt*, 591 à 593. — (tête de), 959.
Mouni, solitaire hindou, 82.
Mouton symbolique, 841, 912, 913, 914, 917.
Moyse, législateur des Hébreux, 918.
Mritloka, région interméd. de la terre, 115.
Mulet de Vulcain, 473.
Musaraigne, animal consacré à Latone-Buto, 151 e.
Muses (les neuf), 287 à 298, 444, 475, 655, 759, 775. Voyez chacune à leur nom.
Myrte, consacré à Vénus et à l'Amour, 399. — à Bacchus, 438. — à Cérès, 250, 548. — symb. d'initiation aux mystères, 548 a, 551, 555 c, 623, 675 b, 677, 679.
Mystères (génie des), 457, 491 b, 555, 556.
Myrtile, aurige, 734, 735, 735 a.
Mystis, nymphe, institutrice de Bacchus, 436.
Mythe personnifié, 760.

N.

Nagapoudja, adorat. du serpent, 10.
Naïades, divinités des eaux terrestres, 324, 439, 500 à 503.
Naudi, bœuf symb., 24, 41.
Narasinhavatara, 4ᵉ incarnation de Vichnou, 51.
Naráyana, surnom de Vichnou, 46, 47.
Narcisse, fils du fleuve de Céphise, emblème de la fatuité, 409 c, 733. — fleur, 551.
Naréda ou *Narada*, fils de Brahmâ, 82.
Nature (génie de la), 760.
Nausicaa, héroïne honorée à Mytilène, 906.
Navette d'or de Vénus, 399.
Navigation (emblème de la), ou *Rame*, 523.
Navires, 223, 223 a, 639 à 640 a.
Neith, la Minerve égypt. Voyez *Minerve*.
Nélée, fils de Neptune et de Tyro, 637.
Némée (Nymphe de la forêt de), 725 a.

Némésis, déesse providentielle et de justice, 409 a, 554, 559, 559 a, b, c, 602, 636. — panthée, 560.
Néoptolème ou *Pyrrhus*, fils d'Achille et de Déidamie, 775 (94), 775 (106), 775 (114), 320, 822, 840.
Nephthys, divinité égypt. et libyque, fille de Nephthé, 139, 141, 182, 183, 901.
Neptune ou *Poséidon*, dieu de la mer, 222, 222 a, 249, 250, 252, 339, 504, 505, 506 à 510 b, 610, 649, 695, 697, 734, 762 a, 775, 775, 775. — Isthmius, 697. — Pétraos, 508 a.
Neptune (génie de), 510.
Nérée, monstre marin, symbole de la mer, 456, 510 a, 511, 666, 762.
Néréides, nymphes marines, 345 a, 383, 456, 511, 514, 629 b, 775, 775, 800, 802.
Nessus, centaure, 674, 674 a.
Nestor, chef et conseiller grec, 775, 795, 802, 811.
Netphé ou *Netpe*, fille de Phré, mère d'Isis, la Rhéa égypt., 160, 182.

FIGURES SUR LES PLANCHES.

Nicé ou *la Victoire*. Voyez 371, 679, 770.
Nil, fleuve, dieu, 136, 143, 158, 190, 192. — ses attributs symb., 137 a, 141, 181, 190. — (génie du), 518, 519, 520.
Nilomètre (colonne dite), 142, 174, 176, 177 a, 177 b, 178, 182, 196 a.
Nimbe ou *Auréole*, 947, 950, 953.
Niobé, épouse d'Amphion, 729, 730, 731, 733.
Niobides, filles de Niobé, 729, 730, 730 a, 730 b, 731, 733.
Nirée, héros grec, 775 (93).
Nænia, déesse de la mort, 421.
Noir, coul. symb., 56, 61, 111, 116, 184, 187 a, 603, 664 b.
Notos, le vent du Sud, 535.

Nourrice d'Alceste, 651. — Clytemnestre, 832, 833. — Léda, 736. — Oreste, 831. — Sichée, 867.
Nuit (la), 21, 333, 333 a, 380.
Numicius, fleuve, 523.
Nymphes, mer, 301, 340, 433, 434, 439, 443, 445, 454, 500, 501, 502, 503, 503 a, 559, 606 a, 619, 633 a, 641, 644, 657, 690 a, 871. — de Byblos, 409. — de Némée, 65. — bachique, 461, 474, 501. — de Lerne, 65. — du lac Stymphale, 657. — de l'Érymanthe, 657. — du Dyras, 679. — du Styx, 764.
Nysa, nourrice de Bacchus, 436, 437, 438, 474.
Nyséides, nymphes bachiq., 474.

O.

Oannès, dieu-poisson, 202.
Obélisque, 175. — d'Héliopolis, 901.
Octavie, sœur de Claude, emp. rom., 897.
Océan personnifié, 603, 895.
Océanides (filles de l'Océan), 764.
Odacon, dieu-poisson, 202.
Odyssée, poëme personnifié, 760, 761.
Œdipe, roi de Thèbes, 717, 718, 719, 720.
Œil de la Providence, symb. de Maya, mère de Cama (l'Amour).
Œil symbolique, 177 a, 182, 183, 190, 193.
Œil, symbole de la vigilance, 591 a, 591 c.
Œnée, père de Méléagre et de Déjanire, 635, 636, 646, 674 a.
Œnoé, nymphe, 657.
Œnomaüs, fils d'Hermès, roi d'Élis, 734, 735, 735 a.
Œuf, symbole du monde, 3, 13, 15, 20, 182 a. — de génération, 491, 605 a. — embl. des Dioscures, 603 b, 736.
Oie, consacré à Brahmâ-Vichnou, 20. — symbole de la vigilance, 98. — sauvage, symbole d'hiver, 476. — symbol., 124 c. — domestique, 582 a.
Oiseau aquatique, 476. — à tête de bœuf, 192. — à tête humaine, 141, 182. — memnonides, 812. — mystér.,

637. — rappelant le Passerculus de Vénus, 104. — symb. de la rapidité du temps, 239. — symb. de reproduction, 409, 769. — stymphalides, 657, 661, 661 a, 661 b, 665, 672.
Olen, fondateur de l'oracle de Delphes, 760.
Olivier symbolique, 230 a, 278, 339, 368, 476, 551, 571, 604 b, 619 b, 664 b, 670, 686, 699, 762, 800, 885, 929.
Olles, feuilles sacrées des Védas, 19, 86.
Olympus, disciple de Marsyas, 299, 301. — mont d'Arcadie, 498.
Ombres. Voyez *Mânes*, *Ames*.
Omphale, reine de Lydie, 671, 672 a.
Omphalos de Delphes, 280, 280 c, 678 a, 760, 835 a, 836, 836 a.
Onesás, graveur ant., 686.
Omset. Voyez *Amset*, 182, 190.
Ooh. Voyez *Joh-en-sou*.
Opheltès, fils de Lycurgue et d'Eurydice, 725.
Opora, une des Heures, la saison de l'automne, 436, 444.
Or, couleur symb., 116, 603 c, 836, 879.
Oracle des morts, 848.
Orage (génie de l'), 878.
Oreste, fils d'Agamemnon et de Clytemnestre, 555, 770, 820, 822, 829.
Orion (trône d'), constellation, 193.

TABLE DES SUJETS

Orithyie, fille d'Érechthée, 529.
Ormuzd, dieu perse de la lumière, 118.
Oroasoer. Voy. *Ptiau*, décan du Verseau, 192.
Orontes, fleuve personnifié, 522 a.
Orphée, propagateur en Grèce d'idées égyptiennes sur les Enfers, 555, 645, 645 a, 645 b, 645 c, 727, 917.
Orthros (Génie du), point du jour, 333.
Orthrus, chien à deux têtes, 664 b.
Oscilla, balançoire, 487.
Osiris, symb. de la transmigrat. des âmes, dieu des Enfers, 135, 136, 141, 141 a, 151, 153, 160, 166, 174 a, 178, 181, 182, 182 b, 905.
— Apis, 144. — Nil, 141. — noir, 178, 184. — Soleil, 139 b, 157 a, 585 a.
Othrionée, héros troyen, 775 (16).
Ouéré ou *Vérasua*, décan des Gémeaux, 192.
Oum, type idéal de la Trimourti, symbole caractéristique du Panthéisme brahmanique, 4.
Ouranos, le Ciel personnifié, 304, 304 a, 305, 919.
Ourse (la grande et la petite), constellations, 192.
Outre, vase formé d'une peau cousue, 476, 484, 486, 496 a, 844, 846.
Ousirei, 146.

P.

Palais de Priam, 775. — de Latinus, 870.
Palamède, héros grec, 842.
Palémon, dieu marin. Voyez *Mélicertès* et *Portumnus*.
Palæmonium, temple de Palémon, 626 a.
Palladium, statue de Pallas, 775, 776, 777, 777 a, 778, 779, 780.
Pallantides, 715 c.
Pallas de Sardaigne. Voyez *Minerve*.
— Athéné. Voyez *Minerve*. — géant vaincu par Minerve, 338, 338 a.
Pallor ou la *Pâleur*, 360, 369.
Palme, symb. funèbre, ou de justice, ou de mort, ou de victoire, 184, 186 c, 188.
Palme, symb. de victoire, 244, 352, 374, 378, 590 g, 627, 657, 713 a, 764, 877 b, 882, 896 a, 921.
Palmettes, ornements, 709.
Palmier sacré. Voyez *Aswattha*, 1, 27, 38, 79.
Palmier, 320 b, 379, 416, 657, 672 b, 685, 664 b.
Paludamentum, vêtement, signe de victoire, 879.
Pamphile, grav. ant., 782.
Pampres, 288, 289, 409, 442, 453, 459, 487, 512, 523, 596, 685.
Pan égypt. Voyez *Mendès-Schmoun*, 155, 155 a, 155 b, 194.
Pan, satyre danseur, 444, 448, 451 a, 452, 453, 454, 458 b, 474, 475, 476, 481, 486, 498, 498 a, 499, 501, 502, 554 c, 604 d, 623, 629, 665, 670, 685.
Pandarus, fils de Lycaon, Lycien, 795.
Pandore, la première femme créée par Prométhée, 602, 603 c, 603 d.
Panier de fleurs, 737.
Panisque ou *Faune*, 484.
Panoptes (Argus dit), 604 d.
Panthées (figures), 585 a.
Panthère de Bacchus, 251, 443, 444, 445, 448, 449, 451, 452, 458 c, 462, 469, 474, 475, 476, 479, 481, 482, 487, 492, 593 c, 685, 774. — symb. de Clytemnestre, 780.
Paon, 1, 39.
Paon de Junon, 252, 273, 604 b, 605 a, 902. — d'Argus, 605, 605 a. — symb. d'immortalité, 938, 939.
Papillon, symb. de l'âme, 406, 409, 601 e, 603, 959.
Papirus et sa mère, 830.
Parasacti - Bhavani, mère de la Trimourti, 1, 13.
Parasol, 725 a.
Parasou - Rama, 6e incarnation de Vichnou, 1, 53.
Parazonium, épée courte, 573.
Pâris (Alexandre), prince troyen, fils de Priam et d'Hécube, 747, 748, 749, 750, 750 a, 752, 753,

754, 775 (23), 775, 783, 784, 795, 806, 824.
Parnasse, mont, 603, 619, 760.
Parques ou *Mœres* (les trois), 250 *a*, 432, 558, 602, 636.
Parthénon d'Athènes, 341 *h*, 341 *i*.
Parthénopée, chef argonaute, 721, 726 *a*.
Parthénos ou la *Minerve* vierge, statue de Phidias, 345.
Parthénopœus, compagnon d'Amphiaraüs, 725 *a*.
Parvati, épouse de Siva, 1, 17, 24, 27, 37, 39.
Parvati-Bhavani, déesse hindoue, 1, 21, 27.
Pasiphaé, épouse de Minos, 700, 701.
Passerculus de *Vénus*, 1, 104.
Pasteur, le bon Pasteur chrétien, 909, 910 à 916, 916 *a*, 917, 942.
Pasteur, dieu. Voyez *Aristée*.
Patalas (les sept) Enfers hindous, 1, 115.
Patère, coupe, symb. des sacrifices, 258, 262, 490 *a*, 526 *a*, 547 *a*, 548, 560, 570, 599, 622, 665, 705. — des jeux pythiq., 681, 681 *a*, 760, 761 *d*, 762, 886, 898.
Patrocle, héros grec, ami d'Achille, 771, 775 (30), (32), (36), 795, 796, 797, 798, 804 (38), (39), (40), (68), (89).
Paul (saint), apôtre de J. C., 919, 945, 950.
Pavana, dieu des vents, 1, 92. Voy. *Vayou* et *Marouta*.
Pavana-Siva, 1, 96 *bis*.
Pavor, la frayeur, 370.
Payots, 250, 489, 572, 896, 897. — symb. de l'oubli, 649.
Paytnouphis, surnom de Thoth-Hermès, 168 *a*.
Pédagogues, 649, 651, 654, 725 *a*, 730, 732, 736, 834, 833.
Pédasus, l'un des trois chevaux d'Achille, 775 (35).
Pedum, bâton pastoral, 229, 230, 230 *b*, 451 *a*, 685, 746 *a*, 749.
Pedum, bâton pastoral, 291, 297, 423, 444, 474, 482, 486, 498, 499, 629, 745, 910, 915.
Pégase. Voyez Zodiaque, 193.
Pégase, 347, 613 *c*, 614, 615, 616, 617, 618, 619, 619 *a*, 896, 923.

Pélée, 510 *c*, 633, 762, 762 *a*, 762 *b*, 763, 766.
Péliades (les), filles de Pélias, 648.
Pélias, roi d'Iolcos, 637, 637 *b*, 648.
Pélican, oiseau symb. chrét., 940.
Pélops, 734, 735, 735 *a*.
Pelta, sorte de bouclier, 710, 866.
Pénates ou *Lares* de Rome, dieux tutélaires, 580, 581. — famil., 581 *a*, 581 *b*, 581 *c* à 584, 585, 598, 775, (108), (109), (117), 859 *a*, 860.
Pénée, fleuve personifié, 657.
Pénélée, chef des Béotiens, 775.
Pénélope, épouse d'Ulysse, 856.
Penthée, successeur de Cadmus, 445.
Penthésilée, reine des Amazones, 775 (80), 775, 806, 807, 808, 809, 810.
Père éternel des chrétiens, 918.
Périclès, 712.
Périphétès, 706.
Périscélides, ornement des pieds, 407, 412.
Perles, 835 *a*, 836.
Perrophatta pour *Perséphassa*, 548.
Perroquet, attribut de Maya, mère de Cama, l'Amour, 1, 104.
Persée. Voyez Zodiaque, 193.
Persée, 447, 608, 609, 609 *a*, 610, 611, 612, 613, 613 *a*, 613 *b*, 613 *c*.
Perséphone, fille de Déméter, 301, 548, 554 *a*, 555.
Perséphone ou *Kora*, déesse grecque, 238. Voyez *Proserpine*.
Pétase ailé, attrib. de Mercure, 249, 250 *a*, 251, 419, 421, 664, 690, 747. — de Persée, 608, 613 *c*. — non ailé, chapeau de voyage, 631, 657, 665, 711, 712, 713, 727, 749.
Peuplier, 305.
Phaéthon de Samothrace, 238, 305.
Phaéthuse, sœur de Phaéthon, 305, 306.
Phalès ou *Phallen*, 427, 595.
Phallus, 141, 192. — lingam de l'Inde, 213 *a*, 213 *c*, 213 *d*, 238. — attrib. de Dionysus, de Priape et d'Hermès, 427, 595, 595 *a*.
Phanès, le Temps, 239. — le premier être, 163.
Pharaons, 135, 141, 146, 166, 175.
Phare de Sigée, 775.
Phénix, oiseau du soleil, 157 *a*, 157 *b*, 158.
Phénix, oiseau, symb. de renaissance, 935.

Pher. Voyez *Centaures*, 715, 715 *d.*
Phérès, fils de Médée, et beau-père d'Admète, 649, 651.
Phidias, sculpt. gr., 712.
Philoctète, fils de Pœas, 679, 775 (92), 816, 816 *a.*
Philodicé, épouse de Leucippus, 737.
Phinée, fils d'Agénor, roi de la Phénicie, 644.
Phlere, divinité étrusque, 637.
Phobos ou *Pavor*, frayeur, 370.
Phœbé, fille de Latone, 729. — fille de Leucippus, roi de Messène, 737.
Phœnix. Voyez *Palmier*, 664 *b.* — précepteur d'Achille, 775 (31), (40), (48), (71), (89), 795, 799, 802.
Pholos, centaure, 660.
Phorbas, père de Dioméda, 775 (40).
Phorcys, guerrier, chef phrygien, 796.
Phosphoros. Voyez *Lucifer.*
Phré-Hélios ou soleil levant, fils de Phtha, 157, 164, 165, 176, 182, 188, 193.
Phrixus, fils d'Athamas et de Néphélé, 630 *a*, 630 *b*, 647 *a.*
Phrygiens devant Troie, 775 (57), (60), (97).
Phtha ou *Phtag*, le Vulcain égyptien, Démiurge, comme lui, dieu du feu matériel et des arts industriels, 141, 142, 143, 146, 156, 157, 172 *a*, 185, 190 *a.* — Osiris, 172 *a.* — Pokat, 172 *a.* — Sokuri ou enfant, 152, 182, 187 *b.* — Stabiliteur, 177, 182 *b.*
Pluor ou *Tepisatosoa*, 192.
Phupé, constellat. Voyez *Décans du Lion*, 192.
Phuphluns. Voyez *Bacchus*, 443 *a.*
Pierre, symb. de Rhéa, 247, 248.
Pierre (saint), apôtre de J. C., 919, 945, 948, 956.
Piioh. Voyez *Ioh.*
Pileus, bonnet conique, emblème de l'origine du monde et de la fécondité comme l'œuf, dont il rappelle la forme. — Voyez *Dioscures*, suivantes de Bacchus, 467. — Pylade, 836. — Vulcain, 249, 471, 762. — d'ouvrier, 700. — guerrier, 712, 825. — Ulysse, 785, 800, 811, 848, 849, 855, 857, 857 *a*, 857 *b.* — Anchise, 820.

Pin, arbre, 229, 230. — (pommes de), 241, 244, 301, 523. — (feuilles de), 482, 597, 598, 603, 626, 626 *b*, 627, 697, 698, 873, 882.
Pirène, source, 615.
Pitho ou *la Persuasion*, l'une des trois Grâces, 737 *a*, 752.
Pivert de Mars, 874.
Pi-Leous, dieu de la planète de Jupiter, 153.
Plagiolaus, flûte, 486.
Planètes (génies des), 64, 115, 116, 195, 878.
Platane, arbre, 657.
Plectrum, baguette instrumentale, 296, 760.
Pleiades, étoiles, 193. — divinités cosmiques, 463.
Plexippus, oncle de Méléagre, 636.
Pluton ou *Hadès*, dieu des Enfers, 249, 250, 421, 550, 553 à 556, 920. — Étrusque. Voyez *Mantus*, 592 *b.*
Podalire, fils d'Esculape, 816 *b.*
Podarcès, Argonaute, frère de Protésilas, 775 (79).
Pœas, père de Philoctète, 679.
Poésie (la), 760.
Point du jour. Voyez *Orthros.*
Poissons du Zodiaque, 191, 192, 194, 195, 252, 878. — attrib. des divinités de la mer et des fleuves, 320 *f*, 320 *g*, 323, 341 *g*, 510 *b*, 513, 517, 861. — emblème d'avidité, de stupidité, 844 *a.* — symb. aphrodisiaque, 105, 409, 864, 865. — chrétien, 915, 926, 927, 948, 949. — homme, 48.
Poleiar ou *Polear*, fils de Parvati, 37.
Politès, fils de Priam, 775 (105), 820.
Pollinctor, officier funèbre, 775 (69).
Pollux ou *Dioscure*, 603 *b*, 632, 643, 644, 736 à 744.
Polos coiffure, 564.
Polydamas, héros troyen, 775 (19).
Polydectès, roi de l'île de Sériphe, 612.
Polydore, frère d'Hector et fils de Priam, 764, 775 (55).
Polydore, sculpt. rhodien, 817.
Polymnie, muse des hymnes et des mythes, 294, 296, 297, 301, 753, 760, 896.

Polynice, fils d'OEdipe, 720, 721, 726, 726 a.
Polyphème, Cyclope, fils de Neptune, 843 à 845.
Polyxène, fille de Priam et d'Hécube, 775 (112), (113), (114), 820, 831.
Pommes des Hespérides, 665, 665 c, 667, 693. — prix de la beauté, 749, 750, 750 a.
Pomone, nymphe des jardins, 444, 599 d.
Pooh. Voyez *Ioh*.
Porc, cochon sacrifié à Hercule, 693, 694, 847.
Porcher, constellation, 192.
Porphyrion, géant, 253.
Portumnus, dieu des Ports. Voyez *Palémon* et *Mélicertès*.
Poseidon. Voyez *Neptune*. — Petræos, dieu des sources d'eau vive, 508 a.
Postumius Albinus, triumvir, 740 b.
Pothos, le Désir, fils de Cronos et d'Astarté, 238, 380, 408.
Pouroucha et *Prakriti*, le premier homme et la première femme de la rel. ind., 110. Voyez *Menou* et *Sataroupa*.
Pourpre, coul. symb. des puissances telluriques et des divinités de la mort, 603, 853, 879.
Pradjapatis, maître de la création, 81, 82.
Prakriti, la Bonté, 109.
Pratcheta, dieu des eaux, 89. Voyez *Varouna*.
Praxitèle, statuaire, 388.
Prêtres sacrificateurs, 136, 137, 141, 916, 916 a.
Prêtresses, 551 a, 683.
Priam, roi de Troie, 764, 775 (73), (74), (76), (98), (105), (106), 784, 805, 805 a, 805 b, 807, 808, 820.
Priape, fils de Vénus et de Bacchus, 409 a, 477, 487, 582 a, 595, 595 a, 596, 629 a.
Printemps. Voyez *Saisons*.
Prithivi, déesse de la terre, 79.
Procession solennelle étrusq., 593 b, 593 c, 594.
Prochous, vase, 678.
Procris, fille d'Érechthée, roi d'Athènes, 733.
Procruste (Damastès), 698 a.
Prœtides, filles de Prœtus, roi d'Argos, 607.

Prométhée, fils de Japet, ravisseur du feu céleste, 237, 601 à 603 c.
Prophète, 82, 333.
Propylées, colonnade d'Athènes, 341 h, 341 i.
Proserpine ou *Kora*, reine des Enfers, l'épouse de Pluton ou Hadès, 238, 421, 432, 453, 464, 489, 490 a, 490 e, 491 b, 501, 548, 550 à 556, 582 a, 591 c, 642, 708, 862, 910. Voyez *Libera*.
Prospérité, personnifiée, 23.
Prosthetision (pectoral), 230 a.
Protée, fils d'Océan et de Thétis, 511, 762.
Protésilas ou *Iolaüs*, héros grec, 555, 772, 773.
Protogonos. Voyez *le Temps*.
Prothous, oncle de Méléagre, 636.
Proue de vaisseau, 575, 585 a, 639.
Pschent, emblème de la souveraineté, 135, 136, 151, 152, 153, 158, 165, 168 a, 169, 185, 186 b, 188, 190.
Psyché, symb. de l'âme, 406 à 409 d, 554, 733, 925.
Psychopompe. Voyez *Hermès*, conducteur des âmes, 421, 421 a, 602, 603, 803 a.
Psychostasie, pesée des âmes, 803.
Pselk ou *Selk*, 179, 179 a.
Ptebiou, décan du Verseau, 192.
Ptéchout ou *Aterchinis*, décan de la Balance, 192.
Ptiau ou *Oroasoer*, décan du Verseau, 192.
Ptibiou ou *Alembui*, décan des Poissons, 192.
Ptolémée Évergète, roi d'Égypte, 142, 157.
Ptolémée XII en Bacchus, 493.
Ptolémée Philadelphe, fils de Ptolémée Soter et d'Arsinoé, 892.
Ptolémée Soter, roi d'Égypte déifié, 890.
Pudicitia, la Pudeur, 561.
Pudeur. Voyez *Pudicitia*.
Purification (scènes de), 442, 443, 443 a.
Pygmalion, frère de Didon, 868 a.
Pygmées, peuples nains, voisins de l'Éthiopie, 661 a, 813.
Pylade, ami d'Oreste et époux d'Électre, 555, 831, 832, 833, 835 a, 836, 837, 838, 839.
Pyléon, coiff. de Junon-Dioné, 273 a.

Pyroeis, coursier du Soleil, 303.
Pyrrha, épouse de Deucalion, 603.
Pyrrhus, fils d'Achille. Voyez *Néoptolème*.
Pythie, prêtr. d'Apollon, 760, 835 *a*.
Python (le serpent), 276, 278, 279 *a*.
Pytiocamptes, courbeur de pins, 697.
Pyxis ou *Cassette*, 551 *a*, 555 *a*.

Q.

Quadrige. Voyez *Char*.
Quatre animaux symbol., 213 *e*. — éléments, 213 *a*. — évangélistes, 944, 946. — points cardinaux, 19, 66. — sources de vie, 944, 945.
Questucati ou *Thopitus*, l'un des décans de la Vierge zodiacale, 192.
Quenouille des Parques, 558. — emblème de servitude, 672, 672 *a*, 823.

R.

Radeau d'Ulysse, 852.
Radha ou *Roukmini*, la lune, 64. — amante de Krichna, 1, 75.
Radius, baguette, 295.
Ragamala, tableau musical, hydrographique, astronomique des Hindous, 101.
Rahou et *Ketou*, symb. des éclipses, 94.
Raisin, 214, 239, 409, 442, 453, 460, 518, 523, 555, *c* 579, 628 *d*, 685.
Rama, héron hindou, 55, 57, 58.
Rama-Tchandra. Voyez *Sri-Rama*.
Rame, embl. de navigation, 523, 564, 564 *a*, 653, 735 *a*, 761.
Rapidité (symb. de), 239.
Rasi-Tchakra, cercle zodiacal, 94.
Ratites, *Rates*, vaisseaux, 243.
Rat géant, attribut de Ganesa, 38.
Rats, 760.
Ravana, roi de Lanka (Ceylan), 54, 55, 56, 58.
Ré, *Phré*, 137, 182.
Rémus, frère de Romulus, fondateur de Rome, 874, 875, 876, 880, 901.
Réno, décan du Sagittaire, 192.
Reti ou *Rati*, la Volupté, 1.
Rhadamanthe, l'un des trois juges aux Enfers, 555.
Rhea-Cybèle, son analogue dans la rel. hind., 17.
Rhea égypt. Voyez *Netphé*, 160.
Rhéa, mère des dieux, 246, 247, 248, 421, 551.
Rhéa-Silvia ou *Ilia*, mère de Romulus, 872, 873.
Rhésus (chevaux de), 789.
Rhin, fleuve personnifié, 524.
Rhyton, coupe à boire, 234, 452, 457, 471, 489, 599, 684.
Richabha ou *Vrichabha*, 11.
Rocher, 508, 508 *a*, 509, 510 *a*, 601 *c*, 602, 603, 613, 613 *a*, 625, 629 *d*, 631 *a*, 636, 653, 659 *a*, 663, 665, 685, 692, 703, 717, 760, 837, 843, 944, 945.
Rois divinisés, 117, 122, 127, 142.
Rombomaré, décan du Taureau, 192.
Romain (génie du peuple), 886 à 889, 896 *a*. — du sénat, 885.
Rome (la ville de), 523, 874, 880, 881, 883. — déifiée, 879, 881, 888, 895, 901.
Romulus, fils de Mars, fondateur de Rome, 874 à 878, 880, 901.
Roseaux, 320, 476, 502, 524, 526 *a*, 619, 690, 704 *d*, 764.
Rostrum, éperon de navire, 850.
Roses et *Rosier*, 93, 407, 518.
Roudra, déesse hindoue, 96 *bis*.
Roue de la fortune, 560, 636. — du monde, 18, 96 *bis*. — ailée, 840.
Rouge-brun, coul. symb., 52.
Rouge, coul. symb., 76, 87, 116, 135, 158, 168, 182 *bis*, 185, 187, 187 *a*, 188, 664 *b*, 915.
Roukmini, la lune, 64.
Rouleau, volume, 287, 288, 636, 651, 655, 755, 760, 761, 837, 850, 858, 919, 945, 947.
Rutules, peuple d'Italie, 871.

S.

Sabins, 877 a, 877 b.
Sablier, symb. du temps, 21.
Sacrificateurs, 595, 599.
Sacti, première femme, mère des dieux, 23, 28, 101.
Sagen, décan du Sagittaire, le même que Sesmé, 192.
Sacti-Trimourti, trinité hindoue, 17, 100.
Sagesse, son emblème, 8.
Sagesse (génie de la), 760.
Sagittaire zodiacal, 191, 192, 193, 252, 878.
Saisons ou Heures (les trois), 140 b, 250 a, 250 q, 250 r, 250 s, 305, 317, 763. — (quatre), présid. p. Bacchus, 476, 916. — printemps, 476, 551, 553. — été, 553. — automne, 910. — (génie des), 250 s, 476, 913.
Saliens, prêtres de Mars, 359.
Salustia-Barbia-Urbiana, femme d'Alexandre Sévère ou Vénus Félix, 396 a.
Samara, éventail, 57.
Sana. Voyez Sani, planète de Saturne.
Sancara-Nardyana ou Hara-Heri, l'eau et le feu, 18.
Sandacus, Hercule sicilien, 219.
Sanglier, 50, 184, 398, 476, 589 a, 841, 847. — de Calydon, 631, 631 a, 633, 634, 636, 763, 774. — de l'Erymanthe, tué par Hercule, 657, 672. — ailé, 664 b.
Sani ou Sana, la planète Saturne, 45, 94, 115.
Santé, son emblème, 10, 27.
Sapho, poëtesse de Lesbos, 906, 906 a.
Sarasvcti ou Brahmi, épouse de Brahmâ, 17, 22, 77, 78, 81.
Saraswati, fleuve céleste, 100.
Sardanapalos, roi de Ninive, 429, 429 a.
Sardus, fils de l'Hercule sarde, 224 a.
Sarpédon, héros troyen, 775.
Sataroupa, la première femme, 110.
Satchi, épouse d'Indra, 28.
Saté ou Sati, fils de Ré ou Phré, épouse d'Ammon, 137, 146, 160, 175, 180 a, 182, 183.

Saturne ou Cronos, le Temps, 240, 240 a, 241, 242, 243, 421, 760. Voyez Æon-Protogonos, Chronos, Héraclès, Ianus, Phanès, Sovk.
Saturne, planète, 94, 115, 116, 142, 192, 193, 195. — le Temps. Voy. Sovk, pour l'Égypte, 142, 143, 152, 157. — Æon ou Protogonos de l'Asie occidentale, 239. — Chronos de la Grèce antique, le même que Saturne. — Héraclès. — Saturne de l'Italie ancienne. — Phanès. — Janus de l'antique Rome, 243, 243 a, 244, 245. — (symbole du), 21, 243.
Satya-Loka ou Brahm-Loka, 115.
Satyres, compagnons de Bacchus, 409 a, 428, 428 a, 436, 439, 441 à 443 b, 446, 448 a à 455, 469, 471 à 483, 485, 485 a, 491, 491 b, 495, 496, 513, 514, 555 c, 623, 652, 665 b, 682, 683, 683 a, 683 b, 685, 725 a. — capripèdes, 501. — cornus, 501. — (masques de), 501, 629 b. — satyrisques, 478, 495.
Scamandre, fleuve, 764, 775 (58).
Scanda ou Cartikeya, le Mars hindou, second fils de Parvati et de Siva, 39.
Scarabée, embl. du monde, 167, 182, 187 a, 187 b, 191, 192.
Scée, la porte, 764, 774 a, 775 (61), (84), 865 a.
Sceptre annulaire, 137, 184. — de divinités, 137, 158, 174 c, 184, 185, 214 b, 214 d, 239, 240 a, 241, 250, 255, 260, 273 a, 275, 279, 280 a, 281, 395, 429, 429 a, 507, 551 b, 595 a, 725 a, 762, 859, 885, 887, 888, 895, 898, 901, 933. — de la royauté, 138, 140, 142, 143, 155, 157, 158, 176, 177, 182, 185, 188, 189, 224, 254, 256, 261, 551, 555, 604 d, 617, 646 a, 674, 737 a, 760, 863, 878. — de domination, 250 a, 849.
Schédius, guerrier, chef des Phocéens, 796.
Sciron, le vent Nord-Ouest, 538.
Scorpion zodiacal, 191, 192, 193, 195, 252, 762, 878, 895. — emblème de l'Afrique, 577, 876.

XXXII TABLE DES SUJETS

Scorpion mithriaque, 130, 132, 132 *a*, 133. — attribut de la déesse Pselk, 179.
Scrinium, bibliothèque, 287, 858.
Scylla, monstre marin, 341 *f*, 851.
Scyphus, coupe herculéenne, 683, 683 *a*, 844.
Scythes, instituteurs d'Hercule, 656. — auxiliaires des Amazones, 712. — sacrificateurs, 839.
Seb, déesse cosmique, 190.
Sèche, mollusque, 386, 443.
Sécha, serpent à trois têtes, 30, 36, 69.
Sécurité populaire personnifiée, 571.
Seket ou *Ascentacer*, décan du Bélier, 192.
Séléné. Voyez *Lune*.
Sélinoeis, fleuve, 464.
Sem, Hercule égypt., le même que *Djom* ou *Gom*, 138 *a*, 140 *a*, 140 *b*, 153, 161, 162, 165, 190. Voyez *Hercule*.
Sémélé, mère de Bacchus, 443, 443 *a*.
Sémiramis, reine de Carthage en Astarté, 203.
Semphoucrates, Hercule-Harpocrate, 138 *a*.
Senacher, décan du Bélier, 192.
Sénat romain déifié, 884.
Senciner. Voyez *Siémé*, constellation du Cynocéphale, 192.
Sentacer. Voyez *Stot*, *Stochnéné*, 192.
Sept, nombre myst., 914, 915.
Sérapis, le Jupiter égyptien, 178, 184.
Sérapis, 316, 554 *a*, 680, 951.
Serpe, instrument de jardinage, 597, 598.
Serpent d'Apollon, 276, 280 *c*, 301. — aruspice, 769, 804. — bachique, 441 *a*, 444, 445, 446, 452, 453, 454, 458 *a*, 461, 474, 475, 487, 488, 488 *a*. — cabirique, 216 *a*. — de Cerbère, 554 *a*. — de Cérès, 252, 320, 551 *a*. — ailé, 547, 548 *a*, 548 *b*, 551 *a*, 554 *a*. — des Dioscures, 740, 741 *a*. — d'Hercule, 654, 655, 665, 672. — des Hespérides, 603 *a*. — de Junon Sospita, 275 *b*. — de Jupiter, 464. — de Méduse, 609 *b*, 612 *a*. — de Minerve, 339, 341, 346, 601 *c*, 836. — de Mithra, 131, 132. — d'Opheltès, 725. — tentateur, 603, 931. — de Thétis, 762 *a*. — trinitaire, 214 *c*, 214 *d*. — à deux têtes, 368 *b*. — à trois têtes. Voyez *Sécha*. — à jambes et à bras humains, 189. — à corps de lion et à tête de chèvre, 617. — symb. de l'éternité, 3, 24, 27, 112, 115, 239, 901. — symb. de la force de la nat. humide, 138 *a*, 141, 142, 143, 165, 172 *b*, 175, 180, 180 *a*, 182, 189, 190, 191, 192, 213 *e*, 214 *b*, 230 *a*, 253, 320 *c*, 441. — embl. de prudence et d'astuce, 844 *a*, 930, 960. — symb. de la santé, 10, 27, 307 à 315. — instrument de supplice, 44, 45, 73, 636, 817 *a*, 832, 833, 835, 838 à 840. — du génie du théâtre, 351. — signe monétaire, 364.
Seruchuth, décan de la constellation de la Balance, 192.
Sesmé ou *Sagen*, décan du Sagittaire, 192.
Sethlans ou *Vulcain* étrusque, 337, 590 *a*, 590 *b*.
Sextus Empiricus, héros mytilénéen, 904.
Sicat, décan du Taureau, 192.
Siémé ou *Senciner*, décan du Scorpion, 192. — constellation du Cynocéphale, 192.
Sigée, promontoire, 775 (116).
Signifères, porte-enseignes, 374.
Silani, statues décorant les fontaines, 496 *a*.
Silène, instituteur de Bacchus, 301, 422, 428 *l*, 436, 439, 441, 444, 448, 448 *a*, 451 *a*, 471, 479, 481, 486, 491, 494, 495, 496, 496 *a*, 497, 501, 644, 685, 734. — Pappos, 554 *c*. — (masque de), 475.
Silphium, plante consacrée à Jupiter-Ammon, 271.
Silpius, mont, 522 *a*.
Silvain ou *Sylvain*, dieu des forêts, 503 *a*, 598, 599.
Singe, 54, 55, 57, 859 *a*.
Singe cynocéphale, 168.
Sinis dit *Pytiocamptès*, 697, 698.
Sinon, guerrier grec artificieux, 775 (98), 818.
Sirènes, femmes-oiseaux, muses de la mort, 298, 301, 527, 528, 759, 850.
Sirius, étoile de la constellation du

FIGURÉS SUR LES PLANCHES. XXXIII

Grand Chien, 195, 628, 628 a, 628 d.
Sistre, instrument de musique, 578.
Sisyphe, fils d'Éole, 555, 626, 626 a, 627, 773 a.
Sita, épouse de Sri-Rama, 54, 55, 70.
Sit ou Syth, décan du Cancer, 192.
Siva, principe destructeur régénérateur, troisième personne de la Trimourti, 14, 24, 33, 35, 36, 37, 39, 41, 59, 81, 115.
Siva-Roudra, juge des enfers, 44. — Kaïlasa, nom de sa résidence céleste, 115.
Siva-Lingam, phallus de Siva, 31.
Siva-Mahâdêva, dieu hindou, 21, 26, 30.
Siva-Mahâdêva-Iswara, dieu des éléments, 27, 29.
Sivapatis ou Swaïtes, sectateurs de Siva, 9.
Siva-Soleil, générateur et régénérateur, 25, 27, 39, 54, 94.
Siva-Vichnou, symbole de l'eau et du feu, 18.
Smat ou Cnat, décan du Capricorne, 192.
Soc, symbole de l'agriculture, 59, 79, 523.
Soleil, 25, 39, 54, 64, 77, 119, 120, 131. — planète, 94, 115, 116, 132 a, 133 a, 139 b, 141, 153, 155, 156, 188, 191, 192, 195, 213 a, 214, 214 a, 275 d, 303, 304, 305, 320 d, 380, 443, 555 b, 603, 623, 665 b, 914, 934.
Soma ou Tchandra, dieu de la lune, ou l'humidité fécondante, 97, 98, 115.
Sommeil (dieu du), Morphée, 323, 324, 333 a. — (génie du), 324, 557.
Sonnettes bachiq., 485, 487.
Sokari. Voyez Ptah, 182.
Sonteb, déesse astronomique, 190.
Sorgho, espèce de millet, 519, 520.
Sort (le), 569.
Sosie, esclave d'Amphitryon, 652.
Sothis, décan du Cancer, 192.
Sothis-Sirius, étoile caniculaire, 157 a, 157 b, 188, 192, 193.
Soubramahnya, second fils de Parvati, 39. — chef des armées célestes, dieu de la guerre, 39, 40.

Sou ou Saou, dieu de la planète Jupiter, 153, 190.
Souchos. Voyez Sovk, Saturne égypt.
Souchoë ou Seruchuth, décan de la Balance zodiacale, 192.
Soudarsana, roue motrice de l'univers, 48.
Sougriva, prince des singes, 54.
Soukra, la planète Vénus, 94, 115.
Soura, esprit de lumière, 110 bis.
Sources de vie, 944.
Sourya ou Aditya, Mitra, dieu de la lumière et du soleil, 93, 94, 95, 115.
Sovk, Saturne égyptien, 142, 143, 152, 157.
Spectre. Voyez Ame, Ombre, 848.
Sperchius, fleuve, 775 (68).
Spes, l'Espérance, 562.
Sphère ou Globe, 115, 241, 295, 296, 301, 760.
Sphinx persan ou Bœuf ailé à tête humaine, 119.
Sphinx, animal moitié femme moitié lion, symb. du Nil, 137 a, 169, 170 à 175, 182, 184, 190.
Sphinx, animal chimérique à corps de femme, de lion et ailes d'aigle, 320 a, 347, 357 a, 487, 487 a, 518, 590 f, 655, 716 à 719, 826, 883, 896.
Sphœrus, aurige, 734.
Sri-Rama, 7e incarnation de Vichnou, 54.
Sri, épouse de Vichnou, 17.
Sró ou Épina, décan du Capricorne, 192.
Stabilité (embl. de la), 176, 182.
Stèle, colonne carrée par son plan, 683, 808 a, 812 a, 822, 829.
Stéphané, diadème, 249, 250, 273 b, 274, 321, 355, 554 a a, 566, 603 c, 735 a, 762, 825.
Stésichore, poëte grec, 775 (79).
Stheino et Euryale, Gorgones, 612.
Stigmates ou Tatouage, 645 c.
Stole, robe longue à longues manches, 576.
Stoclnéné ou Sentacer, décan du Scorpion, 192.
Strigile, instrument de toilette, 706, 722.
Strophium, bandeau caractéristique de la coiffure des dieux et des rois,

3

232 a, 277, 278, 312, 640, 677, 690.
Stymphale, nymphe du lac, 657.
Styx, oiseau, 603 a. — Océanide, 764.
Sumes-Hermès, 216 a.
Swargabhoumi, la Terre céleste, 115.
Swargas ou *Cieux visibles*, 83, 115.
Swarloka, domicile du soleil, 115.
Sychée, prêtre d'Hercule, époux de Didon, 867.

Sydyk, Vulcain phénicien. Voy. *Vulcain*.
Sylvain. Voyez *Silvain*.
Symboles persans, 117 a, b, 120, 121, 125. — égyptiens, 135, 136.
Syrie (la déesse de), 207.
Syrinx, flûte à sept tuyaux, 229, 230, 230 b, 451 a, 456 a, 484, 486, 487, 498, 501, 604 d, 672 b, 685, 911.

T.

Taba (génie de la ville de), 330.
Table iliaque, 775. — odysséenne, 856.
Tablettes à écrire, 296, 760. — votives, 836.
Tafne ou *Tafnet*, divinité zodiacale, 190.
Tafné, déesse protectrice, 138.
Tagès, dieu étrusque, fils de Jupiter, espèce d'Hermès Trophonius, 582 a, 583.
Talents d'or, présents, 802.
Talonnières, chaussure ailée, commune à Mercure et à Persée, 608, 609 à 613 c.
Talos ou *Taurus*, gardien de l'île de Crète, 704 f.
Talthybius, héraut d'armes d'Agamemnon, 775 (111), 812, 823.
Tambourin bachique, 451 a, 452, 474, 479, 486, 489, 920.
Tantale, roi de Lydie, 555, 773 a.
Taon, insecte, 604 b.
Tapaloka, domicile céleste de Vrihaspati, planète Jupiter, 115.
Taras, fondateur de Tarente, 627 a.
Tarpéia, personnification de la roche Tarpéienne, 877 b.
Tatius, roi des Sabins, 877 a, 877 b.
Tau, clef du Nil. Voyez *Croix ansée*, 196, 196 a.
Taurobolium de Cybèle, 230.
Taureau zodiacal, 191, 192, 193, 252, 317.
Taureau, 32, 33, 34, 122 a, 122 b, 144, 182, 182 b, 602, 839.
Taureau d'Astarté, 213 a. — de Cybèle, 229, 230. — dionysiaque, 466, 467, 468, 488, 812 b. — de Jupiter de Syrie, 207 a. — de Jupiter de Tarse, 214. — mithriaque, 131 à 134. — de Morphée, 323. — (sacrifice de), 131 à 144, 354, 467, 468. — à tête ou face humaine, 464, 465, 465 a, 681 b. — cornupète, 341 f, g, 704 f, g. — marin à queue de poisson, 386, 511. — de Cnosse, dompté par Hercule, 699. — de Colchos dompté par Jason, 646 b, 646 c. — de Crète, dompté par Hercule, 657, 672. — de Marathon, dompté par Thésée, 699. — auquel est attachée Dircé, 728, 728 a. — Farnèse, groupe célèbre, 728. — blanc de Pasiphaé, 700, 701.
Tauriscus, sculpt de Tralles, 728.
Taurus ou *Talos*, 704 f.
Tchakra, roue de feu, symbole de la force motrice de l'univers, 48, 49, 66, 85, 87, 93, 96 bis, 182.
Tchandra, ou *Sama*, ou *Lunus*, la Lune, 94, 97, 98.
Tchoubdaras, artisans, 86.
Télamon, héros grec, 633, 663, 663 a, 772.
Télamones, figures architecturales, 624.
Télémaque, fils d'Ulysse, 842, 856.
Téléphe, fils d'Hercule, et fils adoptif de Teuthras, roi de Mysie, 669, 671, 770, 821.
Télesphore, fils d'Esculape, 310, 311.
Télétée, déesse des myst. de Cérès, 250 r, 421, 469, 491 a, 554, 555 c, 607.
Tellus. Voyez *la Terre*.
Temple d'Apollon, 775 (13). — portatif de Diane, 318, 713. — d'Idalie, 865. — de Jupiter Férétrien, 260 a. — de Minerve, 775 (101). — de la Rome déifiée, 861. — rond

de Vesta, 540, 541. — de Vénus aphrodite, 775 (104).
Temps, son symbole, 30, 243. — sa personnification chez les Étrusques. Voyez *Éon Protogonos*. — sa personnific. chez les Grecs. Voyez *Chronos*. — sa personnific. chez les Orphiques. Voyez *Héraclès*. — à Rome préside l'année sous le nom de *Janus*. — à Rome préside l'année chez les Orphiques sous le nom de *Phanès*. — à Rome préside l'année chez les Latins sous le nom de *Saturne*. — à Rome préside l'année chez les Égyptiens sous le nom de *Sovk*. Voy. ces mots.
Tenailles, symbole de la force, 239. — de Vulcain, 543, 581.
Ténès, héros troyen, fils de Cyénus, 774.
Tentyrites, hommes de petite stature, 512.
Tepintosoa, décan des Gémeaux, 192.
Tepisatras, décan du Verseau, 192.
Tephmuth ou *Sesmé*, 192.
Terme ou *Terminalis*, *Terminus*, espèce d'Hermès, 587.
Terpsichore, muse de la danse et des chants, 292, 296, 297, 760.
Terre (symb. de la). Voyez *Casyapa*, *Gœus*, *Djamboudwipa*, 115, 301, 444, 550, 551, 603, 624, 726 a. — habitée, 760, 762, 895, 900. — ou *Tellus*, 305, 433. — (génie de la), 233, 603, 644, 760, 762.
Terre, planète, 94, 115.
Tessère, cube revêtu de signes, 646.
Teucer, héros grec, fils de Télamon, 772, 775 (27), (29), 792, 795.
Teucros, sculpt. gr., 673.
Teuthras, roi de Mysie, 770.
Thalamège, barque portant le Thalamus, 190.
Thalamus, temple portatif, 182, 190.
Thalassa ou *Amphitrite*, la mer, 304, 305, 323, 510 a.
Thalie, muse de la comédie, 291, 296, 297, 301, 760.
Thallo pour *Thalie*, l'une des Grâces, 431.
Thalna ou *Vénus* étrusque, 337, 431.
Thana ou *Diane Lucine*, 337, 431.
Thanatos, génie de la mort, 557, 592, 603, 644, 676 a, 812, 840.
Thaos, fils d'Hypsipyle, 725 a.

Théano, prêtresse de Minerve, 776, 778, 779, 780.
Théâtre (Génie du), 351.
Thébé, nymphe, 623.
Thèbes (la ville de), 622.
Théméso, décan du Capricorne, 192.
Thensa, char à deux roues, 492.
Théophanes de Mytilène, historien déifié, 903.
Théorbe, instrument de musique, 409.
Théosolk ou *Thésogar*, décan des Gémeaux, 192.
Théristrion, bonnet d'Esculape, 816 b.
Thersitée, guerrier grec, fils d'Agrius, 775 (81), 810.
Thésée, roi d'Athènes, 657, 696 à 699, 704, 704 a, 704 c, 704 e, 705 à 706 d, 712, 715 b, 715 c, 762 a.
Thesmophore ou *Cérès*, législatrice agricole, 547.
Thétis, néréide, mère d'Achille, 461, 510 a, 511, 762 à 764, 775 (14), (41), (45), (89), 800, 810 a, 812, 812 a.
Tho, monde, 167, 174 a.
Thoas, roi de Tauride, 838, 839.
Tholus, temple couvert d'écailles de poissons, 626 a.
Thomis, décan de la Vierge zodiacale, 192.
Thôout ou *Hermès*. Voyez *Thoth*.
Thopi, décan de la Vierge zodiacale, 192.
Thopibui, décan des Poissons, 192.
Thopitus, décan de la Vierge, 192.
Thoth, dieu grand (Hermès-Mercure, égypt.), 135 à 141, 182. *Thôout* ou *Chouti*, le Thoth second, 141, 168 a, 174, 189, 190, 192, 193.
Thoth-Trimégiste, 141, 155, 174 a, 188, 192, 238 a. — *Cynocéphale*, 138 b, 168 a, 174 a. — à tête d'épervier, 135. — d'Ibis, 136, 141, 184, 190.
Thrace personnifiée, 657.
Thumis. Voyez *Toni*, décan de la Vierge, 192.
Thyades, prêtresses de Bacchus, 452, 453, 457, 467, 468.
Thyoné-Sémélée, mère de Bacchus, 443.
Thyrse, sceptre de Bacchus, 251, 428, 428 a, 439, 442, 443 a, 452, 457, 482, 485, 489, 491 b, 607, 623, 685, 910.

3.

Tibère, emp. rom., 895, 896.
Tibicen, joueur de flûte, 598, 599.
Tibre, fleuve personnifié, 308, 523, 871, 888, 901.
Tigre, symbole du feu, 21, 25.
Tigres du cortége de Bacchus, 454.
Tina ou *Jupiter étrusque*, 337, 431.
Tiphys, argonaute, 639, 640.
Tirésias, devin, 849.
Tison fatal de Méléagre, 636.
Titans, fils d'Uranus et de Ghé, 261, 264, 554 *b*.
Tityres lydiens, suivants de Bacchus, 427, 451 *a*, 481.
Tœnia, bandelettes sacrées, symbole d'initiation aux mystères, 551 *a*.
Toison d'or, 647 *a*, 647 *b*.
Toge, robe longue des Romains portée en temps de paix, 878, 885, 895.
Tombeau étrusq., 593 *b*, 593 *c*. — d'Achille, 775 (89), 775 (114), 822. — d'Agamemnon, 829. — d'Ajax, 775 (91). — de Darius, fils d'Hystaspes, 117, 182 *bis*. — d'Hector, 775 (110). — de Patrocle, 804.
Toni ou *Thumis*, décan de la Vierge, 192.
Torche flamboyante. V. *Flambeaux*, 442, 444, 446, 555, 636, 832, 838.
Tortue, symbole de la force et du pouvoir conservateur, 115.
Tortue de Mercure, inv. de la lyre, 252, 305, 418.
Tour des Vents, 530.
Tours (couronnes en forme de), 32, 227, 230.
Toxeus, oncle de Méléagre, 636.
Tpé (Uranie égypt.), 182, 191, 192, 197. *Tphé* ou *Tiphé*, 193.
Trabea, robe de triomphateur, 359.
Tragédie (Génie de la), 760.
Trépied d'Apollon, 251, 252, 279 à 281, 301, 585 *a*, 604 *d*, 677, 683, 760, 766, 809, 832, 835 *a*, 836.
Triangles symboliques, 10, 190.
Triangle mystique, 13, 88, 111, 115, 188, 236.
Trident, att. des dieux de la mer, 18, 45, 214 *c*, 222, 222 *a*, 250, 252, 504 à 511, 627 *a*, 695.

Trinité mystique, 4, 6, 214 *c*, 214 *d*.
Triptolème, protégé de Cérès, 547, 548, 551, 551 *b*.
Trirèmes, galères à trois rangs de rameurs, 868 *a*.
Tritons, monstres marins, 281, 359, 383, 387, 510 *c*, 511, 512, 513, 514, 515, 516, 517, 530, 603, 629 *b*, 666, 763.
Trimourti, Trinité sainte, 4, 13, 15, 16, 22, 24, 28, 100, 103.
Triveni, symb. des trois fleuves célestes de la sainte Trimourti, 100.
Troie (la ville de), 775 (100).
Troïlus, héros troyen, fils de Priam, 774 *a*.
Trompette, instrument de musique, 387, 764, 767, 774, 802.
Trône de Cérès, 547 *a*, 547 *b*. — de Cybèle, 624. — de Junon, 275. — de Jupiter, 249, 256. — de Mars, 358. — de Pluton, 421, 553, 554, 554 *a*, 555, 592 *b*. — de Proserpine, 553, 554. — de Saturne, 241. — d'Agamemnon, 831. — de Didon, 263. — d'Homère, 760. — de Rome déifiée, 879, 883, 895, 896. — de Romulus, 878.
Trophée milit., 366, 574, 635, 876, 895, 896, 897, 901.
Troyens, 775 (97), (104), (111), (118).
Truie, symbole de fécondité, 523, 548 *a*.
Truie d'Albe, 871.
Turnus, héros italien, 871.
Tyades, prêtresses de Bacchus, 427.
Tyché. Voyez *Fortune* (la).
Tydée, chef argonaute, 721, 722, 723.
Tympanum ou *Tambour*, 227 à 230 *b*, 474 à 476 *a*, 482 *a*, 486, 685, 773, 878.
Tyndare, roi de Sparte, 736.
Typhon, mauvais Esprit, 141, 142, 151 *a*, 157, 165, 192.
Typhon, géant, 329.
Tyro, mère de Pélias, 637.

FIGURÉS SUR LES PLANCHES. XXXVII

U.

Ulysse (Odysseus), roi d'Ithaque, 764, 766, 775 (86), (95), (113), (114), 780, 785 à 789, 793, 800, 802, 811, 815, 815 a, 820, 821, 823, 841 à 857.
Uræus, serpent, symb. de la royauté du soleil, 135, 138, 143, 147, 148, 150, 155, 158, 164, 168 a, 170, 173, 174 a, 176, 177, 177 b, 180 a, 182, 186 a, 188, 190 *bis*.

Uranie égypt. Voyez *Tpé*, 182, 191, 192.
Uranie, muse de l'astronomie, 295, 296, 297, 301, 444, 760.
Uranus, père de Saturne, 240.
Urne, vase symb., 518, 522, 524. — attrib. de fleuve ou rivière, 525, 535, 690. — de la destinée, 554, 837. — étrusque, 715 d, 762, 764. — cinéraire, 554, 593, 635, 806, 807, 808, 829, 873, 918.

V.

Vache, symb. du monde, de la terre, 7, 27, 32, 74, 79. — attrib. de la lune, 116, 153, 154 a. — symb. de la maternité, de la fécondité, 138, 145, 154, 192, 622, 701.
Vaikonta, surnom de Vichnou, 115.
Vairagis, divinités zodiacales, 115.
Vaivanti, divinité zodiacale, 115.
Vaisseau, 706 a, 707, 775, 790, 790 a, 791, 792, 847, 850, 851, 854, 861, 871. — de l'État, 935. — de l'église chrét., 948.
Vamanavatara, 5ᵉ incarnation de Vichnou, 52.
Van mystique, 442, 453.
Varahavatara, 3ᵉ incarnation de Vichnou, 50.
Varouna, dieu des eaux, 89.
Vase d'Albani, 657. — amphore, 342, 555 a, 763. — d'Archémore, 725 a, 735. — midias, 646 aa, b, 665 a, b, bb, 737 a. — chytre ou maronite, 285 a. — diote, vase à deux anses, 496, 734. — à libations, 452, 482, 487, 503, 538, 574, 644, 648, 690, 734, 746, 812 a, 844, 864. — à élection, 929. — mystique de purificat., 138 b, 138 c, 554, 595, 629, 665, 678, 678 a, 713, 775. — à offrandes, 285, 629, 802, 805. — panathénique, 342. — pythiques, symb. de prix remportés aux jeux, 251, 627. — à puiser de l'eau, 538, 637, 646, 661.
Vasouki, serpent, 72.
Vassous, la Terre, 115.

Vautour, embl. de la maternité, 136, 138, 138 a, 145, 147, 149, 152, 168 a, 169, 173, 175, 182.
Vautour ailé, 191.
Vautour de Prométhée, 602 à 603 b.
Vayou, *Pavana*, *Marouta*, dieu de l'air et des vents, 92.
Védius. Voyez *Mantus*, Pluton étrusque, 592 b.
Véjovis ou *Axus* des Latins. Voyez *Jupiter*.
Velchanos ou *Jupiter Vulcain*, ou *Baal Moloch*, 704 g.
Vendangeur. Voyez *Zodiaque*, 193.
Vengeance (déesse de la), 26. — (symbole de la), 44, 45.
Vents personnifiés, 92, 94, 305, 531, 538, 846, 861, 878. — (la tour des), 530. — (Génie du), 878.
Vénus Aphrodite, son analogue dans la religion hindoue, 17.
Vénus, planète. Voyez *Soukra*, 94, 115, 116, 153, 192, 193, 250.
Vénus Anadyomène, 383, 384. — Androgyne. Voyez *Astarté*, 213 b. — Cloacina, 394. — Épitymbia ou sépulcrale, 558. — Érycine, 392, 392 a. — Euphœa, 386, 511. — Félix, 396 a. — Génitrix, 395. — Libéra, 623. — Léda, 393. — marine, 323, 385, 387. — Mithra, 134. — Victrix, 134, 390, 391. — du Capitole, 389. — de Carthage, 208 à 208 b. — de Cnide, 380. — Étrusque, 586. — ou Aphrodite des Grecs, 249, 250, 252, 301, 333 a,

337, 380, 381, 382, 385, 386, 387, 389 a à 399, 404, 405, 406 a, 409 a, 425, 426, 562, 626 b, 736, 737 a, 746, 749, 750, 750 a, 752, 753, 754, 775 (109), 824. — de Milo, 390. — de Paphos, 204, 205. — de Samothrace, 238. — de Syrie, 207. — Uranie, 203. — (temple de), 775 (104).

Vérasua, décan des Gémeaux, 192.

Verrat sacrifié à Silvain, 598, 599.

Verseau, sign. zod., 191, 192, 193, 252, 878.

Vert, couleur symb., 53, 54, 135, 168, 182, 187.

Vertu (dieu de la), 42. — son emblème, 8. — (Génie de la), 760.

Vertu. Voyez *Arété*, 677.

Vesper ou *Hesper*, génie des Enfers, 324.

Vesta ou *Hestia*, protectrice des maisons, 158, 249, 252, 510 c, 539 a, 540, 541, 762, 860.

Vesta des Latins. Voyez *Ancuke*.

Vestales, prêtresses de Vesta, 540, 541, 542, 542 a, 599 a.

Vexillum, bannière, 879.

Vichnou, principe régénérateur (le feu), 1, 14, 17, 115. — seconde personne de la Trimourti, 1, 23, 27. — principe éternel et sup. de la création, 1, 46. — sa 1re incarnation, 1, 48. — sa 2e incarnation, 1, 49. — sa 3e incarnation, 1, 50. — sa 4e incarnation, 1, 51. — sa 5e incarnation, 1, 52. — sa 6e incarnation, 1, 53. — sa 7e incarnation, 1, 54. — ? incarnation, 1, 59. — sa 8e incarnation, 1, 61. — son incarnation à venir (10e), 1, 67, 68. — son incarnation en beauté trompeuse, 1, 72. — sa 9e incarnation, 1, 111.

Vichnou-Narâyana, 47.

Vichnou-Valapatrastha, 1, 46.

Victoire (dieu de la), 39.

Victoire ou *Nicé* personnifiée, 254, 255, 281, 314, 319, 320 g, 354, 368, 371, 372, 373, 374, 375, 376, 377, 378, 465, 574, 579, 644, 647 b, 665 b, 679, 683, 699, 737, 764, 770, 879, 882, 887, 892, 895, 896 a, 897, 899, 922, 931, 935, 937.

Vie, son emblème, 10, 27, 35, 36. — divine, son emblème, la croix ans. 135, 136, 138.

Vierge, sign. zodiac., 191, 192, 193, 252.

Vigilance (symb. de la), 98, 239.

Virabhadra, fils de Siva, 81.

Virdomarus, roi gaulois, 260 a.

Virgile, hist. de l'Énéide, 858.

Viroaso ou *Reinaor*, décan du Taureau, 192.

Viswakarma, architecte des dieux, génie des arts mécaniques, 86.

Voile mystér., 241, 250, 518.

Volume. Voyez *Rouleau*.

Volupté. Voyez *Rati* ou *Reti*.

Voûte étoilée, supp. par Actas, 665 b, 665 c.

Vrichabha. Voyez *Richabha*.

Vrihaspati, la planète Jupiter, 94, 115.

Vulcain égyptien. Voyez *Phta*. 157, 590 a, 590 b. — étrusque, Voyez *Sothlans*, 337. — grec ou Hephaestos, 249, 250, 252, 275, 336, 337, 380, 471 à 473, 543 à 546, 581, 602, 603 c, 603 e, 624, 762, 763, 774 (42), 817. — de Lemnos, 236, 337. — phénicien. Voyez *Sydyk*, 199, 214 g, 216 a.

X.

Xanthus, l'un des deux chevaux immortels d'Achille, 775 (35), (48).

— devenu fatidique, 775.

Y.

Yama, juge des enfers, 44.

Yamouna, fleuve céleste, 100.

Yata, tresse myst., 113.

Yeux d'Argus, symb. du ciel étoilé, 604 b.

Yoni, symbole de la création, 6, 31, 111, 115. — ou *Bhaga*, 12.

Yoni-Lingam, 7, 9, 89.

Yotma, la force, 107, 108.

Z.

Zagreus, le Bacchus de Crète, 554 b, 655 c.
Zéphyrus, le vent d'ouest, 537.
Zétès, fils de Borée, argonaute, 644 a, 647.
Zéthus, fils d'Antiope, 727. — Dioscure thébain, 728, 728 a.

Zéus. Voyez *Jupiter*, 249, 250, 250 q, 725 a, 734.
Zodiaque de l'Inde, 86, 94. — de l'Égypte, 188, 189, 190, 191, 192, 193, 194, 195. — de la Grèce et de l'Italie, 252, 317, 762, 878, 901.

TABLE DES OUVRAGES

DONT ON A TIRÉ LES PLANCHES DE LA NOUVELLE GALERIE MYTHOLOGIQUE.

A.

Académie des belles-lettres, 195.
Acta Academ. Theodoro-Palatin., 133.
Agincourt (d'), Fragm. de sculpt. en terre cuite, 582, 713 a, 736 a. — Hist. de l'art, 912, 919, 921, 925, 933, 938.

Agostini, Gemm. antiq. depict., 907.
Annales de l'Instit. archéolog., 434, 664 a, 664 b, 681 b, 725 a, 842.
Aringhi, Roma subterranea, 929, 943, 944, 945, 952, 953.
Artaud, Mosaïque de Lyon, 634.

B.

Banduri, 886, 931, 935, 936, 937.
Barthélemy, Essai d'une Paléogr., 704 a.
Bartoli, Admiranda roman., 451 a, 476. — Lucern. sepulcr., 914. — Sepolcr. de Nasoni, 619, 749. — Virgil., cod. Bibl. Vat. Pittur., 858, 860, 861 à 867, 870, 871.
Bast, Antiq. rom. et gaul., 552.
Bayer, Palæogr. studien, 208 b.
Becker, Augusteum, 280, 321 a, 341.
Beger, Thesaur. Brandenb., 234, 320 c.
Bellermann, 197, 201.
Bellori, Lucern. sepulc., 259, 333 a. — Sepolcr. de Nasoni, 421, 910.
Bellori et *Bartoli*, Columna Antonini, 265. — Admir. rom., 553. — Lucern. fict., 601, 601 a.

Belzoni (Voyage de), 146.
Boldetti, Osservazioni, etc., 956.
Bosio, Roma sotterrana, 954, 955.
Bottari, Sculture e pitture sagre, 645 a, 911, 913, 919, 920, 921, 922, 923, 924, 939, 942.
Böttiger, Kunstmythol. 240 a.
Bouillon, Musée du Louvre, 289, 307, 407 a, 417, 425, 441, 458, 479.
Bracci, Intagliator., 253, 347.
Bracci, Memorie degli incisi, 345 a, 415, 466, 673, 686, 779, 780, 782, 805 b.
Brahmane, dessin original, 1, 115.
British Museum 134, 162 a, 234 a, 393, 428 o, 490 c.
Brönsted, Mém. sur les vases panathénaïques, 342. — Voyages et rech.

en Grèce, 601 *b*, 603 *d*, 603 *e*, 628, 628 *a*, 628 *b*, 628 *c*, 628 *d*, 906 *a*.
Bruyn, 126 à 129.
Bronzi d'Ercolano, 419, 496 *a*.

Buonarroti, Medagl. antich., 228, 285, 310, 316, 319, 320, 322, 374, 376, 422 *a*, 423, 456, 484, 489, 522, 542, 542 *a*, 560, 691, 800 *a*, 854. — Vetri antichi, 407, 878.

C.

Cadalvène, Recueil de médailles, 273 *b*, 613 *b*.
Cadell, W. A. Transact of the R. S. of Edinb. IX, 1823, p. 384, 1, 95.
Cailliaud, Voyage à Syouah, 170, 186 *b*.
Cavaceppi, Raccolt., 599 *d*.
Caylus, Recueil d'antiquités, 141 *a*, 426, 581 *a*, 872.
Champollion le jeune, 135 et suiv.
Chardin. Voyage pl., 117, 126 à 129.
Chishull, Antiq. asiat., 704 *b*.
Choiseul-Gouffier, Voyage en Grèce, 234, 236, 285 *b*, 353 *a*, 816 *a*.
Christie, Disquisit. upon. Etrusc. vas., 695.

Clarac, Musée de sculpt., 250 *a*, 252, 281, 285 *f*, 406 *a*, 476, 511, 563, 597, 599 *e*, 629, 646 *b*, 844, 908, 909, 918, 928. — sur la Vénus Victrix, 390.
Combe, Numism. mus. Britann., 273 *d*, 490 *b*, 620 *a*, 621, 741 *a*. — Mus. Hunter, 704 *c*. — Vet. pop. et reg. numism., 320. — Terra-cotta, 698 *b*, 714 *a*.
Cousinery, Médailles achéennes, 619 *a*.
Creuzer, Abbildungen, 277 *a*, 491, 491 *c*, 491 *d*, 960. — Dionysus, 462, 465 *a*, 487 *a*, 706 *a*.

D.

Decamps, Select. num., 273, 541, 659.
Dempster, Etrur. reg., 337, 594, 610, 715 *d*.
Description de l'Égypte, 135, 136, 137, 138, 139, 140, 141, 142, 143, 144, 147, 148 à 151, 151 *c* à 154, 155 *a*, 157 à 169, 171, 172, 173, 175, 176, 177, 178, 179, 180, 181, 182 *b*, 183 à 186 *a*, 187 à 193.
Descript. of anc. terra-cottas in the British mus., 409 *b*, 443 *b*.
Dodwell, Alcuni Bassiril della Grecia, 682 *a*.

Dorow, Voyage archéolog. dans l'anc. Étrurie, 590 *c*. — Morgenlaend. Alterthüm., II, tab. II, fig. 1, 2, 101, — I, tab. I, 124 *a*.
Dorset, Possess. de miniat., 1, 79, 80.
Dubois-Maisonneuve, Introd. à l'étude des vases peint., 646, 646 *a*, 646 *aa*, 647, 665 *a*, 704, 734, 737 *a*.
Dumersan, Cabinet Allier de Hauteroche, 613, 704 *f*.
Dupuis, Orig. des cultes, 463.
Duteus, Explic. de qq. méd. gr. et phén., 214.

E.

Eckhart, Francia orientalis, 941.
Eckhel, Catal. mus. Cæsar., 223. — Pierres grav., 510 *a*, 751 *a*, 833, 883, 895. — Anfang. syr. de num., 260, 271, 341 *c*. — Doctrina numism., 275 *a*, 464, 581, 877. — Numism. anecd., 279, 279 *a*, 285 *a*, 335 *b*, 338 *a*, 434, 609. — Sylloge, Num. vet. anecdot., 140 *b*, 172 *b*, 429 *a*, 498 *a*.

F.

Fabretti, Inscript. ant., 4, 12.
Fabroni, Statue de Niobé, 731, 732.
Falbe, Recherch. sur l'emplacem. de Carthage, 209 a.
Ficoroni, Piombi antichi, 917.
Flangini, Argonautica di Apollonio Rodio, 639 a, 640, 647 a.
Florez, Medallas de España, 217, 217 a, 222.
Foggini, Mus. capitol., 230 a.
Fortia, Hist. des Saliens, 360.
Frank, Chrestom. sansc., 1, 95.
Froelich, Tentam., etc., 669.
Furietti, De Musivis, 400.

G.

Galerie Gustiniani, 445.
Galleria di Firenze, 581 c.
Gau, Antiquit. de la Nubie, 156, 468 a.
Gell (W.), Argolis, 130.
Genesius, 200, 208 a, 208 b, 209, 211, 214, 215, 216 a, 226, 272.
Gerhard, Antik. Bildwerk., 238, 448, 458 a, 490 a, 491 a, 545, 554 aa, 554 b, 557, 679, 726 a. — Venere-Proserpina, 740 a. — Dionysos and Semele, 443 a. — Griechische Vasenbilder, 603 a. — Vasenbilder, 613 c.
Gessner, Imp. rom., 255, 365, 367, 395, 507, 894. — Mus. Haym. 741 b.
Gori, Inscr. ant., 503. — Mus. Florent., 661, 715 b, 765, 769, 777 a, 781, 784, 792, 874, 876.
Gravelle, Pierres grav., 618.
Guattani, Monum. inéd., 274 a, 609 b, 683 a, 735 a, 847.

H.

Hancarville (d'), Peint. de vases, 652, 737 a. — Antiq. étrusq., 674.
Havercamp, 851.
Haym, Thesaur. Britann., 341 cc, 548 a, 568.
Hirt, Bilderbuch, 277, 283, 312, 447, 462 a, 539, 539 a, 543.
Hirt, Ueber die Bildung der Egypt. gottheit, 159, 160, 195.
Hunter, Num. popul., 320 g, 341 a, 410, 605.

I.

Impronte dell' Instit. di corr. arch. di Roma, 508 b, 647 b, 790, 852.
Inghirami, Pitt. di vasi fitt., 548. — Monum. etruschi, 589, 589 c, 589 d, 591, 591 b, 592 a, 592 b, 719. — Galler. Omer, 790 a, 801.
Instit. Archæolog., 664 b.

K.

Kerporter, 117, 118, 119, 120, 121, 122 a, 122 b, 123, 124, 126 à 129.
Köhler, Mag. encyclop., 815.

L.

Laborde (Alex. de), Mosaïq. d'Italica, 296. — Vases du comte Lamberg, 353, 825.
Laborde, Voyage pitt. de la Suisse, 645.
La Chau, Dissertat. sur Vénus, 205.

— sur les attributs de Vénus, 388.
La Chausse, Musée rom., 317, 326 a, 580.
Lajard, Rech. sur le culte de Vénus, 207, 207 a.
Landon, Numism. d'Anacharsis, 236 a, 273 c, 278 c, 320 b, 320 f, 321 c, 321 d, 341 g, 430, 458 c, 465 a, 496, 526 b, 651, 819 a.
Langlès, Monuments de l'Hindoust., T. I, p. 210, 174, 178, 117; T. II, pl. 64.
Lanzi, Saggio, 243 a, 359, 582 a, 583, 584, 585, 585 a, 586, 587, 588, 608, 611, 632, 637, 658 a, 675, 680, 708, 721, 722, 723, 724, 817.
Leake, Topogr. of Athens, 341 i.
Lenormant (Ch.) et De Witte, Élite de monuments céramographiques, 237. — De Witte, Descript. de la coll. de M. de Magnoncourt, 603 c.
Leonardo Augustini, Gemm. antiq. de pict., ed Jac. Gronov., 409 c, 645 b.
Letronne, Matériaux pour l'hist. du Christianisme en Égypte, en Nubie, en Abyssinie, 958.
Liebe, Gotha nummaria, 559 c.
Lippert, Dactyl., 275 d, 278 b, 466, 508 a, 510 c, 668.
Luynes (de), Étud. numism. relat. au culte d'Hécate, 320 h. — Choix de médailles grecques, 678 a. — Descr. de quelq. vases peints, 774.

M.

Macarii Abraxas, ed. J. Chiflet, 951, 960.
Maffei, Raccoltà di statut., 667, 728, 830.
Magnan, Miscell. numism., 361. — Lucan. numism., 704 d. — Bruttia numism., 362, 364, 368 a, 385.
Malcolm, Hist. of Persia, pl. I, p. 186, 116.
Mamachi, Orig. et antiq. christian., 926, 927, 948.
Marchant, Mélang. de numism. et d'hist., 957.
Mariette, Cabinet du roi, 797.
Marlborough (duc de), Collect. de camées, 402.
Marmora (Della), Mém. de l'Acad. des sciences de Turin, t. XXXV, 213, 213 a à 214 h, 216 a, 225. — Voyage en Sardaigne, 916, 916 a.
Marm. Taurin., 516, 646 c.
Mazocchi, Tab. Héracl., 275.
Médailles de la reine Christine, 254.
Mém. de l'Acad. des Inscript., 547, 678, 896 a.
Meyer, Geschichte der Kunst, 341.
Micali, Storia degli ant. popoli italiani, 250 g, 582 a, 583, 586, 588, 589 a, 589 b, 589 c, 589 d, 589 e, 590, 590 a, 590 b, 590 c, 590 d, 590 e, 590 f, 590 g, 591 c, 592, 593, 594 a, 595, 603 b, 639 b, 665 c, 676 b, 682.
Millin, Voyage dans le midi de la France, 232, 233, 562, 609, 633, 633 a, 633 b, 650, 726, 736, 869. — Monuments inéd., 241, 323, 325, 384, 403, 623, 685, 734, 742 a, 759, 802, 836, 856, 857 a. — Pierres gravées inéd., 285 c, 302, 334, 338, 357, 368, 382, 391, 406, 412 a, 413, 421, 517, 526, 527, 528, 544, 605, 665, 716, 717, 718, 720 a, 808, 814, 816, 839. — Bas-reliefs inéd., 298 c. — Peintures de vases, 335 a, 414, 422, 438, 443, 457, 467, 471, 473, 491, 508, 551, 551 a, 612, 658, 661 a, 665, 677, 684, 697, 699, 704, 709, 711, 712, 713, 783, 795, 796, 798, 800, 809, 812, 820, 823, 827, 828, 835 a. — Descript. des tomb. de Canose, 555 à 555 c. — Dissertat. dans le Recueil de la société d'émulation de médecine, 766. — Pierres grav., 776, 777, 778, 791, 815 a, 829, 834, 847 a.
Millingen, Médailles inéd., 284, 488 a, 505. — Anc. unedited monum., 343, 345, 401, 509, 556, 623, 644 a, 770. — Peintures de vases grecs, 165 e. — Peintures de vases de div. coll., 354, 428, 664, 674 a, 698 a. — Transact. of the Roy. soc. of Liter., 526 a, 762 a. — Anciens coins, 548 b. — Vases de la collect. de Coghill, 606, 607, 750 a.
Mionnet, Descript. de médailles, 197, 201, 219, 220, 224, 507 a, 621 a, 627 a, 755, 756.

Montfaucon, Antiq. expliq., 145.
Mongez, Iconog. rom., 895, 896, 897.
Moor, Hindu Pantheon, tab. 82, 88, 18, 20, 7, 48, 14, 27, 32, 46, 47, 48, 49, 50. Tab. 53, 1, 58. — 59, 1, 61. — 63, 1, 64. — 88, 1, 94.— 92, 1, 96. — 75, 1, 100, 112. — 71, 1, 113.
Morand, Hist. de la Sainte-Chapelle, 896.
Montfaucon, Paléogr. grecq., 333.
Montfaucon, Antiq. expliquée, 487, 561, 565, 581 b.
Monum. inéd. de l'Instit. de corresp. archéolog., 510 c, 593 a à 815 b, 844 a.
Morell, Médaill. du roi, 235, 250 s, 267, 308, 546, 559 a, 570, 665, 794, 877 a. — Méd. rom., 742, 877 b, 887, 888. — Fam. Vibia, 262, 499. — Accoleia, 306. — Acilia, 310 a. — Claudia, 321 e. — Cossutia, 372. — Thesaurus fam. Egnatia, 567. — Plœtoria, 569. — Servilia, 599 b, 741. — Tadia, 614. — Pomponia, 689.— Mamilia, 855 a. —Imperat., 889.
Morell, Thesaurus, ed. Havercamp, 224 a, 242, 275 a, 275 b, 275 c, 369, 370, 392, 394, 510 b, 540, 566, 599 a.
Mosès (Henry), Coll. of vases, altars, 409 a.
Müller-Niklas Glauben, Wissen und Kunst der alten Hindus, tab. I, fig. 1 à 115.
Müller et *OEsterley*, Monum. de l'art antique, 344, 443 a, 522 a, 555 à 555 c, 582 a.

Müller (O.), Archæol., 625, 626, 626 a, 626 b, 627.
Münter, Relig. der Karthager, 199, 200, 208, 210, 212, 215, 217 b, 221, 224. — Relig. d. Babylonier, 202. — Sinnbilder, 932, 934. — Die himmlische Göttin zu Paphos, 204, 206. — über einige Sardische Idole, 213. —Antiquar. Abhandl., 216.
Muratori, Inscript., 368 b.
Museo Borbonico, 253, 436.
Museo Capitol., 230 b, 230 c, 231, 246 a, 249, 250, 251, 285 c, 381, 603, 613, 636, 658 b, 672 b, 687, 690, 764, 775, 805.
Mus. Florent., 686 a, 694, 746.
Musée Français, 321.
Musei Kirkeriani œnea, 643, 644.
Musée Napoléon, 433.
Mus. di Real Acad. di Mantova, 649.
Museo Pio-Clem., 227, 274, 278, 282, 286, 297, 313, 317, 324, 346, 355, 396 a, 396 b, 402, 416, 420, 429, 431, 432, 451, 452, 453, 454, 455, 459, 461, 468, 474, 475, 476 a, 477, 478, 481, 482, 484, 485, 485 a, 486, 494, 495, 503 a, 504, 505, 512, 513, 514, 518, 521, 522 a, 523, 550, 554, 554 a, 558, 559, 596, 602, 606 a, 638, 653, 655, 656, 671, 681 a, 693, 710, 730, 737, 745, 646 a, 760, 767, 772, 773, 773 a, 810, 817, 824, 826, 831, 832, 868, 873, 875, 898, 901.
Mus. Pisan. 378.
Museum Worsleyanum, 427, 819.

N.

Neumann, Populor. et reg. nummi inediti, 207 a, 857.

Niebuhr, Reise, 119, 126 à 129.

O.

OEsterley, Denkmäler der alten Kunst, 280 c.
Oisel, Thesaurus numism. ant., 349, 524, 525, 573. — Num. select., 575, 576, 577, 578.

Olivieri, Marmora Pisaurensia, 483.
Otto Jahn, Telephos and Troilos, 774 a.
Ouseley, Travels, II, pl. XLI, 117, 117 a b, 119, 125 a, 129.

P.

Pacho, Voyage dans la Cyrénaïque, 915.
Paciaudi, Monum. Peloponn., 350, 500, 501, 502, 850, 855. — De Cultu S. Johannis Baptistæ, 346.
Panel, de Cistophoris, 488.
Panofka, Antiq. du cabinet Pourtalès, 278 a, 438. — Argos Panoptes dans les Mém. de l'Acad. de Berlin (1837), 604 a, 604 b, 604 c, 604, 605 a, 645 c. — Musée Blacas, 853.
Passeri, Lucern. fict., 244, 258, 323 a.
Paulin de Saint-Barthélemy, Systema brahm., tab. VI, fig. 6.
Pedrusi, Mus. Farnèse. 260, 880, 885.

Pellerin, Recueil, 211, 218, 222 a, 272, 285, 320 a, 397, 704 b, 715 a, 740. — Mélanges, 622.
Pembrock, 881.
Perez Bayer, Del Alfabeto, etc., 226.
Peyron, Mém. de l'Acad. des sc. de Turin, t. XXXV, 214 a.
Pierres gravées d'Orléans, 652 c.
Pietro Vivenzio, Gemme antic., 139 b.
Piroli, Musée Napoléon, 389, 418.
Pitture d'Ercolano, 287, 288, 290, 291, 292, 293, 294, 295, 299, 399, 404, 409 e, 599, 630 a, 641, 654, 670, 703, 705, 707, 729, 838, 843, 859 a.

R.

Raoul-Rochette, Monum, inédits, 445, 726 a, 804, 835, 835 u, 840, 848. — Discours sur les types imitatifs qui constituent l'art du Christianisme, 949.

S.

Sami, Dessins du cab. des estampes de la Biblioth. de France, 71, 87, 104. — 1, 29, 30, 37.
Scarabées égypt. du Musée des antiq. de l'emp. d'Autriche, 196 a.
Schlichtegroll, Dactyliotheca stoschiana, 138 b, 139 a, 154 a. — Pierres gravées de Stosch, 240, 261, 604, 620, 621 b, 743, 745 d.
Schone, Geschichtsforschungen über die kirchlichen Gebräuche und Einrichtungen der Christen, 940, 947.
Secchi, Dissertat., 704 g.
Seel, Mithrageheimnisse, 132.

Seguin, Select. num., 263, 325 a, 884.
Serradifalco, Antichità della Sicilia, 629 c, 683 c.
Sestini, Lettere, 629 d, 715.
Sickler, Reinhart, Almanach aus Rom., 879.
Sonnerat, Voyage, I, p. 253. 1, 10. — Pl. 39, 1, 51.
Spanheim, De præstant. num., 270. — In Callimach., 564 a.
Specimens of ancient coins of M. Græcia, 321 b.
Stuart, Antiquités d'Athènes, 428 a, 446, 530 à 538, 715 c.

T.

Tanini, Supplem. ad Bandurii Numism. imper., 950.
Tassie, Catalogue, 240 a.
Tischbein. Peint. de vases, 276, 300, 335, 437, 469, 470, 472, 480, 496, 529, 616, 617, 630, 648, 659 a, 661 b, 662, 676 a, 681, 683 b, 706, 714, 787, 813, 821. — Engravings, 698. — Fig. d'Homère, 753, 754, 761, 768, 775, 785, 841, 857 b. — Fig. Hom., 786, 788, 793, 811.
Tomas, de Domar., 598.
Torremuzza, Siciliæ numm., 630 b.

V.

Vaillant, Nummi gr. imp. Rom., 203, 268, 387, 405, 868 *a*. — Num. Ptolem., 493.
Vautier et *Lacour*, Monum. de sculpt., 476.
Venturi, Mus. Albani, 664 *c*.
Venuti, Saggi di Corton.,245.—Antiq. numismat., 309, 311, 314, 315, 318, 375, 377.—Mus. Alb., 373, 559 *b*.

— Mus. vatican., 492, 601 *c*, 900.
Visconti, Monum. gab., 252. — Capo di Giove Egioc., 264. — Iconographie grecq., 327, 331, 547 *a*, 757, 758, 890, 891, 892, 903, 904, 905, 906, 907.—Opere, 604 *c*.
Vivenzio, Gemme antiche, 409 *d*.
Voltereck, Electa nummaria, 363.

W.

Welcker, Aeschyl. Trilog., 237. — Zeitschrift für alte Kunst, 436, 551 *b*. — Ueber die Grupp der Niobe, 733.
Wicar, Gal. de Florence, 508 *b*.
Wiener, Jahrbücher der Litter., X (1820), 119 *b*, 133 *a*.
Wilde, Selectæ gemmæ antiquæ, 165 *b*.
Willemin, Costumes antiq., 357 *a*.
Winckelmann, Monum. inéd., 230 *a*, 250, 261, 290 *a*, 301, 305, 635, 340, 380, 439, 440, 442, 515, 636, 639,

649, 657, 663, 696, 700, 701, 702, 720, 725, 727, 748, 752, 762, 799, 803, 805 *a*, 807, 808, 816, 818, 822, 837, 839, 845, 846, 849.—Pierres gravées de Stosch, 240, 266, 269, 604 *b*.—Storia delle arti, 351, 615. — Histoire de l'art, 174 *a*.— OEuvres, éd. Dresde, 762 *b*.
Witte (de), Vases et bronzes d'Etrurie, 603 *b*. — Nouv. Annales archéolog., 664 *b*.

Z.

Zoëga, Bassirilievi di Roma, 131, 230, 239, 250, 250 *r*, 281, 428 *b*, 435, 448 *a*, 449, 450, 458 *b*, 459, 554 *b*, 624, 639, 651, 683, 727, 763.— Abhandlungen, ed. Welcker, 409 *a*, 444, 477.

Zoëga, Nummi Ægypt. imper., 137 *a*, 138 *a*, 138 *c*, 140 *a*, 140 *b*, 154 *b*, 155 *a*, 155 *b*, 160 *a*, 174 *b*, 174 *c*, 180 *a*, 180 *b*, 519, 520, 572, 574.

www.ingramcontent.com/pod-product-compliance
Lightning Source LLC
Chambersburg PA
CBHW051409230426
43669CB00011B/1817